충북대학교 인문사회 연구총서

중국 고전 문학이론의 이해

통칭빙 童慶炳 저
배득렬 裵得烈 역

충북대학교 출판부

번역을 마치고 …

이 책은 필자의 박사과정 지도교수이신 통칭빙童慶炳 선생님의 『중국고대문론적현대적의의中國古代文論的現代的意義』를 번역한 것이다. 선생님이 사용하신 서명書名을 그대로 사용하는 것이 좋겠지만 서명에 사용된 '고대古代'가 시기적 구분이 아닌 '고전古典'의 의미에 가깝고, 다룬 내용 역시 중국 고전 문학이론 전반을 다루었기에 『중국 고전 문학이론의 이해』로 바꾸어 출간하였다.

이 책을 번역한 이유는 두 가지이다. 첫째는 제자를 아들처럼 아껴주셨던 선생님의 은혜에 보답하기 위함이다. 학문적 은혜는 학문으로 보답해야 한다는 아주 단순한 생각에서 출발했다. 둘째는 중국 고전 문학이론을 공부하면서 늘 이 분야의 발전과정과 이론 개념을 충분히 파악할 수 있는 기본 서적 한 권쯤은 우리나라에 필요하다고 생각했기 때문이다. 선생님의 많은 저술을 살펴보았다. 내 생각을 모두 만족시킬 수 있는 저술이 바로 이 책이라 판단하고, 번역을 결심했다.

번역 작업을 시작했지만 천성이 게으른지라 계획대로 진전되지 않았다. 더 이상 게으름을 떨다가는 이미 고령이신 선생님 생전에 번역을 마칠 수 없다는 조급한 마음이 일 무렵, 충북대학교 출판부에서 인문학총서 지원 사업이 공고되었다. 시한을 정하고 작업을 하면 조금이라도 빨리 작업을 마칠 수 있으리라는 생각에 지원하였고, 학교에서는 지원 결정으로 화답해주었다. 만일 지원 결정이 없었다면 이 작업은 마냥 늘어졌을지도 모른다. 충북대학교 출판부 관계자들에게 지면으로나마 깊은 감사의 마음을 전하고 싶다.

중문으로 저술된 학술서의 문장을 적절한 한국어로 옮기는 일은 쉬운 일이 아니었다. 번역의 용어 선택부터 많은 허점이 보였고, 인용 서적 검토 역시 쉽지 않았다. 문장 교열에 많은 힘을 보태준 사학과 윤진 교수님, 인용 서적 원문 확인에 결정적 도움을 주신 철학과 안상헌 교수님. 두 분께 진심으로 감사드린다.

2014년, 겨울, 충북대학교 연구실에서

역자 배 득 렬

일러두기

1. 원문은 간자체로 표기되었으나, 이 책에서는 독자의 편의를 위해 번체자를 사용하였음.

2. 한자가 필요한 경우에는 한글과 한자를 병기하였음.

3. 근대 이후의 인물은 중국어 발음에 가까운 한국어로 표기하였음.

4. 필요한 경우에는 역자주를 첨가하였음.

문화시학총서文化詩學叢書를 발간하며

통칭빙童慶炳 / 마신구워馬新國

세상 모든 것은 모두 변화하고 발전한다. 우리의 연구 대상인 문학이론 역시 마찬가지이다. 1980년대 초를 돌이켜 보면, 당시 문학이론계는 '문예는 정치를 위해 봉사해야 한다(文藝爲政治服務)'는 강제성을 띤 구호에 전반적으로 반감을 가지고 '타율他律'의 속박에서 빠져나오기 바빴다. 학자들이 문학의 심미적審美的·주체적 특성主體的特性을 연구하기 시작했고, 뒤이어 문학의 언어 연구에 몰두하면서 문학이론의 '자율적' 연구는 한 때의 유행이 되었다. 그 결과로 문학이론이라는 꽃밭에는 '심미론審美論', '주체성主體性', '언어론言語論'으로의 전향轉向이 연이어 이루어졌다. 우리 중국 학계가 이렇게 방향 전환을 하고 있을 때, 서양 문학이론 학계에서는 다른 종류의 전향이 이루어지고 있었다. 즉 '문화적文化的' 시각으로 문학을 바라보는 것이다. 서양 학계가 문화로 시야를 돌린 데에는 그럴만한 이유가 있었다. 자본주의가 후기로 들어가면서 사회적 문제가 더욱 많이 나타나게 되었기 때문이다. 예를 들어 인종간의 충돌, 계급간의 충돌, 남성과 여성의 대립, 동서의 대립, 선진국들과 제3세계의 충돌, 개발과 보존의 충돌 등이 바로 그들이 직면해야 했던 심각한 문제들이었다.

독자들이 1940~50년대에 나타난 '신비평新批評'에 불만을 느꼈던 이유는 문학의 절대적 자율, 즉 '예술을 위한 예술'을 주장했기 때문이다. 그렇게 함으로써 신비평은 문학을 사회와 현실에서 유리시키고 문학 자체의 작법作法에만 매달려 독자들로 하여금 문학 비평에서 시대적 면모와 긴박한 현실 문제의 변화를 살펴볼 수 없게 만들었던 것이다. 문학을 접하려는 대부분의 대중은 언제나 현실에 관심을 지니고 있다. 그리하여 그들은 신비평에 염증을 느끼고 세폐歲幣의 정곡을 찌르는 형태의 비평을 요구하게 되었다. 이에 몇몇 이론가들은 신비평을 뛰어 넘어 문학의 타율성을 다시 중시하게 되었다. 그들은 문학은 독립적이어야 하지만 사회, 문화와 관계를 맺을 수밖에 없음을 강조하였다. 더 나아가 그들은 문학과 예술 작품 속에는 문화적 의의가 풍부하게 자리 잡고 있으며, 문학 작품은 문화의 수레일 수밖에 없다고 주장하였다. 문화적 시각에서 문학을 연구하는 사조가 융성해지자 때 맞추어 각종 '주의[主義, -ism]'가 나타났다. 인종과 신분의 동일시를 비판하며 '오리엔탈리즘(orientalism)' 비평이, 성별 대립 문제를 비판하며 '페미니즘(feminism)' 비평이, 선진국들과 제3세계의 충돌을 비판하며 '후기식민주의 [後期植民主義: postcolonialism]' 비평이, 텍스트와 역사의 관계를 비판하면서 '신역사주의[新歷史主義, The new Historicism]' 비평이 출현하였다. 이와 같은 문화적 연구가 극에 달하자 심지어 문학 연구에 있어서 '반시의적反詩意的' 관점까지 제기되었다. 서양에서 이런 움직임들이 일어났을 때, 우리 중국 학계는 심미와 주체, 언어의 기쁨에 빠져 있다가 20세기 말에 이르러서야 비로소 우리가 뒤쳐져 있음을 알게 되었다. 그제야 '심미의 성城'에서 벗어난 중국적이고 문화적인 연구 즉, '예술문화학藝術文化學' 혹은 '문화시학文化詩學'의 필요성이 제기되었다.

그러나 오늘날 우리가 문학의 문화적 연구를 제기하는 이유가 단지 서양에 뒤쳐져 있다는 문제 때문만은 아닐 것이다. 이러한 연구는 중국의 현실에 그 뿌리를 두고 있기 때문이다. 근 20여 년 동안 중국은 개혁과 개방을 통해 많은 발전을 이루었으며, 시장경제를 실행하여 국민들의 생활수준도 크게 향상되었다. 그에 따라 사회적으로 긍정적인 여러 변화들이 생겨나 답보되어 오던 상태들이 깨어지게 되었으며, 사상적으로도 해방되어 봉건적인 여러 제약들이 타파되었다. 그러나 이런 변화의 다른 측면을 감추어서는 안 될 것이다. 시장경제가 시행되면서 '물신숭배物神崇拜', '배금사상拜金思想', '상업제일주의商業第一主義' 등이 나타나 심각한 사회적 문제가 되었다. 물질이나 금전, 상업은 모두 좋은 것으로 어느 정도는 우리가 추구할 대상이다. 그러나 이런 것들이 삶의 기준이 되고 신격화되면 물욕, 금전욕, 정욕, 교환욕 등 인간의 생물학적 욕망이 정신세계를 주재하게 되어 인문人文의 이상이 침식, 압박, 제거되어 도덕 수준이 하락하고 부패가 만연하게 된다. 이런 상황 속에서 대중과 사회적 책임감을 느끼고 있던 지식인들은 문학과 예술이 오로지 생물학적 욕구만을 높이 산다든가, 언어만을 희롱하는 작품 형식이라든가, 생생하지도 않고 애증도 없으며 문화적 가치도 전혀 없는 작품들에 불만을 가지게 되어 문학 비평가들에게 좀 더 현실에 관심을 가져달라고 요구하였다. 그리고 형식에만 지나친 관심을 쏟는 '내부연구內部硏究'나 '시정화의詩情畵意'만을 중시하는 심미적 비평에도 불만을 가지고 문학 연구와 문학 비평이 사회의 현실적 문제를 더 감안하여 인간 생존의 문제에 대한 대답을 해주기를 원하게 되었다. 예를 들면 정신문명과 물질문명의 관계, 도시와 농촌 사이의 문제, 동서東西 문제, 깨끗한 정치, 과거와 현재, 중국과 서양의 문제, 남녀의 성별 문제, 대중문화의 문제, 텍스트의 가치 파악 등이다. 그뿐 아니라 고대古代 문학과 외국 문학 작품을 고유한 역사와 언어 및 문화적 환경 속에서 파악하고 분석하여 참된 문화적 의미를 밝혀내고 고대인과 외국인이 어떻게 자신들의 환경에서 사회와 문화의 문제들을 이해했는지를 알 수 있도록 도와주기를 바라게 되었다. 이런 면에서 우리가 현재 문학이론에서 문화적 시각을 강조하는 이유는 우리의 실질적 토양에 뿌리를 두고 있는 것이지 결코 외국에서 온 것은 아니다.

문학이론은 시대적 요구를 반영하여 새롭게 발전하여야 한다. 최근에 주목받기 시작한 문화적 연구는 문학이론 분야의 도전이자 기회이다. 물론 학문 분야를 뛰어 넘거나 반학문적反學問的 방법으로 문화적 연구를 진행한다면 문학이론 자체의 지식 체계를 무너뜨리게 되고 지나치게 정치적으로 흐르게 되어 '문예는 정치를 위해 봉사해야 한다.'는 고통스러운 기억을 다시 떠올리게 할 수도 있다. 문학이론은 지금 도전에 직면해 있는 것이다. 그러나 문화적 연구가 단순한 학문을 넘어 넓은 시야를 가지고 품격 있게 현실에 관심을 둔다면, 그리하여 이론과 현실을 밀접하게 연결시키고 문학이론이 다시 청춘의 푸른빛을 찾게 된다면, 이 도전이 어찌 문학이론을 발전시킬 수 있는 절호의 기회가 되지 않겠는가?

서양에서 유행하는 문화적 연구의 관점과 방법론은 진실성을 가지고 있다. 예를 들어 그 중에서 학문의 영역을 뛰어 넘는 다양한 연구 방법, 즉 예술, 언어, 신화, 종교, 역사 등을 연구할 때 학제적 관계를 중시하는 방법은 우리가 귀감으로 삼아 분석, 수용할 만하다. 우리는 세상에서 가장 좋은 것과 적용하기 가장 좋은 것을 모두 가져와야 한다. 이는 결코 창피한 일이 아니다. 하지만 우리에게는 우리만의 사회적, 현실적 문제가 있으므로 문화 연구를 할 때 우리의 사회적 현실에서 출발하여 자신만의 길을 걸어야 한다. 서양의 지나치게 정치적인 문화 연구나 '반시의적' 문화 연구까지 받아들일 필요 없다. 우리는 서양에서처럼 한 가지 방법론으로 다른 방법론을 대신하는 식으로 할 필요도 없다. 문학이론을 만들어 내기 위해서는 경험의 누적이 필요하다. 예를 들어 '문혁文革' 이전 수십 년에 걸쳐 쌓아 왔던 사회 역사 비평의 경험과 '문혁'의 교훈을 겪은 후에 얻은 문학의 심미적 특성에 대한 성과 및 문학 언어에 대한 특징을 찾아낸 성과를 모두 합해야 한다. 앞으로 그 외의 새로운 성과들이 나타날 것이다. 그 성과가 빼어나고 진실한 것이라면 이를 계승하는 데 그치지 말고 계속해서 더 연구를 진행시켜야 한다. 심미, 주체, 언어와 기타 방면에는 여전히 개척해야 할 광활한 공간이 남아 있다. 문학의 문화적 연구에 대해 말하자면, '시정화의'는 문학의 생명이라 할 수 있는 매력적인 부분인데 왜 '시의詩意'를 없애야 하는가? 문학 비평의 가장 중요한 임무는 대상의 미학적 장점을 확정하는 것이며, 대상이 심미적 검증을 통과할 수 없다면 역사 문화적 비평을 진행시킬 가치가 없다는 태도를 우리는 견지한다. 분명히 '시정화의'는 문학의 중심이지만, 동시에 우리는 문학은 문화라고 말하지 않을 수 없다. '시정화의'가 있는 문학은 그 자체로 신화, 종교, 역사, 과학, 윤리, 도덕, 정치, 철학 등의 문화적 의의를 포괄하고 있다. 우수한 문학 작품 속에는 '시정화의'와 문화적 의의가 완전히 융합되어 있어 이를 분리시킬 수 없다. 중국적인 문화 연구는 반드시 시야를 넓혀 문학의 '시정화의'와 문화적 의의를 결합하는 데서 출발하여 문학이론의 꽃밭을 개척해야만 한다. 이처럼 '문화시학'은 문학이론 발전에 있어서 중요한 경향이 될 수밖에 없다.

'문화시학'은 크게 보아 결국 시학詩學이기에 심미적 비평을 반드시 유지하고 발전시켜야 한다. 그러면서도 '문화시학'은 문화이므로 학술 분야를 뛰어 넘는 문화적 시야를 가지고 '내부연구'와 '외부연구'를 결합하며 문학 텍스트의 분석을 통해 넓고 깊게 현실과 접촉하고 관계를 맺어나가야 한다. 이는 문학이론과 비평을 발전시키는 중요한 기회가 될 것이다. '문화시학'은 앞으로 넓은 학술적 전망을 가지게 될 것이다.

문화시학총서文化詩學叢書는 북경사범대학北京師範大學 문예 학술 연구자들이 문예 연구 최전방을 향해 나아가는 노력의 성과물이다. 이 열 권의 책[1] 내용은 서로 완전히 달라서 옛 것도 있고 지금의 것도 있으며, 중국의 것도 있고 외국의 것도 있다. 또 저자들의 개성도 비교적 뚜렷하기 때문에 그 면모 또한 서로 분명히 다르다. 그러나 우리의 방법론은 모두 '문화시학'이다. 문화적 배경을 거슬러 올라가 문화적 의의를 밝혀내야 하기에 옛 것을 말하려면 반드시 지금 것을 논해야 하고, 서양의 것을 말하려면 반드시 중국의 것을 논해야 한다. 중국과 서양, 옛날과 지금의 문화적 거리를 뛰어 넘어 보자는 것이 이 총서가 추구하는 가장 기본적인 학술적 의도이다.

2000년 5월 23일

---

1) 열 권의 책은 '文化與詩學叢書'를 타이틀로, 총 10권이 발행될 계획이며, 童慶炳의 『中國古代文論的現代意義』, 李壯鷹의 『禪與詩』, 李靑春의 『宋學與宋代文學觀念』, 黃卓越의 『明永樂嘉靖初詩文觀硏究』, 王一川의 『中國現代性體驗的發生』, 陶東風의 『文化硏究: 西方與中國』, 程正民의 『巴赫金的文化詩學』, 王志耕의 『宗敎文化語境下的陀思妥耶夫斯基詩學』 8권이 발간되었고, 추후 2권이 더 발간될 예정이다.

목차

들어가는 말: 고금古今의 대화 / 1

— 중국 고대 문학이론 연구, 어떻게 할 것인가 / 1

1. 역사 우선의 원칙 / 2
2. 대화의 원칙 / 2
3. 자족의 원칙 / 4

상편: 중국 고대 문학이론의 문화적 성격 / 7

제1장 유가, 도가, 불가 문학이론의 차이점과 그 문화적 의미 / 9

1. 유가의 문학관 / 11
   (1) 도덕을 본위本位로 한 유가의 시학관詩學觀 / 12
   (2) 유가의 인격적 이상과 시성詩性의 추구 / 19

2. 도가의 문학관 / 27
   (1) 도가의 도 / 27
   (2) 도의 체득 과정과 예술 정신 / 32
   (3) 장인匠人의 기예와 예술가의 예술 / 35

3. 불가의 문학관 / 38
   (1) 불가와 '이심위본以心爲本' / 38
   (2) '심心'의 비춤과 '종심자위상從心者爲上' / 40

4. 유가와 도가가 보는 시가 효용론 / 45
(1) 유가의 외향적 시가 효용론 / 45
1) 교화 작용敎化作用 / 47
2) 원자 작용怨刺作用 / 48
3) 언지 작용言志作用 / 49
4) 인식 작용認識作用 / 50
(2) 도가의 심미형審美型 문학 효용론 / 51

5. 유가, 도가, 불가 문학 사상의 상호보완 / 53
(1) 유·도 양가는 모두 '화和'를 주장한다 / 54
(2) 유·도 시학의 상호 보완적 사회 심리의 원인 / 59

제2장 중국 고대 문학이론의 기본 범주 및 민족 문화의 개성 / 61

1. 중국 문학이론의 기본 범주: 기氣, 신神, 운韻, 경境, 미味 / 62
(1) '기氣'와 문학 언어층文學言語層 / 63
(2) '신神', '운韻'과 문학 형상 / 71
(3) '경境'과 문학의 의미 / 78
(4) '미味'와 문학 감상 / 85

2. 화和: 기, 신, 운, 경, 미: 민족 문화의 뿌리 / 88
(1) '화和', '인화人和', '천화天和' / 89
(2) '화'의 문화 인자와 문학이론의 기본 범주 / 93

3. 정체의 유동성: 기, 신, 운, 경, 미의 독특한 문학 형식 / 99
(1) '도'와 정체성 / 100
(2) 정체성과 중국 고대 문학이론의 기본적 범주 / 101

4. 공령감空靈感: 기, 신, 운, 경, 미의 초월성 / 105
(1) 허실虛實과 중서中西 / 105
(2) 공령성空靈性과 중국 고대 문학이론의 기본 범주 / 108

5. 중화 문학이론에 있어 민족 문화의 개성을 형성시킨 사회 경제적 원인 / 111
(1) 농업 문명, 가정과 국가 제도 / 111
(2) 자연 농업 경제와 정체적 사유방식 / 115
(3) 자연 농업 경제와 숭무관념崇無觀念 / 117

중편: 중국 고대 문학이론 10대가 독해 / 121

제3장 공자孔子 문학이론 독해 / 123

1. '인학仁學'과 '문질文質' / 123
2. '흥興, 관觀, 군群, 원怨 '설과 그 정체성 / 131
3. '낙이불음樂而不淫, 애이불상哀而不傷'과 정감 쾌적도 / 139

제4장 맹자孟子 문학이론 독해 / 150

1. '여민동락與民同樂'과 고전적 인문주의人文主義 / 152
2. '양기養氣', '지언知言'과 문학 창작 / 158
3. '이의역지以意逆志', '지인논세知人論世'와 문학적 수용 / 162

제5장 장자莊子 문학이론 독해 / 174

1. '도道'와 '본색本色'의 아름다움 / 175
2. '도道'와 '언불진의言不盡意' / 183
(1) '언불진言不盡意의'의 고통 / 185
(2) '언외지의言外之意'의 기쁨 / 189
3. '허정설虛靜說'과 '거리설距離說' / 197
4. '물화설物化說'과 '이정설移情說' / 209

제6장 육기陸機 문학이론 독해 / 215

1 . 문학이론 흥기의 사회적, 역사적 조건 / 215
(1) 사회 환경의 요동과 감정 위주의 글쓰기 / 216
(2) 유학儒學의 쇠락과 현학玄學의 흥기 / 217
(3) 정치가의 창도唱導 및 조비曹丕의 '문기설文氣說' / 218

2. 문체 10분법 및 새로운 정의 / 222
3. 창작 구상의 체계적 탐색 / 226
4. 예술의 표준 - 응應, 화和, 비悲, 아雅, 염艶 / 232
5. '응감지회應感之會'와 창작 영감의 서술 / 235

제 7 장 유협劉勰 문학이론 독해 / 237

1. 유협의 생애와 문학사상 개관 / 237

2. 『문심조룡』의 '도심신리설道心神理說' / 249
(1) 유협의 '도'에 대한 4가지 해석 / 250
(2) '천도자연天道自然'이 변화된 세 가지 '문' / 253
(3) 문원자연文原自然과 '물감설物感說' / 262

3. 『문심조룡』의 '기정화실설奇正華實說' / 265
(1) '변소辨騷'의 역사 및 문화 배경 / 265
(2) 경전을 참고하는 것은 옳으나 평가의 기준으로 삼을 수는 없다 / 269
(3) '기정화실설奇正華實說'의 이론적 의의 / 271

4. 『문심조룡』의 '감물음지설感物吟志說' / 281
(1) 중국 '시'의 고전적 의의 / 281
(2) 시가 생성의 네 가지 요소: 감感, 물物, 음吟, 지志 / 288

5. 『문심조룡』의 '신여물유설神與物游說' / 309
(1) '신사神思'의 사상적 토대 / 309

(2) '신여물유'는 예술 상상의 기본특징 / 314
(3) '신여물유'전개의 조건 / 320
(4) '신여물유'의 두 가지 현상 / 322

6. 『문심조룡』의 '표리필부설表里必符說' / 325
(1) '체體'의 개념 / 326
(2) '성性'의 개념 / 333
(3) '체'와 '성'의 대응관계 및 그 이중성 / 336
(4) 문학 풍격의 유형 / 340

7. 『문심조룡』의 '풍청골준설風淸骨峻說' / 342
(1) '풍골'에 대한 해설 10종 / 343
(2) '풍골'은 문학작품의 내재적 아름다움에 대한 규정이다 / 356
(3) '풍골'생성의 원인 / 370
(4) '풍골'과 '채采': 내재적 아름다움과 외재적 아름다움의 일치 / 373

8. '정경사위설情經辭緯說' / 376
(1) '정리는 문장의 날줄' — 문학적 심미론의 성숙된 형태 / 380
(2) '축분蓄憤', '울도鬱陶' — 정감의 첫 번째 전환 / 382
(3) '연사결채聯辭結采' — 정감의 이차 전환 / 390

제8장 종영鍾嶸 문학이론 독해 / 393

1. '자연영지설自然英旨說'과 시가의 자연지미自然之美 / 395
2. '원비설怨悱說'과 시가의 심미 쾌감 / 402
3. '자미설滋味說'과 시가의 감정 표현 / 408
4. '품제品第' 방법과 전통의 한계 / 414

제9장 사공도司空圖 문학이론 독해 / 418

1. '운외지치설韻外之致說'의 학술적 배경 / 421

2. '근이불부近而不浮, 원이부진遠而不盡'
- '운외지치설韻外之致說'의 미학적 의미 / 425
3. 순미醇美 - '운외지치'의 이상 / 432
4. '전위위공全美爲工' - '운외지치韻外之致'의 필요조건 / 435
5. '변미언시辨味言詩'와 독자의 심미 체험 / 438

제 10 장 엄우嚴羽 문학이론 독해 / 443

1. 송대 시학의 두 노선 / 444
2. '참선參禪'과 '이선유시以禪喩詩' / 445
3. 시가 제재론 '별재설別材說' / 449
4. 시가의 본질론 '별취설別趣說' / 455
5. 시가 창작론 '묘오설妙悟說' / 459

제 11 장 이지李贄 문학이론 독해 / 467

1. '동심설童心說'의 이론적 가설과 미학적 의의 / 467
2. '동심설'과 매슬로우의 '제2차 천진설天眞說' / 478
3. '동심설'의 현대적 의의 / 487

제 12 장 왕국유王國維 문학이론 독해 / 491

1. '독립설獨立說' 및 그 의의 / 492
2. '위자설慰藉說' 및 그 의의 / 494
3. '천재설天才說' 및 그 의의 / 498
4. '고아설古雅說' 및 그 의의 / 499
5. '경계설境界說' 및 그 의의 / 501
6. 왕국유 문학 사상의 현대적 의의 / 505

하편: 중국 고대 문학이론과 현재 / 515

제 13 장 중국 고대 문학이론과 현재 / 517

1. 1990년대에 시작된 '국학열國學熱'의 사회조건 / 518
2. '5 · 4' 사상 문화 운동의 '반전통' 및 그 의의 / 526
3. 전통은 현대와 더불어 살아 있다 / 531
4. 현대 경제의 발전에는 깊은 문화의 지탱이 필요하다 / 541

제 14 장 중국 현대 문학이론을 건설하려면 가야할 길 / 546

1. 중국 당대 문학이론의 네 시기 / 547
2. 고금의 대화가 필요한 이유 / 550
3. 중서中西의 대화가 필요한 이유 / 567

附錄: 주요 인용 도서 / 570

후기 / 572

들어가는 말: 고금古今의 대화

— 중국 고대 문학이론 연구, 어떻게 할 것인가

서양의 현대 문학이론을 도입한 지 십여 년 후에야 문예이론계의 많은 학자들이 서양의 현대 문학이론은 서양 문화의 산물이라는 사실을 인식했다. 우리가 새로운 형태의 이론을 만들려면 서양의 문학이론을 연구, 분석하여 귀감으로 삼을 필요가 있다. 그러나 이를 완전히 이식해올 수는 없다. 중국 문학이론의 새로운 건설에는 반드시 '나'를 중심으로 한 중국 고대 문학이론을 계승하는 것이 대단히 중요하다. 현재의 고대 문학이론 연구에서 필자가 받아들일 수 없는 경향이 있다.

첫째, 고대 문학이론을 현실적 문학이론 수립과 아무런 관련 없는 대상으로 간주하거나, 단순히 자구字句나 해석하는 훈고訓詁 작업처럼 여기는 일이다. 이런 방식을 따르면 중국 고대 문학이론은 고사하고 말 것이다. 훈고 작업은 분명 연구의 전제이지만, 단순히 여기에서 그치면 진정한 연구의 단계로 진입하지 못한다.

둘째, 중국의 고대 문학이론을 서양 문학이론의 이론적 틀에 억지로 집어넣고, 이를 '현대적 해석' 운운하는 것이다. 이 또한 중국 고대 문학이론의 민족적, 문화적 개성을 말살하는 일이다. 이러한 방식은 중국 고대 문학이론을 단지 서양 문학이론의 검증자료로 삼았을 뿐이며, 중국 문학이론 고유의 문화적 특색을 완전히 무시하는 일이다. 나는 위에서 언급한 두 가지 경향은 연구 방법론의 실수이며, 두 노선을 따라가는 것은 학술 발전의 미래를 말살하는 일이라 생각한다.

필자는 중국 고대 문학이론의 연구에 있어서 고금古今의 대화라는 학술적 전략이 반드시 필요하다고 생각한다. 그 전략의 대원칙들은 다음의 세 가지이다.

1. 역사 우선의 원칙

중국 고대 문학이론 자료들을 그것들이 만들어질 당시의 문화, 역사, 언어 환경으로 되돌려 놓고 면밀히 분석하여 원래의 참된 모습을 밝히려 최대한 노력한다면 작가 논점의 원의原意, 종전 사상과의 계승관계, 배경 요소, 현실 비판 등을 보다 정확히 파악할 수 있을 것이다. 나는 위에서 '최대한'이라고 말했을 뿐 '반드시'라는 용어를 사용하지 않았다. 그 이유는 역사 본연의 참된 모습은 완전히 복원할 수 있는 것이 아니기 때문이다. 그러나 우리는 할 수 있는 노력을 모두 기울여 이를 밝혀내야 한다. 고대 문학이론 텍스트의 원의에 대한 최소한의 이해도 없이, 그것이 생성된 시대의 문화배경에 대한 정확한 이해도 없이 고금의 대화를 시작하는 것은 정말 위험한 일이다. 우리가 '역사 우선의 원칙'을 강조하는 목적은 이러한 '환원[還原: 실제로 완전한 환원은 불가능하다]'을 통하여 고대 문학이론을 고금의 대화 속에서 살아있는 주체로 만드는 것이다.

2. 대화의 원칙

오늘날 우리가 고대古代를 연구하는 것은 단순히 휘황찬란한 역사적 골동품을 꺼내 세계를 향해 한바탕 자랑하면서 아큐阿Q처럼 "우리 조상들이 당신들보다 훨씬 잘 살았어"[1]라고 말하려는 것이 아님을 먼저 강조해둔다. 우리가 가져야할 올바른 태도는 고대 학자들이 창조한 정신문화의 재화들을 진귀한 유산으로 간주하고, 이를 오늘날 필요한 것으로 전화轉化시키는 것이다. 포이어바흐[Ludwig Andreas Feuerbach: 1804~1872]는 『기독교의 본질』(Das Wesen des Christentums) 「서언序言」에서 "비록 작가가 고대를 출발점으로 삼아 글쓰기를 하더라도 그의 글쓰기는 결국 고대의 것이 아닌, 현재를 위한 글쓰기이기 때문에 그가 망령의 원시적 본질을 연구할 때도 현대적 망령을 떼어 버릴 수 없다."[2]라 하였다. 그의 말은 확실히 옳다. 모든 시대의 학술연구에서 단순히 고대를 위하여 고대의 것을 연구하는 것은 아무런 소용이 없다. 실제로 고대의 문학이론가는 글을 쓸 때, 비록 선인들의 자료를 이용하더라도 현실 비판은 대단히 강력하였다. 예를 들어 유협劉勰은 『문심조룡文心雕龍』에서 선진先秦 이후의 많은 사상과 자료를 대량으로 운용하여 송宋·제齊 시기의 경박하고 유약하며, 지나치게 화려하고 거짓된 문학풍조를 비판하였다. 유협은 이 책에서 고인古人과의 대화를 다양하게 추구하며, 그 안에서 유가와 도가 사상을 융합하고 개조했으며, 『주역周易』을 전향적으로 운용했고, 불가 사상이 삼투滲透된 현상 등을 연구했다. 이는 대단히 뛰어난 학문적 성취이다. 대화의 원칙은 학술 연구의 필연적 결과이지 누군가에 의해 제창된 것이 아니다. 고금 대화 원칙의 기본 정신은 고인古人을 주체로 삼고(고인은 이미 돌아가셨으나 우리가 역사 우선의 연구 원칙을 통하여 그 사상을 새롭게 변화시켜야 한다), 그들을 충분히 존중하며, 오늘날의 사상을 가지고 그들의 사상을 함부로 왜곡하여 설명하지 않는 것이다. 아울러 오늘날의 우리도

1) "我們先前比你們闊多了"

2) 포이어바흐, 『基督教的本質』(中譯本), 榮震華譯, 商務印書館, 1977, 6쪽. "雖然作者是以古代作爲出發點來寫作, 但是, 他的寫作畢竟不是古代, 而是在現代并且爲了現代而寫作的, 從而在他研究鬼怪的原始本質時, 就不會丟掉現代的鬼怪."

스스로가 대화의 주체가 되어 현대적인 시야를 가지고 고인의 문학이론 및 사상과 교류, 소통해야 한다. 현재 우리의 생각을 고인의 사상과 억지로 융합시키지 않아도, 고인에게 현대의 복장을 입히지 않아도 반복적 교류, 소통을 통하여 고금의 융합을 실현시켜 새로운 사상과 결론을 이끌어 내면 새로운 형태의 문학이론이 고금의 합류 과정에서 점진적으로 완성된다. 나는 중서中西의 대화와 고금의 대화가 새로운 형태의 문예이론을 만들어 내는데 필수적인 과정이라고 생각한다. 나는 '전환轉換'보다는 '전화轉化'라는 용어를 즐겨 사용한다. 고대 문학이론이 전환되어 현대 문학이론이 될 수는 없으나, 고대 문학이론이 융화, 전화의 과정을 거쳐 현대적 형태의 문학이론 속으로 들어갈 수는 있기 때문이다. 따라서 고대 문학이론에 대한 연구는 단순히 "옛날의 그윽한 정취를 생각하게 하는 것"[3]이 아니라 현실적 문학이론 건설의 한 방법이기 때문에 고대 문학이론의 현대적 의의를 밝히는 것이 고금의 대화를 하는 근본적인 목적이다.

3. 자족의 원칙

이러한 고금 대화의 원칙은 어떤 경우에 비로소 유효한 것이 될까? 나는 논리적 주장이 완정完整의 표준에 반드시 도달해야 가능하다고 생각한다. 중요한 것은 필자가 말하는 논리가 형식 논리形式論理뿐만 아니라, 변증 논리辨證論理를 지칭한다는 것이다. 변증 논리는 역사적, 발전적 관점을 가지고 전면적으로 문제를 연구할 것을 요구한다. 바꾸어 말하자면, 고금의 대화중에 획득한 사상은 역사적 진보에 반드시 부합하고, 발전적 관점을 가지고 있고, 전면적이어야

---

3) "發思古之幽情"

한다. 비역사적, 반발전적反發展的, 단편적인 것이 아니어야 비로소 논리의 완정함에 도달할 수 있다. 대화란 하고 싶은 말만을 하는 것이 아니다. 대화에는 소통, 합류, 흡수, 다툼, 충돌이 있어야만 이를 통해 새로운 발견과 수확을 확실히 얻을 수 있다. 우리가 대화 속에서 고대 문학이론 중 가치 있는 부분들을 찾아내고, 현대의 사상과 예술에서 추구하는 합리성合理性을 찾아낸 다음, 이를 바탕으로 장기간의 노력을 경주해야 현대 문학이론의 형태를 한 단계 더 발전시킬 수 있다.

상편

중국 고대 문학이론의 문화적 성격

중국의 고대 문학이론은 중화 민족의 문화가 유기적으로 조직된 것으로 선명한 민족적 특성을 가지고 있다. 여기에서 우리는 유가, 도가, 불가의 문학이론의 차이와 상호 보완에 대한 연구를 통하여, 또한 기氣, 신神, 운韻, 경境, 미味 등 문학이론의 범주적 연구를 통하여, 중국 고대 문학이론의 민족적 특징을 밝혀낼 것이다. 중국의 고대 문학이론은 민족적 특징을 가짐과 동시에 세계사적 의의를 함께 지니고 있다.

제 1 장

유가, 도가, 불가 문학이론의 차이점과 그 문화적 의미

중화中華 고대 문학이론은 중국 고대 문화의 산물이다. 문화는 여러 가지로 정의될 수 있으나, 중국 고대 문학이론을 연구할 때는 독일의 철학자 카시러[Ernst Cassirer: 1874~1945년]의 기호학적 문화의 정의를 사용하는 것이 적절할 것이다. 기호학의 시각에서 문화란 인류가 기호를 통한 사유와 활동으로 창조한 산물 및 그 의미의 총화總和라고 정의할 수 있다. 사람이란 무엇인가? 사람의 본성은 무엇인가? 라는 질문에 대하여 카시러는 '문화'라고 대답하였다. 인간은 정치적 동물이라는 주장도 있었고(아리스토텔레스), 이성적 동물이라는 주장도 있었다(계몽주의). 이러한 주장은 모두 나름대로 일리가 있다. 그러나 카시러는 인간은 정치적 혹은 이성적 동물이라는 주장보다는 문화적 동물이라고 정의내리는 것이 적절하다고 말한다. 문화를 통해 인간과 비인간을 구분할 수 있기 때문이다. 그렇다면 문화는 어떻게 만들어지는가? 이 질문에 대해 카시러는 다음과 같이 대답하고 있다.

> 바로 노동, 인류 활동의 체계가 '인성人性'의 원주圓周를 규정하고 기획한다. 언어, 신화, 종교, 예술, 과학, 역사 모두가 이 원의 일부분이자 각각의 부채꼴이다.[1)]

카시러는 동물에게는 신호만이 있을 뿐이고, 기호는 없다고 말한다. 신호는 단순한 반응이기에 묘사나 추론이 불가능하다. 그는 동물의 세계(유인원 같은)에는 기껏해야 감정 언어만 있을 뿐이고, 명제 언어는 없으며, 오직 인간에게만 명제 언어가 있다고 주장하였다. 감정 언어는 직간접적으로 감정을 단순하게 표현할 수 있을 뿐 어떤 사물을 지시하거나 묘사할 수는 없다. 그러나 명제 언어는 자세하고 사실적으로 감정을 표현할 수 있을 뿐만 아니라 이를 통하여 지시, 표현, 사유가 가능하다. 따라서 동물과 인류는 외부 대상에 대한 반응이 다르다. 동물은 직접적이고 단순하게 반응하고, 인간은 대응한다. 그 대응은 간접적이고 느리며 복잡한 사고과정 속에서 끊어지거나 연장되기도 한다. 대응은 흔히 명제 언어와 감정 언어를 구별하는 기준이기도 하고, 인류와 동물을 구분하는 진정한 경계선이다. 인간은 기호를 가지고 있었기 때문에 문화를 창조할 수 있었다. 그 공식은 다음과 같다. 인간 – 기호 운용 – 문화 창조(언어, 신화, 종교, 문학, 예술, 문론, 예술론, 과학, 역사 등). 따라서 인간, 기호, 문화는 삼위일체이다. 기호적 사유(記號思維)와 기호적 활동(記號活動)은 직접적이고 단순한 반응이 아니기 때문에 기호에 의하여 창조된 언어, 신화, 종교, 예술, 과학, 역사, 철학 등의 문화 형태는 모두 의미 체계이다. 기호론적 문화개념에서 문화란 인간 '영혼靈魂'의 깊은 곳에 축적된 정신문화이자 관념적 문화이다. 문학이론은 문화라는 '부채꼴'의 일각一角이며, 그 '부채꼴'의 다른 부분들과 밀접한 관계가 있다. 문학이론과 철학, 역사, 종교, 예술

1) 카시러, 『人論』(中譯本), 上海譯文出版社, 1985, 87쪽. "正是這種勞作, 正是操縱人類活動的體系, 規定和規劃了'人性'的圓周. 語言, 神話, 宗教, 藝術, 科學, 歷史, 都是這個圓的造成部分和各個扇面."

은 공생, 보완의 관계에 있기에 우리가 중화 고대 문학이론의 관념과 변화를 이해하려면 반드시 그 이론이 생성된 당시의 문화 환경을 파악해야 비로소 그것의 깊고 정교한 형태와 내용들을 밝혀낼 수가 있다.

고대 문학이론은 유구한 역사와 함께 복잡다단하게 발전해왔다. 소위 '정통파正統派', '전아파典雅派', '풍간파諷諫派', '산림파山林派', '전원파田園派' 등의 수많은 학파가 있었기 때문에 눈이 어지럽다는 느낌을 받곤 한다. 그러나 문학이론 형태를 사상적인 연원에서 본다면 고대 문학이론은 양대兩大 전통과 삼대가三大家가 있다고 말할 수 있다. 즉 유가, 도가와 후에 도가와 융화된 불가 문학이론의 전통이다. 선진 시기에 이룩된 유가와 도가의 문학이론 관념은 상호 보완적 의미를 가지고 있다. 여기에서 우리가 토론하려고 하는 유가와 도가 문학 사상의 차이와 상호 보완의 관계는 고대 문학이론의 발전과 변천의 토대를 깊이 이해하는데 도움이 될 것이다.

유가와 도가의 문학 사상은 오랜 역사 발전 과정 속에서 복잡한 변화를 거쳤다. 이 글에서 논한 것은 선진의 자료를 중심으로 하였으며, 한대漢代 이후의 몇 몇 정황도 함께 언급하였으니 참고하기 바란다.

1. 유가의 문학관

유가는 역사를 발전적인 개념으로 보기에 시대별로 각기 다른 유가가 존재한다. 창조적 성격의 선진 유가, 농후한 정치적 색채를 가지고 있는 한대漢代 유가, 선불사상禪佛思想과 융화된 송대宋代 유가, 집대성된 청대淸代 유가 그리고 중화민국中華民國 성립 이후 서양 문화와의 충돌 속에서 형성된 신유가新儒家 등이 있으나 이들 모두 유가의 기본 사상을 바탕으로 발전한 것이다. 유가의 문학 사상 역시 이와 마찬가지이다.

(1) 도덕을 본위本位로 한 유가의 시학관詩學觀

유가의 문학 관념은 선진 유가 경전인『논어論語』속 공자[孔子: BC 551~479年] 말씀 한 구절에 가장 잘 나타나 있다.

> 공자께서 이르시길 : 『시경詩經』삼백편三百篇을 한 마디로 평하자면 생각함에 사악함이 없다.[2)]

공자의『시경』에 대한 이 유명한 평가는 표면적으로는 서로 잘 맞지 않는다.『시경』305편의 사상과 내용을 가지고 말하자면 주조周朝의 역사를 기록한「생민生民」,「공유公劉」,「면綿」,「황의皇矣」,「대명大明」과 같은 역사시도 있고, 공덕을 노래한 송가頌歌도 있으며, 군왕의 위엄을 찬양하거나, 천명天命을 노래하거나, 전공을 과시하거나, 연회를 찬미하거나, 훌륭한 빈객을 찬양한 것 등이 있어 실로 포함되지 않은 내용이 없을 정도이다. 또한 앞서 언급한 송가와는 반대로 첨예하고 신랄한 풍자시諷刺詩도 있다. 이러한 풍자시는 사회의 어두움과 정치적 부패를 폭로하고, 통치자의 사치와 음란, 백성을 압박하고 약탈하는 행위에 대한 불만을 잘 묘사하고 있다. 이외에 진지한 감정의 연애시도 있고, 남여상렬지사男女相悅之詞도 있고, 여성이 남성을 유혹하시는 시도 있으며, 애정의 행복을 노래한 시도 있고, 결혼의 비극을 묘사한 시도 있으며, 농사시農事詩, 정역시征役詩, 애국시愛國詩 등도 있다. 이렇게 풍부한 내용과 사상을 어떻게 '사무

---

2)『論語』「爲政」, "子曰: 詩三百, 一言以蔽之, 曰, 思無邪."

사思無邪' 세 글자로 개괄할 수 있을까? 혹시 공자가 잘못 언급한 것이 아닐까? 사실 공자가 잘못 언급한 것이 아니다. 공자는 '사무사' 세 자로 그의 시학관詩學觀을 설명하려고 했던 것이다. '사무사'는 사상적 순정純正으로서, 공자의 시각에서 볼 때는 『시경』의 모든 내용이 사상적 순정함에 도달했기에 인간의 윤리적, 도덕적 수양의 모범이었던 것이다. 유가에서는 이런 것이 진정한 문학이라 여겼다. 『시경』의 첫 번째 작품인 『관저關雎』의 첫머리를 살펴보자.

關關雎鳩　　在河之洲　　窈窕淑女　　君子好逑

유명한 리짱즈[李長之: 1910～1978년, 본명 李長治]교수는 이 부분을 정확하고 운치 있게 다음과 같이 번역하였다. "꽉꽉 우는 큰 물수리, 강물의 모래톱에 머물고, 예쁘고 선량한 작은 아가씨 군자의 좋은 짝이네." 분명 이 시는 연애시戀愛詩로 젊은 청년의 말에 의하면 결사적으로 따라다녀야 할 만큼 이 아가씨는 대단히 아름답다고 한다. 그러나 후에 어떤 유생儒生에 따르면 이 노래는 '후비지덕[后妃之德: 후비의 덕]'을 읊은 시라고 하였다. 이러한 설명은 공자가 인륜과 도덕을 중시한 점을 고려하여 공자의 견해를 받아들이려는 의도에서 나왔다. 그러나 시의 실제 상황은 이와는 무관하다. 공자는 왜 『시경』을 정리하면서 그렇게 많은 남녀의 사랑을 주제로 한 정가情歌들을 수집하여 집어넣었을까? 이는 결코 무언가를 암시하려던 것이 아니다. 공자가 보기에 남녀 간의 사랑 역시 인륜 도덕의 중요한 구성 요소이고, 생활 속에서 빼놓을 수 없는 것이기에 '식색食色은 본성이다(食色性也)'라고 하였던 것이다. 따라서 시가를 통하여 애정과 연애를 묘사하는 것은 너무나 자연스러운 일이다. 다만 문제는 이러한 묘사가 '무사[無邪: 사악함이 없음]'와 사상의 순정純正이라는 규범에 부합해야 하고, "감정에서 비롯되었어도 예의禮義에서 멈추어야 한다."[3]는 것에 있다. 이러한 사실에서 본다면 공자가 내용과 사상이 이처럼 풍부한 『시경』을 '사무사思無邪' 한 구로 개괄, 평가한 것은 개별적 작품에 대한 요구가 아니라 시 전체에 대한 요구로 윤리와 도덕을 본위로 삼은 그의 시학관을 반영한 것이라 하겠다.

공자의 도덕을 본위로 한 시학관은 음악에 대한 태도에서도 잘 드러난다. 공자는 「소韶」를 특별히 좋아하여 "가장 아름답고 또한 가장 선하도다."[4]라고 평하였다. 이와 반대로 공자는 '정성鄭聲'을 대단히 혐오하여 "정성은 음란하니"[5] 반드시 "정성을 내쳐야 한다."[6]고 주장하였다. 공자는 어떤 이유에서 '소악韶樂'과 '정성'에 대하여 완전히 다른 태도를 취하였던 것일까? 우왕虞王을 가송했던 악곡으로 알려진 '소악'은 '아악雅樂'이자 '정악正樂'이며, '예'에 합당한 것이고, '정성'은 음탕한 악곡인지라 공자는 "정성이 아악을 어지럽히는 것을 혐오한다."[7]고 말하였다. 공자의 입장에서는 '소악'과 '정성'은 서로 용납할 수 없는 것이었으며, 그 관건은 '소악'이 예에 합당한 것이라면, '정성'은 예에 위배된다는 것이었다. 예란 무엇인가? 바로 가정과 국가의 질서다. 가정에서는 부자父子, 부부夫婦, 형제兄弟 간의 장유유서長幼有序와 존비정위尊卑定位의 질서, 묘당廟堂에서는 군신유의君臣有義, 귀천유별貴賤有別의 질서가 바로 예이며, 최고의 인륜이고 도덕이다. 시와 음악은 무엇인가? 바로 이러한 인륜과 도덕

---

3) 「毛詩序」, "發乎情, 至於禮義"
4) 『論語』 「八佾」, "盡美矣, 又盡善矣."
5) "鄭聲淫"
6) "放鄭聲"
7) "惡鄭聲之亂雅樂也"

즉 이성의 감성적 표현이다.

공자로 대표되는 유가의 도덕 본위의 시학관은 철학의 필연적 연장이다. 유가의 학설은 사회 조직과 현실 생활의 철학이기에 사회생활에 있어서의 책임과 의무를 강조한다. 유가의 경전에도 '천天'과 '도道'의 관념이 들어 있지만 도가의 형이상학적形而上學的 '도'의 관념이나, 서양의 '하나님', '이념'과 같은 피안彼岸의 성격이 없으며, 단지 인륜과 도덕에 부합한다면 이것이 바로 '천도天道'라고 본다. 따라서 우리는 인륜 도덕과 천도는 서로 명칭은 다르지만 실질은 같은 것이라 감히 말할 수 있을 것이다. 공자의 사회 조직에 대한 철학은 군주와 백성에게 요구하는 바가 있지만, 특히 군주에 대한 요구는 더욱 엄격했다. 이러한 철학은 공자의 '가정[苛政: 가혹한 정치]'에 대한 반대, '인자애인仁者愛人'을 중시하는 사상적 기초 위에서 형성되었다. 공자는 통치 계급의 근본적 이익에 위배되지 않는다는 전제를 가지고 백성에 대한 착취와 압박을 경감시켜 줄 것을 주장하였다. 이러한 사상은 시가의 문제에도 반영되었다. 공자는 시가를 통해 하류층 백성의 생활상을 표현하고, 정치의 폐단을 폭로하여 통치자들의 관심을 이끌어 내는 시를 긍정하였다. 이러한 사상은 맹자[孟子: BC 372~289년]에 이르러 "백성이 가장 귀하고, 사직社稷이 그 다음이고, 군주君主는 경미한 존재다"[8] 라는 민본 사상民本思想으로 발전하였다. 유가의 시학관과 민본 사상은 밀접한 연관성을 가지고 있다. 공자가 「위정爲政」편에서 "『시경』 삼백 편을 한 마디로 평하자면 생각함에 사악함이 없다"는 논점을 제기하고 "수신修身하려면 먼저 시를 공부해야 하고, 예로써 입신하며, 음악을 통하여 본성을 다스려야 한다."[9]고 주장했던 목적은 분명 『시경』의 순정純正, 무사

8) "民爲貴, 社稷次之, 君爲輕"

無邪한 사상을 통하여 통치자들을 규범화시키려고 했던 것이다. 통치자 자신이 사상이 순정하고 예禮(즉 인륜)의 규범에 합당해야 비로소 피통치자들에게 인륜 규범인 예를 준수하라고 요구할 수 있기 때문이다. 이렇게 되어야 비로소 사회가 훌륭한 조직과 통치 이념을 지니며, 가정과 국가가 질서정연하고 안정적인 상태를 유지할 수 있다. 이에 시가 활동도 '무사無邪'한 사상 체계의 일부가 되어 사회 조직과 통치 이념의 중요한 요소가 될 수 있다.

유교 문화는 사회화와 관련이 깊다. 도교와 서구의 문화에 비해, 유가는 기본적으로 귀신을 멀리하면서 [공자는 '귀신을 받들지만 멀리하라(敬鬼神而遠之)'고 하였다.] '천도天道'와 현실적 인륜도덕을 확연히 구분하지 않았기 때문에 유가의 문화에는 기본적으로 본체계本體界와 현상계現象界의 구분도 없고, 천국과 인간의 구분도 없으며, '도'의 추상과 현실의 구상具象의 구분도 없다. 바꾸어 말하자면 중국에는 '하나님의 도성(City of God)'[10]도 없고, '보편 교회(Universal Church)'도 없다. 육조六朝, 수隋, 당唐 시대의 사원寺院과 서양 중세의 교회는 권위와 기능이 많이 다르다. 중국의 유가는 "도의 근원은 하늘에서 비롯되었다"[11]라고 하였는데, 이는 가치의 근원이 '도'라는 말이다. 도는 인륜을 지탱시키며, 전자는 후자에게 의의를 부여한다. 선종禪宗에서도 도를 깨닫기 전에도 장작을 패고 물을 길으며, 도를 깨우친 뒤에도 장작을 패고 물을 긷는다고 말한다. 그러나 다른 점은 도를 깨우친 뒤에야 비로소 장작을 패고, 물을 긷는 일이 의미와 가치가 있는 것으로 변화한다는 것이다. 그렇다면 우리는 어떻게 해

9) 『論語』「泰伯」, "興於詩, 立於禮, 成於樂"

10) 역자주. 보통 『신국론』이라는 이름으로 많이 번역되는 아우구스티누스Augustinus의 기독교 호교론적 저술을 말한다.

11) "道之大原出于天"

야 이러한 초월적 가치가 있는 세계로 진입할 수 있는 것일까? 이 문제에 대하여 맹자는 "자신의 마음을 알아야 본성을 이해하게 되고, 본성을 이해해야 하늘의 뜻을 알 수 있다"[12]라고 대답한다. 이는 바로 인간의 내재적 초월의 길을 향해 가는 것으로 서양인들이 외재적 초월의 길을 향해 가는 것과 선명한 대조를 이룬다. 공자의 "인仁은 내 자신 안에서 이루어지나니"[13]라는 언급은 내재적 초월의 방향을 지적하는 것이며, 후에 맹자가 "인의예지仁義禮智는 내 밖에서 만들어지는 것이 아니라 내가 이미 내재적으로 가지고 있던 것이다."[14]라는 언급은 더욱 구체적이고 선명하게 이러한 사실을 설명한다.[15] 이러한 유교 문화는 유가의 시학관을 도구화道具化, 도덕화道德化, 사회화社會化시켰다. 유가에서 시가를 필요로 한 이유는 개인적으로는 수신과 양성養性에 필요했기 때문이며, 사회적으로는 "시무時務와 정치를 잘 살피고", "인정人情을 피력하기"[16] 위한 것이었다. 유가는 "음악의 사람에 대한 영향력은 대단히 커서 사람을 교화시키는데 그 효과가 대단히 빠르다. 이에 선왕들께서는 조심스럽게 문식文飾을 가하셨던 것이다. 음악이 조화롭고 평화로우면 백성은 화목하고 속되지 않고, 음악이 엄숙하고 장엄하면 백성은 잘 따르고 세상은 혼란해지지 않는다."[17]고 인식하여 '언지[言志: 뜻을 말하다]'를 주장하였다. 그리고 최종적 목표는 사회를 잘 통치할 수 있

12) 『孟子』「盡心章句上」, "盡其心者知其性, 知其性則知天"
13) 『論語』「述而」, "爲仁由己"
14) "仁義禮智, 非由外鍊我也, 我固有之也."
15) 余英時, 『從價値系統看中國文化的現代意義』, 『中國思想的現代詮釋』, 江蘇人民出版社, 1989, 10쪽.
16) 白居易, 『與元九書』, "補察時政", "泄道人情"
17) 『荀子』「樂論」, …"夫聲樂之入人也深, 其化人也速. 故先王謹爲之文. 樂中平則民和而不流, 樂肅莊則民齊而不亂."

도록 조직하는 것이며, 이를 위하여 인간의 마음 깊숙한 곳까지 침투할 수 있는 권선징악의 교화용 도구를 찾는 것이었다. 그리하여 유가에서는 '시가詩歌 - 인심人心 - 통치統治'를 내세웠는데, 이는 '언지言志'의 시가는 인간의 심령心靈을 선량하게 만들고, 선량해진 심령은 사회의 풍속과 습관을 순결하게 만든다는 의미이다.

유가의 시학관은 시대에 따라 변화했지만 그 기본 관념은 하나이다. 예를 들어 풍風, 아雅, 송頌, 부賦, 비比, 흥興의 '시의 육의六義', '시언지[詩言志: 시는 뜻을 말하는 것]'[18]의 시학적 강령, 미美, 원怨, 풍諷, 자刺 등과 같은 예술적 수단 등은 유가 시학관이 구체화된 것으로 역대 유가가 견지했던 원칙이다. 당대唐代 백거이[白居易: 772~846년, 자字는 낙천樂天, 호號는 향산거사香山居士]는 『여원구서與元九書』에서 "문장은 시대와 부합하여야 짓고, 시가는 사실에 부합하여야 쓴다."[19]는 점을 강조하였다. 그는 시가를 주절奏折이나 간서諫書를 보충하는 것으로 보아 단순히 "풍설風雪이나 화초花草를 희롱하는"[20] 것이 아니며, 풍설과 화초를 묘사하더라도 '시의 육의', '언지', '도', '예'의 규범에도 부합해야 한다고 주장하였다. 그는 다음과 같이 말하고 있다.

> 풍설화초風雪花草와 같은 것이라 하여 『시삼백』에서 버렸단 말인가? 어떻게 써야 할지를 헤아렸을 뿐이다. 예를 들어 '북풍기량北風其涼'[21]에서는 바람에 의탁하여 위협과 학대를 풍자하였고, '우설비비雨雪霏霏'[22]에서는 눈을 통하여 노역의 어려움을 안타깝게 여겼다. '당체지화棠棣之華'[23]에서는 꽃을 통하여

---

18) 「毛詩序」, "詩之六義", "詩言志"
19) "文章合爲時而著, 詩歌合爲事而作"
20) "嘲風雪, 弄花草"
21) 역자주. 『詩經』 「邶風」의 첫 장 첫 구절.
22) 역자주. 『詩經』 「小雅 · 采薇」의 마지막 장의 한 구절.

> 형제간의 다툼을 꾸짖었다. '채채부거采采芣苢'[24]에서는 아름다운 풀로 아들을 얻게 된 즐거움을 표현하였다. 모두 풍설화초에서 출발하였으나 그 뜻은 다른 데 있다. 이와 반대로 하는 것이 어찌 옳다 하겠는가! 따라서 "노을이 흩어져 아름다운 비단이 되고, 맑은 강은 흰 명주 같구나!"[25], "떨어진 꽃이 이슬보다 먼저 시들고, 날아간 잎사귀는 잠깐 사이에 바람타고 사라지네."[26]와 같은 작품은 아름답기는 하지만 나는 이 작품들이 나타내려는 것이 무엇인지 모르겠다. 이는 내가 말한 풍설화초만을 희롱한 것이다. 이에 육의六義가 모두 사라졌다.[27]

백거이의 언급은 유가의 시학관을 전형적으로 잘 설명한 것이다. 더 분명하게 말하자면 '시를 위한 시 쓰기'[28]라는 개념은 유가의 시에 관한 사상 속에서는 자리를 차지할 수 없다. 유가의 자세는 적극적으로 세상일에 개입하는 것이기에, 그 문학관 역시 시와 사회, 시와 정치의 관계를 강조한다. 즉 유가는 시가의 외부 규율의 파악을 중요시한다.

(2) 유가의 인격적 이상과 시성詩性의 추구

앞에서 유가의 문학 사상과 사회 정치의 연관성에 대하여 설명하

---

23) 역자주. 『詩經』「小雅 · 棠棣」의 한 구절.
24) 역자주. 『詩經』「周南 · 芣苢」의 한 구절.
25) 역자주. 謝朓의 「晚登三山還望京邑」의 한 구절. "餘霞散成綺, 澄江淨如練"
26) 역자주. 鮑朓의 「翫月城西門」의 一句. "離花先委露, 別葉乍辭風"
27) 風雪花草之物, 『詩三百』中豈舍之乎? 顧所用何如耳. 設如"北風其涼", 假風以刺威虐也; "雨雪霏霏"因雪以愍征役也; "棠棣之華", 感華以諷兄弟也; "采采芣苢", 美草以樂有子也. 皆興發於此而義歸於彼. 反是者, 可乎哉! 然則"餘霞散成綺, 澄江淨如練", "離花先委露, 別葉乍辭風"之什, 麗則麗矣, 吾不知其所諷焉. 故僕所謂嘲風雪, 弄花草而已. 於時六義盡去矣.
28) "爲詩而詩"

였다. 그러나 이 부분만을 너무 과대 포장해서는 안 될 것이다. 어떤 학자는 이 한 면만을 지나치게 강조하면서 유가의 문학 사상을 '정치 교화政治教化'에 국한시켜 유가는 문학을 단지 '문치文治'의 도구로 삼았다고 말한다. 그렇다면 다음과 같은 문제가 야기된다. 중국에서 장기간 지속된 봉건 제도 속에서 주요한 의식 형태로 자리잡았던 유가 사상은 지속적으로 통치 사상의 지위를 누렸고, 문학 사상도 자연스럽게 유가 사상이 중심이 되었으며, 많은 대작가와 대시인들 역시 유가 사상을 중심 사상으로 삼았음에도 불구하고 이들이 어떻게 찬란한 중국 문학예술을 창조할 수 있었단 말인가? 봉건적이고, 틀에 박힌 문학사상의 질곡 속에서 어찌하여 아름답고, 감동적인 훌륭한 문학작품을 만들어질 수 있었단 말인가?

사실 유가의 문학 사상에는 또 다른 측면이 있다. 이 문제는 대단히 복잡하지만 분석하면 '인仁'을 핵심으로 하는 유가 사상에서 시적 의의가 있는 일면을 찾아 낼 수 있다. 유가의 인격적 이상 역시 문학적 가치로 전화시킬 수 있을 것이며, 이외에 역대 문학이론가들이 끊임없이 논해온 문학적 사유이자 수단인 '부賦 · 비比 · 흥興'도 문학적 가치로 전화시킬 수 있다. 이에 대해서는 다음에 다시 언급하기로 하고 지금은 잠시 논하지 않기로 하자. 여기서는 선진시기 유가의 '문질빈빈文質彬彬', '사달이이辭達而已'와 '진선진미盡善盡美', '미선상락美善相樂'에 관하여 간략하게 논하기로 하겠다.

'문질빈빈'에 대한 견해는 『논어論語』「옹야雍也」 편에 잘 나타나 있다.

> 질박[質朴: 본바탕]이 문아[文雅: 외적 아름다움]를 이기면 촌스럽고, 문아함이 질박함을 이기면 겉만 번지르르 한 것이니, 문질文質이 조화를 이룬 연후에야 비로소 군자라 할 수 있다.[29]

분명 공자의 '문질빈빈'에 대한 언급은 문학을 논하려고 했던 것이 아니라 군자는 반드시 질박함과 문아함을 모두 가지고 있어야 한다는 인격적 요구였다. 공자 사상의 핵심은 인仁과 예禮이다. 공자는 자신의 욕심을 버리고 예를 따르는 것을 인仁이라 한다."[30]고 설명하였다. 군자에게 있어 인은 군자의 '질質'이고, 예는 군자의 '문文'이다. '문질빈빈'은 결국 내재적 인과 외재적 예의 결합이며, 둘 중 하나를 폐할 수 없다는 의미이다. 이러한 사실에서 '문질빈빈'이 윤리적 문제로 아직은 문학이론의 단계로 전화되지는 않았다는 것을 알 수 있다. 『논어』「안연顔淵」편에서도 '문질'의 문제에 대해 다음과 같이 언급하고 있다.

> 극자성棘子成이 이르기를 "군자는 본바탕만 좋으면 그만이지 문채文彩가 무슨 소용이 있겠습니까?"라고 했다. 자공子貢이 이르길 "애석하도다! 그대의 군자에 대한 말씀이. 말이란 한 번 하면 사마駟馬로도 쫓아갈 수 없는 것입니다. 문채도 본바탕처럼 중요하고, 본바탕도 문채처럼 중요합니다. 호랑이와 표범의 털을 없애면 그 가죽은 개와 양의 가죽과 다를 게 없습니다.[31]

위 예문의 뜻은 위국衛國의 대부大夫가 자공子貢에게 군자는 그저 소박하면 되지 문채는 필요 없다고 말하자 자공이 군자는 반드시 문질을 모두 갖추어야 하며, 만일 호랑이와 표범, 개와 양의 털을 없애면 가죽을 구분할 수 없다고 반박한 것이다. 『논어』 속의 '문질' 문제는 비록 윤리학적 문제이지만 문학이론으로 전화될 가능성을

---

29) "質勝文則野, 文勝質則史. 文質彬彬, 然後君子."

30) 『論語』「顔淵」, "克己復禮爲仁"

31) 棘子成曰: "君子質而已矣, 何以文爲?" 子貢曰: "惜乎, 夫子之說君子也! 駟不及舌. 文猶質也, 質猶文也. 虎豹之鞹猶犬羊之鞹."

가지고 있다. 실제로 한대漢代 후기의 양웅[揚雄: BC 53~18년]이 이를 문학이론의 문제로 전환시켰다. 그는 문질 문제를 우주의 문제로 바꾸어 놓았다. 양웅은 『태현경太玄經』「문수文首」편에서 "음陰은 질을 받아들이고, 양陽은 문을 발산한다. 문질이 분명해야 만물이 찬연하게 빛난다."[32]라고 설명하였다. 그는 문질과 음양陰陽은 서로 음-질, 양-문의 대응관계를 가지고 있다고 여겼다. 따라서 천지 만물은 음양이 모여 이루어진 것이기에 그 안에 문질도 함께 있다는 것이다. 그는 「현문玄文」편에서 "천문天文과 지질地質은 그 자리를 바꿀 수 없다"[33]고 하였는데, 이러한 만물과 문질 상호 결합에 대한 설명은 문질론을 문장과 문학을 논하는 것으로 확대시킬 조건을 만들었다고 할 수 있다. 양웅은 「현영玄榮」편에서 문질의 문제가 문학이론의 문제임을 명확하게 언급하였다.

> 사실에 힘써야 하며 문장의 수식에 힘쓰지 않아야 하고, 변화를 중시해야지 문채를 중시할 필요는 없다. 간략하지 못하면 요지가 상세하게 드러나지 않으며, 요점만을 잡지 못하면 반응이 광박廣博할 수 없으며, 가지런하지 못하면 사실이 드러나지 못하며, 깊이가 없으면 그 뜻이 드러나지 못한다. 이러한 이유에서 문채는 질박함에서 드러나고, 문사文辭는 감정에서 찾아볼 수 있는 것이다. 따라서 문사를 보면 가슴 속의 욕망까지지도 알 수 있다.[34]

이처럼 양웅은 문질 문제를 문장 창작의 문제로 전환시켰다. 그의 주요 논점은 "문채는 질박함에서 드러나고, 문사는 감정에서 찾

---

32) "陰斂其質, 陽散其文. 文質斑斑, 萬物粲然."
33) "天文地質, 不易其位"
34) "務其事不務其辭, 多其變而不多其文也. 不約則其旨不詳, 不要則其應不博, 不渾則其事不散, 不沈則其意不見. 是故, 文以見乎質, 辭以睹乎情. 觀其施辭, 則其心之所欲見矣."

아볼 수 있는 것이다."라는 말에서 찾아볼 수 있다. '문文'과 '사辭', '질質'과 '정情'은 서로 대응관계에 있다. 문과 질을 모두 갖춘다는 것은, 즉 문학 작품이 정질情質의 소박함만이 필요한 것이 아니라 문사文辭의 아름다움도 필요하다는 것이다. 양웅의 이러한 관점은 당연히 공자의 '문질빈빈'을 본받은 것이지만 이러한 계승과 발명은 유가 문학이론에 있어 중요한 발전이라 하겠다. 유협[劉勰: 465~520년]은 『문심조룡文心雕龍』「정채情采」편에서 진일보한 관점을 보여주고 있다.

성현의 글을 총칭하여 문장이라 하는데 어찌 문채가 없단 말인가? 물의 속성은 움직이는 것인지라 물결이 일게 마련이고, 나무의 속성은 충실하기에 아름다운 꽃을 피울 수 있는 것이다. 이러한 것이 문채가 본질에 의지하는 예라 하겠다. 호랑이와 표범의 가죽이 문양이 없다면 개와 양의 가죽이나 다를 것이 없으며, 무소의 가죽으로 갑옷을 만들 때에도 색칠을 해야 한다. 이는 바탕이 문채를 필요로 하는 예이다.[35)]

유협이 「정채情采」편에서 제기한 문질 문제에 대한 논술의 성취는 바로 문학 작품의 정情과 채采라는 두 요소를 충분히 인정한 데 있다. '정'은 '질'이고, '채'는 '문'에 해당하고, 정채 즉 문질의 적절한 결합이 가능해야 비로소 문학 창작이 극치에 도달할 수 있는 의미이다.

문질 문제와 연관된 다른 문제는 공자의 "수사는 내용을 전달할 수 있으면 족하다"[36)]를 어떻게 이해하는 것이 바람직한가 하는 문제이다. 어떤 학자들은 공자가 문장 창작에서 요구한 "수사는 내용

---

35) "聖賢書辭, 總稱文章, 非采而何! 夫水性虛而淪漪結, 木體實而花萼振, 文附質也. 虎豹無文, 則鞹同犬羊; 犀兕有皮, 而色資丹漆, 質待文也."

36) "辭達而已"

을 전달할 수 있으면 족하다"는 것을, 문자 배열의 매끄러움으로 오해하였다. 이는 잘못 이해한 것이다. 공자의 요구는 단순한 문자 배열의 매끄러움이 아니라 보다 높은 수준의 요구이다. 일찍이 한 학자가 "수사는 내용 전달이 가장 중요하며, 수사에서 가장 어려운 것이 바로 내용의 전달이다."[37]라 하였는데 정말 정확한 해석이라 하겠다. '사달辭達'의 의미를 가장 훌륭하게 해석한 인물인 소식[蘇軾: 1037~1101년]은 다음과 같이 언급하였다.

> 언어란 의미를 표현하면 그만이라 하여 문채가 없어도 된다고 생각하지만 이는 크게 잘못된 것이다. 사물의 미묘함을 파악하는 것은 마치 바람을 매달아두고, 그림자를 붙잡아 두는 것과 같아 마음속에 사물을 분명하게 담아 둘 수 있는 사람은 천만 명 가운데 한 명도 되지 않을 것인데, 하물며 입과 손아귀에 사물을 명확하게 잡아 둘 수 있는 사람에게 있어서랴? 이를 사달辭達이라 하는 것이니 언어로 능히 표현할 수 있는 경지에 이르게 하는데 문채를 사용하지 않아도 되겠는가![38]

이 설명은 공자의 '사달론辭達論'의 정수를 충분히 이해한 데서 나온 것이다. '사달'은 내용적 측면에서 본다면 지나침과 부족함이 없는 것이며, 형식적 측면에서 본다면 언어가 지나치게 조잡하지도 화려하지 않은 안성맞춤의 경지를 요구하는 것이라 하겠다. 이러한 의미에서 본다면 '사달'은 내용과 형식에 있어서의 예술적 표현이다. 유가는 형식적 표현도 중시하여 "공자가 이르기를 … 뜻이 있으면 언어로

37) 胡寅, 『明明子論語集解義疏』, "辭莫貴乎達, 辭莫難乎達."

38) 蘇軾, 「與王庠書」, "夫言止於達意, 卽疑若不文, 是大不然. 求物之描, 如繫風捕影, 能使是物了然於心者, 蓋千萬人而不一遇也. 而況能使了然於口與手者乎? 是之謂辭達. 辭至於能達, 則文不可勝用矣."

표현하여야 한다. 표현하지 않으면 누가 그 뜻을 알 수 있겠는가. 언어에 문채가 아름답지 못하면 글을 지어도 오래 가지 못한다."[39]라고 말했던 것이다. 유가는 자신들의 학설을 널리 전파시키고, 후세에 전하려는 목적으로 문채의 아름다움을 강구했던 것이다. 공자가 했던 몇 마디의 말은 모두 의미가 있다. 예를 들어 "배우고 때때로 익히면 기쁘지 아니한가? 친구가 먼 곳으로부터 찾아온다면 또한 기쁘지 아니한가? 다른 사람이 알아주지 않는다 하더라도 성내지 않는다면 또한 군자가 아니겠는가?"[40], "공자가 냇가에 앉아 이르기를 … 세월이 강물처럼 흘러가는구나! 밤낮없이 흘러가는 구나."[41], "옛것을 잊지 않고, 새것을 알 수 있으면 스승이 될 수 있다."[42] "군자는 두루 살피며 무리를 짓지 아니하고, 소인은 무리를 지으며 두루 살피지 아니한다."[43] 등은 모두 '사달'의 깊은 의미를 잘 이해한 문구로 중국 시인들에게 문학적 영감과 암시를 주는 자기 계발의 자양분이었다.

이외에 '미美'와 '선善'의 관계에 있어서 유가는 사회의 윤리 도덕인 '선'과 함께 '미'도 대단히 중시하였기에 예술을 평가할 때 '선'과 '미'라는 두 요소를 기준으로 삼기도 하였다. 『논어』 「팔일八佾」 편에서

> 공자께서 「소韶」를 평하시면서 지극히 아름다울 뿐만 아니라 지극히 훌륭하다고 하셨다. 「무武」을 평하시면서 지극히 아름답지만 지극히 훌륭하다고는 할 수 없다고 하셨다.[44]

39) 『左傳』 「襄公二十五年」, "仲尼曰: 志有之, 言以足志. 不言, 誰知其志. 言之無文, 行而不遠."
40) 『論語』 「學而」, "學而時習之, 不亦說乎? 有朋自遠方來, 不亦樂乎? 人不知而不慍, 不亦君子乎?
41) 『論語』 「子罕」, "子在川上曰: 逝者如斯夫, 不舍晝夜."
42) 『論語』 「爲政」, "溫故而知新, 可以爲師矣."
43) 『論語』 「爲政」, "君子周而不比, 小人比而不周."

「소韶」와 「무武」는 모두 악곡樂曲이다. 공자께서 악곡을 '미'와 '선'의 두 요소로 나누고 「소」는 '진선진미盡善盡美'하다고 평가하였지만, 「무」는 '진미盡美'하지만 '미진선未盡善'하다고 평가하였다. 주희[朱熹: 1130~1200년]는 『논어집주論語集註』에서 "미美란 소리와 모양이 성대한 것이고, 선善이란 미의 실제 내용을 말한다. …. 그러나 순舜 임금의 덕은 천성대로 한 것이다. 자신을 낮추고 사양함으로써 천하를 얻을 수 있었다. 무왕武王의 덕은 되찾은 것이다. 또한 정벌하고 주살하여 천하를 얻었다. 따라서 그 실제는 서로 다르다."[45]라고 하였다. 주희의 「소」는 '진선'하며, 「무」는 '미진선'하다는 주장에 대하여 서로 다른 의견이 있으나 여기서는 잠시 논하지 않기로 한다. 우리가 주의해야 할 것은 주희가 '미'를 "소리와 모양이 성대한" 외재적 표현이라 하고, '선'을 "미의 실제 내용" 자체라고 언급한 것이다. 공자가 선과 미를 구별하였기에 후대의 작가와 시인들이 문예에 있어서 무엇을 쓰고(美之實), 어떻게 쓸 것인가(聲容之盛)의 구분을 이해하게 되었다는 점에서 그 의의가 크다 하겠다. 즉 무엇을 쓸 것인가는 '선'의 문제이고, 어떻게 쓸 것인가는 '미'와 관계가 있다. 비록 이러한 설명이 문제를 단순화한 면이 있지만 많은 사람들에게 문예는 반드시 '미'를 추구해야 한다는 사실을 일깨워준다. 후에 순자[荀子: BC 313~238년]가 『악기樂記』에서 보다 발전적인 '미선상락美善相樂'의 논점을 제시하였는데, 그 의미는 고대 로마 시인 호라티우스[Horatius: BC 65~8년]가 주장한 '문학의 효용은 가르치며 즐거움을 주는 것이다'라는 말과 완전히 일치한다. 즉 유가는 당연히 '시교詩敎', '악교樂敎'가 필요

---

44) 『論語』「八佾」, "子謂韶, 盡美矣, 又盡善也. 謂武, 盡美矣, 未盡善也."
45) 『論語』「八佾」, "美者聲容之勝, 善者美之實也. ……. 然舜之德, 性之也; 又以揖遜而有天下. 武王之德, 反之也; 又以征誅而得天下. 故其實有不同."

한 것이며, 당연히 문예는 사회와 정치를 위해 봉사해야 하며, 당연히 "문학으로 도를 표현해야 한다."[46]고 생각하였을 뿐만 아니라 문예가 직접적으로 '교교敎'와 '도道'에 대해 설명하거나 명시하지 않고 이를 '악樂'에 함축적으로 포괄시킬 수 있다는 것이다.

이상의 논의를 통해 본다면 유가의 문학관은 사회의 공리성을 중심으로 하고 있다는 것은 틀림없으나 예술성과 오락성의 '아관념亞觀念'도 강조했음을 알 수 있다. 이러한 '아관념'은 도가의 심미론審美論과 결합하여 중국 고전 문학의 찬란한 성취를 이루었다. 이러한 이유 때문에 역대 중국 문학에 있어 비록 유가 사상이 중심이 되었지만 작가와 시인들이 자신의 예술적 재능을 충분히 발휘하여 위대하고 찬란한 문학작품들을 창조할 수 있었던 것이다.

2. 도가의 문학관

시가와 사회의 관계를 강조한 유가와는 달리 도가는 시가와 자연의 관계를 강조한다. 도가의 시학관을 설명하기 위하여 먼저 간단하게 도가의 기본 사상을 설명하기로 한다.

(1) 도가의 도

도가의 대표적 인물은 노자[老子: BC 571~471년]와 장자[莊子: BC 369~286년]다. 노장 철학의 기본 관념은 '도道'라 하겠다. 그렇다면 노자와 장자가 생각하는 '도'란 무엇인가?『노자老子』42장에 다음과 같은 언급이 있다.

46) "文以載道"

도가 하나를 낳고, 하나가 둘을 낳고, 둘이 셋을 낳고, 셋이 만물을 낳았다.[47]

이 말은 곧 세상 만물의 현상은 모두 도에서 비롯되기에 도는 만물 형성의 근원이라는 의미이다. 이러한 도는 어떤 형태일까? 장자는 다음과 같이 언급하였다.

무릇 도는 실제적인 것이지만 행위도 없고, 형태도 없기 때문에 마음으로는 전할 수 있으나 손으로 받을 수는 없으며, 체득했다고 하더라도 눈으로 볼 수는 없다. 스스로 근본이 되는 것이기에 천지가 없을 때에도 실제로 존재하였다. 귀제鬼帝를 신령스럽게 만들자 천지가 생겨났다. 태극太極의 위에 있어도 높지 않고, 육극六極 밑에 있어도 깊지 않으며, 천지보다 먼저 생겨났으나 오래되었다고 할 수 없고, 상고 시대보다 먼저 살아있었으나 늙었다고 여겨지지 않는다.[48]

도는 고금을 관통하기에 시간과 상관없이 존재하며, 없는 곳이 없다. 그러나 도는 이해할 수는 있으나 입으로 전할 수는 없다. 따라서 도란 "그 형체를 볼 수 없고"[49], "그 공업功業을 알 수 없는"[50] "만물의 시원始源"[51]이라 하겠다. 여기서 말하는 '선先'이란 시간의 개념이 아니라 논리적 개념이라는 것을 명심할 필요가 있다. 먼저 도가 있고, 도가 만물을 창조한 뒤 도가 사라진다는 의미가 결코 아

47) 朱謙之, 『老子校釋』, 中華書局, 1984, 174쪽. "道生一, 一生二, 二生三, 三生萬物." 역자주: 이때 一은 氣이고, 二는 陰陽, 三은 화합을 이른다.

48) 『莊子』「大宗師」: "夫道有情有信, 無爲無形, 可傳而不可受, 可得而不可見, 自本自根, 未有天地, 自古以固存, 神鬼神帝, 生天生地, 在太極之上而不爲高, 在六極之下不爲深, 先天地生而不爲久, 長於上古而不爲老."

49) "莫見其形"

50) "莫見其功"

51) "物之初"

니다. 도는 우리가 오늘날 말하는 '규율規律'에 근접한 개념으로 영원한 존재라 하겠다. 도가는 이러한 도의 관념에서 출발하여 세계의 운전運轉은 알지 못하는 사이에 도의 지배를 받으며, 일체는 모두 자연에 복종하고, 자연에 순응하면 아무런 인위적인 조작 없이도 잘 다스려진다고 생각하였다. 즉 인위적인 조작이 필요 없다는 것이다. 인위적인 것은 자연에 위배되고, 도에 위배되기 때문에 최후에는 사서 고생만 하고 일을 망치게 된다. 따라서 도가의 가장 유명한 명언은 '무위, 무불위[無爲, 無不爲: 아무 것도 하지 않지만 이루어지지 않는 것이 없다]'라 하겠다. 장자는 「지락至樂」편에서 공자의 입을 빌어 다음과 같은 고사를 말하고 있다.

> 옛날에 해조海鳥가 노魯 나라의 교외로 날아와 앉자 노후魯侯가 해조를 종묘에 모셔다 놓고 환영연을 베풀면서 순임금의 음악인 「구소九韶」를 연주하게 하고, 소, 양, 돼지고기로 가장 좋은 음식을 차려 주었다. 그러나 해조는 눈이 아득하고 근심에 빠져 한 점의 고기도 먹지 않고, 한 잔의 술도 마시지 않다가 삼일이 지나 죽고 말았다. 이는 자신을 기르는 방식으로 새를 기른 것이지, 새를 기르는 방법으로 새를 기른 것이 아니다. 무릇 새를 기르는 방법으로 새를 기르는 것은 의당 깊은 숲 속에 둥지를 마련해주고, 평평한 땅을 마음대로 날아다니게 하고, 강과 호수에서 놀다가 미꾸라지와 피라미를 잡아먹고, 새떼 속에서 함께 날아다니다 지치면 편안하게 쉬도록 하는 것이다. 물고기는 물에 있으면 살지만 사람은 물속에 있으면 죽는다. 이들은 필시 서로 다르기 때문에 좋아하고 싫어하는 것이 다를 수밖에 없다. 그렇기 때문에 이전의 성현들은 사람의 능력을 하나로 보지 않았고, 그들이 하는 일을 동등한 것으로 취급하지 않았던 것이다.[52)]

---

52) "昔者海鳥止於魯郊, 魯侯御而觴之於廟, 奏九韶以爲樂, 具太牢以爲膳. 鳥乃眩視憂悲, 不敢食一臠, 不敢飮一杯, 三日而死. 此以己養養鳥也, 非以鳥養養鳥也. 夫以鳥養養鳥者, 宜栖之深林, 游之壇陸, 浮之江湖, 食之鰍鯈, 隨行列而止, 委蛇而處. ……. 魚處水而生, 人處水而死. 彼必相與異, 其好惡故異也. 故先聖不一其能, 不同其事."

노후는 자신이 가장 좋다고 생각하는 방식으로 해조를 대접하였는데, 그의 이러한 태도는 감동적이지 않는가? 그런데도 해조가 죽었는데 이는 도대체 어찌된 일인가? 바로 자연의 도리를 따르지 않은 '인위人爲'의 결과다.

엄격하게 말하자면 노자와 장자의 저술 속에는 문예는 논하지도 않았고, 심지어 이들은 "성인을 멀리하고, 지식과 단절하라"[53]고 주장하면서 문예에 반대하는 입장을 고수하였다. 그러나 기이한 일은 그들의 사상이 후대의 문학예술에 지대한 영향을 미쳤다는 사실이다. 그 까닭은 무엇인가? 그 이유는 이들이 자신의 저술 속에서 자연 본위自然本位의 문학 관념을 간접적으로 포괄시켰기 때문이다. 이들의 입장에서 보면 모든 사물은 자연의 도에 순응해야하기에 만일 문예에 관한 언급이 있다면 이것 역시 자연의 도를 구현한 것이다. 노자의 "지극히 큰 소리는 들리지 않으며, 지극히 큰 모습은 형체를 알 수 없다"[54], "천지의 지극한 아름다움은 말로 표현할 수 없다"[55], "사람과 조화를 이루면 인악人樂이고, 하늘과 조화를 이루면 천악天樂이다"[56], "지고한 음악은 음악이 아니다"[57]라는 주장에 그들의 문예 관념이 집중적으로 표현되어있다. "지극히 큰 소리는 들리지 않으며"라는 말은 실제로 소리가 없다는 것이 아니라 '지극히 큰 소리'를 우리가 들을 수 없다는 것이다. 왜냐하면 가장 완벽한 아름다움을 가지고 있는 음악은 바로 도 그 자체이며, 형이상학적인 존재인 도는 우리의 감각으로는 접근할 수 없는 것이기 때문이다. "지

53) "棄聖絕智"
54) 『老子』 41, "大音稀聲, 大象無形"
55) 『莊子』 「地北遊」, "天地有大美而不言"
56) 『莊子』 「天道」, "與人和者, 謂之人樂, 與天和者, 謂之天樂."
57) "至樂無樂"

극히 큰 모습은 형체가 없다", "지고한 음악은 음악이 아니다"라는 말 역시 이렇게 해석해야 할 것이다. "천지의 지극한 아름다움은 말로 표현할 수 없다"는 말 역시 천지의 도는 가장 아름다운 것으로 사물의 시원이지만, 우리가 말로 표현할 수도, 볼 수도, 들을 수도 없는 것이다. 우리가 감각을 통하여 느낄 수 있는 것은 현상계現象界일 뿐이며, 진정한 시와 미는 본체계本體界에 존재한다. 우리는 오로지 '자연을 본받아' 자연의 도를 깨우칠 수 있어야 비로소 본체계에 접근할 수 있으며, 그래야 비로소 시와 미의 경계에 도달할 수 있다. 노장의 자연 본위 문예 관념은 후대 문예가들에게 '천악天樂', '응지자연[應之自然: 자연에 순응함]' 등의 사상을 일깨워 주었고, 수많은 시인 묵객으로 하여금 창작에 있어서 자연을 숭상하고, 인공적 조탁을 멀리하게 만들었다. "지극히 큰 소리는 들리지 않으며", "지극히 큰 모습은 형체가 없다", "지고한 음악은 음악이 아니다"라는 사상은 후대의 문학가들에게 예술에 있어서의 허虛와 실實의 관계를 특별히 중시하게 만들었다. "뜻을 얻으면 말을 잊는다."[58], "말로는 뜻을 모두 전할 수 없다"[59]는 사상은 후대의 시인들에게 '언외지의[言外之意: 언어 밖에 의미가 있음], 상외지상[象外之象: 표현된 대상을 뛰어넘은 형상], 현외지음[弦外之音: 현이 낸 소리를 뛰어 넘은 소리], 화외지의[畵外之意: 그림을 초월한 다른 의미]' 등의 함축적 예술성의 중요성을 일깨워주었다. 어떤 의미에서는 도가의 문학관이 유가의 시학관보다 그 영향이 더 컸다. 유가가 주로 시가의 외부적 규율에 영향을 미쳤다면, 도가는 시가의 내부적 규율에 영향을 미쳤다고 말할 수 있다.

58) "得意忘言"
59) "言不盡意"

앞에서 말한 바와 같이 엄격한 의미에서 본다면 도가는 결코 직접적으로 문학에 대하여 언급하지 않았다. 그렇다면 도가는 어떻게 중국의 문학과 문학이론의 발전에 거대한 영향을 미쳤을까? 다음에서 그 두 가지 원인을 설명할 것이다.

(2) 도의 체득 과정과 예술 정신

장자가 추구했던 도와 그 체득의 과정은 문학가 혹은 예술가가 보여주는 정신 상태, 즉 직접적인 공리功利를 초월한 정신, 망아[忘我: 자신조차 망각함]의 정신, 깨달음의 정신과 본질적으로 완전히 동일하다. 다른 점이 있다면 시인과 예술가는 이를 가지고 시가와 예술 작품 창작에 공헌토록 한다면, 장자는 이를 통하여 예술적인 인생을 실현하도록 만든다. 이 문제에 대하여 쉬푸관[徐復觀: 1903~1982년, 대만臺灣 문학이론가] 교수는 다음과 같이 훌륭하게 설명하고 있다.

> 이러한 이론('도'의 이론을 지칭함)의 구성 체제와 내용을 가지고 말하자면 도와 예술은 아무런 상관이 없는 듯하다. 그러나 그들의 사변적인 형이상학적 방법을 따르지 않고 수양에 들인 노력과 시간을 통하여 도달한 인생의 경계境界를 가지고 판단한다면 그들의 노력과 시간은 한 위대한 예술가가 수양에 들인 노력과 시간과 같다. 그들이 노력과 시간을 통하여 도달한 인생의 경계는 예술에는 관심이 없었지만 뜻밖에도 오늘날의 예술 정신으로 귀결되었다. 이렇게 말할 수 있다면 장자가 관념적 각도에서 그가 도라고 말했던 것을 서술한 것을 우리도 관념적으로 파악하려고 했을 때 이 도는 사변적이고 형이상학적 성격의 것이다. 그러나 장자가 이 도를 인생 체험이라 여기고 진술한 것을 우리도 이러한 인생 체험에서 깨달음을 얻을 때 이러한 도는 철두철미한 예술 정신이다.[60]

확실히 그렇다. 우리가 장자가 도를 이해하는 과정을 관념의 과정으로 파악하지 않고 모종의 구체적 노동 과정으로 파악한다면 도를 이해하는 과정에서 예술 정신을 보다 분명하게 알 수 있을 것이다. 사실 장자도 몇 몇 예를 통하여 도를 이해하는 과정을 구체화시켰다. 예를 들자면 사람들이 잘 알고 있는 '포정해우庖丁解牛'의 고사에 이러한 사실이 정확하게 설명되어 있다.

> 포정이 문혜군文惠君을 위하여 소를 잡는데, 손을 대거나, 어깨로 받히거나, 발로 딛거나, 무릎으로 받히는 곳에서는 모두 쉬익 하는 소리가 나고, 칼이 들어갈 때도 확확하는 소리가 나는데 음악에 맞지 않는 것이 없었다. 「상림桑林」[61]의 박자에도 잘 맞았고 「경수經首」[62]의 리듬에도 잘 맞았다. 문혜군이 "아! 정말 훌륭한 재주로다, 어찌해야 재주가 이 경지에 오를 수 있을까?"라고 감탄하였다. 포정이 칼을 내려놓으며 "제가 좋아하는 것은 도이며, 이미 재주의 범주를 초월하였습니다. 신이 처음 소를 잡을 때 모든 것이 소로 보였습니다. 삼년이 지난 후에는 소가 보이지 않았습니다. 지금은 영감으로 대할 뿐 눈으로 보지도 않습니다. 감각으로 멈출 곳을 알고, 마음으로 갈 곳을 알고 있습니다. 천리天理에 의거하여 소 관절 틈에 칼을 넣어 깎고, 구멍에 넣고 베거나 할 때도 천리에 합당하게 할 뿐입니다. 경맥經脈과 근골筋骨이 뒤엉켜 있는 곳에서도 칼이 걸린 적이 없는데, 하물며 큰 뼈에 부닥치

---

60) 徐復觀, 『中國藝術精神』, 春風文藝出版社, 1987, 43쪽. "從此一理論(指 '道' 之理論)的間架和內容說, 可以說「道」之與藝術, 是風馬牛不相及的. 但是, 若不順着他們思辨地形而上學的路數去看, 而只從他們由修養的工夫所到達的人生境界去看, 則他們所用的工夫, 乃是一個偉大藝術家的修養工夫; 他們由工夫達到的人生境界, 本無心於藝術, 却不期然而然地會歸於今日之所謂藝術精神之上. 也可以這樣的說, 當莊子從觀念上去描述他之所謂道, 而我們只從觀念上去加以把握時, 這道便是思辨地形而上的性格. 但當莊子把它當作人生的體驗而加以陳述, 我們應對於這種人生體驗而得到了悟時, 這便是徹頭徹尾地藝術精神."

61) 역자주: 殷 湯王의 舞曲.

62) 역자주: 堯의 樂曲.

는 일이야 있었겠습니까? 뛰어난 포정도 일 년에 한 번씩 칼을 바꾸는 것은 고기를 자르기 때문이고, 일반 포정은 한 달에 한 번 칼을 교환함은 칼이 뼈와 부딪혀 무뎌지기 때문입니다. 지금 신이 이 칼을 19년 동안 사용하면서 수천 마리의 소를 잡았으나 칼날은 숫돌에 막 갈은 것과 같습니다. 뼈에는 틈이 있으나 칼은 두께가 없습니다. 두께가 없는 것을 틈이 있는 곳에 넣으니 넓어 칼날을 놀리는데 여유가 있습니다. 이러한 까닭에 19년 동안 칼을 사용했어도 막 숫돌에 간 칼과 같습니다. 비록 뼈와 살이 뭉친 곳을 만나면 칼을 움직이기 어려워 어쩔 수 없이 경계하고 조심하지만 시선을 멈추고 천천히 움직입니다. 칼을 섬세하게 움직이면 흙덩어리가 땅에 떨어지듯이 확하고 뼈와 살이 갈라집니다. 그러면 칼을 들고 일어나 사방을 살핀 뒤 만족스러우면 칼을 수습하여 잘 보관합니다."라고 말하였다. 문혜군이 "훌륭하도다! 내가 포정의 말을 듣고서야 양생의 도리를 알았도다."라고 말하였다.[63)]

이 고사는 늘 이야기해도 늘 새롭다. 이 고사를 우리는 몇 개의 측면으로 나누어 해석해야 할 것이다.

첫째, 분명히 포정은 전문적인 일이라 할 수 있는 소 잡는 일에 종사하고 있다. 그러나 포정이 한 일은 단순한 기술을 사용하는 일이 아니라 '도를 이해하는' 과정에 종사한 것이다. 따라서 그가 "제가 좋아하는 것은 도입니다"라고 말했던 것이다.

---

63) 『莊子』「養生主」, "庖丁爲文惠君解牛, 手之所觸, 肩之所倚, 足之所履, 膝之所踦, 砉然嚮然, 奏刀騞然, 莫不中音. 合於『桑林』之舞, 乃中『經首』之會." 文惠君曰: "譆, 善哉! 技蓋至此乎?" 庖丁釋刀對曰: "臣之所好者道也, 進乎技矣. 始臣之解牛之時, 所見無非牛者也. 三年之後, 未嘗見全牛也. 方今之時, 臣以神遇而不以目視, 官知止而神欲行. 依乎天理, 批大隙, 導大窾, 因其固然. 技經肯綮之未嘗, 而況大軱乎! 良庖歲更刀, 割也; 族庖月更刀, 折也. 今臣之刀十九年矣, 所解數千牛矣, 而刀刃若新發於硎. 彼節者有間, 而刀刃者無厚, 以無厚入有間, 恢恢乎其於游刃必有餘地矣, 是以十九年而刀刃若新發於硎. 雖然, 每至於族, 吾見其難爲, 怵然爲戒, 視爲止, 行爲遲. 動刀甚微, 謋然已解, 如土委地. 提刀而立, 爲之四顧, 爲之躊躇滿志, 善刀而藏之." 文惠君曰: "善哉! 吾聞庖丁之語, 得養生焉."

둘째, 단순한 기술의 사용이 아닌 도를 이해하는 과정에서 "소가 보이지 않았습니다."라는 언급은 노동의 과정에서 주체와 객체, 마음(心)과 사물(物)의 대립 관계가 사라진 심물心物, 즉 아물我物이 하나로 융화되었음을 의미한다.

셋째, 이 과정에서 포정이 도달한 "감각으로 멈출 곳을 알고, 마음으로 갈 곳을 알고 있다"는 경계는 인간의 손과 마음의 거리가 없어져 기술의 수단이 마음을 속박하지 않아 마음이 아무런 장애를 받지 않는 자유의 상태로 들어가 이전에 경험하지 못한 정신적 해방감을 얻었음을 의미한다.

넷째, 한 단락을 마무리 지은 포정이 "칼을 들고 일어나 사방을 살핀 뒤 만족스러우면 칼을 수습하여 잘 보관하는" 것은 자신이 정신적 자유를 얻었을 뿐만 아니라 일종의 심미적 향수享受를 얻었다는 것을 설명한다.

이 네 가지 측면은 구체적 노동의 과정이 일종의 정신적 창조이며(體道), 심물 대립의 해소이며(未嘗見全牛), 일종의 정신적 자유이며(以神遇不以目視), 일종의 심미적 향수(躊躇滿志)임을 설명한다. 이와 같이 심물의 대립이 해소되고, 정신적 자유와 심미적 향수를 지닌 정신적 창조와 진정한 문예의 창조는 완전히 일치한다고 말할 수 있다.

(3) 장인匠人의 기예와 예술가의 예술

분명히 『장자』에는 문학에 관하여 정식으로 언급한 곳이 없다. 그러나 그의 사상은 오히려 후대의 문학 및 문학이론의 발생과 상당히 밀접한 관계를 가지고 있다. 이는 이상하게 보일 수도 있지만 결코 그렇지 않다. 원래 장자는 도를 장인의 예藝와 동등하게 대하였다. 그는 도의 신비성을 체득한 뒤 비교적 구체적인 예를 통해 추상적인 도를 설명하였다. 따라서 도를 논하는 것은 예를 통하여 이루어졌고, 후대의 문학이론은 이러한 점에 근거하여 인신引伸과 발휘가 가해진 것이다. 『장자』에는 많은 우언寓言이 있다. 목공木工 경慶이 나무를 조각하여 거[鐻: 악기 걸이]를 만드는 고사를 보자. 목공이 나무를 조각하여 거를 만드는데 거가 완성되면 사람들이 이를 보고 절세絕世의 "귀신같은 솜씨"[64]라 감탄하였다. 노후魯侯가 이를 보고 네가 어떤 기술로 만든 것인가? 라고 묻자, 경이 저는 일개 장인에 불과한 데 무슨 기술이 있겠습니까? 다만 터득한 바가 조금 있지요. 제가 거를 만들 때는 정신을 다른 곳에 소모하지 않고 반드시 재계齋戒하여 마음을 안정시킵니다. 3일을 재계하면 상이나 벼슬을 얻으려는 마음이 감히 침범하지 못하며, 5일을 재계하면 비난과 칭찬, 뛰어남과 졸렬함에 대한 생각이 들지 않으며, 7일을 재계하면 자신의 사지四肢와 형체形體에 대한 감각까지도 없어지는데, 이때에 이르러 저는 조정朝廷도 잊어버리고, 오로지 기교만을 생각하면서 외래의 간섭을 모두 배제한 뒤에 산림으로 들어갑니다. 그리고 수목의 특징을 자세히 관찰하여 모양이 가장 적합한 것을 찾아 눈앞에 이미 완성된 거의 모습이 그려지면 작업에 들어간다고 대답하였다. 목공 경은 이 과정을 "나무의 천성과 나의 천성이 일치되는"[65] 것이라 하였다. '이천합천以天合天'이란 자신의 자연적 천성과 사물의 자연적 천성이 합치되는 것을 말한다. 뛰어난 목공의 노동과 문학가의 창조는 서로 상통하는 바가 있다. 문학 창작에도 '이천합천'의 과정이 필요하다. 즉 문학을 주체로 삼고, 본연의 진리와 동심[童心: 인

64) "鬼斧神工"

65) 『莊子』「達生」, "以天合天"

간이 태어날 때의 마음]을 유지하면서, 객체인 생활 본연의 참된 상태에 호응하면서, 주체와 객체를 서로 결합시키면 문학 창작의 최고 경지에 오를 수 있다. 이외에 '구루자승조痀僂者承蜩' 등과 같은 고사도 작가와 예술가들에게 커다란 자극을 준다.

우리는 이상의 분석을 통하여 유가의 철학은 사회 철학이며, 그 이상은 사회의 조직을 "임금은 임금답고, 신하는 신하다우며, 아버지는 아버지답고, 아들은 아들다운"[66] 예禮에 합당한 세계를 만드는 것이다. 이와 연관된 유가의 문학관은 사회를 중심으로 삼고 있기에 시가는 '사무사思無邪'해야 하고, "감정에서 비롯되었다 하더라도 예의의 범주에서 멈추어야 하는"[67] 시가와 사회의 관계를 대단히 중시할 뿐만 아니라 '인위적' 조종을 강조하였다. 이러한 사회 참여를 중시하는 문학은 당연히 그 목적성目的性이 특히 강할 수밖에 없기에 문학의 외부 규율을 관심의 대상으로 삼는다. 유가와는 달리 도가의 철학은 자연 철학이며, 그 이상은 모든 사람, 사물, 시간, 장소가 도에 부합하는 것이었다. 도는 알 수는 있지만 억지로 구할 수도 없는 것이다. 따라서 도가의 이상적 사회는 '무위이치無爲而治'의 사회였다. 이러한 철학 때문에 도가의 문학관은 자연을 그 중심으로 삼았다. 따라서 그들의 눈에 가장 훌륭한 작품은 '이천합천'의 오묘한 자연에 대한 깨달음을 지닌 작품이며, 문학은 "자연을 본받아야 한다"[68]고 강조하며, '인위人爲'를 반대하였기에 도가의 문학은 '출세적出世的'인 것이 되었고, 문학은 그 어떤 목적도 가지고 있지 않기에 시가 자체의 내부 규율이 주된 관심사였다.

---

66) "君君, 臣臣, 父父, 子子"
67) 「毛詩序」, "發乎情, 止於禮義"
68) 『老子』 25, "法自然"

3. 불가의 문학관

불교가 한대漢代에 중국으로 전래된 것은 중국 사상계의 커다란 사건이었다. 불가는 문학처럼 욕망을 가지고 있는 미의식에 대하여 배척적인 태도를 취했다. 그러나 불가의 철학 사상은 중국의 도가 사상과 결합하면서 중국의 불교와 선종禪宗으로 발전하였으며, 중국 고대 문학이론의 형성과 발전에 중요한 영향을 미쳤다. 따라서 우리가 여기서 언급할 '불가의 문학관'은 그 영향력의 문제에 관한 것일 수밖에 없다는 점을 반드시 인식해야 한다.

(1) 불가와 '이심위본以心爲本'

불교의 기본적 이론 구성은 '생사윤회生死輪回', '인과응보因果應報'에서 시작한다. 사람들은 모두 '업業'을 짓는다. 업이란 본래 외부 동작을 이르는 말이지만 보다 더 넓게 본다면 감정을 가진 존재가 어떤 시간, 어떤 공간에서 한 말, 생각, 행동 모두를 말한다. 현생現生의 운명은 전생前生에 지은 업의 결과이며, 현생의 업 때문에 내생來生에서 인과응보가 있게 된다. 이처럼 현생의 업은 내생에서 응보를 받을 것이며, 내생의 업은 그 다음의 내생에서 그 응보를 받게 된다. 좋은 업을 지으면 좋은 보답을 받고, 나쁜 없을 지으면 나쁜 보답을 받는다. 이 처럼 업은 반드시 그에 합당한 응보를 받기 마련이다. 만일 당신이 탐욕을 부리고, 악업을 지으면 '무명無明'에 빠져 영원히 '생사윤회'를 벗어날 수 없다. 만일 당신이 충분한 수행을 통하여 깨달음을 얻는다면 '무명'과 '생사윤회'를 벗어나 '열반涅槃'을 얻을 것이다. 물론 우리의 사회적 실천에서 이러한 이론을 증명해낼 수는 없다. 그러나 이러한 '유심적唯心的' 이론의 틀 속에서 필연적으로 '마음(心)'의 작용은 두드러질 수밖에 없다. 불교에서는 우주의 모든 것은 마음의 표현이라고 말한다. 업 또한 마음의 동적, 정적 상태의 결과이다.

불교와 그 한 갈래인 선종의 사상은 대단히 복잡하여 서로 다른 집단에서 각기 다른 이론을 주장하지만 '심성心性'만은 불교와 선종 모두의 근본적 관념이라 하겠다. 심[心: 주관]과 물[物: 객관]의 관계에 있어서 불가에서는 '이심위본以心爲本'을 강조하였다. 『대방광화엄경大方廣華嚴經』에서 "삼계의 허망한 것은 모두 마음으로 지은 것이다. 십이연분十二緣分은 모두 마음에서 비롯된 것이며"[69], "마음은 뛰어난 화공과 같다. 그림의 다양한 모습을 모든 세계 속에서 만들어 낼 수 있으며"[70], "모든 세상의 법法은 마음을 중심으로 이루어진다."[71] 라고 하였다. 결론적으로 불교에서는 세계를 '심心', '일념一念'의 작품으로 인식한다. 중국화한 불교인 선종禪宗 역시 '명심견성明心見性'을 주장하였다. 선종에서는 마음을 흔히 거울에 비유하곤 한다. 『남종돈교최대상승마가반야파라밀경육조혜능대사우소주대범사시법단경南宗頓敎最大上乘摩訶般若波羅密經六祖惠能大師于韶州大梵寺施法壇經』(돈황사본敦煌寫本)에서 황매黃梅라고도 불리는 오조五祖 홍인弘刃 아래 있는 상좌인 신수神秀가 읊은 "몸은 보리수菩提樹요 마음은 명경대明鏡臺다. 때때로 부지런히 수양하여 먼지가 앉지 않게 하라"[72]는 일게一偈가 기록되어 있는데, 이는 대사가 수행 중에 깨우친 일종의 허정虛靜, 신명神明의 경지에 들어간 마음을 마치 거울과 같다고 비유한 것이다. 이외에 선종의 육조六祖 혜능惠能의 "바람이 불

---

69) 『大方廣華嚴經 · 十地品之三』, "三界虛妄, 但是心作. 十二緣分, 是皆依心."
70) 같은 책, "心如工畵師, 畵種種五陰, 一切世界中, 無法而不造."
71) 『菩薩明華難經品』, "一切世間法, 唯以心爲主."
72) "身是菩提樹, 心如明鏡臺. 時時勤拂拭, 莫使惹塵埃"

지 않으면 깃발이 나부끼지 않으나 마음은 흔들린다."[73]는 고사는 불선의 기본관념인 '이심위본'을 대단히 정확하게 설명한 것이다. '이심위본'의 관념은 현실의 공리功利에는 아무런 도움이 되지 않으나 문예 같은 고급의 정신 활동에는 대단히 중요한 것이다. 마음을 거울에 비유하거나, 허정의 경계 등이 결합한 불교와 노장 사상은 중국 고대 문학이론, 화론畵論에 커다란 영향을 미쳤다.

(2) '심心'의 비춤과 '종심자위상從心者爲上'

중국 고대 문학이론과 서구 고대 문학이론의 차이는 '마음(心)'의 여과濾過, 소화消化, 이해理解, 굴절屈折의 강조에 있다. 서구에서는 플라톤[Platon: BC 428~348년], 아리스토텔레스[Aristoteles: BC 384~322년]부터 모방설을 주장하면서 외물에 대한 핍진한 모방을 강조하였다. 러시아의 저명한 학자 체르니셰프스키[Nikolay Chernyshevsky: 1828~1889년]는 모방이 서구의 문학이론을 이천년 동안 통치했다고 언급하였다. 그러나 중국의 고대 문학이론과 화론에서는 "밖으로는 조화를 중시하고, 안으로는 심원心源을 얻어야 한다."[74]는 점을 강조하였다. 중국의 고대 문학이론에서 문학 창작이 자연의 도움을 받는다는 주장은 어느 곳에서든지 쉽게 찾아 볼 수 있다. 그러나 시인이 자연의 노예가 되어 자연을 있는 그대로 묘사하면 훌륭한 작품을 창작할 수 있다는 의미는 결코 아니다. 시인들이 자연, 외물外物, 세계를 마음의 투과, 파악, 마찰, 음미, 감상을 통하여 마음속에 창작의 기틀을 만들어 시의詩意의 일부분으로 자리 잡게 해야 비로소

73) "不是風動, 也不是幡動, 而是心動"
74) 張璪, 『歷代名畵記』 10, "外師造化, 中得心源"

작품을 쓰게 된다. 이에 관한 언급은 실로 다 언급할 수 없을 정도로 많다. 다만 여기서 반드시 지적해야 할 것은 이러한 문학이론과 화론은 불선佛禪의 '이심위본'의 관념과 깊은 연관을 가지고 있다는 점이다. 심지어 이러한 관념은 불선의 낙인이 깊게 찍혀있다고 말할 수 있다. 육조시대의 유명한 화가인 종병[宗炳: 375~443년, 남조의 화가, 화론가]과 문학이론가 유협의 글을 예로 삼아 보겠다.

종병은 남조 시대의 화가로 불교의 신봉자이자 '신불멸론神不滅論'을 선양한 대표적 인물이다. 그는 혼란했던 삼국시대三國時代와 위진시기魏晋時期를 겪었다. 당시 유가 사상의 지배력이 크게 약화되자 예술의 기풍에도 변화가 일어나 산수시와 풍경화가 크게 유행하였다. 종병은 바로 이러한 예술 기풍 변화를 촉진시킨 인물 가운데 한 명이다. 당시 그의 「화산수서畵山水序」는 중요한 화론이었다. 그는 「화산수서」에서 중요한 '이심위본'의 '창신론暢神論'을 제기하였다. 종병은 산수를 잘 그리려면 먼저 "발길 닫는 대로 가다가 눈길이 닫는 곳이 있으면 모양 그대로 묘사하고, 색깔 그대로 채색해야 한다."[75] 고 하였는데 이는 산수를 관찰함에 있어 산수와 서로 밀접한 관계를 가져야 한다는 의미이다. 또한 마음으로 산수를 이해하는 것, 즉 "눈길이 가면 마음을 이것과 합치시켜야 한다."[76]라고 하였다. '심회心會'는 일방적인 것이 아니라 산수가 사람을 향해 움직이고, 사람의 마음도 산수를 향해 움직일 때 비로소 산수와 인간의 마음이 합치된다. 현대적인 용어로 설명하자면 인간이 마음으로, 즉각적으로 산수의 본성本性까지 이해하게 되면 산수의 본성 속에서 인간의 본성을 파악할 수 있다는 것이다. 이처럼 "수많은 취향이 상상력과 결

---

75) "身所盤桓, 目所綢繆, 以形寫形, 以色貌色"
76) "應目心會"

합할 수 있는 경지"[77]에 도달해야 비로소 '창신暢神'의 경계를 실현할 수 있다. 종병의 '창신론'의 핵심은 '심회'이며, 이는 분명 불교의 '이심위본'의 영향을 받은 것이다.

종병보다 약간 뒤에 유협이 지은 『문심조룡文心雕龍』은 중국 문학이론 사상 가장 주목받는 저작이다. 유협은 산동山東이 본적이지만 대대로 경구京口(현재의 강소江蘇 진강鎭江)에서 살았는데, 어려서부터 집안 형편은 어려웠으나 학문에 굳은 뜻을 갖고 결혼도 하지 않았던 인물이다. 젊어서 남조의 불교 중심지의 하나인 정림사定林寺로 들어가 승우僧祐의 불경 정리 작업을 장장 10여 년 간 도왔고, 결국 만년에는 관직을 버리고 출가하였다. 이러한 사실을 가지고 본다면 유협이 불가에 정통하였음은 분명하다. 그의 『문심조룡』은 유가 사상을 바탕으로 저술된 것이지만 불교의 영향을 받았음을 부정할 수 없다. 특히 그는 창작 문제를 다룬 문장에서 '심'의 적극적인 작용을 강조하였는데, 이는 불교의 '이심위본' 사상과 밀접한 연관을 가지고 있다. 예를 들어 「물색物色」편에서 유협은 창작을 논하면서 '심'과 '물'의 관계를 언급하였는데, 그 귀결점은 바로 '여심이배회與心而徘徊'이다.

> 이와 같이 시인들(『시경』의 작가)은 경물景物에 감응하여 끝없는 연상에 빠졌다. 세상 만물 속을 끝없이 노닐다가 보고 들은 것을 나지막하게 읊조렸다. 경물의 기운과 모습을 묘사함에 사물과 완전히 하나가 되었고, 풍물風物의 소리와 색채를 묘사함에 자신의 마음이 그것과 함께 움직였다.[78]

77) "萬趣融其神思"
78) 『文心雕龍』 「物色」, "是以詩人感物, 聯類不窮. 流連萬象之際, 沈吟視聽之區; 寫氣圖貌, 旣隨物以宛轉; 屬采附聲, 亦與心而徘徊."

이를 풀어서 말하자면, 시인(여기서는 『시경』의 작가)이 외물의 영향을 받았을 때 머리 속에서는 연상과 유추가 끝없이 이루어지면서 만물 속으로 빠져들어 낮은 목소리로 시각과 청각을 통하여 느낀 사물을 읊조리고, 사물의 색과 소리를 묘사할 때 "마음이 사물과 함께 움직인다."[79]는 것이다. 유협의 사고는 대단히 변증법적이다. 이미 사물의 운동 궤적을 고려했을 뿐만 아니라 사물이 마음의 정서와 함께 움직인다는 사실도 인식하였다. 그러나 우리가 앞서 언급했던 『시경』의 구절 및 그 분석, 진晋·송宋 시기 이래 "문장은 핍진함을 중시한다"[80]는 비평 및 "눈빛 오가니, 마음속 말들이 쏟아져 나온다"[81], "마음을 선물로 주니 창작의 흥취로 답례한다."[82]는 일깨움을 이해했다면 자연의 도움은 불가결한 것이지만 보다 근본적인 문제는 시인 마음의 외물에 대한 관찰, 마찰, 굴절, 승화, 즉 "자신의 마음이 그것과 함께 움직였다"이며, 마음속 시의를 파악하지 못하면 창작은 결코 성공할 수 없다는 결론을 얻을 수밖에 없다. 유협이 불리佛理에 정통하였고, 불교를 믿었다는 사실을 통하여 그가 불교의 '이심위본'의 이론을 흡수했다는 것은 충분히 긍정할 수 있을 것이다.

수隋·당唐 시대 이래 불교의 교리가 문학에 침투되는 현상은 더욱 일반적인 것이 되었다. 시론과 문학이론 가운데 '심'을 중심하는 심·물의 상호 교류에 대한 이론이 문학이론, 화론, 서론, 악론에서 크게 유행하였다. "마음을 좇아 그리는 것이 훌륭한 것이고, 눈을 따라 하는 것은 하찮은 것이다"[83], "외형은 사물의 조화를 따르지만

79) 『文心雕龍』「物色」, "與心而徘徊"
80) 같은 책, "文貴形似"
81) 같은 책, "目既往還, 心亦吐納"
82) 같은 책, "情往似贈, 興來如答"
83) 唐代, 『張懷瓘論書』, "從心者爲上, 從目者爲下"

근원은 마음의 샘에서 얻어진다."[84], "사물은 마음속에 있는 것이지 이목에 있는 것이 아니다."[85], "물상에서 형상을 구하려고 하면, 마음이 경계境界 속으로 들어가야 하고, 사물에 정신을 집중하면, 마음을 통하여 본질을 얻으니, 이를 취사取思라 한다."[86] 등이 그 예이다. 이때가 되면 '유심游心', '운심運心', '양심揚心', '생심生心', '지심持心' 등과 같은 단어들이 문학이론에 자주 등장하였다. 명대에 이르러 왕양명[王陽明: 1472~1529년, 본명은 왕수인王守仁]은 '심학心學'을 주장하면서 "천하에는 마음 이외에는 아무 것도 존재하지 않는다."[87]라고 주장하였다. 그의 제자들이 왕양명을 위하여 편찬한 『전습록傳習錄』에 "선생께서 남진南鎭을 유람하실 때 한 친구가 바위에 자란 꽃이 핀 나무를 가리키며 '세상에는 마음 밖에는 아무 것도 존재하지 않는다고 하였는데 여기 있는 꽃이 핀 나무는 깊은 산중에서 저절로 폈다가 저절로 떨어지니 내 마음과 도대체 어떤 관계가 있단 말인가요?'라고 물었다. 선생께서 '당신이 이 꽃을 보지 못했을 때는 이 꽃 또한 당신의 마음처럼 울적했을 것이오. 당신이 이 꽃을 보았을 때 이 꽃의 색깔이 일시에 환해졌소. 그러니 이 꽃이 당신의 마음에서 벗어난 것이 아님을 알 수 있지 않소.'라고 대답하셨다."[88]라는 구절이 있다. 이 말을 통하여 이러한 이론이 모두 불교의 심성설心性說과 밀접한 관계가 있음을 쉽게 알 수 있다.

우리는 불교의 '이심위본'의 심성설이 중국 문학이론 속으로 스며

84) 『歷代名畫論』, "外師造化, 中得心源"
85) 『唐文粹』「觀張員外畫松石序」, "物在靈府, 不在耳目"
86) 『唐音癸簽』, "搜求於物, 心入於境, 神會於物, 人心而得, 曰取思."
87) "天下無心外之物"
88) 『傳習錄』, "先生游南鎭, 一友指岩中花樹問曰: '天下無心外之物, 如此花樹, 在深山中, 自開自落, 于我心亦何相關?' 先生云: '爾未看此花時, 此花與爾心同歸于寂. 爾來看此花時, 則此花顔色一時明白起來. 便知此花, 不在爾心外'"

들게 된 것이 결코 우연이 아님을 분명히 알아야 한다. 이러한 현상은 중국의 도가사상이 '심'의 작용을 주장하였기 때문이다. 도가의 '심재心齋', '좌망坐忘', '허정虛靜', '신우神遇', '소요유逍遙游' 등은 모두 '심'과 관련된 학설이기에 중국 철학과 문학이론의 역사에 있어 도가와 불가의 이론은 '상호 증명', '상호 해석'될 뿐만 아니라 심지어는 서로 하나가 되었기에 확연히 구분하기 어렵다. 도가의 학설은 불리를 빌어 더욱 확연하게 되었다고 말할 수 있을 것이다. 따라서 중국 고대 문학이론을 언급하면 유·불·도 삼가를 이야기 하지만 실제로는 유가와 도가 양가가 핵심이라 하겠다.

4. 유가와 도가가 보는 시가 효용론

유가와 도가의 문학의 효용에 대한 견해는 그들 사이에 존재하는 문학 관념의 차이와 밀접한 관련이 있다.

(1) 유가의 외향적 시가 효용론

유가의 문학관은 사회를 근본으로 삼았기에 외향적 성격이 강하다. 이에 유가는 시가를 사회를 조직하는 도구로 간주했다. 그들의 시가 효용론은 자연스럽게 실용을 그 목적으로 한다. 시가의 효용이 실용에 있다는 것은 역대 모든 유가의 공통된 주장이다. 공자의 '흥興, 관觀, 군群, 원怨론'은 문학의 실용적 효용론을 집중적으로 잘 보여주고 있다. 『논어』「양화陽貨」 편에 다음과 같은 구절이 있다.

> 공자가 이르시길 … 너희들은 어찌하여 『시경』을 공부하지 않는가? 『시경』을 공부하면 뜻을 일으킬 수 있고, 득실을 살필 수 있으며, 다른 사람들과 더불

어 살 수 있으며, 원망할 수 있으며, 가까이는 어버이를 섬길 수 있게 하며, 멀리는 임금을 섬길 수 있게 하고, 적어도 조수, 초목의 이름을 많이 알 수 있다.[89]

『논어』「자로子路」 편에는 다음과 같은 구절이 있다.

공자가 이르시길 … 『시경』을 암송한다 하더라도 정무를 맡겨도 제대로 처리하지 못하고, 사방四方으로 사신으로 나가 혼자서 외교를 감당하지 못한다면 아무리 많이 외워도 어디에 쓰겠는가?[90]

위의 두 예문은 공자가 시의 실용적 의의를 이해하고 있었음을 설명한다.

무엇을 '흥興'이라 하는가? 시는 본래 현실 생활의 묘사를 통한 감화력을 가지고 있어 사람들이 시를 읽은 후 현실 생활 속에서 새로운 계발을 얻을 수 있는데 이것이 바로 주희朱熹가 말한 "의지를 불러일으키다"[91]이다.

무엇을 '관觀'이라 하는가? 시는 현실 생활을 묘사하기에 시 속에서 "득실을 살필 수 있고"[92], "풍속의 성쇠를 살필 수 있어"[93] 사람들로 하여금 인류 사회의 현실 생활을 명확하게 인식할 수 있게 한다는 의미이다.

---

89) 『論語』「陽貨」, "子曰: 小子莫學夫『詩』? 『詩』可以興, 可以觀, 可以群, 可以怨; 邇之事父, 遠之事君, 多識於鳥獸草木之名."
90) 『論語』「子路」, "子曰: 誦『詩』三百, 授之以政, 不達; 使於四方, 不能專對; 雖多, 亦奚以爲?"
91) "感發意志"
92) 朱熹注, "考見得失"
93) 『論語集解』「鄭玄注」, "觀風俗之盛衰"

무엇을 '군群'이라 하는가? 시가 본시 더불어 사는 사회의 산물이기에 "무리지어 살면서 서로 절차탁마할 수 있어"[94] 집단 교육에 효용이 크다는 의미이다.

무엇을 '원怨'이라 하는가? 바로 "위정자의 정치를 원망하거나 풍자하는 것"[95]이라는 의미이다. 시는 현실 생활을 반영할 뿐만 아니라 인류 투쟁의 도구이기 때문에 한편으로는 당시 통치 계급의 정치를 풍자하고, 한편으로는 사회를 개조하는 작용을 지니고 있다. 그래서 공자 문하門下에서는 시교詩教에 있어 "부드럽고 신중함"[96]을 중시하였다. 주희가 "원망하지만 화는 내지 않아야 한다."[97]고 한 것이 그 예이다.

무엇을 '전대專對'라 하는가? 사신의 임무를 맡은 후에 『시경』의 내용을 가지고 교섭에 응하여 임기응변의 방법으로 독립적으로 일을 처리하는 것을 말한다. 종합하자면 유가의 문학의 실용 기능에 대한 시각은 다음 몇 가지로 요약할 수 있을 것이다.

1) 교화 작용教化作用

교화 작용이란 문예의 감화를 통하여 예의에 합당한 인륜 도덕을 수립하면서 먼저 '사부事父', '사군事君'한 연후에 '예의에 따라 모든 인간 사이의 질서를 바로 잡는 것을 말한다. 공자는 시를 통하여 '군群'을 이룰 수 있기에 시가를 통하여 군중을 교화할 수 있다고 주장하였다. 「모시서毛詩序」에서 "득실을 바로 잡고 천지를 감동시키

---

94) 孔安國注, "群居相切磋"
95) 孔安國注, "怨刺上政"
96) 『禮記·經解篇』, "溫柔敦厚"
97) "怨而不怒"

며, 귀신을 감동시키는데 시보다 좋은 것이 없다. 선왕은 시를 가지고 부부를 다스리고 효경을 이룩하였으며 인륜을 돈독하게 하였고, 교화를 완미하게 하여 풍속을 바꾸시었다."[98]라고 한 것은 이를 설명한 것이다. 일반적으로 유가는 항상 교화 작용을 가장 첫머리에 둔다. 그들의 입장에서 본다면 사회 통치는 먼저 백성들이 그 말에 순종하여야하기 때문이다.

2) 원자 작용怨刺作用

유가는 시를 통하여 "위정자의 정치를 원망하고 풍자할 수 있다"[99] 라고 주장하였다. 『시경』의 「석서碩鼠」, 「벌단伐檀」과 같은 시를 공자가 산시刪詩할 때 이를 없애지 않았던 것은 시를 통하여 원망할 수 있다는 관점을 인정한 것이라 하겠다. 공자는 『춘추春秋』를 편찬하면서 그 근거를 주대周代 예교의 도덕 준칙에 두고 '미언微言'으로 제후들을 포폄褒貶하여 "난신亂臣과 적자賊子들로 하여금 두려워하게 만들었다."[100] 두보[杜甫: 712～770년]는 시를 짓는 하나의 목적은 "군주를 요순처럼 만들고, 나아가 풍속을 도탑게 하기"[101] 위함이라고 주장하였다. 백거이白居易도 잘못을 바로잡고, 사실을 말하는 것 이외에 "인간들의 병폐를 바로잡고, 세태의 그릇됨을 고침에 말로 할 수 없으면 노래로 이를 읊었고, 「진중음秦中吟」을 들으면 권세가와 귀족들이 서로를 쳐다보면서 얼굴색이 변하였다."고 언급하였다.[102] 경물을 묘사

98) "故正得失, 動天地, 感鬼神, 莫近於詩. 先王以是經夫婦, 成孝敬, 厚人倫, 美教化, 移風俗."
99) "怨刺上政"
100) "使亂臣賊子懼"
101) "致君堯舜上, 再使風俗淳"

할 때도 일반적으로 '풍간諷諫'이 첨부되었다. 그러나 원망이 분노가 되어서는 안 되기에 예의의 규범을 벗어나지 말아야 한다.

3) 언지 작용言志作用

유가의 시학 강령은 "시란 뜻을 말하는 것"[103]이다. 따라서 유가는 항상 언지 작용을 특별히 강조하였다. 『상서尙書』「요전堯典」편에서 "시는 인간의 뜻을 말하는 것이며, 노래란 말을 읊조리는 것이고, 노래에 따라 오성五聲을 정하고, 음률에 따라 가성歌聲을 조화롭게 한다."[104]라 하였다. 『순자荀子』「유효儒效」 편에서 "시란 뜻(志)을 말하는 것이다."[105]라 하였다. 유가에서 말하는 '지志'란 무엇인가? 역대로 의론이 분분하여 하나로 꼭 집어 말할 수는 없지만 대체적으로 사람의 사상과 감정을 지칭한다. 시를 통하여 사람의 감정을 토로하지만 이 사상과 감정은 반드시 예에 합당한 것이어야 한다. 이처럼 예에서 벗어나지 않은 사상과 감정의 토로만이 국가 조직과 기율에 유익하다. 어떤 학자들은 중국 시학의 '시언지'를 서구 낭만주의의 자아 표현과 혼동하여 이 두 가지를 서로 비교할 수 있다고 하는데, 이는 분명한 오해로 사람들로 하여금 상당한 혼란에 빠지게 만든다. 이외에 공자가 시가 '흥'을 일으킬 수 있다고 말한 것은 인간이 시를 읽은 후에 "의지를 불러일으키고", 시를 지을 때 "감정과 의지를 표현할 수 있다"라고 이해할 수 있다. 이에 백거이는 언지를

---

102) 『與元九書』·· "有可以救濟人病, 裨補時闕, 而難于指言者, 輒吟歌之. 聞「秦中吟」, 則權豪貴者相目而變色矣."

103) 「毛詩序」, "詩言志"

104) 『尙書』「堯典」, "詩言志, 歌永言, 聲依永, 律和聲."

105) 『荀子』「儒效」, "詩言是其志."

통하여 "위정자는 교화에 도움을 받을 수 있고, 백성들은 정성을 다스릴 수 있다"[106]라고 하였다.

4) 인식 작용認識作用

흔히 『시경』을 공부하면 "초목의 이름을 많이 알 수 있다"[107]거나, "풍속의 성쇠를 알 수 있다"[108]거나, 전대[專對: 외교 회담]할 수 있다거나 하는 것들은 모두 시가가 인식 확대와 능력 제고의 기능을 가지고 있음을 지적한 말이다. 창작에 있어 유가는 '사실의 기록'을 중시하였다. 예를 들어 한漢·위魏 시기의 악부시樂府詩, 백거이의 신악부新樂府, 두보의 '삼리三吏·삼별三別'처럼 사실을 기록하거나, 진실하게 현실 생활을 반영한 작품은 모두 대단히 강력한 인식 작용을 가지고 있다. 그러나 여기서 지적하고자 하는 것은 유가의 문학 효용론의 인식 작용 역시 서양의 문학 효용론의 인식 작용과 서로 비교할 수 없다는 점이다. 서구에서는 분명 지식론을 통하여 문학을 이해하였다. 따라서 문학이라는 것은 '이념'의 감성적 표현이라는 관점, 문학은 모방이라는 관점, 문학의 진실성이라는 관점, 문학의 전형이라는 관점 등은 그 의미는 서로 다르지만 한 가지 공통점을 가지고 있는데 그것은 바로 문학은 지식이며, 과학 이외의 또 다른 지식이라는 것이다. 서양인들 역시 "시를 위한 변명"[109]을 여러 차례 하였으나, 모두 지식론의 입장에서 시를 위한 변명, 즉 과학은 자연의 지식이며, 문학은 인생의 과학서라는 것이다. 그러나 중국은 예부터 지금까지 이러한 시

106) 『與元九書』, "上可裨教化, 下可理情性"
107) 『論語』「陽貨」, "多識鳥獸草木之名"
108) 『論語集解』「鄭玄注」, "觀風俗之盛衰"
109) "爲詩辯護"

를 위한 변명이 필요 없었다. 중국의 고대인들은 문학이 인간의 인식을 강화시킬 수 있음을 이야기 할 때도 '교화'의 각도에서 착안했기 때문이다. 시를 읽으면 교양을 제고시킬 수 있을 뿐만 아니라 사람을 고아高雅하게 만들어 결국은 "자신의 이익을 버리고 예의로 회귀"하게 한다.110) 즉 예의와 예절 등을 통하여 인간과 인간 사이의 관계를 조화롭게 만들어 사회 안정을 공고히 할 수 있다는 것이다.

개괄적으로 말하자면 유가의 시가 효용론은 실용적이며, 심미적 기능을 중요한 위치에 두지 않는다.

(2) 도가의 심미형審美型 문학 효용론

유가의 문학 효용론과는 달리 도가의 시가 효용관은 심미형이다. 심미란 무엇인가? 심미란 인간의 정신이 한 순간에 자유와 해방을 얻는 것이다. 도가는 철학적으로 자연을 중시하였지만 사실 도가의 '제물齊物', '무대無待', '소요逍遙' 등의 개념은 시인에게 일종의 독특한 정신적 계시를 주어 현실의 세계 속에서 현실 이외의 정신세계를 탐색하게 하여 활달豁達, 광활廣闊, 일탈逸脫, 낭만浪漫, 자유自由의 문학 창작 세계를 창출하게 한다. 중국 시가사詩歌史에 있어서 '은일파隱逸派', '산림파山林派', '전원파田園派', '유선파游仙派' 등은 모두 도가 사상에서 나온 것이다. 도가의 문학 효용론은 장자가 말한 유[游: 노닐다]한 자에 집중적으로 표현되어 있다. 장자는 현대의 미학자들과는 달리 미와 예술을 추구해야할 대상으로 삼아 사색과 이해를 통해 예술 정신이란 무엇인가를 밝히려고 하지 않았다. 장자는 그저 난리가 잦았던 시대에 사람들이 받았던 질곡桎梏, 도현倒玄의 고통 속에서

110) "克己復禮"

자유와 해방을 획득하는 일은 현세에서는 불가능하다고 여겼다. 또한 종교인들의 경우처럼 천상이나 미래에서 구할 수도 없다고 여겼다. 장자는 역시 이러한 것들은 오로지 자신의 마음에서 구할 수 있다고 여겼다. 장자는 마음의 작용과 상태를 정신이라고 불렀고, 자신의 정신 속에서 자유와 해방을 얻어야 하며, 이러한 정신적 해방을 '유游'로 상징하였다. 『장자』 제일편인 「소요유逍遙游」에서 '유'의 본의는 깃발의 수술이 바람에 따라 아무런 속박 없이 펄럭거린다는 것이었으나, 이를 바꾸어 유희游戱의 '유'가 되었고, 이것이 장자가 사용한 '유'의 본의이다.[111] 유희는 공리나 목적이 없다. 보다 심경이 자유로워야 시와 예술을 보다 충분히 감상할 수 있다. 중국 고대의 산수시山水詩와 화조화花鳥畵는 일반적으로 정치적, 사회적 내용이 없으며, 그 목적은 정신적 자유이다. 도가의 정신적 자유에 대한 찬미, 자연에 대한 이상화는 중국의 위대한 예술가들에게 커다란 계시를 주었다. 이러한 까닭에 중국의 위대한 예술가들은 모두 자연을 주제로 삼았던 것이다. 중국화의 걸작들의 소재는 대부분 산수, 조류, 꽃, 수목, 대나무였다. 한 폭의 산수화에서 산기슭 혹은 하천 가에서 어떤 사람이 자연의 아름다움을 감상하면서 하늘과 인간 세상을 초월한 오묘한 이치를 깨우치는 모습을 흔히 볼 수 있다. 결론적으로 도가는 예술의 실용을 중시하지 않았고, 심미를 중시하였다. 이는 문학이 자연, 진솔, 청신을 추구하도록 이끌어 사람들에게 활달, 광활, 일탈, 낭만적인 감흥을 제공하였다. 이백[李白: 701~762년]은 도가적 색채가 짙은 시인이다. 그의 「장진주將進酒」에 "그대는 황하의 물이 하늘에서 내려와 세차게 흘러 바다에 이르면 다시 돌아오지 못하는 것을 보지 못했는가. … 인생이란 때를 만나면 그 즐거움을 다해야 하는 법, 금

---

111) 徐復觀, 『中國藝術精神』, 春風文藝出版社, 1987, 53~54쪽.

술잔이 빈 채로 달과 마주하게 하지 말지어다. … 하늘이 내게 내려주신 재능은 반드시 쓰일 곳이 있으니, 천금을 모두 써도 다시 생길 것이오. … 주인이여, 어찌 돈이 모자란다고 하는가? 즉시 술을 받아다 그대들과 함께 마시리라. 오화마五花馬, 천금의 갖옷, 아이 불러 좋은 술과 바꿔다가 그대들과 더불어 마셔 만고의 시름을 녹이리라."[112] 라는 구절이 있다. 여기에는 모든 것을 간파하고 구속이 없는 활달하고 초탈한 자유 정신이 녹아 있다. 도가의 문학 효용론은 심미적 자유이며, 직접적인 목적이 없다고 말할 수 있으며, 유가의 실용을 중시하는 효용적 시가 관념과는 큰 차이가 있다.

5. 유가, 도가, 불가 문학 사상의 상호보완

유가, 도가, 불가의 문학 관념은 확실히 대립되는 측면이 분명히 있다. 사실상 유가 사상이 현세적, 현실적, 적극적, 사회적이라면, 도가사상은 탈속적, 초현실적, 소극적, 개인적이라 하겠다. 유가는 인륜 도덕의 정의, 예교적 구속을 중시하여 도덕과 효용을 시가 창작의 기본 지침으로 삼았다. 도가는 진성眞性의 보존, 무위의 지향을 중시하여 시는 반드시 "자연을 교묘하게 표현해야하고"[113], "응당 행할 바를 행하며, 어쩔 수 없이 정지해야하면 정지한다."[114]고 주장하였다. 유가의 문학관은 일정한 제한성을 가지고 있으며, 도가의 시학관은 속박 받는 것을 절대 받아들이지 않는다. 양자는 상반되면

112) "君不見黃河之水天上來, 奔流到海不復回. …… 人生得意須盡歡, 莫使金樽空對月. 天生我材必有用, 千金散盡還復來. …… 主人何爲言少錢, 徑須沽取對君酌. 五花馬, 千金裘, 呼兒將出換美酒, 與爾同銷萬古愁."

113) "妙造自然"

114) "行乎其所當行, 止乎其所不可不止"

서도 서로 도우며 중국 문학관의 특색을 형성하였다.

유가, 도가, 불가의 문학 사상에는 상동相同 혹은 상호 보완적 측면이 있다. 여기서 우리는 두 가지 특징을 살펴보기로 하자.

(1) 유·도 양가는 모두 '화和'를 주장한다.

'화'는 유가, 도가, 불가의 합류점이다. 유가는 인간관계에 있어서의 조화를 중시한다. 도가는 인간과 자연의 관계에 있어서 "천지 만물과 서로 왕래해야 한다."[115]고 주장한다. 유가와 도가는 왜 모두 '화' 혹은 '화이부동和而不同'을 주장하는 것일까? 이는 선진 시대인 유가와 도가 만들어졌을 당시의 시대적 배경과 깊은 연관이 있다. 중국은 비록 대단히 긴 해안선을 가지고 있지만 수천 년 역사 발전 과정에 있어서 중국인들은 황하 유역에서의 경작을 생활의 가장 중요한 수단으로 삼았기에 절대 다수가 농업에 종사하였다. 따라서 수확의 좋고 나쁨은 그들 생활 형편과 깊은 연관이 있다. 토지에 대한 애착, 이 토지 위에서 노동하고 있는 사람에 대한 애착은 어떻게 자연을 보호하고, 어떻게 훌륭하게 농민을 조직하느냐가 당시 서로 다른 사상가들이 공동적으로 고민한 핵심 문제이다. 장기간에 걸쳐 중국은 사람을 사士·농農·공工·상商 4등급으로 나누었다. '농'은 토지에서 농사를 짓는 농민, '사'는 토지의 소유자다. 이들은 생산자이자 생산 자료의 소유자로 '무無'에서 '유有'를 창출하기 때문에 가장 존경을 받았다. 따라서 고대 중국에는 계속 '상농[上農: 농업을 중시하는]' 사상이 존재하였으나, 반대로 물건을 구매하여 운반하는 상인은 좋지 않게 보는 시각이 있었다.[116] 선진 시기의 유가와 도가의

115) "與天地萬物往來"

창시자들의 '상농' 관점은 일치한다. 도가는 토지와 자연을 중시, 토지와 자연을 농민의 근거로 여겼다. 만일 자연이 파괴되면 농민은 그 근거를 잃기 때문이다. 그들은 '소국과민[小國寡民: 작은 나라, 적은 국민]'을 이상적이라고 생각하였다. 그래서 각종 기구가 있다 하더라도 사용하지 않고, 백성들은 생명을 중하게 여기게 만들며, 함부로 먼 곳으로 이주하지 않게 하고, 배와 수레가 있어도 이를 타고 다닐 필요가 없으며, 무기가 있어도 이를 사용할 필요가 없고, 백성들로 하여금 문자를 버리고 새끼줄을 묶어 뜻을 표하게 하는 것이 최선의 정치라고 보았다. 정치가 이 경지에 이르면 백성들 각자가 맛있는 음식을 먹고, 좋은 옷을 입고, 편안하게 살면서 마음껏 즐기고, "이웃나라와 마주보며, 이웃의 닭이나 개 소리가 들리기도 하지만 백성들은 늙어 죽을 때가지 서로 번거롭게 왕래하는 일도 없다"[117]는 것이다. 이것이 바로 도가에서 말하는 '무위이치無爲而治'이다. 유가는 토지를 가지고 있는 자와 이 토지 위에서 노동하는 사람에 대하여 깊은 애착을 가지고 있었다. 토지를 가지고 있거나 이 토지 위에서 노동하는 사람들을 잘 조직해야 하는데, 그들의 이상은 '오상五常' 즉 부자유친父子有親, 군신유의君臣有義, 부부유별夫婦有別, 장유유서長幼有序, 붕우유신朋友有信이었다. 또 한 가지는 공자, 노자, 장자, 맹자는 모두 춘추 말기 혹은 전국시대에 활약했던 인물이라는 점이다. 당시는 '예붕악괴[禮崩樂壞: 예악이 붕괴되는]'의 시기였다. 주왕조周王朝의 통치력이 쇠락하면서 제후국 사이에 끝없는 전쟁이 벌어져 백성들의 고통은 더 이상 감내할 수 없는 지경이 되었다. 이에 유가와 도가는 모두 시대의 분위기를 파악하고 사회 문제

116) 『呂氏春秋』「上農」.
117) 『老子』 80, "隣國相望, 鷄犬之聲相聞, 民至老死, 不相往來."

의 해결과 인심을 안정시킬 수 있는 방법을 찾았다. 그들의 이론은 모두 동일한 사회 조건에서 찾아낸 대응책이다. 그리고 그들은 모두 '화'라는 기본 관점을 찾아냈던 것이다. '화'는 유가, 도가의 교차점이다. 어떤 '화'가 되었든 '화'는 그 사회 환경 속에서 농민이 가지고 있었던 희망과 기대를 표현한 것이라고 말할 수 있다. 이러한 교차점은 문학사상에 있어 부드러움을 중시하는 것으로 반영되었다. 유·도·불 삼가는 모두 시가에 있어서 원망하지만 화내지 않고(원이불노怨而不怒), 슬프지만 애상哀喪하지 않아야(애이불상哀而不傷) 한다고 주장하였다. 유가의 '온유돈후溫柔敦厚'와 도가의 '청신', '진취眞趣', '초탈'은 실제로는 '화'를 그 특징으로 한다. 시는 서정적인 것이며, 그 감정은 내심에서 비롯되기에 '온유돈후', '청신', '진취'는 바로 시인 자신의 내심에서 비롯된 감정을 지칭한다고 하겠다. 온유한 감정은 사람에게 어떤 가치가 있을까? 감정은 크게 열정, 온유, 냉정이라는 세 가지로 나눌 수 있을 것이다. 지나치게 열정적인 감정은 사람을 자극하는 작용을 하며, 자극이 지나치면 맹목적인 열정이 되기에 명확해질 수 없어 때로는 분수에 넘치는 일을 저지르곤 한다. 너무 냉정한 감정은 냉담한 것으로 변하여 사람들로 하여금 친근하게 느끼지 못하게 하거나 혹은 경직된 생경함을 낳는다. 결론적으로 지나치게 열정적이거나 냉정한 감정은 모두 탄력성이 부족하다. '온유돈후', '청신', '진취'는 탄력과 흡입력을 가지고 있기에 사람들에게 일종의 정신적인 휴식처인 집이 되기도 한다. 사람들에게 집이 없다면 너무나 살아가기 힘들 것이다.

당대唐代의 시인들 가운데 왕유[王維: 701~761년, 일설에는 699~761년]는 도가에, 두보는 유가에 속했던 인물이다. 그러나 이들 두 사람은 모두 사람들에게 친근감을 느끼게 하는 공통점을 가지고 있다. 왕유는 '화'를 중시하여 그가 지은 시들은 대자연과 깊은 연관성을 가지고 있어 사람들로 하여금 자연의 아름다움을 느끼게 한다. 예를 들어보기로 하자.

> 텅 빈 산, 사람은 보이지 않는데 말소리만 들려온다.
> 어슬렁거리던 빛이 깊은 숲에 들어와 푸른 이끼를 비친다.
>
> 空山無見人, 但聞人語響.
> 返景入深林, 復照靑苔上. 「鹿柴」[118)]
>
> 나무 끝자락에 핀 부용화,
> 산 속을 붉게 물들이고.
> 물가 집에 인적 없어도,
> 피고 지고, 또 피고 지고.
>
> 木末芙蓉花, 山中發紅萼.
> 澗戶寂無人, 紛紛開且落. 「辛夷塢」[119)]
>
> 인적 드문 곳에 계화桂花 떨어지니,
> 고즈넉한 밤 청산은 텅 비어있도다.
> 달뜨자 산새들 놀라,
> 때때로 봄 물가에서 지저귀네.
>
> 人閑桂花落, 夜靜靑山空.
> 月出驚山鳥, 時鳴春澗中. 「鳥鳴澗」[120)]

---

118) 역자주. 『輞川集』 20수 가운데 제4수.
119) 역자주. 『輞川集』 20수 가운데 제18수.
120) 역자주. 『王右丞集箋注』 「皇甫岳雲溪雜題五首」의 첫수

이 시들은 자연 속에 사람이 있고, 사람의 눈과 마음속에도 자연이 있어, 사람과 자연이 완전히 융화되어 사람은 자연과, 자연은 또 사람과 친밀한 관계를 유지하고 있는 느낌을 사람들에게 전하고 있다. 이는 바로 '친화親和'의 최고 경계를 보여준 것이라 하겠다. 실로 시 속에 그림이, 그림 속에 시가 있다고 말할 수 있겠다.

두보 역시 '화'를 주장하였다. 그는 주로 사람과 사람 사이의 친근한 감정을 묘사하였다. 이러한 특징은 자신과 가까운 지인, 친구 등과의 관계를 묘사한 시에만 나타나는 것이 아니라 반전을 주제로 한 시에도 나타난다. 유명한 「병거행兵車行」을 예로 들어보자.

> 수레는 삐걱 삐걱, 말은 씩씩.
> 출정하는 장병들은 허리에 활과 화살을 찼네.
> 부모, 처자 종종 걸음으로 따라가며 전송하는데,
> 먼지에 함양교咸陽橋도 보이지 않네.

> 車轔轔, 馬蕭蕭,
> 行人弓箭各在腰.
> 爺娘妻子走相送,
> 塵挨不見咸陽橋.

이 4구의 시는 전란 속에서도 사람들이 보여주는 친밀감을 감동적으로 표현하고 있다. 비록 이별의 고통을 표현하고 있지만 그 고통의 뒷면에는 인간과 인간 사이의 친근함이 가득하다. 「모옥위추풍소파가茅屋爲秋風所破歌」의 "어찌하면 천만 칸의 큰 집을 지어 천하의 가난한 자 모두 불러들여 서로 즐겁게 얼굴 바라보게 할까?(安得廣廈千萬間, 大庇天下寒士具歡顏?)"는 더 이상 언급할 필요조차 없다. 두보는 인간과 인간 사이의 '친화'를 가장 잘 표현하였다고 말할 수 있을 것이다. 이러한 사실로 미루어 유가와 도가의 시학관에는 비록 상반되는 것도 있으나 서로 상통하는 것도 있음을 알 수 있다.

(2) 유·도 시학의 상호 보완적 사회 심리의 원인

시학관에 구현된 유가와 도가의 상호 보완은 현실 생활 속의 사회 심리적 수요를 반영하고 있음을 반드시 인식해야 한다. 중국의 봉건 사회에서 시인까지 포함한 사인은 줄곧 조야朝野의 구분이 있었다. 그러나 과거제도의 발전 및 다른 원인으로 인하여 조정에 있던지, 혹은 재야에 있던지 고정적인 것은 아니었으며, 조야 사이의 유동성 또한 부단히 커졌기 때문에 모든 사람은 시기에 따라 모두 "궁하면 혼자서 자신을 수양하고, 출세하면 천하를 다스리는"[121] 서로 다른 처지에 있었기에 입신과 처세 태도 내지 가치관 등을 결정하는 경우 서로 다른 선택을 하게 된다. 따라서 유·도 양가가 각기 제공한 사상적 체계와 가치 취향은 사람들로 하여금 새로운 상황에 적응할 수 있는 교묘한 정신적 능력을 제공하여 환경변화 속에서도 심리적 평형을 유지할 수 있게 하였다.

펑요우란[馮友蘭: 1895~1990년, 철학가] 선생은 "유가 때문에 '나라 안에서 노닐게 되니', 도가에 비해 보다 입세적入世的이게 되고, 도가 때문에 '나라 밖에서 노닐게 되니', 유가에 비해 보다 출세적出世的이게 된다. 이러한 두 가지 추세는 서로 대립하면서도 보완하는 작용을 하였다. 양자는 일종의 힘의 평형을 연습하고 있다. 이는 중국인으로 하여금 입세와 출세에 대한 좋은 평형감각을 지니게 만들었다."[122]고 말했다. 이는 중국인들의 대단히 중요한 사회 심리로 중국

121) 『孟子』「盡心章句上」, "窮則獨善其身, 達則兼齊天下"

의 시학 관념에 영향을 주었다. '시란 뜻을 읊는 것(詩言志)'이라는 강령은 풍부한 내용을 포함하고 있다. 즉 '흥興', '관觀', '군群', '원怨'과 '미자美刺' 등의 유가적 심미 관념을 내포하고 있으며, '유游', '허정虛靜', '완미玩味' 등의 도가적 심미 관념도 포함하고 있다. 이 두 관념은 상호 대립하지만 연계·소통의 관계를 가지고 있다.

유가와 도가의 시학 관념의 상호 보완성은 시가의 창작에도 반영되어 종종 복잡한 상황을 만들어 낸다. 어떤 시인은 관료가 되어서도 마음은 산림山林에 가있고, 어떤 시인은 몸은 산림에 있으나 마음은 출세욕으로 가득하다. 또한 벼슬에 나감과 벗어남을 기준으로, 벼슬에 나갔을 때는 풍자를 중심으로 한 작품을 쓰고, 벼슬에서 벗어났을 때는 산수시, 전원시를 지으며 자신을 위로했다. 중국 시인들은 항상 시에서 자신의 위치를 찾아내어 평형 상태에 이르게 하였기에 자살하는 경우가 서양의 경우에 비해 현저하게 적었다.

본 장에서는 간략하게 유·도·불의 문학관을 살펴보았다. 그 주안점은 그들 사이의 상호 보완적 관계에 있다. 몇몇 연구에서는 유가의 문학관을 '실용'으로만 결론지으면서 지나치게 유가의 '정치 교화'만을 강조할 뿐 유가의 이상적 인격의 추구 가운데 시성詩性의 추구도 있었음을 제대로 보지 못했다. 유가에도 초탈과 소탈의 일면이 분명히 있다. 바로 이러한 까닭에 유가와 도가의 심미적 문학 관념과 불가의 '이심위본'의 문학 관념은 상통과 보완의 관계를 가지고 있다. 중국문화는 항상 '화'를 그 특징으로 한다. 이것이 바로 중국 문학과 문학이론의 문화적 뿌리다.

---

122) 馮友蘭, 『中國哲學簡史』, 北京大學出版社, 1985, 29쪽. "因爲儒家'游方之內', 顯得比道家入世一些; 因爲道家'游方之外', 顯得比儒家入世一些. 這兩種趨勢彼此對立, 但是也互相補充. 兩者演習着一種力的平衡. 這者使得中國人對的于入世和出世有良好的平衡感."

제 2 장

중국 고대 문학이론의 기본 범주 및 민족 문화의 개성

앞 장에서 우리는 중국 문학이론의 두 가지 전통과 이들 간의 상호 보완 관계를 집중적으로 논하여 중국 고대 문학이론의 문화적 근거를 밝혔다. 이 장에서는 이 두 가지 문학이론 전통에 따라 형성된 기본 범주를 논하고자 한다. 그리고 이 독특한 범주를 가지고 중국 문학이론과 서양 문학이론이 지닌 민족적, 문화적 특성을 논의하고자 한다.

이제까지는 중국 고대 문학이론의 연구를 할 때, 서양 문학이론의 범주와 개념을 가지고 중국 고대 문학이론의 범주와 개념을 나누고 이를 서양 문학이론의 강력한 언어 속에 대입시켜 버리는 경향이 있었다. 어쩌면 이렇게 했던 의도는 중국 고대 문학이론이 아직 사망하지 않고 살아 숨 쉬고 있으며, 현실적 의의가 남아 있음을 나타내려는 노력에서 비롯되었을 지도 모른다. 그러나 이러한 단순한 처리 방식은 중국 고대 문학이론을 서양 문학이론의 '보조적 증거'로 만들어 버렸고, 중국 고전 문학이론의 활력을 보여주지도 못했으며, 심오한 특징을 진지하게 밝혀내지도 못했고, 민족 문화의 개성을 충분히 표현하지도 못했다. 우리는 중국 고대 문학이론 범주의 연구에서 출발하여야 중국 문학이론이 가지고 있는 민족 문화의 개성을 드러낼 수 있으며, 나아가 그것이 어떤 세계사적 의의를 가지고 있으며, 어떤 면에서 세계의 문학이론을 풍부하게 만들 수 있는가를 밝혀낼 수 있을 것이다.

1. 중국 문학이론의 기본 범주: 기氣, 신神, 운韻, 경境, 미味

서양 고전 문학이론에 의해 확립된 미美, 추醜, 비悲, 희喜, 숭고崇古, 비하卑下, 표현表現, 재현再現 등의 미학이론美學理論과 문학이론의 범주와는 달리 중국의 선조들은 한어漢語의 풍부한 어휘 속에서 '기', '신', '운', '경', '미' 등의 용어를 문학이론의 범주로 삼았으며, 이를 가지고 문학의 우열優劣, 고하高下, 정조精粗, 문야文野를 평가하였다. 바꾸어 말하자면 '기', '신', '운', '경', '미'는 중국 문학이론의 기본 범주이자 시인과 작가들이 추구했던 문학적 아름다움의 극치라 하겠다.

일반적으로 문학 작품은 표면에서 이면까지 언어 - 형상 - 의미 3개 층위로 구분할 수 있다. 『역경易經』「계사상전繫辭上傳」에 "공자께서 '글로는 말을 다 나타낼 수 없고, 말로는 뜻을 다 나타낼 수 없다.'고 말씀하셨다. 그렇다면 성인의 뜻은 알 수 없다는 말입니까? 공자가 이르길 '성인들은 괘상卦象을 만들고 이를 상징 부호로 삼아 말로 전하기 어려운 사상을 반영하셨으며, 64괘를 만들고 괘의 결합과 변화를 가지고 인정과 사물의 진위를 밝히셨다. 문자로 하는 설명을 더하시어 사람들에게 전해야할 말을 충분히 표현하셨다. 효爻의 변화와 융화를 통하여 천하의 이로움을 최대로 끌어 올렸다. 천하의 백성들로 하여금 의혹을 털어 버리고, 고무되게 하여 '역易'의 신명한 이치를 최대한 발휘하게 하셨다."[1]라는 언급이 있다. 여기서 언급한 것이 비록 괘효卦爻에 대한 설명이지만 "성인들은 卦象을 만들고 이를 상징적 부호로 삼아 말로 전하기 어려운 사상을 반영하셨다."에 포함된 언言 – 상象 – 의意의 관계는 문학과도 상통한다. 문학의 구조는 언어 조직을 통해 형상形象을 만들어 내고, 다시 형상과 형상군形象群을 통해 전체 의미를 만들어 낸다. 여기서 특별히 유념해야 할 것은 중국 고전 문학이론은 모든 면에서 민족 문화의 토양에 뿌리를 둔 심미적 요구를 제시하고 있다는 점이다.

(1) '기氣'와 문학 언어층文學言語層

'기'는 심미범주의 하나로 주로 문학 언어 층면에 주로 나타난다. '氣'의 철학적 개념은 선진 시기에 이미 제시되었으나, 문학이론에 있어서 가장 먼저 '기'를 제기한 사람은 위대魏代의 조비[曹丕: 187~226년]이다.

> 문文은 '기'를 중심으로 이루어지며, 기의 청탁淸濁에는 체계가 있어 억지로 만들 수 없다. 음악에 비유한자면 곡조와 리듬은 동일한 규칙을 가지고 있지만 기가 개입되면 교졸巧拙이 생겨나니 비록 아버지와 형이라도 아들과 동생에게 전해줄 수 없다.[2]

위 문단의 뜻을 다시 새겨보면 작품은 작가의 기가 중심이 되며,

---

1) 『周易』 「繫辭傳上」 제12장, "子曰: '書不盡言, 言不盡意.' 然則聖人之意, 其不可見乎? 子曰: '聖人立象以盡意, 設卦以盡情僞. 繫辭焉以盡其言, 變而通之以盡利, 鼓之舞之以盡神."

2) 曹丕, 『典論 · 論文』, "文以氣爲主, 氣之淸濁有體, 不可力强而致, 譬諸音樂, 曲調雖均, 節奏同檢; 至於引氣不齊, 巧拙有素, 雖在父兄, 不能以移弟子."

기에는 강함과 부드러움이 있어서 억지로 만들 수 없으며, 음악에 비유하자면 비록 곡조가 같고 리듬도 일정한 법도가 있어도 개인적 기의 운용방식이 다르면 표현에 교졸이 생기며, 그 기교는 아버지와 형이 뛰어나더라도 이를 동생과 아들에게 전해줄 수 없다는 것이다. 여기서 조비가 언급한 '문'은 문학을 포괄하는 개념이다. 그의 문기설文氣說은 고대 시인과 작가들이 추구했던 것이 무엇인지를 대단히 명확하게 지적했다고 말할 수 있을 것이다. 그 후 양대梁代의 유명한 문학이론가인 유협도 『문심조룡』 「풍골風骨」편에서 이 문제를 다시 언급하였다.

> 생각을 가다듬어 작품을 창작할 때, 기를 단단하게 지켜야 문사文辭가 강건하고 충실하여 새로운 빛을 발하게 된다. 기의 쓰임은 마치 멀리 날아가는 새가 날개를 사용하는 것과 같다.[3]

유협이 '기'를 문사와 연관시켰다는 점은 대단히 흥미롭다. 그 후 당대唐代의 저명한 시인이자 산문가인 한유[韓愈: 768~824년]는 한 걸음 나아가 이를 보다 구체화시켰다.

> 기는 물이다. 언어는 부물浮物이다. 물이 많으면 물에 뜨는 것은 크고 작고를 막론하고 모두 뜬다. 기와 언어 역시 마찬가지라 하겠다. 기가 성하면 언어의 장단과 소리의 고하가 모두 마땅하게 된다.[4]

한유가 말한 의미는 시문을 짓는 것은 단순히 단어를 쌓아 두는

---

3) "綴慮成篇, 務盈守氣, 剛健旣實, 輝光乃新, 其爲文用, 譬征鳥之使翼也."
4) 韓愈, 「答李翊書」, "氣, 水也. 言, 浮物也. 水大而物之浮者大小畢浮. 氣之與言猶是也, 氣盛則言之短長與聲之高下者皆宜."

것이 아니며, 언어를 가지고 노는 재주만으로는 한참 부족한 것이며, 반드시 단어와 단어 사이에 일종의 '기'를 불어 넣어야 한다는 것이다. 이는 바로 문학 언어의 운용은 기의 부력에 의지할 수밖에 없다는 말이다. '기'는 근본적인 것으로 '기'가 성하면 언어의 장단, 성음의 고하가 저절로 서로 마땅하게 된다는 것이다. 한유의 "기가 성하면 언어의 장단과 소리의 고하가 모두 마땅하게 된다."는 말은 산문의 창작을 대상으로 한 것이지만 시가 창작에도 적용될 수 있다. 명대의 문학이론가 허학이[許學夷: 1563~1633년] 역시 이 문제를 언급한 적이 있다.

> 시에도 본말[本末: 근원과 말단]이 있으니, 체기[體氣]가 근본이고, 자구[字句]는 말단이다. 근본을 갖추면 말단을 겸할 수 있으나, 말단만 있어서는 근본을 겸할 수 없다.5)

'체기'는 시인, 작가가 축적하여 체현한 기를 말한다. 체기는 시의 근본이고 자구는 말단이다. 그러나 이러한 언급이 자구의 중요성을 부정하는 것은 아니다. 다만 본말을 겸비해야 자구 사이에 기가 역동적으로 움직이게 된다는 것을 강조한 것이다. 허학이의 본말설은 직접 시 작품과 연관시켜 언급한 것이기 때문에 그의 이론은 특별히 주목할 만한 가치가 있다. 청대의 학자 동방수[東方樹: 1772~1851년]는 다음과 같이 언급하였다.

> 시문에는 생기가 있어야 한다. 만일 종이에 가득한 것이 온통 종이 오려 놓은 것이나 조각처럼 생기가 없다면 관각체[館閣體]에 응시한 것과 같아 시인

5) 許學夷,『詩源辨體』, 詩有本末, 體氣本也, 字句末也. 本可以兼末, 末不可以兼本也."

의 특징을 알 수 없다.[6]

> 사람의 몸, 온갖 종류의 동물과 식물을 살펴보면 모두 기에 의하여 움직인다. 기가 사라지면 썩고 악취가 나 가까이 할 수 없다. 시문도 역시 그러하다.[7]

이는 기를 문학 생명력의 소재로 간주한 것이다. 청대淸代의 학자 엽섭[葉燮: 1627~1703년]도 그의 문학이론 저서 『원시原詩』에서 이보다 심화된 내용을 언급하였다. 그는 '이理, 사事, 정情' 세 가지를 시가 표현의 객관적 대상이라 생각하여 "이 세 가지를 모두 갖추고 또한 전체적으로 지속성을 가지고 조리가 있게 된 것을 '기'라 한다. 이, 사, 정의 쓰임은 곧 기의 쓰임이다."[8]라고 주장하였다. 이는 문학으로 표현된 것이 이, 사, 정이나 단지 그것만 있어서는 문학이 되지 못하며 반드시 그 사이를 기맥氣脈이 서로를 연결해주어야 문학이 비로소 영혼을 가진 생생한 것으로 변모한다는 것을 의미한다. 앞서 언급한 이러한 견해를 정리해보면 기는 근본이요, 언어는 말단이기에 언어는 반드시 본질의 지지가 있어야 비로소 의미 있는 언어로 거듭난다는 것이다.

기는 문학의 근본이다. 따라서 중국 문학이론에 있어도 氣는 중요한 범주이다. 중국의 문학이론에서 '기맥氣脈', '기운氣韻', '기상氣象', '생기生氣', '기세氣勢', '기식氣息' 등의 용어를 가지고 시문의 우열을 평가하면서, 기를 시문이 추구하는 높은 경지의 아름다움이자 시문

6) 東方樹, 『昭昧詹言』, "詩文者, 生氣也. 若滿紙如剪彩雕刻無生氣, 乃應試館閣體耳, 於詩人無分."

7) 東方樹, 『昭昧詹言』, "觀於人身及萬物動植, 皆全是氣之所蕩. 氣才絕, 卽腐敗臭惡不可近, 詩文亦然."

8) 葉燮, 『原詩』「內篇」, "然具是三者, 又有總而持之, 條而貫之者, 曰氣. 事, 情, 理之爲用, 氣之爲用也."

의 생명으로 여긴다. 송대宋代의 위태[魏泰: 1102~1110년]는 『임한은거시화臨漢隱居詩話』에서 황정견[黃庭堅: 1045~1105년]을 평하면서 "황정견은 시를 지어 명성 얻기를 좋아하여 남조 시인의 용어를 즐겨 사용하면서 오로지 전대의 시인들이 사용하지 않은 특이한 일을 구하였고, 한 두 자의 기이한 글자를 줄줄이 엮어 시를 지어 놓고는 스스로 공교工巧하다고 여겼으나 실은 이는 견문이 편벽한 것이다. 따라서 자구는 비록 신기하나 기세의 웅장함이 부족하다."[9]고 하였다. 이는 옛 사람의 작품을 학습할 때 반드시 양기養氣부터 시작하여야 창작한 작품이 힘찬 기운을 지니며, 오로지 자구에만 노력을 기울이는 것은 근본을 버리고 말단을 쫓는 것임을 의미한다. 명대明代의 문학이론가 사진[謝榛: 1495~1575년]은 『사명시화四溟詩話』에서 강대산康對山의 말을 원용하여 "이백의 장편을 읽고 나면 마음이 광활해지고, 상상력이 거침없어지며, 글을 쓰면 남다른 기세가 나타난다."[10]고 하였다. 분명히 이백의 많은 장편 시가에는 모두 일종의 웅장하고 호방한 기세가 있다. 예를 들어 장강과 대하의 거센 물결이 구름처럼 일어난다거나, 그의 「촉도난蜀道難」과 「몽유천모음유별夢游天姥吟留別」에서 수천의 군대를 일시에 쓸어버리는 기개 등이 있는 그의 가행체歌行體 시는 매우 뛰어나다. 송대의 장계[張戒: 1495~1575년]는 『세한당시화歲寒堂詩話』에서는 "오로지 기세가 뛰어나다(專以氣勝)"라는 말로 두보의 시를 평가하였는데 이는 대단한 식견이다. 두보가 중국의 가장 위대한 시인이 된 것은 그의 시에는 항상 독특하고 중후하며 비장한 기가 흘러 넘쳤기 때문이다. 그의 「문

9) 魏泰, 『臨漢隱居詩話』, "黃庭堅喜作詩得名, 好用南朝人語, 專求古人未使之事, 又一二奇字, 綴輯而成篇, 自以爲工, 其實所見之僻也. 故句雖新奇, 而氣乏渾厚."
10) 謝榛, 『四溟詩話』, "讀李太白長篇, 則胸次含宏, 神思超越, 下筆殊有氣."

관군수하남하북聞官軍收河南河北」을 예로 살펴보자.

검외劍外에서 계북薊北을 회복했다는 소식 듣자마자,
눈물로 옷을 온통 적셨네.
처자, 아이 걱정 없는 모습에 근심 모두 사라져,
천천히 책장을 넘기니 미칠 듯 기쁘네.
머리가 다 쉬었어도 목청껏 노래하고, 마음껏 술 마시리,
봄이 되었으니 짝을 이루어 고향으로 돌아가야지.
파협巴峽을 지나 무협巫峽을 가로지르자마자,
양양襄陽을 뒤로 하고 낙양洛陽으로 가네.

劍外忽傳收薊北, 初聞涕淚滿衣裳.
却看妻子愁何在, 漫卷詩書喜欲狂.
白首(一作白日)放歌縱酒, 靑春作伴好還鄕.
卽從巴峽穿巫峽, 便下襄陽向洛陽.

두보는 일생을 전란 속에서 떠돌며 나라와 국민을 염려하였다. 온갖 고초를 겪으면서도 마음속에 계속 한 마디 말을 품고 있었는데, 바로 반란을 일으킨 도적을 쳐부수고 실지를 회복하겠다는 '정의감正義感'이었다. 보응寶應 원년元年 11월에 관군이 낙양에서 적군을 격파하고 하남河南을 평정하였고, 사조의[史朝義: ?－763년, 사사명史思明의 장자]가 하북河北으로 도망쳤으나 이회선李懷仙이 그를 잡아 참수하고 하북을 평정했다는 첩보를 듣자 대단히 흥분하여, 미친 듯이 기뻐하며 이 시를 지었다. 시에는 비록 몇 몇 지명만을 지목했을 뿐이지만 소식을 들었을 때 손발을 어떻게 해야 할 지도 모르는 정황과 화살처럼 빨리 돌아가고 싶다는 심정을 일자, 일구에 사람을 감동시킬 수 있는 기운을 불어 넣어 사람들로 하여금 단숨

에 전체 시를 읽지 않고는 못 견디게 만든다. 앞서 우리는 여러 문학이론가의 관점을 통하여 문학은 '문학은 기를 위주로 해야 한다(文以氣爲主)', '기세가 뛰어나면 언어가 마땅해진다(氣盛言宜)', '기가 근본이며 언어는 말엽이다(氣本言末)', 심지어는 기는 시의 근본이며, 기가 있으면 생명이 있는 것이고, 기가 없으면 죽은 것이라고 하였다.

그렇다면 '기'란 도대체 무엇인가? 이는 정말 복잡한 문제다. 이미 선진시기부터 기에 대한 다양한 견해가 있었다. 대체로 고인들이 언급한 기는 4가지 의미가 있다고 말할 수 있겠다.

첫째, 기는 고체, 액체와 상대적인 물리적 속성인 기체를 말한다. 허신[許愼: 58~약147년, 경학자, 문자학자]은 『설문해자說文解字』에서 "기는 운기雲氣다."[11]라 풀이했다. 『좌전左傳』에서 의화醫和는 '음陰, 양陽, 풍風, 우雨, 회晦, 명明' '육기설六氣說'을 제기하였다. 오늘날 우리는 이러한 의미에서 기를 천기, 운기, 기류 등으로 해석하기도 한다. 이러한 기는 물리적인 힘이라고 할 수 있겠다.

둘째, 기는 생물의 속성을 의미하기도 한다. 사람과 생물은 모두 기를 가지고 있으며, 기가 있으며 살아있는 것이고, 기가 없으면 사망한 것이다. 예를 들어 『역경易經』「계사하전繫辭下傳」에서 "모든 것은 서로 긴밀하게 연결되어 있어서 만물은 저절로 자라나고, 남녀의 정기가 결합되면 만물에 변화가 일어나 생육이 이루어진다."[12]고 하였고, 왕충[王充: 27~97년]은 『논형論衡』에서 "인간이 생겨난 것은 바로 정기精氣 때문이다."[13]이라 하였다. 오늘날 우리는 이러한 개념 위에서 기라는 말을 사용하고 있으며, '기력氣力', '단기斷氣', '기식미약氣

11) 許愼, 『說文解字』, "氣, 雲氣也."
12) 『周易』「繫辭下」, "天地絪縕(氤氳), 萬物化醇, 男女構精, 萬物化生."
13) 王充, 『論衡』, "人之所以生者, 精氣也."

息微弱' 등은 생리적 힘, 생명의 힘을 나타내는 의미와 연관이 있다.

셋째, 원기元氣를 말한다. 한대漢代 동중서[董仲舒: BC 179~104년, 경학가], 왕충王充 등이 만물을 생성하는 원기를 제시하였다. 왕충은 『논형論衡』에서 "만물의 시원은 모두 원기에서 시작된다."[14]이라 하였다. 후에는 진일보 하여 우주가 형성되기 전에는 천지의 구분이 없는 혼돈의 상태였다가 원기가 충만해지자 결국 천지가 힘차게 갈라지면서 청양淸陽의 기운은 위로 올라가 하늘이 되었고, 중탁重濁의 기운은 뭉쳐 땅이 되었다. 만물은 기로 인해 생명력을 가지게 되며, 사람은 화기和氣를 바탕으로 성장하는 것이라고 보았다. 이러한 원기설은 첫 번째 의미를 확장한 것이라 하겠다. 이러한 것도 여전히 물리적인 기이기 때문이다.

넷째, 정신적 역량을 의미하기도 한다. 가장 전형적인 예는 맹자孟子의 '호연지기浩然之氣'다. 맹자는 "기는 몸에 충만한 것이며"[15], 동시에 "의義, 도道와 서로 짝을 이루는 것이며"[16], "의가 모여 만들어진 것이다."[17]라고 주장하였다. 이러한 종류의 기는 이미 주관적 도덕 윤리적 요소를 포함하고 있다. 이러한 의견은 오늘날 가끔 사용되는데 '정기正氣', '사기邪氣' 등이 그 예이다. 그렇다면 물리적 성격의 기가 왜 주관적인 정신적 역량이라는 의미로 변화했을까? 우주에는 '육기'가 있으며, 인간은 '육기'를 주관하기에 육정六情이 생기게 된다. 『좌전左傳』「소공이십오년昭公二十五年」조에 "백성들에게는 호好, 악惡, 희喜, 노怒, 애哀, 락樂이 있는데, 이는 육기에서 비롯된 것이다."[18]고 적고 있다.

---

14) 같은 책, "萬物之生, 皆秉元氣."
15) 『孟子』「孔孫丑上」, "氣體之充也"
16) 같은 책, "配義與道"
17) 같은 책, "集義所生"

종영[鍾嶸: 약468~518년]은 「시품서詩品序」에서 "기가 만물을 움직이고, 만물은 사람을 감동시키니 성정이 요동치면 춤과 노래로 표현된다."[19]고 하였다. 이는 기를 물리적인 성격의 기로 파악한 것이다. 그러나 조비의 『전론典論·논문論文』에서 언급된 "문은 기를 위주로 해야 한다.(文以氣爲主)", 한유가 언급한 '기가 성하면 언어가 마땅해진다(氣盛言宜)', 동방수東方樹가 언급한 "시문에는 생기가 있어야 한다(詩文者, 生氣也)" 및 기타 문학이론가들이 제기한 '기성', '기맥', '기상', '기세', '기식' 등은 앞서 서술한 몇 가지 의미의 종합이라고 이해할 수 있으며, 문학의 언어에는 우주의 본원과 시인 작가 생명력의 진동으로 충만해야 시인과 작가가 왕성한 생명력을 지녔다고 할 수 있으며, 그리해야 비로소 천지 우주의 기를 느낄 수 있어 정신상태가 활발한 상태로 있을 수 있다. 이러한 상태에서 써낸 언어야만이 생동적이고, 핍진하고, 풍부한 의미를 지닌다.

(2) '신神', '운韻'과 문학 형상

'신'과 '운' 이 두 범주는 보다 깊은 의미를 지니고 있다. 문학의 형상에 있어 '신神'은 '형形'의 상대적인 것을 말한다. 문학의 형상은 일종의 의미 있는 '모습'이어야 하기에 형과 신이 모두 겸비되어야 한다. 그러나 중국의 고대 문학이론가들은 형·신 가운데 '신'의 중요성을 강조, 문학이 '신의 경지에 가깝거나(神似)', '신의 경지에 들어서야(入神)' 비로소 미의 극치에 달했다고 말할 수 있다고 주장하였다. 이러한 관점의 가장 대표적인 인물이 송대의 엄우[嚴羽: 1195

18) 『左傳』 25年, "民有好惡喜怒哀樂, 生於六氣"
19) 鍾嶸, 「詩品序」, "氣之動物, 物之感人, 故搖蕩性情, 形諸舞咏"

~1264년], 소식蘇軾과 명대明代의 왕부지[王夫之: 1619~1692년]이다. 엄우는 다음과 같이 주장하였다.

> 시의 극치는 오로지 하나다. 이를 입신入神이라 한다. 시가 입신의 경지에 들어서면 지극하고, 완벽하여 더할 것이 없다.[20)]

엄우는 '신'을 문학의 한 범주로 삼았을 뿐만 아니라 '입신'을 문학의 극치라는 심오한 견해를 내놓았다. 소식은 다음과 같은 견해를 피력하였다.

> 모습을 핍진하게 그리는 것으로 그림을 논하는 것은 이웃집 아이와 벗하는 것과 같다. 시를 지음에 이러한 시를 짓는다면 분명 시를 아는 사람은 아닐 것이다. 시와 그림은 같은 규율을 가지고 있으니 바로 자연스러움과 청신淸新함이다.[21)]

소식은 '형사[形似: 있는 그대로를 표현한 것]'를 유치한 것으로 간주하고, '신사[神似: 정신적 풍모를 표현한 것]'가 예술의 근본 규율이라고 주장하였다. 이는 대단히 정확한 의견이다. 물론 이처럼 '형사'를 폄하하는 것이 타당한 가, 아닌 가의 문제는 별도로 논해야 할 문제이다. 왕부지는 다음과 같이 언급하였다.

> 경물景物과 함께 있으면 마음이 움직이고, 사물을 살펴 신리[神理: 신묘한 이치]를 얻으면 문구가 매끄럽고, 변화의 묘를 헤아릴 수 있다.[22)]

---

20) 嚴羽, 『滄浪詩話』「詩辨」, "詩之極致有一, 曰入神. 詩而入神, 至矣, 盡矣, 蔑以加矣."
21) 蘇軾, 「書鄢陵王主簿所畫折枝二首」, 『蘇軾詩集』, 中華書局, 1982, 1525~1526쪽, "論書以形似, 見與兒童鄰. 賦詩必此詩, 定非知詩人. 書畫本一律, 天工與淸新."
22) 王夫之, 『姜齋詩話』, "會景而生心, 體物而得神, 則自有通靈之句, 參化之妙."

왕부지는 형상의 성공적 표현은 유형의 경물과 사물의 묘사에 있는 것이 아니라 심층의 '회심會心'과 '득신得神'에 있음을 강조하였다. 중국의 고대 문학이론에 있어 '신'과 연관된 논술은 대단히 많으며, 앞서 언급한 엄우의 입신설, 소식의 신사설과 왕부지王夫之의 득신설이 그 대표적인 예라 하겠다.

여기에서 두보의 「강촌羌村」3수의 첫 번째 시를 예로 형상의 입신, 신사, 득신의 의미를 설명하기로 한다.

우뚝 솟은 봉우리에 걸린 붉은 구름 서쪽으로 기울자,
발아래 땅에 해 떨어지네.
사립문에서 뭇 새 지저귈 때,
나그네 먼 곳에서 돌아오네.
아내와 자식들 나를 이상하게 쳐다보다가,
나인 줄 알고 눈물 훔치네.
난세를 떠돌다가 살아 돌아온 것이 우연이런가!
담장을 둘러싼 이웃들,
감탄하며 흐느낄 뿐.
밤 깊어 촛불 밝히니,
마주 앉은 것이 꿈만 같아라.

崢嶸赤雲西, 日脚下平地.
柴門鳥雀噪, 歸客千里至.
妻孥怪我在, 驚定還拭淚.
亂世遭飄蕩, 生還偶然遂.
鄰人滿墻頭, 感歎亦歔欷.
夜闌更秉燭, 相對如夢寐.

이는 많은 사람들이 잘 알고 있는 작품이다. 이 시는 시인이 안사安史의 난을 겪은 후 집으로 돌아온 정경을 묘사하고 있다. 시의 형상에서 본다면 사람의 감정 파악과 가까운 인간관계의 묘사는 정말이지 입신의 경지에 올라 있다. 특히 "아내와 자식들 나를 이상하게 쳐다보다가, 나인 줄 알고 눈물 훔치네."와 "밤 깊어 촛불 밝히니, 마주 앉은 것이 꿈만 같아라."는 가까운 사람들이 만난 뒤에도 감히 사실이라고 믿지 못하는 심리 상태가 입신의 경지에 오른 표현으로 심층의 미묘한 '정신의 골수神髓'를 잘 나타내고 있다. 문학의 형상에 있어 신은 중요한 문제이기 때문에 신채神彩, 신정神情, 신령神靈, 신수神髓, 풍신風神, 신준神雋, 신회神懷, 신준神俊, 신리神理, 여신如神, 득신得神, 신사神似, 신우神遇, 전신傳神 등은 문학 평론에 자주 사용되는 술어이다.

시의 형상에 있어 '운韻' 또한 대단히 중요한 개념이다. '운'에 대하여 유협은 『문심조룡』에서 "동성同聲이 서로 상응하는 것을 운이라 한다."[23]고 설명하였다. 그러나 중국 문학이론의 범주에 있어 운이란 음운이나 성운이 아닌 문학 형상의 '풍기운도風氣韻度', '정조신자情調神姿'를 지칭한다. 문학 작품의 품평에 자주 등장하는 술어로는 풍운風韻, 신운神韻, 고운高韻, 천운天韻, 성운性韻 등이 있다. 이때 '운'은 문학적 형상의 최고의 경지에 이른 아름다움을 의미한다.

송대 문학이론가 범온[范溫: 생졸 미상]은 『잠계시안潛溪詩眼』에서 운의 중요성을 다음과 같이 언급하였다.

> 무릇 모든 일에 아름다움이 극에 달했다면, 그 아름다움에는 반드시 운치

23) 劉勰, 『文心雕龍』「聲律」, "同聲相應謂之韻."

> 韻致가 있으며, 실로 운치가 빼어나지 않으면 아름다움이 없는 것이다.[24)]
> 운치란 미의 극치이다.[25)]

명대의 문학이론가 육시옹陸時雍은 『시경총론詩境總論』에서 운의 중요성에 대해 다음과 같이 언급하였다.

> 운이 있으면 생명이 있는 것이요, 운이 없으면 죽은 것이다. 운이 있으면 전아典雅하고, 운이 없으면 저속低俗하다. 운이 있으면 울려 퍼질 것이고, 운이 없으면 침울하게 가라앉을 것이다. 운이 있으면 심원深遠하지만, 운이 없으면 제한적이다.[26)]

범온과 육시옹의 언급은 신·운에 대한 대표적 예다. 중국 고대 문학이론에 있어 문학 형상에 대해 신뿐만 아니라 운도 항상 같이 요구한다. 청대의 저명한 학자 왕사정王士禎은 신과 운을 연용하여 신운설神韻說을 제기, 신과 운을 하나로 간주하였다. 사실상 신과 운은 상통하거나 유사한 면도 있다. 그러나 신은 사물의 외형보다는 사물의 내재적 본질을 지칭하는 것으로 초월적 형질을 말한다. 운은 문학의 외재적 성격이 아닌 문학 작품에 흐르는 개인적 풍격, 독특한 정취, 기개 등을 지칭한다. 그러나 이 두 개념은 초월적 형질이라는 공통점이 있다. 신운설을 주장한 왕사정도 구체적으로 작품을 해석할 때 이들을 구분하여 사용하였다. 왕사정은 『대경당시화帶經堂詩話』에서 입신을 경물 묘사와 상대되는 것, 즉 신은 경물의 묘사를

---

24) 范溫, 『潛溪詩眼』, "凡事旣盡其美, 美必有韻, 韻苟不勝, 亦亡其美."
25) 같은 책, "韻者, 美之極."
26) 陸時雍, 『詩境總論』, "有韻則生, 無韻則死. 有韻則雅, 無韻則俗. 有韻則響, 無韻則沈. 有韻則遠, 無韻則局."

통하여 표현하려는 본질이라고 명확하게 설명하였다. 운은 작품 중에 나타나는 개인의 풍격을 지칭하는 것임은 앞서 언급한 바 있다. 왕사정은 송대 문학이론가 강기[姜夔: 1154~1221년]가 말한 “일가를 이룬 사람의 말에는 그만의 풍격이 있다. 예를 들어 음악의 24조는 각기 다른 성운을 나타내지만 그 귀결점은 하나이다. 모방하는 자는 비록 말은 비슷하게 할 수 있으나 운치는 따라 갈 수 없다.”[27]는 구절을 인용하여 설명하였다. 여기에서 우리는 신은 주로 묘사하는 객체를 지칭하고, 운은 표현의 주체를 지칭한다는 것을 알 수 있다. 문학 형상이 극치에 이르려면 사물의 본질을 드러내야할 뿐만 아니라 시인, 작가 개인의 주관적 정취도 표현되어야 하며, 나아가 양자가 훌륭하게 결합되어야 지고의 아름다운 경지에 도달할 수 있다. 예를 들어 이백은 독특한 정취와 풍격을 갖춘 시인이었다. 그의 많은 시에는 자신만의 운조韻調가 잘 나타나 있다. 몇 개의 작품을 예로 들어보자.

「장진주將進酒」:

그대는 황하의 물이 하늘에서 내려와
세차게 흘러 바다로 간 뒤 다시 돌아오지 않는 것을 보지 못했는가.
그대는 고대광실 거울에 비친 서글픈 백발이 아침에 까만 비단실이더니
저녁에 눈이 내리는 것을 알지 못하는가.

君不見黃河之水天上來,
奔流到海不復回.

---

27) “一家之語, 自有一家風味. 如樂之二十四調, 各有聲韻, 乃是歸宿處; 模倣者語雖似之, 韻則止矣.”

君不見高堂明鏡悲白髮,
朝如靑絲暮成雪.
「몽유천모음유별夢遊天姥吟留別」:

어찌 머리 조아리고, 허리 숙이면서 세도가에게 아부하여
내 얼굴 찡그리게 만들 것인가

安能摧眉折腰事權貴,
使我不得開心顔.

「행로난行路難」:

큰 길 하늘에 닿아,
나만 벗어나지 못하네.

大道如靑天,
我獨不得出

「망천문산望天問山」:

양안의 청산은 마주보고 뽐내고,
외로운 돛단배 해 가까이 닿았네.

兩岸靑山相對出,
孤帆一片日邊來.

이러한 작품은 모두 활달하고 시원한 정취를 지닌 이백 시의 독특한 '운'을 잘 보여준다.

(3) '경境'과 문학의 의미

문학의 의미는 '경'의 범주가 있어야 충분히 전개될 수 있다. 이 '경'의 범주는 일찍 제기되었으며, 최초의 의미는 시간 속에서 정지되는 곳을 의미했다. 『설문해자』에서 "경境이란 악곡이 모두 끝난 것을 말한다."[28]라고 하였다. 후에는 공간의 끝, 일의 멈춤을 의미하는 것으로 그 의미가 확대되었다. 단옥재[段玉裁: 1735~1815年, 청대淸代의 경학가經學家]의 "악곡이 끝난 것이다. 인신하여 모든 일의 끝, 혹은 토지의 경계를 경이라 한다."[29]라는 주석이 좋은 예다.

이후에는 정신적 경계를 의미한 것으로 확대 해석되었다. 『장자』「소요유逍遙游」편에 나오는 "… 내외의 구분을 확정하고, 영예와 굴욕의 경계를 구분한다."[30]라는 구절이 좋은 예라 하겠다. 이 구절은 고대의 사상가 송영자宋榮子가 조그마한 관직을 얻어가 국군國君의 칭찬을 받고 우쭐대는 사람을 하찮게 여긴 내용이다. 송영자는 세상 모두가 그를 칭찬하더라도 별게 아니라고 생각하였으며, 세상 모두가 그를 비방하더라도 조금도 서운하게 생각하지 않았다. 그는 자아와 외물, 영광과 치욕의 경계를 분명하게 구분할 줄 아는 인물이었다. 이는 당연히 인간의 정신적 경계를 언급한 것이다. 그러므로 '의경意境' 혹은 '경계境界'라는 개념이 불교가 들어온 후 비로소 정식으로 전화되었다는 모 학자의 주장은 틀린 것이다. 불교의 '이심위주'의 사상이 시간과 공간의 '경'을 정신적 '경'으로 심화시킨 것은 틀림없다. '의경'을 문학이론으로 발전시킨 최초의 인물은 유협이다. 유협은 『문심조룡』「은수隱秀」편에서 "은隱이란 문장 밖의 중지重旨를

28) "竟, 樂曲盡爲竟."
29) 段注, "曲之所止也. 引伸凡事之所止, 土地之所止之曰竟."
30) 『莊子』「逍遙游」, "定乎內外之分, 辯乎榮辱之境."

말하며"[31], "'은'은 그 의미가 숨어 있을수록 훌륭한 것이며"[32], "은의 특징은 글 이외의 의미가 생겨, 신비한 음향이 울려 퍼지듯 숨겨진 문장의 아름다움이 슬며시 발산된다."[33]고 설명하였다. 이러한 조건을 갖춘 작품은 의미의 다양성과 연속성을 획득했다고 말할 수 있을 것이다. 유협의 은수론은 만당시기 '의경' 이론의 성숙에 지대한 공헌을 하였다. 그리고 이는 당대 왕창령[王昌齡: 698~756년], 교연[皎然: 생졸 미상], 유우석[劉禹錫: 약 772~842년]에 이르러 그 범주가 확정되었다. 왕창령이 지었다고 전하는 『시격詩格』에 다음과 같은 언급이 있다.

> 시에는 3가지 경계가 있다. 첫 번째가 물경物境이다. 산수시를 쓰고자 하면 천석泉石과 운봉雲峰을 펼쳐 놓는데, 가장 수려한 것을 마음으로부터 신비하다고 느끼고 몸을 그 물경에 처하게 하면 마음으로 물경을 볼 수 있어 환하게 손에 쥘 수 있으며, 그런 다음 생각을 보태면 물경의 모습이 분명해지기에 형사形似를 얻을 수 있다. 두 번째를 정경情境이라 한다. 기쁨과 슬픔을 마음속에 펼쳐 놓고 다시 이를 몸으로 느낀 뒤 생각을 내달리게 하면 그 감정을 깊이 얻을 수 있다. 세 번째를 의경意境이라 한다. 마음속에 펼쳐 놓고 마음으로 생각하면 그 참 모습을 얻을 수 있다.[34]

여기서 언급한 '경'은 객관적 존재인 경물이 아니라 시인, 작가의 상상 속의 '경', 환언하면 시인과 작가가 상상할 때 설정한 경물의 범

---

31) 劉勰, 『文心雕龍』「隱秀」, "隱也者, 文外之重旨者也."
32) 같은 책, "隱以者複意爲工."
33) 같은 책, "隱之爲體, 義生文外, 秘響旁通, 伏采潛發"
34) 王昌齡, 『詩格』, "詩有三境. 一曰物境. 欲爲山水詩, 則張泉石雲峰之境, 極麗絕秀者, 神之於心, 處身於境, 瑩然掌中, 然後用思, 瞭然境象, 故得形似. 二曰情境. 娛樂愁怨, 皆張於意而處於身, 然後馳思, 深得其情. 三曰意境. 亦張之於意而思之於心, 則得其眞矣."

주 및 도달해야할 일정한 경계라 할 수 있다. 물경은 사물의 경으로 이를 통해서는 단지 형사만을 얻을 수 있을 뿐이고, 정경은 감정상의 경으로 이미 심오한 느낌을 얻은 것이고, 의경은 형사와 심오한 감정을 얻은 상태에서 다시 진실과 진리를 획득한 것으로 마치 몸이 경물 속에 자리한 것과 같다. 당대의 문학이론가 교연皎然은 『시식詩式』에서 '취경설取境說'을 제기하였다.

> 문학 창작(시의 창작)의 상상력에 있어 경을 취함에 고아한 것을 취하면 작품의 체식이 고아하게 되고, 편안한 경을 취하면 작품 체식이 편안하게 된다.[35]

교연의 공헌은 그가 경의 문제를 문학 창작에 있어 구상의 문제이자 작품의 전체적 풍모와 연관시켜 설명하였다는 점이다. 구상의 과정에서 취경이 고아하거나 편안하다면 창작된 문학의 전체적 예술 형상 또한 고아하거나 편안하다. 유우석에 이르러 경境과 상象을 구분하게 된다. 그는 다음과 같은 중요한 사실을 언급하였다.

> 경은 물상을 초월하여 만들어진다.[36]

경은 객관적 물상이 아니며, 작품 중에 묘사된 구체적 경물도 아니며, 시인 작가가 사물을 살피며 느낀 바를 작품 중에 표현한 것이다. 즉 알고 있지만 말로는 전달할 수 없는 의미라 하겠다. 사공도[司空圖: 837~908년]는 이에 대하여 보다 구체적으로 다음과 같이 설명한다.

---

35) 夫文之思, 初發取境偏高, 則一首擧體便高, 取境偏逸, 則一首擧體便逸.
36) 『董氏武陵集記』, "境生於象外."

대용주戴容州가 “시인의 경물, 예를 들어 남전藍田에 따스한 빛이 비치면, 아름다운 옥이 뿜어내는 연무는 볼 수는 있으나 그것을 자신의 눈앞에 펼칠 수는 없다.”라고 말하였다. 물상을 벗어난 물상, 경물을 벗어난 경물을 어찌 쉽사리 언급할 수 있으리오![37]

이는 의경은 마치 남전에서 나는 아름다운 옥이 빛에 비쳐 찬란한 빛을 발하여 먼 곳에서 보면 연무가 피어오르는 것 같으나 이를 눈앞에 가까이 가져다 놓고는 볼 수는 없다는 것이다. 이런 까닭에 경외지경景外之景, 물외지물物外之物은 말로 나타낼 수 없다. 경의 이러한 비구상성非具象性과 말로 표현할 수 없음은 단지 모든 사람의 감수에 호소할 수밖에 없는 성질의 것으로 ‘경’이 하나의 문학이론의 범주로 성숙되었음을 설명하는 것이다. ‘경계’, ‘의경’을 가지고 문학을 비평하는 것은 한 때 유행하였다. 송대의 채몽필[蔡夢弼: 생졸 미상]은 『초당시화草堂詩話』에서 다음과 같이 언급하였다.

횡포橫浦의 장자소張子昭가 『심전록心傳錄』에서 … 두보의 “들 색은 산과 나뉘지 않고, 산 빛은 물색과 같으니”를 읽고 탄식하며 말하길 이 두보의 시는 산 빛과 들 색을 말한 것이 아니라 도리를 철저히 깨달은 것으로 경계는 모두 이와 같아야 한다.[38]

이 말은 경계란 시 안에 묘사된 산 빛, 들 색이 아니라 시인, 작가가 산 빛, 들 색에서 획득한 일종의 분명하게 말할 수 없는 감오

37) 司空圖, 「與極浦書」, 『司空表聖文集』卷三, 四部叢刊本. “戴容州云: ‘詩家之景, 如藍田日暖, 良玉生煙, 可望而不可置於眉睫之前也. 物外之物, 景外之景, 豈容易可譚哉?”

38) 橫浦張子昭 『心傳錄』 曰: 讀子美 “野色更無山隔斷, 山光直與水上通”, 已而嘆曰: 子美此詩, 非特爲山光野色, 凡悟一道理透徹處, 往往境界皆如此.

라는 것이다. 따라서 시인과 작가들은 동일한 경물의 모습과 대면하더라도 개인의 감회가 다르기에 묘사한 경계 또한 다를 수밖에 없다. 명·청시기에 이르러 경계설은 시가에만 사용된 것이 아니라 희곡과 소설에도 사용되었다. 만청 시기 왕국유[王國維: 1877~1927년]의 『인간사화人間詞話』는 중국 문학이론의 기본 범주인 경계설을 마무리했을 뿐만 아니라, 서양의 생명 철학과 서로 결합하여 새로운 발전을 이룩하였다. 왕국유는 의경이란 '의'와 '경'의 상호 결합이 아니라 인간 생명 활동에 의해 전개된 구체적 의취와 장력을 지닌 시적 공간이라고 정의하였다. 나는 왕국유가 이러한 의미에서 경계설을 정의했다고 생각한다. 그의 『인간사화』 속에서 가장 대표적인 사상을 잘 나타낸 "사는 경계를 최상의 것으로 삼아야 한다."[39]는 유명한 언급 이외에 다음 몇 가지 내용이 더 있다.

> 고금 사인의 격조格調 높이는 백석白石이 가장 뛰어나다. 애석하게도 의경에 힘을 기울이지 않아 언어를 초월한 맛, 현을 벗어난 소리를 느낄 수 없기에 결국 가장 뛰어난 작가와 함께 할 수 없다.[40]

> 경은 단순히 경물을 이르지 않는다. 희노애락 또한 마음속의 한 경계이다. 따라서 진정한 경물과 감정을 묘사할 수 있는 사람이야 말로 경계가 있다고 말할 수 있고, 그렇지 못하면 경계가 있다고 말할 수 없다.[41]

> "붉은 살구나무 가지 끝에 춘의春意가 시끄럽다."에서는 '료鬧' 한 자로 경

---

39) 王國維, 『人間詞話』, "詞以境界位最上"

40) 古今詞人格調之高無如白石. 惜不于意境上用力, 故覺無言外之味, 弦外之響, 終不能與于第一流之作者也.

41) 景非獨謂景物也. 喜怒哀樂, 亦人心中之一境界. 故能寫眞景物, 眞感情者, 謂之有境界. 否則謂之無境界.

계를 모두 나타내고 있다. "구름 개고 달이 나오자 꽃이 그림자를 희롱한다."에서는 '롱弄' 한 자로 경계를 모두 나타내고 있다.[42]

니체는 "모든 문학에 있어 나는 피로 쓴 작품을 좋아한다."고 말했다. 후주[後主: 남당南唐의 이욱李煜]의 사 詞는 실로 피로 쓴 작품이라 말할 수 있다.[43]

왕국유는 위의 네 단락의 언급을 통하여 경계설의 미학적 의의를 충분히 나타냈다. 우선 경계가 이르러야 할 곳은 단순히 언어 안의 묘사가 아니라 '언외지미言外之味', '현외지향弦外之響'의 경계이며, 그 시의의 공간은 너무나 광활할 뿐만 아니라 대단히 강력한 흡입력을 가지고 있다. 다음으로 이 광활한 시의의 공간은 인간의 생명 활동에 의해 만들어진 독특한 '희노애락'의 진실한 감정으로 충만해 있다. "홍행지두춘의료紅杏枝頭春意鬧"를 예로 들자면 왜 '요鬧' 한 자를 가지고 전체의 경계를 나타낸다고 했을까? 이는 단순히 '요'자를 가지고 붉은 살구나무 가지와 '춘의'를 연결시켜 하나의 살아있는 정체整體를 이루었다는 이유뿐만 아니라 시인, 작가 심령 속의 정서와 의취意趣, 생기발랄한 봄날 특유의 흡족함과 편안함을 전달하여 가지 위의 활기차고 열렬한 붉은 살구가 아무런 구속이 없는 것처럼 만들었기 때문이다. 셋째로 모든 정서, 의취는 인간 생명의 붉은 피로 써낸 것이며, 인간 생명의 진동이며, 인간의 생명력이 열어 놓은 무한히 광활한 시의 공간 - 경계라 하겠다. 만일 우리가 왕국유의 경계설을 인간 생명력이 작용하여 만들어낸 시의 공간이라고 이해한다면 왕국유의 일련의 애매한 논술들도 이해랄 수 있을 것이다.

---

42) "紅杏枝頭春意鬧", 著一"鬧"字而境界全出. "雲破月來花弄影", 著一"弄"字而境界全出矣.

43) 尼采謂: "一切文學, 余愛以血書者." 後主之詞, 眞所謂以血書者也.

『인간사화』 제62조의 의 예를 들어보자

> ‘옛날 기녀가 탕자의 아내가 되었다. 탕자 떠나 돌아오지 않으니 텅 빈 침대 혼자 지키기 어렵구나.’, ‘훌륭한 계책 없이 어떻게 중요한 길목을 차지할 수 있겠는가? 아무 일도 하지 않아 오랫동안 비천한 신세, 힘들 일 생각하니 괴로움만 더하구나.’의 경우 음란하고 비천한 잘못이 있다 하겠다. 이것이 비록 음란하고 비루한 언사이지만 실로 진정한 감정이라 할 수 있다. 오대와 북송의 위대한 사인詞人들에게도 음란하고 비루한 작품이 있으나 독자들은 친밀하고 생동적이라 느끼거나 정력精力이 왕성하다고 느낀다. 이러한 사실에서 음란한 작품과 비루한 작품의 문제는 음란함과 비루함의 병폐가 아니라 문사의 운용의 병폐인 것이다.”[44]

왕국유는 부분적인 음사淫詞와 비사鄙詞를 ‘친절동인親切動人’, ‘정력미만精力彌滿’하다고 칭찬하였는데, 그 이유는 보다 음란하고, 비루한 말일수록 인간 생명과 욕망(비록 저급한 욕망이라 하더라도)을 보다 강력하게 전달할 수 있기 때문이다. 왕국유는 다시

> 고금의 큰 사업이나 위대한 학문을 이룩한 사람들은 반드시 세 가지 경계를 통과해야 한다. ‘어제 저녁 서풍이 불어 푸른 나무를 시들게 만들기에 홀로 고루高樓에 올라 하늘까지 이어진 먼 길을 바라본다.’는 것이 첫 번째 경계이다. 허리띠가 점점 느슨해지는 것은 후회하지 않으나 그대의 허약한 모습이 저를 초최憔悴하게 합니다.’는 것이 두 번째 경계이다. ‘여러 곳에서 그를 수만 번 찾았으나 고개 들어 뒤 돌아보니 그는 등불 꺼져 가는 곳에 있네.’가

44) “‘昔爲倡家女, 今爲蕩子婦. 蕩子行不歸, 空床難獨守.’, ‘何不策高足, 先据要路津? 無爲久貧賤, 憾坷長苦辛.’ 可謂淫鄙之尤. 然無視爲淫詞鄙詞者, 以其眞也. 五代、北宋之大詞人亦然, 非無淫詞, 讀之者但覺其親切動人; 非無鄙詞, 但覺精力彌滿. 可知淫詞與鄙詞之病, 非淫與鄙之病, 而游詞之病也.”

세 번째 경계이다. 이러한 언어들은 위대한 사인詞人이 아니면 말할 수 없는 것이다.[45)]

표면적으로 본다면 위대한 사업이나 학문을 성취한 사람이 겪어야 할 구불구불한 역정을 언급한 것이라 하겠으나, 실제적으로는 이는 인간 생명력이 활발하게 움직이는 과정으로, 처음에는 사랑하다가, 그 다음에는 염려하다가, 최후에는 심령의 자유를 획득하는, 즉 인간 생명이 추구하는 욕망 만족을 획득하는 피할 수 없는 세 단계를 언급한 것이다. 왕국유의 경계설이 가진 내적 의미는 대단히 풍부하다. 이를 설명하려면 전문적인 논문이 있어야 한다. 따라서 여기서는 전체를 자세히 설명하지는 않기로 한다. 다만 위의 서술을 통해 하고 싶은 말은 왕국유가 중국 문학이론의 중요한 범주로 제시한 경계설을 완전하고 정교하게 마무리 짓고 새로운 해석을 해냈다는 점이다.

(4) '미味'와 문학감상

문학 감상의 각도에서 본다면 중국 고대 문학이론은 서양 문학이론에서 찾아 볼 수 없는 '미味'의 범주를 제기하였다.

'미'는 노자가 처음 제기하였다. 그는 "도는 밖으로 나타나도 담백하여 아무런 맛(味)이 없다."[46)] 라고 하면서 '미'로 도를 설명하였다. 비교적 일찍이 '미'를 통하여 문학을 논한 사람은 위진남북조 시기의 유협과 종영이다. 유협은 『문심조룡』 「정채情采」편에서 "문채는

45) "古今成大事業, 大學問者, 必經過三種之境界. '昨夜西風凋碧樹, 獨上高樓, 望盡天涯路.', 此第一境也. '衣帶漸寬終不悔, 爲伊消得人憔悴.', 此第二境也. '衆里尋他千百度, 驀然回首, 那人在燈火闌珊處'此第三境也. 此等語非大詞人不能道."
46) 『老子』 37, "道之口出, 淡乎其無味."

번잡하나 감정이 부족하면 반드시 맛이 혐오스럽다."[47]라고 하였다. 종영은 『시품詩品』에서 "오언시가 문사의 핵심에 자리한 까닭은 많은 작품에 풍부한 맛(滋味)이 있기 때문이다."[48]라고 하였다. 분명 종영이 언급한 것은 시의 내적 '맛'이다. 당대의 사공도司空圖에 이르러 '미'의 개념이 발전을 이루었다. 그는 「여이생논시서與李生論詩書」에서 "맛을 분별한 연후에야 시를 논할 수 있다"[49]고 주장했을 뿐만 아니라, 문학은 '운외지치韻外之致', '미외지지味外之旨'를 갖추고 있어야 한다고 강조하였다. 후에 소식이 사공도의 사상을 개괄하여 다음과 같이 말하였다.

> 당대 말기 사공도는 험난한 전쟁을 겪었으나 시문은 고아하여 승평承平의 유풍遺風을 가지고 있었다. 그가 시를 논하며 "매실은 시고, 소금은 짜다. 음식에는 소금과 매실이 없으면 안 되지만 그 훌륭한 맛은 짜고 신 맛에 있는 것이 아니다.[50]

사공도의 '미외지지'의 사상은 소식의 개괄을 통하여 전파되었을 뿐만 아니라 더욱 정교해졌다. 예를 들어 청대의 문학이론가 원매[袁枚: 1716~1797년, 시인, 비평가]는 당시의 시인과 작가들을 비웃으면서 "사공도의 시론에서는 맛을 초월한 맛(味外味)를 중시하였다. 내가 오늘날의 작자에게 이르노니 그냥 있는 맛(味內味)도 모르는데 어찌 맛을 초월한 맛(味外味)를 알겠는가?"[51]고 말하였다.

---

47) 『文心雕龍』「情采」, "繁采寡情, 味之必厭."
48) 「詩品序」, "五言居文詞之要, 是衆作之有滋味者也."
49) 「與李生論詩書」, "辯於味而後可以言詩"
50) 蘇軾, 「書黃子思詩集後」, 『蘇軾文集』 五, 孔凡札點校, 中華書局, 1996. "唐末司空圖崎嶇兵馬之間, 而詩文高雅, 猶有承平之遺風. 其論詩曰: '梅止於酸, 鹽止於鹹, 飮食不可無鹽梅, 而其美常在鹹酸之外.'"

앞서 서술한 내용을 종합하면 '기氣', '신神', '운韻', '境경', '미味'는 중국 문학이론의 기본 범주이며, 중국 고대인의 심미적 이상인 동시에 문학적 아름다움의 극치라 하겠다. 이러한 문학이론의 범주는 서양의 문학이론 속에서는 찾아 볼 수 없는 것이다. 이는 중국 문학이론의 민족 문화 개성을 집중적으로 체현한 것이다. 생각건대 '지志'와 '연정緣情'의 관점은 단지 문학의 서정과 언지의 일반 속성을 말할 뿐이며, 문학의 일반 속성에서 중서中西 문학이론의 서로 다른 민족적 문화의 개성을 찾아내는 것은 불가능한 일이다. 마치 사람이 배가 고프면 밥을 먹고, 추우면 옷을 입는 것에 있어서는 중국인과 서양인은 다를 게 없기에 양자의 차이점을 찾아내기란 여간 어려운 것이 아니다. 반드시 중국과 서양의 입맛, 요리에 대한 취향과 이상, 입고 있는 옷의 서로 다른 양식, 풍격과 추구에서 비로소 중국의 독특한 민족 문화의 개성을 찾아 낼 수 있는 것이다. 중서 문학이론의 서로 다른 민족 문화의 개성을 개괄하는 것도 마찬가지다. 반드시 중서 문학이론의 서로 다른 범주와 심미적 이상의 분석 속에서 비로소 중국과 서양의 차이점이 나타나는 것이다.

따라서 '기', '신', '운', '경', '미'를 중국 문학이론의 기본 범주로 삼고, 서양의 문학이론 범주와 서로 비교한다면 도대체 어떤 심층적 문화특징을 드러낼 수 있을까? 이 문제에 대한 답을 찾으려면 '기', '신', '운', '경', '미'의 공통점과 교차점을 반드시 토론해야 하고, 아울러 한 걸음 더 나가 이러한 공통점과 교차점이 중국 전통 문화 배경 속에서 어떻게 서양 문화와 그 제약 하에서 생성된 서양 문학이론과의 근본적 차이가 나타났는가를 설명해야 한다.

51) "司空表聖論詩, 貴得味外味. 余謂今之作者, 味內味尚不可得, 況味外味乎?"

2. 화和: 기, 신, 운, 경, 미: 민족 문화의 뿌리

서양의 문화는 고대 그리스 시기부터 '대립', '충돌', '투쟁'을 강조해왔다. 변증법으로 유명한 고대 그리스 철학은 대립과 투쟁을 부르짖으면서 투쟁을 통해 낡은 것을 없애고 새로운 것을 건설하려는 역사관을 형성하였다. 이로 말미암아 그들은 "모든 것은 투쟁의 산물이며", "태양은 매일 새로운 것임"[52]을 고취하였다. 인간과 인간의 관계에 있어서 그리스인이 받들었던 이론의 핵심은 모든 인간은 질적으로 평등하다는 것이다. 모든 사람은 태어나면서부터 생존, 발전 및 자아 평등을 누릴 권리를 가지고 있다. 물론 신들과 법률 앞에서 모든 사람은 평등하다. "우리가 날 때부터 부여받은 것은 모든 점에 있어서 평등하다."[53] 그러나 그들은 인간과 인간 사이에서 질적으로 평등하지만, 신들이 사람에게 부여한 능력에는 차이가 있기에 양적으로는 불평등하다고 주장한다. 따라서 "강자는 그들이 권리를 가지고 행할 수 있는 모든 것을 행사하며, 약자들은 그저 그들이 반드시 받아들여야 할 것을 받아드릴 따름이다."[54] 이와 같이 경쟁을 통하여 모든 사람의 사회적 지위, 권리를 결정하는 것은 너무나 당연한 일이다. 그러므로 고대 그리스에서 제기된 '강권強權은 공리公理이다'와 후에 제기된 대자연은 "우리를 모종의 위대한 경기장에 놓아둘 것이다."(롱기누스),[55] "인간에게 인간은 늑대다."(토

---

52) 『古希臘羅馬哲學』, 北京大學哲學系外國哲學史教研室編譯, 商務印書館, 1982, 19쪽. "一切都是鬪爭所產生的", "太陽每天都是新的."

53) 『西方倫理學名著選集』 上卷, 周輔成輯,, 商務印書館, 1987, 414쪽. "我們的天賦在一切點上都是一律平等."

54) 『伯尼奔尼撒戰爭史』, 修昔底德著, 謝德風譯, 商務印書館, 1987, 414쪽. "强者能夠做他門有權做的一切, 弱子只能接受他門必須接受的一切."

55) "將我們放在某種偉大的競技場中"

마스 홉스)[56], "사물은 경쟁을 통해하여 하늘이 선택하는 적자생존의 산물이다"[57](찬스 다윈), "타인은 곧 지옥이다."[58](사르트르) 등의 주장은 사람들에게 보편적으로 받아들여지는 신조가 되었다. 인간과 자연의 관계에 있어서 서양인은 인류 중심론을 숭상, 인간과 자연의 대립을 강조하였으며, 나아가 "인간은 만물의 척도이기에"[59](프로타고라스) 인간은 반드시 자연을 정복해야 한다고 주장하였다. 앞서 언급한 문화적 배경 속에서 서양의 문학이론은 너무나 자연스럽게 '비悲', '희喜', '숭고崇高', '비하卑下', '미美', '추醜' 등의 대립적 의미의 범주를 제기하였다. 그들이 말하는 '비'는 비극이며, 투쟁 속에서 가치 있는 것을 훼멸시켜 사람들에게 보여주는 것이다. 그들이 말하는 '희'란 희극이며 투쟁 속에서 가치가 없는 것을 찢어 발겨 사람들에게 보여 주는 것이다. … 당연히 서양인들 역시 화해를 말하지만 강조점은 대립 투쟁의 전화이기에 강렬한 디오니소스적 정신이 충만하다.

(1) '화和', '인화人和', '천화天和'

대립과 투쟁을 강조하는 서양의 문화와 달리 중국 고대의 문화는 대단히 일찍부터 철학에서 '화'를 강조하였다. 『국어國語 · 제어齊語』에 서주 말기 태사太史 사백史伯이 한 말이 기록되어 있다.

> 화는 새로운 사물을 만들지만, 부화뇌동은 지속되지 못한다. 다른 것으로

56) "人對人是狼"
57) "物競天擇, 適者生存"
58) "他人即地獄"
59) "人是萬物的尺度"

> 다른 것을 평형을 이루는 것을 화라 한다. 따라서 성대하게 자라게도 하고, 사물을 조화 속으로 돌아가게 할 수 있다. 같은 것을 같은 것에 더하면 결국은 버리고 만다.60)

바꾸어 말하면 화해는 새로운 사물을 낳을 수 있으며, 단순한 부화뇌동은 지속될 수 없다. 따라서 인간과 인간, 사물과 사물 사이는 상호 조화를 이뤄야 하고 단순히 부화뇌동하지는 말아야 한다. '화'와 '동'은 서로 다른 것이다. '화'는 사물의 차이를 인정하는 것을 바탕으로 서로 취합, 접근하기에 새로운 사물을 낳을 수 있다. '동'은 같은 모양의 사물이 중복되는 것이기에 계속 이어갈 수 없다. 따라서 "화는 새로운 사물을 만들지만"은 긍정적인 것이고, "단순한 부화뇌동은 지속될 수 없다"는 부정적인 의미이다. 후에 안자晏子, 공자, 장자 등은 화는 새로운 사물을 만들지만, 단순한 부화뇌동은 지속될 수 없다"는 사상을 발전시켰다. 공자는 "군자는 남과 조화를 이루지만 부화뇌동하지 않으나, 소인은 부화뇌동할 뿐 조화를 이루지 못한다."61)라고 지적하였다. 장자는 "지극한 음의 기운은 엄숙하고 차며, 지극한 양의 기운은 번쩍이며 뜨겁다. 이 엄숙하고 차가운 지극한 음의 기운은 하늘에서 나오고, 번쩍이며 뜨거운 지극한 양의 기운은 땅에서 나온 것이다. 이 음양의 두 기운이 서로 통하고 화합하여 만물을 만든다."62)라 하였다. 이러한 예에서 보면 유가

---

60) 『國語』下册(傳은 左丘明이 지음), 上海師大古籍整理組校點, 上海古籍出版社, 1978, 515쪽. "夫和實生物, 同則不繼. 以他平他謂之和, 故能豊長而物歸之. 若以同裨同, 盡乃棄也."

61) 『論語』「子路」, 『論語集解』三, 程樹德撰, 中華書局, 1990, 935쪽. "君子和而不同, 小人同而不和."

62) 『莊子』「田子方」, 『莊子集釋』第三册, 郭慶藩撰, 中華書局, 1961, 712쪽. "至陰肅肅, 至陽赫赫, 肅肅出乎天, 赫赫出乎地. 兩者交通成和而物生焉."

와 도가 모두 사물은 서로 대립하고 충돌하는 것이 아니라, 완전히 같지는 않지만 서로 다른 사물이 서로 보완하고 도우며 다양한 조화와 통일을 이룬다고 인식하고 있음을 쉽게 알 수 있다. 철학 사상과 깊은 연관성이 있는 '화'와 관련하여 사람과 사람 사이의 인륜에 있어서 유가는 '인'을 주장하였다. 『논어』에는 공자의 '인'에 대한 일련의 규정을 기록하고 있다. 예를 들어 "무릇 인자仁者는 자신이 서고자 하면 남을 먼저 서게 하고, 자신이 통달하고자 하면 남을 먼저 통달하게 한다."[63], 인이란 "다른 사람을 사랑하는 것이다."[64], "내가 하고 싶지 않은 일을 남에게 시키지 말라."[65]고 언급하였다. '인'이란 유가와 모든 중국 고대 사회에서 인간관계의 분명한 원칙이다. 중국의 선현은 인간과 인간 사이의 대립과 투쟁을 언급하지 않고, 오히려 화해가 중요하다고 주장하였다. 즉 인간과 인간 사이에는 우호와 화해가 자리해야 한다는 것이다. 공자가 언급한 인·화는 인간은 태어나면서 존비, 귀천의 구분이 있다는 인간과 인간 사이에 질적 불평등을 전제로 하기에 "임금은 임금다워야 하고, 신하는 신하다워야 하며, 아비는 아비다워야 하며, 자식은 자식다워야 한다."[66]는 관념을 가지고 있었다. 그러나 양적인 면에 있어서 공자는 '애인愛人', "내가 하고 싶지 않은 일을 남에게 시키지 말라.", "자신이 서고자 하면 남을 먼저 서게 하고, 자신이 통달하고자 하면 남을 먼저 통달하게 하라."를 주장하였는데, 이는 모든 사람은 평등하므로 서로 아끼고 사랑해야 하며, 분쟁을 없애고, 함께 화해해야 한다는 것이다. 비록 유가의 인의 관점이 질과 양에 있어 모

63) "夫仁者, 己欲立而立人, 己欲達而達人"
64) 「顔淵」, "樊遲問仁, 子曰愛人."
65) 「顔淵」, "己所不欲, 勿施於人."
66) 「顔淵」, "君君, 臣臣, 父父, 子子"

순을 이루지만 인간과 인간 사이에 화和를 중시해야 한다는 원칙은 그 의미가 대단히 크다.

'화'에 관한 유가와 도가의 관점은 서로 보충적이다. 유가의 학설이 인간과 인간 사이의 '인'과 '화'를 중시했다면, 도가는 인간과 자연의 화해와 합일을 중시했다. 중국의 고대 철학자들, 특히 도가 철학자들은 대자연을 인간과 대항하는 존재로 인식하지 않았으며, 인간이 천지만물과 하나로 융화되는 것을 최고의 영예로 여겼다. 이에 장자는 "홀로 천지의 정신과 왕래하면서 만물을 멸시하지 않으며"[67], "천지는 나와 함께 생겨났고, 만물은 나와 하나이다."[68]라고 말했던 것이다. 장자는 '도'란 천지만물 속에 자리하며, '도'는 "천지를 생성하는 대미[大美: 공을 말함]"라고 강조하였다. 과연 대미는 어디에 있는가? 라는 질문에 장자는 "천지는 대미를 가지고 있으면서도 말하지 않는다."[69]라고 대답한다. 그렇기 때문에 인간은 대자연의 품속으로 몸을 던져 자연과 친구가 되거나 심지어는 대자연과 하나가 되어야 인간의 흉금이 끝없이 넓어져 마음을 만물의 시초에서 노닐게 하여 "아무것도 하지 않으나 이루지 못함이 없는"[70] 일종의 완전한 자유와 해방의 경계 속으로 진입, 지극한 아름다움과 즐거움을 체득할 수 있다. 인간과 자연은 대립적인 것이 아니라 서로 화해를 이루는 것이다.

---

67) 『莊子』「天下」, 『莊子集釋』 四, 郭慶藩撰, 中華書局, 1961, 1098쪽. "獨與天地精神往來而不傲倪萬物"

68) 『莊子』「齊物論」, 『莊子集釋』 一, 郭慶藩撰, 中華書局, 1961, 79쪽. "天地與我竝生, 萬物與我爲一."

69) 『莊子』「知北遊」, 『莊子集釋』 三, 郭慶藩撰, 中華書局, 1961, 735쪽. "天地有與大美而我不言"

70) "無爲無不爲"

(2) '화'의 문화 인자와 문학이론의 기본 범주

인간과 인간, 인간과 자연이 서로 화해를 이루어야 한다는 것은 중국의 선철 및 그 후계자들의 문화 사상과 문화 실천의 핵심이기에, '화'는 중국 문학이론의 기본적 범주인 기, 신, 운, 경, 미의 문화적 뿌리라 하겠다. 바꾸어 말하자면 기, 신, 운, 경, 미와 같은 문학이론의 범주는 모두 예외 없이 모두 '화'라는 문화 인자를 가지고 있다는 것이다.

첫째, 문학이론에 있어 '기'와 '화'는 밀접한 관계를 가지고 있다. 『노자』 42장에서 "만물은 음양이 서로 깊은 관계를 가지고 있으며, 혼연일체渾然一體된 기와 조화를 이룬다."[71]라고 하였다. '충기沖氣'란 음양이 서로 합체된 기를 의미한다. 『역경』에서는 '태화太和'의 개념을 제기하였는데, 왕부지王夫之의 해석에 의하면 '태화'는 음양이 서로 합해져 나눌 수 없는 기를 의미한다. 어떤 의미에 있어서 '기'와 '화'는 둘이지만 하나라 할 수 있으며, 중국 문학이론에서 말하는 '기', 예를 들어 '기맥氣脈', '기상氣象', '생기生氣', '신기神氣', '기세氣勢' 등은 구체적으로 해석하자면 이들의 의미는 서로 다르지만, 천지·음양의 조화를 불어 넣어 문학으로 하여금 우주와 생명의 조화로운 율동을 만들어낸다는 의미이다. 청대의 학자 유희재[劉熙載: 1813~1881년]는 『예개禮概』에서 "『전론·논문』 및 한유, 유종원의 글은 모두 '기'를 논하고 있다. 내 말은 『악기樂記』의 두 마디, 즉 '강기[剛氣: 강력한 기]이나 노하지 않고, 유기[柔氣: 부드러운 기]이나 두려워하지 않아야 한다.'는 것과 같다"[72]라고 하였다. 이러한

71) 『老子』 42, "萬物負陰而抱陽 沖氣以爲和."

언급은 대단한 식견을 가진 것으로 '기'의 정수가 어디에 있는지를 깊이 이해한 것이라 하겠다. 시를 가지고 말한다면 강기라 하여 분노로 발전해서는 안 되며, 유기라 하여 두려움으로 표현되어서는 안 된다는 것이다. 결론적으로 기는 중화中和를 그 기준으로 삼아야 한다는 것이다. 중국 문학이론은 서양의 문학이론에서 주장한 '심혼心魄을 놀라게 만들거나'[73], '술에 취해 미친 듯함'[74]과는 다르다.

둘째, 문학이론적으로 '신神'은 '형形'의 상대적인 말이다. 다수의 문학이론가들은 신·의 겸비, 나아가 형·신이 '화'의 경계에 도달할 것을 주장했다. 소식의 경우처럼 지나치게 형사[形似: 사실적 묘사]를 폄하하고, 오로지 '신사[神似: 형이상학적 정신세계의 표현]'만을 강조하면 "치우친 말로서 지론至論은 아니다"[75]라고 하겠다. 그러나 조보지[晁補之: 1053~1110년]처럼 "그림은 사물의 외형을 그리는 것이므로 사물의 형상을 바꿔서는 안 된다. 시란 그림 밖의 의미를 전하는 것이기에 그림에 표현된 의도를 중하게 여긴다."[76]라고 언급해야 비로소 "그 평론이 비로소 정해졌고, 무릇 소식의 미비함을 보완할 수 있다."[77] 조보지의 이론이 지론이 된 이유는 바로 그 논점이 형사와 신사를 융합하여 '화'의 사상과 관통시켰기 때문이다. 예를 들어 사람들이 흔히 언급하는 두보의 "가는 비에 물고기 뛰어 오르고, 미풍 따

---

72) 劉熙載, 『禮概』, 上海古籍出版社, 1978, 38쪽. "自 『典論·論文』 以及韓, 柳, 俱重一 '氣' 字. 余謂當如 『樂記』 二語曰: '剛氣不怒, 柔氣不懾'."

73) '驚心動魄'

74) '如醉如狂'

75) 楊愼, 「論詩畫」, 『升庵先生文集』 卷六六. "其言有偏, 非至論也."

76) 『和蘇翰林題李甲畫雁』 ·· "畫寫物外形, 要物形不改. 詩傳畫外意, 貴有畫中態."

77) 楊愼, 「論詩畫」, 『升庵先生文集』 卷六六. "其論始爲定, 蓋欲補坡公之未備也."

라 제비 비스듬히 나네."[78], 육구몽[陸龜蒙: ?~881년]이 백련白蓮을 읊은 "무정하고 한 서린 그 모습 누가 보려나, 밝은 달 맑은 바람에 지려하누나."[79], 임포[林逋: 967~1028년]가 매화를 읊은 "매화나무 잔상이 맑은 물결에 비추니, 은은한 향 달무리처럼 퍼지네."[80] 등은 사물의 묘사와 정신세계의 표현이 대단히 공교하게 이루어져 형·신의 표현이 '화'의 극치에 도달했다고 하겠다.

셋째, 문학이론에서 말하는 '운韻'은 주로 문학 속에서 흘러나온 시인, 작가의 서로 다른 풍격과 정취를 말한다. 문학 작품에 드러난 '운'의 고하에 대한 기준은 무엇인가? 오로지 섬세하거나, 간략하거나, 화려하거나, 담백하거나 하는 것은 모두 운의 극치가 결코 아니며, 반드시 섬세함과 간략함, 기묘함과 담백함을 함께 드러내야 비로소 운의 극치에 도달했다고 말할 수 있다. 이러한 사실을 가지고 본다면 문학 작품의 운의 고하는 결국 '화'가 그 관건이라 하겠다. 섬세함과 간략함, 화려함과 담백함은 분명 큰 차이가 있으나 이들을 반드시 조화, 융합시켜야 진정한 '화이부동和而不同', 즉 다양성의 통일에 이르러야 비로소 사람들의 주목을 끌 수 있는 '운'에 도달했다고 할 수 있다.

넷째, '경境'은 문학에 대한 예술 형상의 전체적인 규정이며, 그 실질은 역시 '화'이다. 문학은 정情·경景을 가지고 있어야 하기에, 정·경은 문학의 '두 가지 바탕(이원질二原質)'이라 하겠다. 그러나

78) 「水檻遺心」 二首가운데 첫 번째 시. "細雨魚兒出, 微風燕子斜."
79) 陸龜蒙, 「白蓮」, "無情有恨何人見, 月曉風清欲墮時"
80) 林逋, 「山园小梅·其一」, "疏影横斜水清浅, 暗香浮动月黄昏"

한 수의 시에 정경이 함께 묘사되었다고 해서 시의 경계를 가지고 있다고 할 수는 없다. 시적 경계의 가장 기본적 특징은 심·물, 정·경의 교융交融과 조화이다. 앞서 우리는 유협이 『문심조룡』 「물색物色」편에서 "경물에 감응하여 끝없는 연상에 빠졌다"[81]는 말로 창작에 있어 심·물의 관계를 설명한 것을 살펴보았다. 그가 말하는 심이란 "사물과 완전히 하나가 된 것"[82]이고, 물이란 "마음과 함께 움직이는 것"[83]이기에 그 결과는 "눈빛 오가니 마음속 말들이 쏟아져 나오고", "마음을 선물로 주니 창작의 흥취로 답례하게 된다."는 것이다. 심·물의 교류 속에서 눈으로 반복적으로 관찰하면 마음속에 토로하고 싶은 것을 가지게 된다. 감정을 가지고 사물을 보는 것은 선물을 주는 것과 같고, 경물이 창작 의욕을 불러일으키는 것은 보답과 같다. 유협은 창작 과정에서 심·물, 정·경의 교융에 대한 깊은 연구를 통하여 이미 의경意境 형성에 있어서 무엇이 관건인지를 파악하였다. 일찍이 '경'의 개념을 제기하였던 왕창령王昌齡 역시 의경의 형성이 정·경의 결합이라고 여겨 "오로지 의만 세우려고 하면 맑지 못해 맛이 없다. 오로지 경만 묘사하려고 해도 역시 맛이 없다. 글을 짓는 일에 있어 모름지기 경과 의를 두루 갖추어야 비로소 훌륭하다 하겠다."[84]고 말했다. 여기서 강조하려고 하는 것은 경景·의意 '상겸相兼'과 두 곳에서 언급한 바 있는 '감회感會'와 '상협相愜'이며, 모두 극히 중요한 자안字眼으로 왕창령이 말한 '의경'은 '화'를 그 특징으로 한다는 것을 설명하는 것이다. 그 후

81) 『文心雕龍』「物色」, "詩人感物, 聯類不窮"
82) 같은 책, "旣隨物以婉轉"
83) 같은 책, "亦與心而徘徊"
84) 『文鏡秘府論』「論體勢」, "一向立意, 則不淸及無味; 一向言景, 亦無味. 事須景與意相兼始好."

사공도는 "구사構思와 의경의 조화"[85]를, 소식은 "의경과 내용의 결합"[86]을, 하경명[何景明: 1483~1521년]은 "형상의 호응이 있어야 하며, 호응이 없으면 형상이 어그러짐"을[87], 주승작[朱承爵: 1480~1527년]은 "시작의 묘미는 모두 의경의 융합에 있음"을[88], 왕부지王夫之는 시작에 있어 심과 물이 "서로 취하여 서로 이어져"[89], 정과 경이 "경계가 없이 교묘하게 결합해야 함"[90]을 언급하였다. 이 모두는 용어는 다르지만 의미는 하나이다. 모두 시가가 정경만을 가지고 있는 것으로는 부족하고, 반드시 심과 물, 의와 경, 정과 경이 "서로 취하여 서로 이어지는" 과정에서 상호 호응에 도달, 예술적 매력을 갖춘 의미심장한 의경을 만들어낼 수 있다는 의미이다. 의경의 핵심은 바로 '화'의 실현이다. 물론 우리는 정경 교융과 의경의 생성을 동일시해서는 안 될 것이다. 의경의 생성에는 별도의 다른 조건이 있는데, 이점은 앞서 이미 언급하였다. 다만 의경은 반드시 정경 교융에 있어서 '화'가 반드시 포함되어 있어야 하는 조건을 말할 수밖에 없다.

다섯째, 중국 문학이론에 있어 문학 감상의 문제에 있어서는 반드시 '미味'를 언급해야 한다. 앞서 언급한 바와 같이 시의 창작은 '맛을 초월한 맛(味外味)'를 추구하며, 독자 역시 '맛을 초월한 맛'을 맛볼 수 있어야 한다. 그렇다면 '맛을 초월한 맛'란 무엇인가? 사공

85) 「與王駕評詩書」, "思與境偕"
86) 『東坡詩話』, "境與意會"
87) 「與李空同論詩書」, "形象應, 不應形象乖"
88) 『存余堂诗话』, "作詩之妙, 全在意境融徹"
89) "相取相値"
90) "妙合無垠"

도와 소식 모두 시의 '맛을 초월한 맛'는 짠맛이나 신맛에 있지 않으며, 바로 짠맛과 신맛의 조화에 있기에 시의 아름다움은 "늘 짠맛과 신맛을 초월하여 있다."[91]고 주장하였다. 따라서 문학의 지극한 맛은 '화'의 달성에 있다 하겠다.

중국 고전 문학이론의 기본 범주인 기, 신, 운, 경, 미가 모두 화를 향해 나가는 것은 결코 우연이 산물이 아니라, 이들 모두가 전통적 민족 문화의 공통 인자에서 기원했기 때문이다. 앞서 서술한 바와 같이 유가와 도가는 '화'의 문제에 있어서만은 서로 일치된 의견을 가지고 있다. 옛 사람들의 입장에서 본다면 "희노애락이 밖으로 드러나지 않은 것을 중中이라 하며, 밖으로 드러났으나 절제를 이룬 것을 화라 한다. 중은 천하의 대본이며, 화는 천하의 변할 수 없는 도다. 중에 이르러야 천지의 위치가 정해지고, 만물이 자라난다."[92] 중화를 아름다움으로 여기는 이러한 사상이 시교詩教에 구현된 것이 '온유돈후', '낙이부음, 애이불상'이며, 구체적으로 시가 창작에 구현된 것이 "기상은 높되 성내지 아니하며, 성냄은 풍류를 잃은 것이다. 강력한 힘은 드러내지 아니하며, 드러내면 도끼날에 다치게 된다. 풍부한 감정을 나타내되, 암울해서는 아니 된다. 암울하면 순졸[純拙: 수수하고 졸박함]을 상실한다. 재력才力은 풍부하여야 하나, 성겨서는 아니 되며, 성김이 있으면 맥락脈絡이 손상을 입는다."[93]는 것이다. 문학의 고상한 격조인 기, 신, 운, 경, 미는 또한 모두

91) "常在鹹酸之外"

92) 『禮記・中庸』, "喜怒哀樂之未發謂之中, 發而中節謂之和. 中也者, 天下之大本也, 和也者天下之達道也. 致中和, 天地位焉, 萬物育焉."

93) 皎然, 『詩式』, "氣高而不怒, 怒則失之風流. 力勁而不露, 露則傷於斤斧. 情多而不暗. 暗則蹶於拙鈍. 才贍而不疎, 疎則損於筋脈."

중화의 현상에 연결되는 것은 너무나 자연스러운 일이다. 만일 서양의 문학이론이 정경의 충돌에 뿌리를 두고 있고, 충돌의 해결을 아름다움으로 여긴다면 중국의 고전 문학이론은 정경의 중화에 뿌리를 두고 있다. 중화를 아름다움으로 여기는 것은 중국 문학이론의 민족 문화적 개성이라 하겠다.

3. 정체의 유동성: 기, 신, 운, 경, 미의 독특한 문학 형식

서양의 사상에 있어 비록 아리스토텔레스가 일찍이 '정체整體가 부분의 조화보다 위대하다.'는 심각한 사상을 제기하였으나, 이 사상은 오랫동안 사람들로부터 중시되지 않았다. 이와 반대로 오히려 원소론이 서양의 사상과 문화를 지배하였다. 특히 17세기에 서양에서 현대 공업이 흥기하고 커다란 발전을 이룩한 뒤에도 원소론은 여러 학문과 과학을 지배하여 사람들의 습관적 사유방식이 되었다. 원소주의元素主義와 이성주의理性主義가 모든 것을 주재하였다. 19세기 초에 들어와 원소주의는 이미 과학의 발전에 커다란 장애가 되었고, 사람들은 다시 아리스토텔레스의 '정체가 부분의 조화보다 위대하다.'는 말을 되씹게 되면서 정체를 중심으로 하는 구조주의構造主義, 계통론系統論, 현상학現象學, 원형심리학[原型心理學: Gestalt psychology] 등이 차례로 흥기하게 되었다. 서양의 원소주의, 이성주의는 서양의 문학이론에 영향을 미치지 않을 수 없기에 문학의 원소에 대한 분석은 자연스럽게 이론의 유행처럼 되고 말았다. 문학이론 중의 재현론再現論, 표현론表現論, 형식론形式論 및 이와 관련된 진・선・미의 개념은 모두 작품의 심미적 특징에 편중된 단순한 원소 분석과 논리 분석의 산물이다.

(1) '도'와 정체성

서양과는 달리 중국 고대의 사상과 문화는 정체성, 모호성, 유동성의 특징을 중시하였으나 원소 분석과 논리적 추리는 부족하였다. 중국 고대의 선현들은 세계의 근본인 '도'를 숭상하였다. 노자의 말을 빌려 '도'의 특징을 설명하자면 "만물이 뒤섞여 이루어진 것이며, 천지보다 앞서 생겨났고",[94] "도는 있는 듯, 없는 듯 황홀한 것이다."[95] "만물이 뒤섞여 이루어진 것이며"라는 것은 '도'가 하나의 객관적 존재이자 선논리적先論理的 정체라는 것을 의미한다. "황홀한 것이다"는 '도'가 나부끼듯 유동적이라는 것을 의미한다. 장자의 말로 설명하자면 도는 처음부터 경계가 없는 것이다. 설사 훗날 '도'에 대한 여러 가지 서로 다른 해석이 있었지만, '도'를 우주와 세계의 본원으로 규정하는 것, 하나로 혼합되어 나눌 수 없는 정체, 나부끼듯 움직이는 것, 말로는 표현할 수 없는 성질을 가지고 있는 것 등은 기본적으로 일치한다. 유가도 역시 본원성本原性, 즉 천도天道를 언급하면서 "천도는 멀고, 인도는 가깝다"[96]고 하였는데, 가까운 것은 매일 사용하는 것이라 명백하게 설명할 수 있으나 먼 '천도'는 말로 표현하기는 어렵다고 여겼다. 이러한 '도'의 사상에서 영향을 받아 중국의 고대 선현들은 사물의 원소를 분석하는 것은 불가능하다고 여기면서, 이렇게 하면 사물의 내부에 깊숙이 들어 갈 수 없을 뿐만 아니라 고립적인 분석은 사물을 파괴하거나 사물 자체에서 멀어질 수밖에 없다고 생각하였다. 이러한 이유에서 정체의 직관적 깨달음

---

94) 『老子』「象元」, "有物混成, 先天地生"
95) 『老子』「虛心」, "道之爲物, 惟恍惟惚"
96) "天道遠, 人道邇"

이 있어야 사물과 합일되는 경지에 이르러 사물 자체를 통섭統攝 내지 파악할 수 있다고 여겼다.

(2) 정체성과 중국 고대 문학이론의 기본적 범주

바로 이러한 사상과 문화의 분위기 속에서 중국 고전 문학이론에서 거론되는 기, 신, 운, 경, 미 등의 범주는 모두 정체 유동성과 분할 불가능한 특징을 가지고 있다.

'기'에 대해서 먼저 언급해보기로 하자. '기'는 문학의 원소가 아니라 정체를 둘러싸고 있는 것이다. 시가에서 표현한 것은 사事, 정情, 리理, 경景, 물物 등이지만, '기'가 "총체적으로 유지시키고, 조리 있게 만들기에"[97] 표현된 모든 것은 "기에 의지하여 행해져야"[98] 비로소 문학에 진정한 생명을 부여할 수 있다. 만일 그렇지 못하면 표현된 모든 것은 생기가 없어 죽은 것이나 마찬가지다. 바꾸어 말하자면 '기'는 시가에 있어 구체적으로 감각할 수 있거나 분석할 수 있는 사, 정, 리, 경, 물이 아니라 시가의 정체 속에서 가득 찬 채 유동적이고, 생기발랄하고, 아무리 써도 없어지지 않는 우주의 생명력, 즉 우주와 시인의 생명에 뿌리내린 본원이다.

'신'에 대하여 살펴보자. 중국 문학이론에서는 '신'을 시가에서 분석할 수 있는 원소가 아닌, 문학의 정체 속에서 유동하면서 형외象外·의외意外·언외言外에 드러나는 초월적인 새로운 물질로 간주한

97) "總而持之, 條而貫之者"
98) "藉氣而行"

다. 김성탄[金聖嘆: 1608~1661년]이 '전신傳神', '사묘寫照'[99]를 별도의 것으로 간주하고, "전신은 멀리서 바라보아야 드러나는 것이고, 사조는 자세히 들여다보아야 볼 수 있는 것"[100]으로 간주하였다. "멀리서 바라보아야 드러나는 것"은 우리가 유화를 볼 때 몇 걸음 물러서 멀리서 보면서 그림의 정체를 파악해야 그림에 나타난 '정신'을 볼 수 있는 것과 같다. 이러한 사실에서 '신'이 일종의 정체성적 대상임을 알 수 있다.

'운'에 대하여 살펴보자. 운은 문학의 정체 속에서 유동하면서 문학을 보다 정취 있는 것으로 만든다. 운이란 구체적인 유한한 정경에서 실현되는 것이 아니라 구체적 정경을 초월한 무한하고 유원한 '정체적 기초'에서 구현된다. 이 문제에 대하여 사공도는 "가까이 있어도 부화浮華하지 않고, 멀리 있어도 사라지지 않은 연후에야 비로소 운외지치韻外之致를 말할 수 있다."[101]라고 설명하였다. 형상의 핍진하고 구체적이며 느낄 수 있는 것을 가깝다고 한 것이고, 함축이 풍부하고 심각한 것을 부화하지 않다고 한 것이다. 감정이 언어적 표현 밖에 있기 때문에 원[遠:멀다]이라 한 것이기에 원은 결국 유원한 운이라는 뜻이 된다. '부진不盡'이란 멀고도 먼 무궁한 운을 이른 말이다. 송대의 범온范溫은 『잠계시안潛溪詩眼』에서 "또 다른 의미를 가진 것을 운이라 하며", "무릇 종소리를 들으면 큰 소리가 사라지면서 여음餘音이 들려오는데 아득하고 은은한데 이것이 성외지음聲外之音이다."라고 규정하였다.[102] 그 의미는 운이란 문학의 한 요소가 아니라

99) 역자주, 寫照: 인물의 형상을 그리다. 傳神寫照는 결국 생동감이 두드러지게 대상을 나타내는 능력을 말한다.

100) 『杜詩解』, "傳神要在遠望中出, 寫照要在細看中出."

101) 『與李先生詩書』, "近而不浮, 遠而不盡, 然後可以言韻外之致耳."

정체적 형상에서 드러나는 유원한 감정이다.

'경'의 정체성에 관한 특징은 보다 분명하다. 유우석劉禹錫이 "경은 형상 밖에서 만들어진다."[103]고 한 것이나, 사공도가 "상을 벗어난 상, 경을 벗어나 경"[104]이라고 언급한 것은 모두 문학의 정체 형상(실경實境)을 지칭하면서 또 다른 깨달음, 혹은 말로 전할 수 없는 형상의 정체(허경虛境)을 암시한다. 경은 허·실 결합의 산물이며 허경이든 실경이든 모두 모호성, 정체성을 특징으로 하기에 "볼 수는 있지만 눈앞에 펼쳐 놓을 수는 없다."[105]

'미'에 관하여 살펴보자. 미는 문학의 정체 속에 존재할 뿐 개별적으로 존재하지 않는다. 이 점에 대하여 송대 양만리[楊萬里: 1127~1206년]는 다음과 같이 분명하게 설명하였다.

> 대저 시란 무엇인가? 문사文詞를 중시할 뿐이다. 시에 뛰어난 사람은 문사를 없애버린다고 말씀하셨다. 그렇다면 의미를 중시해야 합니까? 시를 숭상하는 사람은 의미조차 버린다. 그처럼 문사와 의미를 버리는데 어찌 시가 존재할 수 있습니까? 문사와 의미를 버려도 시는 존재할 수 있다. 그리하면 정말로 시가 존재할 수 있습니까? 일찍이 엿과 차를 먹어보았는가? 누가 엿을 싫어하겠습니까? (엿은) 처음에는 달지만 마지막에는 시다. 씀바귀는 사람들이 그 쓴맛을 견디기 어려워하나 그 쓴맛이 다하기도 전에 그 달콤함을 이기지 못한다. 시 또한 이와 같을 뿐이다.[106]

---

102) 『與李先生詩書』, "有餘意之謂韻", "蓋嘗聞撞鍾, 大聲以去, 餘音復來, 悠揚婉轉, 聲外之音."

103) "境生於象外"

104) "象外之象, 景外之景"

105) "可望而不可置於眉睫之前"

시의 문사와 의미를 없애도 시가 존재한다는 이 말은 전혀 조리가 없는 것처럼 보인다. 그러나 양만리는 시의 맛은 근본적으로 문사와 의미와 같이 따로 존재하는 것이 아니라 문사와 의미의 배후에 자리한 정체적 형상 속에 있는데, 이는 마치 씀바귀를 먹으면 처음에는 쓰지만 그 심층의 정체 속에는 달콤함을 가지고 있는 것과 같다고 보았다. 따라서 문학의 지극한 맛 역시 문학의 정체를 파악한 뒤에야 이를 획득할 수 있다.

기, 신, 운, 경, 미를 중국의 심미적 범주로 삼는다면 원소론을 배제하고, 정체 유동성, 모호성과 유원함을 아름다움으로 여겨야 한다. 앞서 서술한 바와 같이 중국 고대 선현이 말한 '도'는 비논리적인 정체적 존재이며, 유・무 사이에 자리하여 지고무상의 지위를 지니고 있다. 천지만물은 모두 도에서 비롯된다. 이러한 중국 고대인의 사유 방식은 서양인들의 사유 방식과는 분명한 차이가 있다. 서양인은 사물의 원소 구성을 중시하기에 그 사유 방식이 분석적이다. 따라서 서양인의 사고는 항상 나무에서 숲으로 이동하면서 실증을 중시하면서 분석을 가하지 않는 것은 경시, 심지어는 정체의 파악을 소홀히 한다. 이러한 원소 분석적 사유 방식은 필연적으로 서양의 문학이론으로 하여금 원소의 구성을 중시하게 하였을 뿐만 아니라 원소의 구성이 비교적 완정한 체계를 이루면 이해가 되었다고 판단하였다. 중국인의 사유방식은 '오도悟道'와 마찬가지로 즉각적, 정체적이며, 그 사유 문제는 숲에서 나무를 미루어 안다. 이러한 사유

---

106) 楊萬里, 「頤庵詩稿序」, 『楊萬里選集』, 周汝昌注, 上海古籍出版社, 1979, 293쪽, "夫詩何爲者? 尙其詞而已矣; 曰: 善詩者去詞. 然則尙其意而已矣? 曰: 尙詩者去意. 然則去詞去意, 而詩安在乎? 曰: 去詞去意, 而詩有在矣. 然則詩果焉在? 曰: 嘗食夫飴與茶乎? 人孰不飴之嗜也? 初而甘, 卒而酸. 至於茶也, 人病其苦也; 然苦未旣, 而不勝甘. 詩亦如是而已矣."

방식은 문학을 대상으로 하는 문학이론 속에서 드러나며, 정체의 정경에 대한 신회神會, 영오靈悟가 대단히 중요하기에 정체성, 모호성 또한 강조된다. 정체와 모호를 아름다움으로 삼는 것은 중국 문학이론의 또 하나의 특색이라 하겠다.

4. 공령감空靈感: 기, 신, 운, 경, 미의 초월성

의심할 여지없이 중국이든 서양이든 형이상학적 추구와 형이하학적 실천은 인간 활동의 공통된 특징이다. 중국의 선인들은 초탈超脫, 소요逍遙, 체도體道를 높이 받들었을 뿐만 아니라 윤리 도덕, 경세치용經世致用의 학문도 중시하였다. 서양인은 과학과 이성의 정신을 높이 받들었을 뿐만 아니라 하나님을 믿고, 윤리를 중시하며, 우주와 인생의 본체적 의의를 추구하였다. 이러한 까닭에 우리가 중국인의 형이상학에 대한 숭상 경향과 서양인의 형이하학에 대한 숭상 경향을 가지고 이들의 문화 사상의 개성을 개괄하는 것은 부분적이고 비과학적이라고 하겠다.

(1) 허실虛實과 중서中西

분명한 사실은 서양의 문학이론이 과학 이성, 공구 이성과 밀접한 관계를 가지고 있다면, 중국의 고대 문학이론은 초탈, 소요, 체도의 학문과 더욱 밀접한 관계를 가지고 있다는 점이다. 그 원인은 중국과 서양의 문학의 가치와 지위에 대한 생각이 서로 다르기 때문이다. 서양인은 습관적으로 인간의 정신적 자유를 종교의 영역, 신의 영지로 귀결시켰는데, 이는 문학과는 무관한 것이다. 그렇기 때문에 고대 서양에서는 문학이 결코 대단한 발전을 이룩하지는 못했다. 신성神性이지고한 위치를 차지했기 때문에 상대적으로 문학과 문학이론은 모두 비교적 낮은 위치에 있었다고 말할 수 있다. 이러한 사실은 플라톤과 헤겔의 저작에 잘 나타나 있다. 플라톤은 『유토피아』에서 사람을 9등급으로 나누었는데, 시인을 수공업자, 장인匠人과 같은 6등급에 귀속시켰다. 수공업자, 장인은 모두 기구를 제조하는 사람으로 그들이 하는 일들은 미천한 노예, 평민들이 하는 것이지 노예주, 귀족들은 하찮게 여기면서 하지 않던 일이다. 또 플라톤은 더욱 심하게 주장하기를 문학과 예술은 진실과 3단계의 격차가 있는, 모방의 모방, 그림자의 그림자이기에 진리가 될 수 없으며, 인성의 저속한 부분과 영합한 것이기에 시인을 유토피아에서 추방해야 한다고 주장하였다. 플라톤의 이러한 사상은 후대의 서양에 커다란 영향을 미쳤다. 독일의 고전철학의 대표적 인물인 헤겔은 문학이란 이념보다 저급한 것으로 단지 이성적 감성이 드러난 것이기에 그 진실성 또한 이념에 비해 낮고 변증법적 발전 과정에서 문학과 예술은 모두 절대적 진리를 가지고 있는 철학에 의해 대체될 수 있다고 주장하였다. 결론적으로 서양의 고대 학자들은 거의 대부분 문학이론을 과학 이성과 공구 이성의 영역으로 귀속시켰으며, 진리성, 진실성과 같은 비교적 현실적 문제를 서양 문학이론의 핵심 명제로 삼았다. 비록 실러, 니체 등은 문학과 예술이 종교를 대체할 수 있고, 진실성은 문학이론의 중요한 문제가 아니라고도 주장하였으나 주류를 이루었던 시각은 여전히 서양 문학이론을 진실성, 그리고 이와 관련된 형상성과 전형성을 중심 범주로 삼고 있었다. 당연히 그들도 미美와 선善, 상상과 상징을 언급했지만 미와 선은 반드시 진眞을 기초로 삼아야 하고, 상상과 상징 역시 진실한 품격을 가지고 있어야 한다고 여겼다. 서양인이 시종 중시했던 것은 실재實在였지 허무虛無가 아니었다.

중국 고대의 사상 문화는 유가와 도가를 중심으로 전개되었다.

앞서 언급한 바와 같이 유가의 철학은 사회 조직 철학이었으며, 입세入世의 철학이었다. 그들은 사회 현실, 도덕 윤리, 경세치용, 관리가 되어 다스리는 것을 중시하였다. 이와 관련되어 유가의 문학이론에서는 '시언지詩言志'와 "(시는) 감정에서 시작되지만 예의에서 멈추어야 한다."[107]한다고 주장했으며, 문학의 기능은 "부부를 다스리고, 효경孝敬을 이루며, 인륜을 돈독히 하고, 교화를 훌륭하게 만들고, 풍속을 변화시키는 것"[108]임을 강조하였다. 이러한 유교의 문학이론은 필연적으로 '실록實錄', '미자美刺'를 중시하는 특색을 가지게 되었다. 문학을 통치의 사상과 이익에 결합시키는 방법은 필연적으로 사상을 그들이 정한 예의에 구속시키기 때문에 개인 감정의 기탁, 정신적 해방과 같은 문제를 해결할 방법이 없자 '출세出世'철학을 근본으로 하는 도가가 출현하여 유가의 부족한 부분을 보충하거나 대체하였다. 도가의 근본은 도이며, 도는 '무無'와 깊은 연관을 가지고 있어 "천하의 만물은 유有에서 생겼고, 유는 무에서 생겼다."[109]라고 주장하였다. 유는 현상이며, 천지만물은 모두 구체적 존재이다. 무는 도의 출처이며, 일체의 실체를 초월하는 최고 근본이다. 노장의 무를 숭상하는 사상은 후세의 사상에 커다란 영향을 미쳤다. 장자는 「추수秋水」편에서 유・무의 상대성을 다음과 같이 설명하고 있다.

> 또 물의 효용이라는 입장에서 볼 때, 그 효용이 있다고 보는 견지에서 효용이 있다고 하면 만물로서 있지 아니함이 없고, 있다고 하는 경지에서 없다고 보면 만물로서 업지 아니한 것이 없네. 동과 서는 상반되지만 한 쪽이라도 없어서는 안 된다는 것을 알면 효용의 분계가 상대적이란 것을 알 수 있다.[110]

---

107) 「毛詩序」, "發乎情, 止乎禮義"
108) 「毛詩序」, "經夫婦, 成孝敬, 厚人倫, 美敎化, 移風俗"
109) 『老子』 40, "天下萬物生於有, 有生於無"

이 예문의 의미는 사물을 '유'의 각도에서 본다면 모든 사물은 하나도 빠짐없이 존재하며, '무'의 관점에서 본다면 모든 사물은 하나도 빠짐없이 존재하지 않는다는 것이다. 동쪽과 서쪽의 예를 든다면 동쪽이 있어야 서쪽이 있고, 서쪽이 있어야 동쪽이 있다. 동서는 서로 대립하지만 하나라도 없으면 존재할 수 없는 것처럼 유무와 같이 상대적인 것을 인식해야 비로소 사물의 효용과 분량分量을 확정할 수 있다는 것이다. 분명히 알아야 할 것은 장자의 이러한 인식방법은 상당한 설득력을 가지고 있다는 점이다. 위진 이래 철학에 있어서 '유'를 중시하는 입장과 '무'를 하는 입장이 서로 맞서 치열한 논쟁을 벌였다. 그러나 장자의 허무의 숭상과 유무의 상대론은 사람들의 마음속까지 깊게 파고 들어가 심지어는 일종의 민족 문화적 심리가 되었다.

(2) 공령성空靈性과 중국 고대 문학이론의 기본 범주

철학적 관념과 민족의 문화 심리 상태는 문예 창작에 영향을 미치지 않을 수 없다. 회화에서는 여백의 작용을 중요시하였고, 음악에서는 유성有聲보다는 무성無聲의 작용을 중요시하였으며, 시가에서는 함축含蓄과 담박淡泊, 적은 것으로 많은 것을 개괄하는 것, 말은 유한하나 그 의미는 무궁한 것을 중요시하였다. 시가 창작의 이러한 경향이 문학이론에 반영되면서 필연적으로 허실虛實, 번간繁簡, 농담濃淡, 은수隱秀 등과 관계된 문제를 추구하게 되었다. 허실의 관계에 있어서 가장 중요한 요구는 허실의 상생이며, 경景이 사실적이

---

110) 『莊子』「秋水」, "以功觀之, 因其所有而有之, 則萬物莫不有, 因其所無而無之, 則萬物莫不無; 知東西之相反而不可相無, 則功分定矣."

면 의취意趣도 없고, 윤색潤色도 사라지며, 경景에 허虛가 있어야 맛이 살아난다고 강조하였는데, "시에는 이해될 수 있는 것도 있으며, 이해할 수 없는 것도 있으나, 반드시 이해할 필요는 없는 것이 있어서 마치 물에 비친 달이나 거울에 비친 꽃은 그 흔적을 찾아낼 수 없는 것과 같다."는 언급이 좋은 예라 하겠다.[111] 송대의 장염[張炎: 1248~1320년?]은 『사원詞源』에서 이 점에 대하여 대단히 명확하게 언급하고 있다.

> 사詞는 모름지기 청아하고 공허空虛해야 하며, 질박하고 실재적이어서는 안 된다. 청아하고 공허하면 고아함이 빼어나고, 질박하고 실재적이면 껄끄럽고 애매하다. 강백석姜白石(강기姜夔)의 사는 마치 들판에 홀로 떠있는 구름 같아서 가고 멈추지만 흔적이 없다. 오몽창吳夢窓의 사는 칠보七寶로 만든 누대와 같아 사람들의 안목을 현혹하지만 무너져 내리면 조각조차 남지 않는다. 이것이 청아, 공허, 질박, 실재에 대한 설명이다.[112]

'사詞'는 문학의 일종이기에 청아하고 공허해야 하고, 사와 유사한 문학 또한 청아하고 공허해야 한다. 번간, 농담, 은수 등의 관계에 있어서 무를 숭상하는 사상의 영향을 받아 비록 번간이 조화를 이루고, 농담이 서로 적당히 어우러지고, 은수가 서로 잘 배합되어야 한다고 말하지만 구체적으로 시를 논할 때 일반적으로 간요簡要, 담박淡泊, 은함隱含을 중요시한다. 이와 연관하여 청공淸空, 간요簡要, 담박淡泊, 은함隱含의 문학 품격은 무엇을 근거로 구현되는가라는 문제가 있다. 이는 기, 신, 운, 경, 미 등의 범주를 통하여 드러난다.

111) 謝榛, 『四溟詩話』, "詩有可解, 不可解, 不必解, 若水月鏡花, 勿泥其迹可也."
112) "詞要淸空, 不要質實. 淸空則古雅峭拔, 質實則凝澁晦昧. 姜白石詞如野雲孤飛, 去留無迹. 吳夢窓詞如七寶樓臺, 眩人眼目, 碎拆下來, 不成片斷. 此淸空質實說之."

유·무의 대립 속에서, 형이상과 형이하의 대립, 대응 관계 속에서 기, 신, 운, 경, 미는 주로 무와 형이상 쪽으로 경도된다고 말할 수 있으며, 유와 형이하와는 대립, 대응의 관계를 가지고 있다. 이를 그림으로 나타내면 다음과 같다.

有	→	形而下	→	辭	→	形	→	體格	→	情景	→	鹹酸
↕		↕		↕		↕		↕		↕		↕
無	→	形而上	→	氣	→	神	→	韻	→	境	→	至味

'사辭'는 유형의 실체로, 문학이 추구하는 높은 격조는 아니며, 반드시 형이상의 기가 통괄해야 비로소 장중한 아름다움을 가질 수 있다. 이고李翶가 "기가 곧아야 문사가 성하다"[113]라 한 것은 바로 이러한 도리를 두고 한 말이다. 형과 신에서 형은 구체적으로 감지할 수 있는 것이며, 실재의 '유'에 해당하며, 말로 전할 수 있는 것이다. 그러나 문학의 극치는 형사가 아니라 '입신'(엄우嚴羽)이다. '신'은 내재적인 것이며, 말로 전할 수 없는 것으로 일정한 의의에 있어서 '무'를 향하는 것이라 하겠다. 운과 체격體格은 서로 대응하는 것으로 문학의 체격은 눈으로 볼 수 있는 유형의 것으로 실재 존재하는 것이다. 하지만 체격을 통해 드러난 운은 "공중의 소리, 형상 속의 색채, 물에 비친 달, 거울에 비친 형체"[114]처럼 아득하며, 존재하는 듯 보이지만 실제로는 존재하지 않는 일종의 형이상적 성질의 것이다. 정경情景과 경계境界의 관계 역시 '유'와 '무'의 관계이다. 정경은 모두 묘사 혹은 토로된 것이며, 실재하는 것이다. 그러나 정경

113) "氣直而辭盛"
114) "空中之音, 相中之色, 水中之月, 鏡中之象"

이 일단 완전하게 교융하면 경계로 승화하여 흔적을 찾을 수 없으며, 단지 의미를 파악할 뿐, 말로 전달할 수 없기에 '무'의 존재라 하겠다. 중국 문학이론이 추구하는 '지미[至味: 지극한 맛]'란 앞서 말했듯이 실재하는 짜고 신 맛이 아니라 맛을 초월한 맛으로 실제로는 실재에서 '허무'로 승화한 것이다. 이러한 것에서 어렵지 않게 중국 문학이론이 추구하는 것은 '무'를 문화적 기인基因으로 한 생동적이고 담백한 아름다움이다. 중국 문학이론의 범주는 서양 민족의 문화적 개성과 다르다.

5. 중화 문학이론에 있어 민족 문화의 개성을 형성시킨 사회 경제적 원인

문학이론 관념을 포함한 인간의 모든 관념은 아무런 이유 없이 생성된 것이 아니라 특정한 사회 경제 조건 속에서 발전한 것이다. 따라서 관념의 발전이 어떠하든 반드시 사회적, 경제적 조건 및 사회 심리와 연관시켜 해석해야 한다. 중서 문학이론의 관념과 범주의 심각한 구별 또한 중서 경제의 서로 다른 발전 형태에서 출발해야 비로소 정확하고 깊이 있는 해석을 얻어낼 수 있다. 앞장에서 우리는 '상농上農'의 각도에서 유, 도, 불 문화가 만들어지게 된 사회적 원인을 설명하였다. 여기에서는 중화 문학이론에 있어서 기본 범주의 문화적 특생이 나타나게 된 원인에 대하여 진일보한 설명을 하고자 한다.

(1) 농업 문명, 가정과 국가 제도

해양 국가인 그리스와 달리 중국은 대륙 국가이다. 중국 고대인은 중국을 '사해지내四海之內'라고 이해했다. 비록 중국 역시 긴 해안선을 가지고 있지만 고대의 사상가들은 바다에 대해 그다지 흥미를 느끼지 않았다. 『논어』에서 공자는 "도가 행해지지 않아 뗏목을 타고 바다로 나가려 한다. 이때 나를 따라올 사람은 자로子路뿐일 것이다."[115]라는 문구에서 단 한번 바다를 언급하였다. 『맹자』에서도 "바다를 구경한 자에게는 물을 말하기 힘들고, 성인의 문하에서 유학한 자에게는 훌륭한 말을 하기가 어렵다."[116]는 구절 한 곳에서만 바다를 언급하였다. 이는 서양 고대 그리스의 철학자인 소크라테스, 플라톤, 아리스토텔레스가 자주 여러 섬들을 드나들면서 바다에 대한 흥미를 지녔던 상황과는 사뭇 다르다. 중국 고대에는 인구가 주로 황하와 장강 유역에 집중되어 있었기에 중국인은 대륙인에 속한다. 이러한 지리적 조건은 중국의 경제를 장기간 자연 농업 경제 위주로 만들었으며, 농업 중시 경향이 상업 중시 경향보다 월등히 강했다. 중국 고대 사상에는 본말本末의 구별이 있다. '본'이 농업이라면, '말'은 상업이다. 그 이유는 만일 농업이 생산해낸 물건이 없다면 상업상의 교환이 있을 수 없기 때문이다. 반드시 먼저 생산이 있은 후에 비로소 교환이 있을 수 있다. 따라서 고대 중국에서는 역대로 모두 '중본경말[重本輕末: 본을 중시하고, 말을 가벼이 여긴다]' 하였던 것이다. 이런 이유에서 상인은 '말'에 해당하는 일을 하는 사람이라 여겨졌기에 자연스레 존중받지 못하였다. 일반적으로 고대 중국에는 사, 농, 공, 상 4개의 전통적 계급이 있었다. 상은 맨 아래에 배치되었으나, 사, 농은 앞에 배치되었다. 소위 '사'는 지주를 말한다. 이들은 토지세를 받아 생활하였기 때문에 직접 생산에 종사하지는 않았으나 이들의 운명은 모두 농업과 이어져 있었다. 수확의

115) 『論語』 「公冶長」, "道不行, 乘桴浮于海, 從我者其由與."
116) 『孟子』 「盡心章上」, "觀於海者難爲水, 遊於聖人之門者難爲言."

좋고 나쁨은 그들의 생활의 좋고 나쁨과 밀접한 관계를 가지고 있었다. 이처럼 사와 농의 자연과 생활에 대한 인식은 상통하는 바가 있었다. 그리하여 사와 농은 사회에서 중요시되었다. 『여씨춘추呂氏春秋』「상농上農」편에서는 농과 상을 서로 비교하면서 농민의 생활 방식을 최대한 미화하였고, 상인의 생활 방식을 폄하하였다. 중국인은 농업을 중시했지만, 농민이란 어쩔 수 없이 토지에 기대 삶을 이어가야 했다. 따라서 토지는 농민에게는 생명의 근원이었다. '천지자연이 만물을 육성시키는(天地自然育成萬物)' 것은 농민의 토지에 대한 일종의 믿음과 애착을 나타내는 말이다. 그리하여 '천일합일天人合一'은 자연스럽게 중국인의 이상이 되었다. 토지는 이동할 수 없는 것이기에, 농민은 대대로 한 지역에서 생활하며 평생 토지를 경작했다. 이러한 과정을 통하여 서양의 도시국가 제도와는 다른 가정과 국가 제도를 발전시켰다. 한 가족에는 부자, 형제, 부부 등의 인륜관계가 있고, 이러한 관계들은 결코 변할 수 없는 원칙으로 인식되었으며, 군신, 붕우의 관계와 같은 기타의 사회관계는 가족 관계에 따라 이해되었다. 군신의 관계는 부자의 관계를 가지고 규범화되었고, 붕우의 관계는 형제의 관계에 따라 규범화되었다. 가정은 중국 자연 농업 경제가 만들어낸 핵심적 사회 조직 형식이다. 따라서 가족 관계에 있어서는 무엇을 제창했을까? '부자자효父慈子孝', '형우제공兄友弟恭', '부창부수夫唱婦隨' 등이다. 이러한 관계의 실질은 앞서 우리가 반복해서 말한 '화和'이다. 한 집안 사람들 가운데 비록 부자, 형제, 부부 등의 다양한 관계가 있으나 모두 '화'를 중요하게 여긴다. 이러한 '화'가 있어야 농업 생산에 있어 '화'의 협력 관계를 건립할 수 있으며, 여러 사람이 합심하여 협력하고, 상호 조화를 이루어 나갈 때 풍년을 이루고, 의식이 풍족해질 수 있다. 송대 범성대范成大의 「사시전원잡흥四時田園雜興」 제8수에서는 전원생활의 아름다움을 다음과 같이 묘사하였다.

> 낮에는 풀을 베고, 밤에는 마사[麻絲]로 길쌈을 하고,
> 촌장의 여자들은 가사도 잘하지.
> 어린 손자들은 농사와 길쌈도 모르면서,
> 뽕나무 그늘에서 콩 심는 장난을 치네.[117)]

이 시는 고대 중국 농가의 상호 협력과 토지와 친근한, 생명력 넘치는 정경을 청신하게 묘사하고 있다. 이러한 가정을 기본 형식으로 삼는 자연 농업 경제의 윤리 도덕에는 '이화위귀[以和爲貴: 화를 귀하게 여긴다]'의 의식이 반영되어 있다면, 문학이론에는 '기', '신', '운', '경', '미'를 통해 체현된 '이화위미[以和爲美: 화가 곧 아름다움이다]'의 의식이 반영되어 있다. 이는 서양의 해양 국가의 경우 문학이론에 있어 충돌을 아름다움으로 여기는 것과는 대단히 큰 차이가 있다.

그리스로 대표되는 고대 서양은 기본적으로 해양 국가에 속하고, 상품 경제가 비교적 발달하였고, 상인의 지위가 대단히 높았다. 상인의 특징은 유동적이며, 모험을 즐긴다는 점이다. 그들은 토지, 산천 등의 자연 경물에 대해서는 농민들과 같은 특수한 의존 관계가 없었기에 상대적으로 대자연에 대한 친근감과 집착이 적다고 말할 수 있다. 반대로 높은 산과 언덕, 깊은 강하는 그들에게는 경영 활동의 장애, 심지어는 모험 활동의 실패, 운명의 비애를 만드는 원인으로 인식되었다. 그들은 대자연이 어떤 신비한 능력을 가지고 자신

117) 「夏日田園雜興十二絕」7, "晝出耘田夜績麻, 村庄兒女各當家. 童孫未解供耕織, 也旁桑陰學種瓜."

을 제어, 농락한다는 결론을 내렸다. 이런 이유로 서양인들은 자연에 대하여 어쩔 수 없이 대립적 정서를 지니고 자연에 대항하거나 자연을 정복하고자 하는 욕망을 지니게 되었다. 이외에 서양의 상업 활동에 있어서 그들이 건립한 것은 중국의 가방제도家邦制度와 구분되는 성방제도[城邦制度: 도시국가제도]였다. 성방제도의 가장 큰 특징은 바로 평등 경쟁이었다. 상업 활동뿐만 아니라 정치 활동에서 자신의 성공은 타인의 실패 위에 건립되기 때문에 인간관계 또한 영원히 대립과 충돌 속에서 이루어진다. 대립과 충돌 속에서 승리를 획득하는 사람이 바로 성공한 사람이며, 정신적 유쾌함을 획득한 사람이다. 이러한 상품 경제에서 윤리 도덕에는 계약 관념이 반영되었으며, 문학이론에는 비, 희, 숭고, 비하 등의 범주를 통해 체현된 충돌을 아름다움으로 여기는 관념이 반영되어 있다.

(2) 자연 농업 경제와 정체적 사유방식

고대 중국의 자연 농업 경제는 중국 고대인의 사유 방식을 비교적 사물의 정체 및 그 규율의 이해를 중시하게 만들었으나, 사물의 원소 분석과 논리적 추리를 중요하게 여기지 않도록 만들었다. 농민은 보다 많은 수확을 얻기 위하여 일월의 운행, 사계의 변화 등 정체적 운동에 대단히 민감하였다. 『역경』에서 "추위가 가면 더위가 오고, 더위가 가면 추위가 오고,"[118] "해가 차면 기울고, 달도 차면 기운다."라 하였는데, 이는 중국의 고대인들이 일월성신日月星辰과 기후 변화의 정체적 유동성에 대해 상당히 유의하고 있었음을 설명하는 것이다. 이렇게 변화하는 사물은 그들이 종사하는 농경과 연관

118) 『易傳』, "寒往則暑來, 暑往則寒來"

되어 있다. 상업 활동이 어떤 계기에 따라 성공과 실패가 결정되는 것과 달리 농업의 작황은 천시天時, 지리地利, 인화人和 등 정체적 협조에 달려있다. 따라서 정체적 협조는 항상 개별적 요소보다 훨씬 중요하게 인식되었다. 자연 농업 경제에 뿌리를 두고 있는 중국인의 사유 방식은 중국 고대 학술, 문화, 사상 각 방면에 영향을 미쳤다. 앞서 이미 언급했듯이 중국 철학에서는 '일一'의 범주를 대단히 중요시하였다. 『노자』에서 "도는 하나를 낳고, 하나는 둘을 낳고, 둘은 셋을 낳고, 셋은 만물을 낳는다. 만물은 음을 지고, 양을 안고 있으며, 충기沖氣가 화和를 이룬다."[119]고 하였다. 여기에서 '셋'은 음陰, 양陽, 충기沖氣를 가리키며, '둘'은 천天과 지地를 일컬으며, '하나'는 천지가 분화되지 않은 통일체統一體를 지칭한다. 『노자』에서 다시 "예로부터 하나의 도를 터득한 것들을 들면 다음과 같다. 하늘은 하나의 도를 터득하여 청명하고, 땅은 하나의 도를 터득하여 고요하고, 신神은 하나의 도를 터득하여 영묘靈妙하고, 골짜기는 하나의 도를 터득하여 충만하고, 만물은 하나의 도를 터득하여 생육화성生育化成하고, 임금은 하나의 도를 터득해야 천지를 바르게 다스릴 수 있다."[120]라고 하였다. 여기서 말하는 '하나'는 모두 전부, 정체, 통일, 풍부 등을 의미한다. 후에 중국 철학에서 '많음(多)'을 언급했는데, 이는 모두 정체 속의 많음, 즉 부분은 정체의 한 부분이며, 부분은 정체의 제약을 받는다는 것을 강조한 것이다. 예를 들어 중국의 의학에서는 분명하게 인체의 어떤 하나의 기관에 착안하지 않고, '보고(望), 듣고(聞), 묻고(問), 째(切)는' 활동을 통하여 개인의 정체

119) 『老子』 42, "道生一, 一生二, 二生三, 三生萬物. 萬物負陰而抱陽, 沖氣以爲和."
120) 『老子』 39, "昔之得一者, 天得一以淸, 地得一以寧, 神得一以靈, 谷得一以盈, 萬物得一以生, 候王得一以爲天下貞."

파악에 착안하여 머리가 아프다고 하여 머리를 치료하거나 다리가 아프다고 하여 다리를 치료하는 독립적 치료 방법에 반대한다. 중국 자연 농업 경제가 배양한 정체 사유 방식은 필연적으로 중국 문학 이론에 표현되며, 앞서 우리가 언급한바 있는 기, 신, 운, 경, 미는 자연 농업 경제의 정체 직관론直觀論이 문학이론에 반영된 것이다.

고대 중국의 자연 농업 경제와 달리 서양은 상업 경제 사회이기에 상인이 사회의 지배자가 되었다. 상인은 무엇보다도 상업 회계에 사용되는 숫자를 중요하게 생각하였고, 그 다음에 구체적 물건을 중요하게 생각하였다. 이에 어떤 학자는 그들은 왕왕 추상적 숫자를 통해 구체적 물건을 파악한다고 주장한다. 이런 방식으로 그들은 숫자와 논리적 추리를 발전시켰다. 그들의 추상적 사유방식은 분석과 사변을 풍부하게 만들었다. 이에 그들의 문학이론은 자연스럽게 작품 구성 인소因素의 분석을 중시, 진선미眞善美의 재현, 표현 및 내용미, 형식미 등의 구별 등을 중요시하였다.

(3) 자연 농업 경제와 숭무 관념崇無觀念

고대 중국 자연 농업 경제의 또 하나의 규정은 바로 귀무貴無와 숭무崇無이다. 농업 생산은 하나의 공터를 개간하고, 씨를 뿌리는 것에서 시작하는데, 결과는 하나도 없던 상태에서 풍성한 오곡을 거두어들인다. '무無'는 '풍豊'의 기초이자 근본이다. 부지런한 농부는 항상 봄이 오면 밭두렁에 나가 방금 파종하여 푸른 잎사귀 하나도 없는 밭을 바라보면서 가을이 오면 황금색으로 고개를 숙인 곡식을 상상하고 회심의 미소를 짓곤 한다. 본 것은 '무'이지만 '유'를 상상한 것이다. 그것도 아주 큰 풍년을 기대하면서. 따라서 농민은 '내포성內包性'을 가장 잘 이해하는 사람이다. 이러한 풍부한 변증법적 소박한 심리 상태에도 철학적 '숭무', '귀무'가 반영되어 있다. '무'는 과거에 없었고, 현재에도 없으며, 미래에도 없지만, 무에서 유로, 없는 듯하지만 실제로는 있는 것으로 무에서 유가 생겨난다. 따라서 중국인은 '빈손으로 집안을 일으키다(백수기가白手起家)'라는 말로 창업의 어려움을 형용하는데, 이 말에는 찬미의 뜻이 포함되어 있다. 유에서 유에 이르는 것은 별게 아니지만 무에서 유에 이르는, 즉 빈손으로 집안을 일으키는 경우는 대단히 큰 의미가 있다. 음악과 회화에도 이런 관념이 반영되어 "큰 소리는 들리지 않고, 큰 모습은 형체를 알 수 없으며"121) 등의 예가 있으며, 문학에 반영된 것으로 공령空靈과 함축含蓄을 숭상하며, '한 글자도 쓰지 않고 풍류를 다했다(不着一字, 盡得風流)', '반이 전체보다 많다(半多于全)', '허실虛實이 상생하다(虛實相生)', '묘사가 없는 묘사(不寫之寫)'" 등이 있다. 이러한 것에서 어렵지 않게 기, 신, 운, 경, 미의 범주에서 공령의 아름다움(空靈美), 담백한 아름다움(淡白美) 등이 나타났다. 이러한 것의 근원은 자연 농업 경제에서 찾을 수 있을 것이다.

서양인은 상업을 중시하였다. 상업 경제는 비록 추상적 숫자를 중시하지만 숫자의 배후에는 실재의 물질이 있다. 뿐만 아니라 상인은 무궁한 욕망을 가지고 벌고 또 벌며, 많아도 더욱 더 많은 부를 추구하는 것이 상인의 확고부동한 관념이다. 상인의 이러한 심리 상태가 철학에 반영된 것이 '귀유貴有'와 실증론적 발전이며, 문학이론에 반영된 것이 형상, 진실과 전형 등 비교적 실재적 아름다움의 추구라 하겠다.

개괄적으로 중국의 고대 문학이론이 기, 신, 운, 경, 미 등의 기본 범주를 통하여 중화미中和美, 정체미整體美와 공령미空靈美를 추구했

---

121) 『老子』 41, "大音希聲, 大象無形"

다면, 서양 문학이론은 충돌미衝突美, 원소미元素美, 실재미實在美를 추구했다고 할 수 있다. 이는 분명한 민족 문화의 개성을 반영한 것이다. 뿐만 아니라 이러한 선명한 민족 문화의 개성 형성은 심각한 사회 경제의 원인을 가지고 있다. 고대 중국의 자연 농업 경제에서 만들어진 대륙 문명과 사회 심리는 중국 고대 문학이론의 민족 특색의 두터운 토양이라 하겠다.

이 장을 마치면서 두 가지를 설명하고자 한다. 첫째, 중국 고대 문학이론의 범주는 결코 우리가 설명했던 다섯 가지만은 아니며, 여기서 언급한 것은 그 가운데 가장 기본적인 범주들이다. 둘째, 여기서 진행한 중서 문학이론의 비교는 단지 차이만을 이야기했을 뿐이며, 서로 상통하는 것은 다음 장에서 보충하여 말하기로 한다.

마지막으로 강조하고자 하는 것은 고대 문학이론의 범주적 술어, 예를 들어 앞서 언급한 기, 신, 운, 경, 미 등은 현대 문론 체계에 있어 여전히 나름의 지위를 가지고 있다는 것이다. 물론 작가의 추구, 혹은 평론가의 평론은 모두 자신도 모르게 이러한 개념을 긍정적으로 운용한다. 이러한 고대 문학이론의 범주들은 문화적 무의식으로서 중국 작가, 평론가의 마음속에 자리하기에 없애려 해도 없앨 수 없다고 말할 수 있다. 더욱 중요한 것은 이러한 문학이론의 범주들이 체현된 중화中和, 정체整體, 공령空靈 등은 문학예술과 대단히 교묘하게 결합된 특징으로 보편성과 세계화의 의의를 가지고 있다. 중국 현대 문학이론의 수립에 있어서 진지하게 자신이 가지고 있는 민족 문화의 고유한 성분을 세계의 현대 문학이론의 귀감으로, 흡수, 운용될 수 있는 자원으로 만들어야 한다.

중편

중국 고대 문학이론 10대가 독해

중국 고대 문학이론의 유산은 대단히 풍부하다. 본편에서는 그 가운데 창조성을 가지고 있는 10대 문학이론가의 주요 작품을 가려 뽑아 현대적으로 독해하기로 한다. 나는 '개원발류[開源發流: 처음으로 물이 흘러나오는 곳]'를 선택의 표준으로 삼았다. 선진시기의 3인, 위진남북조 시기의 3인, 수隋, 당唐, 명明, 청淸에서 각 1인을 뽑았다. 비록 10인만을 가려 뽑았으나 연관성이 강하기 때문에 거의 중국 고대 문학이론의 모든 방면을 망라했다고 말할 수 있을 것이다.

제 3 장

공자孔子 문학이론 독해

공자(기원전 551~479년)는 춘추 말기의 사상가, 교육가로 중국 유가 학파의 창시자이다. 그는 『논어』에서 『시경』에 대해 12회에 걸쳐 언급한 바 있는데, 이는 자신이 『시경』을 정리하는 과정에서 형성된 시학관을 피력한 것이다. 공자는 춘추 시대 말기에 활동하였는데, 이 시기는 주천자周天子의 통치 권력이 이미 쇠잔했기에 여러 제후국들이 서로 정벌을 일삼아 예악이 붕괴되었던 다사다난한 시기였다. 공자는 여러 곳을 돌아다니며 치국 이상을 소리 높여 호소하였지만 참담한 대우를 받자, 실망하고 물러나 학문에 전념하여 『시경』, 『서경書經』, 『예禮』, 『악樂』, 『춘추春秋』를 편수하여 혼란한 사회의 규범으로 삼고자 하였다.

1. '인학仁學'과 '문질文質'

공자 유학의 사상 체계는 '인학'을 중심으로 이루어졌다. 이는 현재 많은 학자들이 공통적으로 인정하는 사실이다. 그렇다면 '인仁'이란 무엇인가? 『설문해자』에서 "인은 친[親: 가깝다]하다는 의미로, 인人과 이二가 결합한 것이다."[1]라 하였으니, '인'이란 사람들 사이의 상호

친애를 의미한다. 그러므로 인의 핵심은 결국 사람(人)이다. 이에 공자는 『논어』 「안연顔淵」편에서 "인이란 다른 사람을 사랑하는 것이다"[2]라 정의하였다. 따라서 공자는 아버지는 아버지의 도리에 따라 그 자식을 사랑하고, 자식은 자식의 도리에 따라 그 아버지를 사랑하며, 이를 확대하여 세상의 모든 사람에 대하여 사랑해야 하기에 『논어』 「안연」편에서는 "자신이 원치 않는 것을 남에게 행하지 말라"[3]고 하였고, 『논어』 「옹야」편에서는 "자신이 통달하고자 하면 남을 먼저 통달하게 하고, 자신이 뛰어나고 싶으면 남을 먼저 뛰어나게 해야 한다"[4]고 주장하였다. 이는 귀족 계층뿐만 아니라 일반 대중에게까지 적용해야 하는 원칙이었다. 유가가 추구했던 이상적 인격은 수양을 통하여 '인애한 사람'이 되는 것이다. 공자는 일찍이 제자들에게 "들어가서는 효를 다하고, 나와서는 공손하며, (행동을) 삼가고 (말을) 책임지고, 널리 사람을 아끼며, 어진 사람과 가까이 지내고, 이를 다 행하고도 여력이 있으면 글을 배워야 한다."[5]라고 말씀하셨다. 이처럼 공자는 학생들에게 가르침을 내리면서 부모 앞에서는 효순하고, 집을 떠나서는 어른을 공경하며, 말을 삼가고, 성실하여 신임을 얻고, 대중을 널리 사랑하라고 당부하였다. 이를 모두 훌륭히 수행한 뒤에도 여력이 있으면 문헌 등을 공부하는 학문에 힘써도 좋다고 하였다. 공자는 '인'을 중심이자 근본으로 삼고 '공恭', '관寬', '신信', '민敏', '혜惠', '지智', '용勇', '충忠', '서恕', '효孝', '제悌' 등으로 확대하여 규범 체계를 이룩하였다. 그러나 인학의 중심은 '애인

---

1) "仁, 親也, 從仁、二."
2) "仁者愛人"
3) "己所不欲, 勿施於人"
4) "己欲達而達人, 己欲立而立人"
5) 「學而」, "弟子, 入則孝, 出則悌, 謹而信, 汎愛衆, 而親仁. 行有餘力, 則以學文."

愛人'이다. 기타의 모든 것은 인에 종속되는 것이기에 '예禮', '악樂', '시詩'는 인의 주위에 자리해야 비로소 그 가치를 발할 수 있다. 따라서 공자는 "사람이 어질지 못한데 예는 어디에 쓸 것이며, 어질지 못한데 악은 어디에 쓴단 말인가?"[6]라고 말했던 것이다. 물론 공자의 이론이 약점이 없는 것은 아니다. 공자의 몇 가지 논점은 당시 사대부 이상의 계층만을 염두에 두고 만든 것이라 말할 수 있다. 그는 모든 사람이 평등하다는 사상은 없었지만 '군주는 군주답고, 신하는 신하답고, 아비는 아비답고, 자식은 자식다운(군군君君, 신신臣臣, 부부父父, 자자子子)' 사회 질서를 확립하려고 했다. 이런 이유로 우리는 공자의 '애인愛人'을 중심으로 한 '인학'이 "고전적 인도주의의 찬란한 빛을 발하고 있다"[7]라고 말하지 않을 수 없다. 말하자면 '인'을 실행하는 준칙이란 자기의 영혼을 편안하게 만드는 것이기에 공자는 "인자仁者는 걱정하지 않으며"[8], "인자는 인에 안주해야 한다."[9]라고 반복해서 말했던 것이다. 또 '인'에 대하여 "아는 자는 좋아하는 자만 못하고, 좋아하는 자는 즐기는 자만 못하기에"[10] '인'을 지니면 비로소 마음이 편안해져 자신의 정신적 거처를 지닐 수 있어 사회 혼란 속에서도 자신의 평정한 심경을 유지할 수 있다고 생각했다. 만일 모든 사람이 '인'을 갖춘다면, 사회 구성원들은 각기 적당한 지위를 부여 받고, 다른 사람을 사랑함으로써 다른 사람에게서 사랑받으며, 다른 사람을 존경함으로써 다른 사람의 존중을 받을 수 있게 된다. 특히 군왕君王에게 훌륭한 예를 보여주어 유가의 윤리를 수용하도록

---

6) 『論語』 「八佾」, "人而不仁如禮何, 人而不仁如樂何"
7) 王運熙, 顧易生, 『中國文學批評通史』, "閃爍着古典人道主義光芒"
8) 『論語』 「子罕」, "仁者不憂"
9) 『論語』 「述而」, "仁者安仁"
10) 『論語』 「雍也」, "知之者, 不如好之者, 好之者, 不如樂之者."

하여 이를 실천하게 만들어야 한다. 물론 이는 일종의 완전한 이상향이기에 도달할 방법이 없다. 그러나 공자의 인학은 '사람'과 '사람 사이의 인애'를 강조하였는데, 이는 인도주의적 요소를 포함하고 있는 것만은 확실하다. 그러나 한 사람이 오로지 도덕적 '인'만을 고집하는 것으로 충분한 것일까? 당연히 부족하다. 그리하여 공자는 다시 시詩, 서書, 예禮, 악樂을 제기하였다. 군자에게는 인과 덕을 갖춘 '문질빈빈文質彬彬'의 필요성을 제시한 것에서 후대 문학이론에 커다란 영향을 미친 '문질론文質論'이 나왔다.

본래 '문질' 문제는 제1장에서 유가의 문학이론을 설명하면서 이미 언급한 바 있다. 그러나 언급이 불충분하기에 여기에서 보충할 필요가 있다. 공자는 『논어』「옹야」편에서 다음과 같이 언급하였다.

> 공자께서 이르시길 … 질質(본질)이 문文(외현)보다 뛰어나면 촌스럽고, 문이 질보다 뛰어나면 사史(겉치레만 추구함)하니, 문질을 적절히 갖춘 연후에 군자라 할 수 있다고 하셨다.[11)]

공자의 말은 질박함이 문식[文飾: 외형을 아름답게 꾸밈]보다 많으면 조야粗野하며, 문식이 질박함보다 많으면 허식으로 흐른다는 것을 지적한 것이다. 문식과 질박이 서로 조화를 이루어야 비로소 군자의 풍격風格이라고 할 수 있다는 의미이다. 주희朱熹는 『논어집주論語集注』에서 '빈빈彬彬'을 "반반斑斑과 같은 의미로 사물이 서로 적당하게 조화를 이루며 섞여 있는 모습이다."[12)]라고 풀이하였다. '문질빈빈'이란 결국 군자의 풍모가 도덕, 문화, 예의의 수양이 균형을

11) 『論語』「雍也」, "質勝文則野, 文勝質則史. 文質彬彬, 然後君子."
12) "猶 斑斑, 物相雜而適均之貌"

이루면서 발전한 것을 말한다. 즉 '문'에만 치우치지도 않고, '질'에만 치우지지도 않아 문질이 서로 조화를 이룰 수 있다는 것이다. 이외에 『논어』「안연顔淵」편에는 다음과 같은 언급이 있다.

> 극자성棘子成이 "군자는 질박하면 충분하니 문식을 어디에 쓰겠습니까?"라고 물었다. 자공子貢이 "애석하다! 부자의 군자에 대한 설명이여! 혀에서 말이 나오면 사마駟馬도 따라 잡을 수 없는 것. 문이 질이요, 질이 곧 문입니다. 호랑이와 표범의 털을 제거한 가죽은 개, 양의 가죽과 같은 것이지요."라고 말했다.[13)]

위국衛國의 대부 극자성이 자공에게 군자는 단지 소박함만 필요할 뿐 어찌하여 문식이 필요하겠는가라고 묻자 자공이 잘못을 지적하며 군자는 문과 질을 겸비해야 하며, 만일 호랑이, 표범, 개, 양의 털을 모두 없애 버리면 가죽을 구분할 수 없는 것과 같다고 대답했던 내용이다. 『논어』에서 언급한 문질은 윤리학적 문제이지만 문학이론으로 전화될 가능성을 내재하고 있다. 분명 공자에게 '문질론'은 문학과 무관한 도덕적, 윤리적 범주에 속하는 것이었다. 그러나 '문질론'은 중국의 문학과 고대 문학이론에 커다란 영향을 미쳤다.

원래 도덕의 대상은 사람이며, 문학의 대상도 사람이다. 따라서 '문장은 그 사람과 같다(文如其人)'는 것은 만국의 공통된 정의라 하겠다. 군자가 '문질빈빈'해야 문학 역시 '문질빈빈'하지 않을까?

한대 후기의 양웅揚雄은 이를 문학이론의 문제로 전환시켰다. 그는 문질 문제를 우주의 문제로 변환하였다. 그는 『태현太玄』「문수文首」편에서 "음은 질을 품고 있고, 양은 문을 발산한다. 문질이 서

13) 棘子成曰, "君子質而已矣, 何以文爲?" 子貢曰, "惜乎, 夫子之說君子也! 駟不及舌. 文猶質也, 質猶文也. 虎豹之鞹猶犬羊之鞹."

로 조화를 이루어야 만물이 찬연하다."[14]라고 하였다. 그의 입장에서 본다면 문질과 음양은 서로 대응관계를 가지고 있는 것이다. 따라서 음은 곧 질이고, 양은 문이다. 천지 만물은 음양이 함께 융화되어야 형성되는 데, 이것이 바로 '문질상겸[文質相兼: 문질이 함께 함]이다. 그는 『태현』「현문玄文」편에서 "하늘은 문이요, 땅은 질이며, 그 자리를 바꾸지 아니한다."[15]는 문제를 제기하였다. 만물은 모두 물질의 결합이라는 이러한 주장은 '문질'을 가지고 문장과 문학을 논하는 전제조건으로 삼을 수 있다는 것이다. 양웅은 『태현』「현영玄瑩」편에서 문질의 관계를 문학이론의 주요한 문제로 삼았다.

> 사실에 힘쓸 뿐 수사에 힘쓰지 아니하며, 변화를 추구하나 문식을 번다하게 하지 않는다. 간략하지 못하면 그 뜻이 상세하지 못하고, 핵심이 없으면 대응에 있어 넓지 못하고, 가지런하지 못하면 사실을 펼칠 수 없고, 침잠하지 못하면 그 뜻을 드러낼 수 없다. 이러한 까닭에 문장은 질에서 나타나고, 문사文辭는 감정을 통해 볼 수 있다. 문사의 사용을 보면 그가 하고자 하는 것을 볼 수 있도다.[16]

제1장에서 우리는 이미 양웅이 처음으로 '문질' 문제를 문장 창작의 문제로 전환시켰음을 지적하였다. 그의 논점은 "이러한 까닭에 문장은 질에서 나타나고, 문사는 감정을 통해 볼 수 있다(文以見乎質, 辭以睹乎情)"이다. '문'은 '사'와, '질'은 '정'과 서로 대응한다. 문질을 다 갖춘다는 것은 바로 내용과 문사를 겸비한다는 것이다. 문학

---

14) "陰斂其質, 陽散其文. 文質班班, 萬物粲然."

15) "天文地質, 不易其位"

16) "務其事不務其辭, 多其變而不多其文也. 不約則其旨不詳, 一 不要則其應不博, 不渾則其事不散, 不沈則其意不見. 是故, 文以見好質, 辭以睹乎情. 觀其施辭, 則其心之所欲者見矣."

작품은 정·질의 소박함과 문채의 아름다움을 모두 갖춰야 한다. 양웅의 이론은 당연히 공자의 '문질빈빈'을 차용한 것이지만, 이러한 유가 문학이론에 대한 차용과 발명은 중요한 발전이라 하겠다. 육기[陸機: 261~303년]는 『문부文賦』에서 "(문장의) 내용은 본질本質을 세우는 것이 중심이며, 문사文辭는 가지를 치면 크게 자란다."17)라고 주장하였다. 유협은 『문심조룡』「정채情采」편에서 한걸음 더 나아간다.

> 성인이 쓴 글을 총칭하여 문장이라 하는데 문채가 없으면 어떻겠는가? 무릇 물의 본성은 아무것도 없어도 물결을 일으키고, 나무는 줄기가 튼튼하면 꽃이 만발하다. 이는 문사가 질에 바탕을 두기 때문이다. 호랑이와 표범의 가죽이 아무런 무늬가 없으면 개와 양의 가죽과 다를 것이 없다. 무소와 외뿔소의 가죽이 있으면 색을 입혀야 한다. 그러므로 질이 있으려면 문식이 있어야 한다.18)

유협은 성현의 저작을 '문장'이라 하면서 문채가 아름답지 않은가라고 질문하였다. 물은 본시 움직이면 물결이 일고, 수목이 실해야 비로소 꽃이 아름답기에 문채는 정질에 의지하지 않을 수 없다고 지적하였다. 호랑이와 표범의 가죽에 아름다운 털이 없으면 그 가죽은 개와 양의 가죽과 같지 않은가? 무소와 외뿔소의 가죽으로 갑옷을 만들려면 또 주홍색朱紅色을 입혀야 하니 이러한 사실에서 정질 또한 문채와 서로 어울려야 하지 않은가 라고 지적하였다. 유협이 『문심조룡』「정채」편에서 문질의 문제에 있어 문학 작품의 두 원소, 즉 정·채(정은 질이고, 채는 문이다)가 결합하여 문질이 서로 조화

---

17) 陸機, 『文賦』, "理扶質以立干, 文垂條而結繁"

18) 劉勰, 『文心雕龍』「情采」, "聖賢書辭, 總稱文章, 非采而何! 夫水性虛而淪漪結, 木體實而花萼振: 文附質也. 虎豹無文, 則鞹同犬羊, 犀兕有皮, 而色資丹漆: 質待文也."

를 이루었을 때 문학 창작이 극치에 도달할 수 있음을 지적한 사실은 위대한 공헌이라 하겠다.

이후에 '문질' 관계에 대한 논술이 더욱 많아지면서, 문질을 비평의 표준으로 삼은 문장도 많다. 그러나 적지 않은 논자들은 문질을 확연히 구분함으로써 기계론적 병폐에 빠지기도 하였다. 문질 문제를 진정으로 연관시켜 새로운 해석을 한 인물은 청대의 왕부지王夫之이다.

> 문사만 화려해서는 문장이 될 수 없으며, 문장이 아니면 질(바탕·내용)도 없는 것이다. 마치 눈이 흰색이 아니면 눈이 아닌 것과 같다. 어찌 눈만 있고 흰색이 없을 수 있겠는가? 문장을 잘 짓는 사람은 문사를 가지런히 하여 질을 이룬다. 문사가 어지러워지면 내용과 문사 모두가 시들해진다. 문사를 가지런히 하여 질을 이루면 천하가 문장을 통하여 질에 이르게 되어 예악禮樂, 형정刑政의 사용이 분명해진다. 문사가 힘이 없고, 질이 분명하지 않으면 예악 형정의 시행이 마치 고목枯木를 씹어 먹고, 망가진 북을 치는 것처럼 아무런 흥취가 없다. 질에서 멀어진 것은 문사가 아니며, 문사에서 멀어지면 질도 없다. 질이 있어야 가히 체식을 따를 만하고, 문식이 있어야 체식이 드러날 수 있다. 질을 갖추어야 핵심을 유지할 수 있고, 문식이 있어야 핵심이 올바를 수 있다. 따라서 문질빈빈해야 체요體要를 확립할 수 있다.[19]

왕부지의 문질 문제에 대한 논의는 자연에서 사회로, 사회에서 문장으로 연결되었다. 그는 하나의 예로 눈은 '질'이며, 흰색은 눈의

---

19) 王夫之, 『尙書引義』「畢命」, "文之靡者非其文, 非其文者非其質. 猶雪失其白而後失其雪. 夫豈有雪去白尊之憂! 辭之善者, 集文以成質. 辭之失也, 吝于質而萎于文. 集文以成質, 則天下因文以達質, 而禮樂刑政之用以章. 文萎而質不昭, 則 … 禮樂刑政之施如啖枯木, 扣敗鼓, 而莫之興. 蓋離于質者非文, 而離于文者非質也. 惟質則體有可循, 有文則體有可著. 惟質則要足以持, 惟文則要足以該. 故文質彬彬, 則體要立矣."

'문'이기 때문에 만일 흰색이 없어지면 어떻게 눈을 논할 수 있겠는가?라고 하였다. "문사를 가지런히 하여야 질을 이룰 수 있다"라는 것에서 볼 수 있듯이, 문사는 반드시 있어야 하는 것이다. 문질은 서로 긴밀하게 하나로 연계되어 있다. 따라서 "질에서 멀어진 것은 문사가 아니며, 문사에서 멀어지면 질도 없다."[20] 질이 있어야 문체가 따를 만한 것이 있고, 문이 있어야 문체가 비로소 드러나게 된다. 문장의 창작을 가지고 말하자면 문과 질은 분리할 수 없으며, 상호 의존하고 상호 영향을 미친다. '문질빈빈'을 이루면 체요를 건립할 수 있다. 왕부지는 문질 관계의 변증법적 관계를 보강하였는데, 유가 최후의 집대성자로 부끄러움이 없다 하겠다.

2. '흥興, 관觀, 군群, 원怨' 설과 그 정체성

공자는 시의 사회적 작용을 대단히 중요하다고 여겨 '시교詩敎'를 특별히 강조하였다. 『논어』「양화陽貨」편에 다음과 같은 언급이 있다.

> 공자께서 이르시길 … "너희들은 어찌하여 시를 배우지 않는가? 시는 의지를 불러일으키고, 득실을 살피게 하고, 무리를 지을 수 있게 하고, 원망할 수 있게 한다. 가까이는 부모를 섬기고, 멀리는 임금을 섬길 수 있게 한다. 적어도 초목과 조수鳥獸의 이름을 많이 알 수 있게 한다."라고 하셨다.[21]

이것이 바로 공자가 제기한 '흥, 관, 군, 원'설이다. 이에 대하여 연구자들은 일반적으로 사회 윤리적 각도에서 공자가 주장한 시의

---

20) "離于質者非文, 而離于文者非質"

21) "子曰, "小子何莫學夫詩? 詩, 可以興, 可以觀, 可以羣, 可以怨. 邇之事父, 遠之事君, 多識於鳥獸草木之名."

사회 작용에 대한 인식을 설명하였다. 나는 만일 조금 더 깊이 연구한다면 공자의 '흥, 관, 군, 원'설에 대하여 충분히 심리학적 각도에서도 해석할 수도 있을 것이라고 생각한다. 흥, 관, 군, 원은 최종적으로 문학의 사회적 기능 문제를 해결하는 것이기에 그렇다. 이러한 사회적 기능은 필연적으로 인간 심리 역량의 격발을 통해 비로소 실현 가능하다. 사람과 사람의 심리적 변화에서 벗어나면 문학의 사회 작용은 발휘될 길이 없다. 또 하나 지적해야 할 것은 앞서 우리가 언급했던 공자의 '인학'은 인간을 핵심으로 삼고, 고전 인도주의의 빛을 '흥, 관, 군, 원'설 위에서 드러내고 있다는 것이다. 왜냐하면 공자가 말한 시는 의지를 불러일으키고, 득실을 살피게 하고, 무리를 지을 수 있게 하고, 원망할 수 있게 한다는 것은 시를 이용하여 인간 마음 속의 지혜를 개발한다는 것인데, 이는 결국 인간에 대한 관심이다.

시는 '흥興'할 수 있다고 했는데, '흥'이란 무슨 의미인가? 여기서 말하는 '흥'은 부비흥賦比興의 '흥'과는 다르다. 부비흥의 '흥'은 주로 시가 창작의 수단이다. 여기서 말하는 '흥'은 "시에서 흥기하고, 예에서 서며, 음악에서 완성한다."[22]는 것과 밀접한 관계를 가지고 있다. '흥'의 본래 의미는 '기[起: 일어나다, 『설문해자』 참조]'이며, '기起'는 '입立'의 의미에 가깝다. 따라서 시의 '흥'은 시학을 언어기교, 지식 및 전대專對를 학습하는 수준에 머물게 하는 것이 아니라 반드시 시의 학습 과정 속에서 인간 자신의 감정과 의지제고에 도움을 주는 것이라 하겠다. 바로 이러한 의미에서 주희는 '흥'을 "의지를 불러일으키는 것"[23]이라 해석하였다. 그 의미는 시가 송독誦讀이 인간

22) 「泰伯」, "興於詩, 立於禮, 成於樂."

의 감정을 격동시키고, 정신을 고취시킬 수 있다는 것이다. 그렇다면 시는 어떻게 이러한 작용을 할 수 있을까? 주희는 다시 '흥'을 "사물에 기탁하여 문사를 일으키는 것"[24]이라 해석하였고, 공안국[孔安國: 약 BC 156~74년, 자는 자국子國, 공자의 11대손]은 '흥'을 "비유를 통해 사물과 연결시키는 것"[25]이라고 해석하였다. 이러한 세 해석을 연계시켜 생각해보면 '흥'에 대한 비교적 정확한 이해를 얻을 수 있다. 우선 먼저 시는 반드시 "사물에 기탁하고(탁물托物)", "비유를 통해 사물과 연결시켜(인비연류引譬連類)" 형상과 연상이 가능한 공간이지, 결코 추상적 설교가 아니라는 것이다. 그 다음으로 사람은 송시의 과정에서 형상에 대한 체득과 연상을 통하여 계발과 감오感悟를 얻는다. 결국 시는 사람의 감정, 의지, 정신을 진작시켜 '일어나게(起)', '서게(立)' 만드는 것이다. 따라서 '흥'의 의미는 시의 형상, 사상, 감정이 인간의 정감을 격려, 고무시키는 것이라 하겠다. 공자의 '흥'관념은 시가 지닌 형상形象의 특징을 고려한 것일 뿐만 아니라, 시가의 감정적 특징을 강조한 것이다. 필자의 견해로는 '흥'은 기본적으로 인간의 감성적 역량을 배양하는 것이라 생각한다. 내가 이해하는 방식은 '흥'을 '기'로 해석하는 것에 머무는 것이 아니라 '흥'과 '기'를 하나로 묶어 '흥기興起'의 개념으로 해석하는 방식이다. 『논어』에서 말한 "시에서 일어난다(興於詩)"와 『맹자』「진심장구하盡心章句下」편에서 "백세 이전에도 분발하였는데 백세 이후에도 그 풍도를 들은 자가 흥기하지 않는 자가 없도다."[26]는 모두 감정 발동의 의미에 편중되어 있다. 따라서 '흥'의 이해에 있어 공자는 감정의 역

23) 『四書章句集注』, "感發意志"
24) 『詩傳綱領』, "托物興辭"
25) 何晏, 『論語集解』 孔安國注, "引譬連類"
26) 『孟子』「盡心章句下」, "奮乎百世之上, 百世之下, 聞者莫不興起也."

량에 관심을 가지고 있었다고 말할 수 있다. 『시경』은 인류의 풍부한 감정을 표현한 것이며, 시를 통하여 인간의 건강한 감정을 개발할 수 있다는 것이 '흥'에 대한 공자의 기본 태도였다. 과거의 연구 대부분은 주희의 영향을 받아 '흥'은 '감발의지'라 해석하면서, '의지'는 이성적 방면에 편중된 것으로 여겨 '흥'과 인간의 격동적인 감흥과의 관계를 소홀히 하였다. 이는 지나치게 편파적인 해석이다.

시를 통해 '관[觀: 보다]'한다고 했는데 '관'은 어떤 의미인가? '관'이란 우선 『좌전』에 기록된 '관시觀詩' 활동의 총결이라 할 수 있다. 구체적인 해석은 『논어집해論語集解』의 정현주鄭玄注인 "풍속의 성쇠를 살피다."[27]와 주희의 『사서장구집주四書章句集注』에서 "득실을 살피는 것"[28]이라는 해석을 참고할 수 있다. 이들의 해석은 기본적으로 정확하다. 왜냐하면 시란 본시 현실 생활의 다양한 방면을 반영하기에, 일정 정도 진실을 지니고 있기 때문이다. 춘추 시대에 통치자들은 사람을 파견하여 각 지방의 민가 수집에 열중하였는데, 이것이 바로 '채시[采詩: 시를 채집하다]'이며, 이를 통하여 하층 백성의 현실 정치에 대한 시각과 요구를 살펴보았다. 『한서漢書』 「식화지食貨志」에는 "1월이 되면 무리를 지어 살던 사람들이 흩어져 길거리에서 목탁을 두드리면서 시를 모아 태사에게 바쳤고, 음률을 다듬어 천자에게 들려주었다."[29]라는 기록이 있다. 또한 하휴[何休: 129~182년]의 『춘추공양해고春秋公羊解詁』 「선공십오년宣公十五年」 조에는 "남자 나이 육십, 여자 나이 오십에 자식이 없으면 관청에서 입을 것과 먹

27) 『論語集解』 「鄭玄注」, "觀風俗之盛衰."
28) "考見得失"
29) "孟春之月, 群居者將散, 行人振木鐸於路以采詩, 獻之太師, 比其音律, 以聞於天子."

을 것을 주고 민간에서 시를 구하게 하였다. 향鄕에서 읍邑으로, 읍에서 국國으로 보내면 나라에서는 천자에게 이를 들려주었다."[30]라는 기록이 있다. 이 기록들은 후인들이 이상적으로 가공한 것일 수도 있으나 주대에 채시 제도가 있었을 가능성은 대단히 높으며, 채시의 목적은 "풍속의 성쇠를 살피고", "득실을 살피려던" 것임은 틀림없다. 따라서 '관'의 의미는 사람들이 시를 통하여 현실 정치 시행이 가져온 결과를 관찰한다는 것이라 하겠다. 당연히 시를 지어 전하려는 의도를 통하여 시를 지은 사람의 지향과 희망을 살필 수 있다. '관'이란 시가의 인식 작용이라 말할 수 있다. '흥'이 주로 사람의 감정 세계에 작용하는 것이라면 '관'은 주로 사람의 이성 세계에 작용한다고 할 수 있다.

시를 통하여 '군[群: 무리를 이루다]'할 수 있다고 한 것에서 '군'이란 무엇일까? '군'의 문제는 원시 시대 인류의 군집 생활과 연관이 있으며, 시는 음악, 무용과 함께 원시 인류의 군집 생활에 대단히 큰 영향을 미쳤다. 공자의 '군'에 대한 설명은 이러한 군집 생활의 총체적 결과이다. 후세의 주석 또한 이와 연관이 있다. 『논어집해』에서는 공안국孔安國의 주석을 인용하여 "모여 살면서 상호 절차탁마하는 것"[31]이라고 하였다. 주희는 『사서집주』에서는 "조화를 이루나 휩쓸리지 않는 것"[32]이라 설명하였다. 이러한 해석은 모두 비교적 정확하다. "모여 살면서 절차탁마하는 것"은 곧 시의 독해를 통하여 서로 다른 시각을 가지고 서로 절차탁마하여 결국 통일된 의

30) "男年六十, 女年五十無子者, 官衣食之, 使之民間求詩. 鄕移於邑, 邑移於國, 國以聞於天子."
31) "群居相切磋"
32) "和而不流"

견을 달성할 수 있다는 것이다. "조화를 이루나 휩쓸리지 않는 것" 역시 거의 같은 의미다. '류流'는 아무런 구속이 없다는 것이니 '불류不流' 역시 통일에 이르는 것이다. 그렇다면 이러한 통일은 어떻게 이루어질 수 있는가? 어떤 사람이 통일되었다고 말만 하면 이루어지는 것이 아니라 '화和', 중용에 도달하여 "조화를 이루나 서로 다른 풍격을 지닐 때"33) 가능하다. '화'는 두루뭉술한 것이 아니라 서로 다른 의견 속에서 통일을 찾아가는 것이다. 예를 들어 『논어』「학이學而」편에 "자공子貢이 '가난하지만 아부하지 않고, 부유하지만 교만하지 않다면 어떻습니까?'라고 물었다. 공자께서 '괜찮으나, 가난하지만 즐거워하고 부유하지만 예를 좋아함만 못하다.'라고 대답하셨다. 자공이 '『시경』에서 이르길 절단해 놓은 듯하고, 간듯하고, 쪼아놓은듯하고, 부빈 듯하다. 하였는데, 이것을 말함입니까?'고 말했다. 공자께서 '자공과는 더불어 시를 논할 만하구나! 지나간 것을 말해주자 올 것을 아는구나.'라고 말씀하셨다."34) 여기에서 공자와 그의 제자 자공이 문제를 논하였는데, 두 사람의 관점은 결코 같지 않다. 자공은 사람됨이 "가난하지만 아부하지 않고, 부유하지만 교만하지 않아야"한다고 여겼고, 공자는 사람됨이 "가난하지만 아부하지 않고, 부유하지만 교만하지 않아야"한다고 여겼다. 공자는 자공의 견해에 반대한 것은 아니지만 한 걸음 더 나가야 한다고 생각한 것이다. 이에 자공이 『시경』의 구절을 인용하여 사람됨의 문제에 있어 보다 깊은 연구가 있어야 한다는 것을 설명하였다. 이에 공자가 자공의 의견에 동의하면서 자공은 하나를 보면 열을 안다고 말했던 것이다.

---

33) "和而不同"

34) 『論語』「學而」, "子貢曰, '貧而無諂, 富而無驕, 何如?' 子曰, '可也, 未若貧而樂, 富而好禮者也.' 子貢曰, '詩云, 如切如磋, 如琢如磨, 其斯之謂與?' 子曰, '賜也, 始可與言詩已矣, 告諸往而知來者.'"

이처럼 두 사람은 『시경』을 통하여 '화이불류和而不流'의 경계로 진입하여 서로 다른 의견을 상호 보충하여 더욱 완전하게 만들었다. 이것이 바로 '군'이다. '군'은 시가의 인간과 인간 사이의 소통 작용을 체현한 것이라 말할 수 있다. 현대적인 말로 번역한다면 시를 통하여 대화를 진행시키는 것이라 하겠다. 공자는 사람 사이에는 서로 다른 의견이 있는 것이 정상적인 것이며, 중요한 것은 서로의 대화라고 생각하고, 대화를 통하여 일치된 의견에 도달하는 경우 더러는 자신의 의견이 남을 수도 있을 것이지만 반드시 '화이부동和而不同'의 경계를 갖추어야 한다고 주장하였다.

시를 가지고 원怨할 수 있다는 것에서 '원'이란 무엇인가? 『논어집해』에서는 공안국의 주를 원용하여 "『시경』에는 군왕의 정치가 선하지 않으면 이를 풍자한다고 하였다. 풍자하는 사람은 죄가 없고, 이를 듣는 사람에게는 족히 경계가 되기에 위정자의 정치를 원망하고 풍자할 수 있는 것이다."[35]라고 하였다. 주희는 "원망하되 성내지는 않아야 한다."[36]고 주석을 가했다. 두 해석은 모두 분명한 근거가 있으며, 이를 결합시켜 살펴볼 필요가 있다. 이처럼 '원'은 두 가지 의미를 함유하고 있다. 첫째, '원'은 적절하지 못한 정치에 대한 비판이 시의 중요한 기능이라는 것이며, "가혹한 정치는 호랑이 보다 무서운"[37] 적절치 못한 정치에 대하여 비평을 가한다 하더라도 말하는 사람에게는 아무런 죄가 없으며, 듣는 사람에게는 경계 내지 두려움을 갖도록 하는데, 이는 '인학'의 근본적인 목표와 부합한다.

---

35) "『詩』有君政不善則諷刺之. 言之者無罪, 聞之者足以戒, 故可以怨刺上政."

36) "怨而不怒"

37) "苛政猛於虎"

둘째, 하류층 백성의 무기가 된다. 그러나 과도하게 사용하지 말아야 하며 적절한 선에서 그쳐야 한다. 원망하지만 분노하지 않아야 사회의 안정과 단결을 유지할 수 있다. 이는 공자의 입장에서 결정한 것이다. 공자의 학설은 사회를 통치하고 조직하려던 학설이지 사회를 전복시키려는 철학이 아니다. 이러한 점을 시에 반영하여 사회 정치에 대한 비판을 요구하더라도 사회를 혼란하게 만들지는 말아야 한다는 것이다. 물론 후대의 시학이 발전하는 과정에서는 '원'의 내용을 크게 확대하여 모든 불합리한 현실에 대한 비판으로 간주하였다. '원'이란 결국 시의 현실비판 작용을 개괄한 것이라 하겠다.

심리학적 각도에서 본다면 '흥'은 정감의 역량을 개발하는 것이고, '관'은 인식 역량을 개발하는 것이며, '군'은 사람과 사람 사이의 소통 능력을 강화하는 것이며, '원'은 사회 비판을 통하여 사람들 마음속에 자리한 울분을 해소시키는 카타르시스 능력이다. '흥, 관, 군, 원'은 서로 다른 네 가지 역량이며, 이 네 가지 역량은 인간의 기본적 심리 기능이라 할 수 있는 '지知, 정情, 의意'를 함축하고 있다. 공자가 당시에 이러한 시의 공능에 대하여 체계적으로 개괄한 것은 오늘날에 있어서도 상당히 참고할 만하고, 충분한 이론적 의의를 가지고 있다고 하겠다.

'흥, 관, 군, 원'은 서로 분리된 것이 아니라 서로 하나로 연결된 것이다. 이러한 사실은 청대의 저명한 학자 왕부지가 그의 『시역詩繹』에서 "'가이可以'라고 운운한 것은 경우에 따라 함께 사용할 수 있다는 것이다. '흥'을 통하여 '관'할 수 있어야 그 흥이 더욱 심오해진다. 관을 통하여 흥할 수 있어야 그 관이 명확해질 수 있다. '군'으로써 '원'할 수 있어야 그 '원'이 망각되지 않는다. 그 '원'을 통하여 '군'할 수 있어야 '군'이 도타워질 수 있다."[38]라고 주장하였다. 그 의미는 '흥'이 '관'과 결합해야 '흥'이 보다 심각해지고, '관'은 더욱 정확해지며, '군'과 '원'이 결합되어야 '군'이 보다 진지해지고, '원' 역시 망각되지 않는다는 것이다. 이 네 가지가 서로 상통할 수 있는 것은 공자의 예와 인의 사상과 관련이 깊다. '흥'의 교육 작용, '관'의 인식 작용, '군'의 단결 작용, '원'의 비판 작용은 모두 '인학'과 깊은 연관성을 가지고 있다. 혹자는 '흥, 관, 군, 원'은 '인학'의 시적 외현外現으로 고전적 인도주의의 빛을 발하고 있다고 말한다.

3. '낙이불음樂而不淫, 애이불상哀而不傷'과 정감 쾌적도

『논어』「팔일八佾」편에서 "공자가 이르시길 … '「관저關雎」편은 즐겁지만 음탕하지 않고, 슬프지만 화를 해치지 않는다.'"[39]라고 하였다. 주희는 『시집전서詩集傳書』에서 "음淫이란 즐거움이 과하여 정상에서 벗어난 것이며, 상傷이란 슬픔이 지나쳐 조화를 해치는 것이다."[40]라고 주석을 가했다. 표면적으로 공자의 평어를 보면 「관저」는 애정을 묘사한 시로 환락과 애원의 표현이 적정선을 정확하게 지키고 있어서, 환락을 묘사함에 있어 금슬琴瑟과 종고鐘鼓를 가지고 즐기는 정도인지라 음탕함에 빠지지 않았고, 애원을 묘사함에 전전반측輾轉反側할 정도로 화를 해하지 않는다는 것이다. 이미 환락과 애원의 정서를 충분히 묘사하면서도, 예의 도덕규범에 부합하여 과도함과 부족함을 방지하였다고 하였으니, 실제적으로는 이는 공자의 중요한 시학 원칙과 심미 표준을 반영한 것이다. 공자는 이에 대하여 여러 차례 언급한 바 있다. 예를 들어 "온유돈후溫柔敦厚가 바

---

38) "'可以'云者, 隨所以用皆可也. 於所興而可觀, 其興也深; 於所觀而可興, 其觀也審. 以其群者而怨, 怨愈不忘; 以其怨者而群, 群乃亦摯."
39) "子曰: 「關雎」, 樂而不淫, 哀而不傷"
40) "淫者, 樂之過而失其正也; 傷者, 哀之過而解於和者也."

로 시교詩敎다."[41], "『시경』을 한 마디로 말하자면 생각함에 사악함이 없는 것(사무사思無邪)이다."[42] 등이 그 예이다. '사무사'란 『시경』에서 "공덕을 찬양함에 편벽됨과 사악함을 방지하여 모든 것이 정의로움으로 귀결되게 하는 것이다."[43] 다른 예로 공자 자신이 음탕함이 도를 지나쳤다고 여겼던 정성鄭聲을 배척하면서 『논어』 「위령공衛靈公」 편에서 "안연顔淵이 나라를 다스리는 것에 대하여 묻자 공자가 대답하길 하夏나라의 책력을 시행하고, 은殷나라의 수레를 타고, 주周나라의 면류관을 쓰고, 음악은 소무韶武를 본받을 것이며, 정鄭나라의 음악을 내치고, 말재주 있는 사람을 멀리하겠다. 정성은 음탕하고, 말재주 있는 사람은 위태롭다."[44]고 하였다. 공자는 정국鄭國에서 유행하는 새로운 음악을 배척하지 않을 수 없다고 여겼다. 공자에게 이러한 음악은 그에게 과도하게 음탕한 것으로 예의의 요구에 부합하지 않을 뿐만 아니라 화和를 해치는 것으로 여겨졌기 때문이었다. 이러한 사실에서 공자의 시교에 대한 요구는 바로 『시경』의 '무사無邪'이다. '정성'의 음탕함을 배척했던 이유는 '낙이불음', '애이불상'의 조화를 해치기 때문이었다.

후대인들은 공자의 '낙이불음, 애이불상'에 대하여 서로 다른 해석과 평가를 가했다. 이를 귀납하자면 다음 세 가지로 설명할 수 있다.

첫째, 정치적 각도의 칭찬과 비판이다. 이를 칭찬하는 사람들은 공자가 '낙이불음, 애이불상'을 주창한 것은 사람들로 하여금 "감정이 일어난다 하더라도 예의에서 멈출 수 있도록"하여 정상적, 합리

41) 『禮記』「經解」, "溫柔敦厚, 詩敎也"

42) 『論語』「爲政」, "詩一言以蔽之, 日也思無邪."

43) 劉寶南, 『詩經正義』, "論功頌德, 止僻防邪大抵皆歸於正."

44) "顔淵問爲邦. 子日, "行夏之時, 乘殷之輅, 服周之冕, 樂則韶舞. 放鄭聲, 遠佞人. 鄭聲淫, 佞人殆."

적으로 건강하게 발전하면서, 향락에 빠지지 않도록 만들기 위한 것이라고 주장한다. 이를 비판하는 사람들은 공자가 '낙이불음, 애이불상'을 제창한 것은 사람들로 하여금 '중용中庸'의 도리를 지키도록 만들어 봉건 통치 계급의 예교를 유지하려는 것으로 혹시라도 소요가 있으면 반드시 '온유돈후'와 원이불노怨而不怒의 규정을 지키도록 만들기 위한 것이라 주장한다.

둘째, 윤리학적 각도에서 긍정하는 경우이다. 공자가 주장한 '낙이불음, 애이불상'의 원칙은 예술이란 이성을 통한 감정의 절제를 통하여 정리가 조화·통일에 이르러야 함을 주장한 것이라는 생각이다. 공자는 예술의 표현에 있어 정감은 반드시 절제된 사회성의 정감이어야 하며, 결코 무절제하거나, 동물적 정감이 아님을 인식하였다.

셋째, 미학적 각도에서 분석하여 "낙이불음, 애이불상은 조화를 이루는 것"[45]임을 강조하여 공자가 '중화中和'를 미적 관념으로 간주했다는 주장이다. 『좌전』「양공이십구년襄公二十九年」조에는 "계찰季札이 음악을 관찰했던"[46] 사실을 기록하고 있는데, 그 기록에는 음악에 대해 "힘들지만 원망하지 않고"[47], "근심이 있더라도 괴로워하지 않고"[48], "즐거우나 음탕하지 않고"[49], "원망스럽지만 다 말하지 않고"[50], "애절하지만 금심하지 않으며"[51], "즐겁지만 거칠지 않고"[52]라는 평어가 있다. 이러한 평어들은 계찰이 '화'를 미美로 간주하는

45) 孔安國, 『論語集解』, "樂而不淫, 哀而不傷, 言其和也."
46) "季札觀樂"
47) "勤而不怨"
48) "憂而不困"
49) "樂而不淫"
50) "怨而不言"
51) "哀而不愁"
52) "樂而不荒"

시각이 반영된 것이다. 공자의 '낙이불음, 애이불상'은 계찰의 심미 관점을 계승 발전시킨 것이자, 동시에 자신의 "예의 쓰임은 조화를 중시한다."는 사상을 미학 관념에 반영한 것이라 하겠다.

이상의 세 가지 시각은 비록 관점은 다르지만 모두 공자 사상의 실제에서 출발하였고, 모두 일정한 도리를 갖추고 있으며, 특히 미학적 관점에서의 해석에 있어 미와 예술의 일반적인 규율을 총결산한 점은 특히 주의할 만하다. 그러나 정치 도덕의 고려를 제외한 채 공자는 왜 '중화'를 아름다움이라 했을까? 그의 '낙이불음, 애이불상'의 시학 원칙과 심미 기준은 보다 심각한 의미를 가지고 있는 것은 아닐까? 필자는 공자 자신이 설사 이를 인식하지 못했더라도 그의 '낙이불음, 애이불상'의 이론은 심리학적 근거를 가지고 있다고 생각한다. 현대 심리학의 각도에서 본다면 '낙이불음, 애이불상'은 실제로는 감정의 쾌적도의 명제를 제기한 것이다.

정감의 체험은 적극적인 것과 소극적인 것으로 나눌 수 있다. 일반적으로 말하자면 적극적 정감은 사람을 유쾌하게 만들고, 소극적 정감은 사람을 불쾌하게 만든다. 예를 들어 비상悲傷, 수치羞恥, 공포恐怖, 회한悔恨 등은 소극적 정감의 예에 속하는 것으로 분명히 불쾌한 감정이며, 기쁨, 자랑, 만족, 존경 등은 적극적인 정감의 예로 분명히 유쾌한 감정이다. 마찬가지로 감정 체험에는 강도의 구별이 있다. 예를 들어 쾌락은 적당한 것에서 지나친 것까지, 분노는 미온적인 것에서 폭발적인 것까지, 애상은 애석한 것에서 비참한 것까지 있다. 공자의 '낙이불음, 애이불상'은 실제로는 정감의 강도를 설명한 것이다. 공자의 입장에서 본다면 낙과 애는 모두 몇 가지 수준으로 나눌 수 있으며, '음'은 낙의 최고 강도이며, '상'은 애의 최고 강도라 하겠다. 감정 체험은 약한 것에서 강한 것에 이르는 많은 수준 차이 속에서 쾌적도라는 문제가 자리한다. 그렇다면 정감이 어느 강도強度에 이르러야 쾌적하다고 할 수 있는가? 여기에서 우리는 분명하게 적극적 정감이 결코 영원히 쾌적함과 서로 연관되어 있지 않고, 소극적 정감 또한 영원히 유쾌하지 못함과 연관되지 않음을 알아야 한다. 적극적 정감이 과분하게 강렬하여 일정한 도를 넘어서면 유쾌하지 못한 정감으로 변화할 수 있으며, 반대로 소극적 정감이라 하더라도 만일 일정한 도를 유지할 수 있다면 유쾌한 정감이 될 수도 있다. 여기서 말하는 '도度'가 바로 '쾌적도'다. 정감의 강도는 대단히 큰 폭으로 정감의 '쾌적도'에 영향을 미칠 수 있다고 말할 수 있다. 우리 모두는 이러한 경험이 있을 것이다. 시원함은 우리를 유쾌하게 만들지만 시원함이 지나쳐 너무나 차가우면 우리는 더 이상 유쾌함을 느끼지 못하게 된다. 따스함은 우리를 유쾌하게 만들지만 따스함이 지나쳐 뜨겁다면 이는 우리에게 고통일 따름이다. 위에서는 감각을 언급하였지만 정감 변화의 규칙도 대체로 이와 비슷할 것이다. 작은 분노는 반드시 유쾌하지 못한 것이 아닐 수도 있으나, 강렬한 분노는 아마도 불쾌할 것이다. 예를 들어 평정 속에서 슬픔을 되새기는 것은 운치 있는 일이지만, 현실 속에서 재난으로 만들어진 슬픈 체험은 사람을 견디기 힘들게 만든다. 잔잔한 근심, 담담한 우수는 아마도 시적 정서가 넘치는 것일 테지만, 심각한 애수는 사람들을 망가뜨릴 수도 있다. 이러한 사실에서 정감이 과도하게 강렬하면 정감이 불쾌함으로 전화될 수 있으며, 정감이 적정한 수준을 유지하면 불쾌도 쾌감으로 전화될 수 있음을 알 수 있다. 정감의 강도는 경우에 따라 정감의 성질을 제약하거나 정감의 쾌적도에 영향을 미친다.

그렇다면 정감의 강도는 어찌하여 정감의 쾌적도에 영향을 미치는 것일까? 정감의 강도가 크면 클수록 자아 몰입 정도가 더욱 강해짐에 따라 모든 자아가 정서에 의해 지배되는 경향 역시 커질 수

밖에 없다. 이는 그다지 상상하기 어려운 일이 아니다. 단지 사람들로 하여금 잔잔한 근심, 담담한 우수에 잠겨 정서가 고도의 긴장 상태에 이르지 않도록 하고, 실제적 공리功利에 대하여 일정한 심리 거리를 유지토록 하여 단순한 감상적 태도로 자신의 정감을 직접 음미할 수 있게 하면 된다. 정감을 음미한다면 많고 적고 간에 사람들에게 유쾌함을 제공할 수 있다. 반대로 사람들이 극도의 우수에 빠져 고통스러워 살고 싶지 않다고 느끼면, 모든 자아가 함몰되어 오로지 자신의 손실에만 관심을 가지거나, 심미적 의경을 완전히 상실한다면 쾌감이나 미감이 만들어질 수 없다. 설사 공자가 당시에 정감의 강도가 정감의 쾌적도에 영향을 미치는 것에 대해 아무런 생각이 없었다 하더라도 그의 '낙이불음, 애이불상'의 관점은 실제로는 예술 정감의 쾌적도에 대한 훌륭한 규정이라 할 수 있다. 예술의 정감에 대해 말하자면 '과過'와 '불급不及'은 모두 쾌적도에 부합하지 않은 것이다. '불급'은 아직 활성화 단계에 도달하지 못한 것이다. 감정 이입이 충분하지 못한 사람들은 예술 세계로 진입하지 못하게 한다. '과'는 지나치게 강렬한 것으로 사람으로 하여금 초긴장 상태에서 일상생활에 함몰하게 만든다. 공자는 '과'와 '불급' 사이에의 쾌적도를 찾으려 시도하였고, 결국 '낙이불음, 애이불상'의 경계를 제시하였던 것이다. 이는 한편으로는 사람의 정감 활성의 단계를 넘어서 자유롭게 예술 세계로 진입하게 하고, 다른 한편으로는 감정이 과도하게 강렬해져 예술 세계에서 벗어나 버리지 않게 만든다. 이와 같을 때 정감은 사람으로 하여금 도취한 채 예술 세계에서 머물게 한다.

공자의 '낙이불음, 애이불상'의 심리학적 의의에 대하여 후대인 역시 정확하게 인식하고 있었다. 유협은 "기이함을 헤아리면서도 진실을 잃지 아니하며, 화려함을 추구하면서도 실질을 갖추어야 한다."[53]고 하였다. 교연皎然은 시를 논하면서 특별히 '과유불급過猶不及'을 중시하여 “아무리 험난해도 편벽되지 않고, 아무리 기이하더라도 어긋남이 없으며, 아무리 아름다워도 자연스러워야 하고, 아무리 고통스러워도 흔적을 남기지 않으며, 아무리 비근하여도 뜻은 원대해야 하고, 아무리 자유스러워도 빙빙 돌지 않아야 하며, 아무리 난삽해도 쉽게 드러날 수 있어야 한다.”[54]고 말했다. 이들은 분명히 공자의 시학 사상에서 계시를 받아 예술과 정감 쾌적도를 보다 명확하게 설명하고 있다. 송대 위태[魏泰: 1102~1110년]는 “시란 정감에 기탁하여 사실을 기술하는 것이다. 사실은 상세함이 중요하고, 정감은 드러나지 않음이 중요하다. 마음에 감회가 생기면 정감은 문사에 드러나기에 모든 사람들의 깊은 곳에 파고 들어간다. 만일 힘찬 기운만 가지고 직접 서술하면 그윽한 맛이 없어 사람들이 천박하게 느끼니 어찌 자신도 모르게 손을 들어 춤추고, 발을 굴러 장단을 맞추게 할 수 있는가?”[55]라 하였다. 청대 심덕잠[沈德潛: 1673~1769년] 역시 이와 비슷한 논조로 “이별의 정을 묘사하여도 처원[悽婉]함을 넘어서지 말아야 하고, 함축이 끝없어야 더욱 드러난 감정이 심오해진다. 이는 가히 법이라 하겠다.”[56]고 하였다. 함축과 절제된 감정 표현은 ‘입인심[入人深: 사람의 깊은 곳까지 파고 들어감]’하고 힘찬 기운만 직접 서술하면 오히려 ‘감인야천[感人也淺; 사람들이 천박하게 느낌]’하는 것은 감정 쾌적도의 원칙을 말한 것으로 바로 공자의 ‘낙이불음, 애이불상’의 오묘함을 잘 체득한 것이라 하겠다. 실제로 중

53) 劉勰, 『文心雕龍』「辯騷」, “酌奇而不失其貞, 玩華而不墮其實”
54) 皎然, 『詩式』, “至險而不僻, 至奇而不差, 至麗而自然, 至苦而不迹, 至近而意遠, 至放而不迂迂, 至難而狀易.”
55) 『臨漢隱居詩話』, “詩者述事以寄情, 事貴詳, 情貴隱, 及乎感會于心, 則情見于詞, 此所以入人深也. 如將盛氣直述, 更無餘味, 則感人也淺, 烏能使其不知手舞足蹈.”
56) 『唐詩別裁集』, “寫離情不可過於凄婉, 含蓄不盡, 愈見情深. 此種可以爲法.”

국 고대 시학에 있어서 함축에 대한 많은 논술은 결국 중국 고시古詩에서 함축이 풍부한 시를 생산하도록 만들었으며, 이는 공자의 '낙이불음, 애이불상'의 시학 사상과 깊은 연관을 가지고 있다.

그렇다면 시인은 어떻게 예술 정감의 쾌적도를 획득할 수 있는가? 나는 '낙이불음, 애이불상'의 주장이 하나의 답안을 제공하고 있다고 생각한다. 예술 세계(낙樂과 애哀)와 현실 세계(음淫과 상傷)를 구분하는 방법을 생각해내 두 세계가 뒤섞이지 않게 해야 한다. 중국의 역대 시인들의 창작 실천은 기억이라는 심리 과정을 통해 정감으로 하여금 시간의 여과를 통하여 예술 세계와 생활 세계를 구분할 수 있게 하며, 나아가 정감의 쾌적도를 찾아낸다는 것을 증명하고 있다. 소식蘇軾이 부인을 애도하며 쓴 「강성자江城子 · 을묘정월삼십일야기몽乙卯正月三十日夜記夢」을 읽어보자.

> 죽음으로 아득히 헤어진 지 어언 십년. 생각하지 않으려 해도 잊을 수 없네. 천리 떨어져 있는 외로운 무덤에는 말할 곳 없으니 얼마나 처량한지. 설사 만난다 하더라도 알아 볼 수 없을 정도로 만면에는 먼지, 머리에는 서리.
>
> 한밤에 고향 꿈을 꾸었소. 작은 창 앞에서 머리 빗고 매무새를 다듬더군. 서로 돌아보고 말없이 눈물만 끝없이 흘릴 뿐. 해마다 단장의 아픔이 있는 곳은 밝은 달뜨는 작은 소나무 있는 언덕이러니.[57)]

이 작품은 소식이 아내가 죽고 10년 후에 쓴 것이다. 시인은 아내에 대한 끝임 없는 사랑을 토로했다. 소식은 이 글에서 현실 속에

---

57) "十年生死兩茫茫. 不思量, 自難忘. 千里古墳, 無處話凄涼. 縱使相逢應無識, 塵滿面, 髮如霜.
夜來幽夢忽還鄉. 小軒窓, 正梳妝. 相顧無言, 惟有淚千行. 料得年年斷腸處, 明月夜, 短松崗."

서 만날 수 없는 애정한 감정, 꿈에서나 만날 수 있다는 아쉬운 감정을 충분히 토로하였다. 그러나 시인은 울먹이는 것 같은 어조語調와 귀에 맴도는 아름다운 음조의 운용을 통하여 "작은 창 앞에서 머리 빗고 매무새를 다듬더군."에서 "밝은 달뜨는 작은 소나무 있는 언덕이러니."에 이르기까지 상상력을 충분히 발휘하여 자신의 비통한 감정을 '애이불상', '통이불경[痛而不驚: 애통하지만 놀라지는 않는]' 상태에 이르게 하였다. 가히 시가 요구하는 정감 쾌적도와 합치되었다고 하겠다. 소식이 이렇게 정감을 잘 조절할 수 있었던 원인은 그가 기억할 뿐 단순히 고통에 빠지지 않았기 때문이다. 누구든 사랑하는 아내가 세상을 떠났을 때, 애끓는 감정은 마치 활활 타오르는 불처럼 연소할 것이다. 이 때 그 사람의 마음속이 회오리치는 것은 남편으로서 당연한 것이다. 어찌되었든 그 사람이 그저 실제 생활 속에만 매몰되어 있었다면 몽환과 같은 예술세계로 들어갈 수 없었을 것이다. 이러한 상황에서 그 사람은 '애이불상'의 정감 쾌적도를 찾아내기 어려울 것이다. 프랑스 계몽시대의 사상가이자 작가였던 드니 디드로[Denis Diderot : 1713~1784][58]는 다음과 같이 언급하였다.

당신은 당신의 친구 혹은 애인이 막 죽었을 때 시를 지어 애도할 수 있습니까? 그럴 수 없을 것입니다. 누군가 이때 시적 재능을 발휘한다면 그 사람은 정말 재수 없는 사람일 것입니다. 극렬한 고통이 지나야 감수성의 극단적인 감정이 얼마간 진정하고, 어려움에서 멀리 벗어나 비로소 당사자가 자신

58) 역자주. 프랑스의 걸출한 철학자로 유기유물주의有機唯物主義의 대표적 인물로 무신론無神論을 제창하였다. 그는 프랑스 자산 계급 계몽 운동의 중심인물 가운데 한 명이며, 백과사전파의 영수로 1749년에 그의 저작으로 인해 체포되어 감옥에서 지내기도 하였다.

이 상실한 행복을 회상할 수 있습니다. 즉 그가 당한 손실을 헤아려 볼 수 있어야 비로소 기억과 상상력이 합쳐져 과거의 달콤했던 시간을 회상하고 증폭시킬 수 있습니다. 이러한 시점에 이르렀을 때에야 그 사람은 자기 자신을 제어할 수 있기에 비로소 좋은 문장을 쓸 수 있습니다.[59]

디드로는 구체적 사례를 통해 인간의 감수성이 극단적으로 예민하고 감정이 너무나 충동적일 때는 '낙이불음, 애이불상'을 이룰 수 없으며, 사건이 지나간 뒤 이해득실에 대해 담담해질 때 비로소 행복 혹은 비애를 기억해낼 수 있으며, 이 무렵의 정감이 비로소 詩가 되고 감상할 수 있는 것이 된다고 보았다. 루쉰魯迅 또한 "감정이 격렬할 때는 글쓰기가 적절치 못하다. 이 때 글을 지으면 너무나 날카로워 시의 아름다움을 말살하고 만다."고 하였다. 소식은 이러한 것을 깊이 이해하고 아내가 죽은 뒤 십년이 지난 뒤에 자신의 감정을 '냉정하게 처리'한 뒤 현실 세계와 결별을 고하고 예술의 세계로 들어가 완곡하고 여운이 넘치는 가운데 태연자약하게 유연한 감정으로 충만한 꿈과 애간장을 끊게 하는 '천리고분千里古墳'을 묘사하면서 양자를 조화롭게 만들었다. 이러한 사실을 통하여 자연 형태의 감정은 기억, 침사沈思와 이차 체험의 중개를 거쳐야 비로소 심령과 감수에 제공할 수 있는 예술적 정감으로 변화되며, '낙이불음, 애이불상'의 예술적 경계를 찾아낼 수 있음을 알 수 있다.

---

59) 드니 디드로, 「배우에 관한 역설(演員奇談)」, 『디드로미학논문선(狄德羅美學論文選)』, 人民文學出版社, 1984, 305쪽. "你是否在你的朋友或情人剛死的時候作詩哀悼呢? 不會的. 誰在這當兒去發揮詩才, 誰就會倒霉! 只有當劇烈的痛苦已經過去, 感受的極端靈敏程度有所不降, 災禍已經遠離, 只有到這個時候當事人才能回想起他失去的幸福, 才能够估量他蒙受的損失, 記憶才和想像結合起來, 去回味和放大過去的甛密時光. 也只有到這個時候他才能控制自己, 才能作出好文章."

'낙이불음, 애이불상'은 예술 정감의 쾌적도이며, 보다 심층적 심리학적 의의는 카타르시스와 정감 완화의 규율을 밝히는데 있다. 즉 즐거움이 지나쳐 음탕해지고, 슬픔을 못 이겨 상처받는 강렬한 정서는 사람들을 억제할 수 없는 흥분 상태에 처하게 만들 뿐 외부 동작(예를 들어 이를 악문다던가, 눈물을 흘리던가, 주먹을 불끈 쥐는)에 호소하게 만든다. 이러한 것들이 시구로 구성된 형상으로 표출되어 나올 때 이들은 더 이상 단순한 동물적 배설이 아니며, 억압적이거나 노골적이지도 않은, 상세하고 주도면밀한, 사람들의 심금을 울리는 카타르시스이며, 시인들에게는 슬프고 아련한 심령의 향수라 하겠다. 이러한 서술을 통해 공자의 '낙이불음, 애이불상'의 사상은 정치적으로는 보수적이지만 심미심리학의 각도에서 보면 이는 예술 감정의 쾌적도를 규정한 것으로 예술의 실제와 부합하는 정교하고 독창적 이론이다.

공자는 유가의 창시자이자 문예에 통달한 인물이었다. 그는 『시경』의 정리, '시'에 대한 여러 평론, 음악 감상을 하면서 세 달을 고기의 맛을 몰랐다고 할 정도였다. 그가 개창한 유가의 문학이론은 정치적으로는 강한 보수적 색채를 가지고 있는 것도 사실이다. 다만 문제는 과거의 연구가 지나치게 이러한 일면에 집중되었다는 점이다. 공자의 문질, '흥, 관, 군, 원'설 '사달'설, "언어에 문채가 아름답지 못하면 글을 지어도 오래 가지 못한다(言之無文, 行之不遠)", 특히 인격 이상에 대한 추구가 지니고 있는 시의 성격에 대해서는 아직 연구가 부족한 상태이다. 만일 이러한 사실에 주의를 기울이지 못한다면 유가 사상의 오랜 영향 하에 있었던 중국의 고대 문학을 어떻게 이해할 것이며, 어떻게 휘황찬란한 문학의 꽃을 피울 수 있겠는가?

제 4 장

맹자孟子 문학이론 독해

공자가 유가를 창설한 뒤 양주[楊朱: BC 479~381년]로 대표되는 양주학파楊朱學派와 묵자[墨子: BC 468~376년]가 세운 묵가墨家의 반대에 부딪쳤다. 양주학파는 '위아爲我'를 주장하였는데, 이는 도가 학파의 추형雛形이었다. 묵가는 유가의 복고적 경향, 등급이 정해져 있는 사랑에 반대하고 '겸애兼愛'를 주장하면서, 시·악 문제에 있어서는 '비악[非樂: 예악에 대한 반대]'의 관점을 제시하여 하층민의 이익을 대표하였다. 그들은 당시 "배고픈 사람이 먹을 것을 얻지 못하고, 추운 사람이 옷을 구하지 못하고, 노동하는 사람들이 쉴 수 없다."[1]고 하였는데, 그들의 정치적 이상은 바로 이러한 '삼환三患'을 해결하는 것이었다. 묵자의 입장에서 본다면 유가의 이론은 귀족적인 학설이었다. 묵자는 유가 추종자들은 부모가 돌아가시면 3년상을 지내고, 백부, 숙부, 형제, 가인이 죽으면 5개월의 상을 치르고, 상을 치르지 않을 때에는 "『시경』이나 외우고, 『시경』이나 연주하고, 『시경』에 맞추어 춤이나 출 뿐이었다."[2]라고 비판하였다. 군주가 '정

1) "飢者不得食, 寒者不得衣, 勞者不得息."

2) 『墨子』「公孟」, 『墨子閒詁』下, 中華書國, 2001, 458쪽. "誦詩三百, 弦詩三百, 歌

치를 청취'할 시간이 없고, 서민은 정상적인 노동에 종사할 시간이 없는데, 이처럼 현실과 동떨어진 이념을 가지고 어떻게 나라를 통치할 수 있겠는가라고 보았다. 이러한 관점은 유가에 커다란 충격을 안겨 주었다. 후에 유가를 위해 변호를 하고 나선 인물이 공자의 손자 자사子思의 학생인 맹자였다.

맹자의 본명은 가軻이고, 추국[鄒國: 현재의 산동 추성鄒城] 사람이다. 그는 공자의 손자 자사[子思: BC 483~402년, 본명 공급孔伋] 문인의 제자였다. 그는 전국 시대 중기의 저명한 유가 사상가로 각국을 다니면서 치국의 전략을 선전하였으나, 자신의 말을 따르는 사람이 없자 만년에는 저술에 전념하였다. 맹자가 활동하던 시기에는 신흥 봉건제가 이미 노예제를 대체하였다. 각국의 군왕은 어떻게 통치를 공고히 할 것인가라는 문제에 직면하고 있었다. 그 가운데 한 가지 첨예한 문제가 어떻게 농민의 신임을 얻을 것인가 하는 것이었다. 맹자는 유가의 학설을 이상주의 경계까지 끌고 올라갔으며, 그 목적은 시대에 적응하기 위함이었다. 그는 양수의 위아설爲我說, 묵자의 겸애설兼愛說과 논쟁을 벌이는 가운데 공자가 제기한 '인'의 문제를 '인정仁政'의 단계로 끌어올렸다. 그는 한 국가의 흥망은 민심의 향배와 밀접한 관계가 있음을 인식하고 한 국가의 정치가 잘 이루어지려면 하층 백성의 요구와 원망을 고려하지 않을 수 없다고 보았다. 그리고 이를 위하여 "백성이 가장 귀하고, 사직이 그 다음이며, 인군은 가벼운 존재다."[3]라는 이론을 제기하였다. 이러한 민본주의 사상은 실제로는 당시의 통치자들에게 통치를 굳건히 할 수 있는 단 한 가지 방법이 바로 하층 백성에게 양보하는 것이고, 백성

詩三百, 舞詩三百. 若用子之言, 則君子何日以聽治, 庶人何日以從事."

3) 『孟子』「盡心章句下」, "民爲貴 社稷次之 君爲輕"

이 생활을 꾸려나갈 수 있도록 해야 그들이 통치자를 옹호할 것이라는 지적이었다. 이러한 사상은 당시로서는 민주적 요소와 진보적 의의를 지닌 것이었다.

1. '여민동락與民同樂'과 고전적 인문주의人文主義

맹자는 '민귀군경[民貴君輕: 백성은 귀하고 군주는 가볍다]' 사상에서 출발하여 시악의 문제에 있어 '여민동락'의 진보적 주장을 제시하였다.

맹자는 『맹자』 「양혜왕하梁惠王下」 편에서 통치자는 반드시 백성과 함께 즐겨야 그들의 옹호를 받을 수 있다고 주장하면서 다음과 같이 언급하였다.

> 장폭莊暴이 맹자를 뵙고 "제가 왕을 뵈오니, 왕께서 제게 음악을 좋아한다고 말씀하시었으나 제가 아무 대답을 하지 못했습니다. 음악을 좋아하면 어떻습니까?"라고 물었다. 맹자가 "왕이 음악을 대단히 좋아한다면 제齊나라는 거의 다스려질 것이다"라고 대답하였다. 다른 날에 맹자가 왕을 만나 "왕께서 일찍이 장폭에게 음악을 좋아하신다고 말씀하셨다던 데 그런 일이 있으셨습니까?"라고 물었다. 왕이 얼굴색을 바꾸며 이르길 "과인은 선인의 음악을 좋아한 것이 아니라 세속의 음악을 좋아할 따름입니다."라고 대답하였다. (맹자가) "왕께서 음악을 대단히 좋아한다면 제나라는 거의 다스려질 만합니다. 오늘날의 음악과 옛날의 음악은 같은 것입니다." (왕이) "그 이유를 들을 수 있겠습니까?"라고 물었다. (맹자가) "홀로 음악을 즐기는 것과 다른 사람과 함께 음악을 즐기는 것 가운데 어느 것이 더 즐겁습니까?"라 물었다. (왕이) "다른 사람과 즐기는 것만 못하지요."라고 대답하였다. (맹자가) "적은 사람과 음악을 즐기는 것과 많은 사람들과 음악을 즐기는 것 가운데 어느 것이 더 즐거울까요?"라고 물었다. (왕이) "여러 사람과 즐기는 것만 못하지요."라고 대답하였다. 신이 왕께 음악에 대해 말씀드리고자 합니다. 지금 왕께서 이곳에서 음악을 연주하면 백성들이

왕의 종소리, 북소리, 피리소리, 젓대소리를 듣고는 모두 머리를 아파하고 이마를 찌푸리며 서로 말하기를 '우리 왕께서 음악을 연주하기 좋아하심이여! 어찌 우리들로 하여금 이런 곤궁에 빠지게 하여 부자가 서로 만나지 못하고, 형제와 처자가 서로 헤어지게 되는가?'하며, 지금 왕께서 이곳에서 사냥을 하시면 백성들이 왕의 수레소리, 말소리를 들으며 깃과 들소 꼬리로 만든 깃발의 아름다움을 보고 모두 머리를 아파하고 이마를 찌푸리며 서로 말하길 '우리 왕께서 사냥을 좋아하심이여! 어찌 우리들로 하여금 이런 곤궁에 빠지게 해서 부자가 서로 만나지 못하고 형제처자가 서로 헤어지게 하는가?'라고 한다면, 이는 다름이 아니라 임금께서 백성과 함께 즐기시지 않았기 때문입니다. 지금 왕께서 이곳에서 음악을 연주하시면 백성들이 왕의 종소리, 북소리, 피리소리, 젓대소리를 듣고는 흔연欣然히 기뻐하는 기색으로 서로 말하기를 '우리 왕께서 행여 질병이 없으신가? (만일 있다면) 어떻게 음악을 연주하시겠는가?' 하며, 지금 이곳에서 사냥을 하시면 백성들이 왕의 수레소리, 말소리를 들으며 깃발의 아름다움을 보고는 모두 흔연히 기뻐하는 기색으로 서로 말하길 '우리 왕이 행여 질병이 없으신가? (만일 있다면) 어떻게 이곳에서 사냥을 하시겠는가?' 한다면 이는 다음이 아니라 백성과 더불어 즐거워하시기 때문입니다. 지금 왕께서 백성과 함께 즐기신다면 왕이라 할 수 있을 것입니다.4)

---

4) 莊暴見孟子曰: "暴見於王, 王語暴以好樂, 暴未有以對也." 曰: "好樂何如?" 孟子曰: "王之好樂甚, 則齊國其庶幾乎!" 他日見王曰:"'王嘗語莊子以好樂, 有諸?'" 王變乎色, 曰: "寡人非能好先王之樂也, 直乎世俗之樂耳." 曰: "王之好樂甚, 則齊國其庶幾乎! 今之樂, 由古之樂也." 曰: "可得聞與?" 曰: "獨樂樂, 與人樂樂, 孰樂?" 曰: "不若與人." 曰: "與少樂樂, 與衆樂樂, 孰樂?" 曰: "不若與衆." "臣請爲王言樂. 今王鼓樂於此, 百姓聞王鐘鼓之聲, 管籥之音, 擧疾首蹙頞而相告曰: '吾王之好鼓樂, 夫何使我至於此極也? 父子不相見, 兄弟妻子離散.' 今王田獵於此, 百姓聞王車馬之音, 見羽旄之美, 擧疾首蹙頞而相告曰: '吾王之好田獵, 夫何使我至於此極也? 夫子不相見, 兄弟妻子離散.' 此無他也, 不與民同樂也. 今王鼓樂於此, 百姓聞王鐘鼓之聲, 管籥之音, 擧欣欣然有喜色而相告曰: '吾王庶幾無疾病與, 何以能鼓樂也!' 今王田獵於此, 百姓聞車馬之音, 擧欣欣然有喜色以相告曰: '吾王庶幾無疾病與, 何以能田獵也?' 此無他, 與民同樂也. 今王與百姓同樂, 則王矣.

여기에서 맹자는 세 가지 의의에 대해 말하고 있다.

첫째, 음악에는 고금의 차이가 없다. 옛날 음악도 훌륭하고 지금의 음악 역시 좋은 것이며, 음악을 좋아하는 것은 인지상정이라는 것이다. 이러한 관점은 공자가 당시의 음악인 정성鄭聲을 극도로 싫어했던 것과는 큰 차이를 보이며 맹자가 공자보다 훨씬 개방적이었음을 시사한다.

둘째, 옛 음악이든 지금 음악이든 왕이 나라를 잘 다스려 부자가 늘 얼굴을 보고 살고, 형제, 처자가 헤어지지 않게 만들면 (아주 낮은 요구) 백성들이 왕이 마음대로 음악을 짓거나, 음악을 연주하거나, 수렵을 해도 찬성하면서 자신의 왕에게 충만한 호의를 나타낼 것이다.

셋째, 왕에게 가장 좋은 일은 백성과 함께 즐기는 것이며, 만일 백성과 함께 즐길 수 있다면 왕의 통치는 더욱 공고하게 될 것이다. 맹자는 여기에서 통치자의 입장에서 말하고 있으나 백성을 근본으로 하는 사상이 두드러지게 나타난다. 이는 공자의 "오직 지극히 지혜로운 자와 어리석은 자는 변화시킬 수 없다"[5]는 사상과 비교해 볼 때, 크게 진보한 것이다. 꼭 지적하고 넘어가야 할 점은 맹자의 '여민동락'의 관념은 그의 문예 미학의 근본적 관점이며, 그 의의가 남다르다는 것이다. 음악, 무도, 시가는 처음에는 모두 하류층 백성의 것이었으나 통치자들이 이를 빼앗아 자신들의 향락 도구로 삼은 것이다. 맹자가 제기한 '여민동락'이 비록 예술을 백성들에게 돌려준 것은 아니지만 백성과 통치자들이 문예 오락에 있어 평등하다고 보는 관점은 높이 평가해야 할 것이다.

맹자는 슬픔과 즐거움의 문제는 인간과 인간의 상동, 혹은 상통

5) 『論語』「陽貨」, "唯上智與下愚不移"

과 관련되어 있다고 생각하여 다음과 같이 언급하였다.

> 제齊 선왕宣王이 설궁雪宮에서 맹자를 만났다. 왕이 "현자 또한 이러한 낙이 있습니까?"라고 물었다. 맹자가 "있습니다. 사람들은 이러한 것을 얻지 못하면 윗사람들을 비난합니다. 얻지 못했다고 윗사람을 비난하는 것도 잘못된 것이고, 백성의 윗사람으로 백성과 함께 즐기지 않는 것도 잘못된 일입니다. 백성의 즐거움을 즐거워하는 군주가 있으면 백성들 또한 그 군주의 즐거움을 즐거워하고, 백성들의 근심을 걱정하는 군주가 있으면, 백성들 또한 군주의 근심을 걱정합니다. 천하를 즐겁게 하고, 천하를 걱정하며. 이렇게 하고도 왕이 되지 못하는 자는 없습니다."라고 대답하였다.[6]

이글은 백성의 군주가 백성과 더불어 즐기지 않는다면 잘못된 것임을 지적한 것이다. 백성이 즐거워하는 것을 함께 즐거워하면 백성 역시 군주의 즐거움을 함께 즐거워한다.

더욱 주의할 점은 맹자의 '여민동락'의 사상은 '성선설性善說'을 기초로 했다는 사실이다. 맹자는 "모든 사람에게는 차마 해치지 못하는 마음이 있다.",[7] "모든 사람들에게는 측은지심惻隱之心이 있으며, 수오지심羞惡之心이 있으며, 공경지심恭敬之心이 있으며, 시비지심是非之心이 있다."[8]고 하였는데, 이는 인성이란 선천적으로 선량하며, 인간은 상통하는 부분이 있기에 서로 존중해야 한다는 말이다. 아울러 맹자는 인성의 선량함은 공통된 생리적 감각을 기초로 한다고

---

6) 『孟子』「梁惠王下」, "齊宣王見孟子於雪宮. 王曰: 賢者易有此樂乎?" 孟子對曰: "有. 人不得則非其上矣, 不得而非其上者, 非也; 爲民上而不與民同樂者亦非也. 樂民之所樂, 民亦樂其樂; 憂民之所憂, 民亦憂其憂. 樂而天下, 憂以天下, 然而不王者, 未之有也."

7) 『孟子』「公孫丑上」, "人皆有不忍之心."

8) 『孟子』「告子上」, "惻隱之心人皆有之, 羞惡之心人皆有之, 恭敬之心人皆有之, 是非之心人皆有之"

여겨, "입은 맛있는 것을 똑같이 좋아하며, 귀는 소리를 들을 때 똑같이 들으며, 눈은 색을 볼 때 똑같이 아름답게 여긴다."[9]고 주장하였다. 사람들 사이의 감각은 상통하는 것이기에 우리가 주위의 사물에 대하여 같은 반응을 나타낼 수 있는 것이다. 자연히 아름다운 사물에 대하여 우리의 심미 감각 기관 역시 같은 반응을 보이기 마련이다. 이렇게 맹자는 그의 '여민동락' 관점의 이론적 근거를 찾아냈다. 당신이 군주이든 백성이든 모두 사람이며, 사람인 바에는 감각은 상통하기에 군주가 '여민동락'하는 것은 대단히 자연스러운 일이다. 당연히 맹자의 이러한 주장을 오늘날의 관점에서 본다면 서로 다른 이익의 지배 하에 있는 사회적 계급 및 계층을 서로 다른 지각으로 구별하지 않았기 때문에 아직은 부족한 면이 있으나 이론의 큰 틀은 성립되었다고 할 수 있다.

2,000년 전에 맹자는 군주가 반드시 '여민동락'해야 한다는 관념을 명확히 제시하였다. 그의 관념에 분명한 대중성이 있다는 것은 실로 대단한 일이다. 그의 관념에는 진부한 것과 신선한 것이 공존한다. 맹자가 군왕의 입장에서 당시 통치자의 지속적 안정을 위해 착상한 것이기에 그의 사상에는 분명 진부한 경향이 있다. 그러나 역사가 이미 21세기에 진입하였으니 맹자의 학설도 이미 2,000여년의 시간이 흘렀다. 그러나 우리 주위의 세계를 살펴보면 도대체 얼마나 많은 국가의 영도자들이 '여민동락'하고 있을까? 이러한 국가들의 영도자들은 약소국을 능멸하지 않고, 본국의 백성들을 능멸하지 않는 것만으로도 좋은 영도자라 하겠다. 이는 우리가 깊이 생각해볼만한 문제가 아닌가? 당시 맹자의 이상에는 유토피아적 성질이 있으며, 일종의 시적 사고라 할 수 있기에 오늘날까지도 상당 부분 실현되지

9) 같은 책, "口之於味也, 有同耆(嗜)焉, 耳之於聲也, 有同聽焉, 目之於色也, 有同美焉."

않고 있는 것 또한 사실이다.

한 걸음 더 나아가 문학의 인문주의 문제와 연관시켜 보면, 나는 중국 고전의 인문주의는 맹자의 '여민동락' 사상에서 비롯되었다고 생각한다. 맹자의 민본 사상 가운데서 인간은 동물과는 구별되는 존재이며, 사람 사이의 관계에 있어서 일반적으로 하층에 속하는 '민' 역시 사람이다. 군왕은 인간의 지각을 가지고 있고, 백성 또한 인간의 지각을 가지고 있기에 군왕과 일반인의 지각은 서로 통하는 것이기에 앞서 언급한대로 "입은 맛있는 것을 똑같이 좋아하며, 귀는 소리를 들을 때 똑같이 들으며, 눈은 색을 볼 때 똑같이 아름답게 여긴다."는 것이다. 이는 누구를 막론하고 맛, 소리, 색에 대해 모두 공통된 지각을 가지고 있음을 인정한 것이다. 이런 식으로 말한 것은 귀족과 평민의 지각을 동등하게 만드는 것이라 하겠고, 아울러 인간의 지각은 인간의 지각일 뿐 동물의 지각이나 신의 지각은 아니라는 것을 설명하는 것이다. 이는 인문적 색채가 대단히 선명하다. 맹자의 인문사상은 상당한 자각적 성질을 가지고 있다. 그는 인성은 본래 선한 것이며 인간은 금수보다, 자연보다도 우월하기에 사람은 태어나면서부터 측은지심, 수오지심, 시비지심, 공경지심을 가지고 있다고 믿었다. 이러한 인간은 보편적 인성을 지니고, 이러한 인성은 천지의 핵심이요, 만물의 영장이기에 필연적으로 세계의 중심에 자리한다. 맹자의 인간에 대한 찬미, 인성에 대한 긍정은 중국 고대 인문적 이상의 전범이 되었다. 유협은 『문심조룡』 「원도原道」 편에서 인간은 천지와 함께 '삼재三才'를 이루며, "(인간은) 오행의 정수로 천지의 핵심이라 하겠다. 마음이 움직이면 말이 생기고, 말이 생기면 글로 밝히게 되는 것은 자연스러운 이치이다."[10]라 하였

10) "爲五行之秀, 實天地之心. 心生而言立, 言立而文明, 自然之道也."

다. 맹자의 고전인문주의 이상은 마침내 유협에 이르러 문학의 중요한 명제로 전화되었다.

2. '양기養氣', '지언知言'과 문학 창작

맹자가 제출한 '양기지언'은 중국 고대 문학이론의 발전에 중요한 공헌을 하였다. 맹자는 그의 제자 공손축公孫丑과의 대화에서 다음과 같은 문제를 제기하였다.

> "감히 묻겠습니다. 선생께서는 어떤 장점을 가지고 계십니까?" 맹자가 "나는 남의 말을 잘 이해하고, 나의 호연지기浩然之氣를 잘 기른다."라고 대답하였다. "감히 묻건대, 호연지기란 무엇입니까?" 맹자께서 "말로 설명하기는 어렵구나. 기라고 하는 것이 지극히 크고 지극히 강하니 정의로 기르면 아무런 해를 끼치지 않으며 천지 사이에 꽉 차게 된다. 기는 의義·도道와 짝을 이루는데, 이것이 없으면 주리게 된다. 이 호연지기는 의리義理를 축적하여야 생기는 것이다. 의란 하루아침에 갑자기 엄습하듯 취해지는 것이 아니니, 행하고서 마음에 부족하게 여기는 바가 있으면 주리게 된다."라고 대답하였다.[11)]

기에 대하서는 이미 제2장에서 세 가지 의미가 있음을 지적한 바 있다. 첫째는 천지자연의 기로, 예를 들면 바람이 들어오는 것과 같은 것이다. 둘째는 생명의 힘으로, 예를 들어 사람이 죽은 것을 기가 끊어졌다(斷氣)고 하는 것이다. 셋째는 도덕의 힘으로서 맹자가 여기에서 말한 '호연지기'와 같은 것인데 주로 도덕적 역량을 의미

---

11) 『孟子』「公孫丑上」, "敢問夫子惡乎長?" 曰: "我知言; 我善養吾浩然之氣." "敢問何謂浩然之氣?" 曰: "難言也. 其爲氣也, 至大至剛, 以直養而無害, 則塞於天地之間. 其爲氣也, 配義與道, 無是餒也. 是集義所生者, 非`. 行有不慊於心, 則餒矣."

한다. 맹자의 견해에 따르면 이러한 '호연지기'는 다음과 같은 몇 가지 특징을 가지고 있다. 첫째, 이러한 기는 지극히 크고 강하며 정의를 통하여 배양되며, 아무런 해를 끼치지 않으며, 천지지간에 꽉 차있다. 이는 기는 거대한 확산 역량을 가지고 있어서 어떤 물건도 이를 가로막을 수 없음을 설명하는 것이다. 둘째, 이러한 기는 정의와 도덕이 결합한 것으로 말일 도덕적 역량이 없으면 사라지고 만다. 셋째, 이러한 기는 정의의 역량이 누적되어 형성되는 것이기에 갑자기 좋은 일을 한다고 하여 획득될 수 있는 것이 아니다. 따라서 기는 일정한 수양의 과정을 필요로 한다. 넷째, 언행은 반드시 일치되어야 하기에 언론이 한 조를 이루면, 행위 역시 한 조를 이룬다. 이렇게 해야 기가 상실되지 않는다. 간단히 말하면 '호연지기'는 천지를 가득 채우는 도덕적 역량이며, 언행일치가 이루어지는 수양 과정에서 얻은 역량이다. 당연히 맹자의 '호연지기'는 윤리학적 범주에 속하고, 사람들에게 정의와 도덕을 요구하며 어떤 조건하에서도 해이해지지 않고 견지해야 한다는 것을 강조한다. 자신에 대하여 반드시 "부귀가 마음을 방탕하게 만들지 못하며, 빈천함이 절개를 옮겨가지 못하며, 위협이 지조를 굽게 할 수 없어야 한다."[12]고 말한다. 자신보다 높은 지위에 있는 사람에 대하여 두려워할 필요가 없고, 오히려 보다 높은 경지에서 그를 바라봐야 한다고 하면서 "대인大人에게 유세를 할 때는 하찮게 여기고 그 드높음을 보지 말아야 한다. 집의 높이가 몇 길이나 되는 지, 서까래 머리가 몇 자나 되는 지는 내가 뜻을 이루고 나서도 추구하지 않을 것이며, 밥상 앞에 음식이 한 길이나 진열되는 지, 시첩侍妾의 수가 몇 백 명이 되는 지는 내가 뜻을 이루고 나서도 추구하지 않을 것이다. 즐겁게 놀고 술을 마

12) 『孟子』「滕文公下」, "富貴不能淫, 貧賤不能移, 威武不能屈"

시며, 말을 달리고 사냥하는데 수레가 천 대가 따르는 것도 내가 뜻을 이루고 나서도 추구하지 않을 것이다. 저들에게 있는 것은 모두 추구하지 않는 것이며, 내게 있는 것은 모두 옛날의 법도이니 내 어찌 저들을 두려워하겠는가!"[13]라고 선언하였고, "궁하면 홀로 수양하며, 달하면 세상을 널리 다스린다."[14]고 주장하였다. 어떤 조건 속에서도 자신의 본분을 지키는 정신, '대인'을 두려워하지 않는 정신, 명리名利, 향락享樂, 지위地位, 겉치레, 사치를 마치 똥처럼 여기는 정신, 그 어떤 사람에게도 아부하지 않는 정신을 견지하는 것이야말로 중국 고대 우수한 인재들의 기개라 하겠다. 맹자의 문장은 산을 무너트리고 바다를 뒤집을 것 같은 위세를 가지고 있는데, 이는 그의 인격적 역량과 깊은 연관이 있다. 이는 분명 훗날 한유가 "기세가 뛰어나면 말의 장단, 소리의 고하가 모두 조화를 이룬다."[15]는 말과 통한다. 중국 문학이론의 범주 안에서 민족 문화의 특색을 가장 많이 지닌 것은 '기'의 범주이며, 이는 맹자의 '호연지기'로부터 큰 영향을 받은 것이라 하겠다. 특히 사람의 정신, 기개와 문장의 풍채, 격조는 서로 깊은 관계를 가지고 '문여기인[文如其人: 글은 그 사람과 같다]', '표리필부[表裏必符: 속과 겉이 같아야 한다]' 등의 개념을 형성하였다. 따라서 문학 창작은 '양기'를 출발점으로 삼고 있는데, 이는 맹자의 '호연지기'설이 문학이론으로 진화 발전된 것이다. 이렇게 말할 수 있다면 훗날 조비曹丕가 『전론·논문』에서 "문학은 기를 위주로 한다."고 말한 것이나, 유협이 『문심조룡』「풍골風

13) 『孟子』「盡心下」, "說大人, 則藐之, 勿視其巍巍然. 高堂數仞, 榱題數尺, 我得志, 弗位也. 食前方丈, 侍妾數百人, 我得之, 弗爲也. 般樂飮酒, 驅騁田獵, 後車數乘, 我得志, 弗位也. 在彼者, 皆我所不爲也, 在我者, 皆古之制也, 吾何畏彼哉!"

14) 『孟子』「滕文公上」, "窮則獨善其身, 達則兼齊天下."

15) "氣盛則言之短長與聲之高下者皆宜"

骨」편에서 "기세를 유지함에 힘써야 한다."[16] 「양기養氣」편에서 "마음을 맑고 평화롭게 하고, 기를 조화롭고 잘 통하게 만들어야 한다."[17]는 말이나, 한유가 "기가 성하면 말도 합당하다"[18]는 말은 모두 맹자의 '호연지기'와 일맥상통한다.

'기氣'와 '언言'은 서로 밀접한 관계가 있다. 맹자는 인간의 정신적 기개와 언어의 격조는 밀접하게 연관되어 있다고 여겼다. 지언[知言: 말의 이해]의 근거는 '양기'이다. 만일 사람이 청명하고 무사한 기를 가지고 있으면 특수한 관찰력을 얻을 수 있으며, 심지어는 숨어있는 언어 속에서 언어 이외의 의미를 알아낼 수 있다. 맹자와 공손축의 대화는 '양기'에서 출발하여 '지언'에 이르고 있다.

> 무엇을 '지언知言'이라 합니까? 맹자께서 대답하시길 "편벽된 말의 보지 못한 바를 알며, 방탕한 말의 빠져 있는 바를 알며, 부정한 말의 괴리된 바를 알며, 도피하는 말의 (논리가) 궁함을 알 수 있으니 마음에서 생겨나 정사에 해를 끼치며, 정사에서 생겨나 일에 해를 끼치니, 성인이 다시 나오셔도 반드시 내 말을 따를 것이다.[19]

맹자의 '지언'설이 후대의 문학이론에 기여한 바는 실로 크다. 첫째, 인간의 정신적 기개는 근본적인 것이기에 한 사람의 언사는 반드시 정신적 기개의 제약을 받기 마련이고, 필연적으로 내외가 서로 부합하며, 각자의 생각은 마치 얼굴처럼 각기 다르기 마련이라는 점을 지적하였다. 둘째, 사람들이 하는 말은 왕왕 표리가 일치하지 않으

---

16) 劉勰, 『文心雕龍』「風骨」, "務盛守氣"
17) 劉勰, 『文心雕龍』「養氣」, "淸和其心, 調暢其氣"
18) 韓愈, "氣盛言宜"
19) 『孟子』「公孫丑上」, "何謂知言?" 曰, "詖辭知其所蔽, 淫辭知其所陷, 邪辭知其所離, 遁辭知其所窮. 生於其心, 害於其政, 發於其政, 害於其事. 聖人復起, 必從吾言矣."

며, 문사 뒤에 또 다른 문사가 있어 외면적으로는 한 면이지만 내면에 또 다른 면이 있다는 것이다. 시인이나 작가가 왜 다른 사람의 언어적 특성을 이용할 수 없을까? 시의 언어 역시 외면의 일면, 내면의 일면으로 이루어져 말은 쉬우나 그 뜻이 심오하거나, 말로 드러내지 않아도 뜻이 심각하거나, 말에 아무런 의미가 없는 것 같으나 실제 뜻이 너무나 풍부한 것은 왜일까? '언외지의言外之意', '함이불로含而不露', '언유진이의무궁言有盡而意無窮' 등과 같은 문학 언어의 개념은 장자뿐만 아니라 맹자에게서 그 계시를 받은 것이리라.

3. '이의역지以意逆志', '지인논세知人論世'와 문학적 수용

맹자의 주장 가운데 가장 창조성이 풍부한 이론은 그의 시가 비평 이론인 '이의역지'와 '지인논세'라 하겠다.

맹자의 '이의역지'와 '지인논세'는 어떻게 나온 것일까? 이는 춘추전국 시대의 인시[引詩: 시 인용을 통한 의미 전달 활동과 깊은 연관이 있다. 당시에는 외교, 내교 등 서로 다른 장소에서 인시 활동이 상당히 보편화되어 있었다. 그러나 인시 활동에 있어 사람들은 시의 원의를 존중하지는 않았다. 『좌전』에서 "시를 짓거나 문장을 나누는 것은 모두 내가 구하고자 하는 것을 얻기 위해서다."[20]라 하였는데, 오늘날의 말로 옮기면 단장취의斷章取義하여 각자 필요한 것만 취한다는 것이다. 맹자는 이러한 현상에 불만을 가지고 있었다. 아울러 『시경』에서 표현하려던 관념과 현실 사이에 분명한 모순이 존재하였기에 이러한 모순을 해결하는 것이 맹자의 고민이었다. 이것이 맹자가 '이의역지'와 '지인논세'와 같은 시의 해석 방법을 제

20) "賦詩斷章, 余取所求"

시하게 된 배경이었다. 『맹자』 「만장상萬章上」 편에 다음과 같은 말이 있다.

> 함구몽咸丘蒙이 이르길 "순舜이 요堯를 신하로 삼지 않은 것은 제가 이미 가르침을 들어 알고 있으나, 『시경』에 이르길 '온 하늘 아래 왕의 토지가 아님이 없으며, 온 땅 안에 왕의 신하가 아닌 자가 없다.'하였습니다. 순이 이미 천자가 되었으니 감히 묻겠습니다. 고수瞽瞍를 신하로 삼지 않으심은 어찌된 일입니까?" 맹자께서 대답하시길 "이 시는 이것을 말한 것이 아니다. 국사國事에 수고로워 부모를 봉양할 수 없어 '이것은 국사가 아님이 없거늘 나만이 홀로 어질다 하여 수고롭다.'고 한 것이다. 그러므로 시를 설명하는 자는 글자로써 말을 해하지 말고, 말로써 본래의 뜻을 해치지 말고, 감상자의 뜻으로써 창작자의 뜻을 헤아려야만 시를 알 수 있는 것이다. 만일 말만 가지고 볼 뿐이라면 「운한雲漢」에서 이르길 '주나라 남은 백성들의 혈유孑遺가 없다.'하였으니 정말로 이 말대로라면 이것은 주나라에 남은 백성이 없다는 것이다."[21)]

이 예문에서 맹자는 두 수의 시 해석을 통하여 단장취의하지 말고 반드시 시의 전체적 의미에서 출발하여, 자신의 이해를 바탕으로 시 창작자의 본의에 접근해야 한다는 '시의 해석 방식'을 설명하였다. 구체적으로 말하자면 맹자는 여기에서 「소아小雅·북산北山」에 대한 함구몽의 단편적인 이해를 비판하였다. 함구몽의 의문은 순이 이미 천자임에도 왜 요와 고수를 신하로 삼지 않았는지, 시에서 하늘 아래

---

21) "咸丘蒙曰, "舜之不臣堯, 則吾旣得聞命矣. 詩云, '普天之下, 莫非王土, 率土之濱, 莫非王臣.' 而舜旣爲天子矣, 敢問瞽瞍之非臣, 如何?" 曰, "是詩也, 非是之謂也, 勞於王事而不得養父母也. 曰, '此莫非王事, 我獨賢勞也.' 故說詩者, 不以文害辭, 不以辭害志. 以意逆志, 是爲得之. 如以辭而已矣, 雲漢之詩曰, '周餘黎民, 靡有孑遺.' 信斯言也, 是周無遺民也."

의 모든 사람들이 모두 신하라고 했는데 이는 서로 모순되는 것이 아닌지 이다. 이에 맹자는 그의 시 이해는 잘못된 것이라고 말한다. 시를 지은 사람의 원의는 불만의 토로이다. 국왕은 국사의 일 분배에 대한 원망을 삭히며, 내가 현명하다 하여 오직 나만 힘들게 되어 부모조차 모실 수 없게 만드는가 라고 한탄한다. 위의 시 4구 뒤에 "대부에게 일을 나누어줌에 공평하지 않아 나만 일로 피곤하구나."[22] 라는 중요한 한 마디가 있다. 뿐만 아니라 "온 땅 안에 신하 아닌 자가 없다"고 하였는데 이는 시의 과장 수법이기에 예외가 없다고 여겨서는 안 된다. 만일 이처럼 맹목적으로 글자 그대로 이해한다면 "주나라 남은 백성들의 혈유孑遺가 없다."는 말이 주나라에 한재가 들어 백성이 모두 죽어 한 사람도 남지 않았다고 해야 하는데, 사실 이 시는 비를 기원하는 시로 과장적인 수법을 사용한 것에 다름 아니다. 맹자는 "글자로써 말을 해하지 말고, 말로써 본래의 뜻을 해치치 말고 감상자의 뜻으로써 창작자의 뜻에 맞추어야" 한다는 방법을 제시하였다. 이 방법은 첫째, 작품에 대한 전체적 이해가 필요하며, 개별적인 글자에 대한 오해 때문에 전체 시의 대의를 오해해서는 안 되며, 또한 개별적 자구의 오해로 인하여 전체 시의 내용을 오해해서도 안 되기에 반드시 전체를 가지고 부분을 통제해야 된다는 것이다. 둘째, 시의 이해 과정에서 반드시 자신의 이해에 따라 시 창작자의 원의를 탐구해야 한다. 시의 원의에 접근, 탐구해야 비로소 시를 인용하여 문제를 해결할 수 있다. 맹자의 이러한 시 해석 방법은 의심할 여지없이 정확한 것이기에 이를 가지고 오랫동안 단장취의 식의 인시 행위를 바로 잡을 수 있었다. '이의역지以意逆志'의 시 해석 방식은 오늘날에도 상당한 가치를 지닌다.

22) "大夫不均, 我從事獨勞"

그렇다면 어떻게 해야 '이의역지'의 시 해석방식에 도달할 수 있을까? 맹자는 다시 '지인논세'의 방법을 제시하였다. 『맹자』「만장하」편에서 다음과 같이 언급하고 있다.

> 맹자께서 만장에게 이르시길 "한 고을의 선사善士여야 한 고을의 선사와 벗할 수 있고, 일국의 선사여야 일국의 선사와 벗할 수 있고, 천하의 선사여야 천하의 선사와 벗할 수 있는 것이다.[23]

이 문단의 본의는 옛사람과의 교우交友 문제와 연관된 것이지만 고인과 교제하려면 그 사람의 시와 글을 읽어야 한다. 어떻게 해야 고인의 시를 읽고 문장을 읽어 이해할 수 있을까? 여기서의 관건은 그 사람의 사람됨을 아는 것이며, 그 사람의 사람됨을 알려면 반드시 그가 살았던 시대를 이해하여야 한다는 것이다. 맹자가 이해했던 '시대'라는 개념은 오늘날 흔히 말하는 역사적 배경을 말하는 것이 아니라 그 시대의 정치 상황을 말하지만, 후대의 사람들이 '시대'를 역사적 배경으로 이해한다면 더욱 의미 있는 것이다.

맹자가 '이의역지'와 '지인논세'의 논의를 통해 주장하고자 했던 의미는 대단히 심오하다. 오늘날의 이해 방식으로도 적어도 다음 세 가지 의미를 지닌다. 첫째, 맹자의 시 해석 방법은 이미 작품(시詩, 문文, 사辭) - 작자(지기인知其人) - 시대(논기세論其世)라는 전체적 계통과 연관되어 있음을 인식하고 있었다. 즉 우리가 시를 해석할 때 한 부분만을 이해하는 것으로는 부족하고, 먼저 작품을 읽어 정확하게 이해해야 하고, 작품 전체에 착안하여 자구에 구속되지 않은

23) 孟子謂萬章曰, "一鄕之善士斯友一鄕之善士, 一國之善士斯友一國之善士, 天下之善士斯友天下之善士. 以友天下之善士爲未足, 又尙論古之人. 頌其詩, 讀其書, 不知其人, 可乎? 是以論其世也. 是尙友也."

상태에서 한 걸음 더 나가 시 창작자의 여러 정황을 이해해야 한다. 특히 그의 사람됨, 나아가 작가가 생활했던 시대를 이해하고, 이 세 부분을 연관시켜 생각하여야 비로소 시의 미로를 밝혀낼 수 있다는 것이다. 둘째, 맹자는 시를 역사, 현실과 연관시켜 이해해야한다고 생각하였다. 시가 전달하려는 의미 형태와 역사와 현실이 우리에게 전달하려는 의미 형태는 결코 일치하지 않는다. 이러한 상황 속에서 역사와 현실에 대한 이해가 보다 중요하다. 역사와 현실에 대한 철저한 이해가 있을 때 비로소 시의 의미를 보다 정확하게 파악할 수 있다. 셋째, 맹자는 이미 시 해석 활동이 어떻게 하면 '거리'를 없앨 수 있는가 하는 문제를 인식하고 있었다. 즉 고인의 작품인 시는 우리와 대단히 멀리 떨어져 있다. 시 창작의 환경, 배경, 시간은 현재 우리가 시를 해석하는 환경, 배경, 시간과 동일하지 않기에 일정한 '거리'가 만들어지는데, 이 '거리'를 해소하는 것이 바로 시의 이해에 도달하는 정확한 방법이 아닐까? 맹자가 제시한 '뒤집어 보기(역逆)' 방법은 자신의 시에 대한 이해(의意)를 가지고 시 작자의 마음(지志)를 돌이켜보고 따라감으로써 양자의 거리를 없애는 것이다. 그러나 '거리'가 완전히 없어질 수 있는 것일까? 맹자는 이 행위가 주로 독자의 노력에 의지한다는 사실을 인식하였다. 노력에도 한계가 있기에 '의意'를 가지고 완전하게 '지志'로 돌아갈 수 없다. 여기에서 하나의 작자와 독자의 '시계 융합視界融合'이라는 해석학적 문제가 제기된다. 즉 해석에는 처음부터 끝까지 시간과 거리와의 투쟁이 존재한다는 문제이다. 그러나 이 거리는 영원히 없앨 수 없다.

맹자의 '지인논세'식 문학 비평에 대하여 연구자들의 견해는 대부분 일치한다. 그러나 '이의역지'에 대해서는 다음 세 가지 서로 다른 이해 방식이 있다. 여기에서 중요한 것은 '의意'자에 대한 견해차이다. 하나는 '의'를 시 해설자의 '심의心意'라는 주장이다. 예를 들어 조기

趙岐는 "의는 학자의 심의이다. 인정人情이란 서로 멀리 떨어진 것이 아니기에 자신의 심의로 시인의 정지情志를 헤아리게 되는데, 이것이 바로 심의를 얻은 것이다."[24]라고 하였다. 주희朱熹는 "응당 자신의 뜻으로 작자의 뜻을 헤아려야 그 의미를 알 수 있다."[25]고 설명하였다. 다른 의견으로는 '의'가 작가의 '의'라는 주장이 있다. 예를 들어 청대 오기吳淇는 『육조선시정론연기六朝選詩定論緣起』에서 '이의역지'를 분석하면서 "고인의 의로 고인의 의를 찾아내는 것은 시로써 시를 논하는 것이다. 마치 사람이 사람을 가지고 사람을 논하는 것과 같다."[26]고 하였다. 세 번째 의견은 '의'는 작가가 작품에 표현한 의와 평가자의 의가 결합한 것이라는 주장이다. 이러한 세 가지 의견은 각기 나름의 이유를 가지고 있다.

그러나 필자의 견해는 조기趙岐와 주희의 주장과 가깝다. 필자는 어떤 새로운 이론이라 하여 모두 절대적으로 새로운 것은 아니라는 확신을 가지고 있다. 현재 사람들은 완전히 새로운 창작 능력과 사상을 주장한다. 이는 대단히 훌륭한 일이다. 다만 진, 선, 미는 천지개벽 이후 항상 절대적으로 훌륭한 것이었다. 문제는 세상에 천지개벽 이후 그렇게나 많은 첫 번째 창조가 있었는가? 이쯤에서 1980년대 초기에 들어온 독일의 20세기 문학비평의 새로운 이론인 '수용미학收容美學'을 생각해보자. 그때 우리는 이 이론이 정말로 신선하다고 느꼈고, 실로 새로운 창조적 신발견이라고 여겼다. 몇 년이 지난 후, 나는 '수용 미학'의 사상이 우리 중국에 이미 오래 전에 있었던 것이며, 수용 미학 사상의 싹은 중국에서부터 자랐다는 사실을

24) "意, 學者之心意也. 人情不遠, 以己之意逆詩人之志, 是爲得其意也."
25) "當以己意迎取作者之志, 乃可得之."
26) "以古人之意 求古人之意, 乃就詩論詩, 猶人之以人論人"

알게 되었다.

수용 미학의 기본 사상은 바로 문학은 작자와 독자가 공동으로 창조한다는 것이다. 작자가 창조한 '원본原本'은 결코 작품이 아니다. 왜냐하면 만일 독자가 이를 해독하지 않는다면 시렁 위에 놓아둔 것처럼 아무런 생명력이 없는 죽은 사물에 지나지 않는 것이기 때문이다. 문학 작품의 의의란 작자와 독자가 대화를 진행한 결과이다. 이러한 사상은 결코 처음 창조된 것이 아니다. 이미 2,000년 전에 맹자가 충분히 인식했던 문제이다.

맹자가 주장한 '이의역지'의 기본적인 의미는 스스로 시(당시에는 『시경』을 지칭함)에 대한 체득과 이해(즉 자신의 심의)를 가지고 작자가 시에서 표현한 의의(작자의 의지)를 추측, 짐작하는 것이다. 그러나 개인적으로 같은 시에 대한 체득과 이해가 서로 다르기 때문에 서로 다른 평가와 이해가 있을 수 있다. 이는 자연스럽게 서로 다른 독자와 작자의 대화라고 이해할 수 있을 것이다. 이러한 것에 '수용 미학'의 맹아가 포함된 것이 아니겠는가? 예를 들어 맹자 본인과 제자 함구몽咸丘蒙의 『시경』「소아·북산」에 대한 이해도 동일하지 않았다. 현재 일반 학자들은 맹자의 주장을 높이 받들고, 함구몽의 이해는 폄하한다. 그러나 함구몽이 「북산」에서 "온 하늘 아래 왕의 토지가 아님이 없으며, 온 땅 안에 왕의 신하가 아닌 자가 없다."고 한 것은 순이 천자가 되었으나 그의 아버지는 신민이 되지 않았던 것은 어찌된 일인가를 물은 것이다. 이러한 해석 역시 하나의 해석인데 왜 맹자는 함구몽이 글로써 뜻을 해한다고 비평했을까? 실제로 『맹자』에서 『시경』을 30여 차례나 언급했지만 모두 유가의 정치 관점을 선양한 것이며, 많은 부분들은 견강부회한 것이었다. 이러한 사실은 작품 해독은 분명 독자의 다른 사상과 감정으로 인하여 서로 다를 수밖에 없음을 충분히 설명한다. 작가가 창조한 '원본'

은 독자의 독서와 해석을 거쳐야 비로소 살아있고 의미 있는 작품으로 변모할 수 있다. 따라서 독자의 독서와 해석이 가장 중요한 것이다. 한대 동중서董仲舒는 "시에 있어 완벽히 통달한 주석은 없다"[27]고 하면서 시에 대한 통일된 해석이 없음을 강조하였다. 명대 학자 종성[鐘惺: 1574~1624년]도 『시론詩論』에서 "시는 살아 있는 것이다."[28]라는 견해를 제시하면서 자유子游, 자하子夏 이후 한대에서 송대에 이르기까지 『시경』을 해석한 사람은 대단히 많았으나, 역대의 해석이 『시경』의 원의와 꼭 들어맞지는 않는다고 주장하였다. 그들이 강조한 사실은 시란 죽어 경직된 것이 아니며, 시를 해설하는 사람의 수양, 학식, 필요성 등이 다르기 때문에 시에 대해 다른 해석을 하는 것은 너무나 당연한 일이라는 것이다. 그 이후로 김성탄[金聖嘆: 1608~1661년]은 「독육재자서서상기지이讀六才子書西廂記之二」에서 "『서상기西廂記』는 결코 음서淫書가 아니라 분명 묘문妙文이다. 오늘날 누군가는 묘문이 아니라 음서라 말하는데 나는 정말 이해할 수 없다. 묘문이라고 생각하는 사람이 보면 묘문이고, 음서라고 여기는 사람이 보면 음서인 것이다."[29]라고 주장하였다. 동일한 작품에 대하여 묘문이라고 여기는 사람이 보면 묘문이고, 음서라고 여기는 사람이 보면 음서인 것은 '수용 미학'의 기본 취지를 가장 잘 설명한 것이라 하겠다. 여기에서 분명히 짚고 넘어가야 할 것은 명말 청초의 학자 왕부지의 견해이다. 그는 "작자는 일치된 생각을 가지고 말하지만, 독자는 각기 자신의 감정을 가지고 의미를 얻는다."[30]

27) "詩無達詁"
28) "詩, 活物也"
29) "西廂記斷斷不是淫書, 斷斷是妙文. 今若有人說不是妙文, 有人說是淫書, 聖嘆都不作理會. 文者見之謂之文, 淫者見之謂之淫."
30) 『姜齋詩話』, "作者用一致之思, 讀者各以其情自得"

는 정교한 의견을 제시했다. 이는 사실 문학 활동이 작자와 많은 독자들의 대화 활동임을 지적한 것이다. 내가 번다하게 여러 학자들의 주장을 인용한 것은 '수용 미학'의 기본 사상이 결코 새로운 창조가 아니라 그 사상적 맹아가 이미 오래전에 중국에서 피어났음을 설명하고자 했던 것이다. 앞서 인용한 말들은 비록 각기 서로 다른 사회적, 학술적 배경을 가지고 있으나 전체적 의미는 문학 작품이 독자의 독서, 이해 활동에서 벗어난 시체 같은, 한 번 만들어지면 변화하지 않는 물건이 아니라 개방적 특징을 가진 살아 있는 생명체와 같아 독자의 주관에 따라 변화가 발생하고 시대의 발전에 따라 부단히 '생장'한다는 것이다.

문학 비평의 실천 가운데 중국 고대의 문학 비평은 평점評點을 중시하였다. 동일한 시, 정경, 인물, 정절, 세절에 대하여 평점을 가함에 항상 각자의 견해가 서로 다르지만 모두 맹자의 '이의역지' 방법을 사용하였다. 모든 사람의 출신, 성격, 경력, 사상, 감정, 지식, 견해의 차이로 인하여 형성된 '심리도식心理圖式'도 다르고, 받아들이는 세기도 다르기 때문에 평점의 경향, 관점, 취미도 다를 수밖에 없다. 이는 대단히 자연스러운 이치라 하겠다. 한 가지 예를 들어 설명하기로 해보자. 소식은 다음과 같이 언급하였다.

> 내가 일찍이 꿈에 어떤 사람을 만났는데, 그가 자신이 두보杜甫라 하였습니다. 그가 내게 이르길 "세상 사람들이 내 시를 오해하고 있습니다. 「팔진도八陣圖」에서 '강물이 흐르나 돌은 구르지 않네, 한이 되는 것은 오국吳國을 삼키지 못한 것'이라 하였는데 세상 사람들은 유비劉備와 제갈량諸葛亮이 관우關羽의 복수를 하고자 하였으나 오吳나라를 멸하지 못함을 한스러워 했다고 생각하는데, 이는 틀린 생각입니다. 오나라와 촉蜀나라는 순치脣齒의 관계에 있는 지라 응당 서로를 침략해서는 안 되지요. 진晉나라가 촉나라를 취할

수 있었던 것은 촉나라가 오나라를 삼키려는 의도가 있었기 때문이기에, 나는 이것을 한스럽게 여긴 것입니다.[31]

소식이 정말로 두보의 꿈을 꾸었는지는 우리가 말할 필요가 없다. 그러나 소식은 이 꿈을 빌어 두보의 시 「팔진도八陣圖」에 대한 자신의 의견을 제시하였다. 「팔진도」는 4구로 이루어져 있다.

功蓋分三國	제갈량의 공으로 천하가 삼분되고
名成八陣圖	그 명예는 팔진도로 완성되었다.
江流石不轉	강물이 흘러도 돌은 구르지 않고 그 자리에
遺恨失呑吳	한스러운 것은 오나라를 취하지 못한 것이라.

이 시의 주요 내용은 제갈량諸葛亮의 공적과 유한遺恨이다. 그러나 역대로 제갈량의 유한이 무엇인가에 대한 이해는 서로 다르다. 어떤 해석은 오나라를 집어 삼키지 못한 것이 유한이며, 만일 오나라를 집어 삼켰으면 관우關羽가 손권孫權이 형주를 습격했을 때 살해되지 않았을 것이라는 주장이다. 이런 해석은 '실失'을 '상실喪失'로 이해한다. 다른 해석은 오나라를 삼키려다 실책을 저지른 것이 유한이라는 주장으로 이 경우 '실'을 '과실過失'로 이해한다. 즉 유비劉備가 관우의 복수에 급급하여 출병하여 오나라를 공격하면 촉과 오나라의 연맹聯盟이 파괴될 것이 분명함에도 제갈량이 유비를 말리지 못하자 결국 촉나라의 역량이 약화되어 진나라에 의하여 오나라가

31) 『蘇軾文集』 五, 「記子美八陣圖詩」, 孔凡禮校點, 中華書國, 1986, 2101쪽. "僕嘗夢見一人, 云是杜子美謂僕: "世人多誤解子詩. 『八陣圖』 云: '江流石不轉, 遺恨失呑吳', 以爲先主、武侯與關羽復仇, 故恨不能滅吳, 非也. 我本意吳、蜀脣齒之國, 不當相圖, 晉之所以能取蜀者, 以蜀有呑吳之意, 此爲恨耳."

멸망하는 것을 어찌할 수 없었다는 것이 제갈량의 유한이었다. 이러한 두 가지 견해는 모두 나름의 근거 있는 해석이라 하겠다. 앞의 한 가지는 이해는 촉나라 장상將相의 의기義氣를 부각시킨 것으로, 일단 사람이 피해를 입으면 모든 사람이 마음을 하나로 하여 원수를 갚아야 한다는 것이다. 나중의 이해 방식은 제갈량의 전략적 안목을 부각시킨 것으로 그러한 형세에서는 반드시 오나라와 연합하여 북방의 강적에 대항했어야 하나 자신이 유비의 충동적인 출병 결정을 막지 못한 것이 유한이라는 것이다. 정감의 경향이 서로 다른 독자는 완전히 작품에 대해 서로 다른, 심지어는 서로 상반되는 해석을 할 수 있는 권한을 가지고 있다. 문학 활동에서 독자의 작용은 간단히 넘어갈 수 있는 문제가 아니다.

중국의 고대 작가들이 독자의 작용을 중시한 것은 우리의 문화 전통과 관계가 있다. 서양에서 개인주의를 강조하였던 점과는 달리 중국의 고대문화는 '중인衆人'의 상호 작용을 중시하였다. 공자는 "세 사람이 함께 가면 반드시 내가 스승으로 섬길만한 사람이 있다"[32]고 하였다. 속어에도 "보잘 것 없는 세 사람이 모이면 제갈량의 지혜가 나온다."[33]는 말이 있다. 이러한 '화이부동'을 핵심으로 하는 문화 사상을 문학 활동 문제로 전환시키면 '시인(창작자)'은 절대적인 존재가 아니며, 시인은 반드시 독자, '지음知音'의 독자를 찾아내야만 한다고 말할 수 있다. 시인과 독자는 잠재적 대화 상태에 있다. "문장을 짓는 사람은 감정이 움직이면 글로 나타내고, 문장을 감상하는 사람은 문장을 통하여 작자의 감정으로 들어간다. 물결을 거슬러 근원으로 들어가면 은밀한 것도 드러나기 마련이다."[34] 시인

32) "三人行必有吾師"
33) "三個臭皮匠, 湊成個諸葛亮"

은 자신의 작품을 독자들이 이해하지 못할까 걱정하여 독자들에게 의견을 묻는 것을 두려워할 필요가 없다. 독자들이 자신의 시를 해독하길 바라는 것은 문학가의 가장 큰 바램이다. 중국 고대의 시인들은 서양 시인들이 독자를 안중에 두지 않는 오만함을 거의 가지고 있지 않았고, 심지어는 내 시의 유일한 독자는 자신이라고 말하기도 한다. 중국의 '화이부동'의 문화는 중국 고대 문학에 있어 독자의 작용을 중시하고, 다른 사람들이 서로 다르게 작품을 이해하는 것을 중시하고, 작자에 대한 서로 다르거나 혹은 같은 방식으로 독해하는 것을 중시하게 만들었다.

우리가 자신을 함부로 낮출 이유는 없으나, 반드시 선조의 '이의역지'설과 같이 정교한 이론과 비평적 실천들이 왜 사상적 어린 싹만 있을 뿐 뿌리가 자라지 못하고, 꽃이 피지 못하고, 결실을 맺지 못했는지, 무성한 이론의 나무로 성장하지 못했는가를 살펴보아야 할 것이다

34) 劉勰, 『文心雕龍』 「知音」, "綴文者情動而辭發, 觀文者披文以入情. 沿波討源, 雖幽必顯."

제 5 장

장자莊子 문학이론 독해

유가와 대립한 학파는 묵가墨家뿐만 아니라 도가道家도 있었다. 도가의 주요 인물로는 노자老子[약B.C 580~500년, 성은 이李, 이름은 담聃, 초楚나라 사람]와 장자莊子[B.C 369~286년, 이름은 주周, 송宋나라 사람]가 있다. 엄밀하게 말하면, 노자는 물론이고 장자도 '절학絕學', '기지棄知'를 주장하면서 모든 예술을 배척하였다. 노자는 "오색五色이 눈을 멀게 하고, 오음五音이 귀를 멀게 한다."[1]고 하였고, 장자는 "육률六律을 교란시키고 우슬竽瑟을 녹여 없애며, 고광瞽曠[2]의 귀를 틀어막아야 비로소 천하의 모든 사람이 총명해진다. 문장을 없애고, 오채五彩를 흩어버리며, 이주離朱[3]의 눈을 봉해버려야 천하의 사람들이 비로소 그 천진한 눈이 밝아질 것이다."[4]고 주장하였다. 이들은 정말로 예술을 모두 없애려고 했을까? 그렇지는 않다.

---

1) "五色令人目盲, 五音令人耳聾

2) 역자주. 진晋나라의 맹인 악관樂官인 사광師曠을 말함.

3) 역자주. 황제黃帝 시대의 전설적 인물. 시력이 매우 뛰어나 백 보 떨어진 곳에서도 털끝을 볼 수 있었다고 전한다.

4) 『莊子』「胠篋」, "擢亂六律, 鑠絕竽琴, 塞瞽曠之耳, 而天下始人含其聰矣. 滅文章, 散五彩, 膠離朱之目, 而天下始人含其明矣."

그들이 없애고자 했던 것은 인위적으로 조작된 예술이며, 추구했던 것은 자연스러운 예술이었다. 문학에 대한 요구 또한 마찬가지였다. 그들의 문학관과 예술관은 서로 깊은 관련이 있기 때문에 우리는 그들이 말한 도의 산생 및 그것이 문학이론가들에게 준 계시를 먼저 살펴보지 않을 수 없다.

1. '도道'와 '본색本色'의 아름다움

노자는 춘추 시대 후기에 공자와 같이 활동하였다. 당시는 예악이 붕괴되어 주천자周天子의 통치는 위기에 직면하였고, 사회는 혼란에 빠져있었다. 이러한 상황에서 사상가인 노자 역시 공자와 마찬가지로 사회적 해결책을 모색하였다. 노자가 찾은 해결책은 공자와 완전히 달랐다. 공자는 인학仁學의 체계를 건립하여 주조周朝 흥성시기의 예교를 회복시키고, '극기복례'를 통하여 이상적 통치를 실현하려면 자신의 수양이 근간이 되어야 한다고 여겼다. 반면 노자의 사상은 더 예전으로 돌아가 있었다. 노자는 원시 인류 사회의 상태를 회복시켜 철저하게 대자연으로 돌아가 '무위이치無爲而治'의 이상을 실현하고자 하였다. 장자는 전국 시대에 활동하였다. 전국 시대에 여러 제후국이 서로 전쟁을 일삼자, 사회는 더욱 깊은 혼란 속으로 빠져 들었다. 장자는 이상적 사회를 꿈꾸는 것이 아니라 자신을 잘 보존함으로써 혼란한 사회 속에서 무한한 자유, 정신적 평화를 찾으려 하였다. 노자와 장자는 모두 도가이지만 그들의 사상적 출발점은 서로 다르다. 노자는 '치治'의 사회에서 출발하였고, 장자는 자신의 보호에서 출발하였다. 이처럼 두 사람 간에 근본적 차이점은 있으나, 철학적으로 제기한 '도'의 개념은 거의 일치한다. 그들은 '도'란 보이지도 않고, 들을 수도 없으며, 잡을 수도 없는 혼돈, 즉 허무한 무형의 것으로 여겼다. 그러나 볼 수도 없고 들을 수도 없으며 만질 수도 없는 무형의 도가 바로 만물의 근원이라 확신하였다. 노자의 말을 빌자면 도는 "독립되어 있으나 고칠 수 없고, 널리 운행되어도 위험이 없으니 가히 천하의 어머니라 할 수 있다."[5]는 것이고, 장자의 말을 빌자면 "정신은 도에서 비롯되고, 형체는 정에서 비롯되니 만물은 형을 통하여 상생한다."[6]는 것이다. 도는 만물을 생성시킬 뿐만 아니라 그 자체가 발전의 규율이며, 이 규율은 인간의 주관적 역량으로는 고치거나 변화시킬 수 없다는 것이다. 따라서 "인위로써 자연을 멸하지 말고, 고의로 천성을 멸하지 말아야 한다."[7]는 것에서 '천'은 즉 자연이고, '명命'은 곧 자연의 규율인 것이다. 인간은 자연을 개조하지 말아야 하며, 자연에 순응해야 한다. 그런데 시악은 인위적인 것이기에 자연과 부합하지 않아서 노자와 장자 모두 반대했던 것이다. 흥미로운 것은 중국의 문학이론이 노장 사상, 특히 장자의 사상에 깊은 애정을 나타내고 있다는 점이다. 바로 후대의 작가와 문학이론가들은 노장의 철학과 인생에 대한 태도의 영향 하에서 많은 개성 넘치는 시를 창작했으며, 문학이론의 발전 역시 노장 사상에게서 많은 영감을 얻었다. 달리 말해, 만일 유가의 중국 시학에 대한 주된 공헌이 문학이론 관념의 확립이었다면, 도가의 주된 공헌은 영감의 제공이라 할 수 있다.

도가가 중국 시학에 준 영감에 대해서는 이미 제1장에서 두 가지로 언급하였다. 즉 노장이 추구하였던 도는 한 시인이 추구한 공리를 초월한 최고의 예술 정신과 상통하는 것으로서, 장자가 예술적

5) "獨立而不改, 周行而不殆, 可以爲天下母"
6) "精神生於道, 形本生於精, 而萬物以形相生"
7) 『莊子』「秋水」, "無以人滅天, 無以故滅命"

인생을 성취했다면 시인은 독특한 색채의 시가와 문학이론을 성취했다고 하겠다. 장자는 구체적인 '예藝'를 통하여 추상적 도의 신비함을 설명했는데, 이는 시가 창작의 신비성과도 상통한다. 후대의 시인과 문학이론가들은 이러한 점을 잘 이용하여 중국 시학 발전의 새로운 길을 열었다. 이 두 가지 이외에 특히 주의할 점에 대하여 다음에서 논하기로 하겠다.

노장의 도란 실제로는 자연을 근본으로 삼고 '천도무위天道無爲', "소박하지만 천하 그 어느 것도 이것과 아름다움을 다툴 수 없다"[8], "홀로 천지의 정신과 서로 왕래한다."[9]는 것을 강조하는데, 이러한 정신은 사람들에게 문학 창작은 자연을 숭상하고, 억지로 꾸밈이 없는 자연스러운 것이어야 한다는 사실을 일깨워 주었다. 이는 인위적 조탁彫琢에 반대하는 말이다. 이 방면에 있어 장자는 음악에 있어서는 '천뢰天籟'를, 회화에 있어서는 "옷을 벗어 던지고 다리를 쭉 뻗는다"[10] 등을 언급했는데, 이는 도가 문학이론 사상의 형성에 크게 작용했다. 『장자』「제물론齊物論」에 '천뢰天籟', '지뢰地籟', '인뢰人籟'에 대한 언급이 있다. '인뢰'란 "퉁소와 같은 것"[11]이라 했으니 사람이 피리를 불어 내는 소리이다. "지뢰는 모든 구멍에서 나오는 소리"[12]라 했으니 각종 구멍에서 나오는 소리이다. 천뢰는 "무릇 그 불어내는 소리가 만 가지로 서로 다르지만 그것들은 저절로 그렇게 되는 것이다. 모두 저절로 그렇게 되는 것인데, 성내게 하는 것은 누구란 말인가!"[13]라 했으니 천뢰는 바람이 여러 구멍을 통해 내는 천차만

8) "素朴而天下莫能與之爭美"
9) "獨與天地精神相往來"
10) 『莊子』「田子方」, "解衣般礴"
11) 『莊子』「齊物論」, "比竹是也"
12) 같은 책, "地籟衆竅是已"

별의 소리로 서로 다른 형태의 완전한 자연이라 하겠다. 장자는 이러한 모습의 '천뢰'를 대단히 아름답게 묘사하였다.

실제로 '인뢰', '지뢰', '천뢰'는 서로 다른 차원의 음악이다. '인뢰'는 사람들이 악기를 가지고 내는 인위적 조작에 의해서 만들어진 음악이기에 아무리 훌륭한 것이라 해도 가장 저급한 것이다. '지뢰'는 자연계의 각종 구멍이 바람의 작용으로 인해 만들어진 소리다. '지뢰'가 비록 인위적 조작이 없어 인위적 음악보다 한 단계 높은 것이지만 여전히 바람의 힘이 개입한 것이기에 가장 훌륭한 것이라고는 할 수 없다. 오로지 '천뢰'만이 동혈洞穴 자신의 형상에 따라 자연의 바람 속에서 스스로 소리를 울리며 아무런 외계의 영향을 받지 않는다. 이러한 종류의 음악이야 말로 가히 최고의 것이라 말할 수 있다. 이러한 '천뢰'는 "들어도 그 소리를 들을 수 없고, 보아도 그 모양을 볼 수 없으며, 천지에 충만해있고, 육극六極을 싸고 있다."[14] 이는 실제로는 노자가 말한 "큰 소리는 들리지 않고, 큰 모습은 보이지 않는다."[15]와 같은 의미로, 자연의 오묘함을 표현한 것이다. 회화에 있어 장자가 좋아했던 것은 해의반박解衣般礴식의 그림이다. 『장자』「전자방田子方」편에서는 다음과 같이 언급되어 있다.

송원군宋元君이 그림을 그리게 하였더니 많은 화공들이 몰려 왔다. 그들은 명을 받고 읍揖하고 서서 붓을 빨고, 먹을 갈고 법석을 떨었다. 경쟁자가 너무 많아 반은 실외에 있었다. 그런데 한 화공은 늦게 와서 유유히 서둘러 달려오지도 않고, 인사를 하자마자 서있지도 않고 방안으로 들어가 버렸다. 원군이 사람을 시켜 그의 행동을 엿보게 하였다. 그는 옷을 벗고 두 다리를 쭉

13) 같은 책, "夫吹萬不同, 而使其自已也. 咸其自取, 怒者誰其邪."
14) 『莊子』「天運」, "聽之不聞其聲, 視之不見其形, 充滿天地, 苞裹六極."
15) 『老子』 41, "大聲希聲, 大象無形"

뻗고 나체로 있었다. 원군이 이 말을 듣고 "좋다. 이 사람이야 말로 진정한 화공이다."라고 말하였다.[16)]

이 문단의 의미는 이렇다. 송원군이 여러 화공을 초청하여 그림을 그리게 하자 많은 화공들이 몰려들었고, 그들은 예를 바치고 나서 서서 붓을 빨고 묵을 갈았다. 많은 화공들이 도착했으나 몇 사람이 도착하지 않았다. 한 화공이 나중에 도착하였으나 태연히 천천히 걸으며, 예를 받은 뒤에도 서있지 않고 집으로 돌아갔다. 송원군이 화공의 집으로 사람을 보내 살펴보니 이 화공은 옷을 모두 벗어 버리고 나체로 발을 쭉 뻗고 앉아 있는 것을 알게 되었다. 송원군이 "이 사람이야 말로 진정한 화공이다."라고 설명했다. 장자의 입장에서 본다면 필묵으로 그림을 그리는 것은 필연적으로 인공의 흔적이 있기 마련이기에 진정한 그림이 아니며, 무릇 자연 그 자체, 혹은 자연과 하나로 융화된 것이 바로 진정한 그림이었다. 장자의 관점은 노자의 "큰 소리는 들리지 않고, 큰 모습은 보이지 않는다."는 관점과 완전히 일치한다. 노장의 이러한 자연 본위의 사상은 그들로 하여금 자연적인 것을 아름다움으로 숭상하게 만들었는데, 이는 후대 시학에 있어 시가의 자연自然, 충담沖澹, 소박素朴, 청신淸新 등과 '본색本色', '천연天然', '천조天造'를 아름다움으로, 과분한 수식을 아름답지 못한 것으로 간주하는 계기가 되었다. 이는 중국 시가와 문학이론의 민족적 개성 형성에 커다란 영향을 미쳤다.

후대의 많은 시인, 문학이론가들은 장자 '천뢰' 사상의 영향을 받아 많은 연관 명제들을 제시하였다. 예를 들어 이백의 "맑은 물에서

16) "宋元君將畵圖, 衆史皆至,受揖而立., 舐筆和墨, 在外者半. 有一史後至者, 儃儃然不趨, 受揖不立,因之舍. 公使人視之, 則解衣般礴贏. 君曰:「可矣, 是眞畵者也."

부용이 피어나는 것은 천연의 것으로 조탁과는 거리가 멀다."[17]는 관점은 사람들 마음 깊은 곳에 자리하고 있다. 육유[陸游: 1125~1210년]의 시구 "문장은 본시 하늘이 만들어 주는 것이며, 오묘한 수법은 우연히 얻은 것에 불과하다."[18]는 것 역시 널리 회자되고 있다. '천뢰', '본색', '자연'을 숭상하는 사상은 계속 발전하였다. 일례로 시가가 어떻게 '천뢰', '본색', '자연'에 도달할 수 있는 가의 문제에 대하여 사람들은 두 가지의 서로 다른 의견을 제시하였다. 하나는 수련도 필요 없이 "입에서 나오는 대로"[19], "손 가는 대로 만들어지는 것"[20](소식蘇軾)이다. 이러한 도리에 대하여 비교적 투철하게 설명한 것은 명대의 원굉도[袁宏道: 1568~1610년]의 '성령설性靈說'과 청대 전겸익[錢謙益: 1582~1664년]의 '자연이연설自然而然說'이다. 원굉도는 오로지 모방에만 힘쓰는 복고에 반대하여 "자신의 성령을 표현해야 한다."[21]고 하면서 동생에게 써준 시집의 서문에서 다음과 같이 주장했다.

……, 거의 천하의 반이나 되는 곳에 족적을 남기니 시문 역시 이와 함께 나날이 진보하는구나. 대부분 자신의 성령을 표현하려 하니 격식에만 얽매이지 않으며, 자신의 마음속에서 흘러나온 것이 아니면 글을 짓지 않았도다. 때로 성정性情과 경물境物이 융화를 이루면 순식간에 천자千字의 문장을 지으니 마치 강물이 동쪽으로 흐르듯 자연스러워 사람들의 영혼을 빼앗아 버린다. 작품에는 훌륭한 부분도 있고, 부족한 부분도 있다. 훌륭한 부분은 말할 필요도 없고, 부족한 부분 역시 대부분 본래의 모습을 간직한 자신의 말로 글을

17) 『經亂離後天恩流夜郎憶舊游書懷贈江下韋太守良才』, "淸水出芙蓉, 天然去雕飾"
18) "文章本天成, 妙手偶得之"
19) "冲口而出"
20) "從手而成"
21) "獨抒性靈"

이루었다. 이러한 까닭에 나는 부족한 작품까지도 극히 좋아하게 되었다. 소위 오늘날의 가작은 분식粉飾과 답습踏襲을 못하는 것을 한스러운 것으로 여기는데, 이는 근대 문인의 습관과 기질을 완전히 벗어나지 못했기 때문이다.[22]

왜 원굉도는 동생이 지은 시의 부족한 점을 좋아했을까? 이상하지 않은가? 사실은 이상할 게 없다. 왜냐하면 이러한 '부족한 점'은 격식을 벗어나 스스로의 성령을 표현하여 자연 본래의 아름다움을 지녔기 때문이다. 분명히 인간의 '천뢰'는 인간의 진실한 성령을 의미한다. 청대의 전겸익은 다음과 같이 말하고 있다.

옛 시인들은 천진난만天眞爛漫과 자연스러움을 공교工巧한 것이라 여겼다. 가지런히 다듬는 것을 공교하다 하지만, 이는 시의 빼어남은 아니다. 소나무는 자연스레 곧은 것이고, 멧대추나무는 자연스레 굽어 있고, 학은 속되지 않아 희고, 까마귀는 검은색 물을 들이지 않아도 검다. 서시西施는 가슴을 움켜잡아도 예쁘기만 하고, 합덕合德[23]의 몸은 저절로 향기롭다. 어찌 억지로 찡그리고 웃음을 짓고, 향을 덧칠하겠는가? 오늘날의 시인은 장구章句를 나열하고, 성률을 가다듬고는 미소를 지으며 시가 뛰어나다고 하지만 이는 나의 성정으로 하여금 시를 따라가게 만든 것이니, 시가 주인이 되고 내가 노예가 되는 것이다. 이러한 까닭에 입술에 연지를 바르고 눈에 화장하는 것처럼 성한 곳을 더욱 성하게 하고, 마른 것은 더욱 마르게 하면서 물오리 털로 학의 털에 덧대고, 신발에 발을 맞추고는 오히려 아름답다 하지만, 미치지 못한

22) 袁宏道, 「敍小修詩」, 『明代文論選』, 蔡景康編選, 人民文學出版社, 1999, 315쪽. "足跡所至, 幾半天下, 而詩文亦因之日進. 大都獨抒性靈, 不拘格套, 非從自己胸臆流出, 不肯下筆. 有時情與境會, 頃刻千言, 如水東注, 令人奪魄. 其間有佳處, 亦有疵處, 佳處自不必言, 卽疵處亦多本色獨造語. 然予則極喜其疵處. 而所謂佳者, 尙不能不以粉飾蹈襲爲恨, 以爲未能脫盡近代文人習氣故也."

23) 역자주. 漢代 미녀의 이름. 그녀는 피부에 윤기가 흐르고, 몸에서는 향기가 났다고 함.

것이다. 이와 같이 한다면 어찌 다시 시가 있다하겠는가?[24]

전겸익의 관점은 장자 천뢰관의 영향을 받았다. 자연 사물 자체는 천진난만하고 자연스러운 것이다. 시인에게 있어 무엇이 천뢰인가? 그것은 바로 자신의 성정이다. 만일 참다운 성정의 자연스러움을 묘사하지 않고, 오로지 "입술에 연지를 바르고 눈에 화장"한다면 시의 외재적 능력을 주인으로 삼고 자신의 성정은 시의 노예로 만드는 것이다. 이러한 시 역시 자연스러움을 상실한 시인지라 시라 부를 수도 없게 된다. 그러나 시인이 설마 자신의 시를 고칠 수 없다는 것인가? 두보도 "새로 시를 짓고 고친 뒤, 스스로 길게 읊조린다."[25] 고 하지 않았는가? 이렇게 한다면 어떤 사람은 "극도로 세련된 것은 정련하지 않은 것과 같고"[26], "색을 벗어나야 본색에 가깝다."[27]는 방법으로 천뢰, 본색과 평담에 접근하려고 한다. 예를 들어 청대 유희재[劉熙載: 1813~1881년]는 『예개藝概』 「사곡개詞曲概」 편에서 다음과 같이 말하고 있다.

고대 악부시樂府詩의 지극한 언어는 본래 일상의 언어이며, 한 번 말하면 이것이 독특한 것이 된다. 사詞를 지음에 이러한 의의를 이해한다면 극도로 세련된 것은 정련하지 않은 것과 같고, 색을 벗어나야 본색에 가깝게 되어

---

24) 錢謙益, 『題交蘆言怨集』, 『牧齋有學集』卷十九 참조. "古之詩人, 以天眞爛漫, 自然而然者爲工. 若以剪削爲工, 非工于詩者也. 松自然直, 棘自然曲, 鶴不俗而白, 烏不默而黑. 西子之捧心而妍也, 合德之體自香也. 豈有于矜嚬笑, 塗芳澤者哉? 今之詩人, 騈章麗句, 諧聲名律, 軒然以詩爲能事, 而驅使吾性情以從之, 詩爲主, 而我爲奴. 由是而膏脣拭舌, 苗眉畫眼, 以至於補湊割剝, 續鳧繼鶴, 截足以適履, 猶以爲工未至也. 如是, 則寧復有詩哉?

25) "新詩改罷自長吟"

26) "極煉如不煉"

27) "出色而本色"

인뢰가 천뢰가 된다.[28]

이 말의 의미는 자구의 단련은 중요한 것이기에 많은 노력을 기울여 한다는 것이다. 다만 단련의 과정에서 수식을 가하면 할수록 더욱 자연스러운 방향으로 나가게 하여야 한다. 사람들로 하여금 대단히 자연스럽고, 평담하게 느끼게 하려면 완전한 본색을 지녀야 한다는 것이다. 이처럼 민족적 개성이 풍부한 이론의 시작은 장자의 '천뢰'에서 출발한 것이라 말할 수 있다. 후대 사람들은 장자의 '천뢰'의 틀에 새로운 것들을 추가한 것에 지나지 않는다.

2. '도道'와 '언불진의言不盡意'

노장의 '도'는 보이지도 않고, 들을 수도 없으며, 만질 수도 없으나 천하의 지극한 아름다움, 즐거움이다. 도로 인하여 "천지는 위대한 아름다움(만물을 생성하는 공)을 가지고 있으나 말로 표현할 수 없기 때문에"[29] 사람들이 추구하는 '도'는 말로 전할 수도, 표현할 수도, 설명할 수도 없다. 이는 시와 대단히 유사하다. 시의 의경은 말로 직접 표현할 수도 없고, 전할 수도 없다. 이는 역대의 시인과 학자들에게 시는 암시와 상징 등의 수법을 통하여 언어를 벗어난 의미를 추구한다는 것을 이해하게 만들었다. 장자는 대단히 중요한 말을 남겼다.

세상에서 도를 귀하게 여김에 이를 찾는데 책이 있어야 한다고 말한다. 그

28) "古樂府中至語, 本只是常語, 一經道出, 便成獨得. 詞得此意, 則極煉如不煉, 出色而本色, 人籟實歸天籟矣."

29) 『莊子』「知北遊」, "天地有大美而不言"

> 러나 책은 말을 기록한 것에 불과하니 말이 귀한 것이다. 말이 귀하게 여기는 것은 의미이다. 의미는 추구하는 바가 있다. 의미가 추구하는 것은 말로 전할 수 없음에도 불구하고 사람들은 말을 귀하게 여겨 책을 전한다. 세상 사람들이 이를 귀하게 여기지만 나는 오히려 이를 귀하게 여기지 않는다. 귀한 것이 결코 귀한 것이 아니다.[30]

장자가 하려던 말은 세상 사람들은 책을 귀중하게 여기나, 책은 언어, 문자에 불과한 것이라는 것이다. 이처럼 언어, 문자를 귀중하게 여기나 실제로 언어, 문자가 귀한 까닭은 '의미'가 있는 점이다. 의미가 지향하는 바는 언어, 문자를 가지고는 표현할 수 없는 것인데도 세상 사람들은 언어를 귀하게 여겨 책을 서로 전수한다. 장자는 세상 사람들이 귀중하게 여기는 것을 귀중하다고 생각하지 않았다. 세상 사람들이 귀중하다고 하는 것은 결코 진정으로 귀중한 도가 아니기 때문이다. 장자가 이 문장에서 '도', 이 귀중한 것은 "말로는 전할 수 없는" 것임을 명확하게 지적하고 있다. 장자는 도를 말로 전할 수 없다면 사람들은 어떻게 해야 이처럼 귀중한 도를 이해할 수 있는가라는 대단히 중요한 문제를 스스로에게 제기하였다.

장자의 대답은 두 가지이다. 첫째, 사람들이 '허정[虛靜: 마음을 비움]'과 '심제[心齋: 마음을 가지런히 함]'의 정신 상태에 들어서야 비로소 도를 깨달을 수 있다는 것이다. 이 문제는 이후 시가 창작 과정의 중요한 명제인 바, 나중에 다시 논하기로 한다. 둘째, 장자는 일종의 언어 책략을 제시하였다. 즉 말로서 의미를 다 전달할 수 없는 상황에서는 언어 밖의 의미를 따라가 언어의 밖에서 말로 표현

30) 『莊子』「天道」, "世之所貴道者書也, 書不過語, 語有貴也. 語之所貴者意也, 意有所隨. 意之所隨者, 不可以言傳也, 而世因貴言傳書. 世雖貴之, 我猶不足貴也, 爲其貴非其貴也."

할 수 없는 '도'를 찾아내야 한다는 것이다. 장자는 다음과 같이 비유를 통하여 설명하고 있다.

> 통발은 물고기를 잡는 것이니 고기를 잡았으면 통발은 잊어버려야 한다. 토끼 올무는 토끼를 잡는 것이니 토끼를 잡았으면 올무는 잊어버려야 한다. 언어란 의미를 전달하는 것이니 의미를 전달했으면 말은 잊어버려야 한다.[31]

'나는 어찌해야 말을 잊어버린 사람과 더불어 말할 수 있을까?' 이러한 비유에서 장자는 실제로는 언어가 표현한 의미를 언어의 내적 의미와 외적 의미로 구분했으며, 언어의 내적 의미는 도가 아니기에 반드시 잊어버려야 하고, 언어의 외적 의미 속에서 도를 얻을 수 있다고 생각하였다. 장자의 이러한 사고방식은 후대의 시인과 학자들에게 중요한 계시를 주었다. 이러한 계시는 "말로는 의미를 다 표현할 수 없음"[32]은 고통스러운 일이나 우리는 "언어 밖의 의미"[33]가 주는 기쁨을 통하여 이러한 고통을 해소할 수 있다는 것이다.

(1) '언불진의言不盡意'의 고통

왜 이렇게 말할까? 이 문제는 작품에 있어서의 언어와 언어로 표현하려는 심미 체험과 관련이 있기 때문이다. 장자에게 있어 '언불진의'의 곤란은 일반적인 언어로는 그가 추구하는 신비하고 아득하

---

31) 『莊子』「外物」, 『莊子集解』 4, 郭慶藩, 中華書局, 1961, 944쪽. "筌者所以在魚, 得魚而忘筌.蹄者所以在兎, 得兎而忘蹄, 言者所以在意, 得意而忘言. 吾安得夫忘言之人而與之言哉!"

32) "言不盡意"

33) "言外之意"

며, 본성을 알 수 없고 기능을 알 수 없는 '도'에 접근할 수 없다는 데 있다. '언불진의'라는 이 곤경은 '어떻게 일반적 언어로 시인과 작가의 심미체험을 표현할 수 있는가?' 라는 문제와 연관되어 있다. 일반적으로 언어와 체험 사이에는 엄연히 '넓은 골'이 존재한다고 말한다. 언어는 분명히 일반적, 개괄적인 것이기에 헤겔은 『철학사강연록哲學史講演錄』에서 다음과 같이 언급하고 있다.

> 언어는 본질적으로 단지 일반적, 보편적 개념을 표현할 뿐이다. 그러나 사람들이 지칭하는 것은 오히려 특수한 것, 개별적인 것이다. 이로 인해 사람들은 자신이 지칭한 것에 대하여 언어 안에서 말할 수 없다.[34)]

당연히 언어는 일종의 부호로서 사람들에게 큰 도움을 준다. 언어를 사용하여 지칭, 판단, 추리할 때 언어는 분명 일종의 유력한 도구이다. 그러나 언어의 일반성과 객관성은 어떤 경우에는 아무런 힘을 발휘하지 못하는 경우가 있다. '산山'자를 예를 든다면, 이는 모든 산에 대한 개괄적인 것으로 우리가 중국 호남湖南 서부西部 천자산天子山의 운무가 기이하게 낀 산봉우리를 마주할 때 '산山'이라는 단어는 일반적 단어일 뿐 신기함을 전하거나 혹은 정확하게 묘사하는 데는 곤란함이 있다. 만일 단순히 언어만을 가지고 시인과 작가의 심미체험을 표현하려 한다면 그 곤란함은 배가 될 것이다. 카시러(Ernst Cassirer)는 이러한 점을 충분히 인식하고 "우리가 심미 경험을 하는 과정에서 심미 경험은 개별적인 것이 하나하나 합성된 정체이다. 우리가 들은 것은 정감의 가장 낮은 음조에서 가장 높은 음조 전 음계

34) 헤겔, 『哲學史講演錄』 제2권, 賀麟, 王太慶譯, 商務印書館, 1981, 238쪽. "言語在本質上表示那一般的普遍概念; 而人們所指謂的却是特殊者, 個別者. 因此, 人們對于自己所指謂的東西, 是不能在言語中來說的."

이다. 이는 우리 생명 전체의 운동이자 진동이다."[35]라고 주장하였다. 보통 지각이 단일성이라는 한계를 가지고 있기 때문에 보통 언어의 단일성, 안정성과 억지로 짝을 짓는다면 보통 언어로는 심미 체험의 풍부함과 무한함을 표현할 방법이 없다고 말 할 수밖에 없다. 심미 체험은 일종의 '최고봉의 체험'[36]이기에 매슬로우[Abraham H. Maslow: 1908~1970년]는 "이러한 체험은 순간적으로 만들어지며, 모든 경외적敬畏的 정서情緖를 압도하며, 눈 깜짝할 사이에 일어나는 극도로 강렬한 행복감이며, 심지어 광란의 기쁨, 만취 상태, 백치와 같은 느낌이며, 지극한 환락의 감각이다."[37]라고 설명하였다. 시인의 체험 또한 '최고봉의 체험'이기에 당연히 말로는 충분히 전달 할 수 없다. 그러나 우리가 여기서 반드시 지적하고 넘어가야 할 것은 이러한 사상에 대해 이미 이천년 전 중국의 지식인들이 심오한 인식을 가지고 있었다는 사실이다. 예를 들어 한대 사마상여[司馬相如: BC 179~117년]은 '부가지심賦家之心'을 제기하면서 "부가지심은 우주를 포괄하고, 만물을 두루 살핀 연후에 마음속에 생기지만 안다고 할 수는 없다."[38]라고 말하였다. 부가賦家는 당시 부賦를 창작하던 시인이니, 모든 작가라고 해도 문제가 없을 것이다. '부가지심'이란 시인의 심미 체험으로서 비록 마음속에 있다 하더라도 알 수 없는 것이다. 따라서 실제적, 일반적 의식으로 파악할 방법이 없기에 일반적

---

35) 에른스트 카시러, 『人論』, 感陽譯, 上海譯文出版社, 1985, 191쪽. "在我們的審美經驗中它們全部結合成一個個別的整體. 我們所聽到的是人類情感從最低的音調到最高的音調的全音階; 它們是我們整個生命的運動化顫動."

36) "高峰體驗"

37) 매슬로우, 『談談高峰體驗』, 『人的潛能和價値』 참조, 林方主編, 華夏出版社, 1987, 366쪽. "這種體驗是瞬間産生的, 壓倒一切的敬畏情緖, 也可能是轉眼卽逝的極度强烈的幸福感, 或甚至是欣喜若狂, 如醉如痴, 歡樂至極的感覺."

38) 『西京雜記』 卷二. "賦家之心, 包括宇宙, 總覽萬物, 斯乃得之于內, 不可得而知."

언어로는 도저히 전달할 수 없다. 당대의 사공도[司空圖: 873~908]는 '시가지경詩家之景'을 제기하면서 대용戴容의 말을 인용하여 "시인의 경물, 예를 들어 남전藍田에 따스한 빛이 비치면, 아름다운 옥이 뿜어내는 연무는 볼 수는 있으나 그것을 자신의 눈앞에 펼칠 수는 없다."[39]고 하였다. 여기서 말하는 '시가지경'은 당연히 단순한 '경물'이 아니라 시인 마음속에서 감정과 경물이 서로 교융하여 만들어진 심미 체험이다. 사공도는 마치 양광이 비추어 몽롱한 연무같은 아름다운 옥이 있는 경우, 감각적으로는 황홀하지만 이를 보편적인 언어로는 포착할 수 없다고 말한다. 이외에 엄우嚴羽는 시의 "교묘한 점은 너무나 영롱하여 하나로 모을 수 없다. 마치 공중의 소리, 물상의 색, 물속의 달, 거울 속의 모습처럼 말로 아무리 해도 그 의미를 다 표현할 수 없다."[40]고 말한다. 이외에 명대의 희극 작가 탕현조[湯顯祖: 1550~1616년] 또한 작가가 대면하는 "자연의 신령한 기운은 황홀하게 다가오거나 생각지도 않게 도달한다. 기기묘묘奇奇妙妙하여 그 모습을 명명할 수 없다."[41]고 말하였다. 중국의 고대 시인과 작가들이 장자의 영향을 받아 '언불진의'의 어려움을 인식했다는 것은 대단히 중요하다. 첫째, 그들은 심미 체험의 다양성, 모호성, 유동성 및 복잡성은 포착하기 쉽지 않다는 사실을 제대로 인식하였다. 둘째, 그들은 일반 언어의 결함을 분명히 인식하고, 반드시 별도의 언어 책략을 가지고 있어야 '언불진의'의 어려움을 해결할 수 있다고

39) 司空圖, 「與極浦書」, 『隋唐五代文論選』 참조, 周祖編選, 人民文學出版社, 1999, 351쪽. "如藍田日暖, 良日生煙, 可望而不可置于良玉之前也."

40) 郭紹虞, 『滄浪詩話校釋』, 人民文學出版社, 1962, 24쪽. "妙處透徹玲瓏, 不可湊泊, 如空中之音, 相中之色, 水中之月, 鏡中之象, 言有盡而意無窮"

41) 徐朔方箋校, 『湯顯祖詩文集』下册, 上海古籍出版社, 1982, 1078쪽. "自然靈氣, 恍惚而來, 不思而至. 怪怪奇奇, 莫可名狀."

하였다. 셋째, 그들은 언불진의'의 곤란을 해결하려면 풍격의 함축과 같은 편협한 문제만을 추구하지 말고, 시적 아름다움 전체의 승리를 추구해야함을 명확히 인식하였다.

(2) '언외지의言外之意'의 기쁨

중국 고대의 문학이론가들은 '언불진의'라는 난제의 해답을 충분히 인식하고 시인들에게 훌륭한 능력을 발휘할 수 있는 기회를 부여하였다. 이들이 제기한, 일반 언어의 한계를 뛰어 넘을 수 있는 사고방식은 '언불진의'의 곤경을 극복하여 대단한 아름다운 작품을 만들 수 있게 하였다. 실제로 장자가 말한 '득의망언得意忘言'에는 이미 이 문제를 해결할 수 있는 사고방식, '망언[忘言: 말조차 잊어버림]'과 '언외지의'의 추구를 은연중 포함하고 있다.

이러한 사고방식을 명확히 제기한 사람은 유협劉勰이라 하겠다. 『문심조룡文心雕龍』「은수隱秀」편에서 유협은 "글 밖의 중지重旨"[42]와 "의미는 글 밖에 있음"[43]을 주장하였다.

> 은隱은 문장을 초월한 중대한 의미다. 수秀는 문장에서 가장 뛰어난 부분이다. 은은 표면적 의미 이외에 또 다른 의미를 가지고 있어야 공교하다 할 수 있으며, 수는 특별히 도드라져야 공교하다고 할 수 있다. 이것이 전대 문인들의 위대한 성취로 작자의 재정才情이 훌륭하게 표현된 원인이다. 은의 특징은 글 밖에 다른 의미가 있는 것으로 마치 신비한 음향이 다른 곳에서 전해오는 듯, 숨어 있던 문채가 모르는 사이에 찬란하게 빛나게 된다. 이는 마치 효상爻象이 괘卦의 변화에 따라 의미가 달라지거나, 주옥이 물속에 잠

42) "文外之重旨"
43) "義主文外"

겨 있는 것과 같다.[44]

여기서 말한 '문외文外'는 '언외言外'와 같은 뜻이고, '중지重旨'와 '복의復意'는 모두 이중적인 중요 의미를 지칭하는 것으로 언내言內에 하나의 의미가 있고, 언외言外에 다른 중요한 의미가 자리하고 있다는 것이다. '은'이란 언어 문자로 직접 말할 수 없는 의미를 지칭한다. 이러한 사상은 유협의 대단한 발견 내지 창조라 할 수 있으며, 이 이론은 현대 심리학과 서로 깊은 관계를 가지고 있다. 유협은 '언불진의'로 인해 힘들었고, "말로 사실을 구하려하나 정교하기가 어렵다"[45]는 점을 힘들어 했기에 언어 문자 수련의 기초 위에서 언어 문자 밖에서 의미를 만들어 낼 수 있는 방법을 생각하기에 이른 것이다. "마치 신비한 음향이 다른 곳에서 전해오는 듯, 숨어 있던 문채가 모르는 사이에 찬란하게 빛나게 된다. 이는 마치 효상爻象이 괘卦의 변화에 따라 의미가 달라지거나, 주옥이 물속에 잠겨 있는 것과 같다."는 것은 이를 두고 한 말이다. 유협의 이러한 발견은 "성인들은 괘상卦象을 만들고, 이를 상징 부호로 삼아 말로 전하기 어려운 사상을 나타내셨다."[46]는 사상을 발휘한 것일 뿐만 아니라 『시경』 이래 문학 창작 실천을 총결산한 것이다. 한대 고시 「보출성동문步出城東門」을 예로 들어보자.

---

44) 范文瀾, 『文心雕龍注』下卷, 人民文學出版社, 1958, 632쪽. "隱也者, 文外之重旨者也; 秀也者, 篇中之獨拔者也. 隱以複意爲工, 秀以卓絕爲巧, 斯乃舊章之懿績, 才情之嘉會也. 夫隱之爲體, 義主文外, 秘響傍通, 伏采潛發, 譬爻象之變互體, 川瀆之韞珠玉也"

45) 『文心雕龍』「神思」, "言徵實而難巧"

46) 『周易』「繫辭傳上 第12章」, "立象而盡意"

천천히 걸어 성 동문으로 나가 步出城東門,
강남 가는 길을 멀리서 바라본다. 遙望江南路.
전에 바람 불고 눈 휘날리던 날 前日風雪中,
친구가 이 길 따라 갔었지. 故人從此去.

이는 시의 앞 4구인데, 이 4구에서 작자는 직접적으로 고향을 그리워하는 정서를 말하고 있지 않으나 고향을 그리워하는 정서는 언어로 표현된 장면에서 저절로 드러난다. 우리는 그의 친구가 전에 동문을 통해 고향으로 돌아갔고, 시인이 전송해준 장면을 상상할 수 있을 것이다. 바람 불고 눈보라치는 가운데 지금은 텅 빈 길을 따라 친구는 점점 멀어져 결국 비와 눈이 휘몰아치는 길에서 사라지고 말았지만, 시인은 아직도 그곳에 남아 고향을 향한 길을 물끄러미 바라보고 있다. 여기서 '언내言內'에서 시인은 고향을 그리워하는 어떤 표현도 하지 않았지만 고향을 그리워하는 마음은 글 밖에 흘러 넘친다. 즉 시인의 고향을 그리워하는 마음은 말 밖에서 토로되고 있다. 아울러 이처럼 말 밖에서 토로된 고향을 그리워하는 정서는 '고향, 내가 너를 얼마나 그리워하는지'라는 직접적인 표현보다 더욱 사람을 감동시키고, 시의가 충만하며, 보다 큰 상상의 공간을 가지고 있으며, 보다 아름다운 질감을 가지고 있다. 유협은 아마도 이러한 시에서 얻은 계시를 망라하여 '의미는 글 밖에 있음', '글 밖의 중지重旨'와 같은 원리를 제시하였을 것이다.

장자와 유협에게서 비롯된 이러한 언어의 한계를 초월한 사고방식은 후대의 문인들에 의해 발휘, 보충되었다. 당대 유지기[劉知幾: 661~721년]는 "말은 가까운 곳에 있으나 뜻은 먼 곳을 향한다."[47]라

47) "言近而旨遠"

는 '용회[用晦: 함축의 기법]'[48]를 제시하였다.

> 경전의 문장은 몇 글자 안에 의미를 함축시키거나, 한 구로 말을 압축하여 의미를 전달한다. 비록 번다함과 간략함의 차이는 있으나 함축적인 기법은 차이가 없다. 그러므로 기강紀綱으로 나라의 풍속을 말하는 경우가 있는데, 사회士會[49]가 정치를 담당하자 "진晉나라의 도둑들이 진秦나라로 도망쳤다"든가, "형 지역 사람들이 고향으로 돌아갔듯 했고, 위衛나라 사람들은 나라가 망한 것을 잊어버렸다."라는 예가 이에 해당한다. 직접적이지 않게 은근히 사람과 일을 말하는 경우가 있다. "무소 가죽으로 싸서 송나라로 보냈는데, 송나라에 도착하자 손발이 드러났다."[50]라든가, "삼군의 군사들이 모두 솜을 끼고 있는 듯 했다."[51]가 이러한 예이다. 이들은 모두 가까운 사례를 들어 말하지만 그 뜻은 원대하고, 글은 쉬우나 의미는 심장하다. 비록 말은 이미 다했지만 함축적 의미는 다 드러내지 않았다. 이러한 서술은 독자들로 하여금 겉만 보고도 속을 이해하고, 털만 문질러 보고도 뼈를 가늠하게 하며, 구절 안에서 한 가지 사실을 보고 글 밖에서 나머지 세 귀퉁이를 떠올리게 한다.[52]

유지기는 비록 역사서 속에서의 성공적인 예를 언급한 것이지만,

---

48) 『漢語大詞典』 1卷, 1025쪽. "指文意含蓄, 耐人尋味."

49) 역자주. 『春秋左氏傳』 「宣公16年」에 이에 대한 기록이 있다.

50) 역자주. 『春秋左氏傳』 「莊公12年」의 기록에 보인다. 宋國의 민공을 죽인 南宮萬이 진나라로 도망쳤는데, 진나라에서 남궁만을 술에 취하게 만들어 무소 가죽으로 싸서 송나라로 보냈던 일을 말한다.

51) 역자주. 『春秋左氏傳』 「宣公12年」에, 추운 겨울날 楚莊王이 군대를 순시하며 격려하자 군사들이 솜옷을 입은 듯 감격하며 추위를 잊은 채 蕭國 도성을 함락했던 일을 말한다.

52) 劉知幾著, 浦起龍譯, 『史通通釋』, 上海古籍出版社, 1982, 17쪽. "夫經以數字包義, 而傳以一句成言, 雖繁約有殊, 而隱晦無異. 故其綱紀而言邦俗也, 則有士會爲政, '晋國之盜奔秦'; '刑遷如歸, 衛國忘亡'. 其款曲而言人事, 則有'以犀革裹之, 比及宋, 手足皆見'; '三軍之士皆如挾纊'. 斯皆言近而旨遠, 辭淺而義深, 雖發語已殫, 而含意未盡. 使夫讀者望表而知里, 捫毛而辨骨, 睹一事于句中, 反三隅于字外."

그가 제기한 “가까운 사례를 들어 말하지만 그 뜻은 원대하다”는 생각은 유협의 “글 밖에 다른 의미가 있다”는 것과 일맥상통한다.

당대 백거이白居易는 그의 저서 『금침시격金針詩格』에서 어떤 감정을 묘사하든 직접 지칭하지 않는 방법을 제시하였다.

> 시의 의미는 7가지 예가 있다. 본 것을 말해도 본 것을 언어로 표현할 수 없으며, … 들은 것을 말하려 해도 들은 것을 언어로 모두 표현할 수 없으며, … 원대한 것을 말하려 해도 원함을 언어로 모두 표현할 수 없으며, … 고요함을 말하려 해도 언어로 고요함을 모두 표현할 수 없으며, … 힘든 것을 말하려 해도 언어로 힘든 것을 모두 표현할 수 없으며, … 즐거움을 말하려 해도 언어로 즐거움을 모두 표현할 수 없으며, … 원한을 말하려 해도 원한을 언어로 모두 표현할 수 없다.[53)]

이와 유사한 견해를 가지고 있는 당대의 승순僧淳 『시평詩評』의 예를 살펴보자.

> 감정에 의거하여 의미를 함축시키는 것이 시의 요지다. 고아高雅하다 하여 고아함을 말하지 않는 것은 의미 안에 고아함을 함축하고 있기 때문이며, 원대遠大하다 하여 원대함을 말하지 않는 것은 의미 안에 원대함이 함축되어 있기 때문이며, 한가閑暇하다 하여 한가함을 말하지 않는 것은 의미 안에 한가함이 함축되어 있기 때문이며, 고요하다 하여 고요함을 말하지 않는 것은 의미 안에 고요함이 함축되어 있기 때문이다.[54)]

---

53) “詩有義例七, 說見不得言見, … 說聞不得言聞, … 說遠不得言遠, … 說靜不得言靜, … 說苦不得言苦, … 說樂不得言樂, …, 說恨不得言恨.”

54) “夫緣情蓄意, 詩之要旨也. 高不言高, 意中含其高, 遠不言遠, 意中含其遠, 閑不言閑, 意中含其閑, 靜不言靜, 意中含其靜.”

어떤 내용을 말하지만 그 내용을 직접 말하지 않는 언어의 '책략'은 사실은 '언외지의'를 추구하는 것으로, 표면의 어휘에는 없으나 전체 어휘 안에 이를 함축하고 있는 것이다. 이러한 책략은 전달하려는 감정으로 하여금 보다 풍부한 예술적 인상과 아름다움을 지니게 만든다. 당대 사공도는 이러한 의미가 '언외言外', '물외物外', '경외景外', '경외韻外'에 있다는 방법을 최고조까지 끌어 올렸다.

중국 고대 문학이론의 '언외지의言外之意' 혹은 '의재언외意在言外'의 언어 책략은 현대 언어학과 심리학의 관념과 깊은 연관을 가지고 있다. 앞서 서술한 바와 같이 언어는 본래 일반적이고, 개괄적이기 때문에 개별적, 구체적, 특수한 것을 표현할 방법이 없으며, 더욱이 '부가지심', '시가지경'과 같이 심오하고 미묘한 것에 대한 표현은 더욱 어려운 것이 사실이다. 그러나 우리가 반드시 인식해야 할 사실은 언어는 일종의 심리적 실체이며, 지칭과 표현의 두 기능을 가지고 있다는 것이다. 스위스의 저명한 언어학자 소쉬르[Saussure: 1857~1913년]는 다음과 같이 언급하였다.

> 언어 부호와 연결된 것은 사물의 명칭이 아니라 개념과 소리의 이미지이다. 개념은 순수하게 물리적인 것이 아니라 소리의 심리적 인상으로 우리의 감각이 우리에게 증명해 준 소리의 상징이다. 이는 우리의 감각에 속하는 것이다.[55)]

'꽃'과 '새'두 단어를 예로 들어보자면, 이들은 모두 다양한 '꽃'과 '새'의 추상일 뿐 우리의 감각에 전혀 작용할 방법이 없기 때문에 모든 사람들이 개념적이고 일반적인 '꽃'과 '새'를 느낄 수 없다. 우리는

---

55) "言語符號連接的不是事物的名稱, 而是概念與音響形象. 後者不是物質的東西, 純粹物理的東西, 而是這聲音的心理印迹, 我們的感覺給我們證明的聲音表象. 它是屬于感覺的."

이를 통해 지칭, 판단 혹은 추리할 뿐이다. 예를 들어 '꽃은 일종의 식물이고', '새는 일종의 동물이고', '꽃을 심고 새를 키우면 여가의 목적을 달성할 수 있다.'라고 말할 수 있을 뿐이다. 그러나 '화花[중국어: huā, 영어: flower]'와 '조鳥[중국어: niǎo, 영어: bird]'는 모두 소리 이미지를 가지고 있어 우리가 'huā'와 'niǎo' 혹은 'flower'와 'bird'라는 이 단어의 소리를 들으면 우리 두뇌에서는 산뜻하고 아름다운 붉은 꽃과 하늘을 훨훨 나는 새의 이미를 떠오르게 될 것이다. 이들은 이미 우리의 감각, 상징과 상상에 속하는 것이다. 이것이 바로 '꽃'과 '새'의 표현 기능이다. 시인은 언어의 이러한 표현 기능을 충분히 이용하여 "때를 슬퍼하여 꽃도 눈물을 흘리고, 이별이 한이 되어 새도 놀란다."[56], 혹은 "노란 꾀꼬리 두 마리 푸른 버들가지 위에서 울자, 한 떼 백로 푸른 하늘을 가르네."[57]와 같은 시구를 지을 수 있다. 이 시에서는 언어를 가지고 지칭하거나 판단하지 않은, 즉 엄우嚴羽가 "이성의 길을 따르지 말고, 언어의 통발에 빠지지 말라."[58]라고 한 것처럼 소리의 이미지가 우리의 감각을 불러일으킨 것이다. 일반적으로 말하면 언어의 지칭 기능과 표현 기능은 함께 겹쳐진다. 그러나 문학 작품에서는 언어의 표현 기능이 주요한 위치를 차지하기 때문에 시인과 작가들은 작품에 진지하고 생동적으로 경물을 묘사하는데, 이러한 언어가 바로 감각화, 심리화되어 언어 자체의 일반성 한계를 돌파하여 단어로 경물을 묘사하여 전달할 수 없는 시의詩意와 화의畵意를 전달하여 '의재언외意在言外'의 효과를 획득하는 것이다. 미국의 저명한 미학자 수잔 랭거[Susanne Langer: 1895~1985년, 미국

56) "感時花濺泪, 恨別鳥驚心"
57) "兩個黃鸝鳴翠柳, 一行白鷺上靑天"
58) "不涉理路, 不落言筌"

의 무용 이론가, 미학이론가]는 "거칠게 표시되어 나오는 '환락', '비애', '공포'등과 같은 글자들은 사람들이 받은 생동적 경험들을 거의 표현해내지 못한다."[59]라고 지적했다. 이러한 상황에서는 단지 언어의 지칭 기능만을 운용하기 때문에 사람의 감지와 상상을 불러일으킬 수 없다. 그러나 "사람들이 비교적 정확하게 감정을 표현하고자 할 때 흔히 모종의 감정을 암시해낼 수 있는 정경, 예를 들어 가을 밤의 정취, 경축일의 분위기 등"을 통해 묘사한다.[60]

이러한 상황에서 언어의 '소리 이미지'와 표현 기능이 특별히 강조되며, 언어는 이미 간접적이지만 오히려 강렬하게 우리의 감각, 상상 및 기타 심리적 기제들을 불러 내온다. 이백의 「옥계로玉階露」를 예로 들어보자.

옥계에 흰 이슬 맺혀,	玉階生白露
밤이 깊어지니 비단 버선에 스미네.	夜久侵羅袜
수정 주렴을 내리고,	却下水晶簾
영롱한 가을 달을 바라보네.	玲瓏望秋月

이 시는 어떤 정감을 전달하려고 했을까? 우리는 어디에서 이를 찾아낼 수 있을까? '옥계玉階', '나말羅袜', '수정렴水晶簾'으로 이루어진 화면은 우리들로 하여금 오랫동안 이 곳에 서있던 화려한 버선을 신고, 정숙한 모습의 한 여자를 감지하게 한다. 밤은 이미 깊었고, 이슬이 그녀의 버선에 스며들었으며, 혼자서 옥계 위에서 한참

59) Susanne Langer, 『藝術問題』, 滕守堯譯, 中國社會科學出版社, 1983, 87쪽. "那些只能粗略標示出某種感情的字眼, 如'歡樂', '悲哀', '恐懼'等等, 很少能够把人們的親身感受到的生動經驗傳達出來."

60) 같은 책, 87쪽. "當我們打算較爲準確地把情感表現出來時, 往往是通過對那些可以把某種感情暗示出來的情境描寫出來, 如秋夜的景象, 節日的氣氛等等."

을 서있는데, 슬픔과 우수가 마음에 가득한 채 누군가를 기다리고 있는 것은 아닐까? 마음속에 있는 원망의 감정이 이미 글 밖에 드러나 있다. 그녀가 자신의 방으로 돌아와 주렴을 내렸으나 잠들 수 없음에 달을 바라보며 탄식한다. 영롱한 가을 달은 마치 그녀의 슬픔과 원망을 나타내는 듯하다. 제목을 제외한 전체 시에는 '원怨' 자가 없지만 슬픔과 원망의 감정이 글 밖에 잘 드러나고 있다. 작가는 언어 표현력을 통해 우리에게 이미지를 제공했기에 우리는 이러한 이미지에서 이미지 밖의 의미를 해석해낼 수 있다. 결론적으로 의미는 말로 전할 수 없다는 장자의 주장은 우리에게 깊은 계시를 주었다. 언어의 '소리 이미지'와 표현 기능을 충분히 운용한 '언외지의'는 시인들로 하여금 감정과 의미를 전달하는 기쁨을 가지게 한다. 아름다움은 '언외言外', '상외象外', '운외韻外'에 있다.

3. '허정설虛靜說'과 '거리설距離說'

장자가 추구했던 인생의 경계와 시인의 경계는 상통하는 점이 많다. 따라서 그가 비록 시와 시학을 논하지 않았지만 그의 주장은 중국 시와 시학의 발전에 가늠할 수 없을 정도로 큰 영향을 미쳤다. 창작 방면에서 장자의 '허정설'이 미친 영향은 실로 대단한 것이기에 우리는 이 문제를 검토하지 않을 수 없다.

앞서 서술한 바와 같이 장자는 창작에 있어서의 '천뢰'와 같은 '자연'을 주장하였는데 어떻게 해야 '천뢰'와 같은 자연의 경계에 도달할 수 있을까? 장자의 견해에 따르면 반드시 '허정虛靜'의 정신 상태에 진입해야 가능하다고 말한다. '허정설'의 사상적 요지는 다음과 같다.

장자 인생의 이상은 '도'를 추구하는 것이며, '도'는 모든 우주와 인생을 결정하는 절대 정신이며, 이는 만사, 만물과 아름다움을 주재한다. 장자는 최고의 아름다움은 현상계에 있는 것이 아니라 '도'라는 이 본체계本體界에 있다고 여겼다. 혹자는 '도'가 바로 객관적으로 존재하는 최고의 아름다움이라고 말한다. 이에 장자는 "천지는 대미大美(위대한 아름다움)를 지니고도 말하지 않으며, 사시四時는 분명한 법에 따라 변화하지만 논의하지 않으며, 만물은 정해진 이치를 지니고도 설명하지 않는다. 다만 성인만이 천지의 아름다움에 근거하여 만물의 이치에 통달하였다. 이러한 까닭에 지인至人은 행함이 없고, 위대한 성인聖人은 억지로 무엇을 조작하지도 않는다. 이는 천지를 잘 관찰하였음을 이르는 것이다."[61]라고 말했다. 장자의 마음속에서 천지를 살핀다는 것은 '도'를 살피는 것이자 천지의 '대미'를 관찰하는 것이었다. 도와 미는 둘이지만 하나라 하겠다. 어떤 의미에서 본다면 가장 훌륭한 시 역시 대미의 일종이기에 시와 도 역시 둘이지만 하나라 하겠다. 만일 장자가 시를 말했다면 도道 - 미美 - 시詩 삼자는 하나의 선상에 있다고 하였을 것이다. 문제는 사람들이 어떻게 해야 비로소 도 - 미 - 시에 접근하여 파악할 수 있는가?이다. 장자는 바로 '허정'의 정신 상태에 진입해야 한다고 주장한다. 장자는 「천도天道」편에서 다음과 같이 설명하였다.

> 허정을 천지로 밀고나가 만물에 통달하는 것을 천락天樂이라 한다.[62]

이 말을 풀이하자면 허정한 마음을 천지 끝까지 펼쳐 만물에 통달

---

61) 郭慶藩撰, 『莊子集釋』 「知北遊」, 中華書局, 1961, 735쪽. "天地有大美而不言, 四時有明法而不議, 萬物有成理而不說. 聖人者, 原天地之美而達萬物之理, 是故至人无爲, 大聖不作, 觀於天地之謂也."

62) 같은 책, 「天道」, 中華書局, 1961, 436쪽. "虛靜推于天地, 通于萬物, 此謂之天樂"

하면 이것이 바로 천락이라는 것이다. 천락은 바로 도이며, 또한 가장 아름다운 시라 말할 수 있다. 따라서 사람들이 도 - 미 - 시 선상으로의 접근은 허정의 상태에 진입하지 않으면 불가능한 일이다.

그렇다면 어찌해야 허정의 상태로 진입할 수 있을까? 장자는 '욕심 없애기(거욕去慾)', '자아 버리기(무기無己)'를 제시하였다. 장자는 「대종사大宗師」편에서 여우女偶의 입을 통해 도를 알려면 먼저 '외천하[外天下: 천하를 벗어남]', '외물[外物: 물욕에서 벗어남]', '외생[外生: 삶의 굴레를 벗어남]'한 연후에 비로소 '조철[朝徹: 돌연히 도를 깨달음]', '견독[見獨: 남이 보지 못하는 것을 봄]'할 수 있음을 설명하였다. '외천하'란 천하 세상사의 간섭을 배제하는 것이고, '외물'이란 물욕을 없애 빈부와 득실을 따지지 않는 것이며, '외생'이란 생사를 치지도외置之度外하는 것이다. 한 마디로 하면 일체의 공리와 사상적 속박에서 벗어나야 비로소 마음이 깨끗하고 환하게 되어 뜻밖에 도를 볼 수 있게 되며, 마음을 천지 대미 안에서 노닐게 할 수 있으며, 이리해야 자연스럽게 시의 세계로 들어갈 수 있다는 것이다. 장자는 「각의刻意」편에서 이를 보다 명확하게 설명하고 있다.

> (마음이) 담담하여 궁극이 없으면 모든 아름다움이 저절로 따르게 된다.[63)]

이는 사람이 "담담하여 궁극이 없는" 경계에 도달하면 '무기無己', '거욕去慾', '외천하外天下', '외물外物', '외생外生'과 같은 아무런 공리적 고려가 없는 경계에 도달하게 되어 도 - 미 - 시의 연속선을 발견할 수 있다는 것이다.

여기서 반드시 지적하고 넘어가야 할 것은 서양의 미학과 시학

---

63) 같은 책, 「刻意」, 中華書局, 1961, 537쪽. "澹然無極而衆美從之"

역시 심미에 있어서의 공리功利 배제를 이야기하지만 그들은 순간적인 심리적 방향의 조정만을 강조하고 잠시나마 공리적 고려를 포기함으로써 심미적 주의력을 형성하려고 한다. 그러나 장자의 허정의 경계는 장기적 수양을 통하여 자신의 마음과 인격을 '거욕', '무기'의 지경, 소위 "희노애락을 마음에 두지 않는"[64] 정도에 이르러야 하며, 심지어는 '지인'이나 '성인'이 될 것을 요구한다. 만일 마음과 인격이 이러한 경지에 도달하지 못하면 허정의 경계에 도달할 수 없으며, 나아가 창작에 필요한 심미적 주의력 또한 형성될 수 없다. '거욕', '무기'는 허정설의 핵심이며, 다른 것들은 모두 이를 둘러싸고 제기된 것이다.

어떻게 해야 '거욕', '무기'에 도달하여 심미적 마음과 인격을 허정의 상태로 진입시킬 수 있을까? 이는 반드시 '심재[心齋: 마음을 가지런히 함]'과 '좌망[坐忘: 앉아서 모든 것을 잊음]'을 실행하여 '물화[物化: 대상과 일체를 이룸]'에 도달해야 한다. 『장자』 「달생達生」편에 "재경梓慶이 나무를 다듬어 악기 걸이를 만든다."[65]는 고사가 있는데, 재경이 그렇게 높은 기교를 가지고 있는 까닭은 그가 완전한 '심재'를 실현했기 때문이었다. 그는 "3일을 재계하면 작록에 대한 생각이 없어지고, 5일을 재계하면 비방, 명예, 교졸에 대한 생각이 없어지고, 7일을 재계하면 문득 스스로 사지와 형체를 가지고 있는 것을 잊어버린다."[66] 이는 사실상 '심재'를 통하여 '좌망'의 단계에 도달한 것이다. '좌망'은 일종의 '물화'의 경계, 즉 인간과 대상이, 주체와 객체가 합일을 이루는 것이다. 소위 '이천합천[以天合天: 하늘로

---

64) 『莊子』 「田方子」, "喜怒哀樂不入胸次"
65) "梓慶削木爲鐻"
66) "齊三日, 而不敢懷慶賞爵祿. 齊五日, 不敢懷非譽巧拙. 齊七日, 輒然忘吾有四枝形體也."

하늘과 함께 하는 것]'이란 바로 이러한 '물화'의 경계이다. 『장자』 「달생」편에 재주가 뛰어난 장인 수倕의 고사가 있다.

> (요임금 때) 장인 수倕는 손으로 물건을 재는데 컴퍼스와 자보다 더 정확하였다. 그의 손가락은 물건과 조화를 이루어 마음으로 생각할 필요도 없었다. 그의 마음이 하나에 집중하면 외물의 구속을 받지 않았다. 발을 잊어버린 것은 신발이 꼭 맞기 때문이요, 허리를 잊어버린 것은 허리띠가 꼭 맞기 때문이며, 지혜가 시비是非를 잊는 것은 마음이 자연과 합치되었기 때문이며, 마음이 변하지 않아 외물의 유혹에 끌리지 않는 것은 처한 상황을 적합하다고 여기기 때문이다. 본성은 본래 자연에 적절히 화합하는 것이며 외물과 적절히 화합하지 못하는 경우가 없어야 비로소 적절한 화합조차 잊어버린 화합이라 하겠다.[67]

이 말을 풀이하면, 장인 수가 원을 그리는 데 컴퍼스와 자를 이용하는 것보다 더 정확하게 그릴 수 있었던 것은 손가락과 사물이 하나로 융화되어 손가락이 어떤 것인지, 기물이 어떤 것인지를 알지 못할 정도인지라 마음으로 고려할 필요조차 없었는데, 이유는 그의 마음이 순일純一, 통달通達했기 때문이다. 발을 잊은 것은 신발과 잘 맞았기 때문이고, 허리를 잊은 것은 허리띠가 잘 맞았기 때문이다. 시비를 잊어버린 것은 마음이 흡족했기 때문이고, 마음이 전일하여 동요하며 외물을 쫓지 않는 것은 처지를 적합하다고 여기기 때문이다. 인간의 본성은 본시 자연과 적절히 화합하는 것이며, 외물과 적절히 화합하지 못하는 경우가 없어야 "적절한 화합조차 잊어버린 화

67) "工倕旋而蓋規矩, 指與物化而不以心稽, 故其靈壹一而不桎. 忘足, 屨之適也. 忘要, 帶之適也. 忘是非, 心之適也. 不內變, 不外從, 事會之適也. 始乎適而未嘗不適者, 忘適之適也."

합"이라 할 수 있다. 이러한 "적절한 화합조차 잊어버린 화합"이 바로 '물화'의 경계이다. 이러한 경계에서 사람의 심령은 공전의 자유를 획득할 수 있고, 내가 대상인지, 대상이 나인지를 모르는 물아일체物我一切를 이루어 주체와 객체 사이에 더 이상 어쩔 수 없는 묵계의 상태가 출현하는데, 이것이 바로 예술 창작에서 가장 훌륭한 상태라 하겠다.

허정, 심재, 물화는 사람들에게 어떤 창작의 경계를 제공하는 것일까? 그것은 바로 예술 창작이 필요로 하는 정신 집중과 깨달음의 경계이다. 허정을 통해 도달한 정신 집중의 세계는 어떨까? 「달생達生」편에 나오는 꼽추가 매미를 잡는 우언을 읽어보자.

> 공자가 초나라로 가다가 숲을 지나는 도중에 꼽추가 매미를 잡는데 마치 손으로 주워 담듯 하는 모습을 보았다. 공자가 '그대는 정말 재주가 뛰어나구려, 어떤 조예를 가지고 계십니까?'라고 물었다. 꼽추가 '제게 특별한 조예가 있지요. 오륙 개월 정도 거미줄로 두 덩어리를 만들어 떨어지지 않게 연습하면 실수하는 일이 극히 적고, 그것을 세 덩어리를 만들어 떨어지지 않게 연습하면 실수할 확률은 10에 1 정도고, 다섯 덩어리를 만들어 떨어지지 않게 연습하면 물건을 줍듯 잡아내지요. 그래서 나의 몸은 나무 그루터기인양 움직이지 않고 팔을 벌리는 것은 마른 나뭇가지처럼 고정시켜 움직이지 않습니다. 그때 나는 비록 천지가 크고 만물은 헤아릴 수 없이 많지만 오히려 매미의 날개만 압니다. 그때 나는 몸을 뒤집지도 않고, 기울이지도 않으면서 만물 때문에 매미의 날개만 보는 나의 마음가짐이 달라지지 않습니다. 그러니 어째서 그렇게 되지 않겠습니까?'라고 대답하였다. 이에 공자가 제자들을 돌아보며 '마음을 쓸 때, 헛갈리지 않으면 정신이 통일되어 흐트러지지 않는다고 하는데, 이는 바로 저 꼽추 노인을 두고 하는 말이다.'라고 말하였다.[68)]

---

68) "仲尼適楚,出於林中, 見痀僂者承蜩,猶掇之也. 仲尼曰‥「子巧乎! 有道邪?」曰 …

이 고사는 사람이 허정 상태로 진입하면 고도의 정신 통일을 이루어 어떤 일을 하더라도 입신入神의 경지에 도달할 수 있음을 설명한 것이다. 실제로 미의 발견, 시의 창작은 모두 이러한 허정의 상태에서 비롯된 고도의 정신통일 필요하며, 만일 마음이 분산되면 주의력도 분산되어 어떤 일을 하더라도 훌륭히 수행할 수 없는데, 하물며 시를 쓰는 경우에는 어떻겠는가?

더 중요한 한 가지는 허정의 상태에서 사람들로 하여금 '대명大明'의 기능을 획득하게 하는 것이다. 장자는 「천도天道」편에서 다음과 같이 말하고 있다.

> 성인聖人의 고요함(靜)이란 고요함이 좋은 것이라 말하지 않기 때문에 고요한 것이다. 만물이 그의 마음을 어지럽히지 못하기 때문에 고요한 것이다. 물이 고요하면 수염과 눈썹도 맑게 비출 수 있고, 그 평평함은 수준기水準器에 해당하기 위대한 장인匠人도 이를 법으로 삼았다. 물도 고요하면 맑거늘 하물며 정신에 있어서랴. 성인 마음의 고요함은 천지의 귀감이며 만물의 거울이다. … (허정 안에서) 쉬면 마음을 비울 수 있고, 마음을 비우면 충실해지고, 충실해지면 도리에 맞는다. 마음을 비우면 고요해지고, 고요해지면 행할 수 있고, 행하면 정도正道에 맞는다.[69]

성인의 고요함은 결코 고요함이 좋은 것이기 때문에 고요한 것이

「我有道也. 五六月累丸二而不墜,則失者錙銖, 累三而不墜,則失者十一, 累五而不墜, 猶掇之也. 吾處身也. 若厥株拘., 吾執臂也,若槁木之枝, 雖天地之大, 萬物之多, 而唯蜩翼之知. 吾不反不側, 不以萬物易蜩之翼, 何爲而不得!」 孔子顧謂弟子曰 …「用志不分, 乃凝於神, 其痀僂丈人之謂乎.」

69) 郭慶藩撰, 『莊子集釋』「天道」, 中華書局, 1961, 457. "聖人之靜也, 非曰靜也善, 故靜也. 萬物无足以繞心者, 故靜也. 水靜則明燭鬚眉, 平中準, 大匠取法焉. 水靜猶明, 而況精神. 聖人之心靜乎, 天地之鑑也, 萬物之鏡也. … 休則虛, 虛則實, 實者倫矣. 虛則靜, 靜則動, 動則得矣."

아니다. 사람의 마음이 만물에 의해 어지럽히지 않아야 비로소 고요하다고 할 수 있다. 물이 고요해지면 맑아져 사람의 수염과 눈썹을 비출 수 있을 정도가 되며, 그 평평함은 표준이 되기에 충분하기에 고명한 장인들이 이를 법칙으로 삼았던 것이다. 성인 마음의 고요함은 마치 천지만물을 비추는 거울과 같다. 허정함에서 쉬게 되면 마음과 정신이 텅 비고 맑게 되며, 마음과 정신이 텅 비고 맑게 되면 쉽게 만물을 받아들일 수 있게 되기에 충실해지고, 충실해지면 자연의 도리와 하나가 된다. 허공虛空은 곧 고요함이며, 자신이 고요해지면 자연의 운동과 하나가 되고, 자연의 운동과 하나가 되면 필연적으로 생장生長이 이루어진다. 이 말의 골자는 허정의 상태에 들어가야 비로소 대명의 경계에 진입할 수 있다는 것이다. 즉 인간의 정신이 허정의 상태에 있어야 사람의 시야와 마음이 비교할 수 없이 광활해져 세상의 모든 사물을 보다 쉽게 받아들일 수 있다는 것이다. 이후 중국의 시학은 장자의 이러한 사상을 크게 발전시켰다. 예를 들어 유협의 "문학적 사고의 도야는 허정虛靜이 가장 중요하다."[70], "사계四季는 비록 변화가 복잡하지만 시인의 감흥을 일으키는 것은 마음의 한적함이 중요하다."[71]는 관점, 소식蘇軾이 『송삼료사送參廖師』에서 말한 "시어를 교묘하게 만드는 것은 비움과 고요함 밖에 없다. 고요하기에 많은 움직임을 파악할 수 있고, 비어있기에 모든 경우를 받아들일 수 있다."[72]는 관점은 모두 장자에서 나왔고, 또한 이를 발전시킨 것이다.

장자의 허정설과 영국 학자 벌로우[Edward Bullough: 1880~1934

70) 『文心雕龍』 「神思」, "陶鈞文思, 貴在虛靜"
71) 『文心雕龍』 「物色」, "四序紛回, 而入興貴閑"
72) "欲令詩語妙, 無厭空與靜. 靜故瞭群動, 空故納萬境."

넌]의 '심리 거리설心理距離說'은 유사한 점이 있다. 벌로우는 1912년(장자보다 약 2,000년 후에)에 『예술의 요소와 미학 원리에 있어서의 심리 거리』[73]라는 논문에서 '심리 거리설'을 제기하였다. 벌로우가 정의한 '심리 거리'의 개념은 시간과 공간의 거리가 아니라 우리가 사물을 관찰할 때 사물과 우리 자신의 실제적 이해관계 사이에 개입되는 일단의 거리를 의미하는 것으로, 이는 우리들로 하여금 시각을 달리하여 세계를 바라보게 한다. 벌로우는 '안개 낀 바다의 항해'를 한 예로 들었다. 운항 중에 해상에 짙은 안개가 끼는 것은 선원뿐만 아니라 승객 모두에게 번거로운 일이다. 운무 가득한 망망한 바다에서 선원은 항해의 방향을 정확하게 가늠할 수 없어 배가 암초에 걸릴 것을 걱정하여 극도로 긴장하게 된다. 승객들은 배의 속도가 느려져 여정이 늦어지거나 운행 기간이 늘어날 것을 걱정하여 불안에 빠지게 될 것이다. 결론적으로 이러한 짙은 안개는 선원과 승객 모두의 마음을 불안하게 만들 뿐만 아니라, 심지어는 공포에 빠지게 만들 것이다. 그러나 벌로우는 선원과 승객이 바다의 안개가 조성한 이러한 번잡스러움을 잠시 벗어나 위험과 근심을 벗어 던지고 주의력을 짙은 안개가 만들어낸 객관적 풍경에 집중한다면 바다의 안개는 심오한 정취와 즐거움의 원천으로 변하게 된다고 주장한다. 아련한 안개가 만들어낸 하늘과 땅의 색이 같은 정경은 투명한 얇은 비단처럼 그야말로 한 폭의 비할 수 없이 기묘한 그림이라 하겠다. 배는 속세를 멀리 벗어난 정막 속에 자리하여 사람들에게 고요, 안녕, 자유, 쾌적의 감각을 제공할 것이다. 이러한 전후가 서로 다른 감각은 어찌된 일인가? 벌로우는 이는 바로 "거리가 중간에 개입하여 만들어낸 것"[74]이라 말한다. 앞의 상황에서는 바다의 안개와

73) 『作爲藝術中的因素和美學原理的心理距離』

우리의 절실한 이익이 하나로 겹쳐져 중간에 '거리'가 존재하지 않아 우리는 그저 보통의 시각으로 바다의 안개를 바라보았기 때문에 오로지 바다의 안개가 우리에게 가져올 재난만을 생각했던 것이다. 뒤의 상황에서는 바다의 안개와 우리의 절실한 이익 사이에 일단의 '거리'가 개입되어 우리가 일상적인 시각에서 바다의 안개를 바라볼 수 있게 만들었기 때문에, 바다의 안개가 객관적으로 만들어낸 아름다운 경치를 감상할 수 있게 된 것이다. 벌로우가 말한 '거리'는 보통의 시공의 거리가 아니라 일종의 비유적 의미의 거리라 하겠다. 이러한 거리의 개입은 자신의 심리적 조정에 의지하는 것이기 때문에 이를 '심리 거리'라 한다.

'심리 거리설'의 핵심은 심미 체험은 실제 이익과 관계가 없다는 특징을 강조하는 것이다. 벌로우의 입장에서 본다면 사물은 양면, 즉 '정상적 시상正常的視象'과 '이상적 시상異常的視象'을 가지고 있다. 정상적 시상의 일면은 사물과 사람의 이익 욕망이 서로 연관된 일면으로, 일반적인 상황에서 사물의 정상적 시상은 가장 강력한 흡인력을 지닌 측면이 있다. 이러한 이유로 우리의 마음은 항상 이 방향을 향해 있다. 이처럼 우리는 흔히 이익과 욕망의 굴레에 빠져 아름다움을 보지 못한다. 일상의 이익과 욕망에 의해 지배를 받지 않는 상태에서 우리는 비로소 사물을 일정 거리 밖에 펼쳐 두고 관조를 통해 사물의 아름다움을 발견할 수 있다. 이러한 사실에서 알 수 있듯이 심미적 심리 거리 획득은 심미 주체가 이익 욕망을 포기하는 것을 조건으로 한다.

허정설이든 심리 거리설이든 심미 활동은 반드시 현실적 이익의 속박에서 벗어나 사람의 마음이 지극히 깨끗한 상태에 이르렀을 때

---

74) "由于距離從中作梗而造成的."

비로소 보통 사물이 가진 아름다움의 일면을 발견할 수 있다고 주장한다. 이러한 점이 상통하기 때문에 우리는 중국과 서양의 심미 이론이 심미의 순간에 반드시 이익이나 욕망에서 멀리 떨어진 상태에서야 비로소 미감을 획득할 수 있다는 공통점을 가지고 있다고 말할 수 있다. 그러나 장자의 허정설과 벌로우의 심리 거리설에는 큰 차이점이 있다. 허정설이 도량의 이론이라면, 심리 거리설은 주의력과 관련된 이론이기에 양자 사이에는 확연히 다른 점이 있다고 말할 수 있다. 사람의 도량을 허정의 경지에 이르게 하려면 오랜 수양을 통해 자신의 도량을 이익과 욕망이 없는 상태에 이르게 해야, 세계의 '이상적 시상'을 보고 미를 느낄 수 있게 된다. 노장에서 시작된 이러한 경지는 하루, 혹은 한 시간 만에 이루어질 수 있는 것이 아니라 장기간의 수양이 반드시 필요하다. 유협은 『문심조룡』 「신사神思」편에서 "마음을 통해 사상을 훈련하는 방법은 쓸데없는 고민에 있는 것이 아니며, 외물의 아름다움을 이해하기 위해 자신의 심정을 피곤하게 할 이유가 없다."[75]고 주장하였다. '양술養術'이란 곧 '양기養氣'를 말한다. '양기'는 장기간의 수련이 필요하기 때문에 단시간에 이를 성취하는 것은 불가능하다. 따라서 단시간에 목숨 걸고 있는 힘을 다할 필요가 없다. 소위 천천히 해야 정교한 작품이 나온다고 하는 것처럼 이러한 성취는 천천히 자연스럽게 이루어는 것이다. 명대의 학자 방효유[方孝孺: 1357~1402년]는 다음과 같은 이야기를 하였다. 방효유가 어렸을 때 나이 많은 서생書生과 함께 번화가에 갔다 돌아온 후에 자신이 본 것을 거의 기억할 수 없었다. 그러나 서생은 번화가의 모든 것에 대해 대단히 분명하게 이야기를

75) 范文瀾, 『文心雕龍注』下, 人民文學出版社, 1958, 494쪽. "秉心養術, 無務苦慮, 含章司契, 不必勞情也."

하는데, 심지어는 아주 자질구레한 것까지 모두 기억하고 있었다. 방효유가 서생에게 이게 어떻게 가능한 지 물어보았다. 서생이 마음이 대상을 접할 때 고요하면 분명하게 알고, 경거망동하면 미혹되기 마련이라고 대답하였다. 이어서 서생이 "네가 수레나 말을 보면 이것을 타고 싶다고 생각하겠지? 눈을 즐겁게 만드는 것이나 귀를 즐겁게 만드는 것을 보면 이것들을 가지고 싶겠지? 그러나 사람이 욕심을 버리면 보화를 기와나 돌처럼 여기며, 수레나 마차를 초개처럼 여기며, 북소리와 피리소리를 개구리나 매미의 소리처럼 여길 뿐인데 마음이 어찌 고요해지지 않겠는가?"라고 말하였다. 방효유가 삼년동안 마음을 수양한 뒤 마침내 서생처럼 욕심 없고 소탈한 인격과 마음을 얻어 마침내 허정의 상태에 진입하여 결국 서생과 같이 주위 세계의 아름다움을 환히 알게 되었다고 한다. 이 고사는 허정으로 진입하는 것은 장기간의 수양에 의해 가능한 것이며, 이는 결국 사람의 인격과 도량을 변화시킨다는 사실을 설명한 것이다. 서양의 심리 거리는 일종의 주의력의 조정이며, 심리 방향을 정할 때의 일시적 전화이기에 인격, 도량과는 아무런 관계가 없다. 벌로우가 언급한 '안개 속의 항해'의 예에서 만일 주의력을 '정상적 시상'에 집중시키면 배의 속도가 떨어져 항해가 늦어지면 일정에 영향을 미치게 된다고 느끼거나, 혹은 배가 암초를 만나 해상 재난이 발생하면 사람들이 위험에 빠지게 될 것이라 걱정하게 된다. 그러나 만일 우리가 주의력을 이러한 것에 집중시키지 않는다면 운해를 떠다니는 정경, 꿈결 같이 펼쳐진 주위의 모습을 감상할 수 있는데, 이는 정말 아름답지 않을까? 이러한 주의력의 전환이 이익과 욕망을 벗어난 심리 거리를 획득하여 미적 체험을 만들어 낸다. 거리설의 기본사상은 심미 과정에서의 일시적인 정신적 자아 조정이 순간의 성공을 가져온다는 것이다. 허정설과 거리설의 차이는 중국 문화와 서양 문화의 차이점을 반영한 것이며, 중국 문화가 모든 일에 점진漸進을 중시한다면, 서양 문화는 일반적으로 돌진突進을 중시한다고 하겠다.

4. '물화설物化說'과 '이정설移情說'

장자는 '허정설'과 함께 '물화설物化說'을 제기하였다. 장자는 「제물론齊物論」 편의 끝 부분에서 다음과 같이 언급하였다.

> 전에 장주莊周가 꿈에 나비가 되어 분명 나비처럼 훨훨 날았는데 정말이지 스스로 즐겁고 마음대로 인지라 장주인줄 몰랐다. 조금 뒤에 문득 깨어나 보니 분명 장주였다. 장주가 꿈에 나비가 된 것인지, 나비가 꿈에 장주가 된 것인지를 알 수 없었다. 장주와 나비는 반드시 구분이 있을 것이다. 이를 '물화'라 한다.[76]

장자가 제기한 '물화설'의 목적은 인간과 사물은 평등하기에 차별이 없어야 한다는 '제물'의 이치를 설명하려던 것이다. 제물은 득도를 위한 것이다. 단, 도는 만물의 근원이기에 만물 속에 내재되어 있어 반드시 만물과 하나가 된다. 여기서 말하는 '화'는 도를 수양하는 일종의 경계를 지칭하는 것이며, 이러한 경계 안에서 삶과 죽음, 깨어남과 꿈, 인간과 만물은 그 어떤 차별도 사라지고 없다. 사람은 사물이 되고, 사물은 사람이 된다. 이러한 "사물과 나를 모두 잊는 것"[77]과 "사물과 내가 전환되는"[78] 경계는 『장자』의 다른 편에서도 언급되고 있다. 「추수秋水」 편의 예를 들어보자

76) 郭慶藩撰, 『莊子集釋』 「天道」, 中華書局, 1961, 457. "昔者莊周夢爲胡蝶, 栩栩然胡蝶也, 自喩適志與! 不知周也. 俄然覺, 則蘧蘧然周也. 不知周之夢爲胡蝶, 胡蝶之夢爲周與? 周與胡蝶, 則必有分矣. 此之謂物化."

77) "物我兩忘"

78) "物我轉化"

장자와 혜자惠子가 함께 호수濠水의 다리를 거닐고 있었다. 장자가 '물고기가 나와 조용하게 노니는 구나. 이것이야 말로 저 물고기의 즐거움이 아니겠는가?'라고 말하였다. 혜자가 "자네가 물고기도 아닌데 어떻게 물고기가 즐거워한다는 것을 알 수 있는가?"라고 물었다.[79]

여기에서 장자는 그의 '물화설'이 지니고 있는 예술적 사고의 실마리, 즉 내가 물고기와 하나가 될 수 있기에 내가 물고기의 즐거움을 알 수 있다는 것을 자세하게 설명하였다. 장자와 혜자 또한 서로 통할 수 있기에 혜자도 실제로는 장자가 물고기의 즐거움을 안다는 것을 알고 있다는 것이다. 장자는 "천지도 나와 함께 살 수 있고, 만물도 나와 하나가 될 수도 있다."[80]고 강조하였다. '물화설' 자체가 예술적 요소들을 가지고 있었기 때문에 장자의 '물화설'은 후대 예술적 '물화설'의 선하先河를 이루었다.

이와 관련된 논설은 수 없이 많은데 가장 대표적인 것으로 소식蘇軾이 문학을 논하면서 여가與可가 대나무를 그릴 때의 경험을 적은 『서조보지소장여가화죽삼수書晁補之所藏與可畵竹三首』를 예로 들어 보자.

여가가 대나무를 그릴 때,
대나무만 바라볼 뿐 사람은 안중에 없네.
어찌 혼자만 사람을 보지 못하겠는가?
멍하니 자신조차 잊어버린다.
몸이 대나무와 하나 되니,

---

79) 『莊子』「秋水」, "莊子與惠子遊於濠梁之上. 莊子曰: '儵魚出遊從容,是魚之樂也.' 惠子曰: '子非魚,安知魚之樂?' 莊子曰: '子非我,安知我不知魚之樂?'"

80) 『莊子』「齊物論」, "天地與我竝生, 而萬物與我爲一"

끝없이 청신함이 배어나온다.
장자가 세상에 없으니,
누가 이런 정신 집중을 알 수 있으리.[81)]

여기에서 소식은 이미 장자 철학의 '물화설'을 예술의 '물화설'로 전환시켰다. 그 기본 요지는 바로 사물과 나를 모두 잊어버리고, 사물과 내가 합일을 이루는 것이다. 이 과정을 구체적으로 분석해보면 '불견인不見人'(경물의 망각) — '유기신遺其身'(자아의 망각) — '여죽화與竹化'(대상과의 합일)의 세 단계로 나눌 수 있는데, 이는 창작의 주체가 주위의 환경을 잊어버리고, 자신까지 잊어버린 뒤, 창작의 대상과 하나가 되면 필연적으로 창작 대상의 형신形神을 모두 파악할 수 있어 생동적인 예술 세계를 창조할 수 있는 것이다. 이 과정에서 주체(인간)의 감정은 소실되는 것이 아니라 대상 속으로 이전되는 것이다. 대상(예로 든 대나무)은 원래 감정이 없는 것이나 주체가 자신을 망각하는 경지에 이르면 모든 감정을 대상(대나무)으로 이전시키기 때문에 대상에 풍부한 감정이 표현되는 것이다.

중국 예술의 '물화설'과 서양의 '이정설[移情說: 감정 이입설]'은 서로 유사한 점을 가지고 있다. 주광첸[朱光潛: 1897~1986년, 전 북경대학 교수] 선생이 서양의 '이정설'을 언급하면서 장자와 혜자가 어떻게 물고기의 기쁨을 아는가에 대한 대화를 인용하면서 다음과 같이 설명하였다.

이러한 도리는 자신을 제외한 모든 사람과 사물에 확대시킬 수 있다. 만일 자신의 경험에 의거하여 추측하지 않으면 사람과 사물의 감정을 이해할 수

---

81) 王水照選注, 『蘇軾選集』, 上海古籍出版社, 1984, 186쪽. "與可畫竹時, 見竹不見人. 豈獨不見人, 嗒然遺其身. 其身與竹化, 無窮出清新. 莊周世無有, 誰知此凝神."

> 없다. 이러한 추측은 어떤 경우에는 당연히 그릇된 것일 수밖에 없다. 흔히 아이들은 장난감과 이야기를 하는데 다른 사람들이 장난감을 때리지 못하게 하고, 어떤 경우에는 밥도 먹이고 잠도 재운다. 이러한 행동은 아이가 입장을 바꿔 장난감의 감정과 필요한 것을 체험적으로 알기 때문이다. 우리 성인들도 이러한 심리적 습관에서 완전히 벗어날 수 없다. 시인과 예술가들이 세상을 바라보는 것은 항상 내 안에 있는 것을 사물에 비추어 보는 것이며, 그 결과 생명이 없는 사물을 생명이 있는 것으로 만들고, 감정이 없는 사물을 감정이 있는 사물로 변화시킨다.[82)]

'이정설' 창시자는 독일 학자 립스[Theodor Lipps: 1851~1914년]다. 여기서 이정설을 모두 소개할 수 없기에 주요 골자만 간단히 말하면 주관과 객관의 융합, 사물과 자아의 망각, 사물과 자아의 통일, 사물과 자아의 상호 교류로 요약될 수 있다. 사람들의 감수感受와 이정移情은 모두 심리 활동이지만 양자는 서로 다른 것이다. 감수 활동 속에서 주체가 객체를 마주하는 경우 주관과 객관은 분리되어 그 경계가 분명하다. 그러나 이정 활동에서는 주체가 객체 속으로 이입되고, 객체도 역시 주체로 이입되어 주객이 하나로 융화되어 이들 사이에는 이미 경계가 존재하지 않는다. 립스는 다음과 같은 예를 들어 설명하였다.

> 만일 내가 석주石柱 안에서 스스로 있는 힘을 다하고 있음을 느꼈다고 하자.

---

82) 朱光潛, 『朱光潛美學文學論文選集』, 湖南人民出版社, 1980, 75쪽. "這個道理可以推廣到一切己身以外的人和物, 如果不凭自己的經驗去推測, 人與物的情感是無從了解的. 這種推測自然有時錯誤. 小孩子常和玩具談話, 部肯讓人去敲打它, 有時還讓它吃飯睡覺. 這也是因爲他 '設身處地' 地體驗玩具的情感和需要. 我們成人也并沒有完全脫離開這種心理習慣. 詩人和藝術家看世界, 常把在我的外射爲在物的, 結果是事物的生命化, 無情事物的有情化."

> 이는 내가 석주를 세우기 위해, 석주를 파괴하기 위해 있는 힘을 다하는 것과는 완전히 다른 일이다. 또는 내가 파란 하늘 안에서 감정 이입을 통해 나의 희열을 느꼈다면 그 파란 하늘이 미소를 지을 것이다. 나의 희열은 하늘 안에 있기에 하늘의 일부분이다. 이는 한 대상에 대한 미소와는 다른 것이다.[83)]

이러한 사실에서 알 수 있듯 심미에 있어서의 감정 이입은 일종의 심미 체험이며, 그 본질은 일종의 대상화對象化에 있어서의 자기 향유, 즉 내가 감정을 대상에 투사하면 대상에 나의 감정이 자리하게 된다는 것이다. 이것이 바로 내가 감상하는 대상이다. 중국 예술에 있어서의 물화설과 서양의 이정설은 모두 감상자의 마음이 대상과 자아의 일치, 대상과 자아의 망각, 대상과 자아의 상호교류에 있어야 한다고 요구한다는 점에 있어서는 일치한다. 따라서 중국과 외국의 시인, 예술가는 모두 생명력이 없는 사물을 생명력이 있는 사물로 묘사한 많은 시구와 예술 작품을 창조했으며, 이러한 예들은 그 수를 헤아릴 수 없이 많다. 그러나 중국 예술의 물화설과 서양의 이정설에는 근본적인 차이가 있다. 중국의 물화설은 '마음 속'과 관련된 이론이기에 장기적인 수양과 체험을 통해 뼈 속 깊이 새겨진 체험이 없다면 '물화'의 경지에 이를 수 없다. 진관[秦觀: 1049~1100년]의 사詞 「답사행踏莎行·침주려사郴州旅舍」 마지막 두 구를 예로 들어 보자.

> 침강郴江은 행복하게 스스로 침산郴山을 휘 감아 돌아,
> 누구를 위하여 소상瀟湘으로 흘러가는가?[84)]

---

83) 上海人民出版社, 『西方美學史資料選集』下, 1987, 859쪽. "如果我在一根石柱里面感覺到自己出力使勁, 這和我要竪立石柱惑毁壞石杜的出力使勁是大不相同的. 再如我在蔚藍的天空里面以移情的方式感覺到我的喜悅, 那蔚藍的天空就微笑起來. 我的喜悅是在天空里面的, 屬于天空的. 這和代一個對象微笑不同."

84) "郴江幸自繞郴山, 爲誰流下瀟湘去"

진관이 편벽한 곳으로 폄적당하는 쓴 맛을 모두 본 뒤, 위정자에 대한 불만이 마음속에 아주 오랫동안 누적되어 있었다. 이러한 그의 체험이 뼛속까지 깊이 새겨지자 그는 아무런 생명이 없는 침강에 대고 너 침강은 당연히 침산을 둘러싸고 돌아야 하는데 왜 나를 버리고 가느냐고 화풀이를 해댄다. 이는 대단히 '무리'한 감정 이입적 묘사지만 오히려 '무리하기 때문에 교묘하다'고 하겠다.

서양의 이정설은 주의력과 관련된 이론으로 대상과 나 사이에서 주체가 주의력을 자신의 감정에 집중하고 사물이 불러일으킨 느낌과 마주하면 대뇌피층이 흥분하여 주위 다른 부분의 흥분을 억제시키는 강렬한 반상호작용을 발생시켜 사람의 주의력을 사물에서 감정으로 이전하게 만든다. 이때 심지어 대상과 자아를 모두 망각하거나, 대상과 나를 소통시켜 오로지 감정에만 집중하도록 하여 심지어 무지개가 웃고, 검은 구름이 눈물을 흘리게 한다. 이정설은 주의력과 관련된 이론이기 때문에 잠시 동안의 조절이 가능하며, 어떤 경우 일종의 기교를 운용하는 것도 가능하다.

장자는 어떤 문학이론도 제기하지 않았지만 그의 사상은 중국 문학이론에 거대한 영향을 미쳤다.

제 6 장

육기陸機 문학이론 독해

중국의 위진남북조 시대에는 전쟁이 빈번하게 일어났다. 민중은 도탄에 빠졌고, 사인들은 잔혹한 정치적 압박으로 숨도 제대로 쉬지 못할 지경이었다. 문학에 대해 말하자면 거의 희망이 없는 시기였다고 하겠다. 사실 많은 일들이 안 될 것 같다고 생각하면 오히려 그리되고, 그리 되어야 한다고 생각하면 오히려 그렇게 되지 않았다. 당연히 지켜야할 도리와 하지 말아야할 도리는 엄연히 있었음에도 말이다. 그러나 중국은 오히려 이 시기부터 문학 창작에 있어 눈부시게 찬란한 500년(동한 말 150년 전후~당초 650년)을 맞이하게 되었고, 문학이론 역시 커다란 수확을 거두었다. 위진남북조 시대에 문학이론이 흥기하게 된 사회적, 역사적 원인을 간단히 살펴보고, 중간에 조비曹丕의 '문기설文氣說'을 고찰하기로 하자. 이는 육기[陸機: 261~303년], 유협劉勰 및 종영鍾嶸의 문학이론을 독해하는데 많은 도움이 될 것이다.

1. 문학이론 흥기의 사회적, 역사적 조건

문학이론이 위진남북조 시기에 발전한 것은 우연이 아니었다. 다음 몇 가지로 나누어 논하기로 하자.

(1) 사회 환경의 요동과 감정 위주의 글쓰기

동한東漢 말년에 봉건 통치자들이 저지른 부패와 전횡, 외척과 환관의 권력 투쟁 및 토지 겸병으로 인해 민중은 기아에 허덕이고 정처 없이 떠돌며 결국 막다른 곳으로 내몰리고 말았다. 이에 황건적의 난이 일어났고, 이후 삼국三國의 혼란한 국면이 형성되니, 이후 내우외환, 전란, 기황이 끊임없이 계속되었다. 봉건 제도의 통치하에서는 지식인들은 어떤 일을 하든 억울한 비판만 받을 수밖에 없었다. 동한 말년의 당화黨禍는 정말이지 너무나 무시무시한 일이었다. 위진남북조 시기에 여러 원인으로 해를 입은 저명한 문인들로는 공융孔融, 이형禰衡, 양수楊修, 정의丁儀, 하안何晏, 혜강嵇康, 장화張華, 석숭石崇, 육기陸機, 육운陸雲, 반악潘岳, 유곤劉琨, 곽박郭璞 등이 있다. 이 무렵은 치세에서 난세로 넘어간 시기였다. 이러한 시대의 사인들에게 감정이 이성보다 더 앞서는 것은 너무나 당연한 일이었다. 뤄껀저[羅根澤: 1900~1960년]는 다음과 같이 설명하였다.

> 본래 인간은 이성을 지니고 있음과 동시에 감정을 지닌 동물이다. 이성으로부터 비롯된 문학은 주로 기사재언紀事載言에 편중되었다면, 감정에서 비롯된 문학은 음영정성吟詠情性에 편중된다 하겠다. 한대에서 위진남북조 시대로의 진입은 치세에서 난세로의 전환이었다. '치세에는 광명의 미래가 있고, 이성이 발달할 기회가 있으며, 정치와 교육은 정상적 궤도를 달리고, 감정은 상당한 제한을 받는다. 난세는 어두운 미래만 있고, 이성적 계획은 아무런 쓸모가 없으며, 정치와 교육은 표준조차 없으며, 감정은 임의대로 발전한다. 따라서 건안문학建安文學은 '대부분 감정을 바탕으로 창작되었다.' 기사재언의 문장은 질박하나, 음영정성의 문장은 화려하다. 따라서 건안문학은 '대부분 문식으로 질박함을 가렸다.'[1)]

"대부분 감정을 바탕으로 창작되었다"와 "대부분 문식으로 질박함을 가렸다"는 문구는 『송서宋書』 「사령운전謝靈運傳」에서 나온 것으로 그 의미는 감정적 문학이 우위를 점해 문학의 자각 시대를 맞이했다는 것이다. 자각 시대의 기준은 개인의 감정을 표출한 대량의 작품 출현과 문학이론의 획기적 발전이다.

(2) 유학儒學의 쇠락과 현학玄學의 흥기

시대적 전변으로 말미암아 일찍이 한대 수백 년간 절대적 지위를 가졌던 유학이 급속히 쇠락하였다. 이는 사회와 정치의 부패로 인해 유가 윤리 도덕의 허위가 완전히 폭로됨에 따라 사람들의 믿음을 유지시킬 방법이 없었기 때문이다. 동시에 후기 정치가, 예를 들어 조조曹操 등은 유가를 버리고 법가法家를 숭상하여 형명刑名을 높이 받들었다. 이처럼 유학은 이미 추구할 이상도 아니었으며, 이를 통해 삶을 도모할 수도 없었기에 그렇게 빨리 쇠락했던 추세를 이해하는 것은 그다지 어려운 일이 아니다. 부현[傅玄: 217~278년]은 「거청원서擧聽遠書」에서 "근자에 위무제魏武帝가 법술法術을 좋아하자 천하가 모두 형명을 귀히 여기게 되었고, 위문제魏文帝가 융통을 중시하자 천하는 절개를 지키는 것을 하찮게 여기게 되었다. 이후에 나라의 법도로 다스릴 수 없게 되니 허무, 방탕한 논리가 조야에 가

1) 羅根澤, 『中國文學批評史』 一, 古典文學出版社, 1957, 127쪽. "本來人是有理智, 同時又有情感的動物, 發于理智的文學偏于紀事載言, 發于情感的文學偏于吟詠情性. 漢魏社會, 一般來說, 是由治而亂. 治世有光明的前途, 理智得到發展的幾回; 正教有常軌, 情感遭受相當的限制. 亂世的前途暗澹, 理智的計劃無用; 正教無標準, 感情可以任意發展. 所以者建安的文學, '甫乃以情緯文'. 紀事載言的文章宜于質, 吟詠情性的作品需要文, 所以者建安的文學 '甫內以文被質'."

득하게 되었다."[2]고 지적하였다. 부현의 주장은 단지 위진 시대의 상황을 묘사한 것이 아니라 남북조 시대 전체를 개괄한 것이다. 이러한 시기에 노장의 도가 사상은 오히려 숭고한 지위로 올라섰다. 전란의 빈번한 발생, 정치 환경의 열악함 등으로 인해 사람들은 급히 정신의 안식처를 찾아야했고, 허무 사상을 통해 정치 압력과 예교의 속박에 대한 반항을 표현하고자 하였다. 민중이 노장 사상을 선택한 것은 역사적 환경이 만든 결과이다. 그들은 공담空談으로 시간을 보내며 '유무지변有無之辯', '명실지변名實之辯', '재성지변才性之辯', '언의지변言意之辯', '형신지변形神之辯' 등에 대한 변론 내용이 결국 위진 시대의 현학을 만들어냈다. 그들은 노장 사상을 연구했을 뿐만 아니라 심지어는 현학의 관념을 가지고 공孔·맹孟의 이론을 해석하기도 하였다. 유학의 쇠락과 현학의 흥기는 문학에 영향을 미쳤을 뿐만 아니라 당시 문학이론의 발전에도 거대한 영향을 미쳤다. 첫째, '유무', '명실', '재성', '언의', '형신' 등의 문제는 문학이론과 밀접한 연관을 가지고 있기에 현학 연구는 당연히 문학이론에 새로운 인식을 가져왔다. 다른 한편으로는 문학이론이 유가의 교조적 속박에서 벗어나 형이상학적 현학에서 새로운 방법을 모색하는 일 역시 문학이론 발전에 상당한 힘이 되었다.

(3) 정치가의 창도唱導 및 조비의 '문기설'

유협과 종영은 모두 다음과 같은 도리에 대해 언급한 바 있다. 유협은 문심조룡 「시서時序」편에서 다음과 같이 주장하였다.

---

2) "近者魏武乎法術, 而天下貴刑名, 魏文慕通達, 而天下賤守節. 其後綱維不攝, 而虛無放誕之論, 盈于朝野."

헌제獻帝가 파천한 후 문학이 쑥대처럼 일어났다. 건안 말년에 이르러 천하가 안정되니, 조조는 승상의 지위에 있으면서도 시문을 좋아하였다. 문제文帝 조비는 왕자의 신분이면서도 사부辭賦에 뛰어났다. 진사왕陳思王 조식曹植은 공자公子의 지위에 있으면서 아름다운 작품들을 지었다. 체모가 뛰어난 이들이 있었기에 뛰어난 인재들이 극성을 이루었다.[3)]

종영은 「시품서詩品序」에서 다음과 같이 언급하였다.

건안 시기에 들어와 조씨 삼부자가 시문을 특히 좋아하니, 조식, 조표曹彪는 문학의 대들보로 우뚝 섰고, 유정劉楨과 왕찬王粲이 우익을 담당하였다. 다음으로 이들을 따르는 무리들이 거의 수백 명에 이르렀다. 찬란히 빛나는 문학의 융성이 이 시기에 이루어졌다.[4)]

여기서 반드시 언급해야 할 것은 위문제 조비의 『전론·논문』이다. 조비는 다음과 같이 선언하였다.

무릇 문장이란 나라를 다스리는 대업大業이며, 불후의 위대한 사업事業이다. 수명은 대가 되면 끝이고, 영화도 그 한 몸에나 미치는 일이니, 수명과 영화를 아무리 오래 누린다 하더라도 문장의 무궁함에는 미치지 못한다.[5)]

조비는 문학 작품을 "나라를 다스리는 대업이며, 불후의 중요한

---

3) 范文瀾, 『文心雕龍注』下 , 人民文學出版社, 1958, 673쪽. "自獻帝播遷, 文學蓬轉, 建安之末, 區宇方輯, 魏武以相王之存, 雅愛詩章; 文帝以副君之重, 妙善辭賦; 陳思以公子之豪, 下筆琳瑯; 並體貌英逸, 故俊才雲蒸."

4) 曹旭集注, 『詩品集注』, 上海古籍出版社, 1994, 17쪽. "降及建安, 曹公父子, 篤好斯文; 平原兄弟, 蔚爲文棟; 劉楨王粲, 爲其羽翼; 次有攀龍託鳳, 自致于屬車者, 蓋將百計; 彬彬之盛, 大備于時矣."

5) "蓋文章者, 經國之大業, 不朽之盛事. 年壽有時而盡, 榮樂止乎其身, 二者必至之常期, 未若文章之無窮."

사업"으로 그 가치를 끌어 올렸다. 사람들로 하여금 찬탄을 금치 못하게 하는 것은 조비가 『전론·논문』에서 '문기설'을 제기했다는 사실이다. 그는 다음과 같이 주장하였다.

> 문학은 '기氣'를 위주로 하는데, 타고난 기의 청탁淸濁이 있어 억지로 이것을 만들 수는 없다. 음악에 비유하자면 곡조가 같고, 리듬도 규칙이 있어 변화할 수 없으나 기가 개입하면 달라진다. 교졸은 타고난 기가 바탕이 되기에 아무리 아버지나 형이라도 아들과 동생에게 전수할 수 없다.[6)]

문학은 기가 중심이며, 인간의 기는 '맑은 것'도 있고, '탁한 것'도 있는데, 이는 억지로 도달할 수 있는 것이 아니다. 음악에 비유하자면 비록 여러 사람들이 사용하는 곡조와 연주는 동일하지만 강조腔調와 기의 운용 결과에 따라 어떤 곡은 교묘하고, 어떤 곡은 졸렬하게 되기 때문에 아무리 아버지와 형이라도 이를 전수할 수 없는 것과 같다. 먼저 조비가 말한 '기'는 맹자가 말한 '호연지기'의 '기'와 다르다. 맹자가 말한 '기'는 도덕적 범주에 속하는 것으로 인간이 도덕적 수양을 통해 도달할 수 있는 정신의 경지를 지칭한다. 그러나 조비가 말한 '기'는 윤리, 도덕의 색채를 벗어난 자연스러운 품성을 지칭하는 것으로, 사람의 생리生理와 심리心理의 특징에 의해 결정되는 정신 상태라 하겠다. 이러한 정신 상태는 인간 개성의 중요한 구성 성분으로 비록 개성의 형성이 단순히 선천적 요인의 작용으로 귀결시킬 수는 없으나(물론 후천적 요소 역시 대단히 중요한 것이다), 개성에 있어 선천적 요소는 피해갈 수 없는 것이다. 따라서 조

6) "文以氣爲主, 氣之淸濁有體, 不可力强而致, 譬諸淫樂, 曲調雖均, 節奏同檢, 至于引氣不齊, 巧拙有素, 雖在父兄, 不能以移子弟."

비가 말한 "문이기위주文以氣爲主"는 문학의 창작과 작가 개성의 밀접한 관계를 강조한 것이며, 작가의 개성을 두드러지게 하는 것이야말로 창작에서 '위주爲主'가 되어야 하는 대단히 중요한 의의를 지닌다. 이전의 유가 문학이론은 항상 문학 창작과 정치, 수신과의 관계를 강조하였는데, 이는 왕왕 작가의 개성을 말살하기도 하였다. 예를 들어 굴원처럼 자기의 개성을 두드러지게 드러내면 "자신의 재주를 자랑했다."[7]는 질책을 받기도 하였다. 분명 "문이기위주"는 작가의 창작 개성을 중시하는 이론이라 말할 수 있다. 이는 중국의 문학이론과 시학의 역사에 있어 이정표적 의의를 지닌다. 개성의 억압에서 개성의 고취로의 변화는 조비의 이론으로부터 시작되었다고 할 수 있다.

다음으로 '기'의 청탁 문제에 대해 언급하기로 하자. 이는 조비가 '기'를 큰 틀에서 분류한 것으로, 그 연원은 고대에 유행했던 "사람의 천성은 음양으로 인해 성격이 달라진다"[8]는 주장에서 비롯되었다. 청탁은 음양을 대신한 말로 청과 탁은 바로 양과 음이며, 소위 양기陽氣는 상승하여 청이 되고, 음기陰氣는 아래로 숨어들어 탁이 되기에 청과 탁은 형태상의 구별일 뿐 결코 우열의 구별이 아니다. 따라서 실제로 조비가 구분한 청탁은 바로 후에 양강陽剛과 음유陰柔가 지닌 아름다움의 선형이라 하겠다. 모든 사람은 양강과 음유의 아름다움에 대해서는 서로 다른 기호적인 선택을 가지며, 객관적으로는 청·탁, 양강·음유는 모두 미의 형태로 존재한다.

조비는 자신의 이론을 통해 개성과 창작의 관계를 강조하였다. 이는 사람은 모두 고유의 개성과 특징을 가지고 있음을 강조한 것

7) 『文心雕龍』「辨騷」, "露才揚己"
8) "人禀陰陽而立性"

이다. 일례로 조비가 "서간徐幹은 종종 제齊나라 사람의 기질을 드러낸다."[9], "공간公幹은 빼어난 기를 가지고 있다."[10]고 하였는데, 이는 비록 아비와 형이라도 서로에게 기를 전수해줄 수 없는 것이다. 비록 같은 제목으로 부와 시를 짓는다 하더라도 교졸이 생기는데 이는 실제적 상황과 잘 부합한다. 조비의 '문기설'은 문학의 자각을 잘 표현한 것이고, 동시에 당시 문학이론가의 창의적 용기를 잘 체현한 것이라 하겠다.

2. 문체 10분법 및 새로운 정의

육기[陸機: 261~303년]의 자는 사형士衡, 오군吳郡 오현吾縣(지금의 강소성江蘇省 소주시蘇州市) 출신으로 서진西晋 시대의 대표적인 문인이다. 육기와 동생 육운陸雲은 모두 문재가 뛰어나 당시에 이들은 '이육二陸'이라 불렸다. 종영은 『시품』에서 육기의 작품은 "문재가 뛰어나고 문사가 풍부하며 모든 문체에 뛰어났다."[11]고 평가하였다. 육기는 창작에 있어서 "감정(주관)과 대상(객관)이 서로 어울리지 못하고, 글의 내용을 충분히 표현하지 못한다."[12]는 문제를 인식하고 『문부』에서 이 난제를 해결하고자 하였다. 여기서 말하는 '물物'은 작가, 시인이 파악한 대상이며, '의意'는 작가, 시인의 주관적 파악을 지칭한다. "감정(주관)과 대상(객관)이 서로 어울리지 못하고, 글의 내용을 충분히 표현하지 못한다."는 것은 작가, 시인이 예술의 구상 과정에서 직면한 두 가지 난제라 하겠다. 먼저 '물'은 복잡 미

9) "徐幹有時齊氣"
10) "公幹有逸氣"
11) 鍾嶸, 『詩品』, "才高詞贍, 擧體華美"
12) "意不稱物, 文不逮意"

묘한 것이기 때문에, 작가, 시인의 주관은 흔히 '물'의 실체를 완벽하게 파악할 수 없다. 다음으로 작가, 시인의 주관이 대상을 파악하는 일 역시 대단히 복잡 미묘하기에 글을 통해 이를 완전하게 표현하기가 어렵다. 어떻게 이 두 가지 중요한 문제를 해결할 수 있을까? 육기는 『문부』에서 문체의 특징과 창작 구상의 각도에서 이 문제의 해답을 구하고자 하였다.

『문부』에서 육기는 조비 문체론의 기반 위에서 진일보하여 문체를 10종으로 구분하여 다음과 같이 설명하였다.

> 시詩는 정에서 비롯되기에 아름답고 정교해야 한다.
> 부賦는 사물을 표현하기에 청명淸明해야 한다.
> 비碑는 문채가 아름다워야 하나 사실에 바탕을 두어야 한다.
> 뇌誄는 복잡한 감정을 읊기에 슬픔에 바탕을 두어야 한다.
> 명銘은 내용의 핵심을 정확히 적는 것이기에 온화하고 부드러워야 한다.
> 잠箴은 억양이 분명하고 문사는 맑고 힘이 있어야 한다.
> 송頌은 문사가 단정해야 하며, 성대한 표현이 가미되어야 한다.
> 논論은 내용은 정교하고 문사는 분명하여야 한다.
> 주奏는 내용이 온화하고 문사는 단정하고 전아해야 한다.
> 설說은 내용이 분명하고 언어의 운용이 독특해야 한다. [13]

이처럼 육기는 문체를 10종으로 구분하고, 시는 감정에서 비롯되기에 문사가 정교하고 섬세하여야 하며, 부는 주로 대상을 묘사하는 것이기에 문사가 분명해야 하며, 비문은 사실 관계를 중요시하기에 문사는 응당 간략해야 하며, 뇌는 감정이 복잡하기에 문사는 처량해

13) 張少康, 『文賦集釋』, 上海古籍出版社, 1984, 71쪽. "詩緣情而綺靡, 賦體物而瀏亮, 碑披文而相質, 誄纏綿而悽愴, 銘博約而溫潤, 箴頓挫而淸壯, 頌優游而彬蔚, 論精微而朗暢, 奏平徹而閑雅, 說煒曄而譎誑."

야 하며, 명문銘文은 내용의 풍부함과 간략함이 결합되어야하기에 글이 함축적이어야 하며, 잠언箴言은 내용의 도리가 완약하고 곡절이 있어야하기에 문사는 깔끔하면서 힘이 있어야 하며, 송은 내용은 단아하나 문사는 풍부해야 하며, 주문奏文은 온아하고 전아해야 하며, 변설문辯說文은 도리가 분명하고 문사는 독특해야 한다고 생각했다. 주의해야 할 점은, 조비가 문체의 특징을 말할 때 단순히 문사만을 표준으로 삼았기 때문에 "시와 부는 아름다워야 한다."[14]는 식으로 정의를 내렸으나, 육기는 문체가 표현하려는 내용과 문체가 요구하는 형식이라는 두 가지 방향에서 정의를 내렸다는 것이다.

육기의 시에 관한 새로운 정의를 살펴보기로 하자. 육기의 "시는 정에서 비롯되기에 아름답고 정교해야 한다."는 말 한 마디에 대하여 역대에 걸쳐 많은 논쟁이 벌어졌다. 특히 명明·청淸 시기의 몇몇 유생들은 육기의 주장에 대해 많은 비난을 퍼부었다. 예를 들어 명대 사진[謝榛: 1495~1575년]은 육기의 주장에 대해 "무릇 '기려綺麗'는 육조 시대 문단의 중대한 병폐이며, '유량瀏亮'은 한대의 문학적 취지와는 다르다."[15]고 비판하였다. 청대 심덕잠[沈德潛: 1673~1769년]은 육기가 "『문부』를 지으며 '시는 정에서 비롯되기에 아름답고 정교해야 한다.'라 하였는데, 뜻을 전하고 풍교風敎를 밝히는 일에 무릇 수식을 바탕으로 삼았으니 그의 말은 이전 시인의 뜻에서 벗어났다."[16]고 지적하였다. 이들은 모두 육기가 "감정에서 시작된다."[17]는 것만 알았을 뿐, "예에서 멈춰야 한다."[18]는 것은 몰랐다고

14) "詩賦欲麗"
15) "夫'綺麗'重六朝之弊, '瀏亮'非兩漢之旨."
16) "所撰『文賦』云'詩緣情而綺', 言志章敎, 惟資塗澤, 先失詩人之旨."
17) "發乎情"
18) "止乎禮義"

비판하였다. 이처럼 유생들이 육기의 논점을 비난한 것은 오히려 "시는 정에서 비롯되기에 아름답고 정교해야 한다."는 육기의 주장이 유가의 '시언지詩言志'의 관점에 대한 최초의 반란임을 증명한다. 육기가 이러한 사실을 인식했든 안했든 그의 논점은 중국 문학 관념의 새로운 장을 열었다는 중대한 의의를 지닌다.

'시연정詩緣情'의 중요한 의미는 유가의 '지志'자를 교체했다는 것이다. 여기서 말하는 '시연정'의 의미는 시는 감정에서 비롯된다는 것이다. 정이란 사람의 감정, 즉 희喜, 노怒, 애哀, 낙樂, 애愛, 오惡, 욕欲을 모두 포괄한다. 이러한 주장은 서양의 18세기 호반시인湖畔詩人 워즈워드의 "시는 인간 감정의 자연스러운 표출이다."[19]라는 관점과 일치한다. 이는 중국 문학이 유가의 공리, 실용의 관점에서 문학 자체의 심미적 관점으로 전환되었음을 의미한다. 육기는 단순히 '무엇을 표현할 것인가?'라는 관점에서 시의 특징을 설명한 것이 아니라 진일보하여 시를 '어떻게 표현할 것인가?'의 방향에서 시의 특징을 설명하고자 하였다. '기미'는 시의 문사에 대한 일종의 정의이며, 결코 "사치하고 미려하다."[20]는 의미가 아니다. 이선李善은 "기미綺靡란 정교한 말이다"[21], 황간[黃侃: 1886~1935년]은 "기는 문식[文飾: 문장의 수사]이다. 미는 세미細微하다는 의미이다."[22]라고 주석을 가했다. 이들의 주석은 정확하다. 시가라는 문체는 반드시 정교하고 세밀한 언어를 사용하여야 한다는 것이다. 이처럼 육기는 두 가지 측면에서 시에 대하여 새로운 규정을 만들어, 문학 관념의 중대한 혁신을 실현하였던 것이다.

---

19) "詩是人的感情的自然流露"
20) "侈靡"
21) "綺靡, 精妙之言"
22) "綺, 文也. 靡, 細也, 微也."

3. 창작 구상의 체계적 탐색

『문부』는 창작 규율에 대한 탐색을 대단히 중요시했으며, 창작 과정에 있어서의 준비, 구상, 표현 3단계를 정교하고 세밀하게 논하였다.

첫째, 『문부』에서는 창작의 준비를 논하고 있다. 육기는 창작 구상의 준비에 있어 세 가지 측면에 주의를 기울였다. 첫째는 심신의 통일이다. "우주에 조용히 서서 만물을 심각하게 관찰한다."[23]는 것은 천지 사이에 조용히 서서 일종의 '현람玄覽'의 정신적 경계에서 만물을 관찰한다는 것이다. '현람'은 『장자』의 "조제현람滌除玄覽"에서 나온 말로 '조제'는 먼지를 씻어낸다는 의미이며, 실제로는 사람의 두뇌에 있는 각종 주관적 관념, 선입관을 배제하여 자신의 사상을 마치 거울처럼 맑고 깨끗하게 만들어야 한다는 의미다. '현'은 '현원[玄遠: 현묘하고 심원함]'의 의미이고, '람'은 관조의 의미이니, 마음이 허정虛靜하고 명징明澄한 상태에 이르면 먼 곳까지 관조할 수 있다는 의미라 하겠다. 이는 구상으로 진입하기 전에 먼저 일종의 심리 조절의 과정이 필요하며, 스스로 신심을 통일하여 고도로 주의력을 집중하면 허정의 경계에 진입할 수 있다는 것을 말한다. 육기의 이러한 주장은 분명 장자의 허정설의 영향을 받은 것이다.

둘째, 마음(주관)과 사물(객관)의 대응이 필요하다. 육기는 "계절의 변화에 따라 탄식하고, 만물을 바라보니 생각이 복잡해지고, 깊은 가을 떨어지는 낙엽을 슬퍼하고, 꽃 피는 봄날 새싹에 기뻐하며, 마음 울적하니 서리가 생각나고, 원대한 뜻 구름에 이른다."[24] 고

23) "佇中區以玄覽"

하였다. 이는 현재 우리가 말하는 자연을 관찰하는 것이 아니라 시인과 자연이 서로 마음이 통해 '사시四時'의 변화가 시인의 탄식을 이끌어내고, 복잡한 만물이 시인의 복잡한 생각을 이끌어 내며, 깊은 가을의 낙엽은 사람을 슬프게 만들고, 봄날의 새싹은 사람을 기쁘게 만들며, 서리를 생각하면 마음이 서늘해지고, 백운을 접하니 뜻이 원대해 지는 것을 설명한 것이다. 이것이 바로 구상 전에 만물에 대한 감응이며, 이러한 감응이 없다면 시정이 있을 수 없어 창작과정에 진입할 수 없다는 것이다. 육기는 이러한 언급에서 '심물동구[心物同構: 마음과 사물이 하나로 됨]'의 문제를 제기하였는데, 이는 우리에게 시사하는 바가 크다.

셋째, 지식의 준비가 필요하다. 육기는 "전적에서 정지情志를 키우고"[25], "문장의 보고에서 노닐며, 아름다운 문장의 조화를 기뻐하노라"[26]라고 하였는데, 이는 전적을 읽어 지식을 축적하여 성정을 도야해야 함을 지적한 것이다. 이러한 세 단계의 준비가 끝나야 구상을 위한 준비가 완성된다.

이어서 『문부』에서는 구상 과정에 대한 생동적이고 의미심장한 서술이 이어진다.

> 구상이 시작되면 보고 듣는 것을 모두 멈추고,
> 심사숙고하여 널리 제재를 찾아보고,

---

24) 張少康, 『文賦集釋』, 上海古籍出版社, 1984, 14쪽. "遵四時以嘆逝, 瞻萬物而思紛; 悲落葉於勁秋, 喜柔條於芳春. 心懍懍以懷霜, 志眇眇而臨雲."

25) "頤情志於典墳"

26) "游文章之林府, 嘉麗藻之彬彬"

정신을 광활한 팔극까지 이르게 하고,
마음은 지극히 높은 곳에 자리하게 한다.
구성에 대한 사유가 충분히 성숙되면 감정은 모호에서 벗어나 신선하게 발전하고,
사물의 모습은 선명하게 드러난다.
많은 서적의 정수를 경주傾注하고,
육예六藝의 향기를 충분히 받아들여 음미하며,
상상력을 동원하여 저 높은 은하수를 편안히 노닐고,
저 아득한 심천深泉으로 잠입한다.
이에 깊고 어두운 곳에 가라앉은 문사를 찾아내기 어려운 것은,
마치 깊은 연못에서 낚시로 물고기를 건져 올리는 것과 같다.
문사가 계속 떠오르는 것은,
마치 새가 줄 달린 화살에 적중되어 높은 구름에서
하나하나 떨어져 내리는 듯하다.
백 년에 걸쳐 사용하지 않았던 문사를 찾아내고,
천 년에 걸쳐 사용하지 않았던 운율을 사용한다.
일찍 피었다 시든 꽃일랑 던져버리고,
아직 피지 않은 꽃을 따오리다.
잠깐 사이에 고금을 두루 살피고,
순식간에 사해를 일주하노라.[27)]

육기는 중국 문학이론사에 있어 최초로 구체적이고, 세밀하게 시인의 구상 과정 및 그 특징을 보여주었으며, 이는 후대에 커다란 영향을 미쳤다. 시인이 허정의 맑고 깨끗한 상태로 진입한 다음에 구상이 시작된다. 구상은 활발한 상상력을 중심으로 전개되며, 상상력

---

27) 張少康, 『文賦集釋』, 上海古籍出版社, 1984, 25쪽. “其始也, 皆收視反聽, 耽思傍訊, 精騖八極, 心游萬仞. 其致也, 情曈曨而彌鮮, 物昭晣而互進. 傾群言之瀝液, 漱六藝之芳潤, 浮天淵以安流, 濯下泉而潛浸. 于是沈辭怫悅, 若游魚銜鉤而出重淵之深, 浮藻聯翩, 若翰鳥纓繳而墜曾雲之峻. 收百世之闕文, 采千載之遺韻, 謝朝華于已披, 啓夕秀于未振. 觀古今于須臾, 撫四海于一瞬.”

은 시간과 공간을 초월한 활동이다. "정신을 광활한 팔극까지 이르게 하고, 마음은 지극히 높은 곳에 자리하게 한다."거나, "상상력을 동원하여 저 높은 은하수를 편안히 노닐며, 저 아득한 심천深泉 속으로 잠입한다."거나 "잠깐 사이에 고금을 두루 살피고, 순식간에 사해를 일주하노라."라고 말한 것은 모두 이러한 시간과 공간을 초월한 정신적 비상을 통해 획득한 극도의 자유로운 사고를 설명하는 것이다. 상상 속에서 정감과 물상은 몽롱한 상태에서 분명한 상태로 전환된다. 구상을 통해 만들어진 형상과 감정을 표현하기 위하여 고금의 전적 가운데 훌륭한 언어들을 빌려오지만, 이러한 언어를 이용하여 감정과 형상을 표현하는 활동에는 늘 변화가 있어 어떤 표현은 대단히 어려워 껄끄럽기 그지없고, 어떤 경우에는 상당히 순조로워 짧은 시간 안에 떠오르기에 '부조연편浮藻聯翩'이라 한 것이다. 상상 속에서 창조력이 발휘될 때 이전 문인들이 표현하지 못한 것을 표현할 수 있다. "일찍 피었다 시든 꽃일랑 던져버리고, 아직 피지 않은 꽃을 따오리다."는 바로 이를 두고 한 말이다. 이와 동시에 육기는 구상은 예술적 개괄성概括性을 가지고 있어서 적은 것으로 많은 것을 포괄할 수 있다고 말한다. 이는 "문형文型 안에 천지를 아우를 수 있고, 붓 끝에 만물을 집어넣을 수 있다."[28]는 것은 천지의 장대한 모습도 시인의 글 안에 표현되며, 만물 역시 시인의 붓끝을 통해 서술될 수 있다는 의미이다. 이러한 사실에서 예술의 구상은 자유로운 정신, 감성적 이미지의 변화, 표현의 기복, 예술적 창조의 개괄 등의 특성을 두루 갖추고 있다 하겠다.

다음으로, 육기는 『문부』에서 구상 완성 이후의 표현 과정 및 그 복잡성에 대하여 다음과 같이 언급하였다.

---

28) "籠天地於形內, 挫萬物於筆端."

> 구상이 이루어지면 적당한 문사를 찾고, 내용을 결정하여 서술할 위치를 정하고, 문사를 잘 고려하여 문장을 이루어야 한다. 표현하고자 하는 광경을 모두 표현하고, 표현하고자 하는 소리까지 모두 표현해야 한다. 근본적인 것에서 지엽적인 것으로, 혹은 지엽적인 것에서 근본적인 것으로 두루 생각해 보아야 한다. 더러 본의本義는 숨어 있으나 표현은 분명하기도 하고, 본의는 간단하나 표현이 어려운 경우가 있다. 호랑이가 나타나면 백수는 자취를 감추고, 용이 나타나면 모든 새는 흩어지기 마련이다. 작자의 구상은 순조로울 때도 있고, 순조롭지 못할 때도 있기 마련이다. 작가가 허정의 상태에서 정신을 집중하여 수많은 생각을 정교하게 조직하여 문장을 지으매 천지를 문장 안에 포괄하고, 만물을 통합하여 붓 끝에 표현한다. 처음에는 언어로 표현하기 어려우나 결국은 붓 끝에서 자연스럽게 흘러나온다. 내용은 근본에 비탕을 두고 줄기로 뻗어나가야 하고, 문사는 조리에 맞게 결말을 맺어야 한다. 마음과 표현에 서로 차이가 없음은 마치 마음의 변화가 얼굴에 나타나는 것과 같다. 즐거운 일에 생각이 미치면 표현에 자연스럽게 웃음이 배어나고, 슬픔을 말하다보면 저절로 탄식이 터져 나온다. 더러는 경솔하게 창작에 임해 붓만 빨며 아무것도 얻지 못하는 경우도 있다.[29]

이 예문에서 육기는 구상 이후의 표현 역시 간단한 것이 아니라 대단히 복잡한 것임을 지적하고 있다. 그는 구상의 완성 이후 내용을 구성할 필요가 있기에 장절의 순서에 따라 문단을 나누어 배치하고, 문구를 고려하여 구성을 조절하여야 한다고 여겼다. 경물의 경우 형상과 색채를 분명히 하고, 음향의 경우 그 소리를 명확히 들어야 한다. 더러는 줄기를 근거하여 잎사귀를 묘사하고, 어떤 경우에는 물줄

29) 張少康, 『文賦集釋』, 上海古籍出版社, 1984, 43쪽 "然後選義按部, 考詞就班, 抱景者咸扣, 懷響者畢彈. 或因枝以振葉, 或沿波而討源. 或本隱以之顯, 或求易而難得, 或虎變而獸擾, 或龍見而鳥瀾, 或妥帖而易施, 或岨峿而不安. 罄澄心以凝思, 眇衆慮而爲言. 籠天地於形內, 挫萬物於筆端. 始躑躅於燥吻, 終流離於濡翰. 理扶質以立幹, 文垂條而結繁. 信情貌之不差, 故每變而在顔. 思涉樂其必笑, 方言哀而已嘆. 或操觚以率爾, 或含毫而邈然."

기를 따라 올라가 그 시원을 찾아내야 하며, 어떤 경우에는 감춰진 의미를 명확하게 만들고, 어떤 경우에는 쉬운 것에서 시작하지만 어려운 것으로 전환되며, 어떤 경우는 마치 호랑이가 나타나면 백수가 모두 순종하듯 쉽게 요령을 얻을 수 있고, 어떤 경우에는 용이 날아오르면 모든 새들이 흩어지는 것과 같이 요점을 파악할 수 있고, 어떤 경우에는 마음대로 써내려가도 지극히 자연스럽고, 어떤 경우에는 아무리 여러 번 추고하더라도 적당한 것을 찾아내지 못한다. 정신을 집중하여 깊이 사고하고, 세밀하게 고려한 뒤에야 문장을 완성할 수 있는 것이다. 형상 속에 천지를 개괄하고, 붓 끝에 만물을 표현한다. 처음에는 입술이 말라 말도 제대로 나오지 않으나, 최후에는 필묵을 통해 풍부하고 자연스럽게 표현된다. 주제 확립은 나무의 기둥처럼 만들고, 문사는 나무 가지의 많은 잎사귀처럼 풍성하게 만들어야 한다. 내심의 감정과 외부의 용모를 일치시키면 내심의 변화가 얼굴에 빠짐없이 드러난다. 즐거운 일을 생각하면 웃음이 나고, 슬픈 일을 말하면 이미 길게 탄식한다. 어떤 때는 죽간을 들면 대단히 빠르게 글을 써내려가지만, 어떤 때는 붓만 입에 물고 생각만하고 망연자실한다. 육기는 자신의 창작 경험을 그의 저술에 녹여 두었기 때문에 예술 구상이 끝난 뒤의 여러 가지 현상에 대하여 모두 정교하게 서술할 수 있었다. 예를 들어 육기는 주제의 돌출과 표현의 풍부라는 문제에 대해 "내용은 근본에 바탕을 두고 줄기로 뻗어나가야 하고, 문사는 조리에 맞게 결말을 맺어야 한다."는 합당한 생각을 제시하였다. 또한 육기는 예술적 묘사에 있어서의 개괄의 문제에 대해서 "천지를 문장 안에 포괄하고, 만물을 통합하여 붓 끝에 표현한다."는 주장을 제시하였고, 창작의 순조로움과 고난에 대해서는 "작자의 구상은 순조로울 때가 있으면, 순조롭지 못한 경우도 있기 마련이다", "더러는 경솔하게 창작에 임해 붓만 빨며 아무것도 얻지 못하는 경우도 있다"고 설명하였으며, 창작 심리에 대해서는 "즐거운 일에 생각이 미치면 표현에 자연스럽게 웃음이 배어나고, 슬픔을 말하다보면 저절로 탄식이 터져 나온다."고 설명하였다. 육기는 표현 과정의 여러 가지 현상과 문제에 대해 충분히 고려하였으나, 서술은 많으나 논단論斷은 비교적 부족하다. 그러나 2~3세기 무렵에 이와 같은 창작 과정에 대한 서술의 예는 아마 쉽게 찾아 볼 수 있는 것이 아닐 것이다.

4. 예술의 표준 — 응應, 화和, 비悲, 아雅, 염艷

육기는 『문부』에서 창작 과정의 폐단을 지적함으로써 작품의 예술의 표준으로 독특한 5개 항, '응', '화', '비', '아', '염'을 제시하였다.

'응'의 표준

육기는 "작품의 편폭이 짧으면 적을 내용도 적어 정취가 단조롭다. 적막함에 빠져드니 벗조차 없는 것 같고, 허공을 바라보니 뜻을 이을 길 없다. 한 줄로 연주하는 것과 같아 맑은 소리로 노래 불러도 따라 부르는 사람도 없다."[30]고 하였다. 그 의미는 어떤 작품은 편폭이 짧아 쓸 내용도 적어 정취가 단조로워서 마치 맑은 소리로 노래를 해도 반주도, 호응도 없는 것처럼 너무나 단조롭다는 것이다. 이처럼 육기는 '응(호응呼應)'이라는 예술의 표준을 제시하였는데, '응'은 주된 선율(주조主調)일 수도 있고, 주된 선율이 아닐 수도 있으나 상호 호응해야 비로소 풍부하고 다채로움을 이룩할 수 있다

30) 같은 책, 129쪽. "或托言於短韻, 對窮迹而孤興. 俯寂寞而無友, 仰寥廓而莫承. 譬偏弦之獨張, 含淸唱而靡應"

고 생각하였다. ‘응’의 예술적 표준은 실제로는 ‘풍부’와 ‘다양’의 아름다움을 추구하는 것이라 할 수 있다.

‘화’의 표준

육기는 “더러는 글을 지음에 음률이 조화를 이루지 못해 헛되이 화려할 뿐 광채가 없다. 미·추가 적절히 조화를 이루어야 하며, 좋은 것만 쌓아 놓으면 하자瑕疵가 생긴다. 이는 당상堂上, 당하堂下의 연주가 음률의 조화를 이루지 못하면 호응하려해도 조화를 이룰 수 없다.”[31]고 말했다. 어떤 작품은 제재는 훌륭하지만 표현 과정에 있어 더러는 아름답기도, 추하기도 하여 마치 당상의 노래와 당하의 반주가 서로 조화를 이루지 못함을 “호응하려 해도 조화를 이룰 수 없다”고 한 것이다. 이와 같이 육기는 ‘화’를 예술의 표준으로 제시, 전체적으로 조화를 이룬 아름다움을 요구하였다.

‘비’의 표준

육기는 “내용을 저버리고 기이함만 구하려 하면 쓸모도 없고 모호한 수사만 추구하게 된다. 진실한 감정이 없으면 애정도 없고, 문사는 부화할 뿐 정상적인 내용으로 돌아가지 못한다. 이는 마치 거문고의 가는 줄로 빠른 리듬을 연주하면 비록 곡조는 아름답다 하더라도 애절한 감동을 줄 수 없는 것과 같다.”[32]라 하였다. 어떤 작품은 진실한 감정이 결핍되어 오로지 수사상의 신기함만 추구하는

---

31) 같은 책, 130쪽. “或寄辭於瘁音, 徒靡言而不華. 混妍蚩而成體, 累良質而爲瑕. 象下管之偏疾, 故雖應而不和.”

32) 張少康, 『文賦集釋』, 上海古籍出版社, 1984, 130쪽. “或遺理以存異, 徒尋虛而逐微. 言寡情而鮮愛, 辭浮漂而不歸. 猶絃么而徽急, 故雖和而不悲.”

데, 이는 마치 빠른 현의 연주가 보기에는 조화를 이룬듯하지만 사실은 애절한 감정은 없는 것과 같다. 이는 육기가 '화'와 '비'의 연관성을 지적한 것이다. 연구자들 가운데 더러는 '비'를 단순히 정감으로 간주하고 육기가 어떤 이유에서 '비'를 가지고 감정을 지칭하는지에 대해서는 그다지 깊은 사고를 하지 않았다. 사실상 육기의 예술 의식 속에는 '슬픔을 고찰하는' 의식이 상당히 강하다. 이런 관점의 제기는 모든 문학이론에 특별한 의의가 있다.

'아'의 표준

육기는 "더러는 분방함이 세속과 영합하여 부화浮華와 염려艶麗만을 추구하면 지나치게 요염하게 된다. 헛되이 눈이나 즐겁게 하면서 세속에 영합하면 소리만 클 뿐 수준은 낮다. 「방로防露」와 「상간桑間」은 비록 심금을 울리지만 전아하지는 못하다."[33]라고 주장하였다. 그 의미는 「방로」와 「상간」과 같은 염정艶情의 노래는 비록 애절하지만 부화하고 음탕하여 아정雅正함을 손상시켰다는 것이다. 따라서 애절함만 가지고는 아직 부족하고 반드시 전아한 아름다움을 함께 지녀야 한다는 것이다.

'염'의 표준

육기는 "더러는 오로지 청아淸雅하고 완약婉約만을 추구하여 언제나 풍성하고 부화한 수식을 없애버리면 고깃국의 고유한 맛이 없거나 거문고 소리가 단조로운 것과 같다. 비록 일창삼탄一唱三嘆할 정

---

33) 같은 책, 130쪽. "或奔放以諧合, 務嘈囋而妖冶. 徒悅目而偶俗, 故聲高而曲下, 寤『防露』, 『桑間』, 又雖悲而不雅."

도로 전아할지라도 아름답지는 못하다."[34]고 주장하였다. 어떤 작품은 지나치게 질박하여 문채가 결핍되어 마치 제사에 사용되는 흰 고깃국이 본래의 맛이 나지 않거나 느낌이 없어 비록 아정함은 있으나 아름답지는 못하다는 것이다. 따라서 '염'이란 일종의 감각적 아름다움에 대한 요구라 하겠다.

'응', '화', '비', '아', '염'은 예술의 표준이며, 실제적으로는 육기의 예술에 대한 추구를 밝힌 것이며, 이러한 추구의 목표는 풍부한 아름다움, 조화의 아름다움, 애절한 아름다움, 전아한 아름다움과 감각적 아름다움의 구현이다. 오늘날의 관점에서 본다면 이는 예술의 이상을 언급한 것으로 간주할 수 있을 것이다.

5. '응감지회應感之會'와 창작 영감의 서술

예술의 구상 문제에 있어 육기는 영감이라는 중요한 문제를 제기하였다. 그는 영감이 떠오를 때를 '응감지회'라고 칭했다. 그는 문학적 사유와 영감은 밀접한 관계를 가지고 있다고 여겼고, 영감이 다가올 때는 "생각이 가슴에서 불어나오는 바람처럼 격하게 일어나고, 말이 샘물이 터져 나오듯 입에서 흘러나오고"[35], "아름다운 문사가 눈에 흘러넘치고, 영롱한 소리가 귀에 가득하게 된다."[36] 그러나 영감이 나타나지 않을 때에는 "여러 감정이 가슴 밑바닥에 응어리지면 생각을 해도 상상력이 발휘가 되지 않아 마치 굳어진 고목처럼, 메마른 샘물처

34) 같은 책, 130쪽. "或淸虛以婉約, 每除繁而去濫, 闕大羹之遺味, 同朱絃之淸氾. 雖一唱而三嘆, 固旣雅而不艶."

35) 李壯鷹, 『中華古文論選註』, 百花文藝出版社, 1991, 40쪽. "思風發于胸臆"

36) 같은 책, 40쪽. "文徽徽以溢目, 音泠泠以盈耳."

럼 마음이 움직이지 않는다."[37] 육기 자신은 뛰어난 시인이었기에 창작에 대한 풍부한 이해를 지녔다. 아마도 육기는 어떤 경우는 창작의 열정이 고조되어 상상력이 샘물처럼 흘러 넘쳐 붓을 대면 황하의 물처럼 일사천리로 문장이 이루어지기도 하고, 어떤 경우는 감정이 솟아나지 않아 문학적 상상력이 막혀 고목처럼 우두커니 창작에 임하지 못하는 경험을 하였을 것이다. 육기가 창작 과정에 있어 정반대의 두 정신 상태를 제시한 것은 실제로는 영감의 유무를 구분한 것이라 하겠다. 육기는 다시 영감의 생성이 너무나 미묘하다고 여겨 "영감이 떠오를 때, 그 것은 통하기도 하고, 막히기도 한다. 영감이 떠오르는 것을 막을 수도 없고, 사라지는 것 역시 막을 수가 없다."[38]고 하여 인력으로는 어찌할 수 없다고 여겼다. 육기는 약 서기 3세기 무렵에 활약하였기에 그가 과학적으로 영감 문제를 해석할 수 없었던 것은 그다지 이상할 게 없으나 그가 이러한 문제를 제기하고, 아울러 이러한 실제적 표현과 부합하게 서술한 것은 대단히 큰 공헌이라 하겠다.

이외에 육기는 창작의 구조와 기교 문제에 대해 많은 계시적 의미의 서술을 하였으나 이들 모두를 하나하나 여기에서 모두 언급하기는 어렵다. 육기의 『문부』는 중국 고대의 첫 번째 가장 완벽한 창작론이며, "감정(주관)과 대상(객관)이 서로 어울리지 못하고 글이 내용을 충분히 표현하지 못한다."는 문제를 해결하기 위해 많은 노력을 기울였고, 문체론과 구상에 관한 논의는 바로 이러한 문제들을 해결하기 위한 노력이었다. 『문부』는 문학 발전사의 각도에서 본다면 위로는 조비의 『전론 · 논문』을 계승하고, 아래로는 『문심조룡』에 커다란 영향을 미친 중국 문학이론사에 있어 중요한 위치를 차지하는 뛰어난 저작이다.

---

37) 같은 책, 40쪽. "六情底滯, 志往身留, 兀若枯木, 豁若涸流."

38) 같은 책, 40쪽. "應感之會, 通塞之紀, 來不可遏, 去不可止."

제 7 장

유협劉勰 문학이론 독해

1. 유협의 생애와 문학사상 개관

유협의 자字는 언화彦和, 본적本籍은 산동山東 동완[東莞: 현재의 산동 거현莒縣]이다. 송 명제明帝 태시泰始 원년元年(465년)에 태어나 양梁 중대통中大通 4년(532년)에 세상을 떠났다. 그의 할아버지는 영가永嘉의 난이 일어났을 때 남쪽으로 내려와 경구[京口: 현재의 강소성江蘇省 진강鎮江]에 거주하였다. 그의 아버지는 일찍이 '월기교위越騎校尉'를 지냈으나 불행히도 일찍 세상을 떠났다. 유협은 20세 전후에 어머니마저 잃자 집안 형편이 더욱 처량하게 되어 결혼조차 하지 못했다. 그러나 유협은 어려서부터 학문에 뜻을 두었고, 나중에 당시 정림사定林寺에서 승우僧祐에게 배우면서 불경의 교정과 편정을 담당하면서 약 10년에 걸친 노력 끝에 "마침내 불경의 이론에 박통하게 되었다."[1] 당시 정림사의 경장經藏은 유협이 편정한 것이다.

천람天監 초년初年(502년 혹은 503년)에 "집안을 일으키고자 조정의 부름을 받아"[2] 처음 관료로 나갔으나, 이렇다 할 관직에는 오르

1) 『晉書』「劉勰傳, "遂博通經論"

지 못했다. 한참 후에야 제대로 된 관직인 절강浙江 구현衢縣 현령縣令에 올랐다. 그가 오른 관직 가운데 가장 의미 있는 직위는 "동궁통사사인[東宮通事舍人: 태자의 문서를 관리하는 관직]"이었다. 소명태자昭明太子 소통蕭統은 일찍이 『문선文選』을 편집할 정도로 문학 애호가였기에 유협을 특별히 아꼈다. 그가 어떻게 이런 직위를 가지게 되었는가에 대해서는 자세히 알 수 없다. 그의 전傳에 언급된 중요 내용은 그가 천지에 제사를 지낼 때 돼지고기와 양고기를 사용하지 말고 나물을 사용하자고 건의했고, 이 건의가 받아들여졌다는 기록뿐이다.

그의 나이 33세에 『문심조룡』의 저술을 마쳤는데, 이는 그의 일생에 가장 위대한 일이었다. 그는 "스스로 이 책을 중히 여겼으나"[3] 이를 알아주는 사람이 없었다. 그는 어쩔 수 없이 당시 문단의 영수였던 심약沈約의 도움을 구해야 했다. 그의 행위는 정말이지 가소롭기까지 하였다. 그는 책을 등에 지고 심약이 나올 때를 기다리다가 심약의 마차를 막아서서 마치 상인처럼 꾸며 책을 팔았다. 심약이 책을 사 보고는 "문학의 깊은 이치를 지녔다."[4]고 말하고는 『문심조룡』을 항상 책상에 두고 시간이 날 때마다 읽었다고 한다. 유협은 "불교의 교리에 뛰어나"[5] 후반생後半生을 다시 불경을 수정修訂하는데 보냈고, 마지막에는 관직도 그만두고 출가하여 스님이 되었다. 출가한 지 일 년 뒤 정림사에서 생을 마감했다.

유협의 생애와 관련하여 그가 중국 제일의 거대한 체계, 엄밀한 논리, 심각한 관점을 갖춘 문학이론서를 쓸 수 있었던 것은 그가 일

---

2) 같은 책, "起家奉朝請"
3) 같은 책, "自重其文"
4) 같은 책, "深得文理"
5) 같은 책, "長于文理"

찍이 불경을 정리, 수정에 종사하였던 사실과 깊은 연관이 있다. 불경은 인도에서 건너온 것으로 일종의 외래문화로 엄밀한 체계와 논리를 가진 것이었다. 유협은 아마도 불경 속에서 체계를 만들고, 틀을 조직하는 능력을 흡수하여 이를 문학이론서 저술에 운용했을 것이다. 이러한 의미에서 본다면 『문심조룡』은 중국과 외국 교류의 산물이라 하겠다. 사상이 정형화되면 경직된다. 이 때 외래의 사상이 충격을 가해야 비로소 새로운 불꽃이 피어난다. 여러 학자들은 유협의 『문심조룡』에는 유가 사상만 자리한다고 말하지만 이는 실제와 부합하지 않는다. 실제로 그의 저작에는 유교, 도교, 불교 사상이 결합되어 있다. 이러한 내용은 이후의 분석을 통해 알 수 있을 것이다.

앞서 서술한 바와 같이 위·진 시기는 조씨 삼부자(조조曹操, 조비曹丕, 조식曹植)가 강건한 건안풍골建安風骨을 제창하여 이미 "무릇 문장이란 나라를 다스리는 대업이며, 불후의 위대한 사업"으로 여겨지게 되었고, 동시에 "시와 부는 아름다워야 한다."[6]라는 관점도 새롭게 제기되었다. 송宋 명제明帝는 유학, 현학, 사학 이외에 문학관文學館을 별도로 설립하였을 뿐만 아니라 총명관聰明館을 세우고 유儒, 도道, 문文, 사史, 음양陰陽 오부五部를 두어 문학을 독립적 부서로 만들었다. 동시에 역사서에서도 문원전文苑傳을 별도로 두기 시작하였다. 특히 주목해야 할 것은 송宋·제齊 이후 문文·필筆의 구분이 생겼다는 것이다. 양원제梁元帝 소역蕭繹은 『금루자金樓子』 「입언立言」편에서 다음과 같이 언급하였다.

> 굴원屈原, 송옥宋玉, 매승枚乘, 장경長卿 등은 사부辭賦만을 지었는데, 이를 '문文'이라 칭하였다. … 시를 짓는 것을 불편하게 여겼던 염찬閻纂, 장주章奏

---

6) 曹丕, 『典論·論文』, "詩賦欲麗"

에 뛰어났던 백송伯松과 같은 사람의 글을 '필筆'이라 불렀다.[7]

유협은 『문심조룡』 「총술總術」편에서 다음과 같이 말하고 있다.

> 요즘 사람들은 흔히 문장에는 문文이 있고, 필筆이 있다고 말한다. 운韻이 없는 것을 필, 운이 있는 것을 문이라 한다.[8]

문·필의 구분은 당시에 이미 통론이었다는 것은 대단히 중요한 일이었다. 이는 문학이 종속적 상태에서 독립적 지위를 차지한 문학의 자각 시대가 도래했음을 의미한다. 이후 소명昭明은 『문선文選』을 편찬하면서 사부를 중심에 두었고, 경서, 제자諸子, 사전史傳은 선별하지 않았다. 문학의 자각은 문학이론에 생기를 가져왔다. 문학의 자각은 문학이론의 저작에 추진력과 필요한 제반 요건을 마련해 주었다. 유협의 『문심조룡』과 같은 전문서가 출현한 것은 결코 우연이 아니었다.

『문심조룡』 「서지序志」편에서 유협은 당시의 사족士族이나 대지주에 속하지 못해 정치적으로 커다란 업적을 이룰 수 없었기에 "덕을 쌓고 입언立言하는 것"[9]이 자신의 소임이라고 말하고 있다. 『문심조룡』은 후대인들에게 다음과 같은 성과를 남겨주었다.

유협은 왜 『문심조룡』을 지었을까? 입언立言과 유명留名 이외에 다음 세 가지 이유가 있다.

---

7) 蕭繹, 『金樓子』 「立言」, "屈原, 宋玉, 枚乘, 長卿之徒, 止於辭賦, 則謂之文. …… 至於不便爲詩如閻纂, 善爲章奏如伯松, 若此之流, 汎謂之筆."

8) 范文瀾, 『文心雕龍注』, 人民文學出版社, 1958, 655쪽. "今之常言, 有文有筆. 以爲無韻者筆也, 有韻者文也."

9) 「序志」, "樹德立言"

첫째, 선현의 문학 관점을 분명하게 밝혔다. 유협은 「서지」편에서 그가 어렸을 때 꿈에서 공자를 따라 남행했다고 말하였는데, 이것이 믿을 만한 것인지는 그다지 중요한 문제가 아니다. 중요한 것은 그가 스스로를 '성인聖人' 공자의 학생으로 여겨 공자의 사상을 분명하게 밝히겠다는 뜻을 세웠다는 것이다. 그러나 경전에 주석을 가하는 일로는 일가를 이룰 수 없다고 생각하였지만 "문장의 작용은 실로 경전의 곁가지와 같다."[10]고 생각하였다. 이는 유협 스스로 『문심조룡』이 '경전의 한 갈래'라 여겼음을 의미한다.

둘째, 제齊·양梁 시기의 부화하고 기이한 문풍을 바로잡고자 했다. 그의 저작은 선명한 비판적 경향을 가지고 있었다. 그는 자신이 생활했던 당시 "성인의 시대와 너무 떨어지니 문체는 흩어지고 문인들은 기이함만을 좋아하여 문장은 부화함만을 귀하게 여기며 … 근본과 멀어짐이 더욱 심해져 기이하고 부화함만 추구한다."[11]는 경향을 강력히 비판하였다. 유협은 제·양 시기의 문풍을 너무나 혐오하여 철저히 잘라내야 할 것으로 여겼고, 자신의 저술은 반드시 이러한 병폐를 바로잡는 역할을 해야 한다고 생각했다.

셋째, 위·진 시기이래 문학이론 저작에 대한 불만이 유협의 『문심조룡』 저술 동기 중 하나다. 유협은 이전 문학이론 저작이 "각기 구석만을 비췄을 뿐 큰 길을 바라보지 못했다."[12]고 여겼다. 유협은 조비, 조식, 육기, 지우摯虞 등의 저작이 모두 결함을 가지고 있다고

10) 「序志」, "唯文章之用, 實經典之枝條"
11) 「序志」, "去聖久遠, 文體解散, 辭人愛奇, 言貴浮詭…… 離本彌甚, 將逐訛濫"
12) 「序志」, "各照隅隙, 鮮觀衢路"

생각하였다. 이에 그는 원류를 찾아내고, 모든 문체를 포괄하며, 창작과 비평의 원리를 명확하게 밝힐 전문적 저술을 이룩하겠다는 웅대한 꿈을 품게 되었다.

「서지」편을 통해 우리는 『문심조룡』 전체가 50편으로 이루어졌으며, 유협이 다시 이를 상·하편, 5개 부분으로 구분하고 있음을 알 수 있다. 상편 25편은 문장의 '강령綱領'을 논의하였고, 하편 25편 가운데 24편은 문장의 '모목[毛目: 세부 목차]'을 논의한 부분이며, 여기에 서문이라 할 수 있는 「서지」를 보태면 25편이 된다. 왜 하필이면 꼭 50편이었을까? 이는 『역경』 「계사상繫辭上」편의 "천지를 포괄하는 수는 50이며, 그 가운데 실제로 운용되는 것은 49개의 수이다."[13]라는 것에 근거하여 확정한 것이다. 이러한 까닭에 유협은 「서지序志」편에서 "내용과 이름을 정함에 위대한 『역경』의 이치를 밝혀 사용하였는데, 문장에 사용되는 것은 49편뿐이다."[14]라 언급하였던 것이다.

『문심조룡』 전체의 구성은 상호 연관된 5부분으로 이루어져 있다.

1. '문지추뉴[文之樞紐: 문학의 핵심, 문원론, 문학개론]'5편에서는 문학의 기본 개념을 밝혔다.
2. '논문서필[論文敍筆: 운문과 산문을 논함]'은 「명시明詩」에서 「서기書記」에 이르는 20편으로, 문체론에 해당한다. 모든 문체는 다시 "문체의 내원과 유변을 따져보고, 명칭을 해석하여 그 의미를 밝히고, 각 문체의 좋은 작품을 선별하여 편장의 특징을

13) 『周易』 「繫辭上」, "大衍之數五十, 其用四十有九."
14) 「序志」, "位理定名, 彰乎大易之數, 其爲文用四十九篇而已."

논하고, 각 문체의 창작 방법과 계통의 구성을 진술하는"15) 4단계로 구분된다.

3. '할정석채[剖情析采: 창작의 내용과 형식을 논의함]'는 「신사神思」에서 「총술總術」까지의 부분에 「물색物色」을 합쳐 총 20편으로 구성되는데 창작론에 해당하며 『문심조룡』에서 문학이론적 가치가 가장 높은 부분이다.
4. 네 번째 부분은 「시서時序」, 「재략才略」, 「지음知音」과 「정기程器」 4편으로 구성되었다. 「시서」는 문학 발전론, 「지음」은 문학 감상론, 「재략」과 「정기」는 작가론에 해당한다.
5. 「서지」는 서문으로 본인의 저술 이유, 기본 관념, 체계의 구성 등을 설명하였다.

작가의 전체 내용의 구성에서 본다면 『문심조룡』은 세심한 구상, 완정한 체계, 명확한 순서, 왕성한 기세를 지닌 저작이며, 중국 고대 문학이론서 가운데 찾아보기 힘든, 아니 고대 문학이론의 저작만 가지고 본다면 이전에도 없었고, 이후에도 없는 가장 체계적인 저작이라 하겠다.

유협의 기본적 문학 사상은 「서지」에서 언급한 '문지추뉴文之樞紐' 5편에 잘 나타나 있다. 유협은 "『문심조룡』의 저작은 도에 근원을 두고, 성인을 본받고, 경전의 체제를 본받고, 위서緯書를 참조하고, 초사楚辭에서 변화를 구했다. 문장의 관건은 궁극적인 것까지 다 언급하였다."16)고 스스로 밝히고 있다. 유협의 입장에서 보면 문학의

15) 「序志」, "原始以表末, 釋名以章義, 選文以定篇, 敷理以擧統"
16) 「序志」, "蓋『文心』之作也, 本乎道, 師乎聖, 體乎經, 酌乎緯, 變乎騷. 文之樞紐, 亦云極也."

본원은 '도'이고, '도'는 성인에게서 나오기에 '성인을 본받아야'한다. 그렇다면 성인은 무엇에 근거하여 '도'를 전할 수 있을까? 경전에 근거해야하기에 '경전의 체제를 본받고'라 하였던 것이다. 이를 통해 우리는 유협이 「원도」, 「징성」, 「종경」에서 언급한 핵심 내용이 문학의 근원이 '도'라는 사실을 알 수 있다. 유협의 '도'에 대한 이해 방식은 그의 문학에 대한 기본 관념을 밝히는 관건이라 하겠다. 이 문제는 「원도」편에 대한 논의에서 전개해야 할 문제이기에 여기서는 대략적으로 언급만 하고 지나가겠다.

중국 선진 시기에는 모든 학파가 '도'를 제창하였으나 '도'에 대한 이해에 있어 갈림이 생겨 결국은 유가, 도가 등의 제자 각파가 형성되었던 것이다. 이 문제의 복잡성은 한 두 마디의 말로 분명하게 설명할 수 없다. 현재 유협의 '도'에 대한 학술계의 견해 또한 다양하다. 적잖은 논자들이 유협의 '도'와 헤겔의 '절대 이념(Absolute Idea)'을 동일시하여 그의 문학관이 객관적 유심주의에 해당한다고 말한다. 이에 대하여 나는 많은 의문을 가지고 있다. 나의 견해는 너무나 소박하다. 나는 유협의 '도'는 자연지도自然之道라 생각한다. 구체적으로 말하면 유협이 주장한 '도'는 자연과 자연의 운동 원칙이라 하겠다. 즉 예부터 말했던 천도자연론天道自然論이다. 우리의 선조들은 주위의 자연을 잘 이해하지 못하자 자연 숭배 사상을 지니게 되었다. 자연은 유협이 말한 천지인天地人 삼재三才를 모두 포괄한다. 천지인은 대단히 신비하여 모두 이해할 수 없다. 예를 들어 일월성신의 변화, 사계의 순환, 산천, 강하의 운동, 인간의 생로병사 모두는 신비하고 신성한 것이다. 예를 들어 노자는 "혼돈의 상태에서 이루어진 어떤 것은 천지보다 먼저 만들어졌다. 소리가 없어 들을 수도 없고, 형태가 없어 볼 수도 없으나 홀로 우뚝 솟아 있으면서 영원히 변화하지 않으며, 어느 곳이든 다 퍼져나가며, 멈추는 일도 없다. 이는 천하 만물의 모체이다. 나는 그 이름을 알지 못하기에 억지로 이름 지어 '도'라 부른다."[17]라고 언급하였다. 그러나 이러한 자연천도관은 유가에게도 있었다. 공자는 "하늘이 무슨 말을 하시겠는가? 사계가 운행되고 온갖 만물이 생장하는 데, 하늘이 무슨 말을 하시겠는가?"[18]라고 한 것이 그 예이다. 이것 또한 천도자연天道自然의 묵묵한 운행에 대한 곤혹을 설명한 것이다. 이후의 『주역』에 이르러 생기 넘치고 변화무쌍한 천도자연관으로 발전하게 된다. 이는 우리의 선조들의 자연의 신비, 경외에 대한 커다란 함성이 선진시대 학자들에게 메아리로 전달된 것이라 말할 수 있을 것이다. 유협은 이러한 의식을 바탕으로 '도'를 이해하였고, '도'를 문학의 근원으로 간주했다. 그의 사상은 유가와 도가의 차이를 융합 내지 초월하여 "절충에 힘쓴"[19] 결과물이다. 유협의 문학 사상은 유가, 도가 사상을 계승 발전시킨 결과물이다. 유협의 문학은 도를 바탕으로 삼아야 한다는 문학 관념은 보다 거시적 시각에서 문학은 바라본 것으로, 「모시서毛詩序」의 '시언지詩言志', 조비의 "무릇 문장이란 나라를 다스리는 대업이며, 불후의 위대한 사업이다."라는 사상보다 훨씬 광활하다. 그가 문학을 "도를 바탕으로 한 글"[20]로 이해한 것은 바로 자연의 아름다움에 대한 일종의 예찬이다. 이에 그는 '천문天文', '지문地文'을 '인문人文'과 병렬하고 있다. '도'와 '문'의 관계를 이와 같이 이해하였기에 「원도」, 「징성」, 「종경」 다음에 「정위」와 「변소」 두 편을 이어서 배열하고 있다. 과거의 몇몇 학자들은 유협의 문학

17) 『老子』25, "有物混成, 先天地生, 寂兮寥兮, 獨立不改, 周行而不殆, 可以爲天下母, 吾不知其名, 字之曰道."
18) 『論語』「陽貨」, "天何言哉 四時行焉 百物生焉 天何言哉"
19) 「序志」, "唯務折衷"
20) 「原道」, "道之文"

사상을 완전히 유가 사상으로 간주하였기 때문에 이러한 배열을 이해할 수도, 정확한 해석을 가할 수도 없었다. 만일 '소騷'가 일종의 문체에 불과했다면 왜 '문지추뉴' 부분에 두었겠는가? 그 원인은 이들이 유협이 말한 '도'의 본질이 유동성變動性, 생동성生動性이라는 사실을 이해하지 못했기 때문이다. 유협은 자연, 천도는 생동, 변화하기에 문학 역시 생동, 변화해야 한다고 생각하였다. 따라서 유협은 "위서를 헤아려"[21] 유연하고 생동감 있는 특징을 섭취하고, "이소離騷에서 변화를 구하여"[22] 변화무쌍하나 진실을 상실하지 않는 정신을 배워야 옛 것만을 사수하는 고루함에서 벗어날 수 있다고 생각하였다. '원도[原道: 도에서 근원을 찾다]'에도 「이소」와 같은 무한한 변화를 품고 있다. 이러한 까닭에 유협의 '원도'는 이후 유생들의 주장한 '문이재도[文以載道: 글에 도를 담는다]', '문이관도[文以貫道: 글로 도를 관통하다]'와는 차이가 있다. 유협의 문체론, 창작론이 이처럼 유연하고, 정교하며, 심오한 것은 유협의 기본 문학 관념과 깊은 관련이 있다. 그 가운데 몇 가지 사상은 유협의 '원도' 사상과 일맥상통한다. 예를 들어 「명시明詩」편에는 다음과 같이 언급하였다.

> 사람은 칠정七情을 가지고 있기에 사물과 만나면 감응하기 마련이며, 사물과의 감응을 통해 감정을 표현하는 것은 너무나 자연스러운 일이다.[23]

위 예문에서 유협이 제기한 '물감설物感說'은 시가는 인간 감정과 자연의 접촉과 융화에서 비롯된다는 사실과 천도 자연과 인간의 감정은 서로 의미를 공유하면서 함께 발전한다는 것을 강조한다. 사물

---

21) 「序志」, "酌乎緯"
22) 「序志」, "變乎騷"
23) 「明詩」, "人稟七情, 應物斯感, 感物吟志, 莫非自然."

의 자연스러움, 인간의 감정은 모두 '자연지도自然之道'이기에 시가의 시원은 바로 자연이라하겠다.

유협의 『문심조룡』은 세계 문학이론사상 어떤 지위를 가지고 있을까? 그리고 얼마나 높은 지위를 가지고 있을까? 이에 대해 일찍이 루쉰[魯迅: 1881~1936년]이 대답을 한 바 있다. 루쉰은 『논시제기論詩題記』에서 "동방에 유협의 『문심조룡』이 있다면, 서양에는 아리스토텔레스의 『시학詩學』이 있다. 이들은 그 해석이 탁월하고, 예가 광범위하고, 섬세하여 비평의 발원을 이루어 세상의 모범이 되었다."[24]라고 하였다. 이는 바로 유협의 『문심조룡』과 아리스토텔레스의 『시학詩學』이 서로 어깨를 나란히 한다는 것이며, 이들 모두가 비평의 발원이라는 것이다. 아리스토텔레스가 『시학』에서 주장한 모방설模倣說은 서양의 시학, 문학이론을 천년에 걸쳐 지배했으며, 지금도 거대한 영향을 미치고 있다. 유협의 『문심조룡』 역시 선진 이래 문학과 미학 이론의 유산을 총망라하여 많은 새로운 학설을 제기하였고, 현재 중국 문학과 미학 이론의 발원發源으로 인정받는 위대한 저작이라 하겠다.

만일 동서양의 이론을 횡적으로 비교한다면 유협의 『문심조룡』이 서양의 동시대 문학과 미학 이론보다 크게 앞질렀다고 말할 수 있다. 유협은 위진남북조 시대에 살았으며, 이 시대는 서양의 중세에 해당한다. 서양 중세의 가장 위대한 사상가는 아우구스티누스[Aurelius Augustinus: 354~430년]이고, 그의 대표적 저작인 『참회록懺悔錄』[25] (아리스토텔레스의 『시학』은 당시에는 산실되어 그리스 말기, 로마,

---

24) "東則有彦和之『文心』, 西則有亞里士多德的『詩學』, 解析神質, 包擧洪纖, 開源發流, 爲世楷式."

25) 역자주. 국내에서는 『告白論』으로 번역되기도 한다.

중세 초기에는 별반 영향력이 없었고, 14세기 후반에 이르러 비로소 영향력을 회복하였다.)은 유협의 『문심조룡』과 거의 같은 시기에 이루어졌지만 『참회록』은 『문심조룡』과 도저히 비교할 수 없는 대상이 있었다. 그 이유를 살펴보자.

첫째, 『참회록』은 신학 저작으로 단편적인 문학과 미학 이론을 포함하고 있으나, 『문심조룡』은 체제가 완정한 문학이론서로 다양한 사상을 '문지추뉴', '논문서필', '할정석채'의 체계를 세우구 문학개론, 문체론, 창작론, 비평론,작가론, 문학발전론을 상세하게 서술하였다. 두 책은 서로 비교할 수 있는 대상이 아니다.

둘째, 『참회록』은 단편적인 미학적 논점만을 포함하고 있다. 예를 들어 아름다움이란 각 부분의 균형, 조화, 질서 및 색이 주는 즐거움이라 정의했으며, 그 아름다움은 결국 하느님이 내려준 속성이라고 결론지었다. 그러나 『문심조룡』은 일련의 심각한 문예학적 명제와 범주라 할 수 있는 '원도原道', '기정奇正', '신사神思', '체성體性','풍골風骨', '통변通變', '정세定勢', '정채情采', '은수隱秀', '지음知音', '시서時序', '재략才略' 등을 제시하였다. 이러한 것들은 중국 문학이론의 기본 범주이며, 이후에 등장한 중요한 새로운 범주인 의경意境 등은 유협에게서 영향을 받고 제기된 것이다.

셋째, 『참회록』은 단지 서양 고대의 단편적 유심주의唯心主義 이론을 계승한 것으로 체계적 종합이 제대로 이루어지지 못해 후대의 영향 또한 제한적이었다. 그러나 『문심조룡』은 선진·양한 및 당시 문학과 미학이론을 상세하게 고찰하여 총망라했기에 수隋·당唐에서 청말淸末까지의 문학이론의 개념, 범주에 직접적인 근원으로 인정받았다. 장학성[章學誠: 1738~1801년]은 『문사통의文史通義』에서 "체제가 크고, 사고가 정밀하며"[26], "군언群言을 망라하였다."[27]고 평가하였다. 당대의 유지기는 "의미가 두루 통하였다"[28]고, 당대의 시인 육구몽은 "근본을 세웠고"[29], "거시적인 것을 추구하였다"[30]고 평가하였다. 이는 유협의 문학에 대한 시야가 넓고, 제기한 문학이론이 대단히 심오하다는 것을 의미한다. 명대의 문학이론가 사진謝榛은 유협의 창작론이 "시의 지극한 요점을 밝혔다."[31]라고 평가하였으며, 청대의 호응린胡應麟(1551~1602년)은 "논의가 정교한 곳까지 파고들었다."라고 평가하였다.

『문심조룡』은 국제적으로도 큰 영향력을 미쳤다. 이미 9세기에 일본의 스님 편조금강遍照金剛이 『문심조룡』을 일본에 소개하였다. 19세기 이후 프랑스, 영국에서 『문심조룡』을 번역, 소개한 바 있다. 현재 국제적 문화 교류가 나날이 증가됨에 따라 중국과 세계가 '용학[龍學: 『문심조룡』에 대한 연구를 용학이라 함]'을 함께 만들었다. 『문심조룡』에 대한 연구가 심화되면 이 위대한 저술은 세계 문학이론사, 미학사에서 한 층 더 확고한 지위를 차지하게 될 것이다.

2. 『문심조룡』의 '도심신리설道心神理說'

『문심조룡』 첫 머리에 자리한 「원도」편은 「징성」, 「종경」, 「정위」, 「변소」편과 함께 유협 스스로 '총강[總綱: 전체의 강령]'이라 칭했던

26) "體大而思精"
27) "籠罩群言"
28) "識味圓通"
29) "立本"
30) "驅宏"
31) "明詩之要"

'문지추뉴'를 구성한다. 유협은 「원도」편에서 자신의 문학관을 확립하고 문학의 근본을 탐구하고자 하였다. '원原'은 '~에 바탕을 두다'라는 의미이니, '원도'란 '도'에 바탕을 둔다는 의미로 해석할 수 있다. 「서지」편에서 "『문심조룡』은 도에 바탕을 두고 지었다."[32]라고 한 것이 바로 이를 설명한 것이다. 유협은 자신의 저작 전반의 25편을 '강령綱領'이라 하였고, 후반 25편을 '모목毛目'이라 했으니 「원도」편은 강령 가운데 가장 핵심적인 부분이라 하겠다.

(1) 유협의 '도'에 대한 4가지 해석

유협은 문학은 '도'에 바탕을 두어야 한다고 생각했다. 그렇다면 이 '도'는 무엇인가? 유협은 「원도」편에서 '자연지도'와 '도지문道之文'의 견해를 제시하였다. 유협의 '자연지도'와 '도지문'을 어떻게 이해할 것인가에 대한 다양한 견해가 지금까지 존재한다. 비교적 중요한 4가지 견해에 대해 먼저 살펴보기로 한다.

첫째, 유협의 '도'는 유가의 예교를 핵심으로 한 도라는 견해. '문지추뉴' 5편 가운데 「원도」, 「징성」, 「종경」 3편은 사상적으로 하나로 연결되어 있으며, 「징성」, 「종경」이 유가 사상을 고취한 것이기에 「원도」편의 '도' 역시 유가 예교의 도라고 추측하는 견해이다. 그러나 이러한 이해는 분명한 한계를 가지고 있다. 이러한 견해는 「원도」편에 기술된 이론을 기초로 파악한 것이 아니라 다른 편의 내용을 가지고 「원도」편의 의미를 추측한 것이기에, 이러한 견해가 제시한 근거는 자체 증거가 아닌 방증에 불과하다. 자체 증거가 있는데

---

32) "文心之作也, 本乎道"

역량이 부족한 방증을 채택할 이유가 있을까? 이는 한 번쯤 회의를 가져볼 필요가 있다. 그리고 방증으로 확실하게 유협의 도가 유가의 도라고 설명할 수 있는 가에 대해서도 토론할 필요가 있다.

둘째, 유협의 '도'는 도가의 도로, "천지보다 먼저 만들어진"33), "천하 만물의 모체인"34) '도'라는 관점. 이 관점을 주장하는 학자들은 유협은 도를 추상적, 신비적 '신리神理'와 연관된 선험적인 것이라 여겼고, 이는 플라톤의 '이념' 혹은 헤겔의 '절대 이념'과 같은 것이기 때문에 유협의 '도'를 '객관적 유심주의'라 주장한다. 이러한 시각은 유협의 사상을 현대화시킨다는 혐의를 받는다.

셋째, 유협의 도는 유, 도 양가의 도가 결합된, 즉 유가 사상을 위주로 하면서 도가 사상을 배척하지 않았다는 견해. 이 관점을 지지하는 학자들은 위진의 현학은 도가 사상을 가지고 '역[易: 변화]'을 말한 것이기 때문에 유협의 도는 이중의 의미를 가지고 있다고 주장한다. 광의적으로는 '자연지도'이며, 협의적으로는 '유가지도'라는 주장이다. 아울러 '안으로는 유가, 밖으로는 도가', '안으로는 도가, 밖으로는 유가', '유가가 체體이고, 도가가 용用'이라는 서로 다른 주장이 있다.

넷째, 유협의 도는 '자연지도', 즉 자연 자체라는 견해. 이 견해를 지지하는 사람은 국학 대사 황간黃侃이다. 그는 『문심조룡찰기文心雕龍札記』에서 유협의 '자연지도'를 다음과 같이 설명하였다.

---

33) 『老子』제25장, "先天地生"
34) 같은 책, "天下母"

유협은 문장은 본래 자연에서 나온 것이라 여겼기에 「원도」편에서 몇 차례 자연을 언급했던 것이다. 첫째 "마음이 움직이면 말이 생기고, 말이 생기면 글로 밝히게 되는 것은 자연스러운 이치이다."[35]이고, 둘째 "어찌 억지로 꾸민 것이겠는가? 다 자연스러운 것이다."[36]이고, 셋째 "누가 이를 관장하는가? 또한 신비한 이치일 따름이다."[37] 그 뜻을 헤아려보면 대단히 평이한 것이다. 무릇 사람이 마음이 있으면 언어가 있게 되고, 언어가 있으면 문장이 있으며, 언어로 마음을 표현하며, 문장으로 언어를 대신함에 성인만이 능히 문장의 기묘함을 다할 수 있다. 도라 한 것은 바로 이러한 것과 같은 것이다. 이는 후세 사람들이 말한 문이재도文以載道와는 분명히 다른 것이다.[38]

황간黃侃은 「원도」의 내용에 근거하여 논리를 세웠기 때문에 해석에 왜곡이 없어 그의 주의 주장은 비교적 합리적이라 하겠다. 리우용지[劉永濟: 1887~1966년] 교수는 『문심조룡원도편석의文心雕龍原道篇釋義』에서 '문지도'를 다음과 같이 설명하였다.

「원도」편에서 '문'이 도에서 비롯되었다고 하면서, 일월산천日月山川을 도지문이라 하였고, 다시 운하초목雲霞草木을 자연지문이라 하였는데, 이는 도 역시 자연임을 말한 것이다. 이러한 뜻은 무릇 '문'의 본래 의미와 잘 맞아떨어진다. '문'은 본래 교차한다는 의미이며, 따라서 경위가 교차되는 모든 것을 '문'이라 한다. 경위가 서로 교차하는 것은 아름다워 가히 볼만하다. 그러

35) "心生而言立, 言立而文明, 自然之道也."

36) "夫豈外飾, 蓋自然耳."

37) "誰其尸之, 亦神理而已."

38) 黃侃, 『文心雕龍札記』, 華東師範大學出版社, 1996, 3쪽. "案彥和之意, 以爲文章本由自然生, 故篇中數言自然, 一則曰"心生而言立, 言立而文明, 自然之道也." 尋繹其旨, 甚爲平易. 蓋人有心思, 則有言語, 旣有言語, 則有文章, 言語以表思心, 文章以代言, 惟聖人爲能盡文之妙, 所謂道者, 如此而已. 此與後世言文以載道者截然不同."

> 므로 화려하게 향내를 품어 내는 것도 또한 '문'이다. 무릇 이와 같기에 크게는 천지산천天地山川, 작게는 금수초목禽獸草木, 정교하게는 인간의 기강과 사물의 질서, 조악하게는 꽃이 떨어지고 새가 우는 것 역시 모두 합당한 '문'이며, 지나치게 어지럽지 않다면 모든 것이 다 자연지문이라 하겠다. 그러므로 도는 자연이고, '문' 역시 모든 사물을 예외 없이 품고 있고, 모든 생물을 남김없이 꿰고 있다.[39]

리우용지의 이러한 주장 역시 비교적 합리적이다. 그는 '도'와 '문'의 밀접한 관계를 가지고 '도'는 자연이고, '문'은 자연의 경위가 교차된 것이라고 설명하였다. 이 말은 천지산천, 운하초목雲霞草木, 화개조명花開鳥鳴, 사람과 동물의 생활 전체의 경위가 교차하여 만들어낸 풍부하고 아름다운 것을 모두 '문'이라는 것이다. 즉 사람과 모든 자연을 포괄한 것이 '문'이기에 '도지문'은 바로 '자연지문'이고, '도' 역시 자연 그 자체이다. 이는 비교적 유협의 말한 원의에 잘 부합한다.

(2) '천도자연天道自然'이 변화된 세 가지 '문'

나의 견해는 위에서 언급한 두 노학자들의 견해와 비슷하지만 다른 점이 있다. 내 생각에 「원도」의 내용과 창작론 제편을 연관시켜 본다면 유협의 도는 옛 천도자연이며, 유가의 명교名敎도 아니고,

---

39) "此篇論"文"原于道之文, 旣以一月山川爲道之文, 復以雲霞草木爲自然之文, 是其所謂"道"亦自然也. 此義也, 蓋與"文"之本訓適相吻合. "文"之本訓爲交錯, 故凡經緯錯綜者, 皆曰文, 而經緯錯綜之物, 必繁縟而可觀. 故華采鋪芬者, 亦曰文. 惟其如此, 故大而天地山川, 小而禽獸草木, 精而人紀物序, 粗而花落鳥啼, 各有節文, 不相凌亂者, 皆自然之文也. 然則道也, 自然, 文也皆彌綸萬品而無外, 條貫群生而靡遺者也."

도가의 형이상학적 '도'도 아니다. 그렇다면 유협은 왜 "도는 성인을 통해 글로 나타나고, 성인은 글로 도를 밝힌다."[40]는 사실을 강조했을까? 왜 성인을 도를 이해한 전범으로 여겼을까? 나의 견해로는 유협이 성인이야 말로 자연지문을 이해하고 표현해낼 수 있다고 믿었기 때문일 것이다. 유협은 소박한 옛 천도자연에서 출발하여 '인문人文'은 천도자연으로부터 생장했으며, '문'은 '인문'을 포괄하는 것으로 천도자연이 변화한 것이라 여겼다. 한 걸음 나가 유협은 '도'에서 변화 발전한 '문'을 세 단계로 구분하고 있다.

첫 번째 단계. '문'은 자연미이다. 자연지도는 모두 광의의 '문'을 가지고 있다. 유협은 "하늘은 검고, 땅을 누렇고, 하늘을 둥글고, 땅은 네모나며, 일월日月은 하늘에 걸린 벽옥碧玉처럼 아름다운 광경을 펼친다. 산천은 비단처럼 아름다운 빛을 발하여 대지의 모습을 드러낸다. 이것이 바로 도의 문채이다."[41]라고 언급하였다. 이러한 언급에서 우리는 유협이 말한 '도'가 천지, 산천과 같은 자연 그 자체임을 알 수 있다. 아울러 유협은 자연 자체는 '문'을 지니고 있다고 생각했으며, 여기서 말하는 '문'이란 문채文采를 의미한다. 당신이 산천, 초목, 황혼, 조수를 바라보면 모습은 서로 다르지만 각기 운치를 가지고 있으며, 흥미롭게 변화하고 있음을 알 수 있을 것이다. 이들은 사람들의 마음속에서 아름다움으로 자리한다. '도지문'은 결국 자연미이다. 유협은 분명 자연미를 느끼고 이를 다음과 같이 아름답게 묘사하였다.

40) 「原道」, "沿聖以垂文, 聖因文而明道"
41) 「原道」, "夫玄黃色雜, 方圓體分, 日月疊璧, 以垂麗天之象; 山川煥綺, 以鋪理地之形; 此蓋道之文也."

> 동물과 식물 모두는 아름다움을 지니고 있다. 용과 봉황은 아름다운 모습으로 상서로움을 표출하고, 호랑이와 표범은 빛나는 모습으로 당당한 자세를 보여준다. 운하가 빛어낸 아름다운 색은 화공의 솜씨를 뛰어 넘고, 초목이 피운 꽃은 비단에 수를 놓는 기이한 솜씨가 필요 없다. 어찌 억지로 꾸민 것이겠는가? 모두 자연 그 자체이다.[42]

천지, 동물, 식물이 모두 자연미라면 인간은 무엇인가? 유협은『역경』의 말을 빌려 인간은 '삼재[三才: 하늘, 땅, 인간]'의 하나이고, "오행의 근본이며, 천지의 핵심이기에"[43] 사람도 역시 자연미의 일종이라고 말한다. 이런 이유에서 유협은 "생각이 없는 사물도 아름다운 문채를 가지고 있는데 하물며 생각이 있는 인간이 문채가 없겠는가?"[44]라고 주장하였다. 이러한 사실에서 우리는 어렵지 않게 유협이 사람을 자연미의 하나로 간주했을 뿐만 아니라 자연미보다 한 단계 더 높은 미적 경지를 지녔다고 여겼음을 알 수 있다. 이것이 유협의 '인문'에 대한 첫 번째 단계의 견해다. 이러한 단계의 이해는 '문'에 대한 광의적 이해라고 생각할 수 있으며, '인문' 역시 "천지와 함께 만들어 진 것"[45]이기에 자연이라면 당연히 모두 '문'을 지니고 있다는 것이다. 어떤 사람은 원문에서 '하도河圖'와 '낙서洛書'를 언급했는데, 이것 역시 자연인가 라고 물어볼 수도 있다. 대답은 '그렇다'이다. 그들이 살았던 당시로 본다면 이것 역시 자연이다. 옛 사람들은 자연에 대해 오늘날과 같은 과학적 인식 없이 흔히 몇몇 전설적인 것을 진실한 것, 자연적으로 존재하는 것으로 여겼다. 선인들

---

42) 「原道」, "傍及萬品, 動植皆文: 龍鳳以藻繪呈瑞, 虎豹以炳蔚凝姿; 雲霞雕色, 有踰畫工之妙; 草木賁華, 無待錦匠之奇; 夫豈外飾, 蓋自然耳."

43) 「原道」, "惟人參之, 性靈所鍾, 是謂三才. 爲五行之秀, 實天地之心"

44) 「原道」, "夫以無識之物, 鬱然有彩, 有心之器, 其文無歟."

45) 「原道」, "與天地并生"

은 자신의 능력에 대해 믿음이 부족하였기 때문에 언어 문자 창조의 시초를 용이 하도를 바치고, 거북이가 낙서를 바쳤다고 생각하는 것도 결코 이상한 것이 아니다. 이는 선인의 오래된 자연 숭배론의 영향이었다. 자연 숭배론의 실체는 바로 세상의 신비하고 설명할 수 없는 모든 현상을 자연 본연의 존재로 귀결시키는 것이다. 이는 일종의 소박한 유물론이기도 하다. 왕충王充은 『논형論衡』「자연自然」편에서 "하도와 낙서가 출현하였다. 그리지 않았으면 이루어지지 않았을 것이고, 만들지 않았으면 만들어지지 않았을 것이니, 이는 천지에서 나온 것임이 틀림없다. … 이르길 이는 모두 자연인 것이다. 하늘이 어찌하여 붓과 묵으로 하도와 낙서를 만들었겠는가? 천도자연이기에 하도와 낙서가 저절로 만들어진 것이다."[46]라고 말하였다. 이는 마치 오늘날 사람들이 기공氣功을 믿고, 기공을 일종의 물질로 설정하고는 여러 가지 추측을 진행하는 것과 같은 이치라 하겠다. 루쉰은 『한문학사강요漢文學史綱要』에서 '자연'이 일종의 문장이라는 유협의 주장을 언급하면서 "이 말은 너무 당연하여 따져 볼 필요도 없다."[47]고 하였다. 실제로 대자연을 문장, 도화圖畵로 간주하는 것은 오늘날에는 이미 자연스러운 일이 되었다. 예를 들어 우리는 "강산이 그림 같고"[48], "비단처럼 꽃이 피고"[49], "새소리가 음악 같다"[50]는 구절을 사용하지 않는가? 이것이 유협이 이해한 '문'의 첫 단계이다.

---

46) 黃暉撰, 『論衡校釋』 ·· "河出圖, 洛出書. 不畫不就, 不爲不成, 天地出之, 有爲之驗也. …… 曰: 此皆自然也. 夫天安得以筆墨爲圖畫乎? 天道自然, 故圖書自成."

47) "其說汗慢, 不可審理"

48) "江山如畫"

49) "花開如錦"

50) "鳥鳴如樂"

두 번째 단계. 문'은 인공미이다. 유협은 자연지미를 설명한 뒤 "문자가 처음으로 빛을 발하고"[51] 난 이래 "천지의 찬란한 빛을 묘사하고, 백성의 이목을 계발하였다."[52]라는 문제를 제기하였다. 그렇다면 '묘사'의 문제는 어떻게 생겨난 것일까? "심령이 생기면 언어가 확립되고, 언어가 확립되면 문장이 빛을 발한다."[53]는 것이 유협의 대답이다. 이는 자연미에서 인공미로 전환하려면 반드시 '심心'과 '언言' 두 단계를 지나야 한다는 것을 설명한 것이다. 마음의 감동이란 바로 "사람은 칠정七情을 가지고 있기에 사물과 만나면 반응하기 마련이며, 사물과의 감응을 통해 감정을 표현하는 것은 너무나 자연스러운 일이다."[54]를 두고 한 말이다. 문학의 창작을 가지고 말하자면 '심'의 문제에 있어 가장 중요한 것은 '정[情: 감정]'의 문제이다. "정은 문장의 날줄이다."[55]라고 말한 것은 감정의 격동이 없으면 문학도 없다는 의미이다. 그 다음으로 '정'이 외부로 드러난 것이 '언言'이며, '언'이 없으면 문학도 없다. 유협은 "말로는 뜻을 모두 전할 수 없다"[56]는 문제를 언급하였는데, 이는 사람들이 처음 붓을 들었을 때는 할 말이 너무나 많다고 여기지만 결국 언급된 내용은 정말이지 너무나 초라해지는 경우가 있음을 설명한 것이다. 마음을 감동시키기도 어렵고 이를 말로 표현하기도 어렵다. 따라서 '심'과 '언' 두 단계는 대단히 중요한 문제다. 어떤 논자들은 유협이 자연미와 인공미를 함께 섞어 말한다고 하는데 이는 제대로 인정받을 수 없는 말

51) 「原道」, "文字始炳"
52) 「原道」, "寫天地之輝光, 曉生民之耳目矣."
53) 「原道」, "心生而言立, 言立而文明"
54) 「明詩」, "人稟七情, 應物斯感, 感物吟志, 莫非自然."
55) 「情采」, "情者文之經"
56) "言不盡意"

이다. 유협은 충분히 자연의 '문'과 '인문'을 구별하였다. '인문'은 광의적 의미와 협의적 의미로 구별된다. 광의적 의미는 사람도 일종의 자연이며, 다른 자연 사물처럼 문채文彩를 가지고 있다는 것이다. 협의적 의미는 사람이 지은 문장(문학을 포괄하는), 즉 인공미를 지칭한다. 인공미는 사람의 가공을 거친 아름다움이다. 이러한 구별은 왕국유王國維가 '고아古雅'를 논하면서 '제일형식第一形式'과 '제이형식第二形式'으로 구분한 것과 같다. 이것이 유협이 이해한 '문'의 두 번째 단계이다.

보다 중요한 사실은 유협이 그의 이해를 이 단계에서 멈추지 않았다는 것이다. 그는 사물의 표면에 대한 묘사 역시 인공미이고, 이러한 미는 미의 극치에 도달할 수도, 도달하지 못할 수도 있다는 사실을 인식하였다. 이에 유협은 세 번째 단계인 '도심신리道心神理'의 아름다움을 제기하였는데, 이것이야 말로 진정한 예술의 아름다움이다. 특히 유협은 "도의 핵심에 의거하여 글을 짓고, 신묘한 이치를 연구하여 교화를 건립하였다."[57]라는 명제를 제기하였다. '도심'과 '신리'는 「원도」편의 관건이다. 그렇다면 무엇이 '도심'이고 '신리'일까? 어떤 학자는 '신리'라는 두 자에서 특별히 '신'자가 문제라고 말하는데, 이는 유심주의적인 것이 아니고 무엇인가? '신'자는 육조 시대에 들어와서는 '신령神靈', '신명神明'이라는 본의는 사라지고, 사물의 변화무상을 의미하게 되었다. 예를 들어 한강백韓康伯은 「계사주繫辭注」에서 "음양의 헤아릴 수 없는 것을 신이라 한다."[58]는 부분을 해석하면서 "신이란 변화의 극치, 만물을 오묘하게 만든다는 말이며, 형용할 수 없는 것이다."[59]라고 설명하였다. 여기에서 '도심'과

57) 「原道」, "原道心以敷章, 研神理而設教"
58) "陰陽不測之謂神"

'신리'는 서로 같은 의미이다. 사실상 유협이 「원도」편에서 강조한 것은 '도'가 자연 그 자체이자 그 변화라는 것이다. '도'가 자연 그 자체이자 그 변화라면 '도심'이란 도의 내핵內核, 즉 자연 변화의 규율이라 하겠다. "도의 핵심에 의거하여 글을 짓고, 신묘한 이치를 연구하여 교화를 건립하였다."는 구절의 의미는 사람들의 창작은 자연의 표면적 현상만을 바탕으로 하는 것이 아니라 '도심'과 '신리'에 대한 깊은 통찰을 필요로 한다는 것이다. 도심'과 '신리'를 함께 거론한 것은 두 낱말의 의미가 같다는 것이고, 모두 사물 변화의 추측할 수 없는 신비함이 깊숙이 내재된 율동을 의미한다. 이것이 유협이 이해한 세 번째 단계이다. 유협의 인문 혹은 예술미에 대한 이해를 도표로 나타내면 다음과 같다.

道

道心 — 心 — 言 — 人文 (유협의 원의)
↓ ↓ ↓ ↓
自然 ↓ ↓ ↓

自然規律 — 情志 — 言語文字 — 作品 (문학이론적 해석)
↓ ↓ ↓ ↓
自然美 — 美感 — 形式 — 藝術美 (미학적 해석)

여기에서 우리는 천도자연을 본체로 삼은 유협의 문학관을 개괄할 수 있을 것이다. 문학은 천도자연이 변화하면서 만들어낸 율동에서 비롯되며, 이것이 사람의 정지를 자극하면 사람은 이를 언어로

59) "神也者, 變化之極, 妙萬物而爲言, 不可以形詰者也."

표현한다. 이 과정에서 예술미를 가진 문학이 만들어진다.

만일 우리가 유협의 사상을 정확히 이해했다면 그의 사상이 실로 심오하다는 것을 알 수 있다. 문학의 본원, 문학적 정감의 파악, 문학적 언어 표현 및 이러한 몇 가지 요소의 연관성에 관한 유협의 이해는 문학 창작의 실제에 상당히 근접해있다고 말할 수 있다.

필자는 유협의 자연을 본체로 삼은 문학관이 기본적으로 선인들의 자연 숭배론에서 나왔고, 나중에는 '천인합일天人合一'로 개괄되었으며, 이러한 관점은 도가와 유가의 사상과 별 차이가 없다는 점을 보충 설명하고자 한다. 유가와 도가 사상에는 모두 자연에 대한 경외감과 신비감이 있다. 노자는 "사람은 땅을 본받았고, 땅은 하늘을 본받았으며, 하늘은 도를 본받았고, 도는 자연을 본받았다."[60]고 하였다. '도는 자연을 본받았다'는 말은 '도'의 근거가 바로 자연 자체임을 설명하는 것이며, 이는 '도' 위에 '자연'이라는 규정을 보충한 것으로 대단히 중요한 개념이다. 노자는 다시 "만물이 뒤섞여 이루어진 것이며, 천지보다 앞서 생겨났다. 그것은 소리가 없어 들을 수도 없고, 형태가 없어 볼 수도 없으나, 홀로 우뚝 서있으며 언제까지나 변하지도 않으며, 두루 어디에나 번져나가며 절대로 멈추는 일이 없다. 천하 만물의 모체라 하겠다. 나는 그 이름을 알지 못해 억지로 이름을 붙여 도라 한다."[61]고 하였다. 이는 '천하 만물의 모체'인 신비한 그것이 바로 도이며, 도는 만물의 본원으로 부단히 운동하면서 독립적으로 존재한다는 사실을 설명한 말이다.

공자는 "하늘이 무슨 말을 하던가? 사계절이 운행되니 만물이 생

60) 『老子』 25, "人法地, 地法天, 天法道, 道法自然."

61) 같은 책, "有物混成, 先天地生, 寂兮寥兮, 獨立不改, 周行而不殆, 可以爲天下母, 吾不知其名, 字之曰道."

장하는데 하늘이 무슨 말을 하던가?"[62], "공자가 냇가에 서서 말씀하시길 가는 것이 이와 같구나"[63]라고 언급하였다. 이 때 '하늘'은 '자연'이고, '내' 역시 자연이다. 여기에서 공자는 자연의 규율이 있는 운동에 대해 어쩔 수 없는 묵인과 곤혹을 표하고 있다. 이를 통해 공자의 '자연지도'에 대한 이해를 알 수 있다. 공자와 노자가 말한 '도'는 서로 비슷한 점이 있다. 유가의 한 경전인『주역』「계사상」편에서 "음과 양이 서로 갈마드는 것을 도라 한다."[64]고 하였다. 이는 음양陰陽의 대립과 모순, 운동과 변화가 바로 도라는 것을 설명한 말이다. 변화, 운동, 신비 및 이해 불가가 '자연 숭배'의 특징이다. 유가와 도가의 '자연 숭배'의 문제에 대한 기본 인식은 동일하다. 이는 모두 아주 오래 전 선인의 천도자연 숭배론이 선진 시대 학자들에게 일으킨 메아리라 하겠다. 나는 유협이 기본적으로 위에서 언급한 의미의 '도'의 개념을 운용하였으며, 아울러 이를 문학의 본원이라고 설명한 것이라 생각한다. 유협이「원도」편의 첫머리에서 선진 시대와 서한의 문학이론인 '시언지詩言志', '흥관군원興觀群怨', '온유돈후溫柔敦厚', '미자美刺', '주문이휼간主文而譎諫' 등 유가의 교화 이론을 시시콜콜하게 언급하지 않고, 대자연大自然(천문, 지문, 인문)의 풍부함, 운치 및 아름다움에 대해 찬미한 것은 결코 우연일 수 없다. 그의 사상은 현학과 불교의 영향을 받았으며, 유가의 교화 이론과는 일정한 거리가 있다. 그의 이러한 경향은 오늘날의 관점에서 본다면 자연, 우주와 같은 넓은 시야에서 '인문'을 이해하려던 의도로 볼 수 있다. 황간이 말한 바와 같이 '원도'는 후대의 '문이재도'와

62)『論語』「陽貨」, "天何言哉, 四時行焉, 百物生焉, 天何言哉"
63)『論語』「子罕」, "子在川上曰, 逝者如斯夫"
64) "一陰一陽謂之道"

는 완전히 다른 것이다. 전자는 소박하게 '인문'은 자연에 바탕을 두고 있으며, 우리가 자연계의 아름다움에서 계시를 받거나, 감동을 받거나, 혹은 감정이 생겨야 비로소 문장을 쓸 수 있도록 전화된다는 것을 설명한다. 후자는 문장을 유가 도통道統의 수레이자 교화의 도구로 규정한 것으로 봉건 예교의 속박을 벗어나지 못하게 한다.

(3) 문원자연文原自然과 '물감설物感說'

문학은 자연에서 비롯되었다는 유협의 문학관은 『문심조룡』 전체를 관통하고 있다. 이전의 문학이론 유산을 계승한 다른 저술과 비교해 유협의 문학이론은 위진남북조 시대의 새로운 창작 경험을 충분히 흡수하였기 때문에[65] 창작과 관련하여 그가 제기한 '물감설'과 '원도설'은 서로 밀접한 관계를 가지고 있다. 유협은 창작에 있어서 '정'을 대단히 강조, 심지어 "정리情理는 문장의 날줄이다."[66]라고 하였다. 그렇다면 정情은 도대체 어디에서 오는 것일까? 이는 유협이 말한 '물감'에서 나온 것이다.

> 사람은 칠정七情을 가지고 있기에 사물과 만나면 반응하기 마련이며, 사물과의 감응을 통해 감정을 표현하는 것은 너무나 자연스러운 일이다.[67]

> 봄과 가을로 계절이 바뀌면 음침한 날씨는 사람을 처량하게 만들고, 따스한 날씨는 사람을 편안하게 만든다. 경물의 변화는 사람의 마음을 요동치게 만든다.[68]

---

65) 이 문제는 대단히 복잡한 문제이며 아직도 논쟁이 계속되고 있기에 별도의 문장에서 토론할 필요가 있다.

66) 「情采」, "情者文之經"

67) 「明詩」, "人稟七情, 應物斯感, 感物吟志, 莫非自然."

높은 곳에 올라 부를 짓는 이유는 모두 경물을 보고 감정이 솟아났기 때문이다.[69]

계절에는 그에 맞는 경물이 있고, 경물은 그 때마다 모습을 달리한다. 감정은 경물과 함께 변화하고, 문사는 그 감정에 의해 만들어진다.[70]

위의 예문에서 유협은 자연의 변화는 사람에게 작용하여 사람의 마음을 '감感(느끼게 하고)', '요搖(흔들리게 하며)', '흥興(감흥을 일으키고)', '천遷(움직이게 하며)', '발發(표현하게 한다)'한다고 주장하였다. 창작은 바로 이렇게 이루어지는 것이다. '물감설'은 유협의 '원도설'이 창작론으로 전환된 형식이다. 원도설은 강령이고, 물감설은 세부 항목이다. 강령과 세부 항목이 서로 잘 맞아 떨어진다. 유협의 이러한 관점은 유가, 도가, 불가 여러 학파의 사상을 종합, 개괄, 개조한 것이며, 특별히 현학까지 포함 발전시켰기에 후대에 커다란 영향을 미쳤던 것이다. 이러한 관념은 마치 중국 고대 문학이론의 역사 발전 속에서 하나의 노선이 되었다. 이와 관련된 예를 들어보기로 하자.

양대 종영의「시품서詩品序」: "기氣는 사물을 움직이고, 사물은 사람을 감동시켜 마음을 요동치게 하니 춤과 노래로 표현된다. … 봄바람이 일자 봄새가 울고, 가을이 되자 가을 매미가 울고, 여름에 구름이 모이니 비가 내리고, 겨울 되자 날씨 추워진다. 사계가 시인을 감동시킨다. … 이러한 여러 가지가 심령을 감동시키니 시를 짓지 않으면 어떻게 그 뜻을 표현할 수 있겠는가? 길게 노래하지 않으면 어떻게 그 감정을 내달리게 하겠는가?"[71]

---

68)「物色」, "春秋代序, 陰陽慘舒, 物色之動, 心亦搖焉"
69)「詮賦」, "原夫登高之旨, 蓋睹物興情."
70)「物色」, "歲有其物, 物有其容; 情以物遷, 辭以情發."

당대 백거이의 『제심양루題潯陽樓』: “아침의 밝은 햇빛과 저녁의 신령한 기운, 아침과 저녁이 모두 문장에 있네.”72)

송대 육유陸游의 「동야유冬夜游」: “조물주가 시인을 즐겁게 하는 것은 늘 시재詩材를 주어 새로운 시를 쓰게 하는 것이다.”73)

명대 이몽양[李夢陽: 1473~1530年]의 「매월선생시서梅月先生詩序」: “정이란 사물과 접촉하면 움직이나니. …, 사물과 접촉하면 움직이는 것이 정이다. 감정이 움직이면 느낌이 생기고, 느낌이 있으면 다른 것과 연결되며, 신묘하게 연결되면 소리가 되는데, 이를 접촉이 있으면 표현된다고 말하는 것이다.”74)

청대 서증徐增의 『이암시화而庵詩話』: “꽃이 피고, 풀이 자라고, 새와 벌레의 울음소리는 모두 천지 사이에 있는 진정한 시다. 이러한 점을 능히 이해할 수 있다면 『시경』도 가히 이해할 수 있는데, 당대의 시인을 이해할 수 없겠는가?”75)

이러한 종류의 예는 거론할 수 없을 정도로 많다. 문학 자연본체론과 이와 관련된 ‘물감설’은 중국 고대 문학이론의 전통으로 지금까지도 영향을 미치고 있다.

나의 결론은 다음과 같다. 유협이 『문심조룡』「원도」편에서 제기한 ‘도심신리설’에서의 ‘도심’과 ‘신리’는 실제로 같은 의미로 모두 천

71) “氣之動物, 物之感人, 故搖蕩性情, 形諸舞咏. … 若乃春風春鳥, 秋月秋蟬, 夏雲暑雨, 冬月祁寒, 斯四候之感于詩者也 …. 凡斯種種, 感湯心靈, 非陳詩何以展其義. 非長歌何以騁其情.”

72) “淸輝與靈氣, 日夕供文篇”

73) “造物有意誤詩人, 供與詩材次第新”

74) “情者, 動乎遇者也. …, 動者情也. 情動則會, 心會則契, 神契則音, 小委隨遇而發者也.”

75) “花開草長, 鳥語蟲聲, 皆天地間眞詩. 能於此等處會意, 則三百篇可學, 何況唐人也?”

도자연 및 그 변화 율동을 지칭한다. '도심신리설'의 핵심은 문학은 자연 및 그 신비한 변화에서 비롯된다는 것이다. 이러한 이론은 유협이 현학이 성행했던 육조 시대의 분위기 속에서 여러 학파의 '도'에 대한 새로운 종합, 개괄 및 개조를 진행한 것으로 일종의 초월이라 말할 수 있을 것이다. 유협은 우리 조상들의 소박한 '자연 숭배론'으로 돌아가 자연과 우주라는 광활한 학술적 시야로 문학을 포괄하는 '인문'을 관찰, 이해했다. 유협의 문학이론은 일정 정도 유가의 교화 관념을 돌파하여 적극적으로 사상을 해방시킨 가치를 지녔다고 말할 수 있다.

3. 『문심조룡』의 '기정화실설奇正華實說'

『문심조룡』「변소辨騷」편의 의의는 반드시 중국 고대 문학의 발전과정 안에서 파악해야 비교적 정확한 해석을 할 수 있다. 문학 발전의 여러 변화에서 멀어진다면 유협의 문학의 변화에 대한 관점을 이해하기 어렵다.

(1) '변소 辨騷'의 역사 및 문화 배경

굴원이 지은 「이소」의 탄생은 중국 문학사에 있어 커다란 사건이었다. 그러나 「이소」의 탄생 이후 지속된 논쟁에 있어 시각에 따라 포폄褒貶이 다르므로 반드시 그 원인 분석이 필요하기에 본편의 제목에 「변소」를 넣었다.

어떻게 「변소」편을 이해할 것인가에 대한 학계의 의견이 분분하다. 주된 내용은 「변소」편이 총론에 속하는 것인가, 아니면 문체론에 속하는가의 문제이다. 이에 대해서는 세 가지 서로 다른 견해가 있다.

첫째, 총론, 즉 '문지추뉴'에 속한다는 견해. 이는 유협 자신의 견해이며, 총론에 두어야 하는 주된 이유는 문학 발전에 있어서의 계승과 혁신의 문제를 밝혀야하기 때문이라는 것이다. 둘째, 문체론에 두어야 한다는 견해. 소체騷體는 일종의 문체이기에 총론에 두는 것은 적당하지 않다는 입장이다. 셋째, 총론에 속하는 것이지만 문체론적 경향도 있기 때문에 '문지추뉴'와 '논문서필' 사이에 자리한다는 견해가 있다.

분명 초사楚辭는 일종의 체재라 말하는 것이 옳다. 그럼에도 불구하고 유협은 왜 문체론에 두고 논의하지 않고 총론 부분에 두고 논의하려고 했을까? 이는 우연이 아니다. 그 이유는 「변소」편이 문학의 근본적인 문제를 토론했기 때문이다. 표면적으로는 초사가 경전과 부합하는 4가지와 부합하지 않은 4가지를 언급한 것처럼 보이나, 「변소」편이야말로 『문심조룡』에서 문학의 문제를 실제로 언급한 첫 번째 편이다. 「변소」편에서는 문학의 변화 필요성에 대한 문제가 제기되었다. 이전 학자들은 이미 "초사는 『시경』에서 변화한 것"[76]이라는 사실을 알고 있었다. 중국 문학이 초사까지 발전한 것은 커다란 변화였다. 『시경』에서 초사에 이르는 과정은 소박한 시에서 감상하는 시로의 변화 과정이라 말할 수 있다.

초사는 남방 문화의 산물이자 전국 시대 유세 문화의 산물이다. 춘추 시대에서 전국 시대의 문화 형태는 크게 중원 문화와 초문화楚文化로 구분된다. 중원 문화는 비교적 일찍 발생했으며, 육경六經은 모두 중원 문화의 전적이었다. 중원 문화에서 예술의 실용성은 무엇보다 중요한 지위를 지니고 있었다. 음악, 무용, 가곡 등의 예술은 모두 '예禮'의 한 부분이며, '중용'과 '평화'를 예술의 극치로 여

---

76) 徐師曾, 『文體明辨』, "按楚辭者, 詩之變也."

겼기에 '질박質朴'이 『시경』의 가장 두드러진 특징이었다. 형초荊楚 지역을 중심으로 하는 장강 중류 지역은 초문화 성장의 토양이었다. 일반적으로 초문화는 중원 문화에 비해 늦게 발전한 것으로 알려졌다. 굴원이 살았던 전국 시대에는 비록 육경이 이미 초문화권 내에서 유행, 일찍부터 초국 귀족의 암송 대상이 되었으나, 여전히 전통적 무술巫術도 성행하였다. 『한서漢書』 「지리지地理志」의 기록에 의하면 전국시대에 이르러 초나라의 군신은 모두 "무술을 신봉하고, 음란한 말을 숭상하였다."[77]고 한다. 『한서』 「교사지郊祀志」의 기록에 의하면 초회왕楚懷王은 "제사를 융숭하게 지내 귀신을 섬겼으며"[78], 귀신의 도움을 빌어 진秦나라의 군대를 물리치고자 했다고 한다. 민간에서 무풍巫風이 대단히 성행하였다. 왕일王逸의 『초사장구楚辭章句』에는 초나라의 사람들이 무술을 신봉하고, 제사 지내길 좋아하며 "글이 있으면 반드시 노래로 만들고, 연주와 춤으로 귀신을 즐겁게 하였다."[79]는 기록이 있다. 이는 굴원이 초사를 창작하던 시기에 초인들이 기괴하고 신비한 귀신의 세계에 빠져 있었음을 의미한다. 따라서 굴원이 창작한 시가에는 환상, 신화, 과장, 기괴함이 가득한데, 그 이유는 바로 신비한 초문화가 스며든 결과이다. 이에 혹자는 초문화는 굴원 시가의 문화적 근거라 말하기도 한다.

동시에 초사는 시대의 산물이다. 전국 시대는 종횡가縱橫家가 활발하게 유세활동을 펼쳤던 시기이다. 루쉰의 『한문학사강요漢文學史綱要』의 말을 빌리면 종횡가들은 "입으로 공을 세우고자 미사여구를 경쟁적으로 운용하여 주군을 움직이고자 하여"[80], "이러한 여파가 점

77) "信巫術, 重淫辭"
78) "隆祭祀, 事鬼神"
79) "其詞必作歌樂, 鼓舞而樂鬼神"
80) "欲以脣吻奏功, 逐競爲美辭, 以動主人"

차 변하여 문단에 퍼져 번잡하고 화려한 글은 이미 질박한 형식의 시로 담을 수 없는 것이었다."[81]고 한다. 이것이 바로 초사다. 초사는 중국 문학사에 있어 『시경』 이후 출현한 새로운 성질의 것이었다. 이러한 독창적인 문학 작품의 출현은 중국 문학 발전의 역사에 새로운 국면을 연 대사건이었다. 만일 초사가 없었다면 당시, 송사, 원곡의 함축과 풍류는 언급하기조차 어려웠을 것이다. 특히 이백, 소식 같은 위대한 낭만주의 시인의 출현은 더욱 말할 것도 없다.

그렇다면 한대의 문인들은 초사를 어떻게 평가했을까? 유협은 「변소」편에서 초사를 평가한 회남왕 유안[淮南王 劉晏: BC 179~122년] 반고[班固: 32~92년], 왕일王逸, 한선제漢宣帝와 양웅揚雄 다섯 사람의 언급을 거론하였다. 회남왕 유안은 "「국풍國風」은 색을 좋아하였으나 음탕하지 않고, 「소아小雅」는 원망하더라도 문란하지 않았는데, 초사는 이 둘을 모두 가지고 있어"[82] 『이소』는 가히 "해, 달과 그 광명을 견줄 수 있다."[83]고 대단히 높게 평가하였다. 반고는 비록 "문사가 전아하고 아름다워 가히 사부詞賦의 정종正宗이라 하겠다."[84]고 평했으나, 굴원은 "자신의 재주를 뽐내다가 분한 마음에 물에 빠져 죽어"[85] "경전의 내용"[86]이 아닌 것이 많다고 심한 비판을 가하기도 하였다. 왕일은 굴원의 작품은 완전히 "경전의 의거한 내용이기에"[87] 가히 "금옥의 아름다운 바탕을 가지고 있어 백대에 걸쳐도 이에 비견할 만한 것이 없다."[88]고 평가하였다. 한선제는 『이소』가 "경전의

---

81) "餘波流衍, 漸入文苑, 繁辭華句, 固已非詩之質朴之體式所能載矣."
82) "『國風』, 好色而不淫, 『小雅』 怨誹而不亂, 若 『離騷』 者可謂兼之."
83) 「辨騷」, "與日月爭光可也"
84) 「辨騷」, "文辭雅麗, 爲詞賦之宗"
85) 「辨騷」, "露才揚己, 忿懟沈江"
86) 「辨騷」, "經義所載"
87) 「辨騷」, "依經立義"

규칙에 부합한다."[89]고 여겼다. 양웅 역시 "체식이 『시경』의 아雅와 같다"[90]고 하였다. 이들을 종합해보면 4대 1의 국면이다. 네 사람은 『이소』를 경전과 연관시켜 함께 언급하면서 "해, 달과 그 광명을 견줄 수 있다."고 받아들였다. 한 사람은 경전과는 아무런 관련이 없다고 하면서 이해할 수 없을 정도로 "자신의 재주를 뽐냈다고" 폄하하였다. 유협은 이 다섯 사람의 평가가 너무나 자의적이라고 여겨 "포폄이 말 나오는 대로이고, 칭찬과 비판이 실제를 벗어났고"[91], "살펴봄이 정교하지 못하고 핵심을 찌르지 못한다."[92]라고 지적하였다. 오늘날의 말로 표현하자면 지나치게 받들고, 지나치게 폄하했기에 칭찬이든 폄하이든 모두 실사구시實事求是에는 미치지 못하여 말이 이치에 맞지 않는다는 것이다. 이러한 것들이 유협으로 하여금 다시금 『이소』를 평가하도록 자극했다고 말할 수 있다.

(2) 경전을 참고하는 것은 옳으나 평가의 기준으로 삼을 수는 없다

유협은 『이소』를 분명하게 분석하려면 반드시 굴원의 글에서 출발해야 한다고 여겨 "논의를 따져보려면 반드시 말을 헤아려 보아야 한다."[93]라고 강조하였다.

유협은 무엇으로 『이소』를 헤아려보고자 했을까? 사실 유협에게도 별다른 참조는 없었고, 그가 사용한 것은 여전히 '풍아風雅'와 '경

88) 「辨騷」, "金相玉質, 百世無匹"
89) 「辨騷」, "皆合經術"
90) 「辨騷」, "體同詩雅"
91) 「辨騷」, "褒貶任聲, 抑揚過實"
92) 「辨騷」, "鑒而未精, 玩而未核"
93) 「辨騷」, "將覈其論, 必徵言焉"

의經義'였다. 그러나 그는 정확하고 자세하게 분석했다. 그는『이소』가 요순堯舜과 우탕禹湯을 노래한 것은 '경전의 체식'에 부합하고, 걸주桀紂와 예요羿澆를 풍자한 것은 '규풍規風의 의미'에 부합하고, 규룡虯龍으로 군자에 비유하고, 운예雲霓로 소인배에 비유한 것은 '비흥比興의 뜻'에 부합하고, 군문君門에 들어가기 어려움을 탄식하는 것은 '충원忠怨의 글'에 부합하는 것이 바로 '사부합四符合'이다.

이어서 유협은 '사불부합四不符合'을 지적했다.『이소』속의 환상 가득한 과장들, 예를 들어 여덟 마리의 용을 부리고, 운신雲神이 낙수洛水의 신을 따라다니는 것은 '궤이詭異한 표현'[94]이 그 첫 번째 다른 점이다. 공공共公이 불주산不周山을 건드려 동남으로 기울게 하고, 머리가 아홉인 나무꾼, 눈이 세 개인 토백土伯 등은 '기괴한 말'[95]로 그 두 번째 다른 점이다. 팽함彭咸과 오자서伍子胥의 행위를 배우는 것은 '편협한 마음'[96]으로 그 세 번째 다른 점이다. 남녀의 구분 없이 함부로 뒤섞여 앉아 주야를 가리지 않고 술과 노래에 빠지는 것은 '음탕한 뜻'[97]으로 그 네 번째 다른 점이다. 이 네 가지는 경전과 부합되지 않으나 결코 경전을 평가의 기준으로 삼아 포폄을 진행한 것은 아니다. 경전과 부합하는 점은 긍정적이나, 경전과 부합하지 않은 것도 역시 긍정적으로 평가할 가치가 있다.

유협은 초사가 "재기는 고인을 압도하고, 문사는 지금의 문인보다 뛰어나 그 문채文采는 사람들을 놀라게 할 정도로 아름다움의 절정을 보여주니 가히 견줄만한 것이 없다."[98]고 하였는데 이는 시대를

---

94) 「辨騷」, "詭異之辭"
95) 「辨騷」, "譎怪之談"
96) 「辨騷」, "狷狹之志"
97) 「辨騷」, "荒淫之意"
98) 「辨騷」, "故能氣往轢古, 辭來切今, 驚采絶豔, 難與並能矣."

초월한 작품이라고 평가한 것이다. 또한 초사의 특징을 "초사의 내용은 삼대三代의 『시경』과 『서경』을 본받았으나 전국 시대의 기풍도 섞여 있어 『시경』의 아송雅頌에 비하면 부족하지만 사부辭賦의 걸작이라 하겠다."[99], "경전의 내용을 녹여내어 스스로 위대한 문채를 이룩하였다."[100]고 평가하였다. 이는 초사는 삼대의 전범을 본받음과 동시에 전국 시대의 색채를 함께 가지고 있어 아송에 비교하자면 '박도博徒'이나 사부에 있어서는 '영걸英傑'이며, 경전의 순정함을 지님과 동시에 새로운 경계와 언사를 창조하였다는 사실을 강조한 것이다. 유협이 초사를 높게 평가한 것은 실제로는 문학 발전의 새로운 변화를 긍정했다는 것이다. 이러한 사실에서 유협의 사상이 정전에 머물지 않고 있음을 알 수 있다. 그는 결코 보수적이지 않다.

만일 유협의 분석이 이 정도에 끝났다면 그의 공헌 역시 초사의 새로운 변화를 수용하고 긍정했다는 선에서 멈출 것이다. 그러나 유협이 「변소」에서 이룬 최대의 공헌은 고대 병가兵家의 시야에서 이론의 개괄과 제고를 이룩했다는 점이다.

(3) '기정화실설奇正華實說'의 이론적 의의

본편의 이론적 의의는 유협이 초사가 문학의 새로운 변화를 추구했음을 긍정했다는 전제하에서 병가兵家의 '기정奇正'관념을 빌어 문학 창작의 변화에 있어서의 예술의 제어와 조절의 문제를 구체적으로 논술하는 데 있다.

유협은 초사(주로 굴원의 작품)를 대단히 높게 평가한 뒤 "기이함

99) 「辨騷」, "體慢(憲)於三代, 而風雅於戰國, 乃雅頌之博徒, 而詞賦之英傑也."
100) 「辨騷」, "雖取鎔經意, 亦自鑄偉辭."

을 고려하지만 올바른 내용을 상실하지 않고, 꽃을 감상하지만 열매를 떨어뜨리지 않는다."[101]고 개괄을 하였다. 이 구절은 본편의 화룡점정으로 초사의 특징을 정확하게 표현한 것이며, 초사의 특징이 바로 '기정화실奇正華實' 사이에서 일종의 예술적 조정을 실현하는 것임을 지적한 것이다. 초사가 표현한 사상과 감정은 순수하나, 언어의 표현 형식은 화려하고 특이하다. 이는 중국 문학의 새로운 국면을 개척했을 뿐만 아니라 새로운 전통을 수립했다고 말할 수 있다. 다른 한편으로 풍아와 경전이 옛 전통이지만 이 또한 버릴 수 없다는 점도 긍정한 것이다. 유협은 다시 이론적 각도에서 창작에 있어서의 '기정'과 '화실'의 문제를 제기하면서, '기정'과 '화실' 사이에서 반드시 균형을 유지하여 지나치게 기이하여 정확함을 상실하거나, 지나치게 화려하여 내용이 부실하면 안 될 뿐만 아니라, 정확을 위하여 기이함을 상실해서도, 지나치게 내용만 추구하여 화려함을 상실해서도 안 된다고 주장하였다. 결론적으로 기정과 화실 사이에서 평형을 유지하면서 하나의 이상적 절충점을 얻어내어야 작품에 일종의 미묘한 예술 장력이 만들어진다는 것이다.

유협의 이론적 공헌은 그가 병가의 '기정' 관념을 문학이론적 관념으로 전환시켰다는 데 있다. '기정'은 『손자병법孫子兵法』「세勢」편에서 제기되었다. "무릇 전쟁에서 정병正兵으로는 적과 대치하고, 기병奇兵으로 승리를 얻는다."[102] "삼군三軍의 무리로는 적군과 대치할 수는 있지만 패배하지 않는 것은 기병과 정병이 있기 때문이다."[103]"전세에는 기정이 있을 뿐이며, 기정의 변화는 끝이 없다. 기정

101) 「辨騷」, "酌奇而不失其眞, 翫華而不墜其實"
102) 『十一家注孫子校理』, 曹操等注, 中華書局, 1999, "凡戰者以正合, 以奇勝."
103) 같은 책, 86쪽 "三軍之衆, 可使必受敵以無敗者, 奇正是也."

의 상생相生은 마치 순환에 시작이 없는 것과 같아 어찌 궁벽해지겠는가?"[104] 『손자병법』에서 기정이란 기병과 정병의 전술적 운용을 의미한다. 여기에는 두 가지 관계가 포함되어 있다. 첫째, 용병에 있어 하나는 기병이고, 하나는 정병인데, 정병으로는 응전하지만 왕왕 기병을 가지고 승리를 얻는다. 둘째, 기정의 상생, 즉 기병이 변하여 정병이 되고, 정병이 변하여 기병이 되는 것으로 가히 무한히 순환, 변화하여 전쟁의 승리를 획득한다는 것이다.

유협은 '기정'의 전술적 변화를 문학 창작 연구에 운용하였다. 「변소」편에서 "기이함을 고려하지만 올바른 내용을 상실하지 않고, 꽃을 감상하지만 열매를 떨어뜨리지 않는다."고 한 것은 첫 번째 의미에서 기정의 관념을 운용한 것이다. 그 의미는 초사 창작의 성공이 순정한 사상과 감정, 기특한 과장과 상상(신화의 운용까지 포괄하여)을 서로 결합시킨 것으로, 순정한 사상, 감정을 평범하게 운용한 것이 아니라 기특한 과장, 신비한 변화의 신화 세계 속에서 기정과 화실 양자가 서로 견제하고, 상호 작용하는 과정으로 흘러 들어가게 한데 있다는 것이다. 「정세定勢」편에서 유협은 다시 "정을 기준으로 기를 제어하고",[105] "기정은 비록 서로 반대되는 것이지만 모두 이해하여 두루 관통하게 해야 한다. 강유剛柔는 비록 서로 다른 것이나 때에 맞추어 적절히 사용하여야 한다."[106]고 주장하였다. 이는 주로 '기정상생'의 두 번째 의미를 사용한 것이다. 문학 창작 과정에도 기정의 상통과 전화의 문제가 있다는 것을 말한다. 유협은 병가의 '기정'을 문학 관념으로 전환하였는데, 그 의의는 예술의 절제 원

104) 같은 책, 88쪽 "戰勢不過奇正, 奇正之變, 不可勝窮也. 奇正相生, 如循環之無端, 孰能窮之?

105) "執正以馭奇"

106) "奇正雖反, 必兼解以俱通; 剛柔雖殊, 必隨時而適用"

리를 보여준다는 점이다. 즉 '정'으로 '기'를 절제시켜 기특함이 아정을 상하지 않게 하고, '기'로 '정'을 조절하여 아정이 고지식하거나 무미건조하지 않게 만들어야 한다는 것이다.

유협은 『이소』의 성공은 교묘하게 이러한 예술적 조절을 성공적으로 운용한데 있다고 생각하였다. "기이함을 고려하지만 올바른 내용을 상실하지 않고, 꽃을 감상하지만 열매를 떨어뜨리지 않는다."는 바로 이를 설명한 것이다. 기정과 화실은 서로 반대 개념처럼 보이지만 사실 '화실'은 '기정'을 보충, 보강하는 개념이다. '정'과 '실'은 서로 같은 의미로 내용을 지칭하는 것이며, 사상, 감정을 아정하게 만들어 경전의 내용과 부합할 것을 요구한다. '기'와 '화' 역시 같은 의미로 언어 표현과 기교 운용을 지칭하는 것으로 언어가 활발하고 다양하려면 기이한 환상, 과장을 운용하여 예술 형식으로 하여금 웅장하고 많은 변화를 품도록 요구한 것이다. 즉 기정과 화실의 조절을 통해 적절한 평형을 유지하여 내용과 형식으로 하여금 탄력있는 예술장력을 유지하게 만들어야 한다는 의미이다.

우리는 유협의 예술 조절에 대한 사고는 병가의 사상을 차용한 것이며, 또한 유가 공자의 시학 원칙을 계승한 것임을 반드시 알아야 한다. 여기에는 결코 모순이 존재하지는 않는다. 『논어』에서 "「관저關雎」편은 즐겁지만 음탕하지 않고, 슬프지만 애달프지는 않다."[107]고 하였다. 『좌전』에는 계찰季札이 음악 감상을 기록한 글에 "근심이 있어도 원망하지 않으며"[108], "근심이 있으나 곤혹스럽지 않으며"[109], "즐거우나 음탕하지 않으며"[110], "원망스러워도 직접 말하지

107) 『論語』「八佾」, "樂而不淫, 哀而不傷"
108) "勤而不怨"
109) "憂而不困"
110) "樂而不淫"

않으며"[111], "애잔하나 근심하지 않으며"[112], "즐거워도 황음에 빠지지 않으며"[113]라는 견해가 있다. 이러한 원칙에 대해 과거 많은 사람들은 정치와 윤리의 각도에서 포폄을 가하면서 공자가 중용을 고취한 목적은 백성들로 하여금 "원망하되 분노하지 않게 하여"[114] 반란을 일으키지 않게 하려는 데 목적이 있었다고 주장했다. 유협도 유가의 이러한 사상에 대해 대단히 깊은 이해를 가지고 있으면서도, 이와 병가의 '기정' 관념은 서로 일치한다고 여겼다. 이러한 이유에서 그는 공자의 사상을 시학의 원칙으로 이해함과 동시에 병가 사상을 참조, 개조하여 "기이함을 고려하지만 올바른 내용을 상실하지 않고, 꽃을 감상하지만 열매를 떨어뜨리지 않는다."는 예술의 절제 문제를 제기하였다. 유협은 성공적으로 윤리의 원칙을 시학의 원칙으로 전환시켰다. 이러한 기정을 참조하고, 화실을 배합하는 예술의 절제 이론은 후대에 커다란 영향을 미쳤다. 예를 들어 당대 교연皎然은 『시식詩式』에서 시를 논하면서 "지극히 험해도 궁벽하지 않으며, 아무리 기이해도 어긋남이 없으며, 지극히 아름다워도 자연스럽고, 지극히 힘들어도 흔적이 없으며, 지극히 가까운 것이라도 의미는 원대하며, 아무리 방임放任해도 삐뚤어지지 않으며, 아무리 어려워도 모습은 쉽게 알 수 있다."[115]고 말하였다. 이러한 내용은 위에서 언급한 것과 거의 같으며, 사상의 서술 내용 또한 일맥상통一脈相通한다. 명대 사진謝榛이 시를 논하면서 "이정李靖이 이르길 …'정

111) "怨而不言"
112) "哀而不愁"
113) "樂而不荒"
114) "怨而不忿"
115) "至險而不僻, 至奇而不差, 至麗而自然, 至苦而無迹, 至近而意遠, 至放而不迂, 至難而狀易."

병만 운용하고 기병을 운용하지 않으면 수비형 장수다. 기병만 운용하고 정공을 운용하지 않으면 전투형 장수다. 이를 시에 비유하자면 표현이 평이하여 규범만 따르는 것은 정正을 본받은 것이다. 표현은 웅장하나 규범을 따르지 않는 것은 기奇를 본받은 것이다. 평이하나 규범에 얽매이지 않고, 웅장하나 기괴하지 아니해야 기정을 잘 조화시킨 법도라 하겠다. 백낙천은 정은 있으나 기는 없고, 이장길[李長吉: 791~817년, 이하李賀]은 기는 있으나 정이 없다. 기정을 잘 조화시킨 사람은 이백과 두보다."[116]라 하였다. 이 논의는 유협의 '기정화실설'을 그대로 계승한 것으로, 이백과 두보의 시를 "기정을 잘 조화시켰다"는 주석은 주의해서 볼만하다.

한 걸음 물러서서 보면 유협은 「변소」편에서 기정과 화실의 조절에 대한 의견을 제시했을 뿐이지만 그 이론적 의의는 예술의 보편적 규율, 즉 예술 장력의 유지를 위한 조절 규율을 제시한 점에 있다. 예술의 창작에 있어 조절 감각은 대단히 중요한 문제다. 모든 예술 형상은 모두 독특한 예술적 개성과 논리를 가지고 있다. 작가와 예술가의 마음속에 예술 형상과 규율이 일단 형성되면 작가와 예술가들은 반드시 자신의 개성과 논리에 의거, 이를 파악하고, 이해하고, 묘사한다. 모든 자의적 표현, 고인의 말로 표현하면 '지나침'과 '부족함'을 적절히 조절하는 일은 예술의 난제이다. 따라서 예술적 조절은 가볍게 볼 수 없는 규율이다. 예술적 조절의 기본 원칙은 유협이 말한 "정을 기준으로 기를 제어하는" 것이며, 오늘날의 말로 바꾸어 말하자면 작가와 예술가가 감정을 표현하거나, 의지를 나타

116) 宛平交點, 『四溟詩話』, 人民文學出版社, 1962, 52~53쪽. "李靖曰: 正而無奇, 則守將也. 奇而無正, 則鬪將也. 譬諸詩: 發言平易而循乎繩墨, 法之正也; 勃焉雋偉而不拘于繩墨, 法之奇也; 平易不執泥, 雋偉而不險怪, 此奇正參伍之法也. 白樂天正而無奇, 李長吉奇而不正; 奇正參伍, 李杜是也."

내거나, 사실을 서술하거나, 사물을 묘사할 때 항상 분명한 이지理智와 강력한 의지를 가지고 시시각각 자신의 붓끝에서 일어나는 행위를 조절하는 데 주의해야 하며, 엄격하게 예술 형상의 개성과 논리에 따라 일을 진행시키면서 많지도, 적지도, 지나치지도, 부족하지도 않게 모든 것을 적절히 처리해야 한다는 것이다. 이처럼 작가와 예술가는 경우에 따라 어떤 것은 억제 내지 희생해야 하며, 어떤 것은 보호 내지 촉진시켜야 한다. 이것이 바로 조절이다. 정상적인 사유를 하는 사람의 행위는 반드시 조절이 뒤따른다. 문학이 일종의 인간 행동이라면 역시 조절이 반드시 필요하다. 문학이 지닌 감성적 성격과 미묘한 특징 때문에 조절은 감정과 세절의 조절에서 가장 많이 나타날 수밖에 없다.

감정의 조절 : 창작 과정에 있어서 작가와 예술가의 감정은 봄에 강물이 불어나듯, 준마가 내달리듯 그 기세를 멈출 수 없는 경우가 있다. 특히 거대한 희열이나 커다란 고통을 표현할 때, 작가와 예술가는 왕왕 자신의 감정을 조절하지 못하는 데, 최악의 경우는 예술적 감정을 현실적 감정으로 환원시켜 완전히 심미적 성질을 상실하게 하는 것이다. 가장 극단적인 예는 명대의 배우 상소령商小玲이 『목단정牧丹亭』의 두려랑杜麗娘을 연기하다가 너무 상심하여 무대에서 죽었던 일이다. 실제로 작가와 예술가는 여기서 하나의 모순과 마주하게 된다. 감정을 표현할 때 작가와 예술가의 감정이 격앙되면 될수록 표현하려는 감정을 보다 진실하게 표현할 수 있다. 그러나 작가의 감정이 격앙되면 될수록 표현의 감정 조절에는 실패한다. 따라서 어떤 문인은 창작은 "고도의 격정, 고도의 방종, 고도의 조절[117]"이 필요하다고 현명하게 지적하였다. 이러한 지적은 대단히 합리적이다. 격정이 없으면 인물 속으로 들어갈 수 없고, 방종이 없

으면 정신적 자유를 상실하여 창작은 자유로운 경계로 진입할 수 없다. 그러나 적절한 조절이 없다면 정확하게 인물의 성격을 파악할 수 없다. 반드시 격정, 방종, 조절을 결합시켜야 비로소 창작의 성공을 획득할 수 있다. 고대 로마의 학자 롱기누스는 "거대하고 격렬한 감정들을 이성으로 조절하지 않고, 마음대로, 맹목적으로, 경솔하게 움직이도록 하면, 마치 묶어둘 곳이 없어 표류하는 배처럼 위험에 빠지게 될 것이다. 이들에게는 채찍도 필요하고 고삐도 필요하다."[118]고 주장하였다. 여기서 말한 이성을 통한 감정의 조절이라는 관점은 유협의 관점과 대단히 흡사하다. 계몽 시대 프랑스의 사상가 디드로 역시 "감정에 의지하여 연기하는 배우는 연기의 좋고 나쁨이 일정하지 않다. 당신은 이들의 연기 속에서 어떤 일치를 기대할 수 없다. 이들의 연기는 갑자기 뛰어났다가 갑자기 시들해지거나, 갑자기 냉정했다가 갑자기 열정적이며, 갑자기 평이했다가 갑자기 탁월해지며, 오늘 좋은 연기를 했던 부분을 내일 실패하거나, 어제 실패했던 부분을 오늘은 너무나 성공적으로 연기하기도 한다. 그러나 다른 배우는 이와 같지 않다. 그는 연기할 때 사색에 근거를 두고, 인성에 대해 깊이 연구하여 항상 일종의 이상적 모범을 모방하고, 상상과 기억에 의지한다. 그는 항상 시종여일始終如一하여 매번 연기에 동일한 방식을 사용하기에 항상 완벽하다."[119]라고 주장하였다.

---

117) 秦牧, 『藝海拾貝』, 上海文藝出版社, 1962, 172쪽. "高度的激情, 高度的放縱, 高度的控制"

118) 롱기누스, 『論崇古』, 『西方文藝』上, 上海譯文出版社, 1979, 123쪽. "那些巨大的激烈情感, 如果沒有理智的控制而任其自己盲目, 輕率的衝動所操縱, 它們每每需要鞭子, 也需要繮繩."

119) 디드로, 『演員奇談』, 『狄德羅美學論文選』, 人民文學出版社, 1984, 281~282쪽. "凭感情去表演的演員總是好壞無常. 你不能指望從他們的表演里看到什麽一致性; 他們的表演忽强忽弱, 忽冷忽熱, 忽而平庸, 忽而卓越, 今天演得好的地方, 名川再

예술의 조절과 예술의 완벽은 서로 깊은 관계가 있다는 디드로의 이러한 생각은 대단히 탁월하다. 독일의 철학자 카시러는 "비극의 시인은 결코 정서의 노예가 아니라 주인이어야 하며, 아울러 그렇게 해야 이러한 정서의 조절을 관중들에게 전달할 수 있다."[120]라고 주장하였다. 예술적 감정은 작가의 자연 감정이 아니라 창작 주체가 조절한 감정이며, 조절 역시 일종의 장악, 지배, 조정의 의미이다. 자연적 감정은 창작 주체의 장악, 지배, 조정을 거쳐야 비로소 예술적 감정으로 전환될 수 있으며, 또한 진정으로 사람을 감동시킬 수 있는 예술 세계를 창조할 수 있다.

세절細節의 조절 : 이는 예술에 있어서 대단히 중요한 문제다. 예술의 성공과 실패는 왕왕 작은 세절에 의해서 결정된다. 아주 작은 차이로 실패할 수 있다. 그러나 조금만 가다듬으면 성공을 얻을 수도 있다. 러시아의 화가 보릴로프가 한 학생을 대신하여 습작을 고칠 때 단지 몇 군데만 약간 붓질을 가했는데 그 졸렬하고 평범하던 습작이 즉각 생기발랄하게 변하자 학생이 "보라! 단지 약간의 붓질을 했을 뿐인데 모든 것이 변해버렸다."라고 말하였다. 보릴로프가 "예술은 바로 '약간'이라는 두 글자로부터 시작하는 거야."[121]라고 말했다. 톨스토이가 이 구절을 "예술에 관한 일구一句의 의미심장한 잠언箴言"[122]이라고 높이 평가하면서 "이 구절이야 말로 예술의 특징을 정

演就會失敗, 昨天失敗的地方今天再演却又成功. 但是另一種演員却不如此, 他表演時凭思索, 凭對人成的鉆研, 凭經常模倣一種理想的範本, 凭想像和記憶. 他總是始終如一, 每次表現用同一種方式, 都同樣完美."

120) 카시러, 『人論』, 上海譯文出版社, 1985, 189쪽. "悲劇詩人并不是他的情緒的奴隷而是主人, 并且他能把這種對情緒的控制傳達觀衆們."

121) "藝術就是在'稍微'兩個字的地方開始的."

122) "關于藝術的一句意義深長的箴言"

확하게 표현한 것이다. 이러한 견해는 모든 예술에 있어 항상 진실한 것이다. … 예술은 모두 이와 같다. 단지 조금 밝고, 단지 조금 어두우며, 단지 조금 높거나, 낮거나, 좌측으로 치우치거나, 우측으로 치우쳤을 뿐이다(회화에 있어서). 단지 약간 약하거나, 약간 강할 뿐이며, 혹은 단지 조금 앞서거나 단지 조금 뒤쳐졌을 뿐이다(극예술에 있어서). 단지 말의 표현이 조금 부족하거나 혹은 약간 지나쳤거나, 약간 과장이 되었을 뿐이다(시에 있어서). 그러나 이리하면 감동이 없다. 단지 예술가가 무한히 작은 요소를 찾았을 때 비로소 다른 사람을 감동시킬 수 있으며, 아울러 감동의 정도 또한 어떤 정도에서 이러한 요소를 찾아내는가에 의해 결정된다."[123]라고 말하였다. 톨스토이의 이 말은 예술 조절의 기본 원칙을 설명한 것이다.

「변소」편에서 유협은 역대 창작의 득실을 총결한 기초 위에서 제기한 "기이함을 헤아리면서도 진실을 잃지 아니하며, 화려함을 추구하면서도 실질을 갖추어야 한다."[124]는 견해를 내었는데, 이는 사실상 문학 활동의 '기정화실설'을 제기한 것이다. '기정화실설'의 주요 사상은 문학이 반드시 전인의 예술 경험을 계승한 조건하에서 새로운 변화를 추구해야하나 다만 새로운 변화의 추구가 지나친 방종이 되어서는 안 되며, 반드시 예술적 절제에 유의하여야 한다는 것이다. 창작 주체는 반드시 자신의 능동성을 충분히 발휘해야 하며, 기

123) 톨스토이, 『藝術論』, 人民文學出版社, 1958, 124쪽. "這句話正好說出了藝術的特徵. 這種說法對一切藝術來說都是眞實的 … 所有一體藝術都是這樣: 只要稍微明亮點, 稍微暗淡一點, 稍微高一點, 低一點, 偏右一點, 偏左一點(在繪畫中); 只要稍微減弱一點化加强一點, 或者稍微提前一點, 稍微延遲一點(在戲劇藝術中); 只要稍微說得不够一點, 稍微說得過分一點, 稍微誇大一點(在詩中), 那就沒有感染力了. 地油當藝術家找到無限小的因素時, 他才可以感染別人, 而且感染的正道也要看在何種程度上找到這些因素而定."

124) 劉勰, 『文心雕龍』「辯騷」, "酌奇而不失其貞, 玩華而不墮其實"

정과 화실 사이에서 예술의 장력을 지닌 절충점을 찾아내어야 하고, 창작이 무질서에 질서를 향해 나가도록 하여야 의도한 예술적 효과를 얻을 수 있다. '기정화실설'의 예술의 조절에 관한 사상을 보다 넓게 본다면 문학 활동의 모든 방면과 관련이 있다. 예를 들어, 창작 동기에 있어 공리적, 비공리적 동기의 조절, 창작 과정 심리 상태에 있어서의 열정과 냉정, 이완과 긴장의 조절, 예술 묘사에 있어서의 번화함과 간략함, 암시적인 것과 직접적인 것, 거친 것과 세밀한 것, 화려함과 전아함 등의 조절, 예술 감상에 있어서의 들어감과 나아감의 조절, 예술 사유에 있어서의 감성과 이성의 조절, 예술 발전에 있어서의 전통의 계승과 혁신의 조절 등등이 그것이다.

4. 『문심조룡』의 '감물음지설感物吟志說'

유협은 『문심조룡』「명시明詩」편에서 주로 시의 고전적 의의를 명확히 설명하고, 중국 시가 발전의 역사를 서술함과 동시에 중국 고대의 사언시와 오언시의 발전 과정 및 문체의 특징에 대해 설명하고 평가했다.

이론적 각도에서 본다면 「명시」편의 가장 가치 있는 부분은 두 가지로, 하나는 중국시의 고전적 의미를 총결산한 점이고, 다른 하나는 시가의 생성 과정에 대하여 개괄하여 중국 시학의 핵심 범주인 '감물음지설'을 제기한 점이다. 아래에서 이 두 문제를 연계시켜 논하기로 하며, 중심 내용은 유협이 제기한 '감물음지설'이 될 것이다.

(1) 중국 '시'의 고전적 의의

유협은 「명시」편에서 중국 시의 고전적 의의를 명확하게 밝혔다.

유협은 먼저 『상서尙書』「요전堯典」의 "시는 뜻을 표현하는 것이며, 노래는 그 말을 읊는 것이다."[125], 한대 위서緯書의 하나인 『시위詩緯』「함신무含神霧」의 "시詩는 지持다. 사람의 성정을 유지시킨다는 것이다."[126]를 인용하여 시에 대한 정의를 시도하였다. 이에 대한 판원란[范文瀾: 1893~1969년] 선생의 주석은 주목할 필요가 있다.

> 정현鄭玄의 『시보서정의詩譜序正義』「내칙內則」에서 부자지례負子之禮를 언급하면서 이르길, 시詩는 계승하는 것이라 하였다. 주에 이르길, '시는 말을 잇는 것이다.'라고 하였다. 『춘추설제사春秋說題辭』에서 이르길, '시란 뜻을 말하는 것이다.'라고 하였다. 『시위』「함신무」에서는 '시는 유지하는 것이다.'라고 하였다. 이러하다면 시에는 계승, 의지, 유지 세 가지 해석이 있다 하겠다. 작자는 군정君政의 선악을 계승하고, 자신의 의지를 서술하여 시를 짓고, 시를 짓는 목적은 사람의 행동을 유지시켜 무리를 벗어나지 않게 하는 것이기에 하나의 명칭에 세 가지 해석이 있는 것이다. 언화[彦和: 유협의 자]는 시를 유지한다는 의미로 해석하였는데, 이는 「함신무」의 해석을 채용한 것이다.[127]

판원란 선생의 말은 정확하다. 유협은 시의 의의를 논하면서 결코 "시는 유지하는 것이다"라는 의미에만 매달리지 않고 정현이 말한 '삼훈三訓'을 모두 채용했다. 우선 유협은 『명시』편의 '찬贊'에서 시는 반드시 "자연의 이치와 결합되어야 하고, 정치 질서를 참조해야 한다."[128]고 주장하였다. 여기서 말하는 정치란 당연히 군주 정치이

125) "詩言志, 歌永言"

126) "詩者, 持也, 持人性情"

127) 范文瀾, 『文心雕龍注』上册, 人民文學出版社, 1958, 68~69쪽. "鄭玄 『詩譜序正義』「名爲詩者, 『內則』說負子之禮云「詩負之.」 注云 「詩之言承也.」 『春秋說題辭』云 「詩之爲言志也.」 『詩緯含神霧』云「詩者持也.」 然則詩有三訓 … 承也, 志也, 持也. 作者承君政之仙樂, 述己志而作詩, 爲詩所以持人之行, 使不失隊, 故一名而三訓也. 彦和訓詩爲持, 用『含神霧』說."

며, 따라서 유협의 이념에는 시는 군주 정치의 부하물負荷物, 즉 군주 정치의 요구를 실어야하는 일종의 도구라는 생각이 자리하고 있다. 이는 유협이 「원도」, 「징성」, 「종경」편 등에서 주장한 이념과도 일치한다. 이는 시와 정치의 관계에서 시의 의의에 대한 첫 번째 규정이다. 다음으로 작자는 다시 『요전堯典』의 "시언지詩言志, 가영언歌永言"을 인용하면서 시는 개인의 '지志'를 서사하는 것이라 주장하였다. 「시대서詩大序」에서 "마음에 있으면 지이고, 말로 표현하면 시가 된다."[129]고 하였는데, '지'란 무엇인가? 『설문해자』에서 "지는 의意이다."[130], "의는 지다."[131]라고 설명하였다. 여기에서 '지'와 '의'는 같은 의미로 일정한 이성적 제약이 있는 사상, 정감, 의취와 지향 등을 지칭하는 것으로 "배우지 않아도 능한"[132] 사람이 타고난 감정과는 다른 것이다. 이러한 사상, 정감, 의취와 지향을 언어로 표현한 것이 바로 시이다. 이것은 유협이 시와 개인의 정지의 관계에서 시의 의미를 규정한 두 번째 규정으로 시가 개인의 정지를 담는 수레임을 지적한 것이다. 작자는 다시 『함신무』의 "시詩는 지持다. 사람의 성정을 유지시킨다는 것이다."를 인용하였다. 『설문해자』에서는 "지持는 악握이다."[133]라고 풀이하였다. "시詩는 지持다"에서 '지'는 절조節操, 파악把握, 절제節制, 속박束縛이라 해석할 수 있다. 작자는 왜 시와 '지'를 연관시켰을까? 시는 사람의 정성을 유지시킬 수 있게 할 수 있는, 즉 사람의 성정을 절조, 파악, 절제시켜 실수를

128) 「明詩」, "神理共契, 政序相參"
129) "在心爲志, 發言爲詩"
130) "志, 意也 "
131) "意, 志也."
132) "弗學而能"
133) "志也, 握也."

범하지 않게 한다고 여겼기 때문이다. 바꾸어 말하자면 시를 가지고 '순미광악順美匡惡', 즉 사람의 성정을 바로 잡을 수 있다는 것이다. 청대 유희재劉熙載는 『예개藝概』「시개詩概」편에서 "시에서 지持를 말하는 것은 무엇보다 내적으로 그 의지를 조절하는 것이 중요하며, 외적으로는 풍교風敎에 따라 이를 조절하는 것이다."[134]라고 언급하였다. 이는 작가가 시의 낭송과 감상의 각도에서 시의 의의에 부여한 세 번째 규정이다. 앞서 서술한 시의 의의에 대한 세 가지 규정은 본질적 측면과 기능적 측면에서 내린 시에 대한 규정이며, 표면적으로는 서로 다르지만 실제적으로는 상통한다. '시언지'라는 말이 마치 사람이 아무런 의지만 가지고 있으면 시를 지을 수 있는 완전한 개인적 자유를 가지고 있는 것처럼 보이지만 사실은 그렇지 않다. 그 이유는 시가 계승의 의미를 지니고 있으며, 이는 시인의 '지'는 반드시 군주 정치가 요구하는 내용과 일치해야 하며, 이러한 시라야 군주 정치의 규정에 부합하는 이성을 가지고 사람의 성정을 파악할 수 있기 때문이다. 송대 왕안석은 시를 '사인지언寺人之言'이라 해석했는데, 결코 터무니없는 해석이 아니다. '사인'은 고대의 거세된 궁정의 낮은 관리로 종교 의식을 주재했던 사람이며, 이들의 행위 규범은 커다란 제약을 받았다. 『설문해자』에서 "사寺는 정[廷: 공정하다]으로, 법도가 있는 것이다."[135]라고 해설하였다. 어떤 학자는 사寺의 본의는 '지持'라고 고증한 바 있다. 따라서 왕안석이 시를 '사인지언'으로 해석한 것은 시는 법도의 제한을 받는 언어라는 의미이다. 유협의 서술에서 표현된 사상은 유가 시교의 제한을 받았을 뿐만 아니라 동시에 객관적으로 중국 고대 시가의 고전적 의의를

134) "詩之言持, 莫先于內持其志, 而外從風化從之"
135) "寺, 廷也, 有法度者也."

객관적으로 설명, 개괄하고 있음을 분명히 알 수 있다. 이는 분명한 가치를 가지고 있다. 다시 말하자면 가장 이른 시기의 시는 예와 마찬가지로 실용적인 것이었다. 유협이 「명시」편에서 "춘추 시대에 시를 통하여 사람들의 의지를 살피고, 옛 시를 외워 응대하는 것을 빈객의 영광으로 여겼으며, 시를 가지고 합당한 발언을 하는 것은 자신의 문재를 드러내는 것이었다."[136]고 한 말은 사실상 시는 왕 통치권의 확증으로, 왕이 흥성하면 시도 흥성하는 것이고, 왕이 쇠잔해지면 자연스럽게 시와 예는 민간으로 이전되는데, 이를 왕의 입장에서 본다면 시와 예가 쇠망한 것이다. 맹자 역시 "왕의 자취가 종식되자 시가 없어졌으며, 시가 없어진 뒤 『춘추』가 나왔다."[137]고 하였다. 유협이 「명시」편에서 오래 전 중국 시의 본의를 명백히 밝혀낸 것은 학술적 가치가 대단히 높다. 그는 중국 고전시는 중국 고전 문화의 산물이고, 중국 고대 문화의 이상은 군주의 절대 통치와 개인의 제한적 표현 자유의 통일이라고 설명하였다. 군주의 절대 통치는 사상에 대한 제한이 필요하다. 비록 개인의 표현 자유는 제한을 받지만 사회의 평온한 발전을 저해하지는 않는다. 따라서 "즐거우나 음탕하지 않고, 슬프지만 화를 해치지 않는다.",[138] 원망하지만 화는 내지 않아야 한다.",[139] "감정의 표현은 예에서 멈추어야 한다.",[140] "생각함에 사악함이 없다.",[141] "부드럽고 신중함",[142] "문사를 중시하더라도 직언을 하지는 말아야 한다."[143] 등의 견해는 중국 고대

136) "春秋觀志, 諷誦舊章, 酬酢以爲賓榮, 吐納而成身文."
137) "王者之迹熄而詩亡 詩亡然後 春秋作"
138) 『論語』「八佾」, "樂而不淫, 哀而不傷"
139) "怨而不怒"
140) 「毛詩序」, "發乎情止乎禮義"
141) 『論語』「爲政」, "思無邪."
142) 『禮記』「經解」, "溫柔敦厚"

유가의 정신문화를 가장 잘 반영한 것이다. 이러한 정신문화가 시학에 구현된 것이 바로 시를 '승承', '지持', '지志'라 정의한 것이다. 시는 우선 정치적 의의를 지니고 있기에 반드시 통치자의 예교를 담아야 한다. 둘째, 시는 개인의 의지, 지향 감정을 표현한다는 의의를 지니고 있다. 셋째, 시의 사회적 작용은 사람들의 정성을 조절하여 미덕을 따르고 악덕을 바로 잡게 한다. 이 세 가지는 하나의 정체이다. 이것이 가장 전면적인 고전시의 정의라 하겠다. 시가에 대한 이러한 정의는 그 의식 형태에 있어 대단히 선명하게 남아있었기에 시는 노예제 사회와 봉건제 사회의 정치를 위해 봉사하는 것이라 생각하였던 것이다. 루쉰이 『마라시력설摩羅詩力說』[144]에서 "중국의 시를 순舜은 '언지言志'라 하였고, 이후 현인들이 '지인성정持人性情'이라 말했고, 『시경』의 의의는 폐단에 의한 사악함이 없다고 하였다. 무릇 뜻을 말하라고 하고 왜 이를 조절하려고 하는가? 억지로 사악하지 말라는 것은 사람의 뜻이 아니다. 채찍과 속박에서 자유를 허용한다는 것이 무슨 의미가 있는 일인가? 그리하여 이러한 상황 이후의 문장은 결국 맴돌 뿐, 한계를 뛰어 넘지 못한다."[145]고 하였다. 이어서 루쉰은 다시 '무형의 감옥'[146]이 작자로 하여금 "둘 사이의 진실한 아름다움을 서술하지 못하게 한다."고 지적하였다. 루쉰은 이러한 언급에서 중국 고전 시가 정의의 모순을 칼을 뽑아 피를 보는듯한 논조로 폭로하였다. 이러한 시론은 한편으로는 '언지

---

143) 「毛詩序」, "主文而譎諫"

144) 역자주. 魔羅는 梵語로 악마를 의미한다. 魔羅詩는 악마파 시를 의미한다.

145) 『中國近代文論選』下, 人民文學出版社, 1959, 791쪽. "中國之詩, 舜云'言志', 而後賢立說乃云'持人性情', 三百之旨, 無邪所蔽. 夫旣言志矣, 何持之云? 强以無邪, 卽非人情. 許自由于鞭策羈縻之下, 殆此事乎? 然厥後文章, 內果輾轉不逾此界."

146) "無形之囹圄"

言志'의 자유를 주지만, 다른 한편에서는 이러한 자유를 즉 '승承'과 '지持'의 요구를 통해 언어 표현의 자유를 회수한다는 것이다. 회수할 뿐만 아니라 그들의 의식 형태의 표준에 의거하여 '순미광악順美匡惡'을 요구한다. 유협은 역사를 초월하지는 못했으나, 그는 역사 속으로 들어가 구체적으로 고전 시가의 의의가 지닌 다양한 차원을 보여주었다. 그 가치는 시의 고전적 의미가 가지고 있는 모순을 자각적이지는 않으나 독자들 앞에 펼쳐 보였다는 점에 있다. 이러한 사실에서 우리가 '시언지'를 고립적으로만 이해하고 이에 대해 지나치게 높이 평가하는 것이 옳지 않다는 것을 알 수 있다. 중국 고전 문화는 분명히 모순으로 충만한 문화이지만, 이러한 모순을 슬쩍 덮어버리면 표면적으로는 모든 것이 원만하고 통일된 것으로 여길 수도 있을 것이다. 중국 시의 고전적 정의는 중국적 특색을 지닌 문화적 모순체이다. '시언지'를 말한 이상 모든 사람이 각자 정지를 지니고, 어떤 감정, 어떤 의지든 드러낼 수 있는 것이 아닌가? 그러나 다시 시를 '승', '지'로 정의하면서 '시언지'는 가죽 채찍하의 자유, 강제 하의 바램, 예교 속박 하의 감정표현으로 변하고 말았다. 이것이 바로 중국 고전 시가에 대한 정의의 실질이다.

중국의 '시언지'와 서양 낭만주의 시기의 '표현론'은 큰 차이가 있다. '표현'의 원의는 마음속에 일종의 신비한 활동이 있으면 즉시 표정으로 자연스럽게 드러난다는 것이다. 예를 들어 사람이 수치심을 느끼면 얼굴이 붉어지는데, 이것이 바로 '표현'이다. 문학에 있어서 표현론 역시 내적인 것에서 외적인 것으로 이어지는 감정의 과정을 말한다. 19세기 초, 영국 낭만주의 시인 워즈워드와 콜리지가 "시는 사람 감정의 자연스러운 표출이다."[147]라는 말과 '시언지'는 서로 거

147) "詩是人的感情的自然流露"

리가 멀다. 중국의 '표현'과 서양의 '재현'을 비교해도 역시 과녁 없이 화살을 쏘는 것과 같다. 중국의 '시언지'는 왕의 통치와 서로 연관된 것으로 작자가 토로한 감정은 반드시 윤리의 속박을 받기에 일종의 윤리 감정이며, 이러한 감정은 이미 조절된 감정이라 하겠다. 서양의 낭만주의사조는 윤리적 속박을 벗어나 자연스러운 감정의 세계로 돌아가자는 것이다. 과거 어떤 학자가 이 둘을 연관시켜 같은 것으로 언급하였는데, 이는 일종의 오해다.

유협은 중국시의 고전적 의의를 밝히고 이를 단서로 중국 시가의 발전사를 설명하였다. 「명시」편을 전체적으로 살펴보면 유협의 모든 사상은 시종 '고전'의 계승과 '신성[新聲: 새로운 작품]'의 긍정 사이를 오가고 있다. 시의 고전적 의의에 대하여 그는 긍정을 표하고, 심지어는 찬양하고 있으나 다른 한편으로 고전적 의미만 중복해서는 시가의 생성이라는 문제를 해결할 수 없음을 느꼈기에 시의 고전적 의의에 대해 긍정과 함께 약간의 보충과 개조를 시도하려고 하였다. 유협은 자신의 '감물음지'라는 시가생성론을 통해 중국시의 고전적 의의를 보충, 수정 및 개조하여 인간의 감정, 감정의 사물에 대한 감응을 하나로 연계시켜다. 이는 시론에 있어서의 '신성'이라 할 수 있을 만큼 중요한 의미를 지닌다.

(2) 시가 생성의 네 가지 요소: 감感, 물物, 음吟, 지志

유협은 「명시」편에서 "사람은 칠정을 가지고 있기에 사물과 만나면 반응하기 마련이며, 사물과의 감응을 통해 감정을 표현하는 것은 너무나 자연스러운 일이다."[148] 라고 언급한 바 있다. 이는 시가 생

---

148) 「明詩」, "人稟七情, 應物斯感, 感物吟志, 莫非自然."

성에 대한 간명한 이론적 개괄이다. 유협이 제시한 '감물음지설'은 시가 창작에 있어서의 네 가지 요소, 즉 객체의 대상인 '물物', 주체의 심리 활동인 '감感', 내심이 형식화된 '음吟', 작품의 실체가 되는 '지志'에 대해 언급하고, 다시 이를 하나의 정체로 연계시킴과 동시에 이 네 가지 요소의 내재적 관계를 명확히 설명하였다. 이는 이론적으로 대단히 중요한 의의를 가지고 있다. '감', '물', '음', '지' 및 그 관계는 특별히 중요하기에 상세히 설명하기로 한다.

먼저 '감'에 대해 설명하고자 한다. '감'자는 『문심조룡』에서 여러 차례 등장한다. 이 가운데 몇 가지 예를 먼저 살펴보자.

> 「변소」: "감정과 원망을 서술함에 억울함 때문에 쉽게 사람들을 감동시킬 수 있었다."149)

> 「악부」: "정지情志가 현악기와 관악기에 영향을 미치고, 기운은 종鐘과 경磬의 소리를 변화시킨다."150)

> 「신사」: "환담桓譚은 고민하다가 병이 생겼고, 왕충王充은 지나친 생각으로 기력이 바닥났다."151)

> 「물색」: "이와 같이 시인들(『시경』의 작가)은 경물에 감응하여 끝없는 연상에 빠졌다."152)

> 「물색」: "무릇 양기가 싹터 오르면 개미가 움직이고, 음기가 쌓이면 사마

149) 「辨騷」, "故其敍情怨, 則鬱伊而易感"
150) 「樂府」, "志感絲篁, 氣變金石"
151) 「神思」, "桓譚疾感於苦思, 王充氣竭於思慮"
152) 「物色」, "是以詩人感物, 聯類不窮"

귀가 모기를 잡아먹는다. 작은 곤충까지도 계절을 느끼나니, 사계의 변화가 사물에 미치는 영향은 실로 심원하다."[153]

「명시」 : "사람은 칠정을 가지고 있기에 사물과 만나면 반응하기 마련이며, 사물과의 감응을 통해 감정을 표현하는 것은 너무나 자연스러운 일이다."[154]

「축맹」 : "신령에게 감찰을 구하고, 구천九天으로 증거를 삼으며, 감격한 마음으로 성의를 확립하고, 간절함으로 문장을 쓰는 점은 서로 같다."[155]

「풍골」 : "『시경』 육의六義 가운데 풍이 첫머리를 차지하는 이유는 감화의 근본이고 지기志氣의 구체적 표현이기 때문이다."[156]

「여사」 : "사덕四德을 서술하는 것은 구절이 서로 대를 이룬다. 용이 구름을 부리고, 호랑이가 바람을 부리는 것은 글자가 짝을 이룬다."[157]

위 9곳에서 사용된 '감'자 가운데 7번째 '감격'은 '감동, 격분'의 뜻이고, 8번째 '화감化感'은 '교육, 감화'의 뜻이고, 9번째 "유형별 감응"이라는 '유감類感'을 제외하고 나머지 6곳의 '감'자는 대체적으로 같은 의미로 시인의 창작 심리 활동을 지칭한다. 5번째의 경우 표면적으로는 미물인 곤충도 감응이 있다는 것을 말하지만 그 다음의 문구를 읽어보면 작자의 의도는 아름다운 옥과 같은 마음을 가지고

---

153) 「物色」, "蓋陽氣萌而玄駒步, 陰律凝而丹鳥羞, 微蟲猶或入感, 四時之動物深矣"
154) 「明詩」, "人稟七情, 應物斯感, 感物吟志, 莫非自然."
155) 「祝盟」, "祈幽靈以取鑒, 指九天以爲正, 感激以立誠, 切至以敷辭, 此其所同也."
156) 「風骨」, "詩總六義, 風冠其首, 斯乃化感之本源, 志氣之符契也."
157) 「麗辭」, "序乾四德, 則句句相銜; 龍虎類感, 則字字相儷"

있는 사람은 주위의 경물에 감응하는 바가 더욱 크다는 것을 말하려던 것이다. 따라서 유협은 여러 정황 속에서 주체의 미묘한 심리 활동을 강조하는 의미에서 '감'자를 사용하였다. 시인이 '감(심리 활동)'을 펼치려면 먼저 '정情'을 가지고 있어야 한다. '정情'은 선천적인 것이다. 『예기』 「예운禮運」 편에서 "사람의 정이란 무엇인가? 희喜, 노怒, 애哀, 구懼, 애愛, 오惡, 욕欲 이 7가지는 배우지 않아도 능히 할 수 있는 것이다."[158]라고 설명하였다. 이러한 7가지 감정은 선천적으로 부여되는 것으로 배울 필요가 없는 것이다. "사람은 칠정을 가지고 있기에", "사물과 만나면 감응하기 마련"이라는 것은 '정'은 '감'의 전제 조건이며 '정'이 없으면 '감'도 없음을 의미한다. 그렇다면 '감'의 진정한 의미는 무엇일까? 바로 '감응感應', '감발感發', '감동感動', '감흥感興', '감오感悟'의 의미가 있고, 이외에 '감상感想', '감정感情', '기억記憶', '연상聯想', '상상想像', '환상幻想' 등의 의미가 있다. '감물'은 '응물'과 같은 의미로 사물과의 접촉을 지칭한다. "사물과 만나면 감응하기 마련"이라는 것은 사물과 접촉이 있으면 주체의 사상과 감정에 호응 활동이 일어나 감상, 감정, 기억, 상상, 연상, 환상이 만들어진다는 것을 의미한다. 『전송문全宋文』 「응물부서應物賦序」에서 "사물과 접촉하면 생각이 일어난다."[159]는 것은 '감'의 기능을 적절히 설명한 것이다. '흥사興思'는 사물과 접촉한 뒤 심리가 활발하게 움직이는 상태를 말한다. 유협이 말한 '감'은 일종의 매개 역할을 하는 심리 활동이라는 사실은 확실히 인식할 필요가 있다. 선천적 '정'이 대상인 '물'과 접촉하는 것과, 시의에 의해 만들어진 '지' 사이에 '감'이 자리하며, 이는 시가 생성의 관건이다. 분명한

158) "何爲人情? 喜怒哀懼愛惡欲, 七者弗學而能"
159) "應物興思"

사실은 유협이 말한 '감'은 현재 우리가 말하는 '반영'과는 큰 차이가 있다는 점이다. '반영'은 분명 복제, 재현의 의미를 가지고 있다. 문학 반영론은 서양의 '지식론'[160]이 문학이론에 반영 혹은 굴절된 것이다. 환언하면 서양의 사상가의 입장에서 보면 문학 역시 일종의 지식 형태라는 것이다. 일찍이 헤겔은 '반영'이란 재현, 복제의 의미를 가지고 있다고 말한 바 있다. 레닌의 '반영론'에서도 '반영'은 비록 동등하게 반영되는 것은 아니지만 "반영은 피반영자에 대한 정확한 복사에 가깝고"[161], 충실한 '모방', '재현' 역시 정확한 복사에 가까우며, 그 결과는 객관적 지식의 획득에 편중되어 있다고 말한다. 그러나 유협과 중국 선인들의 '감'에 대한 언급은 결코 '재현', '복제', '복사'의 의미가 아니라 대상물이 이끌어낸 미묘하고 신비한 시적 심리 활동을 지칭한다. 중국 고대에는 서양처럼 문학을 '지식론'의 범주 안에 귀결시키지 않고 '인생 수양론'의 범주에 귀결시켰다. 이러한 이유에서 고대 문학이론에 비록 '재현'의 사상이 있었으나 결코 두드러지지 않았으며, 두드러진 것은 유협이 여기서 말한 '감' -

160) 서양 문화의 각도에서 본다면 서양인은 문학을 '지식'의 범주로 귀결시키고, 창작은 일종의 새로운 지식을 획득하는 것이기에 고대 그리스 시대로부터 사상가들은 문학을 '모방'으로 규정하였고, 문학 작품의 '복제성'과 '재현성'을 강조하였다. 체르니세프스키(Chernyshevsky)가 말한 이러한 사상은 서양을 천 년간 지배했으며, 19세기 말 20세기 초에 이르러 낭만주의 문학, 그 후의 현대주의 문학이 시작되고 유행함에 따라 문학예술도 비로소 "知識"의 범주에서 벗어나는 경향이 시작되었다.(從西方的文化角度來考察, 西方人把文學藝術歸結爲"知識"的範疇, 創作就是獲取一種新的"知識", 所以從古希臘開始, 他們的思想家就把文學藝術界定爲"模倣", 强調文學藝術作品的"服制性", "再現性", 誠如車爾尼雪夫斯基所說這種思想統治瞭西方一千多年, 到了19世紀末20世紀初, 隨着浪漫主義文學化其後的現代主義文學的開始流行, 文學藝術才開始出現擺脫"知識"範疇的趨勢.)

161) 레닌, 「唯物主義與經驗批判主義」, 『레닌전집』 제2권, 인민출판사, 1972, 330쪽. "反映是對被反映者近似正確的複寫."

감응, 감발, 감오, 감흥 등 - 이다. 어떤 학자는 육기陸機가 쓴 『문부文賦』의 "계절의 변화에 따라 탄식하고, 만물을 바라보니 생각이 복잡해지고, 깊은 가울 떨어지는 낙엽을 슬퍼하고, 꽃 피는 봄날 새싹에 기뻐하며, 마음 울적하니 서리가 생각나고, 원대한 뜻 구름에 이른다."[162]는 말로 '감'을 해석하였는데, 이 역시 대상물의 형상과 내적 감정의 상호 호응을 강조한 것으로 비교적 합리적인 언급이었다. 사실 『문심조룡』 「물색物色」 편에서 "음침한 날씨는 사람을 처량하게 만들고, 따스한 날씨는 사람을 편안하게 만든다."[163]는 말은 중국 고대 '감'의 내적 의미를 더욱 잘 설명한 것이다. "봄과 가을로 계절이 바뀌면 음침한 날씨는 사람을 처량하게 만들고, 따스한 날씨는 사람을 편안하게 만든다. 경물의 변화는 사람의 마음을 요동치게 만든다."[164]거나 "물상의 변화에 따라 감정이 변화하고, 감정의 변화에 따라 문장이 이루어진다. 잎새 하나, 벌레의 작은 울음소리에 마음이 끌리는데, 맑은 바람과 밝은 달이 함께 있는 밤이나, 따스한 햇빛이 봄 숲을 비추는 아침에는 어떠하랴! 이와 같이 시인들(『시경』의 작가들)은 경물에 감응하여 끝없는 연상에 빠졌으며, 세상 만물 속을 끝없이 노닐다가 보고 들은 것을 나지막하게 읊조렸다."[165]는 견해는 동양의 '감응'과 서양의 '반영'이 서로 다르다는 것을 보다 구체적으로 설명한다. '감응'은 '반영'처럼 충실하게 외물을 그대로 복제하지 않기에 감응은 거울에 비추는 과정이 아니라 대상물이 이끌

162) 張少康, 『文賦集釋』, 上海古籍出版社, 1984, 14쪽. "遵四時以嘆逝, 瞻萬物而思紛; 悲落葉於勁秋, 喜柔條於芳春. 心懍懍以懷霜, 志眇眇而臨雲."

163) "陰陽慘舒"

164) 「物色」, "春秋代序, 陰陽慘舒, 物色之動, 心亦搖焉"

165) 「物色」, "情以物遷, 辭以情發 一葉且或迎意, 蟲聲有足引心 況淸風與明月同夜, 白日與春林共朝哉! 是以詩人感物, 聯類不窮. 流運萬象之際, 沈吟視聽之區"

어낸 감정이 호응, 요동, 활약, 흥발하는 과정이다. 이는 시인이 대상물을 접촉한 뒤 일어난 반영보다 더욱 넓고, 더욱 무한하며, 더욱 미묘하고, 더욱 신비하며, 동시에 더욱 시의를 지닌 심리 활동이다. 예를 들어 '음[陰]'과 '참[參]'이 서로 대응하고, '양[陽]'과 '서[舒]'가 서로 대응하듯, 잎사귀 하나가 싹이 트거나 시들어가는 것도 충분히 시인의 원대한 생각을 이끌어 내기에 족하고, 작은 풀벌레의 소리도 역시 시인의 감정의 물결을 이끌어 내기에 족하다. 이를 시의가 넘치는, 대단히 신비한 심리 활동이 아니라 할 수 있겠는가! 중국 시학에서 중시하는 '흥'의 범주는 '감'과 긴밀한 관계가 있다. 앞서 인용한 부량[傅亮: 374~426년]의 '감물흥사' 역시 감물과 흥의 관계를 강조한 것이라 이해할 수 있다. 정·물·지 사이에는 '감물'이라는 중간 단계가 있다. 이러한 중간 단계가 있어야 시인의 심리 활동이 활성화되고, 끝없는 연상에 빠질 수 있다. 유협이 "사물과의 감응을 통해 감정을 표현하는 것은 너무나 자연스러운 일이다."[166]라고 한 말은 시인의 '정'은 대상인 '물'의 자극을 받아 생성된 심리 활동이며, 이는 결국 '의지[意志: 시인이 표현하려는 내용]'를 만들어 낸다는 의미이다. 이것은 시가 창작의 자연스러운 규율이다.

유협이 시가 생성론에 있어 '감'이라는 심리 활동을 총결한 이후, 중국 고대 시론에서 '감'에 대한 해석과 운용이 보다 자각적으로 이루어졌다. 그 가운데 두드러진 예를 들어보면 다음과 같다.

> 종영의 「시품서」: "원기가 사물을 변화시키고, 사물은 다시 사람을 감동시키며, 사람의 감정이 요동치면 춤과 노래로 표현된다."[167]

166) 「明詩」, "人稟七情, 應物斯感, 感物吟志, 莫非自然."
167) "氣之動物, 物之感人, 故搖蕩性情, 形諸舞咏."

두보의 「상위좌상십이운上韋左相十二韻」 : "감정의 격발은 때로는 늦게 이루어지기도 하지만 원대한 감흥은 신비하도다."[168]

원진元稹의 「진시상進詩狀」 : "무릇 문장은 대부분 감정의 격발에 의해 이루어진다."[169]

양만리楊萬里의 「답건강대군고감문서달서答建康大軍庫監門徐達書」 : "접촉이 먼저 이루어지고, 감정이 이를 따라감으로써 시가 만들어진다."[170]

이몽양李夢陽의 「매월선생시집서梅月先生詩集序」 : "천하에 뿌리 없는 싹이 없듯이 군자에게 뿌리 없는 감정이 없다. 근심과 즐거움은 그 속에 있으나 감정의 촉발은 외물과의 감응에서 이루어진다."[171]

이러한 논술을 보면, '감'은 중국시가의 창작론에 있어서 주체의 심미 활동이라는 개념으로 사용되었으며, 많은 발전을 통해 완벽하게 되었다는 것을 알 수 있을 것이다.

다음으로 유협이 언급한 '물物'에 대해 논의하기로 한다. 일반적으로 논자들은 '감물음지'의 '물'을 '외물'로 이해하거나 절대 이념으로 간주한다. 이러한 견해들은 유협의 원의와 부합하지 않는다. 나의 이해로는 유협이 말한 '물'은 시인의 대상물이기에 당연히 최초의 순간에는 '외물'이지만 나중에는 시인의 눈 속의, 마음속의 '물'로 전환된다. 50년대 미학대변론에서 주광첸朱光潛 선생은 '물갑物甲'과

168) "感激時將晚, 蒼茫興有神"
169) "凡所爲文, 多因感激."
170) "觸先焉, 感隨焉, 而是詩出焉."
171) "天下無不根之萌, 君子無不根之情. 憂樂潛于中, 而感觸應于外"

'물을物乙'의 개념을 제시한 바 있다. 소위 '물갑'은 사물 본연의 존재로 순수한 '외물'로 사람의 의지에 의해 전환되지 않는 객관적 형태이다. '물갑'은 과학의 대상물이지 시인의 대상물은 아니다. 시인의 대상물은 '물을'이다. '물을'은 바로 시인의 눈과 마음속의 사물로 외물과 사람의 주관 조건이 결합한 결과이다.[172] 유협이 「전부詮賦」에서 "정으로 사물을 바라본다."[173]고 한 말은 유협이 말한 '물'이 정감의 관조를 거친 '물', 즉 '물을'에 해당한다는 사실을 대단히 명료하게 설명한 것이다. 정판교鄭板橋 1693~1765년, 청대淸代의 저명

---

172) 『朱光潛全集』 第五卷, 安徽教育出版社, 1990, 43쪽. "'물物의 형상形象'은 사람의 이미 정해진 주관조건(예를 들어 의식형태나 정취 등)의 영향 하에 반영된 사람 의식의 결과이기 때문에 일종의 지식 형식이다. 이러한 반영의 관계에서 물은 첫 번째 성질이고, 물의 형상은 두 번째 성질이다. 그러나 이러한 '물의 형상'은 형성되는 가운데 인식의 대상이 된다. 대상이 된 것을 '물'(잠시 물을物乙이라 부르기로 한다.)이라 부를 수 있으나, 이는 원래 형상을 생산했던 그 '물'(잠시 물갑物甲이라 부르기로 하다.)과는 다르다. 물갑은 자연물이고, 물을은 자연물인 객관적 조건에 인간의 주관적 조건의 영향이 더해져 만들어진 것이다. 따라서 이미 순수한 자연물이 아니라 인간의 주관적 성분이 끼어들고 섞여있는 자연물이다. 바꾸어 말하자면 이는 이미 사회적 물이라 하겠다. 미감의 대상은 자연물이 아니라 물의 형상이라 할 수 있는 사회적 물이다. 미학이 연구하는 것은 이러한 사회적 물이 어떻게 만들어지며, 어떤 성질과 가치를 지니며, 어떤 작용을 발생하는 가이다. 자연물(사회현상이 아직 예술형상이 되지 않았을 때는 자연물로 간주할 수 있다.)은 과학의 대상이다.('物的對象' 是 '物' 在人的旣定的主管條件(如意識形態, 情趣等)的影響下反映宇人的意識的缺課, 所以只能是一種知識形態. 在這個反映的關係上, 物是第一成的, 物的形象是第二性的. 但是這 '物的形象' 在形成之中就成爲認識的對象, 就其爲對象來說, 它可以叫做'物'(姑簡稱物乙)不同于原來產生形象的那個'物'(姑簡稱物甲), 物甲是自然物, 物乙是自然物的客觀條件加上人的主觀條件的影響而產生的, 所以已經不是純自然物, 而是夾雜着人的主觀成分的自然物, 換句話說, 已經是社會的物了. 未感的對象不是自然物而是作爲物的對象的社會的物. 美學所研究的也只是這個社會的物的如何產生, 具有什麽性質和價値, 發生什麽作俑; 至于自然物(社會現象在未成爲藝術形象是, 也可以看作自然物)則是科學的對象.)"

173) "物以情觀"

화가]는 '안중지죽眼中之竹', '흉중지죽胸中之竹'과 '수중지죽手中之竹'의 견해를 피력한 바 있다. '물을'은 '흉중지죽'이며, 이는 시인 감정의 여과를 거친 '물'이며, 사물의 '물리적 성격'이 아니라 사물의 '심리장[心理場: psychological filed, 심리, 생활의 공간]'이다. 원인은 시인과 '물'이 만들어낸 심미적 관계에 있어서 '물'은 이미 본연의 존재가 아니며, 감정 세계 속의 존재이기 때문이다. 우리는 '감물음지'에 있어서의 '물'이란 '물을'로 해독할 수 있으며, '물'이란 작품의 '제재'이지 일반적 의미에 있어서의 '생활'은 아니라고 이해하는 것이 좋을 것이다. 생활은 시인 밖에 있는 것이고, 제재는 시인 안에 있는 것이다. 외재의 '물갑'이 전화되어 시인의 정감세계 속의 '물을'로 전환되었을 때 비로소 시인의 '정성情性'으로 변화된다. 시의 '지志'는 직접적으로 외재된 '물갑'에서 나오는 것이 아니라 시인의 '정성'에서 나온다. '물을'은 이미 '정성' 속에서 융화된 것이다. 이러한 이유에서 '물을'은 정감이 부가되었을 뿐만 아니라, 개성화되었다고 할 수 있다. 유협의 표현대로 "사람의 성정에 따라 적절히 분화되는 것"[174]은 개성의 차이에 따라 서로 다른 모습으로 나타난다는 것이다. 당신의 눈에 비친 '대나무'와 내 마음 속의 '대나무'는 비록 동일한 대상물이지만, 본 것과 상상한 것의 '대나무'는 서로 다른 모양일 것이다. 도연명[陶淵明: 352(365)~427년]의 유명한 시구 "동쪽 울타리 밑에서 국화를 따노라니 유연히 남산이 눈에 들어온다."[175]에서 '국菊', '동리東籬', '남산南山'은 물이지만 결코 외재적 '물갑'이 아니라 도연명 감정 세계 속의 '물을'이다. 환언하면 '국', '동리', '남산'은 모두 도

174) 「明詩」, "隨性適分"
175) 역자주. 陶淵明, 「飮酒」, "采菊東籬下, 悠然見南山". 이 구절의 번역은 이치수 교수의 『陶淵明全集』에서 그대로 인용하였다.

연명 개인의 것이며, 타인과는 무관하다.

셋째, '음'은 '음영吟詠', 즉 억양돈좌抑揚頓挫한 읊조림을 말한다. 『문심조룡』에서 '음'자는 '감물음지'이외에 9곳에서 사용되었다.

「원도」: "천자 대순大舜이 노래할 때부터 이미 찬탄의 뜻을 드러내셨다."[176]

「변소」: "음송吟諷하는 사람은 산천을 기억하나, 학동은 그저 그 속의 향초만 집으려 한다."[177]

「신사」: "음송하는 사이에 주옥같은 소리를 발한다."[178]

「정채」: "무릇 『시경』의 「국풍」과 「아雅」가 창작될 때부터 작자는 정지와 울분을 가기고 자신의 성정을 표현하여 통치자를 풍자하였다."[179]

「물색」: "시가의 창작에 있어 정지는 심오하고 원대하여야 한다."[180]

「풍골」: "이러한 까닭에 애절한 정지의 표현은 풍風에서 나오고, 깊이 있는 문사는 골骨에서 나온다."[181]

「여사」: "왕찬王粲은 「등루부登樓賦」에서 '초인楚人 종의鍾儀는 진晉나라의 감옥에서도 초楚나라의 노래를 했고, 월인越人 장석庄舄은 초나

176) 「原道」, "元首載歌, 旣發吟詠之志"
177) 「辨騷」, "吟諷者銜其山川, 童蒙者拾其香草"
178) 「神思」, "吟詠之間, 吐納珠玉之聲"
179) 「情采」, "蓋風雅之興, 志思蓄憤, 而吟詠情性, 以諷其上"
180) 「物色」, "吟咏所發, 志惟深遠"
181) 「風骨」, "是以怊悵述情, 必始乎風, 沈吟鋪辭, 莫先於骨"

라의 대관이 되고도 월나라의 노래를 불렀다."[182]

「악부」: "필부匹夫와 아낙들이 자기 고을의 노래를 부르면, 채시관采詩官들이 이를 기록하고, 악사들이 음률에 맞췄다. [183]

「악부」: "민간에서 불리는 노래를 궁정에서 연주하다."[184]

위의 10개의 예문 가운데 4개는 '음영吟咏', 2개는 '침음沈吟', 2개는 '구음謳吟', 1개는 '음송吟誦', 1개는 '월음越吟'이라 하였다. '침음'은 가창歌唱의 의미이며, 깊은 생각 뒤에 노래한다는 뜻이다. '구음'도 가창의 의미이며, '찬미'의 뜻을 함께 가지고 있다. 따라서 '침음'과 '구음'은 깊은 사고를 거친 미적 의미를 가지고 있는 노래라 이해할 수 있을 것이며, '음영'이라 주석을 붙이면 적당하겠다. '음'에는 '송독誦讀'의 뜻을 가지고 있으나 다른 점이 있다. 즉 '송독'은 있는 그대로를 읽어가는 것이나, '음'은 창작하면서 읽어가는 것이기에 '음'에는 소리와 문자에 예술적 가공이 더해진 것이다. 즉 '음'의 과정을 통해 소리에 억양돈좌의 변화가 생기고, 문자는 더욱 적절하고 정교하게 된다. '음'은 작시를 의미하며, 이 안에는 소리와 문자 형식의 안배가 포함되어 있다. 따라서 유협이 말한 '감물음지'의 '음'은 소리와 문자의 변화를 통한 '지'에 대한 예술적 처리를 말한다. 단순히 뜻을 밝히거나, 말하는 것이 아니라 '음지', 즉 '지'를 직접적으로 불러내는 것이 아니라 기복, 억양 등의 예술적 처리를 가하는 것이다. '음'의 과정은 심미적이지 않은 정지를 심미적 정지로 전환하는 것

182) 「麗辭」, "鍾儀幽而楚奏, 莊舃顯而越吟"
183) 「樂府」, "匹夫庶婦, 謳吟土風, 詩官採言, 樂盲被律"
184) 「樂府」, "謳吟坰野, 金石雲陛"

이다. '음'의 과정에는 이미 형식적 요소가 내재되어 있다. 즉 '흉중, 지죽'으로 변하기 전에 '죽'에는 이미 예술 형식적 가공에 대한 고려가 자리한다. '음'에는 형식적 고려가 포함되어 있으며, 당대의 시인들, 특히 만당의 '고음파苦吟派'들에게 이러한 특징이 잘 나타난다. 가도[賈島: 779~843년]는 "두 구를 삼 년 만에 지으니 한 번 읊자 두 줄기 눈물이 흘러내린다."[185]고 하였고, 맹교[孟郊: 751~814년]는 "밤이 새도록 고민해도 다 짓지 못한 것을 고뇌하며 읽자 귀신도 슬퍼한다."[186]고 하였고, 노정양[盧延讓: 생졸 미상, 약 902년 전후 활동]은 "'안安' 한 글자를 읊는 동안 몇 가닥의 수염을 꼬아 끊어낸다."[187]고 하였고, 주경여[朱慶余: 생졸 미상, 826년 전후 활동]는 "열흘 동안 군청에서 머물며 고뇌하며 읊으니 몸도 편안하지 못하네."[188]라고 하였고, 배열裴說은 "시를 짓는 게 늦다고 탓하지 말지어다. 시를 다 쓰니 수염 또한 실처럼 가늘어졌다."[189]라고 하였다. 이러한 '음', '고음'은 시의 형식, 특히 문자와 성률에 대한 '추고推敲'의 의미다.

넷째, '지'는 대체로 정지情志, 즉 "마음에 있으면 지이고, 말로 표현하면 시가 된다."[190]의 '지'를 의미한다. 『문심조룡』에 '지'자는 38회에 걸쳐 사용되었으며, 상황에 따라 서로 다른 의미로 사용되었기 때문에 여기서 모두 나열하지는 않기로 한다. 단 '감물음지'와 연관이 있는 '지기志氣', '지족志足', '지심志深', '지은志隱'등은 유협의 '감물음지설' 속에서 '지'에 대한 심미적 요구이기 때문에 주목할 필요가 있다.

185) "兩句三年得, 一吟雙淚流"
186) "夜學曉未休, 苦吟鬼神愁."
187) "吟安一個字, 撚斷數莖鬚"
188) "十夜郡齋宿, 苦吟身未閑"
189) "莫怪苦吟遲, 詩成鬚亦絲"
190) "在心爲志, 發言爲詩"

먼저 '지기志氣'에 대해 살펴보자. 「신사」편에서 "정신이 마음속에 자리하면, 의지와 체기가 그 활동의 관건을 장악한다."[191]고 하였다. 이는 예술의 상상과 구상 과정에 있어서 정신이 마음을 주재하고, '지기'가 그 '관건關鍵'을 관장한다는 의미이다. 유협이 '지기'를 연이어 사용한 것은 우연의 일은 아니다. '기'는 조비가 『전론·논문』에서 "문학은 기를 중심으로 이루어지며, 기의 청탁에는 체계가 있어 억지로 만들 수 없다."[192]고 한 '기'를 말한다. 즉 '기'는 선천적인 것으로 후천적으로 마음대로 바꿀 수 없기 때문에 작품 속의 '청기' 혹은 '탁기' 역시 자연적으로 부여되는 것이다. '기'란 무엇인가? 그리고 '기'와 '지'는 어떤 관계가 있는 것인가? 먼저 이것부터 분명히 설명해야겠다. 음양오행설이 성행한 뒤부터 사람들은 형이상학적 차원에서 '기'의 문제를 연구하였으며, 이 또한 당연히 의의가 있다. 그러나 '기'는 형이하학적 개념이기도 하다. '기'는 통상 흔히 말하는 '혈기'다. 『좌전』 「소공십년제안자昭公十年齊安子」에서는 "무릇 혈기가 있으면 다투는 마음이 있기 마련이다."[193]라고 하였고, 『논어』 「계씨」편에서는 "군자에게 세 가지 경계할 것이 있으니, 젊어서는 혈기가 확정되지 않았기에 여색을 경계해야 한다."[194]고 하였으며, 『중용』에서는 "혈기를 가진 사람은 친분을 다투지 않는 경우가 없다."[195]고 하였으며, 『예기』에서는 "(군자는) 혈기를 가진 것들을 친히 죽이지 아니한다."[196]고 하였으며, 『악기樂記』에서는 "무릇 백

191) "神居胸臆, 而志氣統其關鍵"
192) "文以氣爲主, 氣之淸濁有體, 不可力强而致"
193) "凡有血氣, 皆有爭心"
194) "君子有三戒, 少之時, 血氣未定, 戒之在色."
195) "凡有血氣者莫不爭親."
196) "凡有血氣之類, 弗身踐也."

성들은 혈기와 심지心知의 본성을 가지고 있다."[197]고 하였다. 이러한 예들은 모두 사람 혹은 동물의 혈기를 언급한 것이다. 실제로 문학에서 '기'를 언급한 것은 결코 현묘한 것이 아니라 모두 생리적 각도에서 제기된 것이다. 어떤 학자는 '기'를 '생리적 생명력'이라 정의하고,[198] 문학 창작에 있어서 "작품에 생명력을 불어넣는 것"[199]이라 하였는데, 이는 비교적 합리적인 해석이라 하겠다. 유협은 조비의 의견을 대단히 중시하여 그의 말을 인용한 바 있다. 그러나 조비의 논점에 대해 아주 만족하지는 않았다. 유협은 조비가 선천적 생리적 생명력을 지나치게 강조하였다고 생각하고 선천적인 것과 후천적인 것을 연계시키려 하였다. 이에 유협은 '지기'를 연계하여 사용한 것이다. 그 의미는 문학창작에 있어서 '감물음지'의 '지'는 문학의 실체이며, 이러한 '지'는 선천적 생리적 생명력인 '기'와 긴밀한 관계가 있다. 심지어는 '지'는 '기'가 반드시 필요하기 때문에 '기'는 '지'의 기초이자 전제라 하겠다. 이러한 점은 우리가 함부로 오독한 것이 아니다. 유협은 「체성」에서 "팔체八體는 계속 변화하며, 그 성공은 학력에 달려있으며, 잠재된 재능은 혈기에서 비롯된다. 기는 지를 충실하게 만들고, 지가 언사를 결정하니 빼어난 작품은 정성에서 비롯되지 않은 것이 없다."[200]고 하였는데, 이는 사람의 재능은 혈기에서 비롯될 뿐만 아니라 사람의 '지'(시인의 지를 포괄하는)를 충실하게 만든다는 뜻이다. 이러한 사실에서 유협의 말한 '지기'의 개념은 '감물음지'의 '지'에 인간의 '생명력'의 내용을 첨가한 것임을

197) "夫民有血氣心知之性"

198) 徐復觀, 『中國文學論集』, 臺灣學生書局, 1976, 303쪽. "生理的生命力"

199) 같은 책, 45쪽. "灌注于作品的生命力"

200) "若夫八體屢遷, 功以學成, 才力居中, 肇自血氣; 氣以實志, 志以定言, 吐納英華, 莫非情性."

알 수 있다. 시인의 '지'에는 개체의 생명력(혈기)이 흘러들어가 있으며, 시의 '지'는 시인의 생리적 '기'를 반드시 필요한 출발점이자 지탱점으로 삼는다. 반드시 지적해야 할 것은 조비가 "기의 청탁에는 체계가 있다"라 하여 사람의 기를 '청'과 '탁'으로 구분한 것 때문에 사람들이 쉽게 '청기'는 좋은 것, '탁기'는 나쁜 것이라 오해하는 경우가 있다. 그러나 실제로 기에는 호불호가 없다. 유협은 조비의 '청탁' 구분을 강유剛柔로 구분하여[201] 조비의 용어 사용상 결함을 보완하였다. 유협은 왜 『고시십구수古詩十九首』를 "질박하나 야하지 않고, 완곡하면서 대상에 밀착되어 있고, 애절하게 깊은 감정을 적절히 표현하였다."[202]고 찬미하고, "장형張衡의 「원시怨詩」는 청아하여 가히 깊은 맛이 있다고 하겠다."[203]라고 칭찬하고, 건안의 시인들이 "강개하여 마음껏 기세를 드러내고, 강렬하게 자신의 재능을 발휘하며, 마음속 회포를 묘사함에 세밀한 기교를 구하지 않으며, 문사를 운용함에 무릇 분명함을 취할 뿐이다."[204]라고 긍정했을까? 왜 당시의 몇몇 시인들을 "대구 운용에 있어 모든 글자를 짝을 이루려고 하고, 오로지 한 구의 기이함만 추구하였다."[205]고 비판했을까? 그 주된 원인은 전자가 서술한 지는 '혈기'가 있는 지志였고, 후자가 서술한 지는 '혈기'가 결핍된 지이기 때문이다. "기로 지를 충실하게 만드는"[206] 것은 대단히 중요한 일이다.

---

201) 「體性」, "氣有剛柔"
202) 「明詩」, " 直而不野, 婉轉附物, 怊悵切情"
203) 「明詩」, "張衡怨篇, 清典可味"
204) 「明詩」, "慷慨以任氣, 磊落以使才; 造懷指事, 不求纖密之巧; 驅辭逐貌, 唯取昭晰之能"
205) 「明詩」, "儷采百字之偶, 爭價一句之奇"
206) 「體性」, "氣以實志"

'지족'에 대해 설명하기로 하자. 「의대議對」에서 "여기서 뽑은 대책對策들은 실로 통달한 인재들의 작품이니 의지도 충분하고 문사도 위대하니 실로 드문 일이 아닌가?"[207]라고 하였고, 「징성」에서는 "따라서 의지가 충분하고, 문사가 아름다우며, 감정은 진실하고, 수사가 정교한 것은 아름다운 문채가 있는 중요한 문장을 짓는 금과옥조이다."[208]라 하였다. 이 두 편은 비록 시를 논한 부분은 아니지만 '지족문원志足文遠'의 뜻은 시에 있어서의 '지'를 설명하는데 원용할 수 있다. '족'은 충족, 충실의 의미로, 요즘말로 하면 힘이 있다는 정도로 풀이될 수 있을 것이다. 따라서 '지족'은 '지'의 강도와 관련이 있으며, 시의 '지'가 충실, 포만해야 비로소 문사 역시 정교하고 아름다우면서도 원대해질 수 있다는 것이다. 따라서 '지'가 '충족'되었는가의 문제는 문채, 의미의 심오함과 연관되기에 대단히 중요한 문제라 하겠다.

'지심志深'에 대해 설명하기로 하자. 「시서時序」편에서 "당시의 문장을 살펴보면 오로지 강개함만을 좋아하는데, 이는 당시 세상이 지속적으로 혼란하여 세상의 기풍이 쇠잔해지고, 백성들은 원망에 차 있자 문인들은 깊은 사고를 통해 장대한 문장을 쓰니 강개하고 기세 뛰어나다."[209]고 하였다. 이는 '건안풍골建安風骨'에 대한 유명한 개괄이다. 여기서 제기한 "깊은 사고를 통해 장대한 문장을 쓰니"의 의미는 시인의 정지가 심오하여야 작품에 유원悠遠한 의미가 담긴다는 뜻이다. 시인의 '지'는 어찌해야 심원해질 수 있을까? 이는 생

207) "對策所選, 實屬通才, 志足文遠, 不其鮮歟!"
208) "然則志足而言文, 情信而辭巧, 迺含章之玉牒, 秉文之金科矣."
209) "觀其時文, 雅好慷慨, 良由世積亂離, 風衰俗怨, 並志深而筆長, 故梗概而多氣也."

활 속에서 얻은 뼈에 사무치는 통한의 체험이 중요하다. 건안시기는 사회가 다사다난했던 시기, 즉 유협이 말한 "세상이 지속적으로 혼란하여 세상의 기풍이 쇠잔해지고"[210] 있었던 시기였기에 시인들은 이러한 환경에서 자주 부당함과 마주치게 될 수밖에 없었고, 그 체험은 강렬하고 심각할 수밖에 없었다. 이리하여 시인의 붓끝으로부터 정지는 자신의 체험이 자각적이든, 비자각적이든 서서히 스며들고 개조되어 흔히 볼 수 없는 유원한 '지'로 표현된 것이다.

'지은志隱'에 대해 설명하기로 하자. 「체성」편에서 "양웅揚雄은 성격이 신중하여 그의 작품 내용이 함축적이고 심오하다."[211]라고 하였다. 이는 양웅의 성격이 신중하여 작품에 함축, 은회隱晦의 기법을 사용하여 직접적으로 내용을 드러내지 않았음을 설명한 것이다. 이러한 설명은 개성의 각도에서 '지'에 새로운 의미를 부여한 것이다. 어떤 개성에 따라 '지'도 달라진다.

이상에서 '지기志氣', '지족志足', '지심志深', '지은志隱' 네 개념을 '생명력', '강력', '체험'과 '개성의 연계'로 구분하였다. 이는 다른 각도에서의 '지'에 대한 심미적 요구라 하겠다. 이는 유협이 '감물음지'의 '지'에 대한 새로운 규정을 내린 것이며, 시가 창작에 있어 보다 심층적 예술 규율의 제시로 이해할 수도 있다. 이러한 새로운 견해는 후대 시학의 발전에 실로 중대한 영향력을 미쳤다.

유협은 '정'으로부터 그의 시가 생성론을 시작하면서 "사람은 칠정

---

210) 「時序」, "世積亂離, 風衰俗怨"
211) "子雲沈寂, 故志隱而味深"

을 가지고 있기에 사물과 만나면 감응하기 마련이다."라고 주장하였다. 칠정은 선천적, 자연적인 것이고, '지'는 후천적, 개인적, 사회적인 것이다. '지'는 미적 여과 과정을 거친, 이미 심미화審美化된 것이라 할 수 있다. 선천적 '정'은 사물과 만나면 감응하게 되어 '지'를 형성한다. 다른 말로 표현하면 선천적 '정'은 감응이라는 심리적 과정, 즉 대상과의 연결을 통해 후천적, 사회적 '지'로 변화된다는 것이다. 이처럼 인간의 정지 활동인 시는 '품정稟情' — '감물感物' — 음지 '吟志'의 연결 과정에서 생성된다. 우리가 흔히 사용하는 오늘날의 표현으로 말하자면 시인은 선천적 정감을 가지고 대상과 접촉하여 내심의 흥분興奮과 감응感應을 만들고, 다시 끝없는 연상을 통하여 시의 정감을 만들어낸다는 것이다. 유협의 시학 사상은 심리감응의 단계에 대한 이해가 뛰어나 그 어떤 기계적 복제 관념이 없다는 것은 너무나 귀중한 것이며, 당연히 중국 전통 문화의 발전에도 유익한 것이다. 나는 지금까지도 중국 전통의 시학과 문학이론에는 농후한 '심미 심리학적' 요소가 자리하고 있다고 생각한다. 비록 이러한 '심미 심리학'이 일종의 맹아 상태에 놓여 있었기 때문에 아직 과학적 인식에 도달하지는 못했다. 다만 여기에서는 중국과 서양의 전통 시학과 문학이론의 차이를 간단히 언급했을 뿐이다.

유협 '감물음지설'의 요점을 정리하면, 첫째, 시는 시인의 감정과 대상물의 접촉에서 비롯되기에 감정이 없으면 시도 없고, 대상물이 없으면 시도 없으며, 양자 사이의 연계가 없으면 시도 없다. 따라서 정과 물은 시를 생산하는 필요조건이다. 둘째, 시적 감정 산생의 관건은 '감응感應'이다. '감응'은 심리적 중개자로 자연적 감정과 대상물을 시의와 연결한다. 감응은 시적 감정 산생의 중요한 단계다. 셋째, 시적 감정이 심미적 감정이 되려면 반드시 예술적 처리가 필요하며, '음'이 바로 예술적 처리에 있어 반드시 거쳐야 할 길이기에 시가 산생의 두 번째 중개자라 하겠다. 넷째, 시가의 본체本體는 '지'로, 일종의 '감'과 '음' 두 심리 활동을 거친 감정이다.

유협이 '감물음지설' 전체를 완전히 새롭게 창조한 것이라 말할 수는 없다. '감물음지설'의 기본사상은 『예기』「악기」의 "음악의 시작은 사람의 마음에서 비롯된다. 사람의 마음이 움직이는 것은 사물이 그렇게 만든 것이다. 사물에 감응하면 소리로 표현된다."212)에서 비롯되었다. 그러나 이러한 사상을 보다 완정한 '감물음지설'로 개괄하고, 이를 중국 고대 시학의 중요한 개념으로 만든 것은 유협의 공적이다. 아울러 '감물음지설'은 일정 정도 시는 '승承'이고, '지持'라는 이론적 속박에서 벗어나 선천적 '정', 대상물 및 '감'의 중개를 두드러지게 만들어 시의 생성 규율에 대한 비교적 합리적인 해석을 도출했다. '감물음지설'은 후대 시가의 창작은 물론 시론의 발전에 커다란 영향을 미쳤다.

많은 논자들은 유협의 '감물음지설'이 '시언지'보다 크게 한 걸음 발전한 것이라 주장하는 데, 이러한 주장도 큰 무리는 없다. 다만 '감물음지설' 을 '문원론文源論'으로 귀결시키면서 유협이 유물주의자임을 강조하기 위해 그가 시의 원천을 '외물外物'에 찾았고, '외물' 역시 '사회생활'이기에 그이 '감물음지설'은 "사회생활이 문학예술의 유일한 원천"213)이라는 견해는 현대적 유물주의의 문학 원천론을 유협에게 강요하는 것이다. 실제로 유협의 주된 공헌은 '시의 원천'을 찾거나, 시의 원천이 객관적 존재인 사회생활에 있음을 강조하는데 있지 않다. 유협의 중요 공헌은 '감물음지설'이라는 간명한 용어로 중국의 시가 생성론을 개괄하여 서로 긴밀히 관련된 다양한 문제들

212) "凡音之起, 由人心生也. 人心之動, 物使之然也. 感于物而動, 故形于聲."
213) "社會生活是文學藝術的唯一源泉"

을 하나의 완정한 체계로 만들었다는 사실이다. 주체인 '정', 객체인 '물'이 이러한 심리의 첫 번째 중개인 '감'과 예술적 가공인 두 번째 중개인 '음'을 통과하여 최후에 시가의 본체가 되는 '지'를 형성한다. 주체인 '정'과 객체인 '물'은 시가 생산의 조건이며, '감'과 '음'은 시가 생성에서의 서로 다른 중개자이며, '지'는 조건과 관건이 충분히 제 역할을 발휘한 결정체이다. 이처럼 유협의 '감물음지설'은 하나의 정체整體이며, 시가 생성의 보편적 규율을 명확하게 제시한 이론이다.

유협의 사상은 자주 모순을 드러낸다. 그는 고대 유가의 '아정雅正'한 전통을 계승하는 것을 대단히 중시함과 동시에 위진 이후의 '교려巧麗' '신성新聲' 또한 긍정하는 태도로 현실 창작의 경험적 교훈을 종합하려고 하였다. 시가의 문제에 있어서 유협은 자각적이든, 자각적이 아니든 이러한 모순에 빠지고 말았다. 그는 고전 시가의 의의에 대해 총결하면서 시는 '승承'이며, '지志'이며, '지持'라는 세 가지 해석에서 한 걸음도 앞으로 나가지 않은 채 고전 문학 앞에 황제에게 예를 표하듯 무릎을 꿇고 말았다. 그러나 일단 시가 생성론으로 전환하면 유협은 "사물과의 감응을 통해 감정을 표현하는 것은 너무나 자연스러운 일이다.[214] 라고 주장하면서 시는 '승承'이며, '지志'이며, '지持'라는 의미는 한쪽에 내버려 둔 채 '정情', '감感', '자연自然'을 강조한다. 이러한 논술은 생기발랄하게 그의 사상을 위진 시대의 '신성新聲'으로 전향시키며, 일정 정도는 후자로 전자를 수정하려고 하였다. 필자의 견해로는 우리가 유협의 시학 사상을 연구하거나, 『문심조룡』 전체 편장을 연구할 때 그의 사상적 모순 경향에도 반드시 주의를 기우릴 필요가 있다고 생각한다.

214) 「明詩」, "感物吟志, 莫非自然."

5. 『문심조룡』의 '신여물유설神與物游說'

「신사」편은 『문심조룡』 창작론의 첫 번째 편으로 총론의 첫 번째 편인 「원도」와 동등한 중요성을 지녔다. 「신사」는 구상에 진입할 때 창작 주체 심령 활동의 예술적 변화 및 이러한 예술적 변화의 조건을 주로 언급하고 있다. 이를 현대적 언어로 바꾸어 말하면 예술적 상상을 중심으로 한 예술의 구상 활동이며, 물物 - 정情 - 언言 삼자의 각도에서 전면적인 논술을 진행하여 창작 주체의 사유 운용의 규율을 분명하게 밝힌 것이라 하겠다. 따라서 「신사」는 창작론의 총론적 성격을 지닌다. 이후의 논술에서 본 편에서 제기한 중심 범주인 '신여물유神與物游'를 둘러 싼 몇 가지 문제를 논의하기로 한다.

(1) '신사神思'의 사상 토대

중국 예술 정신과 서양 예술 정신의 근본적 구별은 어떻게 주체와 객체의 관계를 처리 하는 가에 있다. 서양 예술 정신이 강조하는 것은 주체와 객체의 대치對峙로, 주체는 인지자認知者, 정복자征服者이며, 객체는 피인지자被認知者, 피정복자被征服者이기에 서양에서 장기간 유행한 예술 관념은 모방론이다. 모방론에서는 주체가 객체를 모방함에 모방의 대상과 보다 유사類似 내지 핍진逼眞할수록 예술은 보다 성공적이라고 여긴다. 중국 예술 정신에서는 주체와 객체의 조화를 주장한다. 주체와 객체는 서로 깊숙이 관여하고 교융交融하는 관계다. 그렇다면 이러한 조화, 교융의 관계는 어떻게 실현되는가? 그 관건은 중국인이 철학적 '신神'의 관념에 대한 이해에 달려 있다.

선진 시대의 전적에서 '신'의 개념에 관한 것은 여러 곳에서 볼 수 있으나, 그 의미가 완전히 일치하지는 않는다. 그러나 우리의 선조들이 이를 인격신人格神, 우상신偶像神으로 이해하지 않았던 점은 대체적으로 일치한다. 『설문해자』에서 "천신天神이 만물을 파생시킨 것은 시신示申에서 나왔다."[215]라고 하였고, 시示는 "하늘이 상을 드리워 길흉을 나타내면 사람들이 이를 보는 것"[216]이라 했다. 일월성신의 변화 같은 것이다. 『설문해자』에서 "신申은 신神이다. 칠월에 음기가 만들어지면 모든 형상들은 펼쳐졌다 오그라졌다 한다."[217]라고 해석하였다. 이러한 사실에서 우리의 선조들은 '신'이란 객관 사물이 펼쳐졌다 오그라지는 특이한 현상, 즉 일종의 실재적 존재이며, 서양의 하나님처럼 실재하지 않는 존재가 아니라고 생각했음을 알 수 있다. 특별히 유가 철학에서는 서양의 인격신, 우상신과 같은 것을 중시하지 않는다. 나아가 유가 경전에서는 '신도神道'를 제기한다. "하늘의 신비한 도리를 살피면 사시四時에 어긋남이 없다."[218]는 말은 '신'이 사람이 직관한 만물의 내재된 오묘한 불변의 규율임을 설명하는 것이다. 이는 객관적 신이며, 이러한 객관적 신은 비록 모든 사람들이 인식할 수 있는 것은 아니지만 몇몇 사람들은 분명 이에 접근하기에 「계사상전」에서 "천하 만물의 이치에 도달한 것은 괘에 자리하고, 천하를 고무하여 움직이게 하는 것은 사辭에 있으며, 변화시키고 재단하는 것은 변變에 있고, 추진하여 행하게 하는 것은 통通에 있으며, 신명은 사람에 있으며, 말이 없어도 이루어지고, 말하지 않아도 믿을 수 있는 것은 덕행에 있다."[219]라고 하였다. '사

215) "天神引伸出萬物者也, 從示申."
216) "天垂象見吉凶, 以示人"
217) "申, 神也. 七月, 陰氣成, 體自申束.
218) "觀天之神道而四時不忒"
219) "極天下之賾者存乎卦, 鼓天下之動者存乎辭, 化而裁之存乎變, 推而行之存乎通,

辭', '변變', '통通'의 주권은 인간에게 있으며, 이러한 능력을 가진 자를 '신명神明'하다 하니, '신명'은 결국 주체인 사람의 능력이다. 이러한 것에서 '신'의 범주는 객체에서 주체로 전환됨을 알 수 있다. 이로부터 '양신養神'의 주장이 시작되었다. 이후로 신은 사물일 뿐만 아니라 사람이기도 하고, 규율일 뿐만 아니라 규율에 대한 인식이기도 하다. 따라서 신은 주체와 객체의 교제, 교집, 조화 속에 자리한다. '신'의 개념은 철학적으로 성숙하였다가 결국은 예술의 영역까지 내려왔다. 철학적 신이 예술적 신으로 전환된 것은 네 가지 방면으로 체현된다. 즉 예술적 묘사인 '신사神似'(이신위주以神爲主, 신귀우형神貴于形, 이형전신以形傳神, 형신겸비形神兼備 등), 예술적 사유인 '신사神思'(신회神會, 신우神遇 등), 작품의 높은 경계인 '입신入神'(신운神韻, 신채神采 등), 작가의 수양인 '양신養神'이다. 유협의 '신사설'은 철학적 '신'의 개념이 전화되어 나온 예술 정신의 일종이다. 유협의 '신사설神思說'은 전통 사상과의 관계 이외에 위진 현학의 발전과 관계가 있다. 위진 이래로 현학이 흥기하면서 '신'에 대해 다른 해석이 더해졌다. 예를 들어 한강백韓康伯의 「계사주繫辭注」에서는 「계사상전」의 "음양의 이치는 지극히 신비하고 오묘하여 변화를 알 수 없어 '신'이라 한다."[220]라는 문구에 대해 "신이란 변화의 지극함이며, 오묘한 만물을 말로 형용하려고 해도 형용할 수 없다."[221]고 주석을 가했다. 작가의 구상 문제에 원용된 '신'은 작가의 예술적 사유에 있어서의 예술적 변화를 지칭한다. '사'는 심령心靈을 의미한다. 이러한 '신사'의 개념은 유협이 처음으로 제기한 것이 아니다. 유협

神而明之存乎其人, 黙而成之, 不言而信, 存乎德行."

220) "陰陽不測之謂神."

221) "神也者, 變化之極, 妙萬物而爲言, 不可以形詰者也."

이전으로 거슬러 올라가면 『논형』「복서卜筮」의 "무릇 사람이 신사神思로 헤아려 보건데 … 일신의 신이 흉중에 있으면 사려思慮가 된다."[222), 공융[孔融: 153~208년]의 「천미형표薦彌衡表」에서 "생각함에 신이 있는 듯하다."[223), 조식[曹植: 192~232年]의 『보도부寶刀賦』에서는 "원경圓景을 헤아려 원을 정하고, 신사를 펼쳐 형상을 만든다."[224), 오화핵吳華覈의 「걸사루현소乞赦樓玄疏」에서는 "마땅히 한정閒靜을 얻은 뒤에야 신사를 펼칠 수 있다."[225) 등의 기록이 있다. 그러나 학자들의 연구에 의하면 예술 창작론의 영역에서 최초로 명확하게 이 개념을 제기한 사람은 유협보다 앞선 시기의 저명한 화가이자 화론가畵論家인 종병宗炳이다.[226) 종병은 남조 유송劉宋 시대의 사람으로 중국 산수화 창작을 이론적으로 설명하는데 크게 공헌한 인물이다. 그는 「산수화서山水畵序」에서 다음과 같이 언급하였다.

> 봉우리는 아득히 높고 구름이 숲을 덮으니 묘연한 이곳에서 성현들은 아득한 시기까지 찬란히 비추어 생긴 온갖 정취情趣들은 신사와 융화된 결과이다. 나 또한 어찌할 것인가? 신사를 펼칠 뿐 앞뒤를 나누어 무엇 하겠는가? [227)

종병은 예술가의 '신사'는 산수의 '만취萬趣'와 하나로 융화되어야 한다고 여겼다. 종병의 사상과 유협의 '신여물유'의 관점은 서로 확실

---

222) "夫人用神思慮 … 一身之神, 在胸中爲思慮"
223) "思若有神"
224) "規圓景而定環, 攄神思而造像"
225) "宣得閑靜, 以展神思"
226) 어떤 학자들은 이 개념은 동진 시인 손작孫綽의 『유천태산부游天台山賦』의 "치신운사馳神運思"에서 가장 먼저 나왔다고 주장하기도 한다.
227) "峰岫嶢嶷, 雲林森妙, 聖賢映于絕代, 萬趣融和其神思. 余復何爲哉? 暢神而已, 孰有先焉?"

히 맞아 떨어진다. 뿐만 아니라 유협이 승우[僧祐: 445~518년]를 도와 책을 편찬한 적이 있는데, 그 가운데 『홍명집弘明集』에 종병의 문장이 수록되어 있다. 따라서 유협은 종병에 대하여 비교적 잘 알고 있었고, 「산수화서」를 읽었을 것이기에 그가 「산수화서」를 통하여 '신사'의 개념을 얻어 창작의 중요 개념으로 삼았다는 것은 그다지 이상할 게 없다. 당연히 이는 단순히 단어의 차용 문제가 아니다. 종병의 「산수화서」의 중심 사상은 산수를 빌어 '창신暢神'하는 것, 즉 화가의 '신(신사)'을 '창(창달)'한다는 생각은 유협의 사상과 박자가 잘 맞는다. 「신사」편은 종병의 『산수화서』를 참조한 것이 분명하다.

이외에 직접적인 사상적 연원에서 살펴보면, 일반적으로 학자들은 '신사'는 일종의 예술적 상상에 관한 이론으로 간주하고, 그 직접적인 연원을 한대 사마상여司馬相如가 말한 "부가지심賦家之心은 우주를 포괄하고, 만물을 두루 살핀 연후에 마음속에 생기지만 마음속에 생겼다 하여 안다고 할 수는 없다."[228]한 것으로 거슬러 올라가야 한다고 주장한다. 이외에 육기의 『문부』에서 예술적 상상을 언급한 "정신을 광활한 팔극까지 이르게 하고, 마음은 지극히 높은 곳에 자리하게 한다.", "잠깐 사이에 고금을 두루 살피고, 순식간에 사해를 일주하노라."[229]라는 구절이 있다. 유협의 '신사'에 관한 논술은 사마상여와 육기의 영향을 직접 받았을 것이다.

중국 고대에는 왜 상상을 상상이라 부르지 않고 '신사'라 불렀을까? 이는 고대의 '신'에 대한 이해와 관련이 있다. 앞서 서술한 바와 같이 '신명神明'은 사람이 지닌 능력의 일종이기에, 신사는 바로 이

228) 『西京雜記』卷二. "賦家之心, 包括宇宙, 總覽萬物, 斯乃得之于內, 不可得而知."
229) 張少康, 『文賦集釋』, 上海古籍出版社, 1984, 25쪽. "精騖八極, 心游萬仞." "觀古今于須臾, 撫四海于一瞬."

러한 신명한 능력을 운용하는 것을 말한다. '신명'한 능력은 변화무상하여 유동이 일정하지 않기에 그 신비함을 헤아릴 수 없다. '신사'로 '상상'을 지칭한 것은 상상이 지닌 변화무궁하고, 현실적 시공을 초월하는 특징을 명확하게 설명하기 위한 것이다.

(2) '신여물유'는 예술 상상의 기본특징

유협은 '형形·심心'의 관계에 의거하여 예술 구상에 있어서 '상상'을 정의하였다. 「신사」에서 "몸은 강호를 떠돌지만, 마음은 높은 궁궐에 가 있다."[230]라고 하였는데, 이는 『장자』 「양왕讓王」편의 "중산공자中山公子 모牟가 첨자瞻子에게 이르길: '저의 몸은 강과 바다에 있으나, 마음은 위국魏國의 궁중에 있으니 어찌 하면 좋겠습니까?"[231]를 그대로 인용한 말이다. 원래는 "몸은 풀밭에 있으나 마음은 높은 벼슬에 가있다."[232]는 말이고, 그 의미는 어떤 사람들은 표면적으로는 은거를 표방하지만 실제로는 관직에 나가고 싶은 마음을 가지고 있음을 지적한 말이다. 유협은 이러한 말들을 개조하여 비유의 방식으로 상상의 실질을 설명한 것이다. 소위 상상이란 몸은 이곳에 있으나 마음은 다른 곳에 있다는 것이다. 우리가 책상 앞에 앉아 있지만 마음만은 하늘, 땅 그 어느 곳이든, 동서남북 어느 방향이든, 시간과 공간의 제약 없이 갈수 있다. 이러한 견해는 현대 심리학에 있어서의 상상에 대한 이해와 별반 다르지 않다.

'신사'가 예술적 구상에 있어서의 한 주요 '심리 기제 – 예술적 상상 –의 미학적 특징'은 무엇일까? 유협은 다음과 같이 대답한다.

---

230) "形在江海之上, 心存魏闕之下"

231) 『莊子』 「讓公」, "中山公子牟謂瞻子曰: 身在江海之上, 心存魏闕之下, 奈何?"

232) "身在草莽, 而心懷好爵"

> 문학에 있어 신사의 작용은 신비롭고 원대하다. 때문에 조용한 가운데 마음을 한 곳으로 모으면 천년의 세월을 뛰어 넘고, 천천히 얼굴을 돌리면 만리 밖의 먼 곳도 볼 수 있다. 글을 읊는 사이에 주옥같은 아름다운 선율이 흘러나오고, 눈앞에는 풍운이 펼쳐지기도 하는 것은 상상력의 작용이다. 따라서 상상의 이치는 오묘하여 정신과 사물이 교유하게 만든다.[233)]

이는 예술적 상상은 무한한 것으로 몸은 작은 방에 있어도 천년을 반추하거나, 우주를 노닐고, 시공을 초월하고, 천변만화千變萬化하는 특징을 가지고 있음을 설명한 것이다. 천년의 역사, 만리 밖의 사물, 주옥같은 소리, 풍운이 넘실대는 색깔 등은 상상이 시작되는 일순간에 눈앞에 펼쳐진다는 의미이다. 이러한 초월성이 상상의 본질적 규정이다. 이러한 의미는 이미 육기의 『문부』에서도 지적한 바 있다.

> 구상이 시작되면 보고 듣는 것을 모두 멈추고, 심사숙고하여 널리 제재를 찾아보고, 정신을 광활한 팔극까지 이르게 하고, 마음은 지극히 높은 곳에 자리하게 한다. 구성 사유가 충분히 성숙되면 감정은 몽롱함에서 벗어나 신선한 것으로 발전하고, 사물의 모습은 선명하게 드러난다. … 상상력을 동원하여 저 높은 은하수를 편안히 노닐며, 저 아득한 심천深泉 물속으로 잠입한다. … 잠깐 사이에 고금을 두루 살피고, 순식간에 사해를 일주하노라. [234)]

이는 시공을 초월한 헤아릴 수 없는 변환이 상상의 특징임을 설명한 것이다. 유협은 분명 육기보다 한 걸음 전진하였다. 유협이 육

---

233) "文之思也, 其神遠矣. 故寂然凝慮, 思接千載; 悄焉動容, 視通萬里; 吟詠之間, 吐納珠玉之聲; 眉睫之前, 卷舒風雲之色; 其思理之致乎. 故思理爲妙, 神與物遊."

234) 張少康, 『文賦集釋』, 上海古籍出版社, 1984, 25쪽. "其始也, 皆收視反聽, 耽思傍訊, 精騖八極, 心游萬仞. 其致也, 情曈曨而彌鮮, 物昭析而互進. …… 浮天淵以安流, 濯下泉而潛浸. …… 觀古今于須臾, 撫四海于一瞬."

기 등 이전 학자들과 다른 점은 '신사'가 성숙되었을 때 "상상의 이치는 오묘하여 정신과 사물이 교유하게 만든다."는 사실을 인식했다는 것이다. '신여물유'와 "정신은 형상을 통하여 관통한다."[235]는 언급은 예술적 상상의 특징을 한 단계 더 잘 설명하는 부분이다. '신여물유'에서 '신'은 주제의 정신활동이며, '물'은 대상물이며, '유'는 양자의 관계를 의미한다. 따라서 '신여물유'는 주체와 객체 상호 작용의 각도에서 상상의 실질, 즉 작가의 정신과 대상물의 사이의 자유로운 교융과 교류를 설명한 것이다. 내 안에 네가 있고, 네 안에 내가 있는 경지이며, 정신과 대상물이 서로 소통하는 경지이며, 주체와 객체가 서로를 깊이 이해하는 경지를 말한다. 유협은 다시 "산에 오르니 산 위의 풍경에 감정이 충만해지고, 바다를 바라보니 의상意想이 바다에 넘쳐 흐른다. 내 재주가 그 얼마나 되나 헤아려보았으나 풍운과 함께 내달려 사라지고 만다."[236]고 하였다. 이는 감정 이입의 각도에서 심도 있게 상상 속의 '아[我; 주체]'와 '물[物: 객체]'의 자유로운 교융을 설명한 것이다. 결론적으로 '신여물유'에는 4단계의 의미 층위의 차이가 있다.

첫 번째 단계의 '유游'는 유동, 변화를 지칭한다. 그러나 동시에 자유로운 '유희遊戱'이기도 하다. 장자의 말을 빌리면 '소요유逍遙游'라 하겠다. '유'의 중심은 정신적 자유이다. 그러나 이러한 자유는 마음대로 갑자기 나타나는 것일까? 아니다. 이러한 까닭에 유협의 두 번째 단계는 '유'는 '물物'에 의해 견인된다는 것이다. '물'이 일단 '심중지물心中之物'이 되면 '물'의 성격과 움직임에 궤적이 생기며, 이

235) 「神思」, "神用象通"
236) 「神思」, "登山則情滿於山, 觀解則意溢於解, 我才之多少, 將與風雲而並驅矣."

러한 조건하에서 '신'은 이리 저리 '물'의 규정대로 '유'하게 된다. '신여물유'의 세 번째 단계의 의미는 '유'는 쌍방, 상호적이며, '신'은 '물'로 깊숙이 들어가고, '물' 역시 '신'으로 깊숙이 들어가 양자가 서로를 끌어당긴다는 것이다. 유협은 "정을 선물로 주면, 흥으로 답례한다."[237]고 말하지 않았던가? 이는 '신여물유'에 대한 가장 좋은 주석이다. 여기에서 작자는 대상을 의인화시킨다. 작가가 생명이 있는 대상을 만나면 대상에게 감정을 경주하지 않을 수 없어 "정을 선물로 준다"는 것은 주체의 감정을 객체에 경주한다는 것으로 이는 대상의 주체화라 말할 수 있다. "흥으로 답례한다."는 것은 대상과 주체가 감정의 교류를 진행하는 것을 말하며, 주체의 감정을 경주하도록 하여 보답을 이끌어 내는 것이다. 이는 주체의 대상화라 말할 수 있다. 이러한 감정의 '증贈·답答' 과정 속에서 물아일체物我一體의 경지에 이르러야 예술 상상의 최고 경지에 도달했다고 말할 수 있다. 네 번째 단계는 '신여물유'의 결과가 "독자적 조예를 지닌 장인은 의상意象을 헤아려 조각(창작)한다."[238]는 것이다. 여기서 말하는 '의상'이란 앞서 말한 '안중지죽眼中之竹'이 아니라 '심상心象'이며, '심상'은 이미 물상의 실제적 성질에서 벗어난 것으로 작가가 상상과 허구를 통해 볼 수 있고 느낄 수 있는 형상이다. 물상이 '안중지죽'이라면 '심상'은 '심중지죽心中之竹'이라 말할 수 있다. 이러한 이유에서 작가가 개성, 독창성을 가졌다는 의미의 '독조지장獨照之匠'은 바로 이를 꼭 집어 말하는 것이다. 유협은 '신여물유'의 견해를 제시한 뒤 진일보하여 이를 실현하는 관건의 소재에 대하여 다음과 같이 말하고 있다.

237) 「物色」, "情往似贈, 興來如答"
238) 「物色」, "獨照之匠, 窺意象而運斤"

> 정신이 마음속에 자리하면, 의지와 체기가 그 활동의 관건을 장악한다. 사물이 이목과 만나면 표현력이 핵심을 관장한다. 표현이 충분히 이루어지면 사물의 전모가 드러나고, 관건이 막히면 상상력은 뿔뿔이 흩어진다.[239]

이는 '신여물유'가 과연 이루어질 수 있을까를 설명한 부분이다. 즉 '통通'할까? '색塞'할까? 여기서의 핵심은 "의지와 체기가 그 활동의 관건을 장악한다."와 "표현력이 핵심을 관장한다."이다. '지기'는 작가의 정감과 혈기를 말한다. '지'는 사상과 감정으로 일반적으로 후천적으로 형성되는 것이다. '기'는 조비 『전론·논문』에서 말한 "문학은 기를 중심으로 이루어진다."[240]에서의 '기'로 사람의 생명력을 말한다. 유협은 기의 '청탁'을 '강유'로 대체하고, 생명력에는 '강·유' 두 유형이 있다고 주장한다. "의지와 체기가 그 활동의 관건을 장악한다"는 것은 작가의 사상, 감정, 혈기가 예술적 상상을 제약한다는 문제를 언급한 것이다. 예술적 상상에는 필연적으로 작가의 상상, 정감 및 개인의 생명력이 투입되어야 한다. 상상, 정감 및 개인의 생명력은 한편으로는 예술 활동의 동력이기도 하고, 다른 한편으로는 상상의 성질, 내용, 방향, 노선, 범위에 대한 지배 작용이기도 하다. 즉 예술적 상상에는 절제라는 문제가 있다. 과분이나 방종은 쓸데없는 환상으로 쉽게 변모한다. 유협은 바로 이러한 점에 주목한 것이다. 그가 제기한 사상, 감정 및 생명력에 대한 '통'의 문제에 있어 '통'은 조절, 통제의 의미이다. 그렇다면 무엇을 가지고 조절, 통제할 것인가? '지志'와 '기氣'를 가지고 조절, 통제해야 한다. '지'가 사상과 감정을 조절, 통제하는 것이라면, '기'는 기본적으로 예술의 생명력을 조절, 통

239) "神居胸臆, 而志氣統其關鍵; 物沿耳目, 辭令管其樞機. 樞機方通, 則物無隱貌; 關鍵將塞, 則神有遁心."

240) "文以氣爲主"

제하는 것이다. 만일 사상, 감정 및 생명력이 예술적 상상에 대한 통제가 잘 이루어지면 '신여물유'는 '통'할 것이고, 그렇지 못하면 '색'할 것이다. 이처럼 유협은 문학적 상상력 통색通塞의 내재적 원인, 즉 주체의 창작 심리적 원인을 밝혀냈다. 이뿐만이 아니라 유협은 문학 상상력 통색에 있어 "표현력이 핵심을 관장한다"는 두 번째 원인을 찾아냈다. 여기서 말하는 '사령辭令'은 단순한 글을 지칭하는 것이 아니라 작가가 예술적 상상 속에서 어떤 방법으로 확실하게 언어를 운용하여야 형상과 잘 배합될 수 있는가의 문제를 지칭한다. 유협의 입장에서 본다면 상상 혹은 '신사神思'는 물상이 단순히 머리 안에서 나타났다, 변화하고, 미친 듯 날뛰는 문제가 아니라 물상의 출현과 언어가 항상 적당한 보조를 맞추는 문제다. 예술적 상상 역시 일종의 사유이다. 예술적 사유도 사유인 바에야 필연적으로 언어의 운용이 필요하며, 심지어는 우리는 반드시 언어 상황 속으로 들어가야만 비로소 대상물의 파악으로 진입할 수 있다. 사유와 언어는 동일하다. 예를 들어 깊은 가을날 우리가 북경北京 향산香山에 가서 유람을 한다면 우리는 산언덕을 아름답게 물들인 단풍을 바라볼 것이다. 만일 지금 내가 한 시인으로 향산의 단풍을 노래하는 몇 구의 시를 짓고자 한다면 바로 예술적 상상에 진입하여 반드시 소정의 언어를 운용해야 한다. 예를 들어 진의陳毅의 "향산 단풍이 아름다구나, 무거운 서리 내리니 더욱 짙어지누나."[241]는 그가 상상할 때 수반되어 출현한 언어이다. 적당한 언어를 찾을 수 있는가는 통색의 '추기樞機'이다. 이처럼 유협은 창작 심리(志氣)와 창작 언어(사령辭令)의 이중적 시각에서 '신여물유'의 '통색' 원인을 밝혀 예술적 상상력에 있어서의 심오한 규율을 제시하였다.

241) "香山紅葉好, 霜重色愈濃."

(3) '신여물유' 전개의 조건

'신여물유' 전개의 조건은 유협이 「신사」에서 관심을 기울인 중요한 문제 가운데 하나이다. 유협은 '신여물유'가 상상 활동이 되는 기본 조건은 다음과 같다고 주장한다.

첫째, '허정虛靜'의 정신 상태가 필요하다. 유협은 "문학적 사고의 도야에는 허정이 가장 중요하다. 이전의 선입관을 던져 버리고 정신을 눈처럼 깨끗하게 만들어야 한다."[242]고 주장하였다. 이는 정신 활동이 전개될 때 선입견을 버리고 정신을 맑게 하여 외물의 간섭을 막아야 한다는 말이다. 여기서 말하는 '허정'과 이러한 '허정'에 도달하기 위한 '소약疏瀹'과 '조설澡雪'은 인간의 행위와 심경이며, 실제로는 작자가 문학 정신의 주체가 되고자 하는 수양을 의미한다. 이러한 수양이 있어야 비로소 미적 관조가 가능하다. 유가와 도가 모두 허정을 언급했지만 유협은 주로 도가의 전통을 계승하였다. 노자는 득도하려면 반드시 "허의 극치에 이르러 돈독히 고요함을 지키고"[243], "마음속의 거울을 깨끗하게 씻어 닦아야 한다."[244]고 주장하였다. 장자는 진일보하여 허정의 사상을 발휘하였다. 그는 이러한 허정의 정신을 가지고 일련의 포정해우庖丁解牛, 재경삭목위거梓慶削木爲鐻, 구루자승조痀僂者承蜩, 진인도주津人渡舟 등과 같은 기예 활동을 설명하였는데, 이는 '허정설'을 예술 창작에 있어서의 조건으로 전환시킨 것이다. 종병宗炳의 '징회운미澄懷運味' 역시 허정의 경계를 설명한 것이다. 이들의 사상은 모두 유협에게 상당히 큰 영향을 미쳤다.

---

242) 「神思」, "陶鈞文思, 貴在虛靜, 疏瀹五臟, 澡雪精神"
243) 『老子』16, "致虛極, 守靜篤"
244) 『老子』10, "滌除玄覽"

그렇다면 어찌해야 허정의 상태에 도달할 수 있을까? 유협은 "마음을 통해 사상을 훈련하는 방법은 쓸데없는 고민에 있는 것이 아니며, 외물의 아름다움을 이해하기 위해 자신의 심정을 피곤하게 할 이유가 없다."[245]라 하여 '양술養術'의 중요성을 강조하였다. '양술'은 '양기養氣'와 같은 의미다. '양기'는 장기간의 수련이 필요하며 단시간에 이를 성취할 수 없다. 따라서 짧은 시간에 목숨을 거는 노고는 필요 없고, 공덕을 쌓아야 저절로 이루어지고, 천천히 해야 정교한 수준에 이를 수 있다. 개인에게 있어서 수양이란 긴 과정으로 평생을 해야 성공할 수 있는 일이다. 이러한 점은 서양의 심미주의론審美注意論 - 거리설距離說 - 과는 큰 차이가 있다. 거리설의 기본 사상은 심미 과정에 있어서 임시로 이루어지는 정신, 자아의 조정이기에 운이 좋다면 일시에 성공할 수도 있다. 이것은 바로 중국 문화 정신과 서양 문화 정신의 중요한 차이점이다. 중국은 범사凡事에 있어 점진을 중시하고, 서양은 범사에 돌진을 중시한다.

둘째, 지식, 학문, 경험, 체험의 누적이 '신여물유'의 또 다른 조건이다. 이에 대해 유협은 "학식을 보물처럼 축적하고, 사물의 이치를 분명하게 헤아려 재기를 풍부하게 하고, 경험을 늘려가며 철저하게 관찰하고, 이를 문학적 사유에 잘 조화시켜 아름다운 언어로 끌어내야 한다."[246]고 설명한다. 예술적 상상은 결코 공상이 아니기 때문에 학식의 수양도 필요하고, 이성적 준비도 필요하며, 체험도 필요하고, 감정과 언어의 훈련도 필요하다. 지식, 이론, 언어 능력이 천

245) 范文瀾, 『文心雕龍注』下, 人民文學出版社, 1958, 494쪽. "秉心養術, 無務苦慮, 含章司契, 不必勞情也."

246) 「神思」, "積學以儲寶, 酌理以富才, 研閱以窮照, 馴致以懌辭"

천히 쌓여야 '신여물유'가 활약할 수 있다. 서양 현대 심리학에서는 주체의 심리도식에 있어 주체의 풍부한 경험축적을 중요시한다. '아는 만큼 보이고', '아는 만큼 생각할 수 있다'는 것은 기존의 심리도식이 없다면 '신여물유' 또한 새로울 게 없는 세계에서 떠다니는 것에 지나지 않는다. 예술적 상상을 포함한 인류의 상상이 아무리 시공을 초월한다 하더라도 현재까지 축적된 지식의 인용, 연상이기에 완전히 공허에 매달리는 상상은 존재할 수 없다. 유협은 '허정'과 '양술'을 주장함과 동시에 지식과 경험의 중요성을 부정하지 않았다. 이는 그의 높은 식견을 반영한 것이다. 이러한 점에 있어 유협은 장자의 '무시무청無視無聽', '기성棄聖', '절지絕智'와는 견해가 다르다. 유협은 이러한 두 가지 조건이 "문학적 사유를 제어하는 가장 중요한 방법이며, 편장의 중요도를 조절하는 원칙"[247]의 필요조건이며, 이 두 조건을 벗어나서는 '신여물유'가 성공할 수 없다고 주장한다.

(4) '신여물유'에 있어서 두 가지 현상

유협은 '신여물유'의 내재적 의미, 통색의 원인과 필요조건을 서술한 뒤 다시 '신여물유'에 있어 "말로는 뜻을 모두 전할 수 없다"는 '언불진의言不盡意'와 구상에 있어서의 '느림과 빠름'이라는 두 가지 현상을 분명하게 설명하였다.

먼저 '언불진의'의 문제부터 서술하기로 하자. 예술적 상상 과정에는 언어가 수반되고, 예술적 상상의 결과 역시 언어에 의해 전달된다. 유협은 "종이를 가져다 글을 쓰자면, 글을 쓰기 전에는 활발했던 기세가 작품이 완성되면 처음 마음먹었던 것의 반밖에 되지 않

---

247) 「神思」, "馭文之首術, 謀篇之大端"

는다. 왜 이렇게 되는 것일까? 상상을 통해 얻은 의상은 허공을 나는 듯 쉽게 기이하게 되지만, 언어로 표현하는 것은 실제를 표현하기에 빼어나기가 어렵기 때문이다."[248]라고 설명하였다. 위진남북조시대에 현학玄學이 흥기하면서 '언의지변言意之辯'이 토론의 중요한 대상이 되었다. 유협은 '언불진의'에 찬성한 것으로 보인다. 그는 예술적 상상의 세계에서는 마음껏 하늘을 날고, 수없이 많은 기이함을 창출할 수 있으나, 언어는 사실을 추구하는 것이기에 정교하기가 어렵다고 생각하였다. 예술적 상상 속의 것은 완전히 전달할 수 없는데, 왜 그럴까? 이에 대해 유협은 「신사」에서 "마음을 통해 사상을 훈련하는 방법"[249]이라는 추상적인 해결 방법 이외에 구체적인 "생각 밖의 섬세한 내용, 문사 이외의 곡절한 정취"[250]의 추구를 제기하였다. 유협은 작가는 자신을 단련시켜서 지극히 정교하고 변화무상한 경계에 도달해야 한다고 생각하였다. 이에 그는 "가공, 제작"[251]의 논점을 특별히 제기하였다. 작자는 마麻와 포布의 비유를 통해 만일 편직기술[編織技術: 창작능력]이 뛰어나면 "졸렬한 문사에도 교묘한 의미가 생길 수 있고, 평범한 사례에도 새로운 내용이 생겨날 수 있다"[252]고 설명한다. 이 부분에 대한 학자들의 견해가 서로 다르다. 「은수」편에서 '언불진의言不盡意'를 극복하기 위한 책략이 제시되었다. 바로 "문장 밖의 중지重旨"[253]를 찾아내는 것으로 소

248) 「神思」, " 方其搦翰, 氣倍辭前, 暨乎篇成, 半折始心 何則? 意翻空而易奇, 言徵實而難巧也"

249) 范文瀾, 『文心雕龍注 · 神思』下, 人民文學出版社, 1958, 494쪽. "秉心養術, 無務苦慮, 含章司契, 不必勞情也."

250) 「神思」, "思表纖旨, 文外曲致"

251) 「神思」, "杼軸獻功"

252) 「神思」, "拙辭或孕於巧義, 庸事或萌於新意"

253) "文外之重旨"

위 "문장 밖의 의미는 비밀스런 소리처럼 전해온다."[254]이다. 이 부분에 대해서는 보다 깊이 있는 연구가 더 필요할 것이다.

구상의 느림과 빠름의 문제에 대해 서술하기로 한다. 유협은 "사람이 타고난 창작 재능에 따라 느림과 빠름이 서로 다르다."[255]라고 주장하였다. 어떤 사람은 글을 빨리 쓰고, 어떤 사람은 느리게 쓴다. 유협은 다시 "문학적 사유가 빠른 사람은 창작의 요령을 잘 알고 감각이 빨라 제때에 즉시 결단을 내린다. 문학적 사유가 느린 사람은 생각의 갈래가 많아 회의가 드는 곳을 명확히 하려고 하여 모든 것을 연구하고 고려한 뒤에 결정을 내린다. 사유가 기민하기에 순식간에 문학적 성공을 거두고, 깊이 생각하기에 오랜 고민을 거친 후에야 성공을 거둔다."[256]라고 말하고 있다. 이는 느린 사람은 천천히 하는 재주를, 빠른 사람은 빨리 하는 재주를 가지고 있다는 말이다. 이는 결코 문제가 되지 않는다. 그러나 빠르건, 늦건 간에 성공을 거둔 작가에게는 모두 "넓은 학식과 부지런히 연마한 것을 바탕으로 한다"[257]는 한 가지 공통점을 가지고 있다. 재주도 없고 학식도 없으면 필연적으로 성공할 수 없다. 유협은 이어서 창작에 임할 때 "사유가 막힌 사람은 내용이 빈약하고, 수사에만 빠진 사람은 내용이 번잡하다."[258]는 두 가지 고민을 언급하였다. 그리고 이를 해결하는 방법으로 "넓은 견식을 갖추는 것으로 부족한 식량을 메꾸고, 일관된 사고로 번잡함을 구하는 약으로 삼아야 한다."[259]고 하여 '박

---

254) " 義主文外, 秘響傍通"
255) "人之稟才, 遲速異分"
256) "駿發之士, 心總要術, 敏在慮前, 應機立斷; 覃思之人, 情饒歧路, 鑒在疑後, 研慮方定. 機敏故造次而成功, 慮疑故愈久而致績."
257) "並資博練"
258) "理鬱者苦貧, 辭溺者傷亂"
259) "博見爲饋貧之糧, 貫一爲拯亂之藥"

관博觀'과 '관일貫一'의 해법을 제시하였다.

유협은 '신여물유설'을 통해 문학 창작에 있어서의 예술적 상상의 규율에 대하여 심도 있는 설명을 가했다. 이러한 논점은 현재의 논의와 비교해도 뒤떨어지지 않는다. 이러한 사실은 유협이 문학 창작론에 대해 대단히 깊이 연구했다는 증거이다. 아마도 유협의 '신여물유설'에는 보다 심오한 내용이 숨어 있을 것이다. 이후 연구자들이 이를 계속 발견해 가길 기대해 본다.

6. 『문심조룡』의 '표리필부설表里必符說'

『문심조룡』「체성」편의 중심내용은 문학 풍격의 형성과 그 기본 유형이며, 중심 사상은 "내용은 내적인 것에서 외적인 것으로 표현된다."[260], "개개인의 생각은 모든 사람의 얼굴처럼 서로 다르기 마련이다."[261], "빼어난 작품은 정성에서 비롯되지 않은 것이 없다."[262], "내적인 성정性情과 외적인 표현은 반드시 부합한다."[263]이다. 문학 창작 활동은 사람의 정성이 외재적인 것으로 변화하여 문장이 되는 '체식體式'의 과정이다. 즉 내재적이고, 은밀하며, 독창적인 사상과 감정이 외현하여 언어 문자의 풍격이 된다. 이처럼 '내외內外'가 서로 부합하고, 개성과 풍격은 서로 대응한다. 개인 문장 체식의 차이는 '본심本心'과 '정성情性'의 차이에서 비롯된다. 「체성찬體性贊」에서 언급한 "재능과 성격에 구별이 있기에 문사의 풍격 변화는 다양하다."[264]

260) 「體性」, "因內而符外"
261) 「體性」, "各師成心, 其異如面"
262) 「體性」, "吐納英華, 莫非情性"
263) 「體性」, "表里必符"
264) 「體性」, "才性異區, 文辭繁詭"

는 견해 역시 사람의 재성才性의 차이로 인해 문사의 응용 또한 차이가 생긴다는 것을 말한다. 「체성」의 "오정五情이 발휘되어 사장辭章이 된다."[265], 「지음」의 "무릇 창작자는 감정이 움직여야 문사로 표현한다."[266] 등은 모두 '인내부외因內符外', '표리필부表里必符'의 견해를 설명한 것이다. 유협은 자신의 이러한 관점을 논증하기 위하여 '체'와 '성'에 대해 분석을 가했다. 특히 '성'을 '재才', '기氣', '학學', '습習' 넷으로 나누고, 다시 이 네 가지가 어떻게 '팔체八體'와 대응하는가를 집중적으로 설명하였다. 유협의 '인내부외설'의 내용을 밝히기 위해 먼저 '체'의 개념부터 살펴보고, 다시 '성'의 개념을 살핀 뒤, 마지막으로 '체'와 '성' 양자의 관계를 언급하기로 하자.

(1) '체體'의 개념

『문심조룡』에서 '체體'자는 대략 80여 차례 사용되었다. 각기 경우에 따라 그 의미가 서로 다르다. 여기에는 '체성'과 관련된 의미만을 논의하기로 한다.

『문심조룡』의 연구에 있어서 일반적으로 '체'는 '체재體裁'와 '풍격風格'의 의미로 이해된다. 이러한 이해 방식이 대체적으로는 별 문제가 없으나 가장 완벽한 이해는 아니다. 『문심조룡』에는 '체'자가 체재를 지칭하는 예가 많다.

> 논설論說의 체재를 고찰해보면 이를 가지고 시비를 명확히 가르는 것이다.[267]

---

265) "五情發而爲辭章"
266) "夫綴文者情動而辭發"
267) 「論說」, "原夫論之爲體, 所以辨正然否."

반표班彪가 지은 『왕명王命』, 엄우嚴尤가 지은 『삼장三將』은 서술을 통하여 감정을 표현함에 사전체史傳體를 잘 운용하였다.[268]

학동들이 습작을 함에 반드시 문체文體를 단정하게 해야 한다.[269]

후한의 장민張敏이 경모법輕侮法을 폐지한 것, 곽궁郭躬이 장군은 자율적으로 주살할 수 있음을 논한 글은 … 사실의 언급이 타당하여 가히 의체議體에 통달했다고 말할 수 있다.[270]

좌구명은 공자와 같은 시대의 인물이면서 공자의 말을 잘 이해하여 시작부터 끝까지 정확하게 핵심을 집어낸 사전체史傳體 『좌전』을 지었다.[271]

사마상여의 『애진이세부哀秦二世賦』에 이르러 전체 문장이 부체賦體로 쓰여졌다.[272]

농서隴西의 문사들이 격체檄體를 얻었다.[273]

이러한 예문에서 사용된 '체'는 분명히 체제를 지칭하는 것이다. 분명하게 '풍격'을 지칭한 경우는 다음과 같다.

체제의 아정雅鄭은 습성과 정반대로 나타날 수 없다.[274]

만일 모든 작품의 귀착점은 8가지 풍격으로 개괄할 수 있다.[275]

---

268) 「論說」, "及班彪《王命》, 嚴尤《三將》, 敷述昭情, 善入史體."
269) 「附會」, "夫才量(童)學文, 宜正體裁"
270) 「議對」, "若乃張敏之斷輕侮, 郭躬之議擅誅……事實允當, 可謂達議體矣."
271) 「史傳」, "丘明同時, 實得微言, 乃原始要終, 創爲傳體."
272) 「哀弔」, "及相如之弔二世, 全爲賦體"
273) 「檄移」, "隴右文士, 得檄之體矣"
274) 「體性」, "體式雅鄭, 鮮有反其習"

무릇 팔체(8가지 풍격)의 변화는 학력을 바탕으로 이루어진다.[276)]

가의는 재주가 뛰어나기 때문에 그의 작품은 문사가 깔끔하고 풍격이 청신하다.[277)]

다섯째, 풍격이 정련되어 번잡하지 않다.[278)]

(조비曹丕가) 공융孔融을 풍격과 기상이 고묘하다고 평가하였다.[279)]

이 예문들은 모두 직접 풍격을 언급한 예이다. 유협은 '체'자를 체재와 풍격의 의미로 사용하였다. 그러나 '체성體性'의 '체'가 어떤 개념이며, 그 범위가 '체재'와 '풍격'에 국한된 것인가에 대해서는 더 조금 더 논의할 필요가 있다. 만일 '체성'의 '체'를 단순히 체재와 풍격으로만 이해한다면 즉시 곤란한 경우에 처하게 된다. 즉 체재에서 풍격 사이에는 간극이 너무 넓고, 양자 사이에는 아무런 중간 단계가 없으며, 중간 단계가 없으면 이들을 연계시킬 수 없다. 이러한 점은 몇몇 연구자들이 이미 알고 있었다. 왕원시[王運熙: 1926~2014년]교수는 '문체풍격文體風格'의 개념을 '체재'와 '풍격' 사이에 넣어야 한다고 주장하였다. 이러한 사고방식은 실로 훌륭한 것이나 '문체풍격'의 개념이 성립될 수 있는지에 대해서는 의문이 든다. 이들이 말하는 '문체풍격'은 조비, 육기, 유협 등의 견해에서 비롯된 것이다. 예를 들어 조비는 『전론·논문』에서 다음과 같이 언급하였다.

---

275) 「體性」, "若總其歸途, 則數窮八體"
276) 「體性」, "若夫八體屢遷, 功以學成"
277) 「體性」, "是以賈生俊發, 故文潔而體淸"
278) 「宗經」, "五則體約而不蕪"
279) 「風骨」, "故其論孔融, 則云體氣高妙"

무릇 근원은 같으나 지류는 다르다. 주의奏議는 반드시 전아해야 하고, 서론書論은 반드시 논리적이어야 하고, 명뢰銘誄는 사실을 숭상해야 하고, 시부詩賦는 아름다워야 한다. 이 사과[四科: 4부류]는 서로 체재가 달라 능력이 있는 사람이라 하더라도 하나의 문체를 잘 쓸 수 있다. 두루 통달한 인재만이 모든 문체를 다 잘할 수 있다.[280]

육기는 『문부』에서 다음과 같이 설명하고 있다.

시는 정에서 비롯되며 아름답고 정교해야 한다. 부는 사물을 표현하기에 청명淸明해야 한다. 비碑는 문채가 아름다워야 하나 사실에 바탕을 두어야 한다. 뇌誄는 복잡한 감정을 읊기에 슬픔에 바탕을 두어야 한다. 명銘은 내용의 핵심을 정확히 적는 것이기에 온화하고 부드러워야 한다. 잠箴은 억양이 분명하고 문사는 맑고 힘이 있어야 한다. 송頌은 문사는 단정해야 하며, 성대한 표현이 가미되어야 한다. 논論은 내용은 정교하고 문사는 분명하여야 한다. 주奏는 내용이 온화하고 문사는 단정하고 전아해야 한다. 설說은 내용이 분명하고 언어의 운용이 독특해야 한다.[281]

유협도 『문심조룡』 「정세定勢」편에서 유사한 견해를 제시한 바 있다.

장표주의章表奏議는 전아함을 표준으로 삼아야 한다. 부송가시 賦頌歌詩는 청려淸麗를 규범으로 삼아야 한다. 부격서이符檄書移는 명쾌한 판단을 모범으로 삼아야 한다. 사론서주史論序注는 명확히 핵심을 집는 것을 사범으로 삼아야 하다. 잠명비뢰箴銘碑誄는 체재가 넓고 깊어야 한다. 연주칠사連珠七

280) "夫本同而末異, 蓋奏議宜雅, 書論宜理, 銘誄尙實, 詩賦欲麗, 此四科不同, 故能之者偏也. 唯通才能備其體."

281) 張少康, 『文賦集釋』, 上海古籍出版社, 1984, 71쪽. "詩緣情而綺靡, 賦體物而瀏亮, 碑披文而相質, 誄纏綿而悽愴, 銘博約而溫潤, 箴頓挫而淸壯, 頌優游而彬蔚, 論精微而朗暢, 奏平徹而閑雅, 說煒曄而譎誑."

辭는 교묘하고 화려함을 중심으로 한다. 체재에 따라 문세文勢가 이루어지는 것이므로 적절한 변화를 통해야 성공을 거둘 수 있다.[282)]

왕윈시王運熙 교수 등은 이처럼 체재에 의해 풍격이 결정되기 때문에 이를 '문체풍격'이라 불러야 한다고 주장하였다. 그러나 나의 견해는 이와 다르다. 나는 단순한 체재는 풍격을 결정할 수 없으며, 풍격의 핵심은 작가의 창작 개성이라고 생각한다. 창작 개성이 없는 상황에서 어떻게 풍격을 논할 수 있겠는가? 왕위엔화[王元化: 1920~2008년] 선생은 "체재는 단순히 구조의 유형과 작품의 기본 윤곽을 결정할 뿐이다."[283)]라고 말했다. 이러한 견해는 비교적 실제에 부합한다. 체재는 기껏해야 작품 언어 풍격의 대략적 윤곽을 결정할 뿐이기 때문에 아직 '풍격'을 논하기는 어렵다.

지금부터 나의 관점을 언급하기로 한다. 나는 중국 고대 문학이론에 있어서 '체'는 하나의 계통系統으로 세 개의 상호 구별과 연계의 단계가 있다고 생각한다.

첫 번째 단계는 체재이다. 『문심조룡』 안에서 일반적으로 '체' 혹 '체제'라는 표현이 사용되었다. 이는 20편, 34곳에서 나누어 설명되고 있다. 앞의 인용문 이외에 다른 편장에도 이러한 예가 있다.

문장의 체제는 일정하지만, 문장의 변화는 무궁하다.[284)]

---

282) "章表奏議, 則準的乎雅典; 賦頌歌詩, 則羽儀乎淸麗; 符檄書移, 則楷式於明斷; 史論序注, 則師範於覈要; 箴銘碑誄, 則體制於宏深; 連珠七辭, 則從事於巧艶, 此循體而成勢, 隨變而立功者也"

283) 王元化, 『文心雕龍講疏』, 上海古籍出版社, 1992, 130쪽. "體裁只是決定結構的類型化作品的基本輪廓."

284) 「通變」, "設文之體有常, 變文之體無方"

정리에 근거하여 체재를 결정하다[285)]

첫째, 체재를 살피다.[286)]

체제를 잘 알기에 새로운 작품을 짓더라도 체제가 어지럽지 않다.[287)]

위 예문의 '체'는 모두 체재를 지칭한다. 이 문제는 비교적 간단한 것이기에 많은 설명이 필요 없을 것이다.

두 번째 단계는 어체[語體: 어세語勢]이다. 구체적으로 말하면 언어의 체식體式이다. 일정한 체재는 반드시 일정한 언어 체식이 필요하다. 서술문敍述文, 서정문抒情文, 논의문議論文은 각기 체재가 다르기에 언어의 체식 역시 다르다. 현대에 있어 언어 체식은 실제로 세계적인 화제로 각 분야와 관련이 있다. 다른 장소, 다른 분야, 다른 문체에는 다른 어체가 자리한다. 예를 들어 응접실에서 쓰는 어체와 상점에서 쓰는 어체가 다르며, 기업에서 쓰는 어체와 농촌에서 쓰는 어체가 다르며, 비행장에서 쓰는 어체와 정거장에서 쓰는 어체가 다르며, 교육에서 쓰는 어체와 과학에서 쓰는 어체가 다르며, 애도하는 어체와 찬송하는 어체가 다르다. 이러한 어체가 바로 체재에서 풍격으로 가는 중간 단계이다. 이 단계는 아직 풍격이라 할 수 없다. 체재體裁 — 어체語體 — 풍격風格의 관계는 일정한 체재에는 일정한 어체가 반드시 필요하며, 앞서 인용한 『전론·논문』, 『문부』, 『문심조룡』「정세」편의 내용은 체재와 상응하는 어체에 대한 규정

285) 「熔裁」, "設情以位體"
286) 「知音」, "一觀位體"
287) 「風骨」, "昭體, 故意新而不亂"

이다. 일정한 어체는 반드시 창작 개성을 가진 작가의 운용을 거치고, 개성과 인격의 특징이 스며들어 극치에 도달해야 비로소 풍격으로 발전할 수 있다. 풍격이란 창작 개성을 갖춘 작가가 자유롭게 어체를 운용하여 특징을 형성한 결과이다.

어체의 문제는 우리의 선조들이 이미 논술한 바 있다. '시지육의詩之六義'인 풍風, 아雅, 송頌, 부賦, 비比, 흥興 가운데 풍, 아, 송은 시의 체제 문제이고, 부, 비, 흥은 어체의 문제이다. 주희朱熹의 해석에 의하면 다음과 같다.

부—직진기사[直陳其事: 직접 사물을 설명]—敍述語體
비—취물위비[取物爲比: 다른 사물을 통해 설명]—明喩語體
흥—탁물기흥[托物起興: 사물에 기탁하여 흥을 일으킴]—象徵語體

이는 시 내부의 서로 다른 체재에 대한 서로 다른 세 가지 어체이다. 『전론·논문』, 『문부』, 『문심조룡』「정세」편의 의견과 여기서 제기된 '소체昭體'와 '효변曉變'의 원칙은 어체 이론의 발전된 양상이다.

어체는 다시 체재의 요구와 개인의 창조적 자유의 두 단계로 구분된다. 후자는 발전하여 풍격이 된다. 개인의 창조적 자유는 특히 중요하다. 만일 어떤 작가가 이러한 어체를 극치까지 발전시키면 풍격은 후 불면 바로 나온다.

셋째 단계는 풍격이다. 이는 유협이 「체성」에서 말한 '체성'의 '체'가 지닌 가장 중요한 의미이다. 풍격은 작가의 창조적 개성이 성숙해진 표현이자 동시에 모종의 어체가 극치까지 발전된 표현이다. 양자 서로 연관이 있으며, 창조 개성의 성숙이 있어야 비로소 자유롭게 일정한 어체를 운용할 수 있어 모종 어체를 극치까지 발전시킬 수 있다. 이와 반대로, 일정한 어체 또한 작가의 창작 개성을 모두 투입해야 비로소 풍격으로 전화될 수 있다.

(2) '성性'의 개념

유협은 「체성」편에서 풍격 형성의 원인을 다음과 같이 언급하였다.

> 따라서 재능에는 용준庸儁의 구별이 있고, 기질에는 강유剛柔의 구분이 있고, 학식에는 아정雅鄭의 구분이 있다. … 그리하여 문사와 이치에 용준의 차이는 개인의 재질을 넘어설 수 없고, 풍격과 취향의 강유는 기질을 벗어날 수 없으며, 체제의 아정은 습성과 정 반대로 나타날 수 없기에 개개인의 생각은 모두 사람의 얼굴처럼 서로 다르기 마련이다.[288]

유협은 '성性'(혹자는 '정성情性'이라 말한다.)을 재才, 기氣, 학學, 습習 4가지로 구분하였다. 재와 기는 선천적인 '정성'이며, 학과 습은 후천적인 '도염陶染: 도야'이다. 풍격 형성에 있어서 선천적인 재기가 잠재 능력이라면, 후천적인 학습은 잠재 능력을 방출하게 만드는 조건이다. 이는 조비 『전론·논문』의 "문학은 기를 중심으로 이루어진다."[289]는 견해에서 큰 발전을 이룬 것이다. 어떤 학자들은 유협이 지나치게 선천적 조건을 중시했다고 비판하는데, 이러한 시각은 유협의 이론적 실제와 부합하지 않는다. 실제로 유협은 "재기는 선천적 바탕에서 나오는 것이며, 학습은 처음 습성부터 신중해

---

288) "然才有庸儁, 氣有剛柔, 學有淺深, 習有雅鄭. … 故辭理庸儁, 莫能翻其才; 風趣剛柔, 寧或改其氣; 事義淺深, 未聞乖其學; 體式雅鄭, 鮮有反其習; 各師成心, 其異如面."

289) "文以氣爲主"

야 한다. 마치 목기를 만들거나 비단을 염색하는 경우처럼 성공은 처음에 어떻게 하는가에 달려있다. 목기와 염색이 다 이루어지면 이를 바꾸기는 어렵다."[290]라고 말하고 있다. 이는 유협이 후천적 노력도 중요함을 지적한 말이다. 주목해야 할 것은 유협이 선천적인 것과 후천적인 것 네 개 요소를 '팔체八體'와 연관시키고 있다는 점이다. 구오사오위[郭紹虞: 1893~1984년] 선생은 『중국문학비평사中國文學批評史』제2판에서 이 문제에 대해 다음과 같이 언급하였다.

> 유협이 말한 팔체八體는 결국 다음 네 가지로 귀결된다. 아雅와 기奇, 오奧와 현顯, 번繁과 약約, 장壯과 경輕이 각기 1조를 이룬다. 4조는 풍격을 구성하는 원인이 되는 네 가지이다. 아와 기는 체식을 지칭한다. 체식이 두 가지 서로 다른 풍격을 형성하는 이유를 알려면 습성을 살펴야 한다. 이에 '체식의 아정은 습성에 반하지 않는다.'라고 한 것이다. 오와 현은 사의事義를 지칭한다. 사의가 두 가지 다른 풍격을 형성하는 이유를 알려면 학문을 살펴보아야 한다. 이에 '사의의 깊고 낮음은 학문과 괴리가 있다는 말을 듣지 못했다.'라고 한 것이다. 번과 약은 사리辭理를 지칭한다. 그것이 형성되는 원인이 '재[才: 재주]'이기에 '사리의 용준은 재주를 뛰어넘을 수 없다.'라고 한 것이다. 장과 경은 풍취風趣를 지칭한다. 그것을 형성하는 원인이 기[氣:기질]이기에 '풍취의 강유는 기질과 어찌 다를 수 있겠는가.'라고 한 것이다. 여기에서 아기, 오현, 번약, 장경은 동등한 서로 다른 풍격이며, 아정, 심천, 용준, 강유는 상대적 우월을 표시하는 평어評語이다. 두 가지가 서로 배합한다고 하여 모두가 좋은 것이 될 수는 없으나, 아기와 습성, 오현과 학문, 번약과 재주, 장경과 기질는 확실히 관련이 깊기에 우리는 이처럼 비교할 수 있는 것이다. 이 네 가지를 다시 종합하면 두 개의 강령이 된다. 이는 바로 그가 말한 '정성에 의해 조성되고, 습속에 의해 도야된다.'는 것이다. 정성은 선천적인 것이기에 재주와 기질

290) 「體性」, "夫才有天資, 學愼始習, 斲梓染絲, 功在初化, 器成綵定, 難可翻移"

을 묶어 1조로 삼을 수 있기에 '재능은 선천적으로 타고난 바탕에서 나온다.'라고 한 것이다. 도염陶染은 후천적인 것이기에 학과 습을 묶어 1조로 삼을 수 있기에 '학습은 처음 습성부터 신중해야 한다.'라고 한 것이다.[291]

귀오사오위는 이를 바탕으로 다음과 같은 표를 제시하였다.

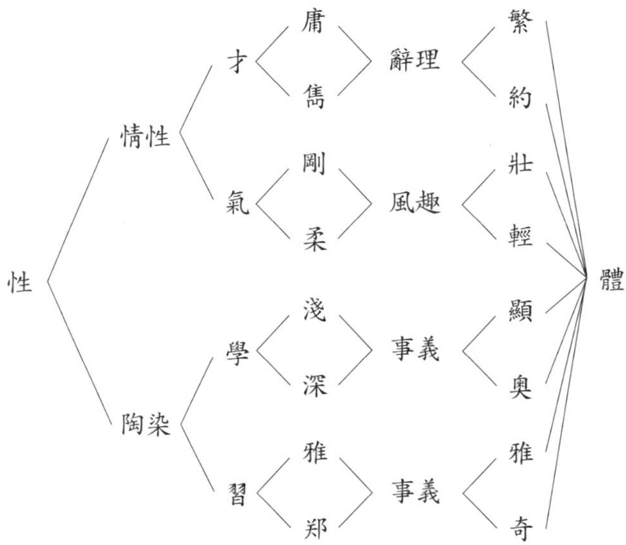

291) 劉氏所說的八體可以歸納爲四類: 雅與奇爲一組, 奧與顯爲一組, 繁與約爲一組, 壯與輕爲一組. 這四組就是所由構成風格原因的四類. 雅與奇指體式言, 體式所以會形成這兩種不同的風格, 就視其所習, 所以說'體式雅鄭, 鮮有反其習'. 奧與顯指事義言, 事義所以會形成兩種不同的風格, 有待其學, 所以說'事義深淺, 未聞乖其學'. 繁與約指辭理言, 形成之因視其才, 所以說, '辭理庸儁, 莫能翻其才'. 壯與輕指風趣言, 形成之因視其氣, 所以說'風趣剛柔, 寧或改其氣'. 在這裏, 雅奇, 奧顯, 繁約, 壯輕是兩種相等的不同的風格, 雅鄭, 淺深, 庸儁, 剛柔又是兩種相對的表示優劣的評語, 兩相配合, 固然不能盡當, 但是雅奇與習, 奧顯與學, 繁約與才, 壯輕和氣, 却是很有關係的, 所以我們還可以這樣比附. 在此四類之中再可以綜合爲二綱, 這卽是他所說的'情性所鑠, 陶染所凝', 井星出于先天, 所以才與氣可以合爲一組, 所謂'才由天資'. 陶染出乎後天, 所以學與習又可合爲一組, 所謂'學愼始習'.

이 그림은 '인내부외因內符外'와 '표리필부表里必符'의 사상을 세밀한 대응을 통해 서술한 것이다. 응당 이러한 기계적 대응방식은 복잡한 문제를 단순화시키는 한계가 있으나 이중에는 참고할만한 부분도 분명히 있다.

(3) '체'와 '성'의 대응 관계 및 그 이중성

풍격과 인격의 대응 문제에 있어 유협은 '인내부외', "각사성심各師成心, 기이여면其異如面", "토납영화吐納英華, 막비정성莫非情性"과 '표리필부'의 관점을 제시하였다. 이러한 사상은 중국 문화의 전통사상이기도 하다. 한대의 양웅은 '심화심성설心畵心聲說'을 설명하면서 "언어란 마음의 소리이고, 글이란 마음의 그림이며, 소리와 그림이 이루어낸 모습을 보면 군자와 소인을 구별할 수 있다."[292] 라고 주장하였다. 양웅의 '심화심성설'은 최초로 인간의 언어, 문사와 작가의 인품을 연계, 대응시켰으며, 후대에도 많은 영향을 미쳤다. 육기는 『문부』에서 "따라서 과시하려는 자는 문장을 지음에 화려함을 숭상하고, 뜻에 합당함을 추구하는 사람은 글을 지음에 정확함을 귀하게 여긴다. 묘사가 궁벽한 작품은 사기辭氣가 부족하며, 담론이 두루 통달한 작품은 발언이 넓고 호방하다."[293]고 주장하였다. 유협의 '인내부외', '표리필부설'은 상술한 관점을 발전 완성시킨 것이다. '문여기인'의 전통적 관점과 서양의 "풍격이 곧 사람이다."[294]이라는

292) 揚雄, 『法言』「問神」, 張少康, 盧永璘編選, 『先秦兩漢文論選』, 1984, 71쪽. "言, 心聲也, 書, 心畵也, 聲畵形, 君子小人見矣."

293) 張少康, 『文賦集解』, 上海古籍出版社, 1984, 71쪽. "故夫夸目者尙奢, 愜意者貴當, 言窮者無隘, 論達者唯曠.

294) "風格就是人"

관점은 서로 일치한다. 분명 이러한 관점은 일반적 정황을 반영한 것이라 하겠으나 진정 작가들이 도달하려고 노력해야할 경계라 하겠다. 그러나 실제로 인격과 풍격의 관계는 상당히 복잡한 정신 현상이며, 인격과 풍격 사이에는 천변만화의 관계가 존재하기 때문에 한마디로 개괄하기란 여간 어려운 일이 아니다. 단순히 인격과 풍격의 일치성만 보고 간단하게 인격에 의거해 작품을 논하거나, 간단히 풍격만 가지고 인격을 추론하는 것은 변화무궁한 정황을 고려하지 않은 채 그건 그렇고, 혹은 그렇지 않다고 이해하는 것과 같다. 인격과 풍격의 불일치한 정황은 엄연히 존재한다. 원호문[元好問: 1190~1257년]의 『논시절구삼십수論詩絕句三十首』의 첫 수를 읽어보자.

心畫心聲總失眞, 심화心畫와 심성心聲이 항상 진실은 아니니,
文章寧復見爲人. 문장만 가지고 어찌 사람됨을 알리오.
高情千古閑居賦, 고아한 정취로 천년을 이어온 반악潘岳의 한거부閑居賦,
爭信安仁拜路塵. 안인安仁의 신망을 얻으려 길의 먼지에 인사를 하네.[295]

이는 양웅의 '심화심성설'에 대한 질의이자, 유협의 '표리필부'의 관점에 대한 질의다. 그는 반악[潘岳: 247~300년]의 「한거부閑居賦」를 예로 들었다. 만일 우리가 반악의 사람됨을 알지 못한 채 「한거부」를 읽으면 그는 분명 정계의 부침 속에서 환멸을 느끼고 공명과 부귀를 하찮게 여기고, 한적한 생활을 꿈꿔 은거하면서 화초나 키우기로 결심했다고 정말로 생각하여, 이 사람이야 말로 인격이 고상하고, 마음과 행동이 고결한 선비라 여길 것이다. 하지만 실제 상황은 결코 이와 같지 않았다. 『진서晉書』 「반악전潘岳傳」에 "성격이 경박

295) 『萬首論詩絕句』, 人民文學出版社, 1991, 158쪽.

하고 조급했으며, 권력과 이재를 좇았다. 석숭[石崇: 249~300年] 등과 함께 가비賈比를 함정에 빠지게 하였고, 석숭을 만나면 항상 마차 먼지를 보면서 인사를 하였다."[296]는 기록이 있다. 원래는 아부나 일삼고, 권력에 빌붙는 소인배의 모습이었다. 원호문이 시에서 '망진배望塵拜'를 언급한 것은 바로 이를 두고 한 말이다. 청대 학자 황숙림黃叔琳은 유협의 말이 지나치게 절대적이라고 여겨 방비[旁批: 글 옆에 다는 평어]에서 "글을 보고 그 성정을 아는 것은 같은 시대에 있어서도 어려운데 하물며 다른 시대에 있어서야 어떻겠는가? 이렇게 생각하는 사람은 천고에 둘도 없을 것이다."[297]라 하였다. 기윤[紀昀: 1724~1805년] 역시 "이 말은 간략하고 대략적으로 말한 것으로 모두 옳은 것은 아니다. 백년 이하라 하더라도 어떻게 그 성정을 알 수 있겠는가? 사람과 문장이 절대 다르지 않은 사람을 어찌 몇인지 알겠는가?"[298]라고 의문을 표시하였다.

황간은 『문심조룡찰기文心雕龍札記』에서 "기윤이 반드시 옳지는 않다 한 것은 글을 보고 사람을 헤아리는 것을 이해하지 못한 것이다. 반드시 그 의리의 옳고 그름만을 보는 것이 아니라 모름지기 의미, 언어, 기세, 운치를 종합하여 살펴야 한다."[299]라 하여 다른 의견을 제시하였다. 치엔종수[錢鍾書: 1910~1998년]의 견해는 기본적으로 황간과 일치한다. 그는 『담예록談藝錄』에서 "말로 표현한 내용은 거짓으로 꾸밀 수 있다. 큰 간신이 나라를 걱정하는 말을 하거나, 뜨거운 곳에 있

---

296) "性輕躁, 趨勢利. 與石崇等陷事賈比, 與崇輒望塵而拜."
297) "有文辭得其情性, 雖并世猶難之, 況異代乎? 如此裁監, 千古無兩."
298) 詹鍈, 『文心雕龍義證』, 上海古籍出版社, 1034쪽. "此亦約略大概言之, 不必皆確, 百世以下, 何由得其性情, 人與文絕不類者, 況又不知其幾也?"
299) 黃侃, 『文心雕龍札記』, 華東師範大學出版社, 1996, 121쪽. "紀氏謂不必皆確, 不悟因文見人, 非必視其義理之當否, 須綜其意言氣韻以察之也."

는 사람이 얼음과 눈을 표현한 글을 쓰는 것이 그 예이다. 그 언어의 격조는 왕왕 본래의 모습을 드러낸다. 성질이 급한 사람의 작풍이 모두 맑고 담백하게 변할 수 없으며, 호방한 사람의 글이 모두 근엄한 것으로 변할 수는 없는 것이다. 문장이 사람과 같다는 것은 바로 후자를 두고 한 말이지 전자를 두고 한 말이 아니다."[300] 라고 하였다.

나의 기본적인 견해는 유협의 '인내부외설'과 '표리필부설'은 대체적으로 상당히 괜찮은 주장이라는 것이다. 일반적인 상황에서 인격은 여러 가지 방식으로 작품에 표현되며, 전혀 표현되지 않는다는 것은 있을 수 없다. 특별히 사람의 어조語調와 운조韻調는 장기간에 걸친 생활과 예술의 실천 과정에서 형성되어 인간 무의식의 단계까지 깊숙이 들어가 도저히 바꿀 수 없는, 그리고 벗겨낼 수도 없는 것이기에 왕왕 생각하지도 않는 사이에 노정되기 마련이다. 이러한 예는 대단히 많다. 우리는 이백과 두보의 서로 다른 시구를 비교해 보면 이를 분명하게 확인할 수 있다. 그렇다면 왜 인격과 풍격이 때로는 서로 일치하지 않는다고 말하는 것일까? 주된 이유는 의식과 이성의 단계에서는 작자의 완전한 자기 조절이 가능하기 때문에 작가는 고의적으로 과장하거나 거짓을 꾸밀 수 있는 가능성이 있다. 소위 "큰 간신이 나라를 걱정하는 말을 하거나, 뜨거운 곳에 있는 사람이 얼음과 눈을 표현하는 글을 쓰는" 경우가 발생하는 것이다. 반악의 예가 바로 전형적인 예라 하겠다. 그럼으로 '인내부외', '표리필부', '문여기인'의 본질은 반드시 의미, 언어, 기세, 운치 등의 요소를 전체적으로 고찰해야만 파악이 가능하다. 언어의 격조와 의미를 종합적으로 본다면 '인내부외'는 성립할 수 있으나 단지 의미만을

300) 錢鍾書, 『談藝錄』, 中華書局, 1984, 163쪽. "所言之物可以飾僞, 巨奸爲憂國語, 熱中人作氷雪文是也. 其言之格調, 則往往流露本相. 狷疾人志作風, 不能盡變爲澄澹, 豪邁人之筆性, 不能盡變爲謹嚴. 文如其人, 在此不在彼."

고찰하고 이것이 '문여기인'이라 한다면 이는 너무나 부족한 판단이다. 이는 풍격학風格學의 커다란 난제라 하겠다.

(4) 문학 풍격의 유형

유협은 문학 풍격의 유협을 기본적으로 전아典雅, 원오遠奧, 정약精約, 현부顯附, 번욕繁縟, 장려壯麗, 신기新奇, 경미輕靡의 8체로 구분하였다. 그리고 이 8체를 "전아와 신기는 상반되고, 원오와 현부는 서로 다르며, 번욕과 정약은 상반되며, 장려와 경미는 서로 다르다."[301]고 하여 다시 4조로 묶었다. 문학 풍격의 분류는 줄곧 자의적이어서 분류의 근거가 없었다. 어떤 것은 너무나 번다한데, 일례로 사공도는 『시품詩品』에서 24종의 풍격을 제시하였다. 어떤 것은 너무나 간략한데, 일례로 요내姚鼐는 음陰, 양陽 2종만을 제시하였다. 더욱 중요한 사실은 이러한 분류법은 기본적으로 폐쇄적이어서 늘일 수도, 줄일 수도 없어 변화는 더더군다나 있을 수 없다는 것이다. 유협은 8체를 제시하면서 실제로는 『주역』의 무한생성無限生成의 팔괘도八卦圖를 가지고 분류하고 있다. 이 8체만 있으면 무한이 많은 '체'를 만들어 내는, 소위 '팔체포만변八體包萬變'이 가능하다.

유협의 사상을 풍격의 팔괘도로 그려보면 다음과 같다.

典雅 — 新奇
遠奧 — 顯附
繁縟 — 精約
壯麗 — 輕靡

301) 「體性」, "雅與奇反, 奧與顯殊, 繁與約舛, 壯與輕乖"

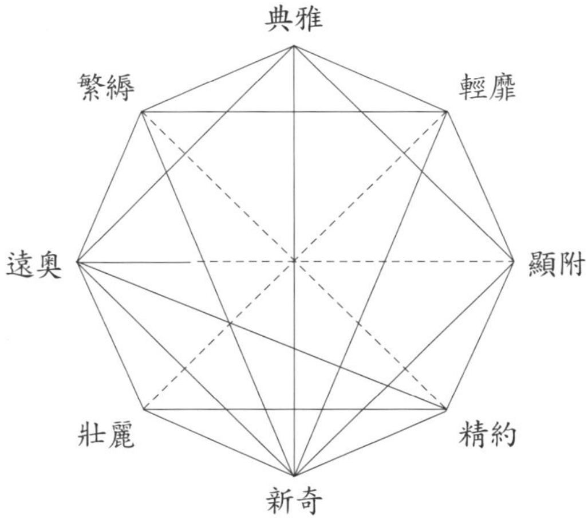

진망도陳望道는 『수사학발범修辭學發凡』에서 풍격을 다음과 같이 분류하였다.

簡約—繁豊
剛健—柔婉
平淡—絢爛
嚴謹—疏放

이외의 구별법으로는 다음과 같은 것이 있다.

簡潔—豊贍
平淡—絢麗
剛健—柔婉
瀟灑—嚴謹

雄渾—雋永
典雅—荒誕

清明—朦朧

莊重—幽默

위에서 살펴본 3조도 유사한 도표를 그릴 수도 있을 것이다. 위의 도표에서 실선은 서로 겸할 수 있는 것이고, 점선은 서로 겸할 수 없는 것이다. 하나로 열을 알 수 있듯이 우리는 작가의 작품이 지닌 기상, 운조, 언어 등의 특징을 통해 배열, 조합하면 무수한 8체의 변화를 만들어 낼 수 있다. 이러한 사실에서 어렵지 않게 유협의 풍격 분류가 오늘날까지도 커다란 학술적 가치와 방법상의 계도적 작용을 지니고 있음을 알 수 있다.

7.『문심조룡』의 '풍청골준설風清骨峻說'

유협이『문심조룡』「풍골」편에서 '풍골風骨'을 문학이론의 개념으로 처음 사용하였다. 이 개념은 한대 이후 문학 발전의 경험, 특히 '건안풍골'이 창조한 예술 경험을 총결했을 뿐만 아니라, 동시에 초당 진자앙[陳子昻: 약 661~702년]이 주창했던 '한위풍골漢魏風骨'에 직접적인 영향을 주었을 뿐만 아니라 강건剛健, 상랑爽朗, 생동적生動的인 '성당지음盛唐之音'의 형성에도 많은 영향을 미쳤다. 이후로 '풍골'은 중국 문학이론의 중요한 범주가 되었다. '풍골'이 워낙 중요한 의의를 지니고 있기 때문에 후대의 많은 학자들이『문심조룡』「풍골」편에서 언급한 '풍골'의 의미에 대하여 많은 의견을 개진하였다. 이렇게 많은 학설이 벌떼처럼 일어나 하나로 절충되지 못한 이래 지금까지도 학술계에서 조차 일치된 의견이 나오지 않았다. 본 편의 의도는 중설을 분명하게 정리하고, 중설의 장점을 흡수하여, 새로운 각도에서 '풍골'을 해석하여 유협 '풍골론'의 진정한 의미를 정확하게 파악하는데 있다.

(1) '풍골'에 대한 해설 10종

학술계에서 『문심조룡』 「풍골」편에 대해서 많은 학설을 제기하였으나 이를 귀납하면 대략 10여종의 견해가 있으나 영향이 비교적 큰 것은 다음 10종의 견해다.

① '풍의골사설風意骨辭說'. '풍'은 문의文意, '골'은 문사文辭의 특징을 지칭한다는 주장. 이 주장을 지지하는 학자들이 대단히 많다. 황간은 『문심조룡찰기』에서 다음과 같이 주장하였다.

> 풍골은 모두 사물에 의탁하여 비유한 것이다. 문장에 내용이 있어야 하는 이유는 사리思理를 반드시 밝혀 전편의 강령으로 삼아야하기 때문이다. 이를 사물에 비유하면 풍과 같다. 문장에 표현이 있어야 하는 이유는 마음속 회포를 묘사함에 조리條理가 있어야하기 때문이다. 이를 사물에 비유하면 골을 명확히 하여야 한다. 사물에 비유한 것이 풍이다. 풍이 문장의 내용이라면, 骨은 문장의 표현임을 반드시 알아야한다 ….[302]

판원란范文瀾 선생은 『문심조룡주文心雕龍注』에서 "풍은 문의이고, 골은 문사라는 것에 대해서 황간 선생이 상세하게 논의한 바 있다."[303] 라고 하였다. 이러한 주장은 상당한 권위를 가지고 있어 상당히 많은 사람들이 이 주장을 옹호하지만 이 의견에 반대하는 사람도 대단히 많다. 어떤 학자들은 황간이 말한 "풍은 문의이고, 골은 문사

302) "二者皆假于物以爲喩. 文之有意, 所以宣達思理, 綱維全篇譬之于物, 則有風也. 文之有辭, 所以攄寫中懷, 顯明條貫, 譬之于物, 則有骨也. 必知風則文意, 骨則文辭 …."

303) 黃侃, 『文心雕龍札記』, 文史哲出版社, 民國 62, 101쪽. "風則文意, 骨則文辭, 黃先生論之詳矣."

(風則文意, 骨則文辭)" 8자를 꽉 움켜지고 황간 선생의 해설 전문을 고려하지 않은 채 황간 선생이 '풍'과 '문의', '골'과 '문사'를 동등한 것이라 여긴 것은 상식적으로도 틀린 것이라 주장한다. 사실 황간 선생의 설명을 8자로 귀결시키는 것은 객관적이지 못하다. 황간 선생의 설명 중에 "풍은 정에 의해 드러나고, 사는 골에 의해 확립된다."[304], "문장 조직이 단정하고 정직한 것을 문장의 골이라 한다."[305], "의기가 뛰어나고 호방한 것을 문장의 풍이라 한다."[306], "문사가 정교해야 문장 골이 이루어지고, 정지가 분명해야 문장의 풍이 이루어진다."[307] 등등의 언급이 있다. 이러한 해설들을 종합해보면 황간 선생이 '풍'과 '문의', '골'과 '문사'를 그저 간단하게 동일시하지 않음을 알 수 있다. 황간 선생이 '풍'은 '문의', '골'은 '문사'와 관련되었다는 주장은 원작에서 얻어낸 비교적 합리적 결론이라 하겠다.

② '정지사의설情志事義說'. '풍'은 정지情志이고, '골'은 '사의事義'이며, 양자는 모두 문학의 내용적 범주로, 보다 구체적으로 말하자면 "'風'은 작자가 깊은 마음속으로부터 발현된, 집중적으로 흘러넘치는, 유가의 도덕규범에 합치되는 정감과 의지가 문장에 표현된 것"이고, "'골'은 문장의 주제 사상을 표현한 모든 재료, 관점의 논리적 내용이다."라는 해석.[308] 이러한 해석은 '풍'의 해석에 있어서는 새로운 의미가 없지만, '골'을 '사의'로 해석한 것은 대단히 신선하다. 이러한

---

304) 같은 책, 101쪽. "明風緣情顯, 辭緣骨立也"
305) 같은 책, 101쪽. "結言之端直者, 則文骨也."
306) 같은 책, 101쪽. "意氣之駿爽者, 則文風也."
307) 같은 책, 101～2쪽. "辭精則文骨成, 情顯則文風生"
308) 廖仲安, 劉國盈, 『文心雕龍硏究論文選』下, 「釋風骨」, 齊魯書社, 1988, 611~2쪽. "'風'是作家發自深心的, 執中充沛的, 合乎儒家道德規範的情志化意志在文章中的表現.", "骨指事義", "就是表現文章主題思想的一切材料管篳邏輯的內容."

견해는 오래전에 세상에 나온 리우용지劉永濟 선생의 『문심조룡교석文心雕龍校釋』에서 비롯되었다. 리우용지선생과 이러한 설을 주장하는 사람들은 『문심조룡』 「부회」편의 다음과 같은 언급을 근거로 삼았다.

> 학동들이 습작을 함에 반드시 문체文體를 단정하게 하여 정지情志를 신명으로 삼고, 사의事義를 골수骨髓로 삼고, 사채辭采를 피부로 삼고, 음조音調로 소리의 기세로 삼아야 한다.309)

이들은 위의 예문을 문장 체제에 있어 가장 완정하고, 가장 전면적인 비유라 여기고, "사의事義를 골수骨髓로 삼고"를 근거로 '풍골'의 '골'을 '사의'라 주장한다. '골'이 '사의'라는 것은 의심할 여지가 없다. 이러한 주장을 펴는 사람들은 자신만만하게 자신들이 결코 뒤집을 수 없는 확증을 찾았다고 여긴다. 그러나 문제는 「풍골」편 내에서 정확한 증거를 찾지 않고 다른 편장에서 방증을 찾았다는 사실이다. 이러한 방식이 과연 적당한 것일까? 이에 대해서는 좀 더 토의가 필요할 것이다.

③ 풍격설風格說. '풍골'은 일종의 특수한 '풍격'이라는 주장. 즉 「체성體性」편은 풍격의 통론이며, 「풍골」편은 풍격의 전론專論이라는 견해다. 혹자는 「풍골」편은 「체성」편의 개별적 논의를 진일보 발전시킨 편장이라고 주장하기도 한다. 왕윈시王運熙 선생은 "풍은 문장에 있어 사상과 감정이 선명하고 시원하게 표현된 것을 말하며, 골은 작품의 언어가 질박하지만 힘찬 것을 말한다. 풍골을 합치면 작

---

309) 『文心雕龍』 「附會」, "夫才量(童)學文, 宜正體裁, 必以情志爲神明, 事義爲骨髓, 辭采爲肌膚, 宮商爲聲氣."

품이 명랑, 강건한 예술 풍격을 갖춘 것을 지칭한다."[310]고 주장한다. 또 리우위창劉禹昌 선생은 "「체성」편에서 8체의 예술적 풍격을 귀납한 뒤, 자신의 견해에서 가장 이상적 표준이라 할 수 있는 예술풍격을 제시한 것이며 … 대체적으로 후대 비평가들이 말한 '양강지미陽剛之美'의 예술 풍격과 같다."[311]라고 주장하였다. 이 말은 「체성」의 8체 이외에 '장엄미莊嚴美'라는 풍격이 있다는 것이다. 이러한 해설은 분명 일종의 새로운 해석으로 상당한 합리성과 의의가 있으나 회의적인 부분도 있다. 유협 저술 전체 구조를 큰 틀에서 보면 그가 언급한 '풍골'은 「체성」편의 부족한 점을 메우기에는 부족한 면이 있으며, 「체성」편에서 이미 풍격에 관한 문제를 전체적으로 충분히 언급했기 때문에 다른 편장을 통해 이를 보충할 필요가 없다. 「풍골」편은 독립적인 편장으로 자신만의 특성을 가지고 있을 뿐만 아니라 '장엄미'의 풍격도 '풍골'이 필요하며, '우아미優雅美'의 풍격 역시 '풍골'이 필요하다. '풍골'은 시문에 대한 보편적인 미학적 요구라 하겠다.

④ '강유지기설剛柔之氣說. '풍골'이 '기'라는 견해. 이러한 견해는 청대 황숙림[黃叔琳: 1672~1756년]이 「풍골」편 '기'에 관한 "기는 풍골의 근본이다."[312]라는 정비[頂批: 글의 상단에 첨부한 평어]에서 처음 제기되었다. 이에 대해 기윤紀昀은 황씨의 견해에 대해 "기는 풍골이나 본래 본말本末이 없는 것이다. 이 평어는 잘못되었다."[313]고

---

310) 王運熙, 「從文心雕龍·風骨談到建安風骨」, 『文心雕龍研究論文集』下, 1988, 641쪽. "風指作品中思想感情表現得鮮明爽朗, 骨指作品的語言質朴而勁健有力, 風骨合起來, 是指作品具有明朗剛健的藝術風格."

311) 劉禹昌, 『文心雕龍選譯』, 『長春』, 1963, 第1期. "繼「體性」篇歸納爲八種藝術風格之後, … 大致相當于後世批評家所說'陽剛之美'的藝術風格."

312) "氣即風骨志本."

313) "氣即風骨, 更無本末; 此評未是."

비판했다. 쉬푸관徐復觀은 이 해설에 동의하면서 또 다른 면을 언급하였다. "소위 풍골이란 기가 문장에서 만든 두 가지 서로 다른 작용이다. 또한 두 작용에 의해 형성된 문장의 두 가지 서로 다른 예술 형상이다. 흔히 말하는 문체다.", "「풍골」편에서 말하는 풍골은 여전히 작자의 두 가지 생리적 생명력인 기를 지칭하며, 작품에 스며들어 가면 두 가지 서로 다른 형상을 만들어 낸다. 따라서 두 가지 서로 다른 생리적 생명력을 가지고 말한다면 '기는 즉 풍골'이라 말할 수 있다. 문장의 서로 다른 두 형상을 가지고 말하자면 역시 '기는 풍골의 근본'이라 말할 수 있다. 따라서 나는 기윤의 두 마디 평어는 모두 성립한다고 말할 수 있다."[314]라고 주장했다. 쉬푸관의 견해는 오류가 있는 것 같다. 그가 인용한 두 마디 평어는 기윤 한 사람의 평어가 아니며, 황간과 기윤 두 사람의 평어이다. 그러나 쉬푸관이 전달하려던 의미는 사람의 기에는 강유의 차이가 있고, 강기가 작품에 스며들면 그 표현은 '골'이 되며, 유기가 작품에 스며들면 그 표현은 '풍'이 된다는 것이다. 분명히 '기'는 「풍골」편의 중요한 개념이며, '기'의 각도에서 파고들어가 '풍골'을 해석하는 것은 새로운 국면을 열었다고 말할 수 있다. 이는 우리들로 하여금 '풍골' 문제 이해의 깊이를 한 걸음 더 전진시킨 것이며, 특히 '기는 풍골의 근본'이라는 견해는 정곡을 찌른 말이라 할 수 있다. 이점에 대해서는 다음에 다시 이야기하고자 한다. 그러나 '기즉풍골氣卽風骨'이라 한 것은 기와 풍

314) 徐復觀, 「中國文學中的"氣"的問題」, 『中國文學論集』, 學生書局, 1976, 304쪽. "所謂風骨, 乃是氣在文章中兩種不同的作用; 及由兩種不同的作用所形成的文章中兩種不同的藝術形象, 亦卽是所謂文體." "『風骨篇』之所謂風骨, 依然指的是作者的兩種生理的生命力 一 氣, 灌注于作品之上, 所形成的兩種不同的形象. 所以取兩種不同的生理的生命力而言, 便可以說'氣卽風骨'. 取文章兩種不同的形象而言, 也可以說'氣是風骨之本', 所以我說紀昀兩句評語皆可成立."

골 사이에 등호를 그은 것인데, 이는 성립되지 않는 것이라 여겨진다. 만일 기와 풍골이 같은 것이라 한다면 유협이 「양기」편에서 기의 문제를 집중적으로 논술하였는데, 그렇다면 「풍골」편은 중복이 아니겠는가? 이는 단계의 차이라고 말한다면 사람들은 도대체 어느 단계에서 풍골과 기를 같이 언급할 수 있는가? 라고 물을 것이다.

⑤ '정감사상설情感思想說. '풍'은 정情의 요소이고, '골'은 이理의 요소이며, '풍골'은 정감과 사상의 표현이라는 주장. 이 주장은 종바이화[宗白華: 1897~1986년, 북경대학 철학과 교수 역임] 교수가 제기했다. 그는 "내 생각으로는 '골'은 사[詞: 사辭와 같은 뜻으로 언어의 운용을 말함]와 관련이 있다. 단, 사는 개념적 내용이 있는 것이다. 사가 분명하면 이것이 표현한 현실의 형상 혹은 형상을 통해 나타난 사상 역시 분명하게 된다. "언어의 조합이 단정하고 정직하다"315)라는 것은 바로 한 구의 말이 명백 정확하고, 왜곡이 없으며, 궤변이 아니어야 한다는 것이다. 이러한 정확한 표현이 결국 문골文骨을 생산한다. 다만 골만 가지고는 부족하고 반드시 논리에서 출발하여 예술성에 도달해야 비로소 사람을 감동시킬 수 있기에 '골'이 있는 곳에는 반드시 '풍'이 함께 있다. '풍'은 사람을 감동시킬 수 있는데, 이는 감정에서 나오기 때문이다. 중국 고전 문학이론은 사상, 즉 '골'을 중시할 뿐만 아니라 정감, 즉 '풍'도 중시한다. '골'도 있고 '풍'도 있어야 비로소 훌륭한 문장이라 할 수 있다. 이는 가창歌唱 예술에서 '교자행강咬字行腔'316)을 중시하는 것과 같다. '교자[咬字: 음악용어. 정확하게 성모와 운모를 읽는 것]는 '골', 즉 '결언단직[結言端直: 언어의 조합이 단정하

---

315) 「風骨」, "結言端直」
316) "咬字行腔"

고 정직하다]'이며, '행강[行腔: 음악용어. 자유로운 기교의 운용]'은 '풍', 즉 '의기준상[意氣駿爽: 의기가 빼어나다]'이며, 이를 통해 사람의 감정을 움직일 수 있다."[317]라고 하였다. 종백화의 '풍골'에 대한 해설은 대단히 새로운 것이었다. 그는 정[情: 감정]과 이[理: 이성]의 각도에서 풍골의 서로 다른 관계를 설명하였으며, 이는 상당히 합리적인 해설이다. 특히 풍에 대한 해석은 유협의 원의와 잘 부합하기에 상당한 선도적 의미를 가진다. 그러나 '골'의 해석에 있어 '결언단직'이 '논리성'과 직접적으로 연관된다는 주장은 약간 억지스럽다.

⑥ '감동설感動說' 이는 '풍'은 작품이 주는 감동이라는 주장이다. 마무웬[馬茂元: 1918~1989년]은 "바람이 사물을 움직이는 것처럼 문장은 사람의 마음을 감동시킬 수 있다. 이러한 의미에서 말하자면 풍은 작품의 감동이다. 풍골의 특징은 명랑하고, 건강하며, 힘이 있다는 점이다."[318]라고 하였다. 이 주장을 지지하는 사람은 한 둘이 아니다. 이러한 주장은 작품의 풍골이 끌어낸 예술 효과에 대한 것이라는 것은 타당하다. 다만 유협이 「풍골」편에서 서술한 것에서 벗어나 '풍골' 자체에 대한 상세한 설명이 빠진 채 단지 '풍'의 자의에만 착안하여 해석을 진행한 것만으로는 너무나 부족하다는 치명적 약점이 있다.

---

317) 宗白華, 『美學散步』, 上海人民出版社, 1982, 47~48쪽. "我認爲, '骨'是和詞有關係的. 但詞是有概念內容的. 詞淸楚了, 它所表現的玄室形象或對于形象的思想也淸楚了. '結言端直', 就是一句話要明白正確, 不是歪曲, 不是詭辯. 這種正確的表達取産生了文骨. 但光有骨還不够, 還必須從羅輯性朱到藝術性, 才能感動人, 所以'骨'志外還有'風'. '風'可以動人, '風'是從情感中來的. 中國古典文學理論旣重視思想—表現爲'骨', 又中侍情感—表現爲'風'. 一篇有骨有風的文章就是好文章. 這同歌唱藝術中講究'咬字行腔'一樣. 咬字是骨, 則結言端直, 行腔是風, 則意氣駿爽, 動人情感."

318) 馬茂元, 「說風骨」, 『文滙報』, 1962년 7월 12일. "風能動物, 猶文章之能感動人心. 從這個意義上來說, 風便是文學作品的感染力. 風骨的特徵在于明朗, 乾綱, 遒勁而有力."

⑦ '정신풍모미설精神風貌美說. '풍골'은 정신적 풍모의 아름다움이라는 주장. 장사오캉[張少康: 1935년~, 전 북경대학北京大學 교수]은 "우리가 풍골이란 문학 작품의 정신적 풍모가 지닌 아름다움이며, 풍은 주로 작가의 주관적 감정과 기질의 특징이 작품 속에 체현된 것을 지칭하며, 골은 주로 작품의 객관적 내용에 표현된 일종의 사상적 역량을 지칭하며, 각각의 사상가나 문학가가 언급한 풍골이 본인의 사상에 따라 차이가 있다고 생각하는 것이, 『문심조룡』 전체의 원의에 보다 부합하며, 당시의 각종 예술 영역에서 언급한 풍골과 일치할 뿐만 아니라 비교적 타당하게 「풍골」편의 원의를 해석할 수 있을 것이다."라고 하였다.[319] 이러한 주장은 『문심조룡』 전체의 내용에 의거하여 입론한 것으로 상당한 근거를 가지고 있을 뿐만 아니라 '풍골'이 유협이 추구한 일종의 아름다움이라 여기는 것 역시 상당한 학술적 시야를 지녔다고 할 수 있다. 다만 '정신풍모'라는 표현이 약간은 막연하기에 진일보한 논의가 필요할 것이라 여겨진다.

⑧ '내용형식설內容形式說. '풍'은 내용이고 '골'은 형식이라는 주장

⑨ '형식내용설形式內容說. '풍'은 형식이고, '골'은 내용이라는 주장

위의 두 주장은 설득력이 부족하며, 논자들은 단순히 현대적 문학이론의 내용과 형식에서 출발하여 유협의 원의를 돌아보지 않은

319) 張少康, 『文心雕龍新探』, 齊魯書社, 1987, 131쪽. "我們認爲, 把風骨理解爲文學作品中的精神風貌美, 風側重于指作家主觀的感情, 氣質特徵在作品中的涕泫; 骨側重于作品客觀內容所表現的一種思想力量, 而不同的思想家, 文學家所說的風骨又隨着他本人的思想而有所差別, 這是比較符合劉勰全書的原意的, 也和唐詩各個藝術領域中所說的風骨可以協調一致, 同時也能比較妥善地解釋『風骨』篇的原意."

채 오로지 '오늘날의 것을 가지고 옛것에 덧씌운 것으로' 다른 주장들처럼 나름의 타당한 이유가 있거나, 나름의 이치가 있는 것과는 분명히 다르다. 원래는 이 두 설을 언급하지 않으려 했으나 현재 유협의 「풍골」편 해석에 대한 혼란을 설명하기 위하여 거론한 것이니 독자들 스스로 참고하기 바란다.

⑩ '유협 이론 체계의 상호 관계'속에서 '풍골'이 이론 체계에서 어떤 지위에 자리를 차지하는 것인가를 살펴보고, 계통적 개념의 내재적 의미와 관계를 정확하게 처리하여 전체적인 것을 바탕으로 부분적인 것을 파악해야 비로소 '풍골'의 해석이 유협 저작의 실체에 접근할 수 있다는 주장이다. 이러한 주장은 상당히 훌륭한 것이나 학자들의 『문심조룡』의 이론 체계에 대한 심각한 견해차가 있기에 결과적으로 '풍골'의 해설은 각기 자신의 의견을 말할 뿐 의견의 일치에 도달하기는 쉽지 않다. 예를 들어 코우사오신[寇效信: 1933~1997년], 모우스진[牟世金: 1928~1989년] 두 분은 모두 반드시 유협의 이론 체계에서 시작하여 풍골을 이해해야 한다고 주장하지만 두 분의 유협의 이론 체계에 대한 견해가 서로 다르기에 얻은 결론 역시 완전히 일치할 수 없었다. 코우사오신선생은 "'풍'은 작가의 호쾌한 지기志氣가 문장 속에 표현된 것이며, 이는 문장의 감화력의 근원이다. 사물에 비유하자면 바람과 같은 것이다. '골'은 문장 언어가 단정하고 힘차며, 기골이 강직한 것으로, 사물에 비유하자면 뼈와 같은 것이다."[320]라고 설명하였다. 모세금 선생은 "풍風, 골骨, 채采의 관계는 지志, 언言, 문文의 관계와 같은 것이다.", "'풍'은 정지情志에

320) 寇效信, 「論風骨」, 『文心雕龍研究論文選』下, 齊魯書社, 1987. "'風'是作家駿爽的志氣在文章中的表現, 是文章的感染力的根源, 比擬于物, 猶如骨."

대한 요구이며, '골'은 언사言辭에 대한 요구이며, '채'는 문사文辭에 대한 요구이다."[321]라고 주장하였다.

이상의 10종의 주장 이외의 의견이 있으나 필자가 하나하나 모두 나열하지 못함을 용서해주길 바란다.

어떤 이유로 유협의 '풍골론'에 대한 해설에 있어 이처럼 많은 의견차가 나타날까? 우리가 앞서 지적한 '풍골'은 하나의 추상적 비유이기에 많은 종류의 해석이 가능하다는 점 이외에, 중요한 것은 해설자의 방법이 각기 다르기 때문에 이러한 일이 일어난다는 것이다. 필자가 느끼기에 현재 '풍골론' 해설에 있어 적어도 아래 5종의 방법상의 차이가 있다.

첫째, 「풍골」편을 해설하는 방식은 주로 「풍골」편 본문을 논의의 근거로 삼아야 하는가, 아니면 「풍골」편 이외의 편장에서 방증을 찾고, 아울러 방증으로 '주증主證'을 대체해야 하는 것인가이다. 나는 이것이 대단히 큰 문제라고 생각한다. 예를 들어 '골'을 '사의事義'로 해설하는 논자들은 주로 「풍골」편에서 증거를 찾지 않고 「부회」편의 "사의를 골수로 삼는다."[322]는 구절에서 결론을 얻어냈다. 『문심조룡』 전체에서 '문골文骨', '골경骨鯁', '풍골風骨', '골수骨髓' 등의 단어는 모두 32곳에서 사용되었으며, 그리고 모든 곳에서 특수한 어경[語境: 언어적 경계]으로 사용되며, 어경이 다르기 때문에 단어의 의미에도 변화가 발생한다. 이는 모든 사람들이 알고 있는 일이다. 만일 우리가

321) 牟世金, 「從劉勰的理論體系間風骨論」, 『文心雕龍研究論文選』下, 齊魯書社, 1987. "風, 骨, 采只是相當于志, 言, 文的 關係." "風是大情志的要求, 骨是對言辭的要求, 而采則是對文辭的要求."

322) 「附會」, "事義爲骨髓"

「풍골」편의 특수한 어경에서 출발하여 '풍골'을 해석하지 않고, 다른 편장에서 방증을 찾는다는 것은 대단히 위험한 일이다. 예를 들어 우리가 「부회」편의 "사의를 골수로 삼는다."는 말에 의거하여 '풍골'을 '사의'라 해설한다면 우리는 「체성」편의 "문사는 피부와 같고, 정지情志는 내용의 골간이라 하겠다."[323]는 것을 가지고 「풍골」편의 '골'을 '지'라 해설할 수 있는 것일까? 또 「종경宗經」편의 "유가의 경전은 영구불변의 지극한 도리이며, 개변하지 않는 위대한 가르침이다. 따라서 경전은 천지를 본받고, 귀신을 검증하고, 사물의 질서를 연구하고, 인간의 규율을 정하고, 성령의 비밀을 깊이 통찰하고, 문장의 골수를 면밀히 탐색한 것이다."[324]에 근거하여 「풍골」편의 '골 '을 '경전'이라 해설할 수 있을까? 우리는 『뇌비誄碑』편의 "『태위양사비太衛楊賜碑』를 보면 그 핵심은 훈전訓典에서 나왔다."[325]는 말에 근거하여 「풍골」편의 '골'을 '훈전'이라 해설할 수는 없는 것일까? 등등. 만일 우리가 방증에 의거하여 논의를 시작하면 특정한 개념에 대한 해석에 있어 하나의 의미에서 또 다른 의미로 빠져들게 되며, 이렇게 되면 영원히 「풍골」편의 '풍'과 '골'의 확정적 해석을 찾아낼 수 없다. 내 생각에 방증은 어떤 경우에는 가용할 수 있으나 반드시 어경을 분명하게 구분하고, 어경이 같거나 유사할 때 비로소 우리가 이러한 방법을 사용할 수 있을 것이다. 한 문제의 해설에 대하여 반드시 '주증'을 위주로 하고, '방증'을 보충 자료로 삼아야 한다. 「풍골」편 '풍골'의 해설은 「풍골」편이 제공한 근거를 해설의 주요한 근거로 삼아야 한다.

---

323) 「體性」, "辭爲膚根, 志實骨髓"

324) 「宗經」, "經也者, 恒久之至道, 不刊之鴻敎也. 故象天地, 效鬼神, 參物序, 制人紀, 洞性靈之奧區, 極文章之骨髓者也."

325) 「誄碑」, "觀『楊賜』之碑, 骨鯁訓典"

둘째, 첫 번째 방법과 관련된 다른 하나의 방법적 문제는 「풍골」편의 '풍골' 개념을 해설함에 단순히 「풍골」편의 어떤 한 구절, 혹은 몇 구절을 논의의 근거로 삼을 것인가, 아니면 전편의 논리적 구조를 전체적으로 파악한 뒤, 이를 관통시켜 파악할 것인가의 문제이다. 이론상으로는 당연히 후자의 방법이 보다 과학적임에도 불구하고 실제로 해설하는 과정에서 논자는 자신도 모르는 사이에 「풍골」편의 개별 구문만을 붙잡고 문장을 지으면서 「풍골」편의 다른 논술들은 옆에 방치하는 경우가 있다. 일례로 논자가 "기를 단단하게 지켜야 함"[326]만을 가지고, 혹은 "『시경』의 육의六義 가운데 풍이 첫머리를 차지하는 이유는 감화의 근본이고 지기志氣의 구체적 표현이기 때문이다."[327]만을 가지고, 혹은 "언어의 조합이 단정하고 정직하다."[328]이나 "의기가 빼어나다"[329]만을 가지고 논술한다면 「풍골」편의 '풍골' 개념은 어떤 하나의 의미에서 또 다른 의미로 빠져들게 된다. 어떻게 「풍골」편 전체의 논리 구조를 총체적으로 살피고, 이를 통해 부분적인 것에서 벗어나 전체적 개념을 파악해야 하는가는 여전히 해결해야 할 문제로 남아 있다.

셋째, 「풍골」편을 새로운 개념과 범주를 제시한 독립된 글로 볼 것인가, 아니면 「풍골」편을 「체성」편의 보충 혹은 발전으로 볼 것인가 역시 일종의 방법적 선택이라 하겠다. 분명히 「체성」편이 먼저 나오고 그 바로 뒤에 「풍골」편이 이어지는 바, 이러한 사실이 내재적 연관성이 있는가는 연구할만한 가치가 있다. 「풍골」편을 풍격으

326) 「風骨」, "務盈守氣"
327) 「風骨」, "詩總六義, 風冠其首, 斯乃化感之本源, 志氣之符契也."
328) 「風骨」, "結言端直"
329) 「風骨」, "意氣駿爽"

로 해설하는 논자는 「풍골」편은 단순히 풍격에 관한 전문적인 글일 뿐이라고 주장한다. 그러나 여기에는 많은 의구점이 있다. 예를 들어 비록 유협이 '풍골'을 일종의 풍격으로 간주했다면 왜 「풍골」편에서 '풍'과 '골'을 나누어 논술하고 있는 것인가? 설마 '풍격'이 되는 '풍골'은 두 가지가 합쳐진 것인가? 유협은 다른 편에서는 모두 한 편에 하나의 문제를 다루었는데, 왜 풍격 문제에 있어서는 두 편에서 하나의 문제만을 다루었을까? 내가 보기에 「풍골」편은 새로운 개념과 범주를 제기한 독립된 편장으로 간주하는 것이 보다 합리적이다.

넷째, 위진 이래 유행했던 인물 품평에 입각하여 「풍골」을 연구한 것으로, 유협의 풍골론을 인물 품평에서 이식되어 온 것으로 간주하고 유협 풍골론의 연원淵源을 찾는 것에 중점을 두었다. 이 역시 연구 방법에 있어서의 하나의 선택이라 할 수 있다. 어떤 학자는 '이식론移植論'을 주장하면서 유협의 문학 '풍골론'은 인물 품평의 술어를 차용한 것이기 때문에 인물 품평 문제에 대한 연구를 통해 유협이 주장한 '풍골'의 의미를 해설해야 한다고 주장한다. 다른 학자는 유협의 '풍골'은 유협의 독창이지만 당시 유행했던 인물 품평과 관련이 없다고 말할 수는 없으나 그 관계가 그다지 깊은 것은 아니기에 보다 오래된 전적, 예를 들자면 「모시서」의 '詩之六義'에서 연원을 찾아야 한다고 주장하였으나 '풍골'에 대한 직접적인 해설은 전개하지는 않았다. 나는 개인적으로 두 견해에 합리성이 있다고 생각하나, 후자가 전자보다 더 합리적이라 생각한다.

다섯째, 유협의 문학이론 체계의 각도에서 '풍골론'을 검토할 것인가, 아니면 「풍골」편을 독립적으로 연구할 것인가? 당연히 모든 사람들은 전자를 선택할 것이다. 그러나 유협의 문학이론 체계는 도대체 어떤 모습인가? 이 문제에 대해서는 이미 견해차가 있으며, 앞서 언급한 바와 같이 유협의 문학이론 체제에 대한 정확한 파악은 그다지 쉬운 일이 아니다. 유협의 문학이론 체계에 대한 서로 다른 이해로 인해 '풍골'에 대한 해설에 있어 서로 다른 해설이 만들어질 수 있다. 그러나 비록 유협의 문학이론 체계에 대한 정확한 이해가 상당히 어려운 문제이기는 하나 계속 노력, 탐구할 가치가 있다고 생각한다.

이러한 사실을 통해 유협의 문학 '풍골론'의 해설에 대한 분석은 근본적으로 논자가 선택한 서로 다른 방법에 의해 만들어진 것이다. 정확한 방법의 선택이 바로 유협 '풍골론'의 수수께끼를 푸는 근원이다. 그러나 어려움은 두 가지 방법 가운데 하나를 선택하는 것이 아니라 앞서 서술한 5종의 연구 방법의 차이들을 종합적으로 파악하고, 나아가 선택한 몇 가지 방법을 하나의 상호 배합이 가능한 완정한 체계로 만들 수 있는가이다. 이는 이 문장이 도달하고 싶은 목표이기도 하다.

(2) '풍골'은 유협의 문학작품의 내재적 아름다움에 대한 규정이다

우리가 유협이 제기한 '풍골'의 의미를 이해하려면 앞서 언급한 바와 같이 『문심조룡』에 서술된 문학이론의 전체적 체계에서 출발하여야 한다. 유협의 문학이론은 일반적으로 총론[總論: 문학개론], 창작론, 작품론, 감상론, 발전론으로 구분되며, '풍골론'은 작품론에 속한다. 작품론의 내용은 대단히 풍부하나 유협이 보기에 문학 작품의 구성 요소는 '정情'과 '사辭' 양대 요소를 벗어나지 않는다. 유협은 『문심조룡』의 여러 편장에서 이러한 점을 지적한 바 있다.

> 정지가 충분하고, 문사가 아름다우며, 감정이 진실하고, 수사가 정교한 것이 바로 문장을 짓는 금과옥조이다.[330)]

> 정情은 문장의 날줄이고, 사辭는 정리情理의 씨줄이다. … 이것이 문장을 짓는 근본이다.[331]

> 백 개의 관절이 몸을 이루나 반드시 혈맥의 소통이 필요하듯, 다양한 생각이 모여 문장을 이루지만 문사, 사상, 감정을 벗어날 수 없다.[332]

> 무릇 문장을 짓는 이치는 문자의 운용과 내용을 확립하는 것이다.[333]

위 4개의 예문은 작품 구성을 논한 것으로, 그 내용이 상당히 유사한데, 이는 모두 거시적 시각, 근본적 규율에서 문장의 구성 요소를 언급한 것이다. 「징성」편의 예문은 공자가 일반인의 수신에 있어 반드시 "감정은 믿음이 있어야 하고, 문사는 정교해야 한다."[334]고 언급한 내용을 문장을 구성하는 두 개의 금과옥조, 즉 의지와 감정은 충실하고, 언어와 수사는 정채精彩해야 한다는 것으로 전환시킨 것이다. 이러한 예에서 유협은 작품의 구성 성분을 정과 사로 구분하였으며, 이는 공자가 인간의 수신에 대한 논점을 원용하여 제기한 것임을 알 수 있다. 「정채」편의 예문은 작품의 실체가 경선과 위선의 짜임에 의해 이루어지며, 경선이 '정'이고, 위선은 '사'며, 이것이 바로 문장을 짓는 근본임을 가장 명확하게 설명해준다. 「용재」편의 예문은 백여 개의 관절이 모여 인체를 구성하지만 반드시 혈맥의 관통이 필요하고, 온갖 생각이 모여 문장을 구성하지만 사와 정 두 요소에서 벗어나지 않는다는 것을 밝혔다는 점에서 대단히 중요한

330) 「徵聖」, "然則志足而言文, 情信而辭巧, 迺含章之玉牒, 秉文之金科矣."
331) 「情采」, "情者文之經, 辭者理之緯. … 此立文之本源也."
332) 「熔裁」, "夫百節成體, 共資榮衛, 萬趣會文, 不離辭情."
333) 「指瑕」, "若夫立文之道, 惟字與義."
334) "情欲信, 辭欲巧"

의미를 지닌다. 「지하」편의 예문 역시 문장 구성의 근본 도리를 언급한 것으로, 유협이 자字와 의義를 문장 구성의 중요한 두 요소로 간주한다는 사실을 말해준다. 문학 작품에 대해 말하자면 여기서 언급한 '자'는 실제상으로는 '사'이고, '의'는 '정情'이다. 이 4개의 예문을 통해 우리는 유협이 정과 사를 작품을 구성하는 양대 요소로 간주했음을 증명할 수 있다. 이러한 사실이 명확하다는 전제 하에 유협은 한 걸음 더 나가 '정'과 '사' 각각에 대해 내재적 심미 품격을 요구한다. 바꾸어 말하자면 '정'과 '사'는 작품을 구성하는 필수 조건이며, '정'과 '사'만 있다면 '정'이 진실한가의 여부나 '사'의 정교한가의 여부를 논하지 않아도 작품은 성립한다. 그러나 우수한 작품을 가지고 말하자면 일반적인 '정'과 '사'라는 외부적 포장만으로는 너무나 부족하며, 반드시 '정'과 '사'에 대해 내재적 아름다움을 요구해야 한다. 「풍골」편은 내재적 아름다움을 논할 임무를 지고 있다.

그렇다면 유협은 무엇을 근거로 작품의 '정'과 '사' 두 방면의 내재적 아름다움을 요구했을까? 유협은 당시 문단의 병폐에 대한 관찰을 근거로 이 문제를 토론하였다. 당시 문단은 '정'과 '사'에 있어 모두 심각한 문제가 있었는데, '정'에 관하여 그는 다음과 같은 문제점을 명확하게 지적하고 있다.

> 옛날 시인들의 작품은 감정을 서술하기 위하여 시를 지었다. 사부가辭賦家들의 작품은 창작을 위하여 감정을 억지로 조절하였다. 무엇을 근거로 이렇다 할 수 있을까? 『시경』 풍아의 창작은 생각하는 과정에서 울분이 쌓여 솔직한 감정을 읊어 위정자를 풍자하였는데, 이는 감정을 위하여 문장을 지은 것이다. 제자백가의 무리들은 마음에 아무런 울적함이 없어도 함부로 과장하여 명성을 얻으려고만 하였는데, 이는 문장을 위해 감정을 조작한 것이다. 따라서 감정을 위하여 글을 쓰면 언어는 간략하고 감정은 진실하나, 글을 위하여 감정을 조작하면 내용은 음탕하고 문사는 번잡하다. 그러나 후대의 작

자들은 문사의 과장과 감정의 거짓됨만을 배워 풍아는 저 멀리 던져버리고 사부만을 본받으니 진지한 감정을 묘사한 작품은 나날이 적어지고, 문사의 화려함을 추구하는 작품은 점점 더 많아졌다.[335]

위 예문에서 유협은 당시 문단의 창작에 나타난 문제점을 “문장을 위하여 감정을 조절한다”로 결론을 내렸다. 이는 당시 작가들이 풍아의 전통은 배우지 아니하고 오로지 사부만을 따라하여 마음속에 장기간 축적된 감정도 없이 오로지 과장, 장식, 명예만을 추구, 결과적으로 창작한 작품에는 화려한 문사만 있을 뿐 진실한 감정은 사라지고 없음을 지적한 것이다. 당시의 문학작품 가운데 진정을 묘사한 작품은 너무 적었다. 이외에 당시에 크게 유행한 현담玄談의 기풍은 문학창장에 영향을 미쳐 “문장에 현리玄理만 넘쳐날 뿐 담백하여 시의 맛이 없다.”,[336] “도덕론道德論처럼 평담하다.”[337]는 지경에 이르렀다. 이처럼 문장을 짓기 위해 감정을 조작하고, 문장에 현리만 넘쳐나고, 감정은 허위로 가득하니 필연적으로 오로지 문사의 수식에만 몰두하는 현상이 나타났다. 이에 유협이 다시 당시 문단에 있어서 ‘문사’의 문제점에 대해 다음과 같이 지적하였다.

성인의 시대와 너무 떨어지니 문체는 흩어지고 문인들은 기이함만을 좋아하여 문장은 부화함만을 귀하게 여기며, 새의 날개에 그림을 그리고, 혁대에 수를 놓는 것처럼 근본과 멀어짐이 더욱 심해져 기이하고 부화함만 추구한다.[338]

---

335) 「情采」, “昔詩人什篇, 爲情而造文, 辭人賦頌, 爲文而造情 何以明其然? 蓋風雅之興, 志思蓄憤, 而吟詠情性, 以諷其上, 此爲情而造文也; 蓋風雅之興, 志思蓄憤, 而吟詠情性, 以諷其上, 此爲情而造文也; 諸子之徒, 心非鬱陶, 苟馳夸飾, 鬻聲釣世, 此爲文而造情也; 故爲情者要約而寫眞, 爲文者淫麗而煩濫 而後之作者, 採濫忽眞, 遠棄風雅, 近師辭賦, 故體情之製日疎, 逐文之篇愈盛”

336) 鍾嶸, 「詩品序」, “理過其辭, 淡乎寡味”

337) 같은 책, “平典似道德論”

시간상 고대의 성인과 너무나 멀리 떨어지자 문장의 체제는 파괴되었고, 당시의 문인들은 신기함만을 좋아하여 문사는 부화하고 괴이해져 오색찬란한 새의 깃털에 물감으로 색칠하고, 자수가 필요 없는 혁대에 자수를 놓는 상황에 이르러 근본에서 더욱 멀어져 괴이하고 부화한 문풍이 조성되었다. 당시 문학 창작이 작품을 구성하는 실체인 '정'과 '사' 두 부분에 문제가 생겼고, 이에 대한 유협의 우려는 더욱 깊어갔다. 그는 『문심조룡』 여러 편장에서 이러한 상황을 비판하고 새로운 각도에서 문학 창작에 있어서 '정'과 '사'가 반드시 도달해야할 경계를 규정하였다.

「풍골」편은 내재적 아름다움이라는 각도에서 '정'과 '사'에 대한 정을 내렸다. '풍청風淸'은 '정'의 내재적 아름다움에 대한 규정이다. '청'은 청신하고 진지하다는 뜻이니, '풍청'은 정감의 표현이 청신하고 진지하고, 가슴에서 우러나온 생명력을 지녀야한다는 요구라 하겠다. '골준骨峻'은 '사'의 내재적 아름다움에 대한 규정이다. '준峻'은 힘차게 우뚝 솟은 모습이니, '골준'은 언사의 표현에 있어 반드시 힘차게 우뚝 솟은 듯 해야함을 요구하는 것으로, 표현이 힘차 사람들에게 감동을 줄 수 있어야 함을 강조한 말이다. 유협은 '정'과 '사'를 막론하고 모두 내재적 바탕을 갖추어야 하며, 내재적 바탕이 없다면 '정'과 '사'에 의해 구성된 작품은 사상적, 예술적 역량이 있을 수 없다고 강조한다.

「풍골」편에는 몇 개의 관건사가 있다. '정'과 '사'가 짝이고, '풍'과 '골'이 짝이고, 다음으로 '강기'와 '유기'가 짝이고, 마지막으로 '풍골'과 '채'가 짝이 된다. 우리는 이 8개 관건사의 의미와 상호 관계를

338) 「序志」, "去聖久遠, 文體解散, 辭人愛奇, 言貴浮詭, 飾羽尙畵, 文繡鞶帨, 離本彌甚, 將逐訛濫"

정확히 파악할 수 있어야 문장 본래의 면모를 파악하여 전체적 논리 구조를 이해할 수 있다. 이렇게 해야 비로소 「풍골」편의 내용을 정확하게 이해할 수 있다. 지금 우리는 도표를 통해 논리적 관계를 다름과 같이 나타낼 수 있다.

「풍골」편 구조 층차도

제1층차	필요조건	정情	사辭
제2층차	내재미	풍風	골骨
제3층차	생성 원인	유기柔氣	강기剛氣
제4층차	내외 관계	풍골風骨	사채辭采

제1 층차는 문장 구성의 양대 요소인 '정'과 '사'이다. 이에 대해서는 앞서 언급한 바 있으니 다시 서술하지 않겠다. 제2 층차는 '풍'은 '정'의 내재미이며, '골'은 '사' 내재미이다. 유협은 다른 각도와 층차에서 연원, 필요성, 논증, 반증, 예증 등을 포괄적으로 설명하였다. 우리는 이를 다음 표를 통해 살펴보자

	풍風	골骨
연원	詩總六義, 風冠其首, 斯乃化感之本源, 志氣之符契也.	缺
필요성	怊悵述情, 必始乎風. 情之含風, 猶形之包氣.	沈吟鋪辭, 莫先於骨. 故辭之待骨, 如體之樹骸.
논증	意氣駿爽, 則文風淸焉. 深乎風者, 述情必顯	結言端直, 則文骨成焉. 練於骨者, 析辭必精.
반증	思不環周, 索莫乏氣, 則無風之驗也	若瘠義肥辭, 繁雜失統, 則無骨之徵也.
예증	相如賦仙, 氣號凌雲, 蔚爲辭宗, 迺其風力遒也.	釋潘勗錫魏, 思摹經典, 羣才韜筆, 乃其骨髓畯也.

위의 도표를 통해 유협이 논술한 풍과 골에 대한 언급은 거의 다 나열하였다. 우리는 유협이 「풍골」편 첫 머리에서 '정情', '풍風', '사辭', '골骨' 4개의 개념을 연계시켜 이야기하고 있으며, 이 가운데 "이러한 까닭에 애절한 정지情志의 표현은 풍에서 나오고, 깊이 있는 문사는 골에서 나온다."[339]는 언급은 감정의 서술은 '풍'에서 시작되고, 문사의 운용은 반드시 '골'이 있어야 가능하다는 의미이다. 감정과 문사는 작품 속에서 밖으로 드러나는 것이라 말할 수 있다. 작품의 좋고 나쁨, 수준의 높고 낮음에 관계없이 모두 작품은 감정과 문사를 가지고 있으며, 감정이 없는 작품도 없고, 문사가 없는 작품도 없다. 결국 감정과 문사는 작품에 필요한 최소한의 외재적 요구라 할 수 있다. 그러나 우리가 논의하고자 하는 작품은 일반적인 작품이 아니라 우수한 작품이기에 감정과 문사만 있거나, 외재적 아름다움만 있는 것만으로는 부족하다. 이에 유협은 표면 이외에 이면이 필요하며, 외재적 아름다움 이외에 내재적 아름다움, 즉 '내재미'가 반드시 필요하다는 점에 생각이 미쳤다. 이처럼 유협은 감정의 표현에 있어 '풍'을 요구했고, 풍은 정과 상대적인 것으로 작품 감정 표현의 내재적 품격이다. 이러한 이유에서 우리는 '풍골'은 문학 작품의 내재적 아름다움이라 말할 수 있다. 우리가 이렇게 말하는 데는 근거가 있다. 그 근거는 바로 유협이 말한 "따라서 사가 골이 필요한 것은 마치 몸에 뼈가 있어야 하는 것과 같으며, 정이 풍을 내포하고 있는 것은 몸이 기운을 싸고 있는 것과 같다."[340]에서 찾을 수 있다. 이는 황간 선생이 말한 바와 같이 '풍골'은 일종의 비유이며, 골은 인체 피부와 근육 속의 골격과 같고, 풍은 감정이 있는 신체의

339) 「風骨」, "是以怊悵述情, 必始乎風, 沈吟鋪辭, 莫先於骨"
340) 「風骨」, "故辭之待骨, 如體之樹骸, 情之含風, 猶形之包氣."

'기'와 같은 것으로, 양자는 모두 내재적인 것, 즉 내재적 아름다움이다.

그렇다면 내재적 아름다움이 되는 '풍골'은 결국 무엇인가? 이는 유협이 풍골을 어떤 관건사와 연계하는가를 살펴야 하고, 유협의 해설, 반증 및 예증을 살펴보아야 알 수 있다.

먼저 '풍'의 해설을 보면 풍은 "몸이 기운을 싸고 있는 것과 같고(유형지포기猶形之包氣)", "의기가 빼어나야(의기준상意氣駿爽)" "문풍이 청신하며(문풍청언文風淸焉)", "문장의 풍에 깊이 통달하면 감정표현이 분명해진다(심호풍자深乎風者, 술정필현述情必顯)."고 하였다. 이는 풍은 '기氣', '준상駿爽', '현顯' 등의 단어와 연계되어 있다고 말할 수 있다. 현대 중국어로 말하자면 '풍'에는 생기, 청신, 상쾌, 감동의 의미가 포함되어 있다고 말할 수 있다. 유협은 감정 표현은 반드시 미학적 목표에 도달해야 비로소 성공할 수 있다고 여겼다. 그런 연후에 유협은 반증을 진행하면서 "생각이 주도면밀하지 못한 채, 삭막하여 생기가 없으면 문장에 풍이 없다는 증거이다."[341] 라 하였다. 이 반증은 대단히 중요하다. 그의 해석에서 사람들의 오해를 불러 일으켰던 부분을 보충해준다. 예증의 논증 속에서 유협이 '풍風'과 '현顯'을 연계시켰는데, 이는 사람들에게 '풍'의 특징이 현저함, 명랑함이라는 인상을 주지만, 실제로 이러한 이해로는 충분하지 않다. 유협은 반증에서 '풍'이 없는 작품은 "생각이 주도면밀하지 못하다(사불환주思不環周)"라 했으니 '풍'이 있는 작품은 '생각이 반드시 주도면밀해야 한다.'고 생각한 것이다. '사思'는 '정사情思'이며, '환주環周'는 문장에 두루 흘러넘친다는 의미이니, 그 의미는 정사가 마음속에서 '축분蓄憤', '울도鬱陶', '침사沈思', '온양醞釀'의 과정을 거

341) 「風骨」, "思不環周, 索莫乏氣, 則無風之驗也."

쳐 시적 의미로 심각한 변화를 거쳤다는 것이다. 따라서 유협이 말한 '현'은 침사 이후의 분발噴發이지 일반적인 현저함이 아니다. 이외에 '풍'이 없는 작품은 "삭막하여 생기가 없다(삭막핍기索莫乏氣)" 하였는데, 이는 표현한 감정이 건조하고 생기가 없으면, 형상 역시 나무토막이나 흙으로 만든 인형과 같고, 생명이 없는 물체에 아무리 생기를 불어넣어도 그 특징은 무병신음無病呻吟이며, "문장을 위해 감정을 조작하는 것"이다. 그렇다면 '풍'이 있는 작품에 표현된 감정과 묘사된 형상은 이와 정반대로 살아있는 생명체처럼 생기발랄하고, 사람을 감동시킬 수 있는 힘이 있다. 유협이 예로 든 사마상여의 『대인부大人賦』가 바로 '풍'이 있는 작품이다. 『사기』「사마상여전司馬相如傳」에 "사마상여가 『대인부』를 바치자 천자께서 대단히 기뻐하였다. 표표히 구름을 능가하는 의지가 있어 마치 천지 사이를 유력하는 의경이 있다."[342]라는 기록이 있다. 이 예증은 우리가 '풍'을 서정의 생기, 청신, 명랑, 감동으로 해설하는 것이 정확하다는 것을 설명해준다. 문제는 유협이 왜 이렇게 '풍'을 정의했을까? 이다. 유협은 「풍골」편 첫 구절에서 이 문제에 대해 해답으로 "『시경』의 육의六義 가운데 풍이 첫머리를 차지하는 이유는 감화의 근본이고 지기志氣의 구체적 표현이기 때문이다."[343]라고 하였다. 이는 유협이 말한 '풍'의 연원이 「모시서毛詩序」의 '시지육의설詩之六義說'임을 설명한다. 「모시서」에서 "풍風은 풍[諷: 풍교, 교화]이며, 가르침이다. 풍으로 사람을 감동시키고, 교화시킨다."[344]라 하였는데, 관건사는 '동動'자이고, '동'은 생동, 생기 주입, 청신, 감동을 의미한다. 결국

---

342) "相如奏『大人』之賦, 天子大悅, 飄飄有凌雲之志, 似游天地之間意."
343) 「風骨」, "詩總六義, 風冠其首, 斯乃化感之本源, 志氣之符契也."
344) "風, 風也, 敎也. 風以動之, 敎以化之."

생명력이 있다는 말이고, 송장 같은 교조敎條가 아니라는 말이다. 또한 시는 교화의 기능을 가지고 있으며, 교화 기능의 실현은 시 형상의 생동, 생명의 매력에 달려 있다.

다음으로 '골骨'에 대해 살펴보자. "깊이 있는 문사는 골에서 나오고"[345], "문사가 골이 필요한 것은 마치 몸에 뼈가 있는 것과 같으며"[346]라고 하였는데, 그렇다면 어찌해야 '몸에 뼈가 있는'데 도달할 수 있을까? "언어의 조합이 단정하고 정직해야 하고"[347], "문사의 분석이 정당해야"[348] 비로소 문골文骨이 형성된다. '골'의 관건사는 '해骸', '단직端直', '정精'과 '준峻'이며, 현대 중국어로 설명하자면 문골의 형성은 역량力量, 경건勁健, 정약精約과 준발俊拔이 있어야 한다는 것이다. 문사의 운용은 오로지 문사의 아름다움만 가지고 놀아서도 안 되고, 유창함에만 머물러 있어도 안 되고, 반드시 역량, 경건, 정약과 준발을 통해 승리를 쟁취해야 문사 운용의 미학적 요구에 도달할 수 있다. 앞의 논증 이외에서 유협은 반증을 제시하면서 "내용은 없이 문사만 과도하면 번잡해져 조리가 서지 않는데, 이는 골이 없다는 증거이다."[349]라고 하였다. '내용은 없이 문사만 과도하면(척의비사瘠義肥辭)'은 내용이 빈약하고 수사가 번잡함을 지적한 것이고, '실통失統'은 두서없음을 지적한 것이다. 결론적으로 내용의 빈약, 수사의 번잡, 언어 배치의 혼란은 골이 없다는 증거이다. 반대로 말하자면 골이 있는 문장은 응당 언어는 간략하고, 의미는 풍부

345) 「風骨」, "沈吟鋪辭, 莫先於骨"
346) 「風骨」, "辭之待骨, 如體之樹骸"
347) 「風骨」, "結言端直"
348) 「風骨」, "析辭必精"
349) 「風骨」, "若瘠義肥辭, 繁雜失統, 則無骨之徵也."

하며, 수사에 질서가 있어야 비로소 표현이 특출, 경건, 정약, 준발의 경지에 도달할 수 있다는 것이다. 유협은 동한의 작가 반욱潘勖의 「석위錫魏」를 골을 갖춘 전범으로 제시하였는데, 상당히 합리적이다. 한헌제漢獻帝는 조조를 위공魏公에 봉하고, 구석[九錫: 9가지의 특권]을 내리면서 반욱에게 책봉문[冊封文: 관직을 내린 이유를 설명하는 글]을 짓게 하였다. 양밍자오[楊明照: 1909~2003년] 선생의 『문심조룡주습유文心雕龍注拾遺』에서 인용한 은흥殷洪의 『소설小說』에 의하면 반욱이 "책봉문을 지음에 … 당우唐虞를 본받아 밝히고, 문사와 내용이 온아溫雅하며, 언행의 기록이 『시경』과 일치한다. 이때 조정의 문사들이 모두 한 글자도 고치지 못하였다."[350]고 한다. 나는 유협이 이 문장의 내용에 관심을 가진 것이 아니라 주로 이 문장을 창작의 문사 운용에 있어 경전을 본받고, 간결하고 힘찬 문체를 성공적으로 운용한 점에 관심을 가졌다고 생각한다. '골'에 대해 유협은 '풍'을 논술했던 것과 마찬가지로 하나의 '연원淵源'을 찾아냈어야 함에도 불구하고 「풍골」편에서 왜 그리하지 않았는지 모르겠다. 이러한 사실은 후대 연구자들에게 커다란 유감으로 남는다. 꼭 지적해야 할 점은 몇몇 연구자들이 '골'의 문제를 논술하면서 유협 자신이 「풍골」편에서 보여준 해석을 완전히 무시한 채 억지로 '골'을 내용, 사의 등으로 해설하면서, '골'과 '사'를 구분지은 것은 납득할 수 없는 사실이다. 실제로 '골'을 '사'의 특성으로 간주하는 것은 유협의 본래 의도를 존중할 뿐만 아니라 문학 창작에서 '사'의 문제가 대단히 중요하다는 것을 인정하는 일이다. 문학은 언어의 예술이기에 언어는 문학의 제일 요소이며, 언어인 '사'가 없다면 문학도 없다. 우리는 반드시 언어에 진입해야 생활에 진입할 수 있으며, 반드

350) "爲策命文 … 憲章唐虞, 辭義溫雅, 于典誥同風. 于時朝士, 皆莫能措一字."

시 언어에 진입해야만 문학에 진입할 수 있다. 사실 우리의 선조들은 이미 '사'의 중요성을 인식하여 『주역』에서 "천하를 고무하여 움직이게 하는 것은 '사辭'에 있다."[351]고 하였다. 유협도 『문심조룡』의 첫 편인 「원도」편에서 이 구절을 인용함과 동시에 보충 설명하기를 "문사가 천하를 고무하여 움직이게 하므로 이것이 자연의 도리를 설명한 문장이 될 수 있는 것이다."[352]라 했는데, 이 말인 즉 우리가 '사'를 말하는 것은 "자연의 도리를 설명한 문장"을 말하는 것이다. 이 말은 '사'가 내용과 유리되지 않는 한 항상 이런 저런 방식으로 생활과 감정의 내용을 표현한다는 의미이다.

결론적으로 풍골은 작품의 내적 아름다움에 대한 유협의 규정이다. '풍'은 작품 속 '정'의 내재적 아름다움이며, 그 주요 특징은 생기, 청신, 진지, 감동이다. '골'은 작품 속 '사'의 내재적 아름다움이며, 그 주요 특징은 역량, 경건, 정약, 준발이다. '풍'과 '골'은 모두 사람에게 내재되어 있는 진실한 생명이 분출되어 사람을 감동시키는 역량이다. 한 편의 시문이 만일 "문사를 선명하고 강건하게 만들면 풍의 청신함과 골의 출중함"[353]에 도달할 수 있다면 새가 두 날개로 하늘을 높이 날아오르듯 그 시문은 높은 품격의 심미적 경계를 획득할 수 있다. 유협이 우수한 작품에 대하여 이러한 규정을 내린 것은 한漢·위魏 이래의 성공적인 예술 경험을 총결함과 동시에 당시 문단에 존재했던 "문장을 위해 감정을 조작하고,"[354] "문장은 부화함만을 귀하게 여기는"[355] 폐단을 비판하기 위한 것이었다. 이는 이론적으로 문

351) 『易經』「系辭上傳」第十二章, " 鼓天下之動者存乎辭"
352) 「原道」, "辭之所以能鼓天下者, 迺道之文也."
353) 「風骨」, "使文明以健, 則風淸骨峻"
354) 「情采」, "爲文而造情"

학 창작을 위한 일종의 보편적 규범을 제시한 것이다.

유협의 '풍골'이 예술의 내재적 아름다움에 대한 규정이라면 헤겔이 말한 '함축미'와 서로 비교할 수 있다. 헤겔은 다음과 같이 언급하였다.

> 한 예술 작품을 접하면 우리는 먼저 작품이 우리에게 보여주는 물건을 보게 되고, 그 다음에 그 작품이 함축한 의미와 내용을 규명하려 한다. 첫 번째 요소, 즉 외재적 요소에 대하여 우리가 가치가 있다고 여기는 이유는 결코 작품이 직접 드러낸 물건이 아니다. 우리는 그 물건 안에 내재된 것, 즉 일종의 함축된 의미, 일종의 외형에 생기를 불어 넣는 의미가 있다고 가정한다. 외재된 형상의 용도는 바로 이러한 함축된 의미를 이끌어 내는 것이다. 어떤 의미를 인도하는 현상은 단지 현상 자체만을 대표하지 않으며, 외재된 형상만을 대표하지 않는다. 이는 부호 같은 것, 보다 분명하게 말하자면 우언寓言 같은 것이 대표한다. 이 안에 포함된 교훈은 바로 함축된 의미이다. 문학 역시 이와 같다. 모든 글자는 하나의 함축된 의미를 지칭하지만 결코 글자 자체 때문에 가치가 있는 것이 아니다. … 예술 작품이 반드시 함축된 의미를 가지고 있어야 하는 것 역시 같은 이유에서 이다. 예술 작품은 단지 어떤 직선, 곡선, 면, 이빨자국, 돌, 부조, 색, 음조, 문자 내지 기타 매개들을 사용하는 것이 아니라 이들의 기능을 충분히 이용하여 내재된 생기, 정감, 영혼, 풍골과 정신을 드러낸 것이 바로 우리가 말하는 예술 작품의 함축적 의미이다.[356]

---

355) 「序志」, "言貴浮詭"

356) 헤겔, 『美學』 제1권, 商務印書館, 1979, 24~25쪽. "遇到一件藝術作品, 我們首先見到的是它直接呈現給我們的東西, 然後在追究它的意蘊和內容. 前一個因素一則外在因素一對于我們之所以有價值, 并非它所直接呈現的; 我們假定它里面還有一種內在的東西, 則一種意蘊, 一種灌注生氣于外在形狀的意蘊. 那外在的形狀的用處就在指引到這意蘊. 因爲一種可以指引到某一意蘊的現象并不只是代表它自己, 不只是代表那外在的形狀, 而是代表另一種東西, 取像符號나梁, 或則說得更清楚一點, 就像寓言나梁, 其中所含的教訓就是意蘊. 文學也是如此, 每一介字都指到一個意蘊, 并不因它自身而有價值……藝術作品應該具有意蘊, 也是如此. 它不只

헤겔의 사상은 대단히 분명하다. 그는 예술 작품을 2층으로 나누고, 1층은 글자, 선, 색, 음조 등의 외재적인 것이며, 이러한 외재적 매개를 통하여 내재된 함축적 의미를 지향한다. 헤겔의 외층은 유협이 말한 문사 – 골에 해당하며, 내층은 유협이 말한 문의文意 – 풍에 해당한다. 즉 문사를 통하여 문장의 의미를 지향한다. 헤겔 '함축미'와 비교한다면 유협은 문사를 통해 문장의 의미를 지향할 뿐만 아니라 문사와 문장의 의미에 대해 특수한 미학적 요구를 가지고 있다. 헤겔이 매체는 함축적 의미에 대한 지향 이외에는 내재적 가치가 없다고 생각했던 것과는 달리, 유협은 매개(문사文辭) 자체도 가치를 지니고 있으며, 문사가 일정한 미학적 요구에 도달하면 문사 자체도 사람을 감동시키는 힘을 지니게 된다고 여겼다. 이에 문사는 사람들에게 심미감을 제공할 수 있으며, 단순히 문장의 의미를 지향하는 기능에서 벗어날 수 있다. 마찬가지로 헤겔은 매개의 미학적 요구에 대해 진일보한 설명을 하지 않았으나, 유협은 문장의 의미, 즉 풍에 대해서 특수한 미학적 규범을 가지고 있었다. 이러한 사실에서 알 수 있듯, 어떤 의미에서는 유협의 풍골론이 헤겔의 함축미에 대한 의견보다 더 풍부한 미학적 품격을 가졌다고 볼 수 있다. 당연히 헤겔은 '절대이념'의 한계로 인하여 이념을 드러낸 것이어야 비로소 훌륭한 작품이라고 생각하였고, 이로 인해 그는 최후의 목적을 보다 중요시하였다. 유협은 과정을 보다 중요시하여, 최후의 목적도 중요하지만 과정 또한 사람을 감동시킬 수 있어야 한다고 생각했다.

是用了某些線條, 曲線, 面, 齒紋, 石頭, 浮雕, 顔色, 音調, 文字乃至其他媒介, 就算盡了它的能事, 而是要顯現出一種內在的生起, 情感, 靈魂, 風骨化精神, 這就是我們所說的藝術作品的意蘊."

(3) '풍골'생성의 원인

세 번째 단계에서 유협은 연구의 시각을 내재적 아름다움인 '풍골'생성의 원인으로 돌린다. 도표에서 보는 바와 같이 유협은 작가의 주체가 되는 기의 문제를 분명하게 제기하였다. 아울러 이 문제를 연구할 때 '풍'과 '골' 이 두 단어는 다시는 분리되지 않고 하나의 몸체인 '풍골'이 된다. 유협은 풍과 골은 모두 작자의 '기'에서 생성되기 때문에 충분히 '풍골'을 결합시켜 논의해야 한다고 생각하였다. 유협은 「풍골」편에서 "만일 문사가 풍부한데도 풍골이 날아오르지 못한다면 그러한 문채는 암담하고 선명하지 못하며, 성운의 아름다움도 없다. 따라서 생각을 집중하여 문장을 구상함에 반드시 충분하게 생기生氣를 유지하여 문사가 강건하고 충실해야 비로소 새로이 찬란한 빛을 발할 수 있다."[357]라고 하였다. 이글의 의미를 풀어서 설명하자면, 만일 작품이 수사는 풍부하나 풍골이 없다면 기세도 없고, 생동하는 문채도 없으며, 문자의 성운聲韻을 지탱할 힘도 없게 된다. 따라서 문장의 전체적 구상에 있어서 생기를 충분히 유지하도록 해야 내부의 기맥이 강건하고 충만하여 찬란한 빛이 외부로 비추게 된다. 이 말의 의미는 '기'는 '풍골' 안에 자리한다는 것이다. 기와 '풍골'의 관계에 있어 풍골이 '표[表: 외면]'라면, 기는 '이[裏: 내면]'에 해당한다. 여기서 말하는 '기'는 작가의 '기맥'이며, '기맥'은 삶의 근본이기에, 사람의 '기맥'이 다하면 사람 역시 죽고 만다. 이 말은 아마도 『좌전』 「소공십일년昭公十一年」의 "숙향叔向이 이르길 … 단성공單成公이 장차 죽으려 하는가? … 기를 지키지 못하다니."[358]에

357) 「風骨」:"若豐藻克贍, 風骨不飛, 則振采失鮮, 負聲無力 是以綴慮裁篇, 務盈守氣, 剛健旣實, 輝光乃新"

서 나왔을 것이다. 이 말은 단성공이 자신의 기를 지키지 못하니 반드시 죽을 것이라는 의미이다. 여기서 강조하고자 하는 것은 기맥을 충분히 유지하는 것이 바로 인간의 생리적 역량이라는 것이다. 따라서 문학 창작은 개인의 생리적 '기맥'의 왕성함과 깊은 연관이 있다.

가장 먼저 문학 창작의 각도에서 '기'를 논한 인물이 바로 조비였다. 유협은 이점을 대단히 중시하였다. 유협이 인용한 가장 긴 문장이 바로 「풍골」편에서 인용한 조비의 『전론 · 논문』이다.

> 따라서 위문제魏文帝가 『전론 · 논문』에서 이르길 "문학은 '기'를 중심으로 이루어지며, 기의 청탁에는 체계가 있어 억지로 만들 수 없다."고 하면서 공융孔融에 대해 "기질과 풍격이 모두 고묘하다"고 평하였고, 서간徐幹에 대해 "때때로 온유한 제나라의 기를 지니고 있다"고 평했으며, 유정劉楨에 대해서 "고묘한 기를 지니고 있다."고 평하였다.[359]

이는 조비와 공간公幹의 기에 대한 논의를 인용한 것이다. '기'의 문제가 본편에서 얼마나 중요한 지위를 차지하는 지를 충분히 이해할 수 있을 것이다. 유협은 '풍골'을 논할 때 이처럼 기의 중요성을 강조한 까닭은 청대 학자 기윤紀昀이 「풍골」편을 평하면서 "기는 풍골의 근본이다."[360]라 한 것과 같은 이유이다. 이점에 대하여 쉬푸관徐復觀 선생은 『中國文學中氣的問題 - 『文心雕龍』「風骨」疏補』에서 가장 심도 있는 논의를 전개하였다. 쉬푸관 선생 역시 조비의 "문이기위주"의 논점을 중요하게 여기고 있으나, 기를 '청탁淸濁'으로 구

358) 『左傳』「昭公十一年」, "叔向曰, '單子其將死乎!' … 無守氣矣."

359) "故魏文稱文以氣爲主, 氣之淸濁有體, 不可力强而致; 故其論孔融, 則云體氣高妙; 論徐幹, 則云時有齊氣; 論劉楨, 則云有逸氣"

360) "氣爲風骨之本"

분한 것은 유협이 기를 '강유剛柔'로 구분한 것만 못하며, 그 이유는 '청탁'으로 구분하는 것은 사람들로 하여금 청기는 좋은 것이고, 탁기는 좋지 않은 것이라 생각하게 만들 수 있기 때문이다. 기를 강유로 구분하면 이러한 오해는 발생하지 않기 때문이라고 주장하면서 "유협이 강유를 가지고 기를 논의한 것은 조비가 청탁을 가지고 기를 논의한 것보다 기의 차별성을 보다 잘 설명할 수 있으며, 후대의 고문가들이 음양과 강유를 가지고 문학을 논의하게 된 근본이 되었다."[361]고 주장한다. 앞서 인용한 "「풍골」편에서 말하는 풍골은 여전히 작자의 두 가지 생리적 생명력인 기를 지칭하며, 작품에 스며들어 가면 두 가지 서로 다른 형상을 만들어 낸다."[362]고 한 것에서 우리가 만일 '기'를 '풍골'과 동등한 것이라 이해하지 않고, '기'는 생명력의 근본이자 '풍골'생성의 원인으로 이해한다면 우리는 그의 주장에 동의할 수 있을 것이다. 조금 더 구체적으로 말하자면 작가의 기에는 강기剛氣와 유기柔氣가 있고, 유기가 내심에서 발동하여 외재된 형상에 표현되면 '문풍文風'이 형성된다. 작가의 강기剛氣가 내심에서 발동하여 외재된 형상에 표현되면 '문골文骨'이 생성된다. 만일 작가의 내심에서 발동된 유기와 강기가 서로 잘 조화를 이루어 외재된 형상에 표현되면 전체적 '풍골'의 고품격 경계가 생성된다. 당연히 유협은 결코 생리적 기를 '풍골' 생성의 유일한 원인으로 삼지 않았으며, 다른 하나의 생성원인이 바로 '정성情性'이다. '정성'은

361) 徐復觀, 『中國文學中氣的問題—「文心雕龍 · 風骨篇」疏補』, 『中國文學論集』, 學生書局, 1876, 310쪽. "彦和以剛柔言氣, 比之曹丕以淸濁言氣, 更說明氣的差別性, 爲後來古文家以陰陽剛柔論文之所本."

362) 徐復觀, 「中國文學中的"氣"的問題」, 『中國文學論集』, 學生書局, 1976, 304쪽. "『風骨篇』之所謂風骨, 依然指的是作者的兩種生理的生命力 — 氣, 灌注于作品之上, 所形成的兩種不同的形象."

재才, 기氣, 학學, 습習 4개의 요소로 구성되며 이는 「체성」편에서 명확히 서술된 바 있다. '풍골'의 생성원인에는 당연히 재, 기, 학, 습으로 구성된 정성이 포함되며, '정성'은 내부에서 발휘되어야 '풍골'이 외부에서 형성된다.

(4) '풍골'과 '채采': 내재적 아름다움과 외재적 아름다움의 일치

유협은 '풍골'을 논함에, 먼저 '풍'과 '골'을 분리하여 언급하였으나, 뒤에서는 '풍골'을 하나의 개념으로 결합하여 '채[采: 문채]'와 대응시켜 논의하였다. 그의 의도는 내재적 아름다움과 외재적 아름다움을 통일시키기 위함이었다. '풍골'이 내재적 아름다움이라면, '채'를 통한 수사는 외재적 아름다움이다. 이 문제에 있어 많은 논자들은 서로 다른 개념인 '사'와 '채' 함께 뒤섞어 논의하거나, 혹은 '채'를 단지 '사'를 꾸미는 것으로 '정'과는 무관하다고 여겨 결국 논증 과정에서 곤경에 처하곤 한다. 실제로 정과 사는 작품 구성의 기본 요소이며, 작품이라면 좋고 나쁨에 상관없이 모두 정과 사가 반드시 필요하다. 앞서 우리는 이점에 대해 집중적으로 논한 바 있다. 정과 사는 「정채」편의 '질'의 범주에 속한다. 작품의 문식文飾과 감정을 모두 풍부하게 하려면 '채'의 수식이 필요하기에 '채'는 '문'의 범주에 해당한다. 문질빈빈文質彬彬해야 비로소 사람을 감동시킬 수 있는 작품이 된다. 유협의 '질'의 개념은 오늘날 내용의 개념과 같은 것이 아니다. '질'은 본색本色을 지칭하다. 정情에는 정의 본색이 있고, 사辭에는 사의 본색이 있다. 그러나 '채'는 본색에 윤식潤飾을 가하는 것이다. 따라서 「정채」편에는 "문식은 질과 부합해야 하고",[363] "질은 문식이

363) "文附質"

필요로 한다."[364]는 논점이 자리한다. 나아가 "화분花粉과 대석黛石으로 용모를 꾸며도 아름다운 모습은 타고난 자태에서 나오며, 아무리 말을 꾸며도 문채의 아름다움은 정성을 바탕으로 이루어진다."[365]라고 하였다. 이 말은 정성이 문채의 내재적 근거라면, 문채는 정성의 윤식이라는 의미이다. 본색과 문채 사이에서 유협은 본색을 중요시하여 "문채만 번다하고 정이 부족하면 이를 감상하면 혐오감만 든다."[366]고 말했다. 그러나 그는 '채'의 의미를 부정하지는 않았다. 그렇다면 정, 사와 서로 대응하는 내재적 아름다움인 '풍골'에 '채'의 장식이 필요 없는 것일까? 유협은 「풍골」편 끝부분에서 이 문제에 대한 답안을 제시하였다.

> 꿩은 각종 색채를 가지고 있으나 백보 밖에 날지 못하는 것은 살만 푸짐할 뿐 힘이 없기 때문이고, 수리는 색채는 부족하나 한 번 날면 하늘을 뚫고 올라갈 수 있는 것은 뼈가 단단하고 기세가 맹렬하기 때문이다. 문장의 재력才力 역시 이와 같다. 풍골은 있으나 문채가 부족하면 문예의 동산에 맹금만 가득한 것이고, 문채는 있으나 풍골이 없으면 문예의 동산에 꿩만 가득한 것과 같다. 아름다우면서 높이 비상할 수 있어야 진정 문장 속에서 노래하는 봉황이 있다 하겠다.[367]

유협은 위 예문에서 비유의 방법을 동원하여 '풍골'과 '문채'를 하나의 범주로 삼아 토론하였다. 그의 입장에서 본다면 만일 문채의

364) "質待文"
365) 「情采」, "夫鉛黛所以飾容, 而盼倩生於淑姿; 文采所以飾言, 而辯麗本於情性."
366) 「情采」, "繁采寡情, 味之必厭"
367) 「風骨」, "夫翬翟備色而翾翥百步, 肌豊而力沈也. 鷹隼乏采而翰飛戾天, 骨勁而氣猛也; 文章才力, 有似于此. 若風骨乏采, 則鷙集翰林, 采乏風骨, 則雉竄文囿, 唯藻耀而高翔, 固文筆之鳴鳳也"

우아한 아름다움만 있고 풍골이 없으면 마치 오색의 꿩이 함부로 날아다니는 것 같고, 풍골은 있으나 문채가 결핍되면 이는 단지 색조가 단일한 맹금만이 높이 날아오르는 것과 같아 무미건조할 뿐이다. 그의 이상은 '풍골'과 '조요[藻耀: 문채의 아름다움]'를 결합시켜 문단의 봉황을 만들어 내는 것이었다. 이는 내재적 아름다움과 외형적 아름다움을 모두 고려해야 한다는 문제를 제기한 것이다. 이것은 첫 단계에 불과하다. 더 깊은 단계는 풍골과 채 사이에 '원[圓: 원숙]'과 '연[練: 숙달]'의 문제이다. 이에 대해 유협은 다음과 같이 언급하였다.

> 골력骨力과 문채文采가 원숙하지 못하고, 풍력과 사조가 충분히 숙달되지 못하면 옛 규범을 뛰어 넘어 신기함을 추구하고자 해여 설사 교묘한 의미를 얻었다 해도 실패하는 경우가 대부분이다.[368]

이 예문은 비록 옛 규범을 준수할 것을 강조한 말이나 중요한 의미는 유협이 풍골과 채 사이에 '원'과 '연'의 필요성을 제기한 부분에 있다. '원'은 '원숙'이고, '연'은 '숙달'의 의미이다. 이는 풍골과 채의 배합에 있어 '원숙'과 '숙달'의 경지에 도달해야 함을 강조한 말이다. 현대적인 용어로 풀이하자면 풍골은 문채의 윤식이 반드시 필요하며, 이러한 윤식은 반드시 흔적도 남기지 않는 경지에 도달해야 하고, 이렇게 되었을 때 비로소 "풍은 청신하고 골은 출중하여 문장 전체가 광채를 발하는",[369] "재화가 탁월하고 문채가 찬란한 빛을 발하는"[370] 경지에 도달하여 내재적 아름다움과 외형적 아름다움이 통일을 이룰 수 있다.

---

368) 「風骨」, "若骨采未圓, 風辭未練, 而跨略舊規, 馳騖新作, 雖獲巧意, 危敗亦多"
369) 「風骨」, "風淸骨峻, 篇體光華"
370) 「風骨」, "才鋒峻立, 符采克炳"

8. '정경사위설情經辭緯說'

『문심조룡』「정채情采」편의 관건사는 '정情'과 '채采'이다. 오랫동안 연구자들은「정채」편을 연구하면서 '정'과 '채'를 주종관계에 입각하여 연구하였다. 대표적인 예가 황간의『문심조룡찰기』이다.

> 유협은 제齊·양梁 시기에 걸쳐 생활하였는데, 당시의 문체는 욕려[縟麗: 화려]만을 추구함에 조식[藻飾: 문채의 아름다움]을 서로 높게 평하였다. 형식은 승하나, 내용은 쇠약한 까닭에 올바른 방법을 찾을 수 없었다.「정채」편의 결론은 당시의 퇴폐적 기풍을 바로잡아 근본으로 돌아가게 함이다. 따라서 비판은 오로지 정보다 채가 지나침에 대한 것이었고, 쉽고 소박한 문장에 대해서는 성급한 비판이 적었다. 무릇 굽은 나무는 곧은 나무에 미치지 못한다.[371]

황간은 당시 문단의 문풍이 바르지 않아 사채를 중시할 뿐 정감의·표현을 경시, 결과적으로 작품은 공허한 수사만 있고, 충실한 정감과 내용은 사라지고 말았다고 지적하였다. 유협은 이러한 '문승질쇠[文勝質衰: 수사만 왕성할 뿐 내용이 빈약함]'의 폐단을 바로잡기 위해 필사적으로 '채일우정[采溢于情: 문채가 지나치게 많음]'한 작품을 비판하였으나 '천로박루[淺露樸陋: 쉽고 소박함]'한 작품에 대해서는 이렇다 할 언급을 하지 않았다. 나는 황간의 주장은 옳으나 유협이 이 문장을 쓴 부분적 동기와 비판성만을 보았을 뿐이며, 유협이「정채」편에서 밝힌 이론에 대해서는 대부분 간과하고 있다고 생각

371) 黃侃,『文心雕龍札記』, 華東師範大學出版社, 1996, 141쪽. "舍人處齊梁之世, 其時文體方趨于縟麗, 以藻飾相高. 文勝質衰, 是以不得無救正之術. 此篇旨歸, 卽在挽爾日之頹風, 令循其本. 故其所譏獨在采溢于情, 而于淺露樸陋之文未遑多責, 蓋揉曲木者未有不過其直者也."

한다. 보다 많은 연구자들이 왕왕 '정'은 내용이고, '사'는 형식이라고 여겨 유협의 논점을 크게 작품의 내용과 형식이라고 말한다. 구오사오위郭紹虞·왕원성王文生의 「문심조룡재의文心雕龍再議」가 대표적인 예이다. 이 논문에서 "내용과 형식에 관하여 유협은 양자의 상호 의존, 상호 영향만을 인식하였고 … 물결은 유동하기에 파문이 생기고, 견실한 수목이 있어야 비로소 꽃을 피울 수 있다고 한 것은 특정한 내용이 특정한 형식을 결정한다는 것을 설명한 것이다."[372]라고 주장하였다. 대만의 뤄리치엔羅立乾·리전홍李振興의 『신역문심조룡新譯文心雕龍』에서는 「정채」편의 제해題解 5개 가운데 두 번째 설명에서 다음과 같이 주장하였다.

> 문채는 반드시 정감과 합치되어야 하고, 정감 또한 반드시 일정한 문채를 거쳐야 비로소 표현될 수 있기에 양자는 서로 의존 관계에 있다고 여겼으며, 이러한 관계를 "문식은 질과 부합해야 하고", "질은 문식이 필요로 한다."의 명제로 개괄하였고, 이를 통하여 정감과 문채의 통일성을 밝혔다. 동시에 화려한 문채의 근원은 작가의 지극한 성정에서 비롯되기에 '정리情理는 문장의 날줄이고, 문사文辭는 정리의 씨줄이다.'라는 명제를 제시하여 정감이 문채를 결정하는 근본적 요소임을 특별히 강조하였다.[373]

이러한 해석은 결코 틀렸다고 말할 수는 없으나 연구 방법상 너무나 평면적이어서 단순히 '정'과 '채' 양자를 병렬 비교하여 어떤 것

---

372) "關于內容與形式, 他認識道二者是互相依存, 互相影響的 … 浮虛的水可以產生波文, 堅實的樹木才能開放花朵, 說明特定的內容決定特定的形式."

373) "旣認爲文采必須依附于情感, 而情感也必須通過一定的文采才能表達出來, 兩者是相依相存的關係, 并把這種關係概爲'文附質'和'質待文' 的命題, 從而, 揭示了情感與文采的統一性; 同時, 又認爲華麗的文采根源于作家的至性至情, 并提出了'情者文之經, 辭者理之緯'的命題, 從而, 特別强調了情感是決定文采的根本因素."

이 보다 근원적인지, 누가 누구를 결정하는 가를 얻었을 뿐인지라, 이 해석은 정지된 표면 위에 정체되어 있다. 본문에서는 연구 방법을 바꿔 '정'에서 '채'에 이르는 것을 하나의 동적인 과정으로 간주하여 연구하고자 한다. 즉 '정'의 생성에도 하나의 과정이 있고, '정'이 '채'를 큰 소리로 불러내고, 다시 '채'에게 의미를 부여하는 것을 하나의 과정이라고 보자. 이러한 동태적 과정의 분석 속에서 새로운 내용을 발견할 수 있을 것이다.

「정채」편에서 가장 중요한 것은 '정'자이며, '정'은 『문심조룡』에 백여 차례 등장한다. 「정채」편에는 14곳에서 '정'자가 사용되었으며, 이 가운데 특별한 의미를 지니는 '정'자는 다음과 같다.

> 세 번째 종류는 성정으로 구성된 정문으로 인의예지신仁義禮智信 오성五性으로 구성된다.[374)]
>
> 여러 감정이 발동이 되면 문장이 이루어진다.[375)]
>
> 문채와 질박함은 성정에 달려있다.[376)]
>
> 문채의 아름다움은 성정의 진지함에 의존한다.[377)]
>
> 정리情理는 문장의 날줄이다.[378)]

---

374) 「情采」, "三曰情文, 五性是也."
375) 「情采」, "五情發而爲辭章"
376) 「情采」, "文質附乎性情"
377) 「情采」, "而辯麗本於情性"
378) 「情采」, "情者文之經"

『시경』의 풍아 창작은 생각하는 과정에 울분이 쌓이면 솔직한 감정을 읊어 위정자를 풍자하였는데, 이는 감정을 위하여 문장을 지은 것이다.[379)]

제자백가의 무리들은 마음에 아무런 울적함이 없어도 함부로 과장하여 명성을 얻으려고만 하였는데, 이는 문장을 위해 감정을 조작한 것이다.[380)]

작자는 정지와 울분을 가기고 있었기에 자신의 성정을 표현한다.[381)]

감정을 위하여 글을 쓰면 언어는 간략하고, 감정은 진실하다.[382)]

진지한 감정을 묘사한 작품은 나날이 적어지고, 문사의 화려함을 추구하는 작품은 점점 더 많아졌다.[383)]

문채는 번잡하나 감정이 부족하면 반드시 맛이 혐오스러울 것이다.[384)]

'정'자가 『문심조룡』 「정채」편에 이처럼 빈번하게 출현하는 것은 결코 우연이 아니다. 진정한 문학 자각의 상징이라 말할 수 있을 것이다. 조비 『전론 · 논문』의 '문이기위주'와 '시부욕려'의 주장에서 시작하여, 육기 『문부』의 "시詩는 정에서 비롯되기에 아름답고 정교해야 한다."의 새로운 견해, 그리고 다시 유협 『문심조룡』의 "정리는 문장의 날줄이고, 문사는 정리의 씨줄이다."라는 주장에 이르는 과정은 중국 시론이 기본적으로 도덕 교화의 공구론에서 개인 감정

379) 「情采」, "昔詩人什篇, 爲情而造文"
380) 「情采」, "辭人賦頌, 爲文而造情"
381) 「情采」, "志思蓄憤, 而吟詠情性"
382) 「情采」, "爲情者要約而寫眞"
383) 「情采」, "體情之製日疎, 逐文之篇愈盛"
384) 「情采」, "繁采寡情, 味之必厭."

표현의 심미론으로 전환되는 과정이라 말할 수 있다. 「정채」편에서 '시연정'의 심미적 성숙을 강조한 점은 중국 고대 문학이론사에 있어 중대한 의미를 지닌다. 이러한 이유에서 나는 유협 「정채」편의 최대 공헌이 인간의 자연적 감정이 두 차례의 전환을 통하여 작품으로 된다는 문학 창작의 기제를 보여주었다는 점이라 생각한다.

(1) '정리는 문장의 날줄' - 문학적 심미론의 성숙된 형태

유협은 당시 문단에 출현했던 '문승질쇠文勝質衰'와 '번채과정[繁采寡情: 문채는 번잡하나 감정이 부족함]'의 유폐를 비판하면서 「정채」편에서 '감정을 위하여 문장을 지음'과 '술지위본[述志爲本: 문장을 짓는 근본]'을 강조한 반면 '위문이조정[爲文而造情: 문장을 위해 감정을 조작하는 것]'과 '구치과식, 육성작세[苟馳夸飾, 鬻聲釣世: 함부로 과장하여 명성을 얻으려고만 하는 것]'에 반대하면서 '정자문지경[情者文之經: 정리는 문장의 날줄]'이라는 심미론을 제기했는바, 이것이 「정채」편의 요지이다. '정자문지경'이라는 이 판단은 중국 시학이 "부부를 다스리고 효경을 이룩하며 인륜을 돈독하게 하였고, 교화를 완미하게 하며, 풍속을 바꾸는"385) 효용론과 교화론에서 심미론으로 변화되었음을 의미한다. 그러나 '정'은 어디에서 나오는가? 이는 가장 먼저 명확하게 밝힐 문제이다. 유협은 시정의 가장 심오한 근원은 바로 사람의 '본색本色'이기에, 시정은 결국 인간의 자연 성정에서 나온다고 나온 다고 여겼다. 이에 유협은 "화분과 대석으로 용모를 꾸며도 아름다운 모습은 타고난 자태에서 나오며, 아무리 말을 꾸며도 문채의 아름다움은 정성을 바탕으로 이루어진다."386)라

385) 「毛詩序」, "經夫婦, 成孝敬, 厚人倫, 美敎化, 移風俗."

고 말한다. 그 의미는 화분과 대석으로 얼굴을 꾸밀 수는 있으나 돌아볼 만큼 아름다운 자태는 미녀 자신의 풍부한 자태에서 나오고, 사조로 문사를 꾸밀 수는 있으나 언사의 아름다움은 사람의 본래 정성에서 비롯된다는 것이다. 바꾸어 말하자면 여성이 그다지 아름답지 않다면 아무리 돌아봐도 생색이 나지 않는다. 같은 이치로 만일 사람의 성정 자체에 아무런 알맹이가 없어, 중후함도 부족하고, 생기도 부족하고, 진실함도 부족하다면 어떤 말을 하더라도 그 말에는 아름다운 문채가 존재하지 않는다. 유협은 작자 성정의 본색을 가장 중요한 것으로 여겼다. 마치 강하江河의 물결이 찰랑찰랑 흘러갈 때 아름다운 파문이 생기듯, 나무의 뿌리가 토지를 꽉 잡고 있어야 비로소 아름다운 꽃송이가 달릴 수 있는 것과 같은 이치라 하겠다. 유협은 한 걸음 더 나가 문학의 '정'은 작자 본색의 자연 성정에서 나온다고 여겨 "『효경』과 『노자』를 연구하고 음미해보면 문장의 아름다움과 질박함은 사람의 정성과 부합함을 알 수 있다."[387]고 말한다. 시의 정감이란 시인이 자신의 생명과 생활 속에서 직접 체험하고 음미한 진실한 감정에서 비롯되기에 "발원지서부터 경수涇水와 위수渭水의 청탁을 구분할 수 있고, 정도正道와 사도邪道의 방향을 잘 구분할 수 있어야 비로소 문채를 제어할 수 있다."[388] 이는 정성이 문채를 제어할 수 있으나 문채가 성정을 제어할 수 없음을 의미이다. 문학의 정감은 단순히 문채에만 의지해서는 어떤 장식도 만들어 낼 수 없다. 결론적으로 유협은 시정은 인간 본연의 성정에서 비롯되기에 창작에 있어 진정의 필요성을 "감정을 위하여 글을 쓰면

---

386) 「情采」, "夫鉛黛所以飾容, 而盼倩生於淑姿; 文采所以飾言, 而辯麗本於情性."
387) 「情采」, "研味孝老, 則知文質附乎性情"
388) 「情采」, "擇源於涇渭之流, 按轡於邪正而路, 亦可以馭文采矣."

언어는 간략하고, 감정은 진실하다"[389]고 단정지었다.

그러나 유협은 인간 본연의 진정한 성정과 작품속의 성정이 같지 않음을 정확하게 인식하였다. 인간의 정감은 전화를 거쳐야 비로소 시정이 될 수 있다. 일반적으로 인간의 자연적 감정은 사람을 자극하는 성질을 가지고 있어서 아직 사람들이 향유할 수 있는 시정을 제공할 수 없다. 예를 들어 한 소녀가 실연한 일을 사실을 아름답게 시가로 표현할 수도 있다. 그러나 그녀가 실연한 그 시각에, 그녀는 살고 싶지 않을 정도로 너무나 고통스러웠을 것이다. 어떻게 그녀의 처음 경험한 감정을 훗날 시가나 산문으로 창작할 수 있겠는가? 자연적인 정감은 아직은 시나, 노래가 될 수 없다. 아무리 행복한 감정이라 하더라도 아직 자연적 상태에 있다면 역시 문학이 아니다. 자연 정감은 반드시 두 차례의 전환을 거쳐야 비로소 언어는 간략하나 진정을 묘사한 시정詩情으로 변환될 수 있으며, 나아가 사람을 감동시키고, 함께 향유할 수 있는 문학 작품으로 변화한다.

(2) '축분蓄憤', '울도鬱陶' - 정감의 첫 번째 전환

유협은 '위정이조문'과 '위문이조정'의 문제를 논할 때 특별히 "지사축분[志思蓄憤: 정지와 울분을 가지고 있을 것]"과 "울도[鬱陶: 깊은 생각에 잠길 것]"를 제기하였다. 유협은 "『시경』의 풍아의 창작은 생각하는 과정에 울분이 쌓이면 솔직하게 감정을 읊어 위정자를 풍자하였는데, 이는 감정을 위하여 문장을 지은 것이다."[390]라 언급한 뒤, 이와 반대되는 것으로 "제자백가의 무리들은 마음에 아무런 울

389) 「情采」, "爲情者要約而寫眞"
390) 「情采」, "蓋風雅之興, 志思蓄憤, 而吟詠情性, 以諷其上, 此爲情而造文也."

적함이 없어도 함부로 과장하여 명성을 얻으려고만 하였는데, 이는 문장을 위해 감정을 조작한 것이다."[391]라고 언급하였다. '위정이조문'이든, '위문이조정'이든 이 모두는 문학 창작에 있어 근본적 문제이다. 왜냐하면 '위정이조문'은 감정이 마음속에서 내보려 해도 사라지지 않고, 스스로를 억제할 수 없고, 말하지 않으면 불쾌하기에 '조문[造文: 글쓰기]'하면 반드시 진실하고 심각한, 사람을 감동시키는 정감을 전달할 수 있다. '위문이조정'은 마음속에 결코 솟아나는 정감도 없으나 어쩔 수 없이 '조정[造情: 감정 조작]'하거나, 즉석에서 읊거나, 혹은 여러 사람 앞에서 일필휘지하는 식으로 써낸 것은 기껏해야 운이 있는 글이지 진실한 정감이 있는 작품은 아니다. 이 근본적인 문제에 있어서 유협은 '축분'과 '울도'라는 대단히 중요한 견해를 제시하였다. '축분'과 '울도'는 어떤 뜻일까? '축분'이란 감정의 축적이다. '축'은 적은 것에서 많은 것으로, 얕은 것에서 깊은 것으로, 혼탁混濁에서 징정澄淨한 것으로, 난잡한 것에서 미감이 풍부한 것으로 움직이는 과정이다. '울도'는 유협의 글에서 '축분'과 같은 의미이다. 용례를 보면 『맹자』 「만장상萬章上」 편에서 "울도사군이鬱陶思君爾"라 하였는데, 『석문釋文』에서 "울도는 생각이 골똘히 하여 기운이 펼쳐지지 못함"[392]이라고 설명하였다. 또한 송옥宋玉 『구변九辯』의 "기불울도이사군혜, 군지문이구중豈不鬱陶而思君兮, 君之門以九重"에 대해 왕일王逸은 "울도는 울분이 축적되어 가슴에 가득한 것"[393]이라 주석을 가했다. '울'은 울적鬱寂, 울민鬱悶, 우울憂鬱로 해석할 수 있으며, '도陶'는 'yáo'로 읽으며, 정현鄭玄의 주석에서도 이

391) 「情采」, 諸子之徒, 心非鬱陶, 苟馳夸飾, 鬻聲釣世, 此爲文而造情也."
392) "鬱陶, 思之甚而氣不得伸."
393) "鬱陶, 憤念蓄積盈胸臆"

를 '鬱陶'라 하였다. '울'과 '도'는 같은 의미로 해석된다. 따라서 '울도'와 '축분'은 같은 의미로 마음속에 자리한 울적鬱積, 울결鬱結의 의미이다. 결론적으로 말하자면 시정은 일반적, 즉흥적 감정이 아니며 반드시 축적, 선회, 침전의 과정을 거친 것이다. 이리하여 자연적 감정이 비로소 시정으로 전환된다. 유협은 '위정이조문'에 있어 감정의 '축적', '울도'가 있어야 함을 강조했는데, 이는 대단히 중요한 지적이다. 이는 자연적 정감에서 시적 정감으로의 첫 번째 전환이다. 이외에 유협은 본격적으로 정리의 운동 과정에 대하여 "능히 모범적인 체식에 의거하여 사상을 적절히 배치하고, 근거를 헤아려 심정을 표현하려면, 표현하려는 심정을 먼저 정한 뒤에 음률을 배합하고, 사상을 바르게 한 뒤 사조辭藻를 운용하여야 한다."[394]고 하였다. 이는 시인의 정감은 자연적으로 발설되는 것이 아님을 강조한 것이다. '설모設謨'는 모범적인 체식을 찾는다는 의미이고, '의지擬地' 역시 규범을 정한다는 의미로, 마음속 정감으로 하여금 선회할 공간을 제공한다. 이지[李贄: 1527~1602년]는 『잡설雜說』에서 다음과 같은 정교한 서술을 남겼다.

> 무릇 세상에서 진정으로 뛰어난 글이라 하더라도 처음부터 글을 지으려던 것이 아니다. 마음속에 어떤 표현할 수 없는 괴이한 일이 있고, 목에는 토로하고 싶으나 토로할 수 없는 것이 있고, 목에는 말하고자 하나 말할 수 없는 것이 오래 축적되면 어찌해도 막을 수 없게 된다. 일단 경물을 만나 감정이 일어나고, 사물을 보면 탄식이 일어난다. 다른 사람의 술잔을 빼앗아 마음속에 쌓인 불만에 들이 붇다. 마음속의 불평을 털어 놓으면 느낀 이치는 천년이 지나도 기이한 것이 된다.[395]

---

394) 「情采」, "夫能設謨以位理, 擬地以置心, 心定而後結音, 理正而後摛藻"

395) 蔡景康選編, 『明代文論選』, 人民文學出版社, 1999, 232쪽. "且夫世之眞能文者,

이지 견해의 관건은 “축극적구, 세불능알[蓄極積久, 勢不能遏: 오래 축적되면 어찌해도 막을 수 없게 된다.” 8자에 있다. 어떤 자연적 감수가 마음속에서 긴 시간 맴돌다가, 떨쳐 버리려 해도 사라지지 않다가, 일단 경물과 접촉하여 감정이 생기고, 사물을 보고 탄식이 일면 마음속에서 반복적으로 맴돌던 감정은 예술적 감정으로 변화한다. 이지의 말을 가지고 유협의 ‘축분’과 ‘울도’를 해석한다면 대단히 좋을 것이다.

유협은 시정이 ‘축분’과 ‘울도’를 필요로 한다는 생각을 가지고 예술 창작의 보편적 규율을 총결하고자 하였다. 우리는 유협의 관점을 영국 시인 워즈워드의 ‘침사설沈思說’, 러시아 소설가 톨스토이의 ‘이차체험설二次體驗說’, 미국 예술이론가 수잔 랑거의 ‘비징조성정감설非徵兆性情感說’과 비교하기로 하자.

영국의 낭만주의 시인 워즈워드는 「서정가요서언抒情歌謠序言」에서 다음과 같이 언급하였다.

> 내가 전에 언급했듯이 시는 강렬한 감정의 발로이며, 이것의 기원은 평정平靜 속에서 기억해낸 정감이다. 시인이 평정함이 점차 사라지는 반응이 있을 때까지 심사숙고하다 보면 시인이 심사숙고했던 정감과 비슷한 어떤 정감이 점차 떠올라 시인의 마음속에 확실하게 자리 잡는다.[396]

比其初皆非有意於爲文也. 其胸有如許無狀可怪之事, 其喉間有如許欲吐而不敢吐之物, 其口頭又試詩有許多欲語而莫可所以告語之處, 蓄極積久, 勢不能遏. 一旦見景生情, 觸目興嘆; 奪他人志酒杯, 澆自己之壘塊. 訴心中之不平, 感數奇於千載.”

396) 『十九世紀英國詩人論詩』, 人民文學出版社, 1984, 22쪽. “我曾經說過, 詩是剛烈情感的自然流露, 它起源于平靜中回憶起來的情感, 詩人沈思這種情感直到一種反應使平靜逐漸消逝, 就有一種于詩人所沈思的情感相似的情感逐漸發生, 確實存在于詩人心中.”

사람들은 워즈워드의 “시는 강렬한 감정의 발로”라는 구절에 보다 주목하면서 그가 뒤에서 언급한 부분은 소홀히 여긴다. 실제로는 그가 뒤에서 언급한 ‘침사론’이 보다 중요하다. 즉 시인이 처음 만들어 냈던 정감은 아직은 시적 정감이 아니며, 반드시 평정 속에서 기억해낸, 그리고 침사를 거친 정감이 바로 시적 정감이다. 워즈워드의 ‘침사설’과 유협의 ‘축분’, ‘울도설’은 모두 정감이 반드시 마음속에서 축적, 침사, 선회를 거쳐 결국 새로운 성질을 지닌 시적 정감으로 변화된다고 말하는 점이 대단히 유사하다.

톨스토이의 ‘이차체험설’도 앞서 언급한 ‘축분’, ‘울도설’, ‘침사설’과 대단히 흡사하다. 톨스토이는 다음과 같이 언급하였다.

> 만일 어떤 사람이 모종의 감정을 체험할 때, 직접 자신의 자태 혹은 자신이 낸 소리가 한 사람 혹은 몇몇 사람에게 영향을 미친다. 자신이 하품하고 싶을 때 다른 사람의 하품을 이끌어 내거나, 자신이 어떤 일로 웃음이나 울음을 참을 수 없을 때 다른 사람의 웃음이나 울음을 이끌어 내거나, 혹은 자신이 힘들 때 다른 사람에게서 고통을 이끌어 내기도 하는데, 이는 아직은 예술이라 말할 수 없다.
>
> 예술은 한 개인이 자신이 체험한 감정을 다른 사람에게 전달하는 것에서 기원하기에 자신의 마음속에서 다시 이러한 감정을 불러내고, 아울러 어떤 외재적 상징을 통해 표현해낸다.[397)]

---

397) 톨스토이, 『藝術論』, 人民文學出版社, 1958, 46쪽. “如果一個人在體驗暮鐘感情的時刻直接用自己的姿態或自己所發出的聲音感染另一個人或另一些人, 在自己想打呵欠時引得別人也打呵欠, 在自己不禁爲某一事情而笑或哭時引得別人也笑起來或哭起來, 或者在自己受苦時使別人也感到痛苦, 這還不能算是藝術. 藝術起源于一個人爲了要把自己體驗過的感情傳達給別人, 于是在自己心裏重新喚起這種感情, 并用某種外在的標志表達出來.”

톨스토이는 한 남자 아이가 늑대를 만난 이야기를 예로 들었다. 남자 아이가 막 늑대를 만나 그 때 두려워하는 정감은 자연 정감이지 예술 정감이 아니다. 그 위험이 지나가고 "만일 남자 아이가 그 이야기를 하면서 그가 체험한 모든 체험을 다시 체험하고, 이로 인해 청중을 감동시켜 그들로 하여금 소년의 체험 일체를 체험하게 하는 것이 바로 예술이다."[398] '이차체험'은 즉각적인 반응이 아니라 늦춰진 반응이다. 늦춰진 반응 속에는 이미 의식과 무의식의 심도 있는 가공을 포함하고 있으며, 자신의 모든 체험이 스며있다. 따라서 유협의 '축분', '울도', 워즈워드의 '침사설'은 모두 톨스토이가 말한 '이차체험'이다. 이러한 '이차체험'의 정감은 여러 사람이 함께 향유할 수 있는 미감의 성질을 지니고 있다.

현대 미국의 저명한 미학자 스잔 랑거는 '자아 표현自我表現'의 실수를 비판하면서 다음과 같이 지적하였다.

> 정감을 발설하는 규율은 자신의 규율일 뿐 예술의 규율이 아니다. … 순수한 자아 표현은 예술 형식이 필요하지 않다. … 사형私刑을 즐거운 일로 여기는 깡패 같은 무리들은 교수대를 맴돌며 소리를 고래고래 지르고, 중병이 든 아이 앞에 선 어머니는 어찌할 바를 모르고, 막 위험에서 애인을 구한 연인은 온 몸을 벌벌 떨면서 땀을 뻘뻘 흘리거나, 웃었다 울었다하는데, 이런 사람들은 모두 강렬한 감정을 발설하지만 결코 음악이 필요하지도, 더욱이 음악으로 창작될 필요도 없다.[399]

398) 같은 책, 47쪽. "如果男孩子敍述時再度體驗到他所體驗過的一切, 以之感染了聽衆, 使他們體驗到他所體驗過的一切 — 這就是藝術."

399) 수잔 랑거, 『情感與形式』, 中國社會科學院出版社, 1986, 9쪽. "發泄情感的規律是自新的規律不是藝術的規律. … 純粹的自我表現不需要藝術形式. … 以私刑爲樂事的黑手黨徒繞着絞架狂吼亂叫, 母親面對重病的孩子不知所措, 剛把情人從危難中營救出來的癡情者渾身顫抖, 大汗淋漓或哭笑無常, 這些人都在發泄着强熱的情感, 然而并非淫樂需要的東西, 尤其不爲淫樂創作所需要."

그녀는 예술로 표현된 정감은 징조적徵兆的 성격의 정감이 아니기에 작가, 시인과 예술가들은 “오로지 그의 머리로 이러한 정감을 일으킨 원인을 냉정하게 사고할 때 비로소 예술의 창작 상태에 있다고 간주할 수 있다.”[400]고 주장한다. 분명히 수잔 랑거는 자연적 정감의 발설은 근본적으로 예술의 규율이 될 수 없으며, 이러한 발설은 예술가들로 하여금 창작상태로 진입할 수 없게 만들기 때문에 예술적 정감의 표현은 징조적 성격의 것이 아니라 냉정한 기억 속에서 처리된 정감이라야 비로소 정화된 정감의 부호가 될 수 있다고 주장한다. 분명히 수잔 랑거의 이론과 유협의 ‘축분’과 ‘울도’의 관점은 서로 유사한 점을 가지고 있다.

유협의 ‘축분’, ‘울도’, 워즈워드의 ‘침사설’, 톨스토이의 ‘이차체험설’은 서로 다른 나라, 서로 다른 시대, 서로 다른 학술적 배경에서 형성되었으나 이러한 이론은 모두 문학의 기본 규율을 깊이 검토한 공통점이 있기에 이처럼 상호 비교하는 것이 가능하며, 우리가 유협의 ‘축분’, ‘울도’설을 보다 깊이 이해할 수 있게 하며, 우리들로 하여금 유협이 분명 보편적 의의를 지닌 문학의 규율을 발견했다는 사실을 알 수 있게 한다.

그렇다면 ‘축분’, ‘울도’의 과정을 거친 정감을 왜 예술적 정감이라 할까? 유협의 입장에서 본다면 이는 일종의 이성화理性化된 정감이다. 「정채」편에서 ‘정’자 이외에 가장 중요한 글자는 ‘이理’자다. 유협은 “정리는 문장의 날줄이고, 문사는 정리의 씨줄이다. 날줄이 바르게 되어야 씨줄이 만들어진다. 정리가 확정되어야 문사도 막힘없이 잘 통할 수 있다.”[401]라고 말했다. 유협은 정리를 “문장을 짓는 근

400) 같은 책, 9쪽. “只有當他的腦子冷靜地思考着引起這些情感的原因是, 在算處于創作狀態中.”

본”[402]으로 간주하였다. 그는 ‘정’이 ‘이理’를 통해 승화되어 ‘정리병중情理并重’, ‘정지병중情志并重’의 상태에 도달해야 하기에 ‘위정이조문’을 언급하면서 “정지를 서술하는 것을 근본으로 삼고”[403], “모범적인 체식에 의거하여 사상을 적절히 배치해야 하다.”[404]고 말했던 것이다. 왕웬화王元化 선생은 “「정채」편에서 ‘위정이조문’과 ‘술지위본’을 차례로 언급한 것은 ‘정’을 가지고 ‘지’의 영역을 확대시키고, ‘지’를 가지고 ‘정’의 내용을 충실하게 만들어 ‘정’과 ‘지’를 결합시켜 하나의 정체整體로 만들고자 함이다.”[405]라고 지적한 바 있다. 이 해석은 유협이 말한 내용과도 부합하고, 유협의 본래 의도를 대단히 잘 파악한 것이라 하겠다. 유협 마음속의 예술 정감은 정리가 서로 통융通融하는 정감이다. 즉 정 속에 이理가 있고, 이理 속에 정이 있는, 그리하여 정리가 분리되지 않는 것이어야 한다. 나는 유협이 다시 진리를 파악했다고 생각한다. 그 이유는 후대의 수많은 연구에서 증명했듯, 예술적 정감이란 헤겔의 말대로 일종의 ‘정치情致’이며 ‘합리적 정서’이다. 청대의 문학이론가 엽섭은 『원시原詩』에서 다음과 같이 말하고 있다.

> 말로 설명할 수 있는 이치는 모든 사람이 말할 수 있는데, 왜 시인이 이를 다시 말해야 할까? 증명할 수 있는 사실은 누구나 서술할 수 있는데, 왜 시인이 이를 다시 서술해야 할까? 반드시 말로 표현할 수 없는 이치, 서술할

---

401) 「情采」, “情者文之經, 辭者理之緯. 經正而後緯成, 理定而後辭暢”
402) 「情采」, “立文之本源”
403) 「情采」, “述志爲本”
404) 「情采」, “設謨而位理”
405) 王元化, 『文心雕龍講疏』, 上海古籍出版社, 1992, 184쪽. “『情采』 篇先后提出的 ‘爲情造文’, ‘述志爲本’ 二語, 就是企圖用 ‘情’ 來拓廣 ‘志’ 的領域, 用 ‘志’ 來充實 ‘情’ 的內容, 使 ‘情’ 和 ‘志’ 結合爲一個整體.”

수 없는 사실이 있기 마련이나 이들이 어떤 의상意象과 만나면 이전의 정리보다 더 찬란해진다.[406)]

이는 예술이 전달하려는 것은 단순한 이치가 아니라 일종의 말로 표현하기 어렵고 설명하기도 어려운 것, 실제로는 정감, 이념, 의상이 서로 하나로 얽혀있는 것이다. 벨린스키 또한 "예술은 절대 추상적인 철학 사상을 용납하지 않는 삼단논법도 아니고, 교조도 아니며, 격언도 아닌 살아 있는 격정이며, 열정('정치情致'라 번역하기도 함)이며", "열정은 인간의 영혼이 영원히 사상을 위해 불을 지피는 격정이며, 영원히 사상을 향한 추구이다."[407)]라고 주장한다. 나는 유협, 엽섭, 헤겔, 벨린스키의 주장은 모두 동일한 사상이라 생각한다. 문학의 정감은 인간의 선천적 욕망이 아니라 이성의 빗질과 삼투를 거친 정감이다. 이러한 정감은 구체적, 감성적, 감동적이면서 동시에 심각한 의미를 포함하고 있다. 유협이 '정자문지경'이라 말한 뒤 이어서 '사자리지위'라 말한 것은 실제로는 문학의 4요소인 정과 이, 문과 사를 지적한 것이다. 문학의 정감은 이 4가지로 짜여 이루어진다.

(3) '연사결채聯辭結采' — 정감의 이차 전환

유협이 '정채' 두 자로 편명을 삼은 것은 정감을 언사와 형식으로

---

406) 葉燮, 『原試』(內篇), 『中華古文論選注』下, 李壯鷹主編, 百花文藝出版社, 1991, 278쪽. "可言之理, 人人能言之, 又安在詩人之言之, 可徵之事, 人人能述之, 又安在詩人之述之! 必有不可言之理, 不可述之事, 遇之于默會意象之表, 而理與事無不燦爛于前者."

407) 『別林斯基論文學』, 新文藝出版社, 1958, 53쪽. "藝術并不容納抽象的哲學思想 — 不是三段論法, 不是教條, 而是活的激情, 是熱情(按:也有翻成'情致')." "熱情永遠是人的心靈裏爲思想點燃起來的激情, 并永遠向思想追求."

전환하겠다는 의미를 담고 있다. 바로 이런 의미에서 유협은 '문식은 질과 부합해야 하고', '질은 문식이 필요하다'라고 강조하였다. 유협은 "호랑이와 표범의 가죽이 문양이 없다면 개와 양의 가죽과 다를 것이 없으며, 무소의 가죽으로 갑옷을 만들 때에도 색칠을 해야 한다. 이는 바탕이 문채를 필요로 하는 예이다."[408]라고 주장하였다. 이는 자연 사물에도 문채가 필요하듯 사람이 창조하는 문학에도 문채가 필요한 것은 너무나 자연스러운 일이라는 설명이다. 유협은 다시 노자의 "아름답게 꾸민 말은 믿을 수 없다"[409]고 했지만, 그의 글인 "『도덕경』은 내용도 정교하지만, 결코 아름다운 문채를 버리지 않았다."[410]는 사실을 지적하고 있다. 그는 다시 장자의 "변론이 비록 만물을 두루 논할 수 있다"[411]는 말을 인용하였는데, 이는 '조식[藻飾: 꾸밈]'을 설명한 것이다. 다시 한비자韓非子의 "변설辨說을 아름답게 꾸민다."[412]라는 말을 인용하였는데, 이는 '기려綺麗'를 설명한 말이다. 이에 유협은 "화려한 문사로 변설을 하고, 수식을 가한 아름다운 말로 묘사하면 문사의 변화는 여기에서 극에 달한다."[413]라는 말로 그 의의를 밝히고 있다. 이 말들은 모두 '질은 문식이 필요하다'에 대한 해석이다. 유협은 또한 '문장을 짓는 근본'의 조건 하에서 "문장을 조직함에 문채를 결합시켜야 한다."[414]고 강조한다. 이는 유협이 제시한 또 하나의 중요한 명제이다. 유협은 당연히 "문채가 지나쳐 문사가 어그러지는 것"[415]을 반대하는데, 그 이유는 이런

408) "虎豹無文, 則鞹同犬羊; 犀兕有皮, 而色資丹漆, 質待文也."
409) 『老子』 81, "美言不信"
410) "五千精妙, 則非棄美矣."
411) 『莊子』 「天道」, "辯雖彫萬物,"
412) 『韓非子』 「外儲說左上」, "艶乎辯說"
413) 「情采」, "綺麗以艶說, 藻飾以辯雕, 文辭之變, 於斯極矣"
414) "聯辭結采"

경우 정과 이가 문채에 의해 함몰되기 때문이다. 여기서 주의해야 할 점은 유협이 '채'와 '사'를 구별하여 사용하고 있다는 사실이다. '사'는 좋은 작품, 나쁜 작품, 우수한 작품, 졸렬한 작품 모두에게 있기 때문에 "정리는 문장의 날줄이고, 문사는 정리의 씨줄이다. 날줄이 바르게 되어야 씨줄이 만들어진다. 정리가 확정되어야 문사도 막힘없이 잘 통할 수 있다. 이것이 문장을 짓는 근본이다."[416]이라 했던 것이다. '채' 역시 대단히 중요한 개념이다. 유협은 '진정'을 강조한다는 조건하에서 '사' 역시 반드시 '채', 즉 '문채'가 있어야 한다고 주장하였다. 유협의 최후 결론은 "언사는 문채를 통해 원대해진다."[417]는 것이다. 이는 정감은 형식화뿐만 아니라 문채도 필요함을 지적한 것이다. 자연경물도 문채가 있는데 하물며 사람이 창작한 작품에 어찌 문채가 없겠는가? 유협에게 있어 '문채'의 의미는 장식에 있는 것이 아니라 "정리를 이끌어 내어"[418], 정리로 하여금 완전히 예술의 길로 들어서게 하는데 있다. 현대적 언어로 설명하자면 우미優美한 형식을 통한 정감의 외화外化 혹은 물화物化를 실현한다는 것이다. 바로 이러한 이유에서 유협은 「정채」편 다음에 「성률聲律」, 「장구章句」, 「여사麗辭」, 「비흥比興」, 「과식夸飾」, 「연자練字」, 「은수隱秀」 등의 편을 두어 형식 문제를 구체화했다. 정리의 형식화는 시적 감정의 이차 전환이다. 인간의 자연 정감이 '축분', '울도' 및 '문장을 조직함에 문채를 결합시키는' 이차 전환을 거쳐야 풍부한 시정화의를 지닌 작품이 만들어진다.

---

415) "采濫辭詭"
416) 「情采」, "情者文之經, 辭者理之緯. 經正而後緯成, 理定而後辭暢, 此立文之本源也."
417) "言以文遠"
418) 「章句」, "控引情理"

제 8 장

종영鍾嶸 문학이론 독해

조비曹丕의 『전론典論·논문論文』, 육기陸機의 『문부文賦』와 유협劉勰의 『문심조룡文心雕龍』에서 논의된 시학 이론이 일반 문학이론의 일부분으로 녹아들어갔다면, 종영鍾嶸의 『시품詩品』은 시가만을 대상으로 한 전문적인 시학 이론서이다. 남북조시대의 저술인 『시품』은 『문심조룡』과 함께 시학 저작의 '쌍미雙美'라 불린다. 청대 『사고전서총목제요四庫全書總目提要』에서 "단지 책 한 권으로 오늘날까지 전해진 것은 유협과 종영으로부터 시작되었다. 유협이 문체의 원류를 연구하고, 공졸工拙을 평가하였다면, 종영은 작가의 순위를 정하고 사승관계師承關係를 밝힌 바, 그 용례가 서로 다르다."[1]라 설명하였다. 이는 유협과 종영의 저작이 지닌 차이점과 남북조 시대 시문 연구에 두 전저專著만이 있음을 설명한 것이다. 장학성章學誠은 『문사통의文史通義』 「시화詩話」에서 "『시품』이 시를 논한 것은 『문심조룡』이 문체를 논한 것과 같으며, 모두 전문 분야에서 처음으로 저서를 지은 비조鼻祖라 하겠다. 『문심조룡』은 체제가 방대하고, 사상이

1) "其勒一書傳于今者, 則斷自劉勰, 鍾嶸. 勰究文體源流而評其工拙, 嶸第作者之甲乙而溯厥師承爲例各殊."

주도면밀하다면, 『시품』은 사고가 깊고 의미가 심원하다. 무릇 『문심조룡』이 군언群言을 총괄總括했다면, 『시품』은 육례六藝에 따라 유별流別을 구분하였다."[2]고 높게 평가하였다. 중국에는 300편 내외의 시화詩話 저작이 있으며, 『시품』이 그 첫 번째 저작이다. 『시품』은 중요한 시학 이론 문제를 제기함과 동시에 이론적 의의를 지닌 대답을 제시하였기에 중국 시학사에서 중요한 위치를 차지한다.

종영(468~518년)은 빈한한 집안 출신으로 남조 제대齊代에 작은 관직을 지냈으나 "지위는 낮았고, 이름은 미미했다."[3] 도가 사상을 중심으로 한 그의 사상은 비교적 자유로웠다. 그는 『시품』에서 시인들을 상·중·하 삼품三品으로 구분하고, 한漢·위魏 이래 122명 시인의 작품을 평론함과 동시에 이론적 성격이 강한 3편의 서언序言을 기술하였다. 종영은 당시 시단의 병폐와 시가 비평의 그릇된 풍조를 바로잡기 위해 『시품』을 저술했으며, 그의 주요 관점은 시가의 자연스러운 서정성과 심미 특징을 강조하는데 집중되어 있으며, 이러한 관점은 당시 편향을 바로잡는 작용을 했을 뿐만 아니라 후대 시가 발전에 커다란 영향을 미쳤다. 종영의 주요 관점은 '감물설感物說', '자연영지설自然英旨說', '원비설怨悱說', '자미설滋味說' 과 '품제品第'에 잘 나타나 있다. '감물설'은 유협이 처음 제시했고, 앞서 유협의 '감물음지感物吟志'를 논할 때 비교적 자세하게 서술했기에 여기서 다시 중복해서 서술할 필요가 없어 그의 나머지 관점 해석에 집중하기로 한다.

---

2) 章學誠著, 倉修良編, 『文史通義新編』, 上海古籍出版社, 1993, 197쪽. "『詩品』之于論詩, 視『文心雕龍』之于論文, 蓋專門名家勒爲成書之初祖也. 『文心』體大而慮周, 『詩品』思深而意遠. 蓋『文心』籠罩群言, 而『詩品』深從六藝溯流別也."
3) "位末名微"

1. '자연영지설自然英旨說'과 시가의 자연지미自然之美

당시 문단에 관심을 가진 감상자로서 종영은 시가의 우열과 미추美醜에 대한 비평관을 자연스레 지니고 있을 수밖에 없을 것이다. 따라서 그는 자신의 저작에서 시인을 상·중·하 삼품으로 구분하고, 상품 11명, 중품 19명, 하품 72명의 시를 평가하였다. 과연 어떤 기준에서 이렇게 구분한 것일까? 그는 시의 아름다움이 어디에 존재한다고 생각했을까? 이는 무엇보다 먼저 분명히 짚고 넘어야할 근본 문제이다.

나는 이 문제에 대한 가장 훌륭한 대답을 뤄껀저羅根澤의 『중국문학비평사中國文學批評史』에서 찾았고, 그의 이론에 근거하여 몇 가지 보충 설명을 가하기로 한다. 뤄껀저는 "종영의 입장에서 본다면 고사와 전고, 정교한 운율 운용이 번다하고 세밀하면 교묘한 것 같으나 모두 자연에 위반되며, 이를 바로 잡는 방법은 당연히 자연을 제창하는 것이다. 유협 역시 자연을 제창했으나 자연을 근본 개념으로 삼지는 않았다. 종영은 「시품서」에서 '자연의 아름다움을 아는 사람을 만나기 어렵다.'라고 개탄한 것은 그가 목적으로 표방한 것이- 즉 근본개념 - 바로 자연임을 설명한다."[4]고 지적하였다. 이러한 견해는 『시품』 전체를 총괄하고 낸 결론이기에 상당한 힘이 느껴진다. 『시품』에서 종영은 당시 시단의 몇 가지 좋지 않은 경향을 비판하였는데, 그 중 하나가 전고典故 사용의 과다, 즉 지식으로 시를 짓는 일이 하나의 경향이 되고 말아 시가의 서정성을 크게 감소시켰을 뿐만 아니라 시를 난해하고 무미건조한 것으로 만들었다는

4) 羅根澤, 『中國文學批評史』, 上海書店出版社, 2003, 247쪽. "自鍾嶸看來, 用事用典, 宮商聲病, 繁密巧似, 都違反自然, 矯正的方法, 當然就要提倡自然. 劉勰也提倡自然, 但不以自然爲根本概念; 鍾嶸 『詩品序』, 裏深深慨嘆'自然英旨, 罕値其人', 可見他所標榜的準的 — 卽根本概念 — 是自然."

것이다. 소자현蕭子顯은 『남제서南齊書』 「문학전론文學傳論」에서 이러한 경향에 대하여 "혹은 모두 고어를 빌어 지금의 성정을 표현하고, 괴이한 것을 끌어대 반드시 짝을 이루게 하니 이러한 사례들은 모두 정교함을 상실했다."[5]고 지적하였다. 이러한 예문은 시가 창작에 전고를 지나치게 사용하는 사람들이 시가의 심미적, 서정적 특징을 제대로 이해하지 못함을 비판한 것이다. 이러한 문제점을 비판하면서 종영은 다음과 같이 말하고 있다.

문장 창작에 있어 고사의 운용은 이미 흔한 화제였다. 나라를 다스리는 일에 연관된 문장은 당연히 전고에 해박할 필요가 있고, 대덕大德을 기리는 글은 응당 선인의 업적을 밝혀야 한다. 정성을 읊어야 하는데 어찌 전고를 귀중히 여길 필요가 있는가? "그대를 그림은 흐르는 물 같아"는 눈으로 본 것이고, "높은 누각에는 구슬픈 바람만 일고" 역시 눈으로 본 것이고, "새벽이 밝아 농수隴首에 오르니"에는 그 어떤 전고도 사용되지 않았으며, "맑은 달이 눈 내린 곳을 비추고"가 어찌 경사經史에서 나온 것이겠는가? 고금의 빼어난 시구는 대부분 전고를 사용하지 않았고, 눈으로 본 것을 그대로 적었다. 안연지顔延之, 사장謝庄이 전고를 즐겨 사용하여 당시에 많은 영향을 미쳤다. 그리하여 대명大明, 태시泰始 무렵에는 시가 책을 베끼는 지경에 이르렀다. 근래 임방任昉, 왕원장王元長 등은 글을 지음에 기이함을 귀하게 여기지는 않았으나 새로운 경향을 쫓았다. 그 뒤를 이은 작가들에게 이는 점차 풍속처럼 되었다. 모든 글자와 구절에 전고가 사용되면서 글을 인용하는데 구속되니 시가는 심한 손상을 입었다. 자연의 심오한 이치를 알아보는 사람이 드물었다. 시가가 고명함을 상실하면 전고를 넣어 메우려 했고, 천재적인 표현이 없으면 학문으로 포장하니 그 이치는 모두 같은 것이다.[6]

---

5) "… 或全借古語, 用申今情, 崎嶇牽引, 直爲偶說, 唯睹事例, 頓失精采."

6) 何文煥輯, 『歷代詩話』, 中華書局, 1981, 4쪽. "夫屬詞比事, 乃爲通談. 若乃經國文符, 應資博古; 撰德駁奏, 宜窮往烈. 至乎吟咏情性, 亦何貴于用事? '思君如流水',

종영은 언어의 선택과 구문의 조직이 합리적이고, 사실의 배열이 적합하면 통달한 문장이라고 지적한다. 경세치국의 전적은 응당 광범위한 인증이 필요하고, 박의駁義·주장奏章은 고인을 기리는 문체이기에 전대의 사적事迹을 인용하는 것도 무방하다. 성정을 읊는 시가에 있어서는 하필 전고의 이용을 중요하게 생각할까? "그대를 그림은 흐르는 물 같아"는 눈앞에 펼쳐진 것을 묘사한 것이고, "높은 누각에는 구슬픈 바람만 일고" 역시 눈앞에 펼쳐진 경치이며, "새벽이 밝아 농수隴首에 오르니"에는 전고를 사용하지 않았고, "맑은 달이 눈 내린 곳을 비추고"는 경사에서 나온 것이라 할 수 있겠는가? 안연지, 사장이 전고를 지나치게 사용한 것이 당시 문학계에 영향을 미쳤다. 이로 말미암아 대명, 태시 시기에 시가가 마치 문장을 베껴놓은 것과 같았다. 근래의 임방, 왕원장 등은 시가에 있어 신기함을 중요하게 여기지는 않았으나, 새로운 전고의 사용이 많았다. 이후의 작가들은 이 영향을 받으니 이러한 기풍이 한 시기를 풍미하였다. 이에 전고 없는 일구, 내력이 없는 일자가 없는 것만을 추구, 그 결과는 더욱 생경하고, 무미건조해져 창작에 엄중한 해독을 끼쳤다. 그러나 자연의 핵심적 의미를 찾으려는 사람은 대단히 적었다.(어떤 사람은 이를 인식하고 있었을 것이다.) 자신의 문장이 이미 고명함을 상실하면 전고와 철리를 끌어다 대고, 천재적 표현을 할 수 없으면 자신의 학문을 자랑하는 것은 모두 같은 이치라 하겠다.

여기에서 종영은 우선 시가와 일반 문장은 서로 다르며, 일반 문

旣是卽目; '高臺多悲風', 亦唯所見; '淸晨登隴首', 羌無故實; '明月照積雪', 詎出經史. 觀古今勝語, 多非補假, 皆由直尋. 顔延, 謝庄, 尤爲繁密, 于時化之. 故大明, 泰始中, 文章殆同書抄. 近任昉, 王元長等, 辭不貴奇, 競須新事. 爾來作者, 寖以成俗. 遂乃句無虛語, 語無虛字, 拘攣補衲, 蠹文已甚. 但自然英旨, 罕値其人. 詞旣失高, 則宜加事義, 雖謝天才, 且表學問, 亦一里乎."

장은 의론적의 글이기 때문에 다소 많은 전고를 인용한다 해서 문제되지 않는다고 생각하였다. 즉 '타소[他塑: 타인이 만든 것]'의 기교를 사용하거나, 전인前人의 권위를 빌어 자신의 논점을 강화하는 것은 필요하다. 그러나 시가는 서정을 표현하는 글이기에 전고를 지나치게 사용하면 무미건조해지기 마련이다. 시가는 본래 심미적 형태이기에 대부분 '자소[自塑: 스스로 만든 것]'의 기교를 사용하여야 자신의 감정을 표현할 수 있고, 다른 사람을 감동시킬 수 있다. 다음으로 종영은 시가는 천부적 재능의 산물이며, 가장 귀중한 것은 '자연영지[自然英旨: 자연의 심오한 이치]'이지 학문이 아니기에 전고, 철리가 아무리 많아도 사실에 부합하지 않는다고 여겼다.

그렇다면 어떻게 해야 '자연영지'의 경계에 도달할 수 있을까? 종영은 '직심설直尋說'을 제시하였다. '직심'은 직관直觀이며, 자신의 눈앞에 펼쳐진 형상을 구체적이고 생동적으로 묘사함에 자신의 마음속에 깨달은 것을 진실하게 묘사한다면 형상은 필연적으로 '자연영지'의 심각성과 정취를 지니게 된다. 종영은 사령운[謝靈運: 385~433년]의 시에 대하여 "사령운은 흥치가 많고, 재주가 높아 눈으로 본 것을 글로 묘사함에 안으로는 생각에 부족함이 없고, 밖으로는 사물의 모습을 남김없이 묘사한다."[7]고 평가하였다. 이외에 육기의 시가를 평가하면서 "직관의 특이함"[8]을 제기하였는데, 시가 창작은 진실과 진리에 대한 관조觀照임을 설명하기 위한 것이다. 이는 '직심설'에 대한 진일보된 설명이다. '직심설'의 제기는 시가의 창작이 직각直覺과 밀접한 관계가 있음을 밝힌 것이기 때문에 고대 시가 창작론의 첫 번째 비약이라 말할 수 있다. 후대 왕부지王夫之의 '즉경회심설卽景會心

7) "若人興多才高博, 寓目輒書, 內無乏思, 外無遺物."
8) "直致之奇"

說', 왕국유王國維의 '불격설不隔說'은 모두 '직심설'의 영향을 받았다. '직심'이란 주체의 객체에 대한 순간적인 파악이기 때문에 지식을 가지고 설명하는 것을 용납하지 않아 가장 자연스러운 것이라 할 수 있다. '직심'이 있으면 '자연영지'는 필연적으로 수반된다.

이어서 종영은 지나게 정교한 운율을 강조한 당시 시단의 병폐를 지적하였다. 남조시대에 출현한 영명체永明體는 당시 시단을 완전히 점령하였다. 영명체는 심약[沈約: 441~513년]이 제기한 사성팔병설四聲八病說을 바탕으로 창작된 엄격히 격률화格律化된 시체이다. 평平·상上·거去·입入 4성은 반드시 준수해야 하며, 매구每句 오언五言의 성운聲韻도 구별이 엄격하여 위반할 수 없으며, 만일 위반한다면 '병病'이라 하였다. 오언시에서 운율을 강구하는 것은 시가의 예술에 반드시 필요한 일이다. 그러나 성률이 지나치게 제한적이면 시가의 사상, 감정의 표현에 장애가 될 뿐만 아니라 자연스러운 품격을 상실하게 만든다. 종영은 이러한 문제점을 인식하였기 때문에 영명체에 대해 강한 불만을 표했다. 「시품서」에서 다음과 같이 지적했다.

> 조식曹植과 유정劉楨의 문장은 성인의 경지에 올랐고, 육기와 사령운은 이들에 버금가는 인재들이었으나, 이들이 이전의 글을 정밀하게 연구해도 그 오랜 세월동안 궁상宮商이나 사성四聲의 논변을 알지 못했다. 혹은 전대의 달인들이 우연히 알지 못했다고 말하지만, 어찌 그렇겠는가? 일찍이 말하길 옛날의 시가들도 운율을 맞추었기에 오음五音의 조화가 없으면 운율이 맞지 않는 것이다. … 지금 시를 써도 운율의 배합이 이루어지지 않는데, 어찌하여 성률만 강구하려는가? … 왕융王融이 처음 시작하자, 사조謝朓와 심약沈約이 뒤를 이었다. 이 세 사람은 귀공자로 어릴 때부터 문재가 뛰어나 많은 사람이 추종하였다. 이들은 성률의 정밀을 추구하여 마치 의상의 수를 놓듯, 지붕 위에 또 지붕을 올리듯 중첩을 반복하였다. 이리하여 문장의 제약이 지나쳐 시의 진정한 아름다움을 파괴하였다. 나는 글을 짓는 것을 송독誦讀하

기 위함이라 막힘없이 청음清音과 탁음濁音이 조화를 이루어 잘 읽을 수 있으면 충분하다고 생각한다. 평상거입平上去入 4성의 정교한 운용은 나 역시 할 수 없고, 봉요蜂腰, 학슬鶴膝같은 규율은 일반인이 따라 할 수 없다.[9)]

종영은 시가 창작의 성률 운용에서 시작한 뒤, 한 걸음 더 나아가 시는 반드시 '진미眞美' 즉 '자연지미自然之美'를 지녀야 한다고 생각하였다. 종영은 시가 창작에 있어 적당한 정도의 성률 운용은 가능하다고 여겼다. 그는 이미 '음조갱장[音調鏗鏘: 음조의 어울림]'에 의거하여 시인의 시를 평가하였으나 성률에 있어 "청음과 탁음이 조화를 이루어 잘 읽을 수 있는" 정도만 되면 충분하며 절대 운율의 운용이 시적 감정의 자연적인 표현을 방해해서는 안 된다고 생각하였다. '진미'란 자연스럽고 진실한 아름다움이며, 인위적이고 조작된 아름다움이 아니다. 지나친 성률에 대한 주의, 사성·팔병의 강구는 시의 '진미'를 상실하게 만든다. 종영의 '진미설'과 '직심설'은 하나로 연결되어 있으나 '진미설'은 시의 효과적인 측면에서, '직심설' 은 창작의 각도에서 말한 것이다. 다만 양자는 모두 감정과 성률의 자연스러움, 즉 '자연영지'의 경계를 강조한 것이다.

셋째, 종영은 당시 시가가 현학의 영향을 받은 사실에 대해 심각한 불만을 표했다. 그는 "영가永嘉 시기에 이르러 황제黃帝와 노자

---

9) 何文煥輯, 『歷代詩話』, 中華書局, 1981, 4쪽. "昔曹, 劉殆文章之聖, 陸, 謝爲體貳之才, 銳精硏思, 千百年中, 而不聞宮商之辯, 四聲之論. 或謂前達偶然不見, 豈其然乎! 嘗試言之: 古曰詩頌, 皆被之金竹. 故非調五音, 無以諧會. … 今旣不被管絃, 亦何取于聲律也? … 王元長創其首, 謝朓, 沈約揚其波. 三賢咸貴公子孫, 幼有文辯, 于是士流景慕, 務爲精密, 襞積細微, 專相凌架. 故使文多拘忌, 傷其眞美. 余謂文制本須諷讀, 不可蹇碍, 但淸濁通流, 口吻調利, 斯爲足矣. 至平上去入, 則余病未能, 蜂腰鶴膝, 閭里已具."

를 높이 받들어 청담을 숭상하니, 이 시기의 작품은 이치가 문사를 압도하여 밋밋하여 맛이 없었다. … 시가 평담하여 마치 '도덕론道德論'과 같았다."[10]라고 하였다. 본래 '황로黃老'의 철학 사상은 자연을 숭상하는 것이었으나 일부 시인들은 시가의 서정성을 잘 모른 채 억지로 이치를 말하거나, 혹은 고의로 시가 속에 지식을 끌어들여 시가를 밋밋하여 맛이 없는 것으로 만들어버렸다. 감정을 표현하는 문체에서 그렇게 많은 현리玄理가 끼어들면 당연히 자연스러움은 사라진다. 따라서 '자연영지설'은 당시 시가의 설리적說理的 경향을 비판하기 위해 제기된 것이라 하겠다.

종영은 시가는 응당 '자연영지'를 아름다움으로 삼아야 한다고 주장하였다. 비록 이러한 주장이 당시 시단의 여러 가지 병폐를 비판하기 위해 제기되었으나, '자연영지'에는 시가의 아름다움이라는 보편적 성질도 함께 가지고 있음을 알 수 있을 것이다. 그의 이러한 시학 사상은 장자의 '천뢰'관에서 영향을 받았음은 분명하다. 유협이 「원도」편 등에서 문학의 '자연지도'를 처음 주장했으나, 이 문제를 명쾌하게 해결한 사람은 종영이었다. 종영은 문학 창작론의 각도에서 '직심설'을 강력히 주장하면서 지나친 전고 사용과 과도한 운율 추구를 반대하였고, 사물의 순간적 파악을 중시하였다. 문학 감상론의 각도에서는 '진미설'을 강조하면서 시가의 진실함과 자연스러움을 감상의 최고 경계로 삼았다. 그가 평가한 여러 시인들에 대한 언급에서 이러한 표준이 잘 나타나 있다. 그는 안연지에 대해 "탕혜휴湯惠休가 '사령운의 시는 연꽃이 물에서 솟은 듯 자연스러우나, 안연지의 시는 색을 덧칠하고 조각한 듯 인공적 조탁이 많다.'고 하였다.

10) 같은 책, 2쪽. "永嘉時, 貴黃老, 稍尙虛談, 于時篇什, 理過其辭, 淡乎寡味. … 詩皆平典似『道德論』."

안연지는 평생 이를 후회하였다."고 평가하였다. 종영 이후 "맑은 물 속 연꽃이 피듯, 자연스러워 꾸밈이 없네."[11]는 시적 아름다움의 극치로 간주되었다. "조탁은 저절로 문장의 병폐가 되고 기이함은 기골의 풍부함을 손상시킨다."[12]는 고의적인 조탁이 시적 아름다움의 '적'임을 지적한 것이다. 이러한 예를 통해 '자연영지'의 견해가 후대 시가 비평에 직접적인 영향을 미쳤음을 알 수 있다.

2. '원비설怨悱說'과 시가의 심미 쾌감

시의 아름다움이 자연에 있다고 해서 이것이 시가는 무엇을 어떻게 써야 자연을 이해할 수 있다는 것과 같은 의미는 아니다. 종영은 이 문제를 충분히 인식하였고, 무엇을 쓰고, 어떻게 쓸 것인가는 모두 일종의 선택의 문제라고 여겼다. 「시품서」에서

> 봄바람 부니 새 울고, 가을 달빛에 매미 울고, 여름 구름 모이니 비가 내리고, 겨울의 달빛 속 추위는 더해지는데, 이 네 계절의 느낌 모두가 바로 시이다. 가회嘉會에서 시로 친밀함을 말하고, 이별의 자리에서는 시로 슬픔을 말한다. 굴원이 변방을 떠돌고, 王昭君왕소군이 궁궐을 떠나고, 주검이 북녘 들판에 나뒹굴고, 혼귀魂鬼가 떠다니는 쑥부쟁이를 따라 다니고, 창을 메고 전장에 나서니 변방 살기등등하고, 변방의 장수 옷 한 벌로 견디고, 규방의 과부는 눈물조차 말라 버렸네. 문사는 조정을 사직하고는 돌아오지 않고, 아름다운 여인이 입궁하여 총애를 받자 두 번 눈을 돌리니 나라가 흔들리네. 이러한 감정이 영혼을 흔들어 대는데 시로 표현하지 않으면 그 뜻을 어찌 펼

11) 呂德申, 『鍾嶸詩品校釋』, 1986, 131쪽. "湯惠休曰: '謝詩如芙蓉出水, 顔如錯采鏤金.' 顔終身病之."

12) 陸游, 『讀近人詩』, "雕琢自是文章病, 奇險尤傷氣骨多."

칠 것이며, 장가長歌가 아니면 어찌 그 감정을 내달리게 하겠는가. 이러한 까닭에 '시를 통해 무리를 이루고, 원망을 할 수 있다.'라 말한다.13)

종영은 봄이면 새 울고, 가을이면 추선秋蟬 울고, 여름날 구름이 모이자 비가 내리고, 겨울이면 혹한이 몰아치는데, 사계절의 이러한 경물이 시인을 감동시키자, 시인은 이를 시에 녹여 놓고, 사람들이 모이면 시로 친밀함을 표현하고, 무리를 벗어나 쓸쓸히 지내면 시에 그윽한 슬픔을 표현할 수밖에 없다고 생각하였다. 이에 다음 7가지 사실을 언급하였다.

① 굴원이 핍박을 받아 국도國都를 떠난 일.
② 한대 왕소군이 외국으로 시집가게 되어 한궁漢宮을 떠난 일.
③ 북방의 황야에 시체의 뼈가 나뒹굴고, 혼백이 쑥에 깃드는 일.
④ 무기를 들고 변방을 지키니 살기등등한 일.
⑤ 변방을 지키는 장사는 옷 하나로 지내고, 규방 과부의 눈물조차 마르는 일.
⑥ 전원으로 돌아가 다시는 돌아오지 않은 일.
⑦ 소녀가 미모로 나라를 기울게 한 일.

이러한 모든 일들은 인간의 영혼을 감동시키기에 시로 표현하지 않으면 어떻게 그 사상을 표현할 것이며, 길게 노래하지 않으면 어떻게 그 감정을 드러낼 수 있겠는가. 이러한 언급 속에는 두 가지 의미가 자리한다.

---

13) 「詩品序」, "若乃春風春鳥, 秋月秋蟬, 夏雲暑雨, 冬月祁寒, 斯四候之感諸詩者也. 嘉會詩以親, 離群托詩以怨. 至于楚臣去境, 漢妾辭宮. 或骨橫朔也, 或魂逐飛蓬. 或負戈外戍, 殺氣雄邊. 塞客衣單, 孀閨漏盡. 文士有解佩出朝, 一去忘反. 女有揚蛾入寵, 再盼傾國. 凡斯種種, 感蕩心靈, 非陳詩何以展其義, 非長歌何以騁其情. 故曰:詩可以群, 可以怨."

첫째, 시인은 외물에 대한 반응이 있어야 비로소 시를 쓰고 노래를 할 수 있는데, 이는 「시품서」 첫머리에서 말한 “기가 만물을 움직이고, 만물이 사람을 감동시키기에 성정이 요동치면 춤과 노래로 만들어진다.”[14]는 것과 관련이 있다. 이는 바로 ‘감물설’이 종영에 이르러 고도의 성숙을 이루었음을 의미한다. 이러한 사상은 이미 많은 학자들이 반복적으로 논술한 바 있다.

둘째, 결코 모든 사물이 모두 ‘진시전의[陳詩展義: 시를 지어 뜻을 펼침]’, ‘장가빙정[長歌騁情: 긴 노래로 감정을 내달리게 함]’을 이끌어 낼 수는 없다. 사계절의 자연 경색은 모두 묘사할 수 있고, 무리를 벗어나 고독한 삶을 사는 그윽한 원망의 감정 역시 묘사할 수 있으나, 보다 중요한 사실은 묘사할 가치가 있는 것은 다음의 두 가지 정감이다. 하나는 풍부한 정감이다. 예를 들어 “아름다운 여인이 입궁하여 총애를 받자 두 번 눈을 돌리니 나라가 흔들리네.” 같은 기쁨, 환락, 경사 등은 모두 인간의 상승적 정감이며, 이러한 감정이 밖으로 흘러 넘쳐야 시와 노래가 될 수 있다. 하나는 결핍의 정감이다. 이는 종영이 예로 든 7종 가운데 6종이나 되는 데, 굴원이 핍박을 받아 국도를 떠난 일, 한대 왕소군이 외국으로 시집가게 되어 한궁을 떠난 일, 북방의 황야에 시체의 뼈가 나뒹굴고, 혼백이 쑥에 깃드는 일, 무기를 들고 변방을 지키는 일, 변방을 지키는 장사는 옷 하나로 지내고, 규방 과부의 눈물조차 마르는 일, 전원으로 돌아가 다시는 돌아오지 않은 일이다. 이러한 사건이 일으키는 정감은 모두 ‘원비怨悱’의 정감, 즉 이런 저런 결핍이 사람에게 가져다주는 정감이다. 내가 현대 심리학의 술어로 종영의 사상을 해석한 이유는 그가 말한 ‘원[怨:

---

14) “氣之動物, 物之感人, 故搖蕩性情, 形諸舞咏.”

원망]'은 '원자상정[怨刺上政: 원망하여 정치를 풍자하다]'의 '원'과 같은 협소한 '원'과는 많은 차이가 있기 때문이다. 종영은 광활한 시각에서 '원'을 설명했으며, 풍자에 국한된 정치적 시야에서 '원'을 설명하지 않았다. 그가 예로 든 6종의 사례는 사회생활의 여러 방면에서 마주칠 수 있는 '원비[怨悱: 원망과 비애]'를 모두 함축한 정이다.

보다 중요한 것은 그가 예로 든 7종의 사례 가운데 6종은 모두 '원비'와 관련이 있다는 사실이다. 이러한 숫자상의 비교는 결코 우연이 아니며, 그가 '원비', '비애', '비장', '비개悲慨'의 감정이 시의 창작에 적합하다고 생각했음을 설명하다. 실제 평론에서 종영은 애원의 정감을 지닌 시가에 대해 높은 평가를 내렸다. 일례로 『고시십구수古詩十九首』에 대해 "뜻은 슬프면서도 원대하다",[15] "애원이 많다"[16]라 평했고, 이릉李陵의 시에 대해서는 "글에 슬픔이 충분히 담겨 있어 원망류에 속한다."[17]라 평했으며, 반희班姬의 작품을 평하면서는 "원망도 깊고 수사도 화려하다"[18]라 했으며, 조식曹植의 시에 대해서는 "감정에 전아와 원망이 공존한다."[19]라 평했으며, 왕찬王粲 시에 대해서는 "근심을 발설한 글"[20]이라 평했으며, 완적阮籍 시에 대해서는 "자못 강개함이 많다"[21]라 평했으며, 좌사左思 작품에 대해서는 "글이 전아하면서도 원망이 있다"[22]라 평했다. 이외에도 유사한 평가는 많다. 보다 분명한 사실은 종영은 애원의 감정이 보다 사

15) "意悲而遠"
16) "多哀怨"
17) "文多悽愴, 怨者之流"
18) "怨深文綺"
19) "情兼雅怨"
20) "發愀愴之詞"
21) "頗多感慨之詞"
22) "文典以怨"

람의 마음을 강력하게 감동시킬 수 있으며, 사람의 폐부를 찌를 수 있기에 시의 문체에 적합하다고 생각했다는 사실이다. 이러한 독해가 가능하다면, 우리는 한 걸음 더 나가 종영이 의식적이든 무의식적이든 시가의 슬픔이 가져다주는 쾌감의 문제를 제기했다고 말할 수 있다. 이 문제의 보다 구체적인 해설은 어떤 이유로 "왕소군이 한궁을 떠나다"[23]와 같은 비극을 사람들이 감상할까? 어떤 이유에서 "북방의 황야에 시체의 뼈가 나뒹굴고, 혼귀魂鬼가 떠다니는 쑥부쟁이를 따라 다니는" 비참한 장면을 사람들이 감상할까? 등이다. 종영보다 조금 앞서, 서양의 아우구스티누스[Aurelius Augustinus: 354~430]는 그의 『참회록懺悔錄』에서 "누구도 고난을 겪고 싶은 사람은 없으나 사람들은 왜 비참한 장면을 보는 것을 좋아하는 것인가?"[24]라는 종영과 유사한 관점을 제기한 바 있다. 이에 대한 분명한 대답은 현대 심리학과 미학이 발전한 뒤에야 비로소 점차 완벽해졌다고 말할 수 있다. 그러나 종영은 「시품서」에서 미자각의 상태이긴 하지만 이미 부분적 대답을 한 바 있다. 종영이 말한 "… 시로 표현하지 않으면 그 뜻을 어찌 펼칠 것이며, 장가長歌가 아니면 어찌 그 감정을 내달리게 하겠는가."라는 이 구절이 바로 그 대답이다. 종영은 '진시陳詩'와 '장가長歌'의 활동을 통해 비로소 생활 자체의 슬프고 괴로운 자연 형태의 것을 예술적인, 가히 감상할 수 있는 것으로 전화시킬 수 있음을 분명히 인식하였다. '진시'와 '장가'는 바로 예술 형식화의 과정이다. 원래 '왕소군이 한궁을 떠나는' 비극적 사건이 '장가'의 과정을 거치면 한 편의 시로 바뀌어 시적 의미를 지니게 된다. 이렇게 되면 원래의 생활과 격리되는, 즉 심리적 '거리'를 지니게 된다. 즉

23) "漢妾辭宮"
24) "沒有誰願意遭受苦難, 但人們爲什么又喜歡看悲慘的場面呢?"

흔한 생활 속의 사건이 '장가'의 과정을 거치면 문학적 사건으로 전화된다고 말할 수 있다. 미국의 미학 이론가 조지 산타야나[George Santayana: 1863~1952년]는 "예술에서 표현의 유쾌함과 제재의 공포를 혼합하면 그 결과는 다음과 같다. 제재의 진실은 사람들을 슬픔에 빠지게 하지만 전달의 매개는 오히려 우리들을 즐겁게 만든다. 슬픔과 기쁨의 혼합은 애처로운 감정과는 다른 맛과 뼈에 사무치는 처량함을 만들어 낸다."[25]고 하였다. 예를 들어 근심은 생활 속에서는 사람들에게 고민을 가져온다. 그러나 이욱李煜의 "그대에게는 얼마나 많은 근심이 있소? 이는 강물이 봄이 되면 동쪽으로 흘러가는 것과 같소."[26], 가도賀鑄의 "쓸데없는 근심이 얼마나 되는가 물었더니, 냇가 풀에 불이 나거나, 성에 바람이 불어 먼지가 가득하거나, 매실이 익을 때 비가 내리는 것이요."[27], 이청조[李淸照: 1084~1155년]의 "쌍계雙溪에 메뚜기 모양의 작은 배는 아마도 그 많은 근심 나르질 못하겠구나."[28] 등의 시구는 근심을 아름다움으로 만든 예이다. 따라서 슬픔 속에도 유쾌함이 존재한다. 종영이 '원비'의 정감을 묘사할 것을 제기하기는 했으나, 이 문제를 감각했을 뿐 본격적으로 전개하지는 못했다. 그러나 이는 중국 문학이론에 중요한 영향을 미쳤다. 당대 한유韓愈는 『형담창화집荊潭唱和集』에서 "평화로울 때의 시는 담박하지만, 근심을 노래한 시는 교묘하다. 즐거움을 노래한 시는 공교롭기 어려우나, 어려움을 노래한 시는 쉽게 빼어날 수 있

25) 조지 산타야나, 『美學』, 中國社會科學出版社, 1982, 150쪽. "在藝術中, 表現的愉快化題材的恐怖混合起來, 其結果是, 題材的眞實使我們悲哀, 但是傳達的媒介却使我們喜悅. 一悲一喜的混合, 構成了哀情之別有風味和刻骨悽愴."

26) "問君有幾多愁? 恰似一江春水向東流"

27) "試問閑愁都幾許? 一川煙草, 滿城風絮, 梅子黃時雨."

28) "只恐雙溪蚱蜢舟, 載不動許多愁"

다."[29]고 하였고, 「송맹동야서送孟東野序」에서는 "평정함을 잃으면 소리 내어 울게 되어 있다."[30]는 관점을 제기하였다. 송대 구양수[歐陽脩: 1007~1072년]는 「매성유시집서梅聖兪詩集序」에서 "시는 궁벽해진 뒤에야 공교해진다."[31]는 견해를 제시하였다. 그렇다면 종영의 '원비설'은 위로는 굴원의 '발분서정發憤抒情', 사마천의 '발분저서發憤著書'의 사상을 계승하고, 아래로는 한유, 구양수의 견해를 이끌어내 중국 문학이론 역사에 '심비쾌감[審悲快感: 슬픔을 통한 얻은 쾌감]'의 이론을 형성했다고 말할 수 있지 않을까?

3. '자미설滋味說'과 시가의 감정 표현

시가의 '자미설'에 관하여 중국 문학이론계의 많은 사람들이 일치된 견해를 보이고 있다. 그러나 『문학유산文學遺產』 1993년 제4기에 일본 학자 청수개부淸水凱夫의 「『詩品』是否以'滋味說'爲中心 — 對近代來中國『詩品』硏究的商榷」이 발표된 뒤 종영의 자미설을 담론 대상으로 삼는 경우는 그다지 많지 않았다. 청수개부는 중국의 문학계에서 30년 동안 종영 『시품』의 '자미설'에 대하여 이전 학자들의 의견을 중복하고 있기에 연구를 통해 얻은 심득心得도 없으며, 새로운 진전도 없다는 점을 지적하였는데, 이는 분명 의미가 있다. 그러나 청수개부는 일본과 한국 학자의 견해를 근거로 삼아 자신들은 이전부터 종영의 자미설을 그다지 중요시하지 않았으나 중국의 학자들은 종영의 자미설을 부여잡고 놓아주지 않고 있다고 말하고 있는데, 이는 마치 일본

---

29) "夫和平之音淡薄, 而秋思之聲要妙. 歡愉之辭難工, 而窮苦之言易好也."
30) "不得其平則鳴"
31) "詩窮而後工"

과 한국의 연구 수준이 중국보다 높다는 점을 말하고자 한 것 같으나, 나는 이 말에 동의할 수 없다. 이외에 그는 뤄껀저羅根澤『중국문학비평사』의 "이를 통하여 그가 말한 '자미'가 비록 신비한 쪽에 가깝지만 이는 단지 간접적인 방식으로 의미를 표한 것으로 글자 이상의 의미를 가지게 하기 위함이었다."[32]는 구절을 인용하였다. 즉 뤄껀저조차 종영의 '자미설'을 제대로 평가하지 않았기 때문에 종영의 '자미설'의 중요성은 더 이상 말할 이유가 없다고 생각한 것이다. 나는 이 점에 대해서도 역시 동의하기 어렵다. 종영의『시품』에 '자미설'이 존재하는가? '자미설'을 어떤 위치에 두어야 하는가에 대해서는 실사구시의 입장에서『시품』원문을 보고, 그 원문을 근거로 삼아야 한다.

사실상 종영은『시품』에서 분명히 오언시의 '자미설'을 제기하였다. 그가 시가의 '자미' 문제를 분명히 제기한 것은 그의 시체詩體, 현언시玄言詩에 대한 견해와 깊은 연관이 있다. 시체에 있어 종영은 오언시를 특별한 시체로 간주했으며, 사언시는 "문사는 번잡하고, 내용은 결여된"[33] 큰 한계를 지니고 있기 때문에 한대 이래 이러한 시를 창작하는 사람들이 적었다고 생각하였다. 이외에 그는 당시에 유행했던 현언시에 대해 "영가 시기에 이르러 황제黃帝와 노자를 높이 받들어 청담을 숭상하니, 이 시기의 작품은 이치가 문사를 압도하여 밋밋하여 맛이 없었다. … 시가 평담하여 마치 '도덕론'과 같았다."[34]고 지적하였다. 즉 영가 시기에 노장 사상 숭배의 기풍이 일어나 청담이 유행하면서 시가 창작이 마치 철학을 논하는 것과 같아 무미건조해져 마치 노자의 철학 강의처럼 되고 말았다는 지적이다. 그렇다면

32) "由是知他所謂'滋味', 雖然近于神秘, 但也不過是曲筆寓言, 使有文字以上的意味而已."
33) "文繁而意少"
34) 何文煥輯, 『歷代詩話』, 中華書局, 1981, 2쪽. "永嘉時, 貴黃老, 稍向虛談, 于時篇什, 理過其辭, 淡乎寡味. … 詩皆平典似『道德論』."

어떻게 사언시의 한계와 현언시의 문제점을 개선할 수 있을까? 이 문제점에 대해 종영은 「시품서」에서 다음과 같이 언급하고 있다.

> 오언시가 문학 창작에서 중요한 위치를 차지하게 된 것은 여러 작품이 '자미'를 지녔기 때문에 세상에 유행하게 된 것이다. 어찌 사실을 지적하고, 형상을 묘사하고, 감정과 사물을 극진히 그려냄에 가장 세밀하고 절실하지 않았겠는가? 시에는 삼의三義가 있다. 첫 번째가 흥興이고, 두 번째가 비比이고, 세 번째가 부賦이다. 글을 다 읽어도 여운이 남는 것이 흥이다. 사물을 빌어 뜻을 나타낸 것이 비이다. 사실 그대로 서술하면서 사물을 묘사함에 의미를 부여하는 것을 부라 한다. 삼의를 잘 활용하여 적절히 사용하면서 풍골을 골간으로 삼고, 수사로 멋을 더하면 그 맛이 무궁하고, 사람을 감동시키니, 이것이 바로 시의 극치이다.[35]

오언시는 시가 중 가장 중요한 시체로 가장 자미를 잘 표현할 수 있기에 당시 시인들이 이를 채용하였다. 즉 오언시는 가장 세밀하고 심각하게 사물과 정경을 표현할 수 있는 시체라는 것이다. 시는 흥·비·부 삼의가 있다. 말로 다 표현하고도 의미가 무궁한 것을 흥, 사물을 빌어 비유하는 것을 비, 직접 사물을 서사하되 우언식으로 사물을 묘사하는 것을 부라 한다. 이 삼의를 잘 헤아려 적절하게 사용하고, 풍골을 근간으로 삼고, 문채로 수식을 가하면 감상자로 하여금 시의 무궁한 맛을 느끼게 하며, 청자들로 하여금 감동을 느끼게 만들 수 있으면 시가는 극치에 도달하게 된다.

'미味'의 문제는 이미 선진 시대에 제기되었다. 『좌전』「소공이십

35) "五言居文詞之要, 是衆作之有滋味者也, 故云會于流俗. 豈不以指事造形, 窮情寫物, 最爲詳切者耶? 故詩有三義焉: 一曰興, 二曰比, 三曰賦. 文已盡而意有餘, 興也. 因物喻志, 比也. 直敍其事, 寓言寫物, 賦也. 宏斯三義, 酌而用之, 干之以風力, 潤之以丹采, 使味之者無極, 聞之者動心, 是詩之至也."

년」조에서는 "음악은 맛과 같다."[36]고 하여 음악과 예술의 '미味' 문제에 대해 언급한 바 있다. 공자는 소악韶樂을 들은 뒤 3개월 동안 '고기 맛'을 잊었다고 했으며, 『악기樂記』에서도 음악의 '유미遺味' 문제를 언급한 바 있다. 그러나 '미'가 시학의 개념으로 사용되기 시작한 것은 육기의 『문부』부터이다. 육기는 질박하여 문채가 부족한 시문에 대해 "태갱太羹의 맛이 부족함은 연주한 곡조가 평범한 것과 같다."[37]라고 불만을 표시한 바 있다. 『문심조룡』에도 '미'자가 여러 차례 사용되었는데, 「은수」편의 "심오한 문장에는 많은 문채도 포함하고 있어 언외言外의 그윽한 맛이 곡진하게 함축되어 있다."[38]가 가장 대표적인 예라 하겠다. 그러나 이전의 시론에는 '자미'를 핵심으로 한 관념이 제기된 바가 없으며, 종영의 시학 이론에 이르러 비로소 '자미설'이 확립되었다고 하겠다. 종영은 '자미'를 시 평가의 중요한 표준으로 삼았고, 가장 훌륭한 시에는 반드시 '자미'가 존재한다고 하여 '자미'를 시학의 한 범주로 만들었다. 종영이 '자미'를 이렇게 규정한 이유는 다음 세 가지이다.

첫째, 자미 유무有無의 관건은 "사실을 지적하고, 형상을 묘사하고, 감정과 사물을 극진히 그려냄"[39]에 있다. '세밀하고 절실하면' 할수록 보다 뛰어난 '자미'가 있다는 것이다. '세밀하고 절실함'이란 심도 깊고 핍진하게 사물의 본래 면모를 묘사함을 말하며, 이는 사실상 '신사神似'이며 단순한 '형사形似'가 아니다. 종영의 이러한 언급은 당시 시단이 지나치게 '형사'에 매달려 있음을 비판하기 위함이었다.

---

36) "聲亦如味"
37) "闕大羹之遺味, 同朱弦之淸氾"
38) "深文隱蔚, 餘味曲包"
39) "指事造形, 窮情寫物"

종영의 '자미'에 대한 정의는 시가가 반드시 사물의 내재적 정신을 묘사해야 함을 지적했다는 점에서 더 큰 의미를 지닌다.

둘째, 어떻게 해야 시가가 유원한 자미를 획득할 수 있을까? 이 문제를 해결하기 위하여 종영은 부·비·흥에 대해 새로운 해석을 내놓았다. '곡해曲解'라 말할 수도 있다. 그는 먼저 '흥'을 가장 중요한 위치에 두고 "글을 다 읽어도 여운이 남는 것"[40]라고 해석하였다. 이러한 해석은 종영 이전, 이후의 모든 해석과 전혀 다른 것이다. 아울러 '비'와 '부'에 대한 해석은 약간은 주제와 거리가 멀다. 종영은 비와 부를 "사물을 빌어 뜻을 나타낸 것이 비이다. 사실 그대로 서술하면서 사물을 묘사함에 의미를 부여하는 것을 부라 한다."[41]고 해석하였다. 비에 대한 해석인 '인물유지因物喻志'는 의미는 통하지만 대단히 정확한 해석이라 말할 수는 없다. 부를 '우언사물寓言寫物'이라 해석하였으나, 사물의 묘사가 어찌 그리 단순한 일이겠는가? 경물을 묘사함에도 반드시 의미의 기탁이 있어야 한다. 이러한 해석은 '부'의 본지에서 벗어난 것이며, 중국 문학이론사에 있어 유일한 해석이다. 이외에 종영은 부·비·흥의 순서를 조정하여, 흥·비·부로 배열하였다. 만일 우리가 입장을 바꿔 생각하여 종영의 위치에서 생각해본다면 고인의 부·비·흥을 통해 그의 '자미설'을 해석하는 것은 결코 합리적이지 않으나 그 역시 전통의 속박을 받은지라 새로운 개념을 찾아내어 그의 자미설을 해석할 수 없었기에 부득이 옛 개념인 '부·비·흥'을 선택하였고, 이를 새롭게 해석하거나, 심지어는 곡해하였다. 우리가 만일 '부·비·흥'이라는 옛 개념을 잠시 옆에 치워둔다면 종영 자미설의 의미는 "글을 다 읽어도

40) "文已盡而意有餘"

41) "因物喻志, 比也. 直敍其事, 寓言寫物, 賦也."

여운이 남는 것", "사물을 빌어 뜻을 나타낸 것", "사물을 묘사함에 의미를 부여하는 것"이라는 서술에 잘 체현되었다고 하겠다. 이는 시가는 여운이 있어야 하고, 정감은 간접적 비유를 통해 묘사해야 하며, 나아가 심각한 의미의 기탁이 있어야 비로소 시에 자미가 있다 말할 수 있다는 의미이다.

셋째, 종영은 흥·비·부를 운용함과 동시에 풍골과 문채에 주의했다. 풍골이 내재적 아름다움이라면, 문채는 외재적 아름다움이며, 양자는 반드시 동반되어야 한다. 그렇다면 종영은 왜 이처럼 '자미'를 중요시했을까? 나는 종영이 시가는 "정성을 읊는 것이고"[42], 감정을 토로하는 것이고, 나아가 앞서 언급한 '원비'의 정서를 토로하는 것이기에 다른 문체와는 달리 정절이나 고사에 의지하여 독자를 끌어들일 수도 없으며, 전고나 지식으로 독자를 끌어들일 수도 없으며, 또한 문자의 교묘함으로 독자를 끌어들일 수도 어쩔 수 없고, 오로지 시의 자미에 의지하여 독자를 끌어들일 수밖에 없다는 사실을 인식하고 있었기 때문이라 생각한다.

만일 우리가 앞서 언급한 세 가지 사항을 실천할 수 있다면 시의 자미를 무궁무진하게 만들 수 있어 시의 아름다움을 극치까지 끌어올릴 수도 있다. 아마도 청수개부清水凱夫가 내 글을 읽는다면 여전히 이 글에는 새로운 내용이 없으며, 여전히 뤄껀저와 우티아꽁[吳調公: 1914~2000년, 전 남경사범대학南京師範大學 교수]이 말한 세 가지 사실이라고 말할 것이라고 생각한다. 그렇다. 여전히 세 가지 사실이다. 그러나 우리가 분명히 지적해야 할 것은 이 세 가지는 종영 자신이 말한 것이지 다른 사람들이 그에게 억지로 건넨 것이 아

---

42) "吟詠情性"

니라는 점이다. 한 학자가 자신의 의견을 발표할 때는 반드시 유협이 『문심조룡』 「서지」편에서 말한 "옛 견해와 같은 것은 부화뇌동한 것이 아니라 그 자체가 다를 수 없는 것이다. 전대의 의론과 다른 것은 저절로 다른 것이 아니라 이치 자체가 같을 수 없기 때문이다."[43]라는 견해를 반드시 채용해야 한다.

종영의 '자미설'은 『시품』의 중요한 개념일 뿐만 아니라 분명히 시적 아름다움의 보편적 규율을 발견했다는 중대한 의미를 지니고 있어 후대 시학의 건설에 커다란 영향을 미쳤다. 당대 사공도司空圖의 '미외지지味外之旨', '미재함산지외味在鹹酸之外' 등은 분명히 종영의 영향을 받았다.

4. '품제品第' 방법과 전통의 한계

종영의 『시품』은 「서」 이외에 대부분 '품제'의 방법으로 한·위 이래 122명의 작가를 품평하였다. 이러한 '품제'의 방법은 당·송 이래 '품제'의 기풍을 가장 먼저 선도했다. 후대의 시화詩話는 모두 종영의 '품제' 방법의 영향을 받았다고 말할 수 있다. 이 절에서는 종영의 '품제'방법의 득실을 중점적으로 검토하기로 한다. 종영은 왜 한·위 이후의 122명의 시인에 대해 품평을 가했을까? 종영은 「시품서」에서 그 이유를 다음과 같이 설명하였다.

> 왕공王公과 고관들을 살펴보면 매번 박식한 논의를 할 때마다 어찌 시를 화제로 삼지 않았겠는가? 자신들의 기호만을 따르니 논의한 바가 달랐다. 치수淄水와 민수澠水가 섞이듯, 붉은색과 자주색이 서로 섞이듯, 시끄러운 논의가

---

43) "有同乎舊談者, 非雷同也, 勢自不可異也. 有異乎前論者, 非苟異也, 理自不可同也."

> 경쟁적으로 벌어졌으나 믿을만한 근거가 없었다. 근래 팽성彭城의 유사장劉士章은 감상에 뛰어난 선비로 이러한 혼란을 몹시 못마땅하게 여겨 당시의 시에 대하여 품평하고자 했으나 말로만 표방하고 글로는 전하지 않았으나, 내가 이 말에 감동을 받아 이글을 지었다. 예로부터 구품九品으로 나누어 사람을 품평했고, 『칠략七略』에서도 선비의 글을 교감하고 내용을 고찰했으나 실로 합당하지 못했다. 시의 기교를 비교하면 분명하게 고하를 알 수 있기에 유추해보면 마치 바둑을 두어 승부가 나는 것과 같다.[44]

종영의 말을 풀이하면 다음과 같다. 현재 왕공, 귀족, 사대부들이 천지에 대해 논할 때 시가를 논의의 자료로 삼지 않는 경우가 없다. 그러나 이들은 자신의 견해에 따라 서로 다른 의견을 발표하여 논의의 내용이 서로 달랐다. 그들의 담론은 치수와 민수가 함께 범람하여 물을 분별하기 어렵고, 자색紫色과 주朱色이 뒤섞여 정색正色과 비정색非正色을 구별하기 어려우며, 그들의 시끄러운 논쟁은 표준을 정하기 어렵다. 근래 팽성의 감상가 유사장이 이러한 혼란을 느껴 『시품』을 지으려 했으나 말로만 했을 뿐 글로 적어내지 못했다. 이러한 사실에 감화를 느껴 종영이 『시품』을 짓기로 결정했다는 것이다. 그렇다면 어떻게 써야할까? 종영은 반고가 사람을 9품으로 품평하였고, 유흠劉歆은 『칠략七略』에서 학술을 7부류로 나누어 평론하면서 명칭에 의거하여 실제를 고찰함에 분명 부당한 부분이 있었음을 인식하였다. 이에 시의 기예에 있어 비교 방법으로 유추해보면 아마도 도박이나 바둑과 같을 것이다. 결론적으로 종영은 당시

44) 何文煥, 『歷代詩話』, 中華書局, 1981, 2~3쪽. "觀王公縉紳之士, 每博論之餘, 何嘗不以詩爲口實. 隨其嗜欲, 商榷不同. 淄澠并泛, 朱紫相奪, 喧議競起, 準的無依. 近彭城劉士章, 俊賞之士, 疾其淆亂, 欲爲當世詩品, 口陳標榜, 其文未遂, 感而作焉. 昔九品論人, 『七略』 裁士, 校以賓實, 誠多未値. 至若詩之爲技, 較爾可知, 以類推之, 殆均博奕."

평론계의 '치민병범淄澠并泛', '주자상탈朱紫相奪'의 혼란 현상이 눈에 거슬려 『시품』을 쓰게 되었다는 말이다. 이리하여 그는 한·위 이래의 시를 상·중·하 3품으로 구분하였다. 우리는 뤄껀저 선생이 『중국문학비평사』에서 정리한 표를 빌려와 참고하면 좋을 것이다.[45)]

상 품 고시古詩 외 11인	이릉李陵, 반희班姬, 조식曹植(위진사왕魏陳思王), 유정劉楨, 왕찬王粲, 완적阮籍, 육기陸機, 반악潘岳, 장협張協, 좌사左思, 사령운謝靈運
중 품 39인	진가秦嘉, 서숙徐淑, 조비曹丕(위문제魏文帝), 혜강嵇康, 장화張華、하안何晏, 손초孫楚, 왕찬王贊, 장한張翰, 반니潘尼、응거應璩, 육운陸雲, 석숭石崇, 조거曹攄, 하소何劭、유곤劉琨, 노심盧諶、곽박郭璞、원굉袁宏、곽태기郭泰機, 고개지顧愷之, 사세기謝世基、고매顧邁, 대개戴凱、도잠陶潛、안연지顏延之、사첨謝瞻, 사곤謝混, 원숙袁淑, 왕미王微, 왕승달王僧達、사혜련謝惠連、포조鮑照、사조謝朓、강엄江淹, 범운范雲, 구지丘遲、임방任昉、심약沈約
하 품 72인	반고班固, 력염酈炎, 조일趙壹、조조曹操(위무제魏武帝), 조예曹叡(위명왕魏明帝)、조표曹彪(위백마왕魏白馬王), 서간徐幹、완우阮瑀, 구양건歐陽建, 응거應璩(혹 거자정璩子貞으로 의심됨), 혜함嵇含, 완간阮侃, 혜소嵇紹, 조거棗據、장재張載, 부현傅玄, 부함傅咸, 무습繆襲, 하후심夏候湛、왕제王濟, 두예杜預, 손작孫綽, 허순許詢、대규戴逵、은중문殷仲文, 부량傅亮、하장유何長瑜, 요번曜璠, 범화范曄、유준劉駿(송효무제宋孝武帝), 유삭劉鑠(송남평왕宋南平王), 유굉劉宏(송건평왕宋建平王), 사장謝莊、소보생蘇寶生, 능수지陵修之, 임담서任曇緒, 대법흥戴法興、구혜공區惠恭、혜휴惠休, 도유道猷, 보월寶月、소도성蕭道成(제고제齊高帝), 장영張永, 왕문헌王文憲、사초종謝超宗, 구령국丘靈鞠, 유상劉祥, 단초檀超, 종헌鍾憲, 안측顏則, 구측심顧則心、모백성毛伯成, 오매원吳邁遠, 허요지許瑤之、포령휘鮑令暉, 한난영韓蘭英、장융張融, 공치규孔稚珪、왕융王融, 유회劉繪, 강석江祏、왕포王巾, 변삼卞彬, 변삭卞鑠、원하袁嘏、장흔태張欣泰, 범빈范縝、육궐陸厥, 우희虞羲, 강홍江洪、포행경鮑行卿, 손찰孫察

45) 羅根澤, 『中國文學批評史』, 上海書店出版社, 2003, 253쪽. "『詩品』品人, 或分或合, 其數人合論者, 玆亦連列以'、'號點斷."

시인을 상·중·하 3품으로 구분하는 것은 반고班固가 사람을 9품으로 나누었던 것을 본받은 것이다. 이렇게 하는 방식은 사람들에게 일목요연한 인상을 주지만 대체적으로 우優·양良·차差로 나누는 것이나 별반 다르게 없다. 그러나 이러한 방식으로 시인을 상·중·하의 등급으로 나누는 것은 분명 이전의 등급관념의 영향을 받은 것으로 민족 문화 속의 낙후된 일면을 표출시키고 있다. 아울러 이러한 등급의 분류는 위험하다는 사실을 종영 역시 인식하였기에 자신의 저작이 '바둑'의 성질을 가지고 있다고 느꼈던 것이다. 어떤 사람을 몇 품에 넣을 것인가 역시 결정하기 어려운 일이기에 종영 스스로도 장화張華에 대해 "지금 중품에 넣지만 조금은 부족한 듯하고, 하품에 넣으려니 너무 낮게 평가하는 것 같아 아쉽다. 이 중간에 있다고 하겠다."[46]고 하였다. 부인할 수 없는 사실은 종영의 몇 몇 시인들에 대한 평가가 매우 정교한 부분도 있으나 어떤 부분은 도박이나 바둑과 같은 맛도 있어 후대인들의 비판이 있는 것도 사실이다. 예를 들어 내가 개인적으로 좋아하는 도연명과 조조의 경우, 도연명은 중품에, 조조는 하품에 두었는데, 이는 종영의 눈이 어둠침침한 결과라 하겠다. 그는 스스로 '자연영지'를 중시한다고 하면서 어찌하여 도연명과 조조를 중·하품에 넣는가 말이다. 반드시 검토해야 할 것으로 종영의 시인에 대한 평점, 즉 한 번 평점을 내리면 그만인 평론 방법이 후대에 큰 영향을 미쳤는데, 이러한 것이 결국 좋은 영향인지 아니면 나쁜 영향인지는 한 번 더 생각할 필요가 있다. 중국 고대로부터 전해오는 300여부의 시화詩話가 사람들에게 '자질구레하고 번잡하다'는 느낌을 주고, 시인에 대한 전문적 이론 연구가 부족하다는 점은 최초의 시화라 할 수 있는 종영의 『시품』과 관련이 있지 않을까?

46) "今置之中疑弱, 處之下科恨少, 在季孟之間矣."

제 9 장

사공도司空圖 문학이론 독해

당대는 중국 시가 발전의 최고 절정기였다. 많은 시인이 배출되었고, 시작의 격조는 대단히 높았다. 유협이 말한 예술적 이상 - 풍골 - 의 진정한 건립이 이룩되었다. 당대에는 시학 이론 역시 대단한 발전을 이루었다. 예를 들어 왕창령王昌齡의 '경물物境', '정경情境', '의경意境' 이론, 교연皎然의 '취경取境' 이론, 진자앙陳子昂이 주창한 '한위풍골론漢魏風骨論', 이백의 "맑은 물에서 부용이 피어나는 것"[1]과 같은 예술적 추구, 두보의 "능력을 키우려 많은 곳을 다니며 많은 스승을 삼다."[2], "글로 사람을 놀라게 할 수 없으면 죽어도 멈추지 않는다."[3]는 관점, 백거이의 "시정時政을 살피고"[4], "인정人情을 이끌어낸다."[5]는 유가의 새로운 관점, 한유의 "불평이 있으면 울게 마련이고"[6], "시는 곤궁한 연후에 공교하게 된다."[7]는 등등은 모두 상당히

---

1) 『經亂離後天恩流夜郎憶舊游書懷贈江下韋太守良才』.. "清水出芙蓉"
2) "轉益多師"
3) "語不驚人死不休"
4) "補察時政"
5) "泄導人情"
6) 『送孟東野序』, "不平則鳴"
7) 『荊譚唱和詩序』, "文窮益工"

이론적 가치가 높다. 그러나 독창성과 후대에 미친 영향을 고려한다면 사공도의 '운외지치설韻外之致說'이 이론적 깊이도 있고, 현대적 의의도 상당히 높기에 나는 당대 전체에서 사공도를 선택했다.

만당晩唐 시기의 시가 창작과 시학의 발전은 당시 사회 환경과 밀접한 관계가 있다. 만당 시기 가장 재능이 뛰어났던 시인 이상은李商隱이 세상을 떠나고 2년 후인 당선종唐宣宗 대중大中 13년(860년)에 절강浙江 동부에서 구보裘甫가 이끄는 농민 혁명이 일어났고, 당의종唐懿宗 함통咸通 9년(868년)에는 방훈龐勛의 반란이 일어났으며, 당희종唐僖宗 건부乾府 원년元年(874년)에는 왕선지王仙芝가 반란을 일으켰으며, 그 이듬해에는 황소黃巢가 대규모 반란을 일으켰다. 이러한 반란은 약 10년 정도 계속되었으며, 그 세력 범위가 거의 중국의 반을 차지하였다. 반란은 모두 실패했으나 당제국唐帝國의 근거를 흔들기에 충분했다. 게다가, 조정 내부에서는 환관의 정치투쟁이 계속되었고, 번진藩鎭이 나날이 강성해졌을 뿐만 아니라 이들 사이의 전쟁이 나날이 악화일로를 걸었기에, 당제국이 멸망을 향해 나가는 시기가 마침내 도래하였다. 이러한 정치적, 사회적 환경에서 지식인들의 심리는 정치적 태도의 차이에 따라 양상이 달랐지만, 전체적 흐름은 일치하였다. 즉 당시 지식인들은 "석양은 너무나 보기 좋으나, 그저 황혼 전에 잠시 나타나는 것"[8]이라는 세기말적 비애감에 빠져 있었다. 비록 이들이 출사出仕할 것인가, 아니면 은거할 것인가에 대한 선택의 차이는 있었지만 어찌 해볼 도리가 없었다. 시가 창작에 있어 어떤 작가는 백성의 고통을 큰 소리로 외치며 유가의 시교詩敎를 회복시키길 희망했다. 어떤 작가는 담담한 정서를 추구하면서 시가의 음영吟詠 속에서 자신의 정신적 피난처

8) "夕陽無限好, 只是近黃昏"

를 찾아 심경의 평온을 유지하고자 하였다. 피일휴皮日休와 두순학杜荀鶴이 전자에 속하며, 이들 시학적 주장은 유가의 시교인 "시의 미자美刺를 들으면 족히 성공을 살필 수 있으며, 시의 풍자를 들으면 족히 정치의 경계로 삼을 수 있다."[9]였다. 그러나 이들은 이미 성숙한 유가의 시교에 어떤 새로운 보충을 더하진 못했기 때문에 그들의 시학은 후대의 영향에 있어서는 제한적일 수밖에 없었다. 반대로 담백한 정서를 열심히 추구했던 한 시파는 위로는 도가의 전통과 당대 왕창령, 교연皎然의 '의경론意境論'을 계승한 왕유王維, 위응물[韋應物: 737~792년]과 같은 시인들로서, 이들은 산수전원山水田園 시가의 창작경험을 총망라하여 도가 계통의 시학 사상을 앞으로 한 걸음 전진시켰다. 그 대표적 인물이 바로 사공도다.

사공도의 자는 표성聖表, 하중河中 우향虞鄉(지금의 산서성山西省 제현濟縣) 사람이다. 당 함통咸通 연간에 진사에 급제한 뒤, 전중시어사殿中侍御史, 예부원외랑禮部員外郎, 중서사인中書舍人 등을 역임하였다. 그는 혼란한 시대에 정치적으로 중요한 임무를 수행하면서 있는 힘을 다했으나 어떤 것도 성취할 수 없었고, 게다가 황소黃巢의 난이 몰고 온 회오리 때문에 고향 하중河中의 중조산中條山 옥관곡玉官谷으로 돌아가 은거하면서 시와 술로 자신을 달랬다. 당제국이 멸망했다는 소식을 듣고는 굶어 죽었다. 그의 주요 시학 저작으로는 「여이선생시서與李先生詩書」, 「여왕가평시서與王駕評詩書」, 「여극포서與極浦書」와 『시품詩品』이 있다. 『시품』이 정말로 그의 저작이었는가에 대해서는 아직 의문이 남아 있다. 이 책에서는 주로 앞의

9) 皮日休, 「正樂府序」, 『隋唐五代文論選』, 周祖譔編選, 人民文學出版社, 1999, 338쪽. "詩之美也, 聞之足以觀乎功, 詩之刺也, 聞之足以戒乎政."

시와 관련된 세 편의 서신을 주로 원용하였고, 『시품』에 대한 자료도 언급하였다. 사공도가 중국 시학상의 최대 공헌은 '운외지치설[韻外之致說: 일명 미외지미설味外之味說]'의 제기와 이에 대한 논술 부분이다.

1. '운외지치설韻外之致說'의 학술적 배경

사공도가 '운외지치설'을 제기한 것은 결코 우연이 아니다. '운외지치설'은 작품 속의 언어, 언어가 표현한 심미 체험의 관계를 주로 언급하고 있다. "말로는 뜻을 모두 전할 수 없다."[10]는 장자 말의 의미는 일반 언어로는 그가 추구하는 신비하고, 아련하고, "그 형태를 볼 수도 없고"[11], "그 공능을 볼 수도 없는"[12] 도道에 접근할 수 없는 곤혹스러움을 설명한 것이다. 시인과 작가에게 "말로는 뜻을 모두 전할 수 없다"는 곤혹스러움은 어떻게 일반 언어를 가지고 시인, 작가의 심미 체험을 표현할 것인가와 연관되어 있다. 육기는 『문부』에서 "감정(주관)과 대상(객관)이 서로 어울리지 못하고 글이 내용을 충분히 표현하지 못한다."[13]는 어려움을 명확하게 지적하면서 이는 "(문장의 좋고 나쁨을) 이해하는 것의 곤란함이 아니라 (자신이 스스로 글을 쓸 수 있는) 능력의 곤란함이다"[14]라고 명확하게 지적한 바 있다. 유협도 『문심조룡』「신사神思」편에서 "종이를 가져다 글을 쓰자면, 글을 쓰기 전에는 활발했던 기세가 작품이 완성되면 처음

10) "言不盡意"
11) 『莊子』「田子方」, "莫見其形"
12) 『莊子』「田子方」, "莫見其功"
13) "意不稱物, 文不逮意"
14) "非知之難, 能之難"

마음먹었던 것의 반밖에 되지 않는"[15] 현상에 대해 언급한 바 있다. 상식적으로 말해서 언어와 체험 사이에는 넓은 냇물이 있다는 사실은 분명히 인정해야 한다. 언어는 분명 일반적, 개괄적 특성을 가지고 있다. 이에 헤겔은 그의 『철학사강연록哲學史講演錄』에서 다음과 같이 말한다.

> 언어는 본질적으로 단지 일반적, 보편적 관념을 표현할 뿐이다. 그러나 사람들이 지칭하는 것은 특수하고, 개별적인 것이다. 이러한 까닭에 사람들은 자신이 지칭하는 것을 언어로 말할 수 없다.[16]

일종의 기호인 언어는 사람들에게 당연히 커다란 도움을 준다. 특별히 언어를 가지고 지칭, 추리할 때 언어는 분명 힘을 지닌다. 그러나 언어의 일반적, 개괄적 특성은 어떤 경우에는 언어가 아무런 능력이 없는 것으로 만들기도 한다. 예를 들어 '산山'은 모든 산의 개괄이다. 그러나 우리가 중국 호남湖南 서부西部에 있는 천자산天子山의 운무에 가린 어떤 기이한 봉우리를 바라보고 있을 때, '산'이라는 단어는 다른 일반적인 단어와 마찬가지로 생동적이고 정확하게 이를 묘사할 수 없다. 이처럼 언어를 가지고 시인과 작가의 심미 체험을 표현하는 것은 대단히 어려운 일이다. 카시러는 이점을 충분히 인식하고 다음과 같이 말했다.

> 우리의 심미 지각은 감각 기관의 지각보다 다양화되어 있고, 높은 차원에 속한다고 말할 수 있다. 감각 기관의 지각 속에서 우리는 항상 우리 주위 사

---

15) "方其搦翰, 氣倍辭前, 暨乎篇成, 半折始心"

16) 헤겔, 賀麟, 王大慶譯, 『哲學史講義錄』 第二卷, 商務印書館, 1977, 128쪽. "語言在本質上只表達那一般的普遍的概念; 而人們所指謂的東西却是特殊的, 個別者. 因此, 人們對于自己所指謂的東西, 是不能在語言中來說的.

> 물의 몇 가지 공통적으로 변하지 않는 특징을 인식하는 것에 만족한다. 심미적 경험은 비교할 수 없을 정도로 풍부하다. 이는 보통 감각의 경험 속에서 영원히 실현할 수 없는 무한한 가능성을 키우고 있다.[17]

이 말은 보통 지각은 단일성이라는 한계를 가지고 있으며, 이를 일반 언어의 단일성, 안정성과 억지로 짝을 지으려하면 심미적 체험의 풍부함과 무한함을 일반 언어로는 핍진하게 묘사할 아무런 방법이 없다는 것이다. 심미적 체험은 인간 최고의 체험이다. 이에 마슬로우는 "이러한 체험은 순간적으로 생성되며, 모든 경외의 정서를 압도해버릴 뿐만 아니라 눈을 돌리면 즉시 사라지는 극도로 강렬한 행복감으로, 심지어는 미친 듯이 좋아하고, 취한 듯하며, 바보가 된 것 같은 지극히 환락적인 감각이다."[18]라고 설명하였다. 시인의 체험 역시 최고조의 체험이기에 당연히 말로는 전할 방법이 없다. 그러나 우리가 여기서 지적해야 할 것은 이러한 사상은 일찍이 이천여년 이전, 혹은 천여 년 이전에 중국의 지자智者도 심각하게 인식하고 있었다는 사실이다. 예를 들면 한대의 사마상여는 '부가지심賦家之心'을 제기하면서 "부가지심은 우주를 포괄하고, 만물을 두루 살핀 연후에 마음속에 생기지만 마음속에 생겼다 하여 안다고 할 수는 없다."[19]고 언급하였다. 부가賦家란 당시의 시인을 말하며, 모든 작가라고 넓혀 말할 수 있다. '부가지심'이란 시인의 심미적 체험이

---

17) 카시러저, 甘陽譯, 『人論』, 上海譯文出版社, 1985, 184쪽. "我們的審美知覺比起我們的感官的知覺來更爲多樣化, 并且屬於一個更高的層次. 在感官的知覺中, 我們總是滿足於認識我們周圍事物中的一些共通不變的特徵. 審美經驗則是無可比擬的豊富. 它孕育着普通感覺經驗中永遠不可能實現的無限的可能性."

18) 마슬로우, 『談談高峰體驗』, 『人的潛能和價値』, 華夏出版社, 1987, 366쪽 참조. "這種體驗是瞬間產生的, 壓倒一切的敬畏情緒, 也可能是轉眼即逝的極度强烈的幸福感, 或甚至是欣喜若狂, 如醉如痴, 歡樂至極的感覺."

19) 『西京雜記』 卷二. "賦家之心, 包括宇宙, 總覽萬物, 斯乃得之于內, 不可得而知."

며, 비록 마음속에는 분명 있으나 감지할 수 없고, 일반적 의식으로는 파악할 방법이 없고, 일반적 언어로는 전달할 수도 없다. 사공도 자신도 '시가지경詩家之景'을 제기하면서 대용주戴容州의 말을 인용하여 "시인의 경물, 예를 들어 남전藍田에 따스한 빛이 비치면, 아름다운 옥이 뿜어내는 연무는 볼 수는 있으나 그것을 자신의 눈앞에 펼칠 수는 없다."[20]고 하였다. 여기서 말한 '시가지경'이란 당연히 단순한 경물이 아니라 시인의 마음속에서 정경교융情景交融이 이루어졌을 때의 심미 체험이다. 사공도는 햇빛 속에서 구름처럼 몽롱한 아름다운 옥을 바라보는 그러한 감각은 황홀하면서도 희미한 것이기에 보통의 언어로 포착하기는 대단히 어렵다고 생각했다. 중국 고대의 시인, 작가가 '언불진의'의 어려움을 인식한 것은 대단히 중요한 일이다. 첫째, 그들은 심미 체험의 다양성, 모호성, 유동성 및 복잡성을 포착하기가 어렵다는 사실을 분명하게 인식하였다. 둘째, 그들은 일반 언어는 결함을 가지고 있기에 반드시 잘 생각하여 다른 언어 책략을 취해야 '언불진의'의 곤경을 해결할 수 있음을 분명하게 알고 있었다. 셋째, 그들은 '언불진의'의 곤경에서 벗어나려면 단순히 풍격의 함축 문제만을 추구해서는 탈출이 불가능하고, 반드시 시적 아름다움 전체의 승리를 추구해야함을 분명히 인식하였다.

이를 위해 유협은 『문심조룡』 「은수」 편에서 '문외지중지[文外之重旨: 문장 밖의 중요한 의미]', '의주문외[義主文外: 의미는 글 밖에 있음]'의 견해를 제시한 바 있으나 완전한 해결을 얻은 것은 결코 아니다. 이러한 언어 표현과 심미적 체험 사이의 넓은 간극을 어떻게 메울 수 있을까? 사공도가 몇 백 년 후에 마침내 이 문제를 해결하였다.

20) 司空圖「與極浦書」,『司空表聖文集』卷三, 四部叢刊本. "戴容州云: '詩家之景, 如藍田日暖, 良玉生煙, 可望而不可置於眉睫之前也."

2. '근이불부, 원이부진'[近而不浮, 遠而不盡: 천근하나 부화하지 않고, 유원하여 끝이 없다] - '운외지치설韻外之致說'의 미학적 의미

사공도 이전에 왕창령王昌齡의 '의경설意境說', 교연皎然의 '취경설取境說'은 모두 시가 창작에 있어서 어떻게 시가의 제재와 내용을 초월하여 보다 심원한 의미를 추구할 것인가에 대한 문제를 언급한 것이었다. 그러나 이 문제를 해결한 사람은 사공도이다. 사공도는 당이 기울어가던 '말세末世'에 이 문제에 있어 중국 시가의 창작과 자신의 시가 창작 경험을 종합하여 '운외지치설'을 제기하였다. 그는 「여이선생시론與李先生詩論」에서 다음과 같이 언급하였다.

> 글을 논하기란 어려운 것이며, 시를 논하기란 더욱 어려운 것이다. 고금의 비유는 대단히 많으나 나는 시의 맛을 구별할 수 있어야 비로소 시를 논할 수 있다고 생각한다. 장강長江・오령五嶺 이남에서는 대부분이 시고 짠 맛을 좋아하는 사람들이다. 식초는 시지 않은 것이 없으니 그저 실 뿐이고, 소금은 짜지 않은 것이 없으니 그저 짤 뿐이다. 중원의 사람들은 간을 맞추고 식욕을 돋게 할 때에만 사용할 뿐, 그 이외에는 사용하지 않는데, 그 이유는 식초와 소금은 시고 짠 맛 이외에 순미[醇美: 중후한 맛]의 아름다움이 부족하다는 것을 알고 있기 때문이다. 이러한 영남嶺南 사람들은 이러한 입맛에 길들여져 있어 아름답고 아름답지 못함을 구별할 수 없는데, 이는 너무나 당연한 일이다. 시가 포함하고 있는 육의에 풍유諷諭, 억양抑揚, 함축含蓄, 온아溫雅한 풍격이 모두 들어 있다. 그러나 이러한 풍격이 직접적이고 자연스럽게 표출되어 나오게 되는 것은 각기 자신의 인격적 특징이 수립되었기 때문이다. 선배들 가운데 적지 않은 사람들도 특별하게 뛰어나지 못했는데, 그들의 수준에 미치지 못하는 사람들은 어떻겠는가? 왕유王維, 위응물韋應物의 시는 청담淸淡, 심원深遠, 정교精巧, 섬세纖細한 풍격을 이룩하였는데, 힘차고 굳센 풍격의 작품과 아름다움을 비교할 수는 없는 것인가? 가도賈島의 작품

에는 분명 경구가 있으나 전편을 모두 살펴보면 내용이 비교적 공허한데, 이는 아마도 조탁彫琢과 난해한 자구에만 의존하여 자신의 재주를 드러냈기에 시의 체격體格을 갖추지 못했기 때문인데, 하물며 수준이 그만 못한 사람에 있어서야? 아! 형상이 핍진하면서도 부천함으로 흐르지 않고, 의경이 심원하면서도 함축이 끊이지 않은 연후에 운외지치[韻外之致: 문자 밖에 나타나는 여운餘韻]를 말할 수 있다.[21]

사공도는 이 문장의 마지막 부분에서 자신이 창작한 시구를 가지고 그의 '운외지치'의 논점을 다음과 같이 설명하였다.

무릇 절구絶句의 창작은 심오한 조예에 근본을 두어야 한다. 여기에서 천변만화千變萬化의 끊임없는 형상이 나타난다. 신이 만든 것인지, 자신이 신이 되어 한 것이지를 모르는 경지에 이르는 것이 어찌 쉽겠는가? 지금 선생의 시를 요즘 사람들이 따라가기 어려운 이유는 모든 문체와 모든 아름다움을 넘나들어 맛을 경계를 넘어선 의미를 아시기 때문입니다.[22]

위 문구의 의미를 다시 풀이하면 다음과 같다. 시에 대한 조예가 대단히 깊어야 절구를 지을 수 있으며, 시의 천변만화를 파악하는 일는 "신이 만드신 것인지, 자신이 신이 되어 한 것인지"를 알 수

21) 周祖譔編選, 『隋唐五代文論選』, 人民文學出版社, 1999, 348쪽. "文之難, 而詩之難尤難. 古今之喩多矣, 而愚以爲辨於味, 而後可以言詩也. 江嶺之南, 凡是資於適口者, 若醯, 非不酸也, 止於酸而已. 若鹾, 非不鹹也, 止於鹹而已. 華之人以充饑而遽輟者, 知其鹹酸之外, 醇美者有所乏耳. 詩貫六義, 則諷諭, 抑揚, 渟畜, 溫雅, 皆在其間矣. 然直致所得, 以格自奇. 前輩諸集, 亦不專工於此, 矧其下者耶! 王右丞, 韋蘇州澄澹精緻, 格在其中, 豈妨於遒擧哉? 賈浪仙誠有警句, 視其全篇, 意思殊餒, 大抵附於蹇澁, 方可致才, 亦爲體之不備也, 矧其下者哉! 噫! 近而不浮, 遠而不盡, 然後可以言韻外之致耳."

22) 같은 책, 348쪽. "蓋絕句之作本於詣極. 此外千變萬狀. 不知所以神而自神也, 豈容易哉? 今足下之詩, 時輩固有難色, 倘復以全美爲工, 即知味外之旨矣."

없을 정도의 경계에 도달해야 하나, 이 일은 정말 쉽지 않다는 것이다. 만일 모든 체제와 맛을 가장 훌륭하게 만들려면 반드시 '미외지지[味外之旨: 맛의 경계를 넘은 맛]'를 알아야 한다는 것이다. 위의 두 예문에서 사공도는 '운외지치'와 '미외지지'라는 두 핵심명제를 중심으로 자신의 논술을 전개하였다. 사공도가 어떤 언어적 전략으로 이 문제를 해결했는가를 설명하기 위해서 나는 앞서 인용한 말을 몇 부분으로 나누어 해독해보고자 한다.

가장 먼저 마주할 첫 번째 문제는 사공도가 말한 '운외지치'는 무엇이며, 이것의 미학적 의미는 무엇인가? 이다.

사공도가 말한 '운외지치'와 '미외지지'에서는 우선 시를 '운내韻內'와 '운외韻外'의 두 층으로 구분한다. '운내'는 시의 언어, 문자, 성운 및 표현된 의의를 지칭하는 것으로 이는 시가가 독자에게 직접 드러내는 실재적인 것이다. '운외'는 시의 언어, 문자, 성운 및 표면상의 의미 밖에 숨겨져 있는 의미를 지칭한다. 이러한 종류의 의미는 일종의 '공허空虛'이며, 독자가 '생각을 통한 이해(思而得之)', '감상을 통한 이해(品而得之)'에 의존하며, 일종의 깊이 숨겨진 의의, 즉 일종의 유원한 감정, 아득히 퍼져나가는 예술적 공간이다. 그러나 '운내'와 '운외'는 밀접한 관계가 있다. '운내'만 있는 것만으로도 아름다울 수 있지만, '운외'가 있어야 비로소 진정한 의미가 존재한다.

'운외지치'의 미학적 의미는 '근이불부, 원이부진[近而不浮, 遠而不盡: 천근하나 부화하지 않고, 유원하여 끝이 없다]'이다. 시가의 형상이 구체적이고, 생동적이며, 생기발랄하여 마치 손으로 만지는 듯함을 '근이불부'라 한다. 나아가 구체적이고, 생동적이며, 감지할 수 있는 형상에 보다 풍부한 의미를 담고 있으며, 표현된 감정을 품고 있으나 드러내지 않으며, 의미는 알지만 말로 전달할 수 없는 것, 독자가 읽으면 읽을수록 더욱 맛을 느끼는 것을 '원이부진'이라 한다.

여기에서 사공도는 하나의 이율배반식 논점을 제기하였다. '천근'하면 쉽게 '부화'하고, '유원'하면 '끝'을 추구하지만, 그는 시인의 창조는 예술적으로 이러한 이율배반을 해결해야 비로소 '근이불부, 원이부진'의 경지에 도달할 수 있다고 생각했다.

사공도는 「여이선생논시與李先生論詩」에서 24연시聯詩를 예로 들어 '근이불부, 원이부진'의 의미를 설명하였다. 물론 이러한 시구들은 수준이 고르지 않아, 어떤 것은 일반적 수준이고, 어떤 것은 대단히 훌륭하다. 예를 들어 "산중에서 얻은 시구인 '언덕이 따스하니 겨울에도 죽순이 올라오고, 솔바람 서늘하니 여름에도 사람이 건강하네.' 맑은 내에 무지개 비추니, 빽빽한 숲속 새는 사람 곁을 스치네.",[23] "어지러운 때에 얻은 시구인 '준마는 낡은 집에서 목숨을 연명하고, 앵무鸚鵡는 짝을 잃었다네.'",[24] "적막함에서 얻은 시구인 '외로운 반딧불 황무지를 날고, 낙엽은 무너진 집에 나뒹구네.'"[25] 등은 확실히 선명한 형상과 무궁한 의미를 지니고 있다. 사공도가 높이 평가했던 왕유王維와 위응물韋應物의 시에는 '근이불부, 원이부진'의 경계에 도달한 시구가 대단히 많다. 왕유의 시구를 예로 들어보기로 한다.

> 「종남별업終南別業」: 물 다다른 곳에 가서 안개가 피어오를 때를 앉아서 기다린다.[26]

> 「망천한거輞川閑居」: 나루터에 석양이 조금 남아 있을 때, 황폐한 마을에 연기만 외로이 피어오르네.[27]

---

23) "得於山中, 則有 '坡暖冬生笋, 松凉夏建人', '川明虹照雨, 樹密鳥沖人'."
24) "得於喪亂, 則有 '驊騮生故第, 鸚鵡失佳人.' "
25) "得於寂寥, 則有 '孤螢出荒地, 落葉穿破屋.' "
26) "行到水窮處, 坐看雲起時."
27) "渡頭餘落日, 虛里上孤雲."

「한강임조漢江臨眺」: 강물은 천지 밖으로 흐르고, 산색山色은 있는 듯 없는 듯.[28]

「전원락田園樂」: 산 아래 외로운 연기 사이로 멀리 마을이 보이고, 하늘가 고원에는 외로운 소나무가 서있고.[29]

「종군행從軍行」: 해 저문 사막 주위에, 연기 피어나는 곳에 전성戰聲만 들리네.[30]

이러한 시구들은 모두 서로 다른 정경을 묘사하고 있으나, 이들의 공통점은 경물이 마치 눈앞에 있는 것처럼 선명하고, 무궁무진한 의미를 품고 있어 사람으로 하여금 단번에 정경이 서로 융화된 경계로 진입하게 만든다. 위응물의 시를 살펴보자.

「추야기구이십이원외秋夜寄邱二十二員外」: 가을밤에 마침 그대가 그리워, 서늘한 밤 산보하며 읊조리네. 텅 빈 산에 솔방울만 떨어져도 그대 분명 잠 못 들겠지.[31]

「저주서간滁州西澗」: 외로운 이름 모를 풀 물가에 피어나고, 위로는 깊은 숲에서 노란 꾀꼬리가 운다. 봄 물 비까지 내려 저녁에도 세찬데, 황막한 나루에 사람도 없는데 배만 일렁이네.[32]

이 두 편의 시는 위응물의 대표작으로 묘사가 한 폭의 깨끗하고 아름다운 그림 같고, 언어는 쉬우나 감정은 깊고, 말을 간단하나 의

28) "江流天地外, 山色有無中."
29) "山下孤煙遠村, 天邊獨樹高原."
30) "日暮沙漠陲, 戰聲煙塵里."
31) "懷君屬秋夜, 散步咏凉天. 山空松子落, 幽人應未眠."
32) "獨憐幽草澗邊生, 上有黃鸝深樹鳴. 春潮帶雨晚來急, 野渡無人舟自横."

미는 심오하여 사람으로 하여금 무한한 연상을 하게 만든다. 이러한 시들이야말로 '근이불부, 원이부진'한 '미외지지'를 가진 우수한 작품이다. 사공도는 「여극포서與極浦書」에서 '운외지치'와 '미외지지'에 대하여 당시의 저명한 시인 대숙륜戴叔倫의 비유를 인용하여 진일보한 구체적 설명을 하고 있다.

대용주戴容州가 "시인의 경물, 예를 들어 남전에 따스한 빛이 비치면, 아름다운 옥이 뿜어내는 연무는 볼 수는 있으나 그것을 자신의 눈앞에 펼칠 수는 없다."라고 말하였다. 물상을 벗어난 물상, 경물을 벗어난 경물을 어찌 쉽사리 언급할 수 있으리오![33]

남전은 남전산藍田山을 말하며, 미옥美玉의 생산지로 유명한 곳이다. "남전에 따스한 빛이 비치면, 아름다운 옥이 뿜어내는 연무"는 영롱한 옥석이 햇빛이 비치면 선명한 빛을 발하는데, 이는 휘황한 빛이 마치 실처럼 감아 올라가는듯한 모습이지만 실제의 연기는 아니기 때문에 바라볼 수는 있어도 가까이 하기는 불가능하다는 것을 말한다. 사공도는 시인 붓끝의 경물은 이러한 옥석이 발하는 빛과 같아 멀리서는 볼 수 있으나 눈앞에서 놓고 실제로 볼 수 없다고 여긴 것이다. 이러한 까닭에 시의 경물과 형상은 '물외지상象外之象', '경외지경景外之景'이 될 수밖에 없다. 전자의 '상象'과 '경景'은 실제적 '상象'과 '경景'이나, 후자의 '상'과 '경'은 허상의, 상상의 '상'과 '경'이다. 사공도는 '의意와 경境이 혼연일치'된 우수한 작품은 후자의

33) 司空圖 「與極浦書」, 『司空表聖文集』卷三, 四部叢刊本. "戴容州云: '詩家之景, 如藍田日暖, 良玉生煙, 可望而不可置於眉睫之前也. 物外之物, 景外之景, 豈容易可譚哉?"

'상'과 '경'이 반드시 있어야 하며, 후자의 '상'과 '경'이 없다면 이는 의경이 존재하지 않음을 강조하였다. 이것이 바로 사공도 '운외지치설'의 핵심이다. 여러 사람들의 주목을 받기에 충분한 그의 시학 저작인 『시품』(비록 지금은 작자에 대한 의문이 남아 있지만)에는 비록 작자의 본의는 시의 어체語體와 풍격風格에 의거하여 24종으로 구분하는데 있었다. 그 24종의 어체와 풍격은 다음과 같다.

'웅휘雄渾', '충담冲澹', '섬농纖穠', '침저沈著', '고고高古', '전아典雅',
'세련洗煉', '경건勁健', '기려綺麗', '자연自然', '함축含蓄', '호방豪放'
'정신精神', '縝密진밀', '소야疏野', '청신淸奇', '위곡委曲', '실경實境',
'비개悲慨', '형용形容', '초예超詣', '표일飄逸', '광달曠達', '유동流動'

그러나 사공도는 여기에서 시의 형식을 가지고 여러 어체와 풍격을 논함과 동시에 여러 곳에서 그의 '운외지치'의 사상을 관철시키고 있다. 즉 이러한 어체와 풍격의 형성에 있어 '운외지치'를 요구한다는 말이다. '충담'의 설명을 예로 들어보자.

> 마주하면 심오해 보이지 않으나 그것에 다가서면 더욱 아련해진다. 혹 형상이 흡사하여 손으로 잡으려하면 이미 어긋난 것이다.[34)]

그 의미는 충담한 풍격과 경계는 마음대로 접할 수 없기에 깊이 탐구할 수 없으며, 우연히 흔적을 찾아볼 수 있으나 눈 깜짝하는 순간에 그 흔적이 사라지고 만다는 것이다. 이는 충담의 풍격이나 의경은 허허실실한 것이라 가까운 것 같지만 실제로는 먼 것인지라

---

34) 何文煥輯, 『歷代詩話』上, 中華書局, 1981, 38쪽.(司空圖, 『二十四詩品』), "遇之匪深, 卽之愈稀. 脫有形似, 把握已違."

그 본질은 바로 '운외지치'이다. 다시 '함축含蓄'에 대한 설명을 살펴보자.

> 한 글자도 드러내지 않았어도, 모든 풍류를 터득한다. 말은 자신과 아무런 연관이 없어도 근심을 감당하지 못하는 듯하다.35)

'함축'의 풍격과 의경에 대해 말하자면 쓴 내용은 너무나 적은듯 하지만 표현되어 나온 내용은 오히려 대단히 많아 마치 꺼낸 말은 우환을 모두 말하지 못한 것 같으나 이를 들어보면 그 슬픔을 감내하기 어려울 정도이다. 의도하지 않은 채 감정을 표현했으나 그 감정은 더욱더 깊다. 여기에도 '운외지치'의 사상이 관철貫徹되고 있다.

3. 순미醇美 - '운외지치'의 이상

사공도는 시미詩味를 대단히 중요한 것으로 여겼으며, 시의 맛을 변별할 수 있는 사람이라야 비로소 시의 우열을 논할 수 있다고 주장하였다. 여기에서 말하는 '미[味: 맛]'이란 풍미風味, 의미意味, 취미趣味, 운미韻味를 모두 지칭한다. 즉 우리가 시를 읽거나 시를 평할 때 시의 '문의文意'만을 알아서는 안 되고, 반드시 시의 '좋은 점', 즉 시의 풍미, 의미, 취미, 운미를 알아야 한다는 것이다. 왕유王維의 「작주여배적酌酒與裴迪」를 한 예로 살펴보자.

> 그대에게 술 권하니 그대는 알게요,
> 인정이란 마치 물결처럼 쉽게 뒤집힘을.

---

35) "不著一字, 盡得風流. 語不涉己, 若不堪憂."

나이 들어 사람을 사귄다는 것은 칼끝을 매만지는 것 같아,
먼저 출세한 사람은 웃으며 관을 튕기지.
풀색이 아직은 옅은데 가랑비가 촉촉이 적셔주고,
꽃가지 움트려 하지만 아직 봄바람이 차갑네.
세상사는 부운과 같으니 뭐 물어볼게 있겠소,
높은 곳에 올라 누워 밥이나 열심히 먹는 게 낫지 않소.[36]

이 시는 왕유가 그의 친구에게 세상일에 간섭하지 말고 세상일을 부운浮雲처럼 보라고 권하는 단순한 내용이지만 사람들로 하여금 깊이 생각하게 만드는 운미韻味가 있다. 즉 "풀색이 아직은 옅은데 가랑비가 촉촉이 적셔주고, 꽃가지 움트려 하지만 아직 봄바람이 차갑네."와 같은 구절에는 보다 깊은 취미趣味가 있는데, 이는 반드시 사색, 음미를 거쳐야 비로 체득할 수 있는 것이다. 사공도가 왕유와 위응물을 높이 평가한 것은 그들의 시가 청담하고, 원대하고, 깨끗할 뿐만 아니라 찾아볼만한 새로운 맛을 지니고 있었기 때문이다.

그렇다면 사공도에게 '운외지치'의 이상은 무엇이었을까? 그는 이를 시의 '순미醇美'라 주장한다. 사공도는 시의 맛을 두 가지로 나눌 수 있다고 생각하였다. 하나는 시의 내미內味이고, 하나는 시의 외미外味이다. 내미란 종영이 강조했던 것이며, 외미란 이전 시인들이 강조했으나 얻지 못했던 것이다. 사공도는 이 '외미'의 극치를 '순미지미醇美之味'라 칭했다. 더욱 중요한 사실은 그는 '순미지미'가 단조로운 '신 맛'에 있는 것도 아니고, 무덤덤한 '짠 맛'에 있는 것이 아니라 '짠 맛과 신 맛'의 밖에 있다고 한 것이다. 송대의 저명한 문학가 소식蘇軾은 사공도의 이러한 사상을 「서황자사시집후書黃子思詩

36) "酌酒與君君自覺, 人情飜覆似波瀾. 白首相知猶按劍, 朱門先達笑彈冠. 草色全經細雨濕, 花枝欲動春風寒. 世事浮雲何足問, 不如高臥且加飯."

集後」에서 대한 대단히 훌륭하게 개괄한 바 있다.

> 당말의 사공도는 험난한 전쟁을 겪었으나 시문은 고아하여 승평承平의 유풍遺風을 가지고 있었다. 그가 시를 논하며 "매실은 시고, 소금은 짜다."고 말했다. 음식에는 소금과 매실이 없으면 안 되지만 그 훌륭한 맛은 짜고 신 맛의 밖에 있다.[37)]

> 민인閩人 황자사黃子思는 경력慶歷, 황우皇祐 연간에 글을 잘 짓는 사람으로 알려졌다. 나는 선배들이 그의 시를 읊는 것을 들을 때마다 매번 가구佳句와 묘어妙語를 얻을 수 있었고, 네 번 정도 반복하면 말하려는 의미를 알 수 있었다. 사공도가 말한 아름다움은 짜고 신 맛의 밖에 있다는 것은 가히 일창삼탄一唱三嘆할 만하다.[38)]

소식은 사공도가 시의 맛과 관련 있는 '신 맛과 짠 맛'의 비유를 "그 훌륭한 맛은 짠 맛과 신 맛의 밖에 있다."라는 말로 개괄하였다. 송대 호자[胡仔: 1110~1170년]는 『초계어은총화苕溪漁隱叢話』에서 소식과 사공도가 처음 한 말은 서로 차이가 있으나 "무릇 소식이 윤식을 가한 말이 간략하지만 보다 타당하다."[39)]고 지적하였다. 이 말은 사공도가 말한 '운외지치', '미외지지'는 일종의 '순미'로 존재하며, 시의 제재에 포함된 내용 안에 자리하는 것이 아니라 제재를 초월한 유원한 맛에 있다는 것이다. 시 한 수가 시의 '내미'만을 가지고 있

37) 蘇軾, 『書黃子思詩集後』, 『蘇軾文集』五, 孔凡札點校, 中華書局, 1996, 2124쪽. "唐末司空圖崎嶇兵馬之間, 而詩文高雅, 猶有承平之遺風. 其論詩曰: '梅止於酸, 鹽止於鹹, 飮食不可無鹽梅, 而其美常在鹹酸之外.'"

38) 같은 책 2125쪽. "閩人黃子思, 慶歷, 皇祐年間號能文者, 予嘗聞前輩誦其詩, 每得佳句妙語, 反復數四, 乃識其所謂. 信乎表聖之言, 美在鹹酸之外, 可以一唱三嘆."

39) "蓋東坡潤色之, 其語遂簡而當也."

는 것으로는 부족하고, 반드시 시의 '외미', 즉 '운외지치'와 '미외지미'를 지녀야 비로소 맛을 보면 볼수록 맛있는 경계를 지니게 되어 우수한 시의 표준에 도달할 수 있다. 그렇다면 어떻게 해야 '운외지치', '미외지지'에 도달할 수 있을까? 이는 반드시 작자의 추구와 독자의 노력이라는 두 방향에서 진행되어야 한다.

4. '전미위공全美爲工' – '운외지치韻外之致'의 필요조건

사공도는 그의 '운외지치'와 '미외지지'를 논할 때 이미 이것의 예술적 요구가 시인의 예술 창조 문제일 뿐만 아니라 독자의 해독 문제이기도 하다는 점에 주의하였다. 독자가 시를 읽을 때 오로지 시의 '문의'만을 구하면 불가능하고, 반드시 '운외', '미외', '상외', '경외'를 바탕으로 시가 지닌 언외言外의 여미餘味를 이해해야 한다. 이것이야 말로 진정한 '연독[研讀: 연구하는 독해]'이라 하겠다. 사공도는 "맛을 분별할 수 있은 연후에 시를 말할 수 있다."[40]는 주장 이외에 「제류주집후題柳州集後」에서 다시 "방금 화하華下 유씨柳氏의 시를 읽었는데, 그 시의 심오한 극치를 맛보니 또한 심원하더라."[41]라고 하였다. 이 말은 시의 독자가 자신의 예술적 감수성을 통해 시인이 창조한 심원한 의미를 체득했다는 것이다. 그의 '상외지상', '경외지경' 주장과 연관되어 있는 뒷부분의 '상'과 '경'은 필연적으로 독자의 심미적 상상 범위 내에 있다. 왕유의 「송별送別」을 예로 들어 설명하기로 한다.

40) 「與李生論詩書」, "辯於味而後可以言詩"
41) "今於華下方得柳詩, 味其深搜之致, 亦深遠矣."

말에서 내려 그대와 술을 권하면서,
어디로 가느냐고 물었지요.
그대는 뜻대로 되지 않아,
남산으로 내려가 쉬려 한다 했지요.
가시오, 다시는 묻지 않겠소,
흰 구름 걷힐 날이 없으니까요.[42)]

이 시에 있어 앞의 4구는 한 눈에 쏙 들어오는 느낌이나, 앞의 4구는 5, 6 두 구의 조건을 만들어 독자들로 하여금 "흰 구름 걷힐 날이 없으니"에서 시인이 쓰지도 않은 많은 '미외지지'를 상상하게 만들며, 독자들은 아마도 세속의 모든 것이 홀연히 왔다가 순식간에 사라지며, 산의 백운白雲만이 무궁무진하기에 자신의 영원한 반려자라 상상할 수도 있을 것이다. 아마도 당신이 '부득의不得意'할 때도 백운이 떠다니는 곳에 가까이 가는 게 좋을 것이다. 이는 사람의 순수한 생활 방식의 일종이다.

사공도의 '운외지치'와 '미외지지'설은 중국 시학의 핵심 이론인 의경설意境說의 중요한 구성 성분으로 후대 시학에 오랜 기간 지속적으로 영향을 미쳤다.

영향을 지닌 모든 이론은 항상 모종의 진리의 맹아를 파악하고 있으며, 설사 당시에는 직각성의 감상에 불과하더라도 언젠가는 새롭게 발견한 진리와 '은밀히 합치'된다. 사공도의 '운외지치설' 역시 이와 마찬가지다. 이 역시 당시에는 일종의 정확하지도 명확하지도 않은 것이었으나, 지금에 와서 보면 이는 현대심리학의 한 유파인 게슈탈트(Gestalt) 심리학의 기본사상과 완전히 일치한다. 사공도는

42) "下馬飮君酒, 問君何所之. 君言不得意, 歸臥南山陲. 但去莫復問, 白雲無盡時."

「여이선생논시서與李先生論詩書」에서 자신의 '운외지치', '미외지지'설을 '전미위공全美爲工'으로 귀결시켰는데, 그 의미는 시는 정체의 아름다움이 필요한 것이며, 가도賈島처럼 개별적인 '경구警句'의 아름다움만을 추구하는 것에서 벗어나야 비로소 '미외지지'를 이해할 수 있다고 여겼다. 이는 게슈탈트 심리학 기본 개념에서도 밝힌 바 있다. 게슈탈트 심리학은 오스트리아의 심리학자인 에렌펠스(C. V. Ehrenfels)가 1980년에 처음 제기한 '형상의 본질(Gestalt qualitat)'이라는 가설에서 시작되었다. 그 주요 내용은 사물의 정체는 부분의 총화보다 크기에 정체가 바로 게슈탈트이며, 게슈탈트의 '절대 자극치'는 결코 부분의 총화의 자극과 동일하지 않으며 이보다 크다는 것이다. 예를 들어 한 악곡이 6개의 음으로 만들어졌다고 가정한다면 이 악곡은 6개음의 간단한 조합을 초월하여 이미 형상의 본질을 획득하여, 6개음의 본질을 벗어난 새로운 본질을 지니게 된다는 것이다. 이러한 사상은 바로 정체의 개념에서 착상한 것으로 원소론과는 다르며, 이미 합당한 이치가 있다는 사실이 증명되었다. 사공도의 '운외지치'와 '미외지지' 역시 실제상으로는 '형상의 본질'을 지칭한다 하겠다. 사공도는 한 수 시의 성공 여부는 개별적 '경구'에 달려 있는 것이 아니라 시의 정체整體에 달려 있으며, 정체의 아름다움이 있어야 비로소 각 구절의 의미보다 큰 '운외지치', '미외지지', '상외지상', '경외지경'에 의해 결정된다고 주장하였다. 앞서 언급했던 왕유의 「송별」을 만일 고립적으로 보거나, 분할해서 본다면 매 구의 한정적 의미는 알 수 있지도 모르지만 새로운 의미를 찾아낼 수는 없을 것이다. 그러나 이 시의 정체를 보고, 이를 하나의 '게슈탈트'로 간주한다면 새로운 본질, 즉 '미외지지'가 저절로 들어날 것이다. 소위 '상외지상', '경외지경' 뒷부분에 자리한 '상'과 '경'이 바로 시가의 '게슈탈트'가 만들어낸 새로운 '본질'이다.

5. '변미언시辨味言詩'와 독자의 심미 체험

'운외지치', '언외지지', '상외지상', '경외지경'은 결코 언어와 성운에 자리하지 않으며, 독자의 심미 체험 속에 존재한다. 사공도는 비록 현대 이론의 여러 지식을 지니지는 않았으나, 그의 "맛을 분별할 수 있은 연후에 시를 말할 수 있다"[43]는 주장을 통해 본다면 그는 독자의 '맛의 분별' 활동이 없다면 '운외지치' 등은 결코 만들어 질 수 없다는 것을 정확히 알고 있었다.

현대 이론은 우리에게 실제적 대상에 대한 지각과 심미 대상에 대한 심미 체험이 서로 다르다고 말한다. 우리가 문학 작품을 마주하면 완전히 다른 두 가지 처리 방식을 사용하게 된다.

첫 번째는 순수 인지의 태도로 작품을 대하는 것이다. 이 방식으로 작품을 읽는 것은 지식 획득을 목적으로 하는 것이지 정감의 유쾌함을 획득하고자 하는 것이 아니다. 이러한 상황 속에서 우리는 문학 작품에서 몇몇 문학비평가의 예상을 벗어난 결론을 얻을 수도 있을 것이다. 예를 들어 우리가 『홍루몽紅樓夢』을 '백과전서百科全書'로 간주하여 읽는다면, 우리는 임대옥林黛玉의 병을 연구하게 될 것이다. 우리가 의료 상식을 가지고 있다면 그녀가 폐결핵에 걸렸다는 사실을 알 수 있을 것이다. 18세기에는 그 어떤 약도 그녀의 병을 고칠 수 없었기에 그녀가 결혼하는 것이 합당하지 않다고 생각할 수도 있을 것이고, 가보옥賈寶玉이 그녀와 연애를 하지 말아야 한다고 생각할지도 모른다. 왜냐하면 이러한 결혼은 실패할 것이 운명적으로 정해졌기 때문이다. 이러한 순수 인지의 독서에서는 그 어떤

43) 「與李生論詩書」, "辯於味而後可以言詩"

'운외지치', '상외지상', '경외지경'을 논할 수 없다.

두 번째는 심미적 태도로 독서하는 것이다. 이러한 독서는 정감의 유쾌함을 위한 독서이지, 지식의 획득을 위한 독서가 아니다. 이러한 상황에서 우리는 문학 작품 속 지식의 진위眞僞를 구분하지 않아도 되고, 사실인지, 상상인지를 논할 필요도 없다. 보다 중요한 것은 정감의 관조를 통해 획득한 미감美感이다. 예를 들어 임대옥과 가보옥의 연애에서 우리는 봉건예교의 압박 속에서 사상적 속박을 벗어나 진정으로 사랑하는 모습을 정말로 아름답다고 생각할 것이다. 그들의 애정이 실패로 돌아가는 비극적 사랑은 우리의 동정, 감격, 눈물을 이끌어 낼 것이다. 이때 우리는 예술적 향수享受를 획득하게 된다. 그러나 이러한 예술적 향수는 『홍루몽』이라는 책이 주는 것이 아니다. 책은 종이와 여기에 인쇄된 문자의 산물에 지나지 않는다. 『홍루몽』은 일종의 수단으로 존재할 뿐이다. 만일 독자의 '맛의 감별'활동이 없다면 작품은 그저 죽은 사물일 뿐이다.

폴란드의 저명한 미학가 잉가르덴[Roman Ingarden: 1893~1970년]은 일찍이 독자의 인식 활동과 심미 체험의 차이점에 대하여 다음과 같은 예를 들었다.

> 파리에 도착하여 모든 사람들이 알고 있는 큰 대리석으로 만든 '비너스'를 보았다. 이 대리석의 많은 성질은 심미 경험에 도움이 되지 않으며, 오히려 이러한 심미 경험의 실현에 장애가 된다. 이런 이유에서 우리는 대리석의 속성들을 그냥 넘겨 버린다. 예를 들어 비너스의 콧등에 얼룩이 있거나, 혹은 가슴 부위에 물의 침식으로 인해 만들어진 얼룩, 구멍, 패인 자국 등이 있다면 작품에 대한 심미 감각에 방해가 될 것이다. 우리들의 심미 경험 속에서 이 대리석의 특수한 성질을 등한시할 수 있으며, 아마도 전혀 대리석을 바라

보지도 않을 것이다. 이와 반대로 우리가 조각의 콧등에 아무런 하자도 없고, 가슴 부위도 매끄럽고, 모든 구멍이 다 메워지고, 게다가 예쁜 유두乳頭(실제로 이 조각의 유두는 이미 훼손되었다.) 등이 있다면 우리의 '사상', 심지어 일종의 특수 지각의 반영 속에서 대상의 이러한 세세한 부분이 보충된다면 주어진 조건하에서 심미 '인상印象'의 가장 좋은 조건을 조성할 수 있다. 보다 명확히 말하자면 우리가 우리 미적 대상의 형상에 보충시킨 세세한 부분은 특정 조건 속에서 나온 심미 가치를 완전히 드러나게 한다.[44)]

잉가르덴은 다음과 같이 결론 내렸다.

어찌되었든 이상의 언급은 공교롭게도 이러한 상황에서 사람들이 만들어낸 것은 모두 하나의 돌덩어리 혹은 한 진짜 여인에 대한 단순한 지각이 아니며, 이러한 간단한 지각은 단지 어떤 특수한 심리 활동의 기초이며, 이러한 심리 활동은 결국 우리를 심미 대상인 비너스로 이끌어 간다는 것을 증명한다. 이와 상응해서 심미 대상은 그 어떤 실제 대상과도 일치하지 않는다. 우리는 그저 어떤 특수한 방식으로 형성된 실재 대상을 가지고 심미 지각의 기점을 구성하고, 구성된 어떤 심미 대상은 형성된 기초, 일종의 지각知覺 주체主體가 채용한 합당한 태도에 의지할 뿐이라고 말할 수 있을 뿐이다."[45)]

---

44) R. 잉가르덴, 『審美經驗與審美對象』, 『當代美學』, 光明日報出版社, 1996, 286쪽. "到過巴黎, 見過名叫'維納斯'的那塊大理石的人都知道, 這塊大理石的許多屬性不盡不能有助於審美經驗, 反而會妨碍這種經驗的實現. 爲此我們總是忽略它們. 例如'維納斯'鼻粱上一塊污痕, 或它的胸脯上可能是由於水的侵蝕而産生的許多粗斑.空穴, 水孔等等, 就會有碍於對它的審美感覺. 在我們的審美經驗中, 我們會忽略這塊大理石這些特殊的性質, 好像根本沒有看到它們. 相反, 我們似乎看到了它的鼻粱毫無瑕疵, 胸脯平滑, 所有的洞穴被填上, 還有完好的乳頭(實際這乳頭已經壞掉了)等, 在我們的'思想中, 甚之在一種特殊知覺的反映中補充了對象的這些細節, 使其在給定的條件下出現的審美價値完全展示出來."

45) 같은 책, 289쪽. "不管怎麽說, 以上恰好證明了在這種情況下, 人們産生的都不是對一塊石頭或一個眞實的女人的簡單知覺, 這種簡單知覺只是某種特殊的心理活動的基礎, 這些心理活動最終把我們引向作爲審美對象的'維納斯'. 相應地, 審美對象就

우리는 사공도가 시를 '운내'와 '운외'로 나누었으며, 이를 독자의 입장에서는 시를 '실제대상'과 '심미대상'으로 나눌 수 있다고 말할 수 있을 것이다. '운내'란 문자, 언어, 운율 및 내용을 말한다. 예를 들자면 "行到水窮處, 坐看雲起時."의 시구에서 열 개의 문자, 열 개의 소리, 전후 두 개의 대구, "물 다다른 곳에 가서 안개가 피어오를 때를 앉아서 기다린다."는 의미를 말한다. 이는 '운내'이자, 실제 대상이기에 인식 활동의 대상에 속한다. '운외'의 의미는 앞서 예로 든 두 개의 시구가 우리들로 하여금 문자 이외의 의미를 음미하게 하는 것, 즉 생활의 길은 끊임없다거나, 마치 더 이상 갈 길이 없다거나, 좁은 길 하나를 제시하거나, 심지어는 보다 더 아름다운 길, 마치 육유陸游가 나중에 쓴 "궁벽한 산자락 물이 다한 곳에 길이 없을 거라 생각했으나, 양류 그늘 아래 활짝 핀 꽃을 지나니 또 마을이 있네."[46]와 같은 것이다. 이것이 바로 '운외'이며, 심미 대상이며, 심미 활동의 대상이다. 사공도의 '운내'와 '운외'의 구분은 실제로는 실제 대상과 심미 대상을 구분한 것임을 쉽게 알 수 있다.

보다 중요한 부분은 "나는 시의 맛을 변별한 다음에야 비로소 시를 논할 수 있다고 생각한다."[47]는 서술이다. 이 서술에는 '변미'할 수 있으면 시를 논할 수 있으나 '변의[辨意: 언어, 문자 의미 분석]'만으로는 시를 논할 수 없다는 두 가지의 의미가 숨어 있다. '변미'는 심미 활동이며, '변의'는 인지 활동이다. '변의' 활동은 문자, 언어와 마주할 뿐이며, '변미' 활동의 기점일 뿐이다. '변의' 활동은 왕왕 어

不同於任何實際對象: 我們只能說, 某些以特殊方式形成的實在對象構成了審美知覺的起點, 構成了某些審美對象賴以形成的基礎. 一種知覺主體採取的恰當態度的基礎."

46) "山窮水復疑無路, 柳暗花明又一村"

47) "愚以爲辨於味, 而後可以言詩也."

떤 한 점에만 국한되기에 확정적인 것이다. 오로지 ‘변미’ 활동 속에서만 독자는 진정한 시와 마주할 수 있다. 이 때 시는 이미 문자와 언어에 의해 제한받지 않으며, 본래의 의미를 초월할 수 있으며, 시 내용의 광활한 공간으로 나갈 수 있다. 당연히 여기에서의 관건은 독자의 태도, 수양, 예술 상상력 등이다. 독자가 ‘변미’할 수 있어야 단순한 ‘변의’에서 벗어난 진정한 심미적 감상이 형성된다. 이것이 바로 사공도의 “시의 맛을 변별한 다음에야 비로소 시를 논할 수 있다”는 언급이 우리에게 주는 계시이다.

사공도의 ‘운외지치’, ‘언외지지’, ‘상외지상’, ‘경외지경’ 이론의 핵심은 문학 작품을 일종의 표리가 서로 연관된, 허실이 서로 결합된 구조로 간주하는 것이다. 이러한 구조는 독자가 작품을 읽는 과정에서 ‘발효’를 일으켜, 결국 심미 대상을 획득하고, 심미 체험을 만들어 낸다. 독자는 심미적 독서 속에서 자유롭게 작품의 어떤 내용을 강조할 수도 있고, 작품의 어떤 내용을 소홀히 할 수도 있어야 황홀한, 끝없는 의미를 지닌 예술 세계로 진입할 수 있다.

제10 장

엄우嚴羽 문학이론 독해

송대宋代 시인들은 대단히 준엄한, 심지어는 너무나 '불행한' 상황에 빠져들었다고 말할 수 있다. 당대 수백 년 간, 중국 시가는 이미 전성시대를 거치며 최고 수준에 도달하였다. 근체시 형식이 완전하게 갖추어졌고, 고체시는 시인들에 의해 자유자재로 운용되었다. 당대의 시인들은 찬란한 별처럼 많았고, 시인들의 빼어난 작품과 시구는 백화만발한 자태를 뽐냈다. 후대인의 시각에서 본다면 모든 감정의 표현은 최고조에 달했고, 모든 경계는 가장 왕성하게 표현되었으며, 모든 예술 수단은 최고의 경지에 올라섰다고 말할 수 있을 것이다. 시가에 관한 모든 것은 당대의 시인들에 의해 모두 사용되어 후대인들에게는 조그마한 공간도 남겨주지 않은 것처럼 보인다.

송대 시인 왕안석[王安石: 1021~1086년]은 "세간의 좋은 말은 이미 두보가 다 말했고, 세간의 세속적 언어는 이미 백거이가 모두 다 말했다."[1]라고 경탄하였다. 모든 것이 이미 당대의 시인에 의해 사용된 상황에서 송대 시인들은 커다란 압박을 피할 수 없었다.

---

1) 王安石, 『陳輔之詩話』, "淸風明月常有光景常新條, 世間好語言, 已被老杜道盡, 世間俗語言, 已被樂天道盡."

1. 송대 시학의 두 노선

송대의 시인과 시학 이론가들은 계속 시가 창작의 새로운 출로를 모색해야만 했다. 송대 시학의 전체를 종합적으로 살펴보면 송대 시학 이론가들은 당시의 시인에게 완전히 다른 두 개의 시학 노선을 제시하였다. 하나는 소식蘇軾을 대표로 하는 '천성天成', '자득自得', '초월超越'의 노선이다. 이 노선의 시가 창작 원칙은 자신의 마음으로 얻은 것을 표현하고, 공리득실을 배제하고, 심미적 정신으로 자연스럽고 평담한 경계에 도달해야 한다는 것을 강조한다.(소식의 시학 사상은 대단히 복잡하기에 여기서는 그 경향만을 언급한다.) 다른 하나는 황정견黃庭堅을 대표로 하는 강서시파江西詩派로, 당대 문학 유산 학습을 강조하는 노선이다. 황정견은 당대 최고의 시인은 두보이며, 두보의 시는 "모든 글자에 전고가 있다."[2]고 주장하였다. 이러한 이유에서 시작에 있어서 반드시 '환골탈태換骨奪胎'의 조예造詣가 있어야 한다고 주장하였다. 이 노선의 시가 창작의 원칙은 전대 시가 예술의 유산을 충분히 흡수해야 한다는 것이다. 황정견을 대표로 하는 강서시파가 '조작할 수 있다는' 시학 이론 노선을 제시하자, 북송에서 남송에 이르는 200년간 수많은 시인들이 그 영향을 받아 강서시파 행렬에 가담했으며, 심지어는 우수한 시인이었던 육기陸游, 양만리楊萬里도 초기에는 강서시파의 영향을 받았다.

강서시파 가운데 황정견, 진사도陳師道, 진여의陳與義와 같이 뛰어난 시인들은 송시 발전에 공헌한 바 크기 때문에 강서시파 전체를 평가함에 있어 공정하고 신중하게 접근해야한다는 사실을 반드시 알아야 한다. 그러나 당시는 물론 지금에 있어서도 강서시파의 이론

2) "無一字無來處"

과 실천에 대해서는 쟁의爭議가 있는 것도 사실이다. 남송·금·원 시대에 소식의 시학 노선을 추종하여 '자득自得'과 '천성天成'의 시가 창작을 선양하면서, 강서시파의 이론과 작법을 비판했던 인물로는 '독창獨創'을 주장했던 남송의 강기姜夔, '자득'을 주장했던 금대의 왕약허王若虛, 금대와 원대에 '이성위본以誠爲本'을 주장했던 원호문元好問 등이 있다. 이들은 모두 강서시파의 이론 및 작법에서는 취할 것이 없다고 비판하였다. 그러나 진정으로 소식의 창작 사상을 계승하고, 동시에 새로운 국면을 열고, 선학사상을 가지고 유력한 논쟁을 벌이고, 후대에 커다란 영향을 미친 인물은 바로 엄우嚴羽였다. 그의 비판이 유력할 수 있었던 이유는 강서시파 말류의 유폐를 비판하면서 강력한 영향력이 있는 몇 가지 시가 학설을 제시했기 때문이다. 이것이 바로 그가 탁월했던 이유이다. 이후로 그의 이론에 반대했던 사람도 있고, 그의 이론을 찬양했던 인물도 있었으나, 그의 영향력은 실로 컸다.

2. '참선參禪'과 '이선유시以禪喩詩'

엄우의 자는 단구丹丘, 의경儀卿이며, 복건福建 송흥紹武 출신이며, 자호는 창랑포객滄浪逋客이다. 생졸은 정확하게 알려져 있지 않으나, 학자들의 연구에 의하면 소희紹熙3년(1192년) 전후에 태어났으며, 이종理宗 순우淳祐 연간(약 1246년경) 전후에 사망했다고 한다.[3] 이 무렵 남송은 북방 강적과의 대치, 내부 분란으로 곤란한 상황에 처해 있었으며, 사회는 암흑에 휩싸였고, 백성들은 고난에 허덕였다.

---

3) 張少康, 劉三富, 『中國文學理論批評發展史』, 北京大學出版社, 1995, 101쪽.

엄우의 가장 중요한 저작은 『창랑시화滄浪詩話』다. 송대에 쓰인 100여 부의 시화 가운데 체계가 가장 정밀하고, 이론적 깊이도 가장 깊어 후대의 영향력이 가장 컸다. 이에 뤄건저羅根澤는 『창랑시화』를 송대 시화의 '거벽巨擘'이라 불렀다.[4] 『창랑시화』는 「시변詩辨」, 「시체詩體」, 「시법詩法」, 「시평詩評」, 「고증考證」과 부록인 「답출계숙임안오경선서答出繼叔臨安吳景仙書」 6부분으로 구성되어 있다. 이 가운데 가장 이론적 가치가 높은 것은 「시변」이다.

『창랑시화』의 최대 특징은 '이선유시[以禪喩詩: 선으로 시를 설명하다]'이다. '이선유시'는 엄우가 『창랑시화』에서 처음 제기한 것은 아니며, 선경禪境으로 시경詩境을 비유한 것은 당대부터 이미 시작되었다. 일례로 백거이의 「강루야음원구율시江樓夜吟元九律詩」의 한 구절을 인용해본다.

> 귀신의 소리는 마치 우는듯하고, 어룡의 소리는 마치 선경의 소리 같다.[5]

이외에 당대 시승詩僧 교연皎然의 「답유교서동야答俞校書冬夜」에도 다음과 같은 시구가 있다.

> 달빛이 아름다운 옥에 산란하면, 그대에게 선경禪境을 보여준다. 참된 생각은 아득한 곳에 있으나, 떠오른 생각은 그림자에 나타나 있다.[6]

교연의 『시식詩式』에서는 이미 불학의 개념을 가지고 시의 창작, 감상의 해법을 찾았다. 북송에 이르러 시를 배우는 것은 참선을 하

---

4) 羅根澤, 『中國文學批評史』三, 上海古籍出版社, 1984, 245쪽.

5) "神鬼聞如泣, 魚龍聽似禪"

6) "月彩散瑤璧, 示君禪中境. 眞思在杳冥, 浮念寄形影."

는 것과 같다는 주장이 유행하기 시작하였다. 소식의 「야직옥당휴이지의단숙시백여수독지야반서기후夜直玉堂携李之儀端叔詩百餘首讀至夜半書其後」를 예로 들어본다.

> 잠시 좋은 시를 빌어 긴 밤을 보내다 보면, 매번 좋은 시구를 접하는 것은 참선하는 것과 같다.[7]

이는 시 감상에 있어서의 시경詩境과 선경禪境을 비교한 것이다. 후에 오가吳可는 '참선'과 '학시學詩'의 유사한 특징을 분명하게 지적한 바 있다. 그의 『장해시화藏海詩話』에 「학시시學詩詩」 3수에 다음과 같이 언급이 있다.

> 시를 배우는 것은 선을 배우는 것과 같아,
> 대나무 책상에 버들 방석 깔아두면 세월을 알 수 없더라.
> 그저 스스로 알 때를 기다리지만,
> 한가할 때를 기다리다 집어보니 더욱 초연하더라.
>
> 시를 배우는 것은 선을 배우는 것과 같아,
> 머리위에 머리를 두듯 별반 발전이 없는 것은 전할 길 없더라.
> 두보의 범주를 벗어나야지,
> 장부의 기개는 하늘을 질러야하니.
>
> 시를 배우는 것은 선을 배우는 것과 같아,
> 자고로 깨달음을 이룬 것이 그 얼마나 되었던가?
> 봄날의 풀, 가을의 연못 같은 시구가,
> 경천동지하면서 오늘날까지 전해오지 않느냐.[8]

---

7) "暫借好詩消永夜, 每逢佳句輒參禪."

이외에 강서시파의 대표인 황정견의 저작에도 '오입悟入', '신회神會' 등의 주장이 있는데, 이것 역시 참선과 연관이 있다. 그의 제자였던 범온范溫이 지은 『잠계시안潛溪詩眼』에서도 여러 차례 '오입'을 언급하였다. 예를 들어 "문장을 이해하는 것은 응당 선가禪家에 오문悟門이 있는 것과 같다. 범문法門에는 커다란 차별이 있기에 반드시 스스로 변하는 것을 오입이라 하며, 고인의 문장에 있어 반드시 하나의 깨달음이 있으면 다른 기묘한 것과 소통할 수 있다."[9], "고인의 학문에는 각기 마음에서 얻은 바가 있기에 이는 마치 선종의 오입과 같으며, 황정견의 오입은 시에 있으며, 그 시작이 이처럼 오묘했기에 일가의 학설을 이룰 수 있었고, 적절히 첩경을 찾아내 길을 만들었다. …"[10] 등이 있다. 앞서 언급한 '참선', '오입' 등은 단지 시의 학습과 참선 모두가 깨달음이 필요하다고 말한 것으로 시와 선의 방법상에 있어 유사한 점이 있으나 결코 참선과 시의 학습을 진지하게 연계하여 논의한 것은 아니다.

엄우의 『창랑시화』에서 선으로 시를 논함에 있어 앞의 주장과 다른 점이 있다. 엄우는 단순히 시경詩境과 선경仙境의 유사점, 시학詩學과 참선參禪의 몇몇 방법적 특징조차 비교하지 않았다. 그의 목적은 시와 선의 유형별 비교를 통해 시와 선의 본질이 상통하고, 시가 창작과 참선의 과정이 상통한다는 것을 암시하는 것에 있다. 그가 선을 통해 시를 논한 내용은 명확히 정곡을 찌르고 있다. 아울러 '별

---

8) "學詩渾似學參禪, 竹榻蒲團不計年. 直待自家都了得, 等閒拈出便超然. 學詩渾似學參禪, 頭上安頭不足傳, 跳出少陵窠臼外, 丈夫志氣本沖天. 學詩渾似學參禪, 自古成圓有幾關, 春草秋塘一句子, 驚天動地傳至今."

9) "識文章者, 當如禪家有悟門. 夫法門百千差別, 要須自一轉語悟入, 如古人文章, 直須先悟得一處, 乃可通其他妙處."

10) "蓋古人之學, 各有所得, 如禪宗之悟入也, 山谷之悟入在韻, 故開闢此妙, 成一家之學, 宜乎取捷徑而逕造也. …"

재설別材說', '별취설別趣說' '흥취설興趣說'과 '묘오설妙悟說'을 제기하여 송시의 병폐를 지적함과 동시에 시학의 발전을 도모하였다.

3. 시가 제재론 '별재설別材說'

앞서 언급한 바와 같이 송대의 시인들은 자각적이든 비자각적이든 어떻게 당시唐詩를 학습하고, 이를 뛰어넘을 것인가 하는 난관에 직면해 있었다. 당연히 송시는 북송과 남송을 거치면서 몇 몇 특징을 형성하였다. 그 가운데 가장 중요한 특징은 재학才學과 의론議論을 시에 집어넣는 것이었다. 이는 분명 송시를 한 단계 발전시킨 면도 있기에 어떤 사람들은 이를 긍정하였으나 엄우는 이에 대해 부정적 태도를 견지하였다. 그는『창랑시화』에서는 다음과 같이 지적하였다.

> 근대에 들어와 제공諸公들은 기묘한 어구를 따져 좋은 시의를 얻으려 하였으나, 결국에는 산문으로 시를 짓고, 재학才學으로 시를 짓고, 의론으로 시를 지었다. 세련되지 않은 것은 아니지만 고인들의 시에는 미치지 못한다. 무릇 일창삼탄一唱三嘆의 훌륭한 시에는 비견할 바가 아니다. 또한 전고의 사용에만 힘쓰며 흥치興致는 불문에 붙였다. 사용한 글자마다 전고가 있고, 압운에도 출처가 있어 아무리 반복해 읽어도 그 의미를 알 수 없다. 말류末流의 작품은 심지어 시끄럽게 떠들거나, 분노만을 드러내니 충성스럽고, 중후한 기풍과는 거리가 멀어 거의 욕으로 시를 지은 것이나 다름없다. 시가 이 지경에 이르면 가히 재앙이라 하겠다.[11]

---

11) 郭紹虞校釋,『滄浪詩話校釋』, 人民文學出版社, 1962, 24쪽. "近代諸公乃作奇特解會, 遂以文字爲詩, 以才學爲詩, 以議論爲詩. 夫豈不工, 終非古人之詩也. 蓋於一唱三嘆之音, 有所歉焉. 且其作多務使事, 不問興趣. 用字必有來歷, 押韻必有出處, 讀之反復終篇, 不知着到何在. 其末流甚者, 叫噪怒張, 殊乖忠厚之風, 殆以罵詈爲詩. 詩而至此, 可謂一厄也."

여기에서 엄우는 “산문으로 시를 짓고”, “재학으로 시를 짓고”, “의론으로 시를 짓고” 세 구절을 가지고 비교적 정확하게 당시 문풍을 개괄하였다. 그러한 연후에 엄우는 이러한 시가들이 설사 아무리 공교하더라도 ‘일창삼탄’의 작품에 미치지 못하고, ‘흥취’가 결핍된 채, 오로지 전고의 사용에만 매달리거나, 혹은 떠들거나, 분노만을 드러내니 결국 시가의 심미적 품격을 상실하고 말았음을 지적하였다. 당연히 엄우 역시 송대의 시인들이 당대의 시인들에게 배운 몇 가지 점을 긍정하여 “소동파와 황정견에 이르러 자신의 뜻을 가지고 시를 지었다.”[12)]라고 말하고 있다. 그러나 이 언급이 소동파, 황정견을 긍정한 것인지, 아니면 이들을 비판한 것인지는 더 논의할 필요가 있다. 실제로 엄우는 황정견을 대표로 하는 주류 시파에 대하여 부정적 태도를 보인 바 있다. 엄우와 황정견은 근본적 입장에서의 시란 무엇인가? 즉 시의 본질은 무엇인가? 라는 문제에 대한 인식의 차이가 있다. 엄우의 사상은 ‘시언지’와 ‘시연정’의 전통을 뛰어 넘었다. 그는 분명하게 ‘지’와 ‘정’ 두 글자에서 시詩와 비시非詩, 문학文學과 비문학非文學의 구별 역시 찾아낼 수 없었다. 엄우의 입장에서 본다면 ‘언지’와 ‘연정’에서는 시가 시가 되는 기준을 찾기 어려웠기 때문일 것이다. 그러나 송시는 발전과정에서 한 걸음 더 나아가 ‘언지’와 ‘연정’를 부풀려 “산문으로 시를 짓고, 재학으로 시를 짓고, 의론으로 시를 지었다.” 더구나 강서시파의 말류들은 오로지 전대의 서적 중에서 글을 구걸하였기에 완전히 시의 본지本旨를 상실하였으며, 나아가 시와 비시의 경계를 모호하게 만들었다. 엄우는 이러한 정황을 비판하면서 『창랑시화』에서 ‘별재別材’와 ‘별취別趣’의 문제를 제기하였다.

12) “至東坡, 山谷始自出己意以爲詩.”

> 무릇 시에는 특별한 재능(제재)이 있어야 하는데, 이는 책과는 관련이 없다. 시에는 특별한 정취가 있는데, 이는 이치와는 관련이 없다. 그러나 책을 많이 읽고, 많이 궁리하지 않으면 (시의) 지극함에 이를 수 없다. 이른바 '이론의 길을 걷지 않고, 말의 구속에 빠지지 않은 시'를 상급이라 할 수 있다. 시는 성정을 읊어 노래하는 것이다. 성당의 시인은 흥취에 있어 영양羚羊이 나뭇가지에 뿔을 걸어두자 모습을 구분할 수 없는 경지에 도달하였다. 따라서 그 묘처妙處는 밝고 영롱하여 하나로 모을 수 없어 마치 공중의 소리, 물상의 색, 물에 비친 달, 거울에 비친 모습과 같아 말로는 표현을 다했으나 그 의미는 무궁한 것과 같다.[13)]

엄우는 위의 단락에서 처음으로 '시유별재[詩有別材: 시에는 특별한 재능(제재)이 있다]'의 논점을 제기하였다. 이 '별재설'에 관하여 역대로 두 가지 서로 다른 해석이 있었다.

첫째, '별재別材'의 '재材'를 '재[才: 재주]'로 해석하는 견해. 이러한 해석에 의하면 '별재'는 시인이란 특별한 재주를 지닌 사람이라는 의미이다. 시인과 학자는 근본적인 차이를 가지고 있다. 시가는 성정을 읊어 노래하는 것이기에, 성정 속에 시정화의詩情畵意를 지니고 있는 사람만이 시인이 될 수 있다. 만일 성정 속에 시정화의를 지니고 있지 않은 사람은 독서를 많이 하고, 문제에 대해 많은 견해를 가지고 있어 학자는 될 수 있더라도 결코 시인이 될 수는 없다. 비록 시인이 많은 독서를 하면 도움이 될 수는 있으나 독서, 학문은

---

13) 郭紹虞校釋, 『滄浪詩話校釋』, 人民文學出版社, 1962, 23~24쪽. "夫詩有別材, 非關書也; 詩有別趣, 非關理也. 然非多讀書, 多窮理, 則不能極其至. 所謂不涉理路, 不落言筌者, 上也. 詩者, 吟咏性情也. 盛唐諸人惟在興趣, 羚羊掛角, 無迹可求. 故其妙處透徹玲瓏, 不可湊泊, 如空中之音, 相中之色, 水中之月, 鏡中之象, 言有盡而意無窮."

시인의 가장 기본적 조건은 아니다. 엄우는 『창랑시화』에서 대단히 설득력 있는 예를 들고 있다. 그는 맹호연孟浩然이 "한유에 비해 학문은 도저히 비교할 수 없으나 그 시의 독특함은 한유를 훨씬 뛰어넘는다."[14]라고 하였다. 원인은 맹호연의 학문은 한유보다 못하지만 그의 시인으로서의 독특한 재주는 한유를 초월하기에 그의 시가 한유보다 뛰어난 것이다. 송대 시인의 시, 특히 강서시파의 시는 지나치게 전고의 사용을 중시하여 고대 문학, 사학, 철학 저작의 많은 지식을 시의 내면으로 끌어들이면서 "한 자도 출처가 없는 것이 없다."[15]고 주장하면서, 학문이 바로 시라고 주장하였다. 엄우의 시각에서 보면 강서시파의 시인들은 시인이라면 응당 지녀야할 특수한 재능을 분명 지니지 못했다. 엄우는 시는 학문의 축적이 아니라 정성의 발로이며, 정성 속에 만일 예술의 씨앗이 없다면 이는 예술적 재능이 없는 것이므로 아무리 학식이 높아도 소용이 없다고 판단했던 것이다.

이러한 첫 번째 해석에도 일리가 있으나 나의 견해는 두 번째 해석에 보다 가깝다. 두 번째는 '별재別材'의 '재材'는 '재료材料', '대상對象', '제재題材'라는 견해이다. '별재설'의 의미는 시는 제재를 취함에 별도의 요구가 있다는 것이다. 시가 요구하는 제재는 일반적인 '언言', '정情'이 아니며, 더욱이 '문자文字', '재학才學', '의론議論'도 아니라는 것이다. 엄우는 송시가 당시보다 부족한 이유, 특히 성당의 시가보다 못한 근본적 원인은 송시의 제재의 선택에 문제가 있다고 생각하였다. 엄우가 "시에는 특별한 제재가 있어야 하니. 이것은 책

14) "學力下韓退之遠甚, 而其詩獨出退之之上."
15) "無一字無來處"

과는 관련이 없다."고 한 구절에서 '책'이란 고인의 개념 속에서는 '경사자집經史子集'을 지칭하며, 이는 정치, 철학, 역사, 문학 등을 모두 포괄하는 것으로 그 범위가 대단히 넓다. 엄우는 '책'과 '이치'는 서로 분명히 관련이 있고, '이론적 추구'만하거나 '언어의 통발에 빠지는' 것은 사람의 살아있는 정성에서 나온 것이 아니며, '책'와 '이치'를 시의 대상으로 삼는 것은 '시는 정성을 읊는 것'이라는 원칙에 위배된다고 분명하게 인식하였다. 엄우의 '별재설'은 분명 비판적 성격을 지닌다. 엄우는 송대에 커다란 영향력을 발휘했던 황정견의 다음과 같은 견해에 신랄한 비판을 가했다.

> 두보의 시, 한유의 문장은 한 자도 출처가 없는 것이 없다. 무릇 후세의 사람들이 독서가 부족하였기 때문에 한유와 두보가 스스로 이러한 말을 지었다고 말하는 것이다. 옛날 능히 문장을 지을 줄 아는 사람들은 실로 만물에 대한 도야가 충분하였다. 비록 고인古人의 진부한 말을 취하여 문장에 끌어들인다 하더라도 마치 한 알의 영단이 철을 금으로 만드는 것과 같았다.[16]

이 문장은 일찍이 당시의 많은 시인을 고무시키고, 송시 발전의 원동력으로 작용하였다. 그러나 엄우의 눈에는 송시가 당시에 미치지 못하게 만든 중요한 원인으로 보였다. 특별히 황정견이 두보의 시, 한유의 문장에 "한 자도 출처가 없는 것이 없다."고 주장한 견해는 시인을 오로지 고인의 책 속에서 삶을 구걸하게 만들고, 시가를 통해 학문을 팔며, 서적(자신의 진실한 감정이 없는)을 시가의 원천

16) 黃庭堅, 『答洪駒文書』, 陶秋英編選, 『宋金元文論選』, 人民文學出版社, 1984, 187쪽. "老杜作詩, 退之作文, 無一字無來處. 蓋後人讀書少, 故謂韓杜自作此語耳. 古之能爲文章者, 眞能陶冶萬物. 雖取古人之陳言入於翰墨, 如靈丹一粒, 點鐵成金也."

으로 삼게 만들어 시가 안에 고인의 진부한 어휘를 축적하게 만드는 것에 다름 아니었다. 이러한 주장은 시가의 진의眞義에 위배된 것이 아닌가? 이러한 까닭에 엄우는 '시유별재, 비관서야詩有別材, 非關書也'라 했던 것이며, 이는 사실상 '시가는 자신만의 독특한 대상이 없어도 되는가?' '어떤 것은 쓸 수 있고, 어떤 것은 쓸 수 없는가?'라는 대단히 중요한 시의 명제에 대한 자신의 대답이었다. 또한 엄우는 시가는 반드시 살아있는 것, 가히 일창삼탄할만한 정성을 표현해야 하며, 고인 책의 진부한 말을 가져다 써서는 안 된다고 주장한다. 그러나 엄우는 시인도 반드시 독서가 필요하다는 사실을 부정하지는 않았다. 그는 "책을 많이 읽고, 많이 궁리하지 않으면 (시의) 지극함에 이를 수 없다."[17]고 말했다. 이 말은 독서를 시인 수양 강화의 조건으로 여긴다는 것이며, 많은 독서와 궁리는 바로 '책'과 '이치'의 속박에서 벗어나 인간의 진실한 정성을 함양하기 위한 것이기 때문에 '별재'는 독서를 통해 극치에 도달할 수 있음을 의미한다.

엄우의 '별재설'은 훗날 봉건 도학자들의 공격을 받았다. 이들은 엄우는 시인의 독서를 반대하고, '속俗'을 중시하고, '아雅'를 반대하며, '비鄙'를 중시하고, '전典'을 반대한다고 비판하였다. 또한 "천하의 아는 모름지기 반드시 배워야 하나, 속俗은 배울 필요가 없고, 전典은 반드시 배워야 하나, 비속鄙俗은 모름지기 배울 필요가 없으며 …"[18]라고 말하거나, 심지어는 그를 "천하의 후학들을 기만했다."[19]라고 까지 비난하였다. 후에 몇 몇 유생들은 주로 엄우의 시학은 유가의 '시언지'의 전통에 상해를 입혔다고 공격하였다. 사실상 엄우의

---

17) "非多讀書, 多窮理, 則不能及其至."
18) "天下惟雅須學而俗不必學, 惟典則須學而鄙與俗不必學 …"
19) "欺誑天下後生"

시가 '별재설'은 지금까지도 시가뿐만 아니라 모든 문학은 독특한 대상을 지니며(別材), 문학과 기타 인문 과학의 대상은 모두 사람이라는 현실적 의의를 지니고 있다. 그러나 문학과 기타 과학의 구별을 시도할 때, 우리는 문학과 기타 과학의 구별은 결코 러시아의 문학비평가 벨린스키[V.G. Belinskiy: 1811~1848年]가 "예술과 과학의 차별은 근본적으로 내용에 있는 것이 아니라 내용을 처리할 때 소용되는 방법에 있다. 철학가들은 삼단논법을 사용하며, 시인들은 형상과 그림을 가지고 말하지만, 그들이 말한 모든 것은 결국 동일한 사건이다."[20]라 말한 것과도 결코 동일하지 않다. 예를 들어 엄우가 말한 바와 같이 시에는 '별재'가 있으며, 학문과는 무관하다. 시는 자신만의 독특한 대상이 있으며, 만일 이러한 대상이 없다면 시가의 독립적 존재는 그 근거가 없다.

4. 시가의 본질론 '별취설別趣說'

엄우는 별재설과 함께 '별취설別趣說'을 제기하였다. 이는 시가의 본질과 의리義理 사이에 어떤 관계가 있는가를 제기한 보다 첨예한 문제이다. 유가의 시교詩敎는 "감정에서 비롯되었어도 예의에서 멈추어야 한다."[21]거나, 혹은 백거이가 말한 "시는 감정에 근본을 두고, 말에서 비롯되어, 소리를 아름답게 만들어, 내용을 충실하게 만드는 것이다."[22]라고 설명할 수 있다. 중요한 것은 과실果實이며, 정

20) 『別林斯基全集』第二卷, 上海譯文出版社, 429쪽. "藝術和科學之間的差別根本不在內容, 而在處理內容的所用的方法. 哲學使用三段論法, 詩人用形象和圖畫說話, 然而他們所說的都是同一事件."

21) 「毛詩序」, "發乎情, 至於禮義"

22) 白居易, 『與元九書』, "詩者, 根情, 苗言, 華聲, 實義."

情·언言·성聲은 도구이다. 최후의 과실이 되는 '의義'가 시의 근본 소재이기에 혹자는 시란 단지 정치적 간서諫書의 감성적 보충일 뿐이라 말한다. 송대의 많은 시인들은 이러한 점을 더욱 중시하였고, 송대 최고의 시인 소식이 비록 '천성天成'과 '평담平淡' 등을 주장했으나, 그의 시에도 자주 시정時政 논의를 시에 끌어들였다. 유명한 '오대시안烏臺詩案'이 바로 유력한 증거이다. 엄우는 시의 특징은 의리, 시정時政과 연관이 없는 것이라 여겨 자신이 제기한 '별취설'에서 "시에는 특별한 정취가 있는데, 이는 이치와는 관련이 없다."고 말한 것이다. '의리'는 시를 구성할 수 없으며, 시의 특징은 바로 시의 '흥취興趣'에 있다. 앞서 언급한 바와 같이 엄우는 '별재', '별취'를 제기하면서 "책을 많이 읽고, 많이 궁리하지 않으면 (시의) 지극함에 이를 수 없다."라고 하였다. 그는 시인이 많은 독서와 궁리를 주장한 것은 독서와 궁리는 시인에게 필요한 수양이기 때문이었다. 시인이 만일 시가와 부합하는 특수한 재료를 선택하는데 뛰어나고, 게다가 이를 완전히 소화하여 자신의 혈육과 같은 지식으로 변화시킨다면 시인 감성의 예술적 표현 속에 이성적 승화가 이루어져 시인은 날개를 달고 보다 높이 날아오를 수 있고, 시는 이상적 경지에 도달할 수 있을 것이다.

그렇다면 시의 본질인 '별취'는 또 어떤 의미일까? 엄우는 성당 시인이 그렇게 우수한 시편을 창작할 수 있었던 것은 그들이 흥취에 뛰어났기 때문이라고 생각하였다. 엄우는 미묘하고 모호한 선가禪家의 용어로 '흥취'를 "양양羚羊이 나뭇가지에 뿔을 걸어도 모습을 구분할 수 없는 경지에 도달하였다. 따라서 그 묘처妙處는 밝고 영롱하여 하나로 모을 수 없어 마치 공중의 소리, 물상의 색, 물에 비친 달, 거울에 비친 모습과 같아 말로는 표현을 다했으나 그 의미는 무궁한 것과 같다."[23]고 설명하였다. 이러한 말은 대부분 이해는 하나

말로 전할 수는 없다. "영양이 나뭇가지에 뿔을 걸어두자 모습을 구분할 수 없는 경지"라는 말은 영양이 밤에 뿔을 나뭇가지에 걸어 몸을 공중에 매달리게 하면 설사 어떤 맹수가 습격해 오더라도 영양의 종적을 찾을 수 없어 해를 입힐 수 없다는 것이다. 이는 『전등록傳燈錄』16권에 있는 의존선사義存禪師의 "내가 이런 저런 말을 하면 너는 그 말을 좇아다니고, 내가 영양처럼 뿔을 나무에 걸치면(모습을 감추면) 너는 어느 곳에서 더듬으며 찾아다닐지?"[24]라고 한 언급, 17권에 있는 도응선사道膺禪師의 "훌륭한 사냥개는 그저 종적의 끝 정도만 찾아낼 수 있으나, 갑자기 영양처럼 뿔을 나무에 걸친(모습을 감춘) 경우를 만나면 흔적도 말할 수 없고 냄새조차 알 수 없다."[25]라는 말을 인용한 것이다. 엄우는 이를 통해 '흥취'는 글이나 문자를 통해서는 특징을 찾아 낼 수 없음을 설명하였다. 그리고 "그 묘처는 밝고 영롱하여 하나로 모을 수 없어 마치 공중의 소리, 물상의 색, 물에 비친 달, 거울에 비친 모습과 같아 말로는 표현을 다했으나 그 의미는 무궁한 것과 같다."[26]라고 하였는데, 이것 역시 선가의 말로 '흥취'의 볼 수는 있으나 그 실제는 구할 없는 특징을 설명한 것이다. '주박湊泊'은 취회聚會, 응취凝聚, 회합會合의 의미이니, '불가주박不可湊泊'은 회합할 수 없다는 의미이다. '흥취'는 "마치 공중의 소리, 물상의 색, 물에 비친 달, 거울에 비친 모습과 같아" 눈으로는 볼 수 있지만 실제로는 파악할 수 없는 것이기에 함께 회합

---

23) 郭紹虞校釋, 『滄浪詩話校釋』, 人民文學出版社, 1962, 23~24쪽. "羚羊掛角, 無迹可求. 故其妙處透徹玲瓏, 不可湊泊, 如空中之音, 相中之色, 水中之月, 鏡中之象, 言有盡而意無窮."

24) "我若東道西道, 汝則尋言逐句; 我若羚羊掛角, 你向甚麽處摸?"

25) "如好獵狗, 只能尋得有蹤迹底,

26) 郭紹虞校釋, 『滄浪詩話校釋』, 人民文學出版社, 1962, 23~24쪽. "故其妙處透徹玲瓏, 不可湊泊, 如空中之音, 相中之色, 水中之月, 鏡中之象, 言有盡而意無窮."

할 수 없다는 의미이다. 당신은 이를 볼 수도 있고, 의미를 알 수도 있고, 이를 감탄할 수도 있으나 정확한 언어로 이를 구체화하거나, 확정하거나, 사라지게 할 방법이 없다. 결론적으로 '흥취'는 "말로 아무리 해도 그 의미를 다 표현할 수 없는"[27] 시의 경계이다. 이는 사공도가 대용주戴容州의 "시인의 경물, 예를 들어 남전에 따스한 빛이 비치면, 아름다운 옥이 뿜어내는 연무는 볼 수는 있으나 그것을 자신의 눈앞에 펼칠 수는 없다."[28]는 말을 인용한 것과 같은 의미이다. 우리는 엄우의 사상을 다음과 같이 이해할 수 있을 것이다. 즉 시의 본질적 특징은 심미적인 것이지, 지식적인 것이 아니기 때문에 그가 "이치와는 관련이 없다"라고 한 것이다. 따라서 만일 우리가 그의 시학관을 가지고 본다면 시인의 안목眼目은 그가 장악한 지식과 의리가 얼마나 되는가를 보는 게 아니라 평범한 사물 속에 자신의 신선한 '시각'과 '생각'이 얼마나 있는가가 보다 중요하다. 예를 들어 백거이가 16세에 쓴 「부득고원초송별不得古原草送別」의 경우 전체의 시를 모두 보아야 하지만 그 가운데 "들불이 다 꺼지지 않았는지, 봄바람 불어오니 다시 지펴지네."[29]라는 명구는 그가 40세 전후에 쓴 『신악부新樂府』, 『진중음秦中吟』에 들어 있는 「경비輕肥」, 「매탄옹賣炭翁」 등보다 시의 심미의 본질적 특징에 보다 가깝다. 전자는 '흥취'를 가지고 있어 "말로 아무리 해도 그 의미를 다 표현할 수 없는" 특징을 가지고 있으나 후자는 명확한 이념을 지니고 있어 주로 '이치'와 관련되어 있으며, 비록 형상은 있다하더라도 그 형상

---

27) "言有盡而意無窮"

28) 司空圖 「與極浦書」, 『司空表聖文集』 卷三, 四部叢刊本. "戴容州云: '詩家之景, 如藍田日暖, 良玉生煙, 可望而不可置於眉睫之前也. 物外之物, 景外之景, 豈容易可譚哉?"

29) "野火燒不盡, 春風吹又生"

은 실제적인 것이 아니라 이치의 부속품에 지나지 않는다.

'별재설', '별취설'은 엄우 시가 이론의 핵심이며, 그는 이러한 기본적 관념에서 출발하여 각종 시학의 문제를 토론한 것이다.

5. 시가 창작론 '묘오설妙悟說'

엄우는 시가 창작론을 선을 통해 설명하면서 '별재', '별취'설을 시가 창작에 적용한 '묘오설妙悟說'을 제기하였다. 『창랑시화』 「시변」편에 다음과 같은 언급이 있다.

> 불교의 승乘(교의)은 소승小乘과 대승大乘이 있고, 종파宗派는 남종南宗과 북종北宗이 있고, 도道에는 사도邪道와 정도正道가 있다. 학자는 모름지기 최상승最上乘을 따르고, 정법안正法眼을 갖추어야 제일의[第一義: 진체眞諦]를 깨달을 수 있다. 무릇 소승, 성문벽지과聲聞辟支果는 모두 정도가 아니다. 시를 논함은 선을 논함과 같다. 한漢·위魏·진晉 및 성당盛唐의 시는 제일의(진체)이다. 대력大歷 이후의 시는 소승선小乘善에 불과하여 제이의[第二義: 속체俗諦]로 떨어졌다. 만당의 시는 성문벽지과이다. 漢·魏·晉과 盛唐의 시를 배우는 사람은 임제臨濟의 문하요, 대력 이후의 시를 배우는 사람은 조통曹洞의 문하다. 대저 선도禪道는 오직 묘오妙悟에 달려 있으며, 시도詩道 역시 묘오에 달려있다. 맹호연孟浩然은 한유韓愈에 비해 학문은 도저히 비교할 수 없으나 그 시의 독특함이 한유를 훨씬 뛰어넘는 것은 오로지 묘오 때문이다. 오직 오悟만이 당항[當行: 본항本行을 말함]이자 본색이다. 그러나 오에는 심천이 있고, 한계가 있다. 투철한 깨달음이 있고, 단지 일지반해지오[一知半解之悟: 반만 터득한 깨달음]가 있다.[30]

---

30) 郭紹虞校釋, 『滄浪詩話校釋』, 人民文學出版社, 1962, 10쪽. "禪家者流, 乘有大小, 宗有南北, 道有雅正; 學者須從最上乘, 具正法眼, 悟第一義. 若小乘善, 聲聞辟支果, 皆非正也. 論詩如論禪: 漢魏晉與盛唐之詩, 則第一義也. 大歷以還之詩, 則小乘善也,

시가 창작의 문제는 송대에 특별히 중요한 문제였다. 특히 황정견으로 대표되는 강서시파는 '법도法度'를 중시, "(시의) 모든 글자에는 전고가 있다."[31] 는 견해를 강조하였다. 이러한 이론은 시가의 창작에 있어 '지성知性'의 중요성에 뿌리를 두고 있다. '지성'은 독서 과정에서 축적되는 것으로 사람들에게 감각을 나누어주기에, 누구나 열심히 독서하면 시인이 될 수 있다는 것이다. 엄우의 '묘오설'은 주로 강서시파의 논점을 비판하면서 제기되었다. 그는 시와 선을 비교하면서 "대저 선도는 오직 묘오에 달려 있는 것이며, 시도 역시 묘오에 달려있다."고 주장하였다. 엄우는 주로 '묘오'의 측면에서 시의 창작과 참선을 비교 논의한 것이지, 결코 시와 선을 하나의 측면에서 비교 논의한 것은 아니다. 과거에 어떤 학자는 선은 언어와 무관하나, 시는 결국 문자와 연결되기에 시와 선은 완전히 동일한 것이 아니라는 사실에 의거하여 엄우는 선에 대한 이해가 전혀 없다고 비판하기도 하였다. 이러한 비평은 엄우는 한 측면에서만 시와 선을 비교 논의를 진행했을 뿐이지 결코 시와 선이 모든 측면에서 동등하게 여기지 않았음을 분명하게 구분하지 못한 것이다. 시가 창작에 있어 엄우는 참선이 '묘오'이듯, 시의 창작 역시 '묘오'라 생각하였다. 그렇다면 '묘오'란 어떤 심리적 기제인가? 우리가 오늘날 사용하는 말로 설명하면 '직각直覺'이다. 직각은 지식의 직접적 도움이 필요 없으며, 논리적 추리를 거치지 않고도 사물의 본질을 직접 파악할 수 있는 것을 말한다. 직각은 가장 소박한 방식으로 묘오의 경계에 도달하는 방법이며, 일단

已落第二義矣. 晩唐之詩, 則聲聞辟支果也. 學漢魏晉與盛唐詩者, 臨濟之下也. 學大歷以還之詩者, 曹洞下也. 大抵禪道惟在妙悟, 詩道亦在妙悟. 且孟襄陽學力下韓退之遠甚, 而其詩獨出退之之上者, 一味妙悟而已. 惟悟乃爲當行, 乃爲本色. 然悟有深淺, 有分界, 有透徹之悟, 有但得一知半解之悟."

31) "無一字無來處"

지성의 개입이 있으면 지성의 방해를 받게 되어 더 이상 직각이 아니다. 엄우는 선학의 용어를 빌어 시와 선이 공통적으로 가지고 있는 묘오를 '정법안장正法眼藏'이라 했는데, 이는 '제일의第一義'의 오悟이자, '투철지오[透徹之悟: 철저한 깨달음]'이다. 소위 '정법안' 즉 '정법안장'은 '청정법안淸淨法眼'이라 부르기도 하고, 불교의 정법을 지칭하는 말이다. 『오등회원五燈會元』1권에 "세존世尊이 영산회靈山會에서 꽃을 꺾어 사람들에게 보였는데, 이 때 사람들이 아무 말도 하지 않았는데 유독 가섭존자迦葉尊者만이 만면에 미소를 지었다. 세존이 이르길 '내가 지닌 정법안장은 마하가섭摩訶迦葉에게 맡겨야 겠다.'"[32]라는 구절이 있다. 엄우가 '정법안'을 여기에 사용한 것은 시가에서 요구하는 묘오와 선종에서 말하는 진정한 '오'가 같다고 생각했기 때문이다.

'제일의', '제이의', '성문벽지과' 역시 불학 용어이다. '제일의'는 제일의체第一義諦이며, 진체眞諦, 승의체勝義諦라 부르기도 하며, 불리佛理를 이르는 말이다. '제이의'는 제이의체第二義諦, 세속체世俗諦라 부르기도 하며, 세속의 이치를 이르는 말이다. 성문벽지과는 불타의 말을 전해 듣고 깨달은 사람이라는 의미이다. 성문聲聞의 극치는 자신의 해탈에 이르는 것, 즉 수양을 통해 아라한阿羅漢의 경지에 도달하는 것이다. 벽지辟支는 연각緣覺, 즉 독각獨覺이며 "스스로 지혜를 통해 득도하다."[33]라는 의미이다. 엄우가 보기에 제일의의 각오는 최고의 각오이며, 제이의는 그 다음이며, 그 다음이 성문벽지과로 각오에도 고하의 구분이 있다고 여겼다. 엄우는 한·위·성당의 시가를 높이 받들어 제일의, 즉 시의 최고 경계라 여겼다. 그는 만

32) "世尊在靈山會上拈花示衆, 是時衆皆默然, 有迦葉尊者破顔微笑. 世尊曰: '吾有正法眼藏付囑摩訶迦葉'."

33) "自以智慧得到"

당과 송대의 시는 이미 '성문', '벽지' 즉 비교적 하급의 것으로 떨어졌다고 여겼다. 그렇다면 이러한 언급은 도대체 무슨 뜻일까? 『창랑시화』 「시평」에 마침 그의 견해를 설명한 단락이 있다.

> 시에는 사詞 · 이理 · 의흥意興이 있다. 남조의 문인은 사詞를 숭상하였으나 이理에 병폐가 있으며, 본조의 문인들은 이理를 숭상했으나 의흥意興에 병폐가 있다. 당대의 문인들은 의흥을 숭상하였으나 작품 안에 이치가 자리한다. 한 · 위대의 문인들의 시에는 사 · 리 · 의흥이 잘 어우러져 흔적을 찾을 수 없다.[34]

엄우는 시가를 사詞 · 이理 · 의흥意興 세 가지 요소로 구분하고, 이 세 가지 요소가 완전히 하나로 융화된 작품을 최고로 여겼다. 예를 들어 한 · 위의 시는 세 가지 요소가 혼연일체가 되어 어디에 사詞가 있고, 어디에 이理가 있으며, 어디에 의흥意興이 있겠는가? 소박함 속에 모든 것이 들어 있으며, 이러한 종류의 시가야 말로 생활 자체의 연신이기에 오悟의 도움조차 필요 없다. 성당盛唐의 시가는 "의흥을 숭상하였으나 이치 또한 작품 그 안에 자리한다."고 하였으니, 이 또한 세 가지 요소가 하나로 융화된 것이며, 이는 인간의 인공적 노력을 통해 혼연일체의 경계에 도달한 것으로 소위 "정성만이 보일 뿐 글자는 보이지 않는"[35], "혈흔血痕만 있고, 묵흔墨痕은 없는"[36] 작품이 "제일의"의 작품이라 할 수 있다. 혹자는 한 · 위의 문인은 깨달음이 없어도 극치에 도달하였고, 성당의 문인들의 시는 참된 묘오, 즉 '투철지오透徹之悟'를 지니고 있다고 말한다. 남조의 문

---

34) 郭紹虞校釋, 『滄浪詩話校釋』, 人民文學出版社, 1962, 137쪽. "詩有詞理意興, 南朝人尙詞而病于理; 本朝人尙理而病于意興; 唐人尙意興而理在其中; 漢魏之詩, 詞理意興, 無迹可求."

35) "但見情性, 不睹文字"

36) "有血痕, 無墨痕"

인은 "사詞를 숭상하였으나 이理에 병폐가 있다"고 하였는데, 이는 즉 오로지 사구詞句에만 노력을 기울여 정체적 의흥이 결핍되었기에, 단지 개별적 가구佳句만을 얻을 수 있는 '소묘오小妙悟'의 단계에 지나지 않는다는 것을 설명한 것이다. 송대 문인의 시는 남조 문인의 시와는 반대로 "이理를 숭상했으나 의흥意興에 병폐가 있다"고 하였는데, 이는 이치는 있으나 구체적이고 생동적인 형상이 결핍되어 심미적 매력魅力이 결핍하기에 '소묘오'의 단계에 지나지 않으며, 晩唐의 문학과 마찬가지로 '일지반해지오[一知半解之悟: 반만 안 터득한 깨달음]에 머물러 '투철지오'에 이르지 못해 이미 "야호野狐가 길을 벗어나 귀굴鬼屈에 빠진"[37] 것과 같다는 것이다. 만당, 송대의 문인 모두 진정한 묘오를 얻지 못해 시가 창작에 있어 소득이 대단히 적다고 말할 수 있을 것이다. 엄우의 만당과 송대 시가에 대한 평가가 정당한 것인지는 토론의 여지가 있으며, 엄우 한 사람의 말로 결정지을 수는 없다. 그러나 엄우의 다른 시대 시가에 대한 평가, 특히 사·이·의흥의 융합, 진정한 묘오에 대한 요구에서 그의 시가 창작에 대한 독특한 견해를 찾아볼 수 있으며, 이에 대하여 진지하게 살펴볼 필요가 있다. 결론적으로 그의 사·이·의흥 합일론, 묘오론은 오늘날 우리가 말하는 심미적 정체론整體論이며, 그의 문학이론의 가치가 바로 여기에 있다.

특별히 지적하고자 하는 것은 그가 '묘오'는 시가의 '당항當行', '본색本色'이며, 시인은 단지 지식의 조각들을 긁어모으는 것에 의지해서는 안 되며, 반드시 '오로지 묘오'가 필요하다고 주장하고 있다는 점이다. 이는 시가 창작은 심미적 창작이기에 예술적 직각을 위주로 삼고, 생활 속에서 풍부한 시의를 깨달거나 혹은 시적으로 생활을 파악해야

37) 『滄浪詩話』「詩評」, "墮野狐外道鬼屈中"

하며, 일반적 방식으로 생활을 인식하지 말아야 한다는 것으로 시가 창작의 특수성을 높은 수준에서 인식한 것이라 말하지 않을 수 없다. 아울러 이는 송대 시가의 "산문으로 시를 짓고, 재학으로 시를 짓고, 의론으로 시를 지었다."[38]는 경향에 대한 비판적 의미를 지닌다.

그렇다면 어떻게 해야 '묘오'의 기능을 획득할 수 있을까? 이 문제에 대하여 엄우는 '이식위주以識爲主', '숙참熟參' 등의 관점을 다음과 같이 제시하였다.

> 무릇 시의 학습은 식識을 위주로 하고, 입문부터 모름지기 정확해야 하고, 입지는 모름지기 고아해야 한다. 한 · 위 · 진 · 성당을 모범으로 삼아야하며, 개원開元, 천보天寶 이후의 인물을 본받지 말지어다. … 공부는 위로부터 아래로 해야지, 아래로부터 위로해서는 안 된다. 먼저 『초사』를 숙독하여 조석으로 읊조리는 것을 근본으로 삼아야 한다. 이어서 『고시십구수』, 악부 4편을 읽고, 이릉李陵, 소무蘇武, 한 · 위의 오언시를 숙독하여야 한다. 곧이어 이백과 두보의 시집을 베게로 삼고 읽으며 요즘 사람들이 경전을 연구하듯 해야 한다. 그러한 연후에 널리 성당의 유명 작가들을 널리 취하여 마음속에서 키워나가면 시간이 오래되면 저절로 깨달음에 들어갈 수 있다. … 시의 도는 이와 같은 것이다. 만일 그렇지 못하면 시를 읽은 범위가 넓지 못해 시를 헤아림이 성숙하지 못한다.[39]

여기서 말하는 '식識' 역시 불학 용어로 세속의 미혹을 없애고 영원한 종교적 정신의 본체를 인식하는 신비한 능력을 의미한다. '식'

38) "以文字爲詩, 以才學爲詩, 以議論爲詩"

39) 郭紹虞校釋, 『滄浪詩話校釋』, 人民文學出版社, 1962, 1쪽. "夫學詩者以識爲主, 入門須正, 立志須高; 以漢, 魏, 晉, 盛唐爲師, 不作開元, 天寶以下人物. … 功夫須從上做下, 不可從下做上. 先須熟讀『楚辭』, 朝夕諷咏以爲之本; 及讀『古詩十九首』, 樂府四篇, 李陵, 蘇武, 漢, 魏五言皆須熟讀, 卽以李, 杜二集枕藉觀之, 如今人之治經, 然後博取盛唐名家, 醞釀胸中, 久之自然入悟. … 詩道如是也. 若以爲不然, 則詩見詩之不廣, 參詩之不熟耳."

은 오늘날 우리가 말하는 심미 감상 능력에 해당한다고 할 수 있다. 엄우가 '식'으로 시를 논하고자 했던 이유는 시가 지닌 맛의 고하高下를 감별하고자 함이었다. 이러한 이유에서 시의 조예는 수준 높은 맛을 감별할 줄 아는 것에서 출발해야 하기에 엄우는 "위로부터 아래로 해야지, 아래로부터 위로해서는 안 된다."라고 한 것이다. 조금 더 구체적으로 말하자면 높은 품격의 시가를 '참독[參讀: 깊이 헤아리며 읽기]'할 필요가 있다는 것이다. '참독'할 뿐만 아니라 '숙독[熟讀: 여러 번 읽어 숙지함]'도 반드시 병행해야 한다. 성당의 대표적 시인 이백과 두보의 시를 참독하고 숙독해야 할 이유는 "널리 성당의 유명 작가들을 널리 취하여 마음속에서 키워나가면 시간이 오래 되면 저절로 깨달음에 들어갈 수 있다."는데 있다. 강서시파 역시 두보 등 시인의 '숙독'을 주장하였다. 엄우의 '참숙參熟'과 강서시파의 주장은 동일한 것인가? 숙독 자체에 있어서는 분명 다른 점이 없다. 다른 점은 강서시파는 주로 문자文字 학습을 주장했다면, 엄우는 문자 학습이 아니라 참선參禪과 같이 전대 시가에 대한 사색과 고려를 통해 문자 이외의 신비한 시가 창작의 규율을 찾아 낼 것을 주장하였다. 혹자는 강서시파가 '언내言內'를 주장한다면, 엄우는 '언외言外', '운외韻外'의 학습을 주장했다고 말한다. 이러한 양자의 관점은 분명히 다르다. 따라서 엄우도 비록 전인 작품 학습을 주장하지만 그 학습의 목적은 보다 현묘하다 하겠다. 그렇다면 '묘오'의 능력을 얻은 뒤 시가 창작에 있어 도달하려는 목표는 무엇인가? 엄우는 이 문제의 해결 방법으로 '입신설入神說'을 제기하였다.

> 시의 극치는 오직 하나며, 이를 입신入神이라 한다. 시가 입신의 경지에 오르면 지극하고 다한 것이라 더 보탤 것이 없다. 오직 이백과 두보만이 이 경지를 터득했으며, 다른 사람들의 터득은 대개 부족하다.[40]

『주역』「계사상」 주注에서 "신神이란 변화의 극치이며, 만물을 오묘하게 만든다는 말로 형용할 수 없는 것이다."[41]라 하였다. 엄우가 말한 '입신'은 시가의 극치라는 의미로, 묘오한 능력을 통해 도달하려는 최고의 목표이다. 실제로 그가 말한 '입신'은 말로 전할 수 없는 정교한 것이다. 이러한 목표에 도달하는 것은 여간 어려운 일이 아니며, 이백과 두보와 같은 정도가 되어야 비로소 이러한 경계에 도달할 수 있는 것이다. 시를 배우는 사람은 최상의 것을 본받으려는 목표의식을 가져야 비로소 비교적 좋은 결과를 낳을 수 있다. 이러한 이유에서 엄우는 "최상의 것을 배우면 단지 중간 정도에 도달할 수 있고, 중간 정도의 것을 배우면 하급에 지나지 않는다."[42]라고 언급했던 것이다.

엄우의 시학사상은 이론적 가치가 높은 심미특성과 창작에 있어서의 직각작용을 심도있게 논의하였다. 그러나 그의 이론은 후에 많은 사람들의 비난을 받아야 했다. 이들은 유가 전통 시학관에 매달려 엄우의 이론이 유가의 '시언지'의 교화적 전통에서 벗어났다고 비판하였다. 이러한 비평이 잘못된 주장이라 말할 수는 없다. 엄우의 이론이 아무런 문제가 없는 것은 아니기 때문이다. 그는 시가의 독특한 대상, 심미 본질 및 창작의 직각성에만 주의하면서, 오로지 성당의 시인과 자신의 성정만을 사표로 삼을 뿐 어떻게 생활에서 사표를 구할 것인가에 대해서는 아무런 고려를 하지 않았다. 이러한 점에 있어서는 육유陸游나, 양만리楊萬里에는 미치지 못한다. 그럼에도 불구하고 나는 엄우의 시학 사상이 상당히 중요한 이론적 가치를 지니고 있다고 생각한다.

---

40) 郭紹虞校釋, 『滄浪詩話校釋』, 人民文學出版社, 1962年版, 6쪽. "詩之極致有一, 日入神. 詩以入神, 至矣, 盡矣, 蔑以加矣! 惟李杜得之. 他人得之蓋寡也."

41) "神也者, 變化之極. 妙萬物而言, 不可形詰者也."

42) "學其上, 僅得其中: 學其中, 斯爲下矣."

제11 장

이지李贄 문학이론 독해

이지[李贄: 1527~1602년]는 중국 16세기의 위대한 계몽주의 사상가이다. 그의 사상과 학설은 중국 문화 전통의 중요한 일부분이다. 이지의 사상과 학설은 미래적 가치를 지니고 있으며, 현대 신문화 건설의 중요한 자원임이 이미 증명되었고, 앞으로도 계속 증명될 것이다.

문학이론에 있어 이지가 제기한 '동심설童心說'에 대해 이미 많은 학자들이 연구를 진행하였으나 대부분은 그가 공자와 송宋·명明 이학理學에 대한 비판 및 사상 해방에 편중되었던 것이 사실이다. 아직 이지가 제기한 이론이 지닌 풍부한 미학적, 현실적 의의에 대한 연구는 부족한 상태이다. 본장에서는 이지의 '동심설'을 일종의 창작 미학으로 간주하고, 이를 현대 서양의 인본주의 심리학과 연관시켜 비교하고자 한다. 이러한 비교를 통해 우리가 어떻게 해야 문학의 본성을 정확히 이해할 수 있는가를 설명함과 동시에 이 이론이 지닌 현대 문학 창작에 대한 계몽적 의의도 밝힐 수 있다.

1. '동심설童心說'의 이론적 가설과 미학적 의의

'동심설'은 만명晩明 시기에 출현하였다. 가정嘉靖 중엽 이후 자본주의가 발전하면서 상품 경제가 신속하게 팽창하였다. 도시와 향촌의 번영은 결국 시민 계층 확대로 이어졌다. 시민 계층은 자아의식의 각성, 개성해방의 동경, 세속 생활의 긍정 등에 대한 의식이 제고되자 자신들만의 문화 형태를 요구하게 되었다. 눈앞에 새로운 세계가 펼쳐지는 이러한 사회적 전환기에서 당시 봉건 통치계급의 정신적 지주였던 이학은 더 이상 사람들의 마음을 잡을 수 없었기에 왕양명王陽明의 심학心學과 왕간王艮, 이지李贄의 급진적 사상이 널리 퍼지게 되었다. 이지의 동심설은 이러한 사상적 조류 속에서 정주이학程朱理學과 대립각을 세우는 과정에서 발생, 발전하였다. 이는 역사적 필연이며, 당시 문학 발전의 필연이었다.

'동심설'의 이론적 기초는 인간의 자연 본성론自然本性論이다. 동심설의 첫 번째 이론 가설은 인간의 자연 본성은 진眞을 향한다는 것이다. 이지는 「동심설」에서 '동심'을 긍정하고, '동심'은 "마음의 시작"1)이며 "최초 일념의 본심"2)이라고 주장하였다. 동심은 외재적 환경에 의한 오염되지 않은 것이기에 "거짓 없는 순진한"3) 것이다. 작가가 만일 '동심'을 잘 지킬 수 있으면 '진眞'을 향하는 자연스러운 인성을 잘 지킬 수 있다고 생각한 이지는 "동심을 항상 유지하면 도리가 끼어들지 못하고, 견문이 설자리가 없으며, 언제든 문장을 쓸 수 있으며, 누구라도 문장을 쓸 수 있으며,. 마찬가지로 격식을 갖춘 글을 지으면 문장이 아닌 것이 없다."4)고 주장하였다. 이 말의 의미는

---

1) "心之初"
2) "最初一念之本心"
3) "絕假純眞"
4) 蔡景康編選, 『明代文論選』, 人民文學出版社, 1999, 230쪽. "苟童心常存, 則道理不行, 聞見不立, 無時不文, 無人不文, 無一樣創制體格文字而非文者."

동심이 항상 존재한다는 것은 순진한 마음이 항상 존재하는 것이기에 언제라도 누가 어떤 문채를 사용하더라도 문학 창작을 진행할 수도, 자아실현을 이룰 수 있다는 것이다. 이는 '동심'을 작가가 문학 창작을 진행하는데 있어서의 가장 아름다운 심미 심리의 도식이자, 작가의 가장 아름다운 준비로 간주한 것이다. 반대로 '동심'이 일단 흐려지면 인성 가운데 진실을 향하는 자세 역시 변화가 일어나 사람은 거짓된 사람으로 바뀌며, 사람이 거짓되면 무엇을 하든 모두 거짓이기에 창작 역시 필연적으로 거짓될 수밖에 없다는 것이다.

'동심설'의 두 번째 이론적 가설은 창작의 가장 아름다운 준비인 '동심'의 상실은 이학 및 이학의 전파로 인하여 야기된다는 것이다. 이에 이지는 "그렇다면 동심은 어찌하여 홀연히 사라지는 것인가? 무릇 처음에는 견문見聞이 이목을 통해 들어와 마음의 주인이 되면 동심은 사라진다. 자라서는 도리가 견문을 따라 들어와 마음의 주인이 되면 동심은 사라진다."[5]고 주장하였다. 여기서 언급한 '도리'는 송명이학宋明理學을 지칭한다. 이러한 언급에서 그가 얼마나 송명이학을 혐오했는지를 충분히 헤아릴 수 있다. 견문은 바로 이학 사상의 통치하에서 사람들이 '삼강오륜三綱五倫'[6]에 대한 문화적 적응, 즉 송명이학 시스템의 사회 보급을 지칭하는 것이다. 이지는 유학이 정교하게 변화된 이학이 일단 사람들의 마음속으로 들어와 주도적 사상이 되면 '동심'은 이에 가려져 완전히 사라진다고 생각했다. 따라서 '동심'을 온전히 유지하려면 반드시 썩어 빠진 이학사상이 심

5) 같은 책, 230쪽. "然童心胡然而遽失也? 蓋方其始也, 有聞見從耳目而入, 而以爲主於其內而童心失. 其長也, 有道理從聞見而入, 而以爲主於其內而童心失."

6) 역자주. 三綱: 父爲子綱, 君爲臣綱, 夫爲婦綱. 五倫: 君臣有義, 夫婦有別, 父子有親, 朋友有信, 幼有序.

령을 침식하지 못하도록 단단히 방비를 하여 '최초 일념의 본심'을 영구히 활발하게 살아있도록 만들어 영원히 진실을 향하는 자연의 상태를 유지하여야 한다. 이 두 가설의 귀결점은 바로 인간의 자연 본성으로의 복귀이다. 자연으로 돌아가자는 이 핵심 사상은 '동심설'의 풍부한 미학적 의미를 잘 드러낸 것이다.

첫째, 귀진반가[貴眞反假: 진실을 귀하게 여겨 거짓에 반대하다]. 문학은 진·선·미를 모두 요구하지만, 중국의 문학이론 전통에 있어 학파에 따라 각기 중시하는 바가 달랐다. 유가는 선을 미로 간주하였다. 공자는 『시경』을 논하면서 특별히 '사무사', '흥관군원興觀群怨' 및 '사군事君', '사부事父'를 강조하였지만, 문학에 있어서의 '진실'에 대해서는 그다지 중요한 지위를 부여하지 않았고, 오히려 '선'을 문학 평가의 가장 중요한 표준으로 삼았다. 도가는 '진'을 '미'로 삼았다. 노장사상은 자연을 숭상하였기 때문에 인사에 대하여 항상 '진'을 언급하였다. 장자는 "인위적으로 천성을 멸하지 말고, 고의로 천명을 멸하지 말며, 명리를 위하여 천성의 덕을 멸하지 말아야 한다. 상실하지 않도록 확실하게 지켜야 하는 것을 일러 천진天眞으로 돌아가는 것이라 한다."[7]고 주장하였다. 인위적으로 천성을 훼손시키지 말라는 것은 소박함과 진실로 돌아가라는 것이기에, 도가에게 있어서 '진'은 인생의 최고 경계라 하겠다. 이는 진과 선에 있어서 보다 '진'의 의미를 강조한 것이다. 이지는 "무릇 동심이란 진심眞心이다. 동심을 지키는 것이 불가능하다면 진심을 지키는 것도 불가능하다. 동심이란 거짓을 없앤 순진한 것이며, 최초 일념의 본심이다. 만일 동심을 상실함이

7) 郭慶藩, 『莊子集釋』 「秋水」, 中華書局, 1961, 591쪽. "无以人滅天, 无以故滅命, 无以得殉名. 謹守而勿失, 是謂反其眞."

곧 진심을 상실하는 것이다. 진심의 상실은 진실한 사람의 상실이다. 사람이 진실하지 못하면 다시는 초심을 지닐 수 없다."[8]고 말한다. 작가가 '진인眞人'이어야 그들이 창작한 문학도 당연히 "거짓이 없는 순진한 것"이 된다. 여기서 반드시 지적해야 할 것은 학술적 배경에서 본다면 이지는 '동심'을 '진심'으로 해석하였는데, 이는 도가의 사상을 수용한 것일 뿐만 아니라 불가 선학 사상의 영향도 많이 받았다는 사실을 의미한다. 선학에서는 인간의 불성은 태어나면서 가지고 있는 것이며, 이를 '본래심本來心'이라 부른다. 그러나 사람들이 진세塵世에 빠진 뒤에 외물의 유혹을 받아 공명과 이익을 좋아하게 되면 '본래심'이 가려지기 때문에 외물의 때를 벗어던져 '본래심'을 회복해야 진실한 경계에 이를 수 있다고 주장한다. 거사居士였던 이지의 '동심설' 및 그 진귀한 요구는 불가 선학의 영향을 받았다고 할 수 있다. 그러나 이지 역시 현실생활을 충분히 긍정했던 사람이었다는 것을 고려하다면 그의 진실은 각종 인생의 욕망을 배척하는 공허한 경계가 아니기 때문에 불교 선학과 완전히 동일할 수 없으며, 그의 진실관은 또한 왕간王艮의 "백성이 매일 사용하는 것이 도이다."[9]라는 관점의 영향을 받았다고 할 수 있다. 분명한 것은 그가 말한 동심은 곧 진심이기에 느낀 바가 있으면 그대로 표현해야 한다는 선명한 현실비판적 의의를 지니고 있다는 사실이다. 이지가 생활하던 시대는 봉건주의 통치가 이미 흔들거리며 무너지려했기에 그저 자신이 남을 속이며 살아가던 시기였다. 도처에 거짓이 팽배하여 "만장滿場이 모두 거짓"[10]이라 할 정도였다. 문단 역시 "거짓된 사람이 거짓말을 하고

8) 蔡景康編選, 『明代文論選』, 人民文學出版社, 1999, 230쪽. "夫童心者, 眞心也. 若以童心爲不可, 是以眞心爲不可也. 部童心者, 絕假純眞, 最初一念之本心也. 若失脚童心, 便失脚眞心; 失脚眞心, 便失脚眞人. 人而非眞, 全不不有初矣."

9) "百姓日用則道"

거짓 글을 쓰는"[11] 국면이었고, 특별히 이학가理學家는 "어록을 베끼는 것을"[12] 영예롭게 여기며 남의 지식을 "훔치고 소매치기하는 사람"[13]이 대단히 많았다. 이지가 동심설을 제기한 것은 진실을 귀하게 여기고, 거짓에 반대한 것이며, 또한 당시 사회와 문단에서 "거짓을 몰아내는"[14] 한 첩의 처방전을 제시한 것이다.

둘째, 중정경리[重情輕理: 정을 중시하고, 이를 경시하다]. 정감은 문학의 생명이라는 사실은 중국 고대 문학이론의 중요한 전통이다. 유협은 "정리는 문장의 날줄이다."[15]라는 말로 창작의 규율을 총결하였다. 창작은 감정이 있으면 이를 표현해야 하지만, 무병신음無病呻吟하지는 말아야 한다는 사실은 이미 고인들이 반복적으로 언급한 바 있다. 사마천은 '발분저서發憤著書'라 하였고, 한유는 '불평즉명不平則鳴'이라 하였는데, 이는 모두 감정이 마음에 쌓여야 시문이 생성된다는 것을 강조한 말이다. 이지 역시 이러한 전통을 계승하여 다음과 같이 언급하였다.

> 무릇 세상에서 진정으로 뛰어난 글이라 하더라도 처음부터 글을 지으려던 것이 아니다. 마음속에 어떤 표현할 수 없는 괴이한 일이 있고, 목구멍에 토로하고 싶으나 토로할 수 없는 것이 있고, 목에는 말하고자 하나 말할 수 없는 것이 오래 축적되면 어찌해도 막을 수 없게 된다. 일단 경물을 만나 감정이 일어나고, 사물을 보면 탄식이 일어난다. 다른 사람의 술잔을 빼앗아 마

10) "滿場皆假"
11) "假人言假言文假文"
12) "剿襲語錄"
13) "竊盜掏摸漢子"
14) "打假"
15) 「情采」, "情者文之經"

> 음속에 쌓인 불만에 들이 붓는다. 마음속의 불평을 털어 놓으며 느낀 이치는 천년이 지나도 기이한 것이 된다. 이미 스스로 구슬을 뿜어내는 듯한, 찬란한 빛을 발하는 운하가 하늘에서 빛나는 것과 같은 글을 지은 것을 자랑스럽게 생각할 수도 있으나, 발광하여 소리를 지르고, 눈물을 흘리며 통곡하는 것은 스스로 멈출 수 없다. 보고 들은 것을 꼭꼭 씹어 없애버리려 해도 결국은 참지 못하고 명산에 기탁하고, 수화水火 속에 던져 넣는다.[16]

이는 대단히 유명한 말이다. 작자는 반드시 현실 생활 속에서 여러 경우를 마주치게 되며, 마음속에 여러 가지 울적함이 맺히면, 목구멍으로 토하고 싶은 것이 있기 마련이고, 심지어는 토하지 않을 수 없는, 말하지 않을 수 없는 지경에 이르기도 한다. 이럴 때 일단 경물을 보면 감정이 솟아나고, 외부의 매개물이 이를 이끌어 내면 마치 홍수가 제방을 무너뜨리듯, 화산이 폭발하듯 감정의 흐름을 막을 수 없게 되면서 필연적으로 필묵筆墨으로 형상화하게 되니 이것이 바로 시문이다. 창작이란 감정의 발로임은 앞서 언급한 바 있다. 이지의 공헌은 단순히 이러한 점에 있는 것이 아니라 '동심설'에서 출발하여 전통적 관점과는 다른 자연 감정의 아름다움에 대한 새로운 인식에 있다.

> 무릇 성색聲色의 출현은 정성에서 비롯되며, 자연에서 비롯되는 것이니 가히 억지로 끌어낼 수 있는 것이겠는가? 따라서 자연은 정성에서 비롯되기에 예의에 합당하니 정성 이외에 무엇이 예의에 합당하다 하겠는가? 무릇 이를 억지로 끼워 맞추면 이를 잃을 것이니 자연스럽게 이루어진 것을 아름답다

16) 蔡景康選編, 『明代文論選』, 人民文學出版社, 1999, 232쪽. "且夫世之眞能文者, 比其初皆非有意於爲文也. 其胸有如許無狀可怪之事, 其喉間有如許欲吐而不敢吐之物, 其口頭又試詩有許多欲語而莫可所以告語之處, 蓄極積久, 勢不能遏. 一旦見景生情, 觸目興嘆; 奪他人志酒杯, 澆自己之壘塊. 訴心中之不平, 感數奇於千載. 旣已噴玉唾珠, 昭回雲漢, 爲章于天矣, 遂亦自負, 發狂大叫, 流涕慟哭, 不能自止. 寧使見者聞者切齒咬牙, 欲殺欲割, 而終不忍藏于名山, 投之水火."

할 수 있으며, 또한 정성에서 비롯된 것이 아니면 어찌 자연스럽다고 이를 것이 있겠는가.[17]

감정의 표현에 있어서 중국의 전통 미학관은 "감정에서 비롯되었어도 예의에서 멈추어야 한다는"[18] 것이었으며, 이는 결국 감정의 표현은 '예의'의 제약을 받아야 한다는 말이다. 이지는 문학 작품 속의 감정은 동심에서 만들어진 자연스러운 감정이며, 자연스러운 감정 자체가 바로 아름다움이며, 이는 그 어떤 "억지로 끼워 맞추기"로는 얻어낼 수 없기에 '예의'와 같은 외부의 것으로 제약할 필요가 없다는 점을 강조하였다. "정성 이외에 무엇이 예의에 합당하다 하겠는가?"라는 말은 이치가 정성 안에 있으며, 자연스러운 정성은 반드시 '예의(이 예의가 인성에 합당하다면)'에 합당하다는 의미이다. 이지는 공공연하게 수천 년 동안 이어온 "감정에서 비롯되었어도 예의에서 멈추어야 한다."는 전통에 도전장을 냈다.

셋째, 존금비고[尊今卑古: 새로운 것을 숭상하고 옛 것을 멀리하다]. 명대 중엽의 문학 발전 과정에 있어 두 차례 복고주의 경향이 나타났다. 먼저 이몽양李夢陽, 하경명何景明을 우두머리로 한 전칠자前七子와 나중에 나온 왕세정王世貞, 이반룡李攀龍을 우두머리로 한 후칠자後七子가 대표적이다. 이들의 이론과 실천이 "문장은 반드시 진한秦漢, 시는 반드시 성당盛唐의 것을 본받아야 한다"[19]는 기치 하에

17) 같은 책, 234쪽. "蓋聲色之來, 發乎情性, 由乎自然, 是可以牽合矯强而致乎? 故自然發乎情性, 卽自然止乎禮義, 非情性之外復有禮義可止也. 惟矯强乃失之, 故以自然之爲美耳, 又非于情性之外復有所謂自然而然也."

18) 「毛詩序」, "發乎情, 至於禮義"

19) "文必秦漢, 詩必盛唐"

이루어지자 존고비금[尊古卑今: 옛것을 숭상하고 새로운 것을 멀리하다]의 경향이 유행하였다. 전칠자가 주장한 복고주의는 명대에 일시적으로 유행했던 태평을 분식하는 섬약한 문풍으로 대표되는 '대각체臺閣體'의 병폐를 바로잡는 작용을 지녔다고 한다면, 후칠자들이 주장한 복고주의는 기존의 고전 문학 형태를 그대로 답습하였기에 그 폐해가 더욱 심각하여 문학 발전의 장애가 되었다. 이지가 제창한 '동심설'의 중요한 미학적 의미는 바로 '존금尊今'과 '반복고反復古'였다. '동심'은 본래 현실을 직시하는 마음이며, 현실의 변화를 감수하는 마음이기에 변화를 받아들이고, 지금의 것을 아름답다고 여기는 것이 중요한 특징이다. 이에 이지는 다음과 같이 주장하였다.

> 천하의 위대한 글이 동심에서 나온 것은 어떤 이유인가? … 시는 하필 옛 선집이어야 하고, 문장은 하필 선진의 것이어야 하는가? 후대로 내려와 육조의 화려한 글이 되고, 이것이 변하여 근체시近體詩가 되었다. 다시 변하여 당대의 전기소설傳奇小說이 되었고, 다시 변하여 원본院本이 되었고, 잡극雜劇이 되었고, 『서상기西廂記』가 되었고, 『수호전水滸傳』이 되었으며, 오늘날의 과거에 응시하는 사대부들의 문장이 되었다. 대현大賢들의 성인의 도에 대한 언급은 모두 고금의 지극한 문장이기에 시대의 선후를 가지고 가치를 논할 수는 없다. 따라서 나는 이러한 이유에서 동심을 느끼고 스스로 글을 지으면 그만이지 다시 육경을 말하고, 『논어』와 『맹자』를 말해 무엇 하겠는가?"[20)]

동심만 있다면 손 가는대로 쓴 문장이라 하더라도 남이 쓰지 않

---

20) 蔡景康選編, 『明代文論選』, 人民文學出版社, 1999, 230~231쪽. "天下之至文, 未有不出於童心者焉者也.… 詩何必古選, 文何必先秦. 降而爲六朝, 變而爲近體, 又變而爲傳奇, 變而爲院本, 爲雜劇, 爲『西廂曲』, 爲『水滸傳』, 爲今之擧子業, 大賢言聖人之道皆古今至文, 不可得以時勢先後論也. 故吾因是而有感於童心者之自文也, 更說甚麽六經, 更說甚麽『語』『孟』乎?"

은 것, 다른 사람이 말하지 못한 것을 묘사한 것이다. 이렇게 쓴 것은 스스로 감오한 것이기 때문에 자신의 개성을 가장 잘 드러낼 수 있다. 내 손으로 내 마음을 적은 것이야 말로 진정한 지문至文이다. 동심의 '자아'는 모든 모방과 대립한다. 진정한 창작은 고인이나 고문을 모방할 필요가 없기에 『논어』와 『맹자』를 모방할 필요도 없이 그저 현실을 직시하면 그만이다.

넷째, '화공化工'의 숭상과 '화공畵工'의 기피. 이 문제의 출발은 장자의 '천뢰', '지뢰', '인뢰'의 주장까지 거슬러 올라간다. 장자가 제기한 '천뢰'는 "천리에 의거한 것이며 … 천리에 합당하게 한 것"[21]이라 하였는데, 이는 완전히 사물 자체만 가지고 외부의 힘에 의지하지 않은 채 자연의 소리를 내는 것을 말하며, 여기에는 아무런 인위적 노력이 존재하지 않는다. '인뢰'는 인위적으로 내는 소리이며, '지뢰'는 완전히 물리적인 것으로 바람이 내는 소리를 말한다. 장자는 자기子綦[22]의 입을 빌어 "당신은 인뢰는 들를 수 있으나 지뢰는 듣지 못하고, 지뢰는 들을 수 있으나 천뢰는 듣지 못하는 도다."[23]라고 말했다. 장자의 입장에서 본다면 '인뢰'는 '지뢰'에 미치지 못하며, '지뢰'는 '천뢰'에 미치지 못하며, '천뢰'는 그 어떤 속박도 받지 않으며, 사물 재내의 본성의 소리를 내는 것이기에 모든 소리 가운데 최상의 지위를 차지하는 것이다. 이지는 그의 '동심설'에서 출발하여 '본색本色'을 강조하면서 예술 표현에 있어서의 '천뢰'와 유사한 '화공설化工說'을 제창하였다.

『배월정拜月亭』과 『서상기』는 화공[化工: 천지조화]의 작품이며, 『비파기琵

21) 『莊子』「養生主」, "依乎天理, 批大隙, 導大窾, 因其固然."
22) 역자주. 『莊子』「齊物論」에 등장하는 南郭子綦.
23) 『莊子』「齊物論」, "汝聞人籟而未聞地籟., 汝聞地籟而未聞天籟夫!"

琶記』는 뛰어난 기교로 만들어낸 화공[畵工: 인간의 기교]의 작품이다. 이른바 화공畵工이란 천지가 빚어낸 화공化工을 능가할 수도 있으나 천지의 조화에는 본래 기교가 없었다는 것을 어찌 누가 알리오? 이제 하늘이 만들고 땅이 키워낸 온갖 꽃들이 모두 자리하는데, 사람들이 이를 보고 좋아하지만 그 조화의 기교는 찾아낼 수 없는 것이니 어찌 인간의 지혜로는 얻을 수 있겠는가! 대자연의 꾸미지 않는 솜씨는 아무리 신성神聖의 경지에 오른 사람이라 하더라도 화공化工의 소재를 알 수 없기에 그 누가 이를 얻을 수 있단 말인가? 이러한 관점에서 보면 화공畵工이 비록 뛰어나다하더라도 이미 이류의 것이다. 문장을 짓은 일에 천고의 세월 동안 마음을 졸이는 일이 어찌 슬프지 아니한가![24]

'화공化工'은 자연의 조화가 만들어 낸 것으로 그 의미는 예술의 표현에 있어 "의도를 가지지 않고 손이 가는대로 집어 든 것"[25]으로 비록 작자의 손을 통해 나왔지만 의도적인 조탁도 없고, 가공한 흔적도 없으며, 조화의 본색을 그대로 유지한 것이다. 이러한 예술 표현은 바로 동심을 통해 본 것, 느낀 것을 묘사한 것으로 동심의 참된 성정의 바탕과 서로 호응한다. 그러나 화공畵工은 의도적으로 조탁한 것으로 동심에서 비롯되지 않았기에 아무리 정교하고 훌륭하다 하더라도 '조화무공造化無工'의 경지에는 도달할 수 없는 이류에 지나지 않는다. 『배월정』과 『서상기』는 자연스러운 예술적 수단을 통해 인간의 본성을 표현한 것이기에 "생각하건대 우주 안에 『배월정』과 『서상기』의 주인공들처럼 사랑스러운 인물이 존재하는 것은

24) 蔡景康選編, 『明代文論選』, 人民文學出版社, 1999, 231～232쪽. "『拜月』, 『西廂』, 化工也; 『琵琶』, 畵工也. 夫所謂畵工者, 以其能奪天地之化工, 而孰知天地之無工乎? 今夫天地之所生, 地之所長, 百卉具在, 人見而愛之矣, 至覓其工, 了不可得, 豈其智固不能得之與! 要知造化無工, 雖有神聖, 亦不能識化工之所在, 而其誰能得之? 由此觀之, 畵工雖巧, 以落二義矣. 文章之事, 寸心千古, 可悲也夫!

25) 『李卓吾先生批評西廂記』, "不作意, 不經心, 信手拈來"

마치 만물에 화공化工이 내재함과 같으니 그 공교함은 저절로 불가사의한 것이다."[26]라고 말한 것이다. 『비파기』는 인위적 수단으로 '전충전효全忠全孝'의 봉건적 윤리도덕을 표현한 작품으로 비록 대단히 정교하지만 본색을 상실한 작품이다.

우리가 이지의 '동심설'을 그의 전체 문예이론과 연관시켜 이해할 수 있어야 '동심설'의 풍부한 미학적 함의를 보다 쉽게 파악할 수 있다. 동심설의 핵심사상인 '귀진반가貴眞反假', '중정경리重情輕理', '존금비고尊今卑古', '숭화공폄화공崇化工貶畫工' 등은 모두 인간의 자연적 본성을 긍정하는 것이다. 사람의 자연 본성은 진리, 감정, 현재, 자연과의 조화를 추구하는 속성이 있다. 따라서 위에서 서술한 내용을 포함하고 있는 동심설'은 완전히 이해 가능한 것이다. 이러한 인간의 자연 본성에 대한 긍정은 동심설을 관통하고 있는 중요한 사상이다.

2. '동심설'과 매슬로우의 '제2차 천진설天眞說'

이지 '동심설'의 이론적 기초는 서양의 인본주의人本主義 심리학과는 완전히 다른 역사, 국가 제도, 문화, 언어적 배경의 산물이다. 이지의 동심설은 중국에서 16세기 무렵에 만들어졌으나, 서양의 인본주의 심리학은 20세기 중엽 자본주의가 고도로 발전한 미국에서 만들어졌다. 이지의 동심설이 중국 도가, 불교, 선학을 흡수하여 유가의 교조에 반대하는 문화 운동 속에서 출현하였다면, 인본주의 심리학은 서양 심리학파들과의 투쟁 속에서 출현하였다. 양자는 많은 차이점에도 불구하고 이론의 기본 가설에 있어서는 유사한 점이 많다.

---

26) "意者宇宙之內, 本自有如此可喜之人, 如化工之於物, 其工巧自不可思議."

이러한 사실에서 인류는 분명 공통의 보편적 사상을 추구한다고 말할 수 있을 것이다. 우리는 이러한 현상을 반드시 우리의 학술 시야 안으로 끌어 들여야 한다.

이지가 생활하던 16세기는 서양의 문예 부흥 운동이 막 발전일로를 향해 달리던 무렵이었다. 비록 당시에 중국과 서양은 기본적으로 단절된 상태였으나 동서양의 선구자들은 인간의 가치와 존엄을 강조한다는 점에 있어서는 일치했다. 이지 동심설의 기본적 이론 가설을 한마디로 귀결하면 인간, 인성에 대한 각성과 긍정이라 하겠다. 이지는 유가의 교조적 신화를 따르지 않고, 인간과 인성의 아름다움 위에서 자신의 이론을 전개하였다. 그는 인간과 인성의 중요성을 강조하는 유명한 말을 남겼다.

> 무릇 하늘이 한 사람을 나오게 한 것은 저절로 한 사람의 쓰임이 있기 때문이니 공자의 가르침이 있어야만 사람의 자격이 생기는 것은 아니다. 반드시 공자의 인정을 받아야 한다면 천고 이전 공자가 없었을 때는 제대로 된 사람이 없었다는 말인가? 공자의 학설을 배우고자 했던 것은 결국 맹자가 맹자로 그칠 수밖에 없었던 까닭이 됩니다. 저는 그가 남자답지 못함을 통탄하는데, 공께서는 제가 그것을 원한다고 여기시는 것입니까?[27]

이지가 "무릇 하늘이 한 사람을 나오게 한 것은 저절로 한 사람의 쓰임이 있기 때문이다."라는 관점을 제기한 것은 인간을 인간으로 보겠다는 의지이다. 인간은 공자에게서 도리를 배운다고 해서 완벽한 인간이 되는 것이 아니다. 평생 공자를 배웠던 맹자도 대장부

27) 李贄, 「答耿中丞」, 『焚書·續焚書』, 中華書局, 1975, 16쪽. "夫天生一人, 自有一人之用, 不待取給於孔子以後足也. 若必待取足於孔子, 則千古以前無孔子, 終不得爲人乎? 故爲願學孔子之說者, 乃孟子之所以止於孟子, 仆方痛憾其非夫, 而公謂我願之歟?"

가 되지 못했다. 인간의 본성이란 자주적이며 가능성을 가지고 있는 것이다. 이지는 관직의 고하, 성별의 차이, 도덕성의 고하로 사람을 3, 6, 9 등급으로 나누는 것을 반대하여 "요순과 길거리의 사람도 같고, 성인과 범인도 같다."[28]고 생각했으며, 아울러 "사람에 남녀가 있다고 말하는 것은 가하나, 견식에 남녀의 구분이 있다는 말이 어찌 가능하다 하겠는가? 견식에 길고 짧음이 있다고 말하는 것은 가하나, 남자의 견식은 언제나 길고, 여자의 견식은 언제나 짧다는 것이 또 어찌 가당하다 하겠는가?"[29]라고 주장하였다. 이지의 시각에서 보면 인간의 처음 모습은 모두 같으며, 인간의 본성은 모두 진과 선을 지향하며, 도덕적 고하, 견식은 장단 등의 구분은 후천적 사회 환경, 교육, 경력 등의 요소로 인해 나타나는 결과일 뿐이라는 것이다. 인간의 자연적 욕구 또한 합리성을 지닌다. 예를 들어 식욕과 성욕은 천부적 욕망이며, 위로는 성현과 호걸에 이르기까지, 아래로는 서민과 백성에 이르기까지 모두 예외가 있을 수 없다. 그의 '동심설'은 '인간의 출생'과 '최초의 마음'을 긍정하고, 자연적 인성을 충분히 긍정한다는 점은 앞서 설명한 바 있다. 결론적으로 이지가 이학의 "천리만 남기고, 인욕人慾을 멸해야 한다."[30]는 관점에 반대하고, 인성의 합리성을 긍정하는, 외재적 사상과 신성을 가지고 인간을 속박하는 것에 반대하는 이러한 논점은 인간 각성의 외침이다. 이는 20세기 중반에 흥기한 서양 인본주의 심리학의 이론적 가설과 상통하는 점이 있다.

---

28) "堯舜與途人一, 聖人與凡人一"

29) 李贄, 「答以女人學道爲見短書」, 『焚書 · 續焚書』, 中華書局, 1975, 59쪽. "故謂人有男女則可, 謂見有男女豈可乎? 謂見有長短則可, 謂男子之見盡長, 女人之見盡短, 又豈可乎?"

30) "存天理, 滅人慾"

20세기에 들어와 서양 자본주의의 고도 발전과 수단적 이성의 소란스러운 등장과 함께 배금주의의 유행, 사회 폐단의 무더기 발생, 인성의 타락, 인간 가치의 상실 등이 엄중한 문제로 등장하였다. 이에 인간의 가치와 존엄에 대한 관심을 지닌 서양의 인본주의 심리학이 등장하였다. 그들은 문예부흥시기의 인도주의 사상과 철학을 계승하였다. 사회 병폐를 비판하기 위하여 인성 회복을 제기하였으며, 인간의 잠재 능력은 반드시 실현할 수 있는 것이라 긍정하였다. 그들은 다른 현대 심리학 유파와의 투쟁 속에서 스스로를 '제삼의 세력'이라 칭했다. 인본주의 심리학은 플로이드의 정신분석 심리학이 인간의 '병태病態', '암흑暗黑'과 '약점弱點'의 연구에 전념한 것과 다를 뿐만 아니라 왓슨의 행위주의 심리학의 기제인 '자극 - 반응'의 공식, 인간을 "한 마리 비교적 큰 흰 쥐 혹은 비교적 늦은 계산기"[31]라고 격하하는 이론에도 반대하였다. 인본주의 심리학은 앞서 서술한 두 심리학과 경계를 분명히 가르기 위해 힘 섰고, 아울러 새로운 이론적 가설을 가지고 사람과 인격을 무시하는 연구 경향을 대체하고자 하였다. 매슬로우[Abraham. H. Maslow: 1908~1970년]는 인본주의 심리학의 9가지 이론적 가설을 제시하였는데, 거의 모두가 인간의 자연 본성을 긍정하는 것이었다. 그 가운데 네 번째 주장을 살펴보자.

> 이러한 내부 본성에 대한 지금까지의 이해를 가지고 말하자면 결코 내재적, 원초적인 것이 필연적으로 사악한 것이 아니라 말할 수 있다. 기본적 수요(생존, 안전, 보장, 귀속과 감정, 존중과 자존 및 자아실현에 대한 수요)는 기본적인 인류의 정서이자 지능이기에 이를 밖에서 본다면 어떤 것은 중성적이거나, 도덕을 앞세우는 것이며, 어떤 것은 순수하게 좋은 것이다. 파괴성, 학대광, 잔혹, 악독 등은 오늘날의 관점에서 본다면 결코 내재적인 것이 아니다. …

31) "一只比較大的白鼠或一架較慢的計算機"

인간의 본성은 확연히 이렇게 설정한 것처럼 나쁘지 않다. 실제로 인성의 가능성은 일반적으로 너무나 저평가되었다고 말할 수 있다.[32]

다섯 번째 주장을 살펴보자

인간의 내부 본성은 좋은 것이거나 혹은 중성적이지 결코 나쁜 것이 아니기 때문에 이를 표출시키거나 촉진시키는 것이 좋다. 결코 이를 억압할 이유가 없다. 만일 내부 본성으로 하여금 우리의 생활을 지도하게 만든다면 우리를 건강하고 풍부한 성과를 지닌 즐거운 사람으로 성장하게 만들 것이다.[33]

이 두 논점은 인류의 내부 본성은 좋은 것과 선한 것을 추구하며, 따라서 우리가 이를 억압하지 말고, 이를 촉진시켜 현실의 도덕으로 전환시켜야 한다는 사실을 정확하게 설명하고 있다. 이러한 이론적 가설은 이지의 이론적 가설과 너무나 흡사하다. 이들은 모두 인성은 태어나면서부터 악하다는 관점에 반대하는 것으로, 인간의 병태, 약점은 결코 내적 인성의 고유한 특징이 아니며, 자연적, 내재적 인성에는 '도덕을 앞세우는' 경향이 있기에 '인간의 최초의 모습'[34]과 '최초의 마음'[35]은 진귀한 것이며, 인간은 자연적 욕망 역시 합리적이

---

32) Maslow, 『存在心理學探索』, 李文湉譯, 雲南人民出版社, 1987, 1쪽. "這種內部本性, 就我們迄今對它的了解來說, 間來并不是內在, 原初必然邪惡的. 基本的需要(對于生存, 安全化有保障, 歸屬和感情, 尊重和自尊, 以及自我實現的需要), 基本的人類情緒, 基本的人類智能, 從它們表面看, 或者是中性的, 前道德的, 或者純粹是好的. 破壞性, 虐待狂, 殘酷, 嶽瀆等等, 迄今來看并非是內在的, … 人的本性遠遠不是像它被設想的那樣壞. 實際上可以說, 人性的可能性一般都被低估了."

33) 같은 책2쪽. "由于人的這種內部本性是好的, 或者是中性的, 而不是壞的, 所以最好是讓它表現出來, 并且促進它, 而不是壓抑它. 如果容許它指引我們的生活, 那麽我們就會成長爲健康的, 富有成果的和快樂的."

34) "人之初"

35) "心之初"

기에 우리가 해야 할 일은 인간의 가치와 잠재 능력을 충분히 발현시키는 것이다. 이지의 "하늘이 한 사람을 나오게 한 것은 저절로 한 사람의 쓰임이 있기 때문이니"[36]라는 말은 매슬로우가 "인간의 이러한 내부 본성은 좋은 것"이며, "이를 표출시키거나 촉진시키는 것이 좋다"는 말과 같다. 이지가 이성적 규칙을 가지고 '인지초人之初'와 '심지초心之初'를 말살하는 것에 반대하는 것은 매슬로우가 병태적, 기계적으로 사람을 동물과 동일시하는 것에 반대하고 인성의 본래 면모로 되돌아갈 것을 주장한 것과 같다.

이지가 앞서 서술한 이론적 가설 위에서 제기한 '동심설'과 매슬로우가 앞서 서술한 이론적 가설 위에서 '자아실현' 문제를 토론하면서 제기한 '제2차 천진설'의 유사성은 대단히 흥미롭다. 이지의 '동심설'은 이미 토론한 바 있으나 그의 학설 가운데 하나의 관건, 즉 작가가 성인이 되면서 이미 많은 '견문'과 '도리'와 접촉하였는데 어떻게 다시 '동심'으로 돌아갈 수 있는가의 문제가 남아 있다. 여기에 하나의 역설이 존재한다고 말할 수 있다. 작가는 이미 성인成人이고, 사회화되었으니 '동심'을 다시 찾아 올 수 있을까? 작가의 창작 또한 동심의 재현이 필요한가? 이지는 이미 이 문제를 의식하고 있었다. 그는 "옛날의 성인이라 하여 어찌 글을 읽지 않았겠는가? 그러나 독서를 하지 않아도 동심은 예전 그대로였고, 설사 많은 독서를 했다손 치더라도 이 동심을 보호하여 사라지지 않도록 하셨을 따름이다."[37]라고 말하였다. 이는 진정한 사람(예를 들어 옛 성인)들은 비록 많은 독서를 했더라도(이것도 사회화의 기준이다) 여전히 동심을 잘 보호할

36) 李贄, 「答耿中丞」, 『焚書·續焚書』, 中華書局, 1975, 16쪽. "夫天生一人, 自有一人之用"

37) 「童心說」, "古之聖人, 曷嘗不讀書哉! 然縱不讀書, 童心固自在也. 縱多讀書, 亦以護此童心而使之勿失焉耳"

수 있다는 의미이다. 나아가 작가가 진정한 사람이라면 비록 그들이 성인成人이 되었고, 많은 독서를 했고, 사회화가 되었다 하더라도 그들도 또한 동심을 잘 보호하여 '견문'과 '도리'에 의해 기만당하지 않을 수 있다는 주장이다. 그러나 작가가 어떻게 이러한 역설을 해결할 수 있을까? 이지는 이에 대하여 해석을 내놓지 않았다. 그러나 이 문제에 대해 인본주의 심리학의 대표적 인물인 매슬로우와 로저스[Carl Ranson Rogers: 1902~1987년]가 해답을 내놨다. 매슬로우가 제기한 '제2차 천진'과 '건강한 아동성'의 개념은 이미 사회화된, 자아실현에 성공한 사람(당연히 작가와 시인을 포함하여)이 창작할 때의 심리에 대한 묘사와 토론이다. 매슬로우는 창작(문예의 창작을 포괄하는)할 때에 이차 과정과 일차 과정의 종합이 나타난다고 주장한다. 이차 과정은 의식된 현실 세계의 문제, 예를 들어 논리, 과학, 상식, 문화적응, 원칙, 규칙, 책임감, 이성 등을 처리하는 것이며, 일차 과정은 무의식적, 전의식적 문제, 예를 들어 비논리, 비이성, 비규칙, 비상식 등을 처리한다. 이 두 과정이 종합되는 시점에 전혀 예견하지 못한 독특한 창조가 이루어진다. 심리학적 연구에 의하면 일차 과정은 처음에는 정신병자들만 볼 수 있는 것에서, 이후에 아이들에게 옮겨갔다가, 최근에 이르러 비로소 건강한 사람들에게서도 발견되었다. 이는 창조적 시각에는 단순한 이차 과정뿐만 아니라 일차 과정도 참여하며, 이성적인 것 뿐만 아니라 비이성적인 것도 참여하며, 성인의 성숙함뿐만 아니라 성인의 아동적 천진함도 함께 참여한다고 한다. 이것이 바로 매슬로우가 말하는 '제2차 천진', '건강한 아동성'이다. 이는 이지가 말한 성인의 '동심'이다. 이러한 '제2차 천진'과 '동심'은 성인이 된 작가, 시인을 "대단히 성숙하지만, 동시에 대단히 어린 아이와 같게"[38] 만든다. 이는 보기에 대립적인 것 같으나 문학예술의 창조에는 이러한 이중적 시각이 필요하다. 작가는 대단히 성숙한, 심각한, 이성적인 눈빛으로 생활을 바라보면서 생활 밑바닥의 의미를 밝혀낼 수 있어야 하며, 동시에 아이와 같은 천진한, 생경한, 비이성적인 눈빛으로 생활을 바라봐야 생활에 충만한 정취를 드러낼 수 있다. 그러므로 작가의 진정한 창작은 '건강한 거꾸로 가기'가 있는, 즉 이차 과정에서 일차 과정으로의 회귀, 의식에서 무의식으로의 회귀, 현실적 원칙에서 쾌락의 원칙으로의 회귀, 혹은 이러한 것의 '융합'이라 말할 수 있다. 바로 이러한 '거꾸로 가기' 혹은 '융합'이 역설을 극복하고 창조적 경계로 진입하게 만든다.

로저스 역시 인본주의 심리학의 대표적 인물이다. 그는 비록 직접적으로 '동심'과 같은 개념을 제기한 바는 없으나 「사람이 된다는 것은 어떤 의미인가?」라는 논문에서 심리 치료의 시험으로부터 '동심설'과 대단히 유사한 관점을 얻었다. 이 또한 대단히 의미심장한 일이다. 로저스는 많은 사람들이 자주 자아를 상실하는데, 그 이유는 진실한 자아가 여러 개의 거짓된 가면에 의해 가려졌기 때문이라고 생각하였고, 이러한 상황에 처하면 "사람은 많은 경우에 스스로 (거짓된 가면을 쓴 채) 그렇게 생활해야 된다고 생각하다가, 이는 본인 스스로의 요구에 근거한 것이 아님을 발견하게 된다. 사람은 자주 자신이 다른 사람의 필요에 따라 세상에 존재한다고 느끼면서, 자신은 근본적으로 자아가 없기 때문에 다른 사람이 반드시 어떻게 해야 한다는 방식에 따라 사고하고, 느끼고, 행동하려고 시도한다."[39] 라고 주장하였다. 이는 바로 '동심'을 상실하면 어쩔 수 없

---

38) Maslow, 『存在心理學探索』, 李文湉譯, 雲南人民出版社, 1987, 87쪽. "旣是非常成熟的, 同時又是非常孩子氣的."

39) 『人的潛能和價値』, 華夏出版社, 1987, 301쪽. "他發見, 他在許多家侯是按照自認爲應該的那樣去生活, 而不是根據他本身的要求. 他常常感到自己只是應別人的需要而生存在世, 他似乎根本沒有什麽自我, 他只是試圖按照別人認爲他應該的那樣去思維, 感受化行動罷了."

이 가면의 눈빛으로 세상을 바라보게 되며, “만일 감관의 정보와 자아의 조직 형태가 모순을 이루면 이러한 정보는 의식 속에서 왜곡되고 만다. 바꾸어 말하자면 우리는 단지 우리 마음속에 이미 존재하는 도상에 부합하는 것만을 받아들이나, 모든 감관의 정보를 여실히 이해하는 것은 아니다.”[40]라는 것이다. 본 것은 단지 사람들 역시 본 같은 것이다. 로저스는 사람이 “진정으로 자기 자신으로 변하고자 하다면”[41] 반드시 “가면의 뒤에서 벗어나야 한다.”[42]고 주장하였다. 이지의 말로 표현하면 ‘견문’과 ‘도리’를 던져버리고 ‘동심’과 최초의 ‘본심’을 회복하여야 한다는 것이다. 이렇게 해야 사람들은 “경험에서 벗어날 수 있고, … 사람은 자신의 몸체 내부의 정감과 태도를 보다 쉽게 이해할 수 있게 변모하며, 동시에 주위의 객관적 현실을 보다 잘 인식할 수 있어 선입견에 억지로 맞추려하지 않게 된다. 사람들은 모든 나무가 녹색이 아니고, 모든 남자가 통나무처럼 무뚝뚝한 신부神父가 아니며, 모든 여성이 단호하게 사람을 거부하는 것이 아니며, 모든 실패가 자신이 하나도 쓸모가 없다는 것을 의미하는 것이 아니며, …. 그들은 새로운 환경 속에서 새로운 증거를 정확히 획득하고, 존재를 왜곡하지도 않으며, 오래전부터 지속되어 왔던 형식에 부합하게 된다.”[43] 이러한 ‘나 자신으로 변한 사람’

40) 같은 책, 301쪽. “如果感官的信息與自我的組織模式有矛盾, 這些信息就只能在意識中遭到歪曲. 換句話說, 我們只能容納那些符合預先存在于我們心中的圖像的東西, 而不能如實地接受全部感官信息.”

41) “眞正變成我自己”

42) “從面具的後面走出來”

43) Rogers, 「我的人際關係哲學及其形成」, 『人的潛能和價値』, 125~126쪽. “對經驗開放, … 他門變得更易于了解源于自身機體內部的情感化態度, 同時也變得坑能認識周圍的客觀現實, 而不是以先入之見一味硬套. 他門能夠看到并非一切樹木都是綠的, 并非一切男子像刻板無情的神父, 并非一切女性都拒人于千里之外, 并非一切失敗都證明自己毫無是處 …. 他門可以從新的環境中如實地獲得證據, 而不是曲解存在, 使之符合早已持有的模式.”

이란 이지가 말한 '인지초', '진인'과 일치한다. 이들은 한 알의 작은 '동심'을 지니고 있어 선입견에 의해 좌우되지 않으며, 상투적인 반응에 빠지지도 않아 사실 그대로 세계의 진면목을 살필 수 있다. 이것이야말로 진정한 작가가 반드시 갖추어야 할 품성이다.

이지의 동심설과 서양의 인본주의 심리학이 서로 상동 혹은 상통할 수 있는 것은 결코 우연이 아니다. 먼저 자연스러운 인성으로의 복귀는 보편적 성격의 문제로 비록 동서양 사람들이 처한 문화적 배경이 서로 다르고, 사유 방식도 다르지만 일단 문제의 핵심 깊은 곳까지 이르면 서로 유사한 이해를 획득할 수 있기 때문이다. 하물며 세계는 결코 완전히 단절된 것이 아니니 이지의 학설이 노장 사상을 융합시킨 것이면, 로저스의 학설에도 노장 사상의 배경이 숨어 있으며, 매스로우 역시 선종에 대해 감흥을 느꼈을 것이다. 노장 사상과 선종은 이지의 '동심설'과 인본주의 심리학의 학설 일부분과 연계되어 있다고 말할 수 있다. 다음으로, 이지의 학설과 서양 인본주의 심리학이 비록 3세기의 시간적 차이가 있으나 그들은 모두 서로 유사한 사회 문제와 마주하였다. 이지가 마주한 것은 만명 시기, 시민 경제가 발흥하여 만들어낸 사회적 혼란이었다면, 인본주의 심리학이 마주한 것은 자본주의 고도 번영시기에 만들어진 사회적 폐단이었다. 구체적 역사 배경은 서로 다르지만 추상적 의미는 서로 통하는 바가 많다.

3. '동심설'의 현대적 의의

이지의 '동심설'이 세상에 나온 지 이미 300여년의 시간이 흘렀으나 결코 역사 속에서 먼지 덩어리로 남아 있는 것이 아니라 그 반대로 역사의 흐름 속에서 깨끗하게 세척되어 더욱 빛을 발하고 있다. 우리가 비록 21세기의 문턱에 서있지만 나는 '동심설'이 우리에게 정보를 보내고 있으며, 우리도 이에 대하여 정보를 보내야 한다고 생각한다. 이러한 정보의 교환 속에서 '동심설'의 현대적 의의가 충분히 드러날 수 있기 때문이다.

먼저 현재 진행되고 있는 사회 변화 속에서 시장 경제의 좋지 않은 영향으로 문학의 본성이 심하게 훼손되어 문학이 비문학적으로 되었고, 문학의 부담 역시 너무나 커져 '문이재도[文以載道: 글로 도를 표현하다]'가 '문이재전[文以載錢: 글로 돈을 벌다]'이 되어 문학이 돈벌이 혹은 신분 상승의 도구가 되자 문학의 부담은 더욱 커졌으나, 문학 자체는 더욱 작아졌으며, 문학의 본성 역시 온전하지 못하게 되었다. 문학의 본성이란 무엇인가? 나는 문학의 본성과 자연스러운 인성은 일치하기에 문학은 응당 인류 본성의 자유로운 시적 표현이며, 인류의 자연스러운 시성과 지혜의 실현이며, '인간의 본질적 역량의 대상화'라 생각한다. 이는 오늘날 문학 본성의 상실은 근본적으로 인간 본성의 왜곡과 상실을 설명하는 것이다. 따라서 문학의 본성으로의 회귀는 작가로 하여금 각종 가면의 뒤에서 나와 다시 '처음 태어났을 때'의 '마음'으로 새롭게 회귀하여 '동심' 혹은 '제2차 천진'을 다시 획득, 미성숙한 사람이 성숙하고, 심각하고, 시의를 지닌, 인류의 시성과 지혜를 지닌, 사회를 비판할 수 있는 사람으로 변화하게 한다. 결론적으로 '동심'을 지닌 '진인'이 되어야 한다. 오늘날 문단에는 '진인'은 너무나 적고, '가인假人'은 너무나 많아서 문학의 본성은 이러한 '거짓말'과 '엉터리 글' 속에서 사라지고 말았다.

'동심설'은 일종의 창작 미학이기에 오늘날의 창작에도 지도적 의의를 가지고 있다. 문학의 생명력은 부단한 창조에 있으며, 천편일률적인 반복은 문학 창작의 죽음이다. 20세기 서양의 첫 번째 문학 이론 유파인 러시아 형식주의는 '낯설게 하기'의 원칙을 제기하였다. 이론의 핵심 사상은 문학 창작으로 하여금 '자동화'라는 기계적 반응에 빠지지 않기 위해 "직접 사물의 명칭을 부르지 않고, 그가(작가) 사물을 묘사함에 처음 본 듯 묘사하거나, 모든 사건을 마치 처음 발생한 것처럼 처리한다."[44] 이렇게 해야 문학 창작이 영원히 신선하고 독창적일 수 있다. 동심설은 작가가 반드시 '최초 일념의 본심'을 지녀야 한다고 강조하는데, 실제로는 작가들이 주위의 사물에 대해 영원이 처음 보는 감각으로 사물을 묘사하고, 일종의 '낯설게 하기'의 시각으로 사물을 봐야 한다는 것을 암시하는 것이다. 왜 아이들의 시선은 항상 시의가 충만할까? 왜 항상 주위의 모든 것을 생기발랄한 것으로 바라보는 것일까? 중요한 한 가지 사실은 아이들은 주의 세계에 대하여 아는 것이 거의 없고, 심지어는 주위 사물의 이름조차 부를 수 없기 때문에 그들 눈앞의 세계는 낯설고, 신선하고, 활발하다. 그들이 보고, 듣고, 만지고, 느끼는 것이 아마도 처음이기에 그들은 어쩔 수 없이 최초의 신선한 감각을 가지고 묘사, 형용, 비유하며, 이들의 행동은 문화에도 적응하지 않아 자동화에 빠지지 않아서 항상 창조력이 충만하고, 그들의 상상력은 세속에 오염되지 않아 상식적 범주를 초월한다. 동심은 기발한 창작과 하나로 연결되어 있다. 위대한 예술가는 항상 성숙하며, 또한 동심으로 충만해 있다. 작가의 성숙, 심각, 예지, 노련함은 그의 창작이 높은 수준에 도달하여, 모종의 풍격을 형성했음을 설명한다. 그러나 단지 이러한 하나의 측면만 가지고 있다면, 그의 창작은 이미 정형화되었고, 그의 풍격은 이미 죽었으며, 그는 이미 창작의

44) Shklovsky, 『俄蘇形式主義文論選藝·術作爲手法』, 中國社會科學出版社, 1989, 66쪽. "不直呼事物的名稱, 而是描繪事物, 彷佛他第一次見到這種事物一樣, 他對待每一件事都彷佛是第一次發生的事件."

종착지에 도달하여 새로운 것을 창조할 수 없음을 설명한다. 성숙과 함께 동심을 유지한 작가는 보기에는 성숙하지 못한 일면이 있는 것처럼 보이지만 동심이 이끌어내는 미성숙한 일면으로 인해 그는 '제2차 천진'을 획득, 사회화와 문화 적응이 가져오는 속박을 벗어나 정형을 돌파할 수 있게 되어 아이 같은 천진난만한 시각으로 이미 익숙해진 세계를 취급하여 새로운 것을 발견할 수 있다. 위대한 화가 피카소가 처음으로 아동화 전시회를 보고서 다음과 같이 말했다.

> 내가 이 아이들 나이에 라파엘로[Raffaello Sanzio: 1483~1520년]과 같은 그림을 그릴 수 있었지만, 내가 이 아이들처럼 그림을 그리기 위해 내 평생의 시간을 다 썼다.[45]

피카소의 이러한 말을 결코 겸손이 아니라 그가 예술의 새로운 발전과 돌파가 있으려면 반드시 다시금 동심을 획득하여 성숙에서 미성숙으로, 미성숙에서 또 새로운 성숙으로 나가야 하며, 위대한 작가와 예술가의 부단한 창작 과정은 바로 이러한 순환 반복의 과정임을 너무나 잘 알고 있었음을 의미한다. 이러한 과정에서 성숙은 도달한 하나의 목표일뿐이고, 미성숙과 서로 연결된 동심은 하나의 새로운 창조 동력이다. 이러한 것에서 300년 전 이지의 동심설은 창작 미학이며, 과거에 속한 것이 아니라 현재, 그리고 미래에 속한 것임을 알 수 있다.

---

45) 페로즈, 『피카소의 생애와 창작(畢加索生涯與創作)』, 人民美術出版社, 1986, 339쪽. "我和他門一樣大時, 就能够畵得和拉斐爾一樣, 但是我要像他門這樣畵, 却花去料我一生的時間."

제12 장

왕국유王國維 문학이론 독해

19세기와 20세기를 살았던 왕국유王國維는 중국 근대사에 있어 복잡하면서도 중요한 인물이다. 중국 문학이론사에서 그는 고대 최후의 일인이었으며, 현대 최초의 일인이었다. 그는 신구 두 세계의 경계선에 서있었다. 신해혁명辛亥革命 후에 그는 정치적으로는 보수파에, 문예 사상은 개혁파에 속했다. 그는 정치적으로는 주류파에 속하지 않았지만 그의 문학사상은 중국문학이론의 발전에 크게 공헌하였다. 그가 문예 사상에 이룩한 성취는 많은 동시대의 대학자들을 뛰어 넘었다. 그는 우리 근대사에서 중국 현대적 문예이론 건설의 선봉장이었다. 그의 문예이론은 초보적 체계만을 형성하였으나, 오늘날까지도 여전히 중요한 의미를 지니고 있다. 오늘날 우리가 현대적 형태의 문학이론을 건설함에 있어 왕국유의 이론의 귀중한 유산을 총결하고, 흡수하는 일도 대단히 중요하다.

왕국유는 동서양을 관통했다. 그는 중국 고전문화의 뿌리까지, 서양 문학, 철학의 뿌리까지 정확하게 인식하고 있었다. 그의 문예이론은 근대의 동서 교융의 산물이다. 과거 왕국유 문예이론의 연구는 단지 그의 '의경설'에만 집중되었을 뿐, 기타 이론에 대해서는 그다지 관심을 보이지 않았다. 그의 문예이론은 분명한 체계를 가지고 있다. 대체적으로 그의 문예이론에는 '독립설獨立說', '위자설慰藉說', '천재설天才說', '고아설古雅說,' '경계설意境說' 5대 요점이 있으며, 이 5대 요점은 서로 다른 측면에서 문학 활동을 깊이 연구와 검토한 독립적인 것이기도 하지만 서로 하나로 연결된 정체整體이기도 하다.

1. '독립설獨立說' 및 그 의의

왕국유는 동시대 인물인 양계초[梁啓超: 1873~1929년] 등과 정치 노선이 달랐으며, 많은 학자들이 정치적 소용돌이에 빠져들었을 때, 그는 학문에 몰두하면서 정치 투쟁과는 일정한 거리를 두었다. 문예 사상에 있어 그는 도가의 '무위론無爲論'과 칸트, 쇼펜하워의 심미무공리론審美無功利論의 영향을 많이 받았으며, 다른 한편으로는 '문이재도文以載道'의 전통 문예관에 반대, 문예의 '독립설'을 제기하였다. 그는 「철학가와 미술가의 천직을 논함」에서 다음과 같이 언급하였다.

> 천하에서 가장 신성하고, 가장 존경스럽지만 지금 당장 소용이 없는 것은 철학과 미술(예술)뿐이다. 천하의 사람들이 시끄럽게 이것들이 필요 없다고 말하지만 철학과 미술의 가치를 손상시킬 수는 없다. … 무릇 철학과 미술이 추구하는 것은 진리이다. 진리는 천하 만세萬世의 진리이지 일시적 진리가 아니다. 이러한 진리를 발명한 사람(철학가)이 있다면, 이를 기호로 표현한 것(미술)이 있다. 이는 천하 만세의 공훈이지, 일시의 공적이 아니다. 무릇 천하 만세의 진리이기 때문에 단지 일시, 일국의 이익과 부합하지 않으며, 그리하여 때로는 받아들여지지 못한다. 이것이 바로 그 신성神聖함이 존재하는 이유이다.[1)]

1) 王國維, 『王國維文學美學論著集』, 「論哲學家與美學家之天職」, 北岳文藝出版社, 1987, 34쪽. "天下最神聖, 最尊敬而無用于當世者, 哲學與美術而已. 天下之人囂然謂之曰無用, 無損于哲學美術之價値也.. … 夫哲學與美術之所志者, 眞理也. 眞理者, 天下萬世之眞理, 而非一時之眞理也. 其有發明此眞理(哲學家), 或以記號表之(美術)者,

무릇 철학과 미술의 신성함이 망각되어 도덕과 정치의 수단으로 전락하면 저작의 가치는 즉시 상실된다. 원컨대 이후의 철학가와 미학가가 천직을 망각하지 않아 그 독립적 지위를 상실하지 않는다면 다행이겠다.[2)]

왕국유는 철학은 진리를 발견하는 것이며, 문예는 진리를 표현하는 것이나 현실 정치에는 '무용無用'하다라고 생각하였다. 그러나 이러한 발견된, 표현된 진리는 '천하만세'에 '쓰임'이 있기에 그는 문예는 현실의 정치 투쟁과는 반드시 거리를 두어야 하며, 문예가 만일 "도덕과 정치의 수단으로 여겨지면 저작의 가치는 즉시 상실된다."고 여겼다. 따라서 왕국유의 문예 '독립설'은 도가의 '무위론'과 칸트의 심미 무공리론에서 나왔으나, 그 독자적 발전은 문예가 '진리'를 표현하는 보편성을 가지고 있다는 점을 강조하여 모든 인류의 감정 세계의 규범을 만들어낸 데 있다. 이러한 문예 '독립설'은 이미 수십 년의 문예 활동 실천에 의해 가치가 있다는 것이 증명되었다. 이에 문예 작품은 당시의 주류 정치에서 독립될 수 있었으며, 이로 인해 당시 주류 정치에 수용되지 않아도 모종의 보편적 진리를 간직하고 있던 문학은 오히려 대대로 전해져 만세에 걸쳐 쓰임새가 있는 것이 되었다.

왕국유의 문예 '독립설'은 강력한 반봉건적 의의를 지니고 있다. 그는 봉건시대의 철학가, 문예가는 모두 당시 정치와 하나로 묶여 있으며, 이는 철학과 문예의 비애라 여기면서 다음과 같이 말했다.

'스스로 자못 출세했다고 말하려면 높은 자리에 올라 응당 길을 모색해야 한다. 임금을 요순보다 뛰어나게 하고, 풍속을 순박하게 바꿀 수 있어야 한

天下萬世之功績, 而非一時之功績也. 唯其爲天下萬世之眞理, 故不能盡與一時一國之利益合, 此有時不能相容, 此卽其神聖之所存也."

2) 같은 책 36쪽. "若夫忘哲學美術之神聖, 而以爲道德政治之手段者, 正使其著作無價値者也. 願今後之哲學美術家, 毋忘其天職, 而失其獨立之位置, 則幸矣!"

다.'는 것은 두보의 포부가 아니겠는가? '어찌 상서를 올려 자천하여 관직에 오르고, 앉아서 사해를 당우唐虞처럼 호령하는 것'은 한유의 충고가 아니겠는가? '조용히 천고의 비웃음을 달게 받고, 장강과 황하처럼 평온하게 내달리는 것'은 육유陸游의 비분이 아니겠는가? 이와 같아야 세상에서 위대한 시인이라 하지 않겠는가! 시인이 이러한 포부가 없다면, 무릇 소설, 희곡, 회화, 음악의 제가들이 모두 난쟁이 광대라 자처한다면, 세상 사람들 역시 난쟁이 광대로 받아들일 것이다. 흔히 '시에는 항상 다른 의미가 있고', '하찮은 관직을 위해 문인이 되는 것만으로는 부족하며'라는 언급은 우리나라 사람들의 금과옥조가 되었다. 오호라! 미술이 독립적 가치를 상실한지 오래되었도다. 이는 역대 시인들이 충군, 애국, 권선징악의 의미만 기탁하는 것으로 자신의 책무를 다했다고 여길 뿐이니, 순수 미술과 저술이 왕왕 세상의 압박을 받아도 아무도 그 누명을 씻어주지 않는 것도 이상할 게 없다.[3]

왕국유는 두보, 한유, 육유와 같은 중국 고대의 대시인들 조차도 독립적 의식도 없이 자기의 시가 정치를 위해 봉사할 수 있기를 갈구하였다. 이러한 비판은 큰 용기가 없었다면 불가능했던 일이다.

2. '위자설慰藉說' 및 그 의의

문예가 '독립적'인 것이라 한다면 문예는 인간과 관계가 없는 것일까? 당연히 관계가 있다. 문예는 예로부터 지금까지의 모든 사람

3) 같은 책, 「論哲學家與美學家之天職」, 35쪽. "'自謂頗騰達, 立登要路津. 致君堯舜上, 再使風俗淳.' 非杜子美之抱負乎? '胡不上書自薦達, 坐令四海如唐虞.' 非韓退之之忠告乎? '寂寞已甘千古笑, 馳驅猶望兩河平.' 非陸務觀之悲憤乎? 如此者, 世謂之大詩人矣! 至詩人之無此抱負者, 與夫小說, 戲曲, 圖畵, 音樂諸家, 皆以侏儒倡優自處, 世亦以侏儒倡優蓄之. 所謂'詩外尙有事在', '一命爲文人, 便無足觀', 我國人之金科玉律也. 嗚呼! 美術之無獨立之價値也久矣. 此無怪歷代詩人, 多托于忠君愛國勸善懲惡之意, 以自解免, 而純粹美術上之著述, 往往受世之迫害而無人爲之昭雪者也."

의 정감 세계에 관심을 가지고 있다. '독립설'이 문예 가치론이라면, '위자설'은 바로 왕국유의 문예 기능론이다. 그는 인생의 고통을 위로하는 것이 문예의 가장 기본적인 기능이라 여겼다. 왕국유는 쇼펜하워의 생명 철학을 전문적으로 연구하면서 깊은 영향을 받았다. 쇼펜하워는 세계 활동의 근원은 의지이며, 의지에는 경험적 내용뿐만 아니라 본체적 의의를 지니고 있다고 주장하였다. 칸트 철학의 용어로 설명하자면 의지는 '물자체物自體'이다. "모든 사람이 눈을 감고 곰곰이 생각해보면 자신의 존재는 영원히 끊임없이 의지의 지배를 받고 있음을 알 수 있을 것이다. 인간이 의지의 지배를 받으면 그는 항상 바쁘게 어떤 것을 찾으려 하나, 매 번 찾아낸 결과는 자신은 원래 아무 것도 아니었으며, 최후에는 이 세상의 존재는 원래부터 하나의 비극이며, 세상 모든 것은 고통이라는 것을 발견하게 된다."[4] 이에 쇼펜하워는 "예술의 창작과 감상을 통해 우리는 의지가 만들어낸 욕망의 세계를 자신조차 잊어버리는 정신세계로 끌어 올릴 때 우리는 잠시 인간 세계의 불행과 고통을 망각할 수 있다."[5]고 주장하였다. 왕국유는 쇼펜하워의 이러한 사상을 받아들였다. 그는 『홍루몽평론紅樓夢評論』에서 인생의 고통을 대범하게 이야기 하였다.

> 생활의 본질은 무엇인가? '욕망'일 뿐이다. 욕망이 본성이 되어도 부끄럽지 않은 것은 그것이 태생적으로 부족하기 때문이다. 부족한 상태가 바로 고통

---

4) 쇼펜하워, 『人生的智慧』, 黑龍江人民出版社, 1987, 80쪽. "每一個人只要閉目內證, 取會知道自己的存在是永無休止的受着意志的支配與奴役. 人受意志的支配與奴役, 他無時無刻的忙忙碌碌的試圖尋找些甚麽, 每一次尋找的結果, 無不發現自己原是與空無同在, 最後終于不能不承認這個世界的存在原是一個大悲劇, 而世界的內容却全是痛苦."

5) 같은 책, 90쪽. "通過藝術的創作與欣賞, 我們將意志所生的慾望世界提升到忘我的情神世界中, 這時我們可暫時忘却人世的不幸與痛苦."

> 이다. 일단 하나의 욕망이 채워지면 이 욕망은 사라진다. 그러나 욕망을 채운 경우가 하나라면 욕망을 채우지 못한 경우는 천이다. 하나의 욕망이 채워지면 다른 욕망이 뒤를 잇는다. 따라서 위로는 결국 얻을 수 없다. 우리의 욕망이 다 채워져 욕망의 대상이 없다면 권태로운 감정이 일어나 이를 대신한다. 이에 우리 자신의 생활에 있어 그 무게를 감당할 수 없다. 따라서 인생이란 시계추처럼 고통과 권태사이를 오갈 뿐이며, 무릇 권태도 정말로 고통의 일종으로 간주해야 한다.[6]

인생이 이처럼 고통스럽다면 어떻게 해탈할 수 있을까? 설사 완전한 해탈은 할 수 없을지라도 잠시 위안이라도 얻을 수 없는 것일까? 왕국유도 쇼펜하워와 마찬가지로 문예에 생각이 미쳤다. 왕국유는 다음과 같이 말했다.

> 미술(예술)은 상류 사회의 종교이다. 상류 사회 사람이 지닌 고통의 감각은 하류 사회 사람과 다를 것이 없으며, 공허한 느낌은 오히려 하류 사회 사람보다 심각하다. 이들의 감정상의 질병은 결코 건조한 과학과 엄숙한 도덕으로는 치료할 수 없었다. 감정상의 질병은 감정으로 치료하지 않으면 안 된다. 반드시 한가한 때 마음을 기울일 수 있는 것이 있는 연후에 스스로 즐길 수 있다. 무릇 사람 마음의 힘을 이곳에 기울이지 않으면 다른 곳에 기울여야 한다. 고상한 것에 마음을 기울이지 않으면, 비열한 기호에서 벗어날 수 없다. 조각, 회화, 음악, 문학 등이 이러한 문제를 해결할 수 있는 능력 때문에 그들에게 위안은 이것보다 뛰어난 것이 없다. 왜 그러한가? 우리가 종교에

6) 王國維, 『王國維文學美學論著集』, 「紅樓夢評論」, 北岳文藝出版社, 1987, 2쪽. "生活之本質何? '欲'而已矣. 欲之爲性無厭, 而其原生之不足. 不足之狀態, 苦痛是也. 既償一欲, 則此欲以終. 而欲之被償者一, 而不償者什百. 一欲既終, 他欲隨之. 故究竟的慰藉, 終不可得也. 卽使吾人之欲悉償, 而更無所欲之對象, 厭倦之情卽起而乘之. 于是吾人自己之生活, 若負之而不勝其重. 故人生者, 如鍾表之擺, 實往復于痛苦與厭倦之間者也, 夫厭倦固可視爲苦痛之一種."

> 대한 관심이 미래와 관련된 것이라면, 미술에 대한 관심은 현재에 대한 것이다. 종교의 위안이 이상적인 것이라면 미술의 위안은 현실적인 것이다. 미술의 위안 가운데 가장 위대한 것은 문학이다.[7)]

여기에서 왕국유는 사실상 개인의 궁극적 관심과 현실적 관심의 문제를 제기하였다. 그는 종교는 일종의 이상으로 이해할 수 있으며, 종교의 위안은 궁극의 관심이라고 생각했다. 문예는 공리와는 관계가 없는 정감의 체험이며, 고통의 카타르시스를 통하여 사람으로 하여금 감정의 위안을 얻게 하는 현실적 관심이라고 주장하였다. 이 두 가지 관심은 하나라도 결여되어서는 안 된다. 어떤 의미에서 본다면 현실적 관심은 궁극의 관심보다 중요하다. 인간은 시시각각 현실 속에서 생활하는데, 만일 현실적 관심이 없다면 필연적으로 영원한 고통에 함몰되어 스스로 벗어날 수 없게 되어 정신적 사망 상태에 이르게 된다. 이러한 까닭에 왕국유는 감정의 위안을 문예의 기본 기능으로 간주했는 바, 이는 대단한 식견이라 하겠다. 왕국유는 『문학소언文學小言』에서 "문학이란 유희적 사업이다."[8)]라는 견해를 피력하였다. 어떤 학자들은 이를 너무나 중시하여 이것이 왕국유의 문예에 대한 기본적 견해라고 주장하기도 하였다. 그러나 실제로는 그렇지 않다. 그가 말한 '유희'는 문예를 통하여 "자신의 감정 및

---

7) 같은 책, 「去毒篇(阿片煙根本治療法及將來教育上之注意)」, 49쪽. "美術者上流社會之宗教也. 彼等苦痛之感無以異于下流社會, 而空虛之感而又過之. 此等感情之上疾病, 固非乾燥的科學與嚴肅之道德之所能療也. 感情上的疾病, 非以感情治之不可. 必使其閑暇之時心有所寄, 以後能得以自遣. 夫人之心力, 不寄于此則寄于彼; 不寄于高尚之嗜好, 則卑劣之嗜好所不能免矣. 而雕刻, 繪畫, 音樂, 文學等, 彼等果有解之之能力, 則所以慰藉彼者, 世固無已過之. 何則? 吾人對宗教之興味, 存于未來, 而對美術之興味, 存于現在. 固宗教之慰藉, 理想的, 而美術之慰藉, 現實的也. 美術之慰藉中, 尤以文學爲大."

8) "文學者, 遊戲的事業也."

관찰한 사물에 대한 모사와 영탄으로 싸인 감정을 발설하는 힘"을 말한다.[9] 그의 '유희설'은 그의 '위자설'의 또 주장이라는 사실을 명확히 알아야 한다.

3. '천재설天才說' 및 그 의의

문학은 어떻게 창출되는 것일까? 왕국유는 이와 관련하여 '천재설'을 제기하였다. 왕국유는 "'미술은 천재가 만들어 낸다.', 이는 칸트 이래 백년에 걸친 학자들의 정론定論이다."[10]라고 주장했다. 그러나 그는 칸트에서 한 걸음 더 나아가 순수한 천재가 저절로 문학가가 될 수 없다고 생각하였다. 그는 고금의 위대한 사업인 큰 학문을 하는 사람은 반드시 '세 단계'를 거쳐야 한다고 하면서 "문학 역시 그렇다. 여기에 문학의 천재가 있다 하더라도 많은 수양을 거쳐야하기 때문이다."[11]라고 주장하였다. 이외에 그는 "천재는 더러 수십 년에 한 명이 나타나지만 반드시 학문으로 자신을 가다듬고, 덕성으로 자신을 절제하여야 비로소 진정한 대문호가 될 수 있다."[12]고 언급하였다. 이 문제에 있어 왕국유는 칸트의 영향을 받았을 뿐만 아니라, 유협의 '재기학습론才氣學習論'의 심각한 영향을 받았음이 분명하다. 이 말은 창작에 있어 천재성도 필요할 뿐만 아니라 도덕과 수양이

---

9) 王國維, 『王國維文學美學論著集』, 「文學小言」, 北岳文藝出版社, 1987, 25쪽. "對其自己之感情及所觀察之事物而摹寫之, 詠嘆之, 以發泄所儲蓄之勢力."

10) 같은 책 「古雅之在美學上之位置」, 39쪽. "美術者天才制作也, 此自汗以來百餘年間學者之定論也."

11) 같은 책, 「文學小言」, 26쪽. "文學亦然. 此有文學上之天才者, 所以又需莫大之修養也."

12) 같은 책, 「文學小言」, 26쪽. "天才者, 或數十年而一出, 而又需濟之以學問, 帥之以德性, 始能産眞正之大文學家."

필요하다는 것으로, 이러한 창작론은 칸트의 단순한 '천재론'보다 훨씬 과학적이다. 왕국유는 창작론에 있어 조건적 '천재론'을 주장했고, 이는 그의 '위자설'과 밀접한 연관을 가지고 있다. '위자설'의 본질은 감정의 배출이며, 자신이 느낀 바를 느끼게 하고, 자신이 하고자 하는 말을 하게 만들며, 아울러 이러한 느낌과 말을 대단히 미묘한 경계에 도달하게 만드는데, 이러한 경계에 도달하는 것은 천재가 아니면 불가능하다.

4. '고아설古雅說' 및 그 의의

'고아설古雅說'은 왕국유가 제기한 독특한 심미 범주론이다. 그는 심미의 범주에는 '우미優美', '장미壯美', '현혹眩惑' 및 '고아古雅' 4종이 있다고 주장하였으며, '우미', '장미'는 서양의 미학 이론에서 받아들인 것이고, '현혹'은 '미미지음[靡靡之音: 퇴폐적인 음악]'으로 그가 반대하였던 것이다. '고아'는 왕국유의 독창적 견해로 이를 긍정, 제창하였다. 심미 범주론이 문예로 전화되면 이는 기본적으로 작품 풍격론이 된다. 그렇다면 왕국유가 말한 '고아'는 무엇일까? 그는 사물에는 제일형식第一形式과 제이형식第二形式의 구분이 있으며, 우미와 장미는 제일형식의 아름다움으로 자연 사물 자체의 형식이며, 이 두 가지의 아름다움은 자연적, 보편적인 것으로, 문예 작품의 내용에 반영된다. '고아'의 아름다움은 이와 다르다. 이는 자연 자체 형식의 아름다움이 아니라 인위적 예술적 가공을 거친 아름다움으로 제이형식에 속한다. 바꾸어 말하자면 고아는 인위적 예술적 아름다움이다. 예술적 가공은 자연 자체의 형식을 다른 형식으로 전화轉化시키며, 예술적으로 반영되면 자연은 형식상으로 새로운 성질을 획득하게 된다. 고아의 아름다움은 인공적이고 경험적이다. 왕국유는 "띠로 만든 지붕, 흙으로 만든 계단은 자연 속에서 흔히 볼 수 있는 소소한 경물이기에 우리의 육안으로 보면 별반 굉장한 의미를 지닌 우미를 찾아낼 수 없다. 그러나 예술가(회화, 시가)의 손을 거치면 말로 표현할 수 없는 운치를 느끼게 된다. 이러한 운치는 제일형식에서는 획득할 수 없으며, 제이형식에서 획득된다는 것은 의심의 여지가 없다."[13]고 주장했다.

왕국유의 견해는 상당히 합리적이며, 실천을 통해 증명할 수 있는 것이다. 소소한 경물이라 하더라도 일단 예술 형식적 표현을 거치면 말로는 표현할 수 없는 일종의 운치가 생긴다. 심지어는 추악한 대상조차도 예술적 가공을 거치면 아름다운 것으로 변모할 수 있다. 당연히 우미와 장미를 표현한 작품도 예술적 가공을 거쳐야 한다. 따라서 고아함은 본질적으로 우미와 장미가 절대 없어서는 안 된다. 왕국유는 다시 "우미의 형식은 사람의 마음을 편안하게 만들고, 고아의 형식은 사람의 마음을 쉴 수 있게 만들기 때문에 가히 낮은 정도의 우미라 말할 수 있을 것이다. 장미의 형식은 저항할 수 없는 힘으로 사람들의 앙모의 감정을 불러일으키며, 고아의 형식은 세속의 이목에 익숙한 것이 아니기에 일종의 경아를 불러일으킨다. 경아는 앙모하는 감정의 초보적 상태이기에 고아는 낮은 정도의 장미라 말하는 것도 가능할 것이다. 따라서 고아의 위치는 우미와 장미 사이에 있으면서 이 두 가지의 성질을 겸유하고 있다고 말할 수 있을 것이다."[14]라 주장하였다. 고아설은 왕국유의 독창적 견해로

---

13) 같은 책, 「古雅之在美學上之位置」, 39쪽. "茅茨土階, 與夫自然中尋常瑣屑之景物, 以吾人之肉眼觀之, 擧無足與于優美若宏壯之數, 然一經藝術家(若繪畫, 若詩歌)之手, 而遂覺有不可言之趣味. 差等趣味, 不自第一形式得之, 而自第二形式得之無疑也."

14) 같은 책, 41쪽. "優美之形式, 使人心和平; 古雅之形式, 則使人心休息, 故亦可謂之低度之優美. 宏壯之形式常以不可抵抗之勢力喚起人欽仰之情, 古雅之形式則以不

문예의 새로운 미적 형태를 설명한 것이다. 아울러 고아는 후천적 예술 수양을 통해 창출될 수 있기에 반드시 후천적 예술 수양을 거친 뒤에야 비로소 고아의 의미를 판단할 수 있음을 강조한 것이다. 이는 심미 교육에 이론적 근거를 제공하였다. 왕국유가 지적한 대로 "고아의 가치는 미학적으로 본다면 실로 우미와 장미에는 미치지 못하나 대중교육의 효과라는 측면에서 본다면 그 범위도 비교적 넓고, 효과도 현저하다고 말할 수 있다."[15)]

5. '경계설境界說' 및 그 의의

'경계설'은 왕국유 문예 사상의 핵심이자, 그의 예술 이상론이다. 문예의 이상은 문예 창작과 비평의 가장 높은 기준이다. 왕국유 문예 사상의 체계와 내용을 가지고 말한다면 그의 '독립설', '위자설', '천재설,' '고아설'과 '경계설'은 깊은 연관을 가지고 있다. 왕국유의 '경계설'은 중국 고대 문학이론의 총결이자 그가 숭상했던 서양 생명철학과의 융합이다. 어떻게 그의 경계설을 이해할 것인가에 대해서는 이미 몇 가지 견해가 있다.

첫째, 일종의 예술형상藝術形象이라는 견해. 둘째, 정경교융情景交融이라는 견해. 셋째, 감상시 독자의 심리상태라는 견해. 넷째, 구체적이고 진지한 의상意象의 감수라는 견해. 이러한 견해들은 각기 합리적인 부분이 있으나 나는 이 모든 견해는 경계설의 본질과 정수를 제대로 파악하지 못했다고 생각한다.

習于世俗之耳目故, 而喚起一種之驚訝. 驚訝者, 欽仰之情之初步, 故雖謂古雅爲低度之宏壯, 亦無不可也. 故古雅之位置, 可謂在優美與宏壯之間, 而兼有二者之性質也."

15) 같은 책, 38쪽. "古雅之價値, 自美學上觀之誠不能及優美及宏壯, 然自其教育衆庶之效言之, 則雖謂其範圍較大成效較著可也."

'경境'은 원래 '경竟'의 의미였다. 『설문해자』에서는 "악곡이 끝난 것을 경竟이라 한다."16)고 설명하였다. 단옥재段玉裁는 "악곡이 끝난 것이다. 모든 일의 종료와 토지의 끝을 모두 경竟이라 한다."17)고 주를 붙였다. 이 말은 '경'의 원의는 악곡이 끝나는 곳이라는 의미였으나 후에 시간, 공간의 끝을 의미하게 되었다는 것이다. 예를 들어 지금도 '입경入境', '국경國境', '변경邊境' 등의 용어를 사용하고 있다. 이후 사람들은 한 걸음 나가 이러한 물리적 '경'을 심리적인 것으로 확대하여 '심경心境', '정경情境', '의경意境' 등의 용어를 사용하기에 이르렀다. 심경은 마음의 경계, 정경은 마음이 닫는 곳, 의경은 의미의 종지를 의미한다. 의경意境은 단순히 '의意'와 '경境'이 합쳐진 것이 아니라 인간의 생명 활동이 펼쳐 보이는 구체적인 의미와 장력을 지닌 시적 공간이다. 나는 왕국유가 바로 이러한 의미에서 경계설을 정의했다고 생각한다. 『인간사화人間詞話』에서 그의 사상을 대표하는 "사詞는 경계境界를 최상으로 여긴다."18)는 이 문구 이외에도 아래의 몇 구절이 있다.

> 고금의 사인 가운데 가장 격조가 높은 작가는 백석白石이다. 애석하게도 의경에 힘을 쓰지 않아 언외지미와 현외지향[弦外之響: 현 밖의 소리. 언외지미와 동의어]을 느낄 수 없기에 결국 일류 작가의 반열에 오르지 못했다.19)

> 경은 결코 경물만을 말하는 것이 아니다. 희노애락 역시 사람 마음속의 한 경계이다. 따라서 진실한 경물, 진실한 감정을 표현해야 비로소 경계가 있다고 말할 수 있다. 그렇지 않으면 경계가 없는 것이다.20)

---

16) "樂曲盡爲竟."
17) "曲之所止也. 引伸之凡事之所止, 土地之所止皆曰竟."
18) "詞以境界爲最上"
19) "古今詞人格調之高無如白石. 惜不于意境上用力, 故覺無言外之味, 弦外之響, 終不能與于一流之作者也."

붉은 살구나무 가지에 봄기운이 요란하다."에서는 '요[鬧: 요란하다]' 한 자에서 의경이 모두 드러난다. "구름 깨고 달 나오자 꽃이 그림자를 희롱하네"에서는 '농[弄: 희롱하다]' 한 자에서 의경이 모두 드러난다.[21]

모든 문학에서 내가 좋아하는 작품은 피로 쓴 것이다. 후주[後主: 남당南唐의 후주 이욱李煜]의 사詞는 진정 피로 쓴 글이라 말할 수 있다.[22]

위의 4개 예문은 경계설의 심미적 의의를 충분히 보여준다. 우선, 경계는 멈춰야 할 곳을 의미한지만 단순히 언어 내의 묘사에서 그치는 것이 아니라 그 범위가 '언외지미', '현외지향'까지 확대되기에 시적 공간은 광활하고, 강력한 장력을 지닌다. 둘째, 이러한 광활한 시적 공간은 인간의 생명 활동에 의해 생산된 독특한 희노애락의 '진질한 감정'으로 충만하다. "붉은 살구나무 가지에 봄기운이 요란하다."를 예로 들자면, 어떤 이유에서 '요鬧' 한 자가 모든 경계를 드러내게 만들었을까? 이는 '요'자가 '붉은 살구나무 가지'와 '춘의春意'를 하나의 살아있는 정체整體로 만들었을 뿐만 아니라, 시인 심령의 정서, 정취를 생기발랄한 봄날 기운의 독특한 흡족함과 편안함으로 표현했기 때문이다. 마치 그 가지의 붉은 살구처럼 활발하고, 열렬하며, 아무런 구속도 없는 것 같다. 셋째, 모든 정서, 의취는 모두 사람의 생명과 선혈로 쓴 것이며, 인간 생명력의 진동이며, 인간의 생명력이 열은 무한과 넓이의 시적 공간 — 경계이다. 만일 우리가 왕국유의 경계설을 인간의 생명력이 활발하게 움직여 만들어낸 시적 공간으로

---

20) "境非獨謂景物也, 喜怒哀樂, 亦人心中之一境界. 故能寫眞景物, 眞感情者, 謂之有境界. 否則謂之無境界."
21) "紅杏枝頭春意鬧, 著一鬧字而境界全出. 雲破月來花弄影, 著一弄字而境界全出矣."
22) "一切文學, 余愛以血書者. 後主之詞, 眞所謂以血書者也."

이해한다면, 왕국유의 잘 이해할 수 없는 것처럼 보이는 논술 역시 순식간에 이해될 수 있을 것이다. 『인간사화』 제62조의 “‘옛날 기녀가 탕자의 아내가 되었다. 탕자 떠나 돌아오지 않으니 텅 빈 침대를 혼자 지키기 어렵구나.’, ‘훌륭한 계책이 없는데 어떻게 중요한 길목을 차지할 수 있겠는가? 아무 일도 하지 않아 오랫동안 비천한 신세, 힘들 일 생각하니 괴로움만 더하구나.’의 경우 분명 음란하고 비천한 단점이 있다 하겠다. 그러나 이를 음란하고 비루한 언사를 보지 않아야 진정한 감정을 가진 사람이라 할 수 있다. 오대五代와 북송의 위대한 사인詞人들에게도 음란하고 비루한 작품이 있으나 독자들은 친근하고 생동적이며 정력이 왕성하다고 느낀다. 이러한 사실에서 음란한 작품과 비루한 작품의 문제는 음란함과 비루함의 병폐가 아니라 문사의 운용의 병폐인 것이다.”[23]가 그 예이다. 왕국유는 음사와 비사에 대해서도 칭찬을 아끼지 않으면서 “친근하고 생동적이다.”, “정력이 흘러넘친다.”고 하였는데, 그 이유는 음사와 비사라 하더라도 인간 생명의 욕망, 비록 저급한 욕망이라 하더라도 이를 생생하게 전달했기 때문이다. “고금의 큰 사업이나 위대한 학문을 이룩한 사람들은 반드시 세 가지 경계를 통과해야 한다. ‘어제 저녁 서풍이 불어 푸른 나무를 시들게 하기에 홀로 높은 누각에 올라 하늘까지 이어진 먼 길을 바라본다.’는 것이 첫 번째 경계이다. ‘허리띠 점점 느슨해지는 것은 후회하지 않으나 그대의 허약한 모습이 저를 초췌하게 합니다.’는 것이 두 번째 경계이다. ‘여러 곳에서 그를 여러 수만 번 찾았으나, 고개 들어 뒤 돌아보니 그는 등불 꺼져 가는 곳에 있네.’는 것

23) “‘昔爲倡家女, 今爲蕩子婦. 蕩子行不歸, 空床難獨守.’, ‘何不策高足, 先据要路津? 無爲久貧賤, 轗坷長苦辛.’ 可謂淫鄙之尤. 然無視爲淫詞鄙詞者, 以其眞也. 五代、北宋之大詞人亦然, 非無淫詞, 讀之者但覺其親切動人; 非無鄙詞, 但覺精力彌滿. 可知淫詞與鄙詞之病, 非淫與鄙之病, 而游詞之病也.”

이 세 번째 경계이다. 이러한 언어들은 위대한 사인이 아니면 말할 수 없는 것이다."[24]도 한 예이다. 표면적으로 보면 성대한 사업이나 위대한 학문을 하는 사람들이 반드시 거치는 심리적 역정이나, 실제로는 인간의 생명력이 처음에는 추구하다가, 이어 고민하다가, 최후에는 심령의 자유를 얻는 과정, 즉 인간이 생명과 욕망의 만족을 획득해가는 피할 수 없는 3단계에 대한 언급이다. 왕국유 경계설의 내용은 대단히 풍부하기에 논문을 통해 서술해야 한다. 따라서 여기서는 일일이 논하지 않기로 하겠다.

왕국유 문예 사상에 포함된 5개의 논점은 상대적으로 완정한 체계를 이루고 있다. 독립론은 문예의 가치를, 위자론은 문예의 기능을, 천재론은 창작론의 범주를, 고아론은 작품의 풍격론을, 경계론은 가장 중요한 부분으로 문예 문체론과 문예 이상론을 언급한 것이다. 생명의 고통이 어떻게 문예 속에서 잠시의 해탈을 얻을 수 있는가라는 명제가 5개의 논점에 관통되어 있다. 왕국유의 문학이론 체계는 완정하다고 말하지 않을 수 없다. 문예 활동 각 방면의 규율을 적확히 밝히고 있음과 동시에 통일된 사상이 관통하고 있기 때문이다.

6. 왕국유 문학 사상의 현대적 의의

왕국유의 문학 사상이 시대를 뛰어넘는 특징을 가지고 있다는 사실은 지금 우리가 보면 볼수록 분명해진다. 그와 동시대의 그 많은 사상가 혹은 혁명가들은 대부분 전통적 '문이재도'의 관념에서 벗어

24) "古今成大事業, 大學問者, 必經過三種之境界. '昨夜西風凋碧樹, 獨上高樓, 望盡天涯路.', 此第一境也. '衣帶漸寬終不悔, 爲伊消得人憔悴.', 此第二境也. '衆里尋他千百度, 驀然回首, 那人在燈火闌珊處'此第三境也. 此等語非大詞人不能道."

나지 못한 채 문학은 정치를 위해 봉사해야 한다고 요구하면서 문학 자체의 독립적 가치를 무시하였다. 예를 들어 양계초는 당시에 소설의 작용을 다음과 같이 설명하였다.

> 옛날 유럽 각국에서 혁명이 시작되었을 때, 괴유魁儒, 석학碩學, 인인仁人, 지사志士들은 왕왕 자신의 경력, 마음속 소회, 정치의 의론을 소설에 담았다. 이에 중간에 학습을 멈춘 사람들도 시간의 여유가 있을 때 이를 기록하거나 말로 전한다. 밑으로 병정, 상인, 농민, 공인, 마부, 마졸, 부녀, 아동 모두 역시 기록하거나, 말로 전한다. 흔히 책이 한 권 나오면 전국의 의론이 일변한다. 저 미국, 영국, 독일, 프랑스, 이탈리아, 일본 각국의 정계가 나날이 발전함에 있어 정치소설의 공이 가장 크다.[25)]

> 일국의 국민을 일신시키려면 반드시 일국의 소설을 일신시켜야 한다. 도덕을 일신시키려면, 반드시 소설을 일신시켜야 하며, 종교를 일신시키려면 반드시 소설을 일신시켜야 하며, 정치를 일신시키려면 반드시 소설을 일신시켜야 하며, 풍속을 일신시키려면 반드시 소설을 일신시켜야 하며, 학술과 예술을 일신시키려면 반드시 소설을 일신시켜야 한다. 이에 사람의 마음을 일신시키려면 반드시 소설을 일신시켜야 하며, 인격을 일신시키려면 반드시 소설을 일신시켜야 한다. 그 이유는 무엇일까? 소설은 인간의 도리를 지배하는 불가사의한 힘을 가지고 있기 때문이다.[26)]

---

25) 梁啓超, 『中國近代文論選上』「譯印政治小說序」, 人民文學出版社, 1959, 150쪽. "在昔歐洲各國變革之時, 其魁儒碩學, 仁人志士, 往往以其身之所經歷, 及胸中所懷, 政治之議論, 一寄之于小說. 于是彼中輟學之子, 黃熟之暇, 手之口之, 下而兵丁, 而市儈, 而農氓, 而工匠, 而車夫馬卒, 而婦女, 而童孺, 靡不手之口之, 往往每一書出, 而全局之議論爲之一變, 彼美,英,德,法,意,日本各國政界之日進, 則政治小說爲功最高焉."

26) 같은 책, 「小說與群治之關係」, 151쪽. "欲新一國之民, 必新小說; 故欲新道德, 必新小說; 欲新宗教, 必新小說; 欲新情致, 必新小說; 欲新風俗, 必新小說; 欲新學藝, 必新小說; 乃至欲新人心, 必新小說; 欲新人格, 必新小說. 何以故? 小說有不可思議之力支配人道故."

이는 문학에 대한 기대가 너무나 높을 뿐만 아니라 문예와 정치를 지나치게 긴밀하게 만들었다. 당시의 다른 학자인 채원배蔡元培도 양계초와 유사한 의견을 개진하였다.

> 사상 개혁은 왜 반드시 문학과 연관되어야 하는가? 문학은 사상을 전도하는 도구이기 때문이다.[27)]

이러한 도구론은 문학을 어떤 한 시기의 주류 사상의 형상적 도해圖解로 간주한 것인데, 이러한 문예 사상은 문예론을 정치의 노예로 만들고, 작가 또한 어떤 의식 형태의 단순한 대변인으로 만든다. 수십 년에 걸친 문예 실천을 통해 부속론, 도구론이 장점보다는 단점이 많으며, 문예의 발전에도 불리하다는 사실이 증명되었다. 당시 왕국유가 제기한 문예 '독립론'은 문예의 자율성을 설명한 것으로 지금까지도 현실적 의미를 지니고 있다. 물론 나는 항상 문예는 반드시 인문 정신이 필요하고, 사회 비판의 역량을 강화해야한다고 생각하지만 인문 정신이 어떤 의식 형태와 동일한 것은 아니며, 전자는 인류적이라면, 후자는 계급적이고, 전자는 유구한 것이라면, 후자는 순간적인 것이다. 인문 정신이란 바로 문예의 독립성의 또 다른 표현이다.

왕국유의 위자설은 오늘날에 있어서도 큰 의미가 있다. 인생의 고통은 숨길 수 없는 사실이며, 이러한 고통은 백모녀白毛女가 압박받던 고통뿐만 아니라 우파로 내몰려 비판을 받아야 했던 고통, 주자파로 몰려 권력을 상실했던 고통만을 지칭하는 것이 아니라 인간

---

27) 『中國新文學大系 · 蔡元培選集』, 中華書局, 1959, 320쪽. "爲什麽改革思想, 一定要牽涉到文學上? 這因爲文學是傳導思想的工具."

이 태어나면서 지녀야 하는 모든 고통이다. 물론 생명은 환락과 고통의 교향곡이다. 일반적으로 말하자면 고통은 항상 환락보다 많다. 삶도 고통이고, 죽음도 고통이다. 살아있다면 여러 가지 욕망을 지니며, 그렇기에 영원히 만족할 수 없는 결핍을 느끼게 되는데, 이것 역시 일종의 고통이다. 이름을 드날려 일가를 이루었다 하더라도 메스껍고 허위적인 아첨과 끝없는 번다함과 마주하게 되는데, 이 역시 고통이다. 고운 옷을 입고, 맛있는 음식을 먹는다하여 인생이 행복할까? 그러나 항상 언젠가 다른 사람의 음해를 입거나, 갑자기 재앙이 들이닥칠 것이라는 근심 역시 고통이다. 고통은 인간의 일생에 가득하다. 따라서 어떻게 이러한 고통에서 벗어날 것인가는 모든 시대의 인간이 대면해야 하는 일생의 기본 문제이다. 종교가 세상에서 유구히 쇠락하지 않음은 이것이 인간에게 환상을 제공하며, 이러한 환상 속에서 인생의 고통에 대한 해탈을 얻는 것처럼 보이기 때문이다. 문예가 부단히 발전하는 이유 또한 인생이 문예의 변화와 승화에서 위안을 얻기 때문이다. 시장 경제가 공전의 발전을 이루고 있는 지금, 많은 사람들은 이곳에서 금전 때문에 자신의 정신적 고향이 파괴되자 인간의 정신이 돌아갈 곳을 찾지 못하는 상황이 더욱 심각해지고 있다. 이러한 시기일수록 인간은 정신적 위로가 더 필요하다. 문예가 감정의 힘이 되고, 정신의 고향이 되려면 서로 다른 차원에서 인간의 심령에 작용해야 한다. 마치 비와 이슬이 바싹 마른 마음에 스며들어 인간의 정신생활을 위로해주는 것처럼. 인간의 정신은 어떤 의미에 있어서는 하나의 '정[鼎: 다리가 세 개 달린 고대의 제기]과 같다. 지·정·의는 정鼎의 몸체, 과학, 문예, 철학은 '정'의 세 다리인데, 세 다리 가운데 하나가 없다면 인간의 정신생활은 필연적으로 평형을 잃어버리고, 인간의 본성은 붕괴되고 말 것이다. 따라서 문예의 위안은 인간에게 있어도 되고 없어도 되는 것이 아니라 인간 본성의 유지, 완선完善 문제와 연결되어 있다. 왕국유의 위자설은 여전히 논쟁을 허용하지 않는 현실적 의의를 지니고 있다.

왕국유의 천재설은 선천적 자질과 후천적 수양을 충분히 고려한 과학적인 주장이다. 현대 인간 두뇌 과학의 획기적 발전은 다음과 같은 사실을 증명하고 있다. 인간 두뇌는 좌우 반반이며, 각각의 반쪽은 모두 자신의 독립적 의식 사유 서열과 기억을 지니고 있다. 더욱 중요한 사실은 인간 두뇌의 양쪽은 완전히 다른 방식으로 사유를 진행하는데, 좌뇌는 언어를 통해 사유하고, 우뇌는 직접 감성의 표상을 통해 사유한다는 것이다. 문예의 천재는 우뇌가 특별하게 발달한 사람이라 말할 수 있다. 따라서 왕국유의 천재설은 이미 과학적으로 증명되었다고 하겠다. 중국 문예계에는 너무나 많은 사람들이 있으나 그 가운데 대부분은 문학적 천재성이 결여된 사람들이다. 이렇게 많은 사람들이 문예라는 하나의 길에 꽉 들어차 있으면 훌륭한 작품을 만들어 낼 수도 없다. 문학 창작에는 천재가 필요하니 이 길에 들어찬 사람들을 분산시키는 것이 중국 현대 문예 사업에 보다 유익하다고 말하는 것이 적합할 것이다.

고아설은 문예 창작에 있어 형식의 역량을 강조한 것이다. 왕국유는 "모든 형식의 아름다움은 다른 형식으로는 표현할 수 없고, 오로지 이 제이형식을 통해야 아름다움이 더욱 아름답게 되며, 우리가 말하는 고아는 이 제이형식이다. 따라서 고아함은 형식적 아름다움의 형식적 아름다움이라고 말할 수 있다."[28]라고 주장하였다. 앞서

28) 王國維, 『王國維文學美學論著集』, 「古雅之在美學上之位置」, 北岳文藝出版社, 1987, 39쪽. "一切形式之美, 又不可無他形式以表之, 惟經過此第二形式, 斯美者愈增其美, 而吾人之所謂古雅, 卽此第二種之形式. 故古雅者, 可謂之形式之美之形式之美也."

이미 설명했듯이 그가 말하는 '제일형식'은 즉 자연 사물 본래의 형식이며, '제이형식'은 즉 각종 기교 등을 포함한 문예 창작의 표현 형식이다. 수십 년에 걸쳐 우리들의 문예 정책은 단지 제재(즉 내용)의 중요성만을 강조하여 심지어는 제재 유일론으로 발전하였으나 , 문예의 형식에 대해서는 그다지 중시하지 않으면서, 누군가 형식의 중요성을 강조하면 형식주의자라는 혐의를 씌웠는데, 이는 너무나 서글픈 일이었다. 고아설은 일찍이 수십 년 전에 예술 형식의 중요한 작용을 지적하였는데, 이러한 이유에서 왕국유는 분명 선견지명을 지니고 있었다고 말하지 않을 수 없다. 확실히 동일한 제재와 내용에 대하여 형식적 표현의 차이로 인하여 의미 있는 근본적 구별이 만들어진다. 무엇을 쓸 것인가와 어떻게 쓸 것인가는 결코 뒤섞일 수 없는 문제이다. "'밤 깊어 다시 촛불 켜고, 그대와 마주하니 마치 꿈같구나.(두보 「강촌羌村」)'과 '오늘밤 아낌없이 은빛 등잔 밝히지만, 오히려 꿈속의 상봉이 아니가하여 두렵기만 하네.(안기도晏幾道 「자고천鷓鴣天」)', '언제나 님 생각에 머리는 아프지만 마음은 편하다네.(『시경』「위풍·백회伯兮」)'와 '허리띠 헐거워져도 끝내 후회하지 않으나, 당신 걱정에 초췌해질 뿐이네.(구양수歐陽脩 「접련화蝶戀花」)'의 경우 제일형식은 같다. 그러나 전자가 온후溫厚하다면 후자는 깔끔한데, 이는 제이형식이 다르기 때문이다."[29] 무엇을 쓸 것인가 만이 중요한 것이 아니라 어떻게 쓸 것인가 역시 중요하다. 이는 거의 오늘날 문예 개혁의 생장점이라 하겠다. 왕국유의 고아설은 오늘날의 문예 발전에 계시적 의미를 지니고 있다.

---

29) 같은 책, 38쪽. "'夜闌更秉燭, 相對如夢寐'(杜甫 羌村)之于'今宵剩把銀缸照, 猶恐相逢是夢中'(晏幾道 「鷓鴣天」, '願言思伯, 甘心首疾'(『詩經』「衛風·伯兮」, 之于'衣帶漸寬終不悔, 爲伊消得人憔悴'(歐陽脩 「蝶戀花」)其第一形式同. 而前者溫厚, 後者刻露, 其第二形式異也."

경계설의 현대적 의의에 관하여 보다 많은 사람들이 관심을 가지고 있다. 앞서 언급한 바와 같이 경계설은 문학이상론이며, 또한 예술의 지경론至境論이라 할 수 있다. 오랜 시간동안 우리의 예술 지경론은 '전형론典型論' 밖에 없어 대단히 단조롭고 완정하지 못한 것이어서 풍부한 예술 현상을 해석할 수 없었다. 재현형의 서사 작품을 가지고 말하면 '전형'을 만드는 것은 대단히 중요한 것이다. 전형은 일종의 예술의 지극한 경계이며, 이에 대해서는 우리가 이미 많은 탐색을 했다. 개략적으로 말하면 크게 세 가지 유형으로 나누어 볼 수 있다. 첫 번째 유형은 재현형이며, 두 번째 유형은 표현형이며, 세 번째 유형은 상징형이다. 재현형 작품의 지극한 경지는 전형을 창출하는 것이며, 표현형 작품의 지극한 경계는 의경을 창출하는 것이며, 상징형 작품의 지극한 경계는 의상意象을 창조하는 것이다. 이 점에 대해서 구주자오[顧祖釗: 1941년~현재, 안휘대학安徽大学 교수]는 『예술지경론藝術至境論』에서 창조적이고 설득력 있게 해설하였다. 그가 제기한 전형, 의경 및 의상은 삼족정립의 예술지경론으로 현재 우리가 볼 수 있는 비교적 전면적인 예술지경론이라 하겠다. 왕국유는 『인간사화』에서 "사는 경계를 최상의 것으로 삼아야 한다. 경계가 있으면 스스로 고격高格을 이루고, 저절로 명구가 만들어진다."[30]고 주장하였다. 실제상으로 그가 제기한 것은 문학예술 지경의 하나였다. 경계는 표의지경表意之境이며, 표현형 작품의 이상적 형상이다. 왕국유 경계설은 현대 문예이론 건설의 중점의 하나임은 의심의 여지가 없다.

이상의 논술에서 보듯, 왕국유 문학 사상에는 분명 한계가 있으나 왕국유가 문학이론을 연구했던 태도와 방법은 상당히 의미심장

30) 王國維, 『人間詞話』, "詞以境界位最上. 有境界, 子城高格, 自有名句."

하다. 그 의미를 둘로 나누어 설명하기로 하자.

첫째, 왕국유는 문학이론 연구를 순수한 학술 활동으로 여겼으며, 결코 학술 연구를 정치의 한 수단으로 삼지 않았다. 그는 "혹 정치의 야심을 포함하거나, 혹 실용의 목적을 품고 있는"[31] 학술 연구를 반대하였다. 이러한 연구는 단순히 학술의 지엽을 빌려 정치적 목표를 달성하는 것이기 때문에 학술 자체로 보면 결코 그 어떤 가치도 없는 것이다. 그는 「논근년지학술계論近年之學術界」에서 "따라서 학술을 발달시키려면 반드시 학술을 목적으로 보아야 하며, 학술을 수단으로 간주하지 않은 다음에야 가능하다."[32], "학술의 다툼에는 시비是非와 진위眞僞의 구별만이 있을 뿐이다. 시비와 진위의 구별 이외에 국가, 인종, 종교의 견해가 끼어들면 학술은 수단으로 되어 버려 유일한 목적이 되지 못한다. 반드시 학술을 유일한 목적으로 보아야 발달할 수 있으며, 학술의 발달은 그 독립에 달려 있을 뿐이다. 따라서 오늘날 우리나라의 학술계는 한편으로는 중국과 외국을 구분하는 견해를 뛰어 넘어야 하고, 한편으로는 정론의 수단으로 여기지 않아야 비로소 발달할 시기가 오지 않겠는가?"[33]라고 주장하였다. 이러한 학술 독립론은 진정한 학술 연구에 없어서는 안 될 태도다. 만일 어떤 정치적 목적을 가지고 연구를 진행한다면 연구의 객관성을 상실하고, 기존 견해의 울타리를 벗어나지 못한 채 연구의

31) "或抱政治之野心, 或懷實用之目的"

32) 『王國維文集卷三·論近年之學術界』, 中國文史出版社, 1997, 38쪽. "故欲學術之發達, 必視學術爲目的, 而不視爲手段而後可."

33) 같은 책, 39쪽. "學術之所爭, 只有是非眞僞之別耳. 于是非眞僞之別外, 而以國家, 人種, 宗教之見雜之, 則以學術爲一手段, 而非以爲一目的也. 未有不視學術爲一目的而能發達者, 學術之發達, 存于其獨立而已. 然則吾國今日之學術界一面當破中外之見, 而一面毋以爲政論之手段, 則庶可有發達之日歟?"

정확한 방향을 잃고 만다. 학술 연구의 독립성이 확보되어야 학술 연구의 객관성을 보장할 수 있다. 왕국유가 문학이론에서 거둔 뛰어난 성취는 이전의 사람들이 발견하지 못한 것을 발견했다는 사실이며, 부패한 유가가 말하지 않은 것을 말했다는 사실이다. 이는 학술 연구의 독립성, 객관성과 밀접한 관계가 있다. 오늘날 우리가 현대적 형태의 문학이론을 건설하려면 반드시 학술 연구의 상대적 독립성을 유지해야 하며, 이런 저런 정치적 기존 견해에 매달려서는 안 된다. 반드시 있는 힘을 다해 연구의 객관성과 과학성을 유지해야 한다. 지금 이러한 목적을 달성하는 것은 결코 쉬운 일이 아니며, 태만하지 않는 부단한 노력이 절실히 필요하다.

둘째, 왕국유는 문학이론의 연구에 있어 중서의 대화와 교융을 주장하였는데, 이는 지금까지도 현실적 의미를 지닌다. 왕국유는 국학國學의 대사大師였으며, 고대 문학이론의 유산을 계승, 총결했음은 의심의 여지가 없다. 예를 들어 그의 경계설은 고대 문학이론의 의경설과 일맥상통하지만 고전의 전통에 억매여 옛 이론을 사수하려고 하지 않았다. 그는 그가 처한 시대에 있으면서 시야를 세계로 넓혔고, 과감하게 외국 사상의 영양분을 흡수하여 중국의 옛 문학이론을 개조하고, 나아가 중서의 결합과 교류를 바탕으로 자신의 문학관을 제시하였다. 다시 그의 경계설을 가지고 말하자면 그는 위진 이래의 정경론情景論, 흥취론興趣論과 신운론神韻論 등을 총결하고 "대가大家의 작품은 감정을 말하면 심장과 비장에 스며들고, 경물을 묘사하면 사람의 이목을 확 열어주고, 언어가 입을 통해 흘러나옴에 억지로 가다듬지 않은 듯하다. 본 것도 진실하면 아는 것도 깊이가 있다. 시와 사 모두 그러하다."[34]라고 주장하였다. 이러한 주장은 완전히 사진謝榛, 왕부지王夫之 등의 시화와 서로 연결되어 있다. 그러나 우리가 만일 고대의 '정경'에 관한 여러 견해만을 따라서 그의 경계설을 해석한다면 아마도 정확하지 못할 것이다. 왕국유는 서양 미학에서 새로운 사상을 흡수하여 전통적 '의경설'을 개조하였기에 '조경造境', '사경寫境'의 구분, '사실가寫實家'와 '이상가理想家'의 구분은 서양의 현실주의와 낭만주의의 구분과 관련이 있으며, '유아지경有我之境'과 '무아지경無我之境'의 구분 및 '입호기내入乎其內'와 '출호기외出乎其外'의 구분은 서양의 '이정론移情論'과 '거리론距離論'의 대립에서 계시를 받았을 것이다. 보다 중요한 사실은 왕국유는 니체 생명 철학의 영향을 받았으며, 이를 바탕으로 '의경설'을 개조하였고, 경계를 인간의 생명 활동이 펼쳐 보이는 구체적인 의미와 장력을 지닌 시적 공간이라 정의하고, 경계는 시인의 자신의 선혈로 쓴 글임을 강조하였다. 또한 이러한 의미에서 왕국유는 자신 있게 "… 엄우가 말한 흥취興趣, 완정[阮亭: 왕서정王士禎의 호]이 말한 신운神韻은 단지 그 겉모습만 말한 것에 지나지 않으며, 비루한 이 사람이 '경계' 두 글자를 끄집어내어 그 근본을 탐구하는 것만 못하다."라고 말했다. 왕국유는 물론 '경계'가 그가 가장 먼저 끄집어내지는 않았다는 것을 알고 있었으며, 그가 이렇게 말한 이유는 중국에는 아직 이러한 의미에서 경계를 논한 사람이 없었기 때문이다. 중국과 외국의 대화와 교융의 방법을 가지고 새로운 문예이론을 건립하려던 그의 태도는 오늘날의 우리들이 현대적 형태의 중국 자체의 문예이론을 건설하는데도 귀감이 되는 중요한 의의를 지니고 있다.

34) "大家之作, 其言情也必沁人心脾, 其寫景必豁人耳目, 其詞脫口而出, 無矯揉粧束之態. 其所見者眞, 所知者深也. 詩詞皆然."

하편

중국 고대 문학이론과 현재

중국의 고대 문학이론은 중화 민족 문화의 유기적 조직 성분으로 여전히 충분한 활력을 지니고 있다. 우리가 오늘날 고대 문학이론을 연구하는 것은 새로운 시대정신의 건설에 필요하기 때문이며, 동시에 현대적 형태의 문학이론 건설에도 필요하기 때문이다.

제13 장

중국 고대 문학이론과 현재

중국 고대 문학이론은 중국 고대 문화의 중요한 한 구성 성분이다. 시대의 발전에 따라, 연구의 심화에 따라 중국 고대 문학이론의 현대적 의의가 분명하게 드러나고 있다. 중화 고대 문학이론은 의심의 여지없이 중화 민족 문화전통의 선명한 특징을 지니고 있으며, 동시에 문학의 보편적 규율을 보여주고 있다. 중국 고대 문학이론이 보편적 규율을 지니고 있기에 중국 문학과 문학이론을 세계의 문학 및 문학이론과 긴밀히 연계시켜야 나가야 한다.

청대 말기, 민국 초기에 중국 학술의 모형이 전환됨에 따라 중국 고대 문학이론의 연구도 그 모형이 달라지기 시작하였다. 양계초와 왕국유로부터 시작한 문학이론이 발전하여 고전적 형태에서 현대적 형태로 방향을 바꿨다. 양계초는 문학의 '공리론'을 주장하였지만, 왕국유는 '초공리론'을 주장하였다. 1세기에 걸친 많은 학자들의 공통 노력을 통해 중국 고대 문학이론 연구는 이미 장관을 이루었다. 시대는 부단히 발전하고 있으며, 세계의 문학이론 역시 부단히 새로운 모습을 보이고 있다. 특히 20세기는 '비평의 세기'라 불릴 정도로 문학이론의 변모는 사람들을 경악케 할 정도다. 예를 들어 왕국유가 쇼펜하워와 니체의 생명철학을 참고하고, 중국 고대 문학이론의 자원을 캐내서 새로운 문학이론으로 만들었다고 말할 수 있다면 우리가 오늘날 마주하고 있는 참조 대상은 이미 20세기 서양에서 형성된 러시아 형식주의 비평, 영국과 미국의 신비평, 프로이드의 정신분석 비평, 융의 원형 비평, 프랑스의 구조주의 비평, 데리다의 해체주의 비평 및 새롭게 등장한 문화 비평 등이다. 이는 이미 우리 자신이 백 년 동안 형성한 중국 문학이론의 현대적 형태이기도 하다. 참조 대상의 변화는 우리에게 보다 새롭고 참신한 현대적 시야를 가지고 중국 고대 문학이론을 관조하고, 고찰하고, 연구할 것을 요구한다. 바꾸어 말하면 중화 고대 문학이론은 반드시 어떤 과정을 거쳐 현대적인 것으로 전화되어야만 비로소 즉각적으로 현재 중국 문학이론의 범주로 진입될 수 있으며, 현대적 문학이론과 융화될 수 있다. 현재 많은 학자들이 이러한 '전화轉化' 작업에 종사하고 있다. 우리가 거시적 시각에서, 개방적인 마음가짐으로, 근엄한 태도로 이러한 의미 있는 연구 사업에 참여하는 것이 바람직할 것이다.

1. 1990년대에 시작된 '국학열國學熱'의 사회조건

중화 고대 문학이론의 연구는 이미 '국학國學'의 중요한 부분으로 공인되었다. 어떤 이유에서 5·4 신문화운동의 격렬한 반전통 운동, 개혁 개방의 세례를 거친 후, 20세기의 말기인 1990년대에 '국학'이 뜨겁게 대두되었을까? 이러한 현상은 우연이었을까? 몇 몇 사람들이 말한 것처럼 이는 단순히 몇 몇 지식인들의 '학술을 위한 학술' 활동이며, 사회 혼란을 피하기 위한 어쩔 수 없던 행위일까? 어떤 사람이 말했던 '학술의 대두는 사상의 약화'는 아니가?

여기에서 나는 중국 5·4 신문화운동과 중국 1990년대 '국학열'의 관계에 대하여 이야기하고자 한다.

1990년대 이래, 중화 고전 전통 문명을 고취시키는 뜨거운 경향이 나타났다. 선진의 제자백가, 한대의 유가, 위·진의 현학, 수·당에 가장 발전했던 불학, 송·명의 이학, 명대의 심학, 청대 건가乾嘉의 소학小學 등이 모두 다시 연구되기 시작하였다. 전통적 문학예술 및 이와 관련된 이론의 연구가 한껏 고조되었다. 중화 전통 문화에 대한 고도의 평가는 이전에 없었던 것이었다. 당시, 송사, 원곡, 명청소설이 대량으로 인쇄되어 광범위하게 유행했음은 재론할 필요도 없을 것이다. 『당시감상사전唐詩鑑賞辭典』, 『송사감상사전宋詞鑑賞辭典』 등의 발행은 고전 서적 발행의 극점이었다. 내 손이 닿는 곳에 있는 상해사서출판사上海辭書出版社에서 1985년에 발행된 『당시감상사전』은 발행부수가 80만부나 되었고, 1990년대 초반에 이미 100만부를 넘어섰다. 현재의 모든 베스트셀러들은 『당시감상사전』 앞에서는 그 모습이 너무나 초라하다. 당연히 우리가 여기에서 말하려 하는 '국학열'은 단지 이전의 국학 연구와 비교해서 하는 말이다. 실제로 만일 현재 사회의 경제 활동의 큰 조류와 비교한다면 학술 연구의 상황은 사람들을 만족시킬 정도는 아니다. 그러나 어떻게 말하든 학술연구, 특히 '국학' 분야가 지식인들의 중시를 다시 받아 여러 가지 연구 과제와 연구 성과가 계속 나오고 있다. 전통 문화에 대한 태도 역시 커다란 변화가 일어났다. 일찍이 5·4시기에 타도대상이었던 '공자점[孔家店: 공자를 말함]'이 70년이 지난 후 다시 위대한 사상가, 교육가, 고대 문명의 선구자이자 성인으로 존경받게 되었다. 중국서점中國書店에서 1994년에 출판된 280만자에 달하는 위대한 저작인 『공자문화대전孔子文化大典』은 '공자탄신 2,545년을 성대하게 기념'하기 위해 저술된 것이다. 「공자 – 영원한 인류의 위인」으로 명명된 서문에서 "공자는 위대한 이상주의자, 유가 철학의 개산비조開山鼻祖, 유가 학설의 창시자다. 그의 학설, 사상은 중화민족 정신문화의 중요한 유산이 되었다. 공자는 철학, 사회학, 윤리학, 교육학, 정치학 등 다양한 인문과학 영역 내에서 학문적 독창성을 수립하였기에 그의 광대한 사상은 중화 민족의 요구에 부합하였고, 당시의 중국 정황에 잘 적응하였기에 오랜 기간 전수되어야 하는 시대정신으로 형성되었다."[1]고 언급하였다. 심지어는 "공자는 중화 민족의 가장 앞에 서서 '인습이라는 무거운 부담을 지고, 암흑의 갑문을 메고' 중국으로 하여금 새로운 미래로 내달리게 하고 있다."[2]라고 말하기도 한다. 재미있는 것은 당시에 공자를 반대하는 선봉장이었던 루쉰의 말을 가지고 공자를 미화하려고 했던 것이다. 이런 방식으로 공자를 미화하려는 의도는 정말이지 입맛을 쓰게 만든다. '신유학新儒學'은 대륙에서 홍콩으로, 다시 대만으로 발이 없어도 저절로 건너가 학술상의 유행처럼 되어 버렸다. 노자와 장자가 창설한 도가는 자연을 숭상하는 철학으로 환경오염이 심각한 상황인 오늘날 그들은 마치 '녹색[綠色: 자연보호]'사상의 최초 제창자처럼 여겨져 갑작스레 인기를 끌었으며, 많은 학자들도 이에 호감을 표했다. 중국 고대 문학이론의 연구는 1990년대에 들어오면서 그 성취가 두드러져 학계의 주목을 받게 되었다.

첫째. 이 분야의 연구 수준이 크게 제고되어 더 이상 일반적 '신비평'이 아닌, 오늘날 반드시 계승, 참고해야할 고대 문학이론으로

1) 『孔子文化大典』, 孔范令, 桑思奮, 孔祥林 主編, 中華書局, 1994, 1쪽. "孔子作爲一位偉大的理想主義者, 儒家哲學的開山鼻祖, 首創儒家學說體系. 他的學說, 思想成爲中華民族的精神的中夭組成部分. 孔子在哲學, 社會學, 倫理學, 教育學, 政治學等諸多人文科學領域內均有獨創與建樹, 其博大思想, 符合中華民族的需求, 適應了當時的中國國情, 形成了傳之久遠的時代精神."
2) 같은 책, 1쪽. "孔子站在中華民族全前列. '背着因襲的重擔, 肩着黑暗的閘門', 使中國奔向新的未來."

받아들여졌다. 1996년, 문학이론계가 '고대 문학이론의 현대적 변환'이라는 주제를 제기하였다. 이후로 많은 사람들이 고대 문학이론에서 중국 특색을 지닌 새로운 문학이론을 건립할 수 있는 생기를 발견하였다. 이에 문학이론 연구자는 경쟁적으로 의견을 개진하였다. 이는 학술계의 기념비적 사건으로 기억되고 있다. '현대적 변환'은 대단히 어려운 일이지만, 많은 학자들이 이 노선에서 탐색을 거듭하였다는 사실은 대단히 탄복할만하다.

둘째. 중국 고대 문학이론 연구에 있어 두 권의 책에 대한 연구가 '학[學: 학술 분야]'이라는 칭호를 부여받았다. 하나는 '홍학[紅學: 『홍루몽』 연구]'이고, 하나는 '용학[龍學: 『문심조룡』 연구]'이다. 이를 통해 문학이론 대표작에 관한 연구가 성숙의 시기로 접어들었다.

셋째로, 중국 고대 문학이론에 관한 연구 논문의 발표 증가와 수준 제고는 이전과 비할 바가 아니었다. 몇 가지 예를 들어보자면, 1997년에서 1999년 사이에 『문예연구文藝研究』에 '의경'에 관한 연구 논문만 30여 편에 달했으며, 1996년에 출판된 복단대학復旦大學의 왕윈시王運熙, 꾸이성顧易生이 주편한 『중국고대문학비평통사中國古代文學批評通史』는 분량도 7권이나 될 뿐만 아니라 그 내용의 수준도 대단히 높다.

일시에 '국학'이 중요한 학문 분야로 떠올랐다. 5·4시기에 혁명을 위해 개척했던 '반전통'의 길은 각종 질의와 힐난에 휩싸였다. 린위성[林毓生: 대만 출신의 미국학자] 교수는 그의 유명한 저서 『중국의식적위기中國意識的危機』에서 5·4시기의 천뚜시우陳獨秀, 후스胡適와 루쉰의 반전통주의에 대하여 집중적으로 비판을 가하면서 "이 세 사람의 성격, 정치, 사상의 경향 차이는 그들의 반전통주의 특징에 영향을 미쳤다. 그러나 그들은 공통된 하나의 기본 결론을 얻었다. 그 결론은 중국의 과거에 대한 전면적 부정을 기반으로 한 사상 혁명과 문화 혁명은 현대사회 개혁과 정치 개혁의 근본적인 전제라는 것이다. 따라서 5·4 반전통주의가 중국 전통은 응당 폐기해야 한다는 주장이 끓어오른 것은 심리적, 정치적 혹은 사회학적 개념으로는 해석할 수 없다."[3]라고 하였다. 이 책은 1980년대 중반에 중국어로 번역되면서 중국학계의 커다란 반향을 불러 일으켰다. 많은 학자들은 이러한 사유방식을 토대로 5·4시기 '반전통'은 마치 쓸데없는 것이라 비판하였다. 물론 전통 문화의 고취와 5·4시기 반전통의 부정에 대하여 이해할 수 없는 사람들은 이러한 주장을 펴는 사람들을 고지[故紙; 옛날 종이] 무더기에 숨어 생활을 구걸하면서 현실 생활과 격리된 태도를 가지고 있다고 비아냥거렸다. 논쟁은 정말 격렬하였다. 이러한 새로운 학술 경향은 어디에서 나온 것일까? 전통 문화가 변한 것일까? 아니면 사람들의 관념이 변한 것일까?

중국 고대 전통 문화의 경우, 1960~70년대의 냉대를 거쳐, 1980년대 '개혁개방' 이후 점차 전통 문화에 대한 사람들의 관심이 점차 고조되기 시작하였다. 1990년대부터 전통 문화는 마치 다시 '회춘'한 듯하였다. 전통 문화는 전통 문화일 뿐이며, 전통은 아무런 변화도 없었으며, 변화한 것은 현실 생활뿐이라고 말하지 않을 수 없다. 개혁 개방을 통한 시장 경제의 초보적 세례를 거친 뒤 현실 생활에서

---

3) "這三人的性格, 政治和思想傾向方面的差異影響了他們反傳統主義的特質. 但他們却共同得出一個相同的基本結論: 以全盤否定中國過去爲基礎的思想革命和文化革命, 是現代社會改革和政治改革的根本前提. 因此, 對'五四'反傳統主義所以激烈到主張中國傳統應該予以摒棄的問題, 是無法從心理的, 政治的或社會學的概念來加以解釋的."

소홀히 볼 수 없는 하나의 사실이 대두되었는데, 바로 배물주의拜物主義, 배금주의拜金主義가 우리 생활의 하나의 '깃발'이 되었다는 것이다. '물질'과 '금전'은 결코 나쁜 것이 아니며, 심지어는 우리가 추구하는 것이기도 하다. 엥겔스는 『마르크스 묘지 앞에서 말하다』에서 다음과 같이 지적하였다. 마르크스는 인류 역사의 발전 규율, 즉 역대에 걸쳐 어지러운 의식 형태에 의해 가려져 있던 하나의 간단한 사실을 발견하였다. 사람은 반드시 마시고, 거주하고, 입을 수 있고 나서야 비로소 다른 활동에 종사할 수 있다. 우리는 당연히 경제를 발전시켜야 하며, 국가이든, 아니면 개인이든 모두 돈과 물질이 필요로 하며, 만일 풍부한 돈과 물질이 있다면 우리는 결코 극단적으로 빈한한 생활로 돌아가고 싶지 않을 것이다. 이러한 점은 재론할 필요도 없다. 그러나 일단 물질과 돈이 숭배의 대상이 되어 하나의 '주의主義'가 되면 사회에는 문제가 발생한다. 한 사회가 만일 경제 활동만을 중시하고, 돈과 물질만을 애지중지하거나, 심지어는 일종의 경제 결정론이 형성되어 경제활동이 극단으로 치달으면 사회생활은 평형을 상실하고 만다. 사회는 사람들로 구성된다. 인간이 인간인 까닭은 물질생활도 필요하지만 정신적 문화생활도 필요하기 때문이다. 만일 인간이 정신상의 추구가 없다면 이는 너무나 두려운 일이다. 정신문화에 대한 추구가 없는 상황에서는 인간의 원시적 욕망이 즉시 팽창하기 때문이다. 이러한 동물적 욕망을 만족시키기 위해서는 돈과 물질이 필요하다. 돈과 물질이 결핍된 조건하에서는 인간은 위험을 감수한 채 수단과 방법을 가리지 않고 훔치고, 빼앗고, 뇌물을 받고, 탐욕을 부리고, 밀수를 하는 등 인간이라 보기 어려운 결탁까지 서슴치 않는다. 현재 금전의 위력이 생활의 구석까지 스며들어 왔다. 우리들의 정신문화 생활까지도 시장화의 역량을 거스를 수 없다. 서적, 방송, TV는 본래 이들을 통해 건강하고 질 높은 정신문화를 전파하는 것이었으나 이익을 위해 저급한 대중의 취미에 부합하여 색정적, 폭력적, 유혹적인 것을 가지고 대중을 미혹하는 짓을 하였고, 그 결과 정신적 생산은 금전의 노예가 되어버렸다. 금전이라는 '마귀魔鬼'가 없는 곳이 없다. TV를 켜면 당신의 의지와 관계없이 천지를 뒤덮을 것 같은 각양각색의 광고를 받아들일 수밖에 없다. 당신이 여성이 아니더라도 생리대 광고를 봐야 한다. 당신에게는 가슴 확대가 필요 없다 하더라도 어쩔 수 없이 가슴 확대술의 광고를 봐야 한다. 당신에게는 기발한 복장이 필요하지 않더라도 기이한 복장을 한 여성이 당신 앞에서 흐느적거리며 오가는 모습을 봐야 한다. TV를 시청할 때뿐만 아니라 당신이 책을 읽는, 거리에서 산보를 하는, 컴퓨터를 하는, 오락을 즐기는, 연인과 정담을 나누는 거의 모든 시간에 당신은 이러한 것을 거부할 수 없다. 현실생활의 많은 부분이 참을 수 없을 정도의 세속적인 것이 되었고, 사람들의 천박함과 용속함 또한 전에 찾아 볼 수 없는 지경에 이르렀다. 이러하기에 정신적 추구를 지니고 있는 사람, 지혜를 지니고 있는 사람은 이러한 세속적인, 천박한, 용속한 길을 가려하지 않을 뿐만 아니라 이러한 것과 일정한 거리를 두고 싶어 한다. 그들은 이러한 비인간적 용속한 생활을 포기하려 한다. 이에 그들은 머리를 돌려 자신의 선조가 창조한 문명을 돌아봄과 동시에 '인의애인仁義愛人'의 윤리에서, "내가 하고 싶지 않은 일을 남에게 시키지 말라"[4]는 도덕에서, "군자는 의를 알고, 소인은 이익만 안다."[5]는 가르침에서, "조화를 이루나 같지는 않은"[6], "무리를 이루나 편당하지 않는"[7] 인간관

4) 「顔淵」, "己所不欲, 勿施於人."
5) 「里仁」, "君子喻於義, 小人喻於利"
6) 「子路」, "和而不同"
7) 「衛靈公」, "群而不黨

계의 이상에서, "천지 사이에서 인간이 가장 고귀하다"는 인문의 추구에서, "사해[四海: 전세계]의 모든 사람은 형제"라는 친화에서, "백성은 귀하고, 군주는 가볍다"는 정치적 이상에서, "아무것도 하지 않은 이루어지 않는 것이 없다"는 변증사에서, "천지 만물과 서로 소통한다"는 자연관에서, '풍, 아, 송, 부, 비, 흥'의 지혜에서 유아하고 순정한 배경과 자연에 순응하는 경지를 이해한다면 그들은 재빨리 과거의 시점으로 돌아가 전통의 진면목을 파악하는 시도를 통하여 그 광활한 중화 고전 문화의 기상, 정신, 시적 운치를 깨닫게 될 것이다. 이에 우리는 공자의 입세지도入世之道를 다시금 발견하게 되고, 장자의 출세주의出世主義를 다시금 발견하게 되고, 현학의 사변지도思辨之道를 다시 발견하게 되고, 송명 이학지도理學之道를 다시 발견하게 된다. … 고대 전통의 관심은 사람들이 현대 사회의 세속적이고 천박함에서 벗어나려는 노력의 일종이다. 그들은 아마도 모두 이러한 사회에 대한 연구는 직접적인 효용이 없으며, 어떤 경우는 단지 '학술을 위한 학술'이라는 사실을 알고 있을 것이다. 그러나 그들은 그들의 연구가 '무용지용[無用之用: 쓰임이 없는듯하지만 쓰임이 있는]'임을 믿는다. 오늘날 직접적인 효용은 없어 보이는 것도 계속해서 연구하여 그 성과가 지속적으로 누적되면 결국은 대단한 성취가 되며, 은연중에 사회와 인생에 영향을 미치게 된다. 모든 진선미는 존재적 가치를 지는 생활의 '효모'다. 따라서 중국의 선인들이 창조한 진선미는 존재적 가치를 지는 생활의 '효모'다.

중국은 유구한 역사와 문화의 전통을 지닌 국가이며, 중국의 전통은 풍부하고 다양하다는 사실을 반드시 인식하여야 한다. 유가, 도가, 불가 이외에도 대단히 많은 전통이 존재한다.

2. '5·4' 사상 문화 운동의 '반전통' 및 그 의의

새로운 역사적 조건하에서 만들어진 전통에 대한 중국인들의 '생각'은 5·4 신문화시기의 오래된 전통에 대한 비판과 완전히 다른 것처럼 보이지만 실제로는 상통하는 바가 있다. 5·4시기의 사람들이 본 것은 중화의 오래된 전통의 타성과 폐쇄성에 의해 만들어진 세속적이고 천박한 일면이었다. 중국 현대의 위대한 사상가이자 문학가 루쉰은 죽을 때까지 전통 문화중의 마비, 용속, 낙후, 세속, 교조 등과 목숨을 걸고 싸웠다. 우리는 『광인일기狂人日記』의 다음 한 구절을 잊을 수 없다.

> 모든 일에 대해서 항상 연구해야 비로소 명백하게 알 수 있다. 옛날에 자주 사람을 먹었다는 사실을 아직 기억하지만 그다지 분명하지는 않다. 내가 역사를 한 번 조사해보니 역사에는 연대조차 나오지 않았고, 일그러진 페이지에는 '인의도덕仁義道德' 몇 글자만 있었다. 어쨌든 나는 잠도 이루지 못하고 한밤중까지 자세하게 보고서야 비로소 자간에서 책 전체에 적혀있는 '흘인[吃人: 사람을 먹다]'라는 두 글자를 찾아낼 수 있었다.8)

루쉰의 구문화에 대한 비판은 실로 대단히 철저하고 전면적이다. 당시 루쉰은 외국의 문화에 대하여 '나래주의[拿來主義: 문화유산과 외래문화를 비판적으로 계승하고 참조하자는 주장. 원래는 루쉰의 작품명]'를 견지, 서양의 현대문명을 가지고 중화 고대 전통의 폐쇄, 낙후, 허위, 평용, 세속에 대항하여 중국인으로 하여금 생존과 발전

---

8) "凡事總是研究, 才會明白. 古代時常吃人, 我也還記得, 可是不甚淸楚. 我翻開歷史一查, 這歷史沒有年代, 歪歪斜斜的每頁上都寫着'仁義道德'幾個字. 我橫竪睡不着, 仔細看了半夜, 才從字縫里看出來, 滿本都寫着兩個字'吃人'!"

의 기회를 지니게 하고자 하였다. 당시에는 공자로 대표되는 유학부터 수술할 필요가 있었다. 후성[胡繩: 1918~2000년]은 다음과 같이 언급하였다.

> 5·4 신문화운동은 봉건 세력이 절대적 통치 지위에 있던 상황에서 '공자를 타도하자!'라는 구호를 제기하였다. 당시의 공자에 대한 반대는 적어도 두 개의 서로 다른 의미가 있다. 첫째, 공자의 도는 봉건 종법 시대의 '도덕, 예교, 생활, 정치'를 대표하며, 이러한 것은 새로운 현대적 국가 건설에 허용될 수 없는 것이기에 천뚜시우[陳獨秀]는 "이러한 새로운 사회, 국가, 신앙에 허용될 수 없는 공자의 교리에 대하여 반드시 철저한 깨달음과 용맹스러운 결심이 있어야 하며, 그렇지 못하면 막지 않았는데도 흐르지 못하고, 멈추게 하지 않았는데도 가지 못하게 된다."고 주장하였다. 둘째, 이천 년 이래 공자는 성인으로 존중되어 왔기에 사람들은 그저 공자(혹은 후세의 공자의 권위에 대한 해석)의 옳고 그름의 판단을 가지고 시비를 가릴 수밖에 없었으며, 그렇지 않으면 경전과 도덕에서 벗어난 죄인이었다. 이러한 우상을 타파하여 사람들로 하여금 독립적인 사고를 할 수 있게 하는 것이 5·4 신문화운동의 요구이자 민주와 과학을 주장하는 정신이었다.9)

당시의 반공자의 두 가지 의미는 모두 시대적 요구였고, 공자 및 그 학설은 새로운 사회, 국가, 신앙과 서로 상충되는 것이며, 과학

---

9) 胡繩, 『五四運動與中國文化建設』, 「五四與半封建」, 社會科學文獻出版社, 1989, 38~39쪽. "五四新文化運動是在封建勢力占絕對通治的地位的形勢下提出'打倒孔子店'的口號的. 當時的反孔至少有兩層含意: 第一, 孔子之道, 代表封建宗法時代的'道德, 禮教, 生活, 政治', 這些是和建設現代的新國歌不相容的, 所以陳獨秀說: '對于與此新司誨, 新國歌, 新信仰不可相容的孔教, 不可不有徹底的覺悟, 勇猛之決心, 否則, 不塞不流, 不止不行'. 第二, 兩千年來, 孔子被尊爲聖人, 人們只能以孔子(或後世對孔子的'權威'海石)之是非爲是非, 否則就是離經反道的罪人. 他派這種偶像, 使人們能够獨立之思考, 是五四新文化運動的要求, 這也是它主張民主和科學的精神."

과 민주와도 상충되는 것이기에 당시의 공자에 대한 반대는 충분한 사회적, 역사적 조건의 내재 근거를 지녔다고 하겠다. 여기에서 보충하고 싶은 하나는 5·4 신문화운동은 인간의 각성 운동이며, 개성 해방의 운동이다. 긴 기간에 걸쳐 중국사회는 공자가 제시한 시비是非의 기준에 따라 시비를 결정하였고, 공자의 사상은 인간의 각성과 개성 해방을 꼼짝 못하게 속박하였기에 공자에 대한 반대는 한 시대 인간 정신의 해방에 반드시 필요한 부분이었다. 물론 루쉰과 그 무렵 국가 현대화를 추구하던 사람들은 당시에 강력한 영향력이 있었던 다윈주의의 영향을 받아 "새로운 것은 항상 옛 것보다 좋고"[10], 전통에 대한 지나친 비판과 시정 또한 결코 큰 과실은 아니라 여겼다. 오늘날 사람들은 루쉰을 위시한 많은 사람들이 전통에 대한 부정이 지나쳤다고 질책하면서 심지어 그들에게 '반전통주의'라는 고깔을 씌웠다. 나는 이러한 태도가 타당성을 상실했다고 생각한다.

이쯤에서 나는 다른 문제 하나를 언급하고자 한다. 5·4 신문화운동에 '반전통주의'라는 고깔을 씌울 수 없는 이유는 5·4 신문화운동의 주창자들이 결코 모든 문화 전통을 반대하지 않았기 때문이다. 이들은 전통 문화에 대한 의미 있는 재평가를 했다고 말할 수 있을 것이다. 루쉰은 "신문화新文化도 여전히 전통을 계승한 것이며, 구문화舊文化 가운데는 취사선택할 것이 여전히 남아 있다. … 고인들이 창출한 사업 가운데도 후대의 신흥 계급 모두가 취사선택할 유산이 있다."[11]라고 말한 바 있다. 그는 다시 "우리는 예술에 있어서의 보존자이자 개척자이며 건설자이다."[12]라고 주장하였다. '정리국고[整理

10) "新的總比舊的好"

11) 魯迅, 『魯迅全集』 7권, 「浮士德與城後記」, 人民文學出版社, 1959, 585~586쪽. "新文化仍然有所承傳, 于舊文化也仍然有所擇取. …… 古人所創的事業中, 卽含有後來的新興階級皆可以擇取的遺產."

國故: 국가의 고유문화를 정리하다]'라는 구호는 바로 그들이 제기한 것이다. 그들은 전통의 문화 저작을 해석하였으나 옛 주장을 이용하지 않고 새로운 관점에서 그 가치를 재해석하였다. 예를 들어 과거에는 항상 "부드럽고 신중함"[13]의 시교와 '문학으로 도를 표현해야 한다'는 이론을 기준으로 문학을 평가하였는데, 이는 문학의 도덕윤리의 교화 작용을 중시한 것이었다. 5·4운동의 제창자들은 문학의 진眞과 미美의 가치를 보다 중시하였고, 선善의 기준에 대해서도 새로운 의미를 부여하였다. 이리하여 문학의 대아지당大雅之堂에 오를 수 없었던 소설이 다시 평가를 받게 되어 문학사에서 중요한 자리를 차지하게 되었다. 현재 어떤 사람은 '문학의 『성경聖經』'이라고 말하는 『홍루몽紅樓夢』의 사상과 예술적 가치는 5·4시기의 '신홍학新紅學' 학자들에 의해서 발견된 것이라 주장한다. 첫 번째 진정한 소설사는 루쉰의 『중국소설사략中國小說史略』이다. 후스와 루쉰은 새로운 시대의 눈빛으로 문제를 보면서 전통 문학의 '대단원大團圓'을 대단히 못마땅하게 여겼던 원인은 이러한 '대단원'이 종종 인위적 조작이었거나, 진실하지 못했기 때문이었다. 루쉰은 『홍루몽』을 대단히 높이 평가하여 이 작품을 새롭게 해석하였는데, 그 원인 또한 이 작품의 예술적 진실성 때문이었다. 그는 "『홍루몽』의 가치를 논하자면, 결코 거짓과 허식이 없다는 것이다. 종전의 소설이 좋은 사람은 완전히 좋게, 나쁜 사람은 완전히 나쁘게 서술한 것과는 완전히 다르다. 따라서 이 작품 속에 서술된 사람들은 모두 진실한 인물이다."[14]라고 주장하였다. 가보옥賈寶玉, 임대옥林黛玉의 봉건 예교

12) 魯迅, 『魯迅全集』 7卷, 「引玉集後記」, "我們不但是文藝上遺產的保存者, 而且也是開拓者和建設者."

13) 『禮記·經解篇』, "溫柔敦厚"

14) 魯迅, 『魯迅全集』 8권, 「中國小說的歷史變遷」, 人民文學出版社, 1959, 350쪽. "至於

에 대한 반대, 개성 해방 정신 고취는 '선善'에 대한 새로운 해석이라 하겠다. 조금 더 부연 설명하자면 그들의 전통에 대한 새로운 해석은 실제적으로는 그들 자신의 존재 의의에 대한 해석이었다. 그들은 전통에 대한 새로운 해석에서 자신을 발견하고, 자신을 긍정하고, 과학을 선양하고, 민주와 개성 해방의 가치 관념을 제고시키고자 하였다.

이는 5·4시기의 '반전통'과 현재의 '전통주의'는 모두 평용平庸, 허위虛僞, 세속世俗, 천박淺薄에 대한 반대를 목적으로 하였으며, 5·4시기의 '반전통'의 입장은 서양의 과학과 민주를 채용하여 고대 전통 문화 가운데 무기력하고, 마비되고, 죽은 시체 같은 것들에서 벗어나고자 하는, 즉 인간의 정신적 현대화를 실현하고자 했다. 오늘날 우리가 전통 문화를 계승하려고 하는 것은 전통문화 가운데 인문의 윤리 정신을 통해 작금의 배금주의, 배물주의 등에서 벗어나고 함이며, 그 목적은 인류 정신의 현대화이다. 따라서 인류 정신의 현대화를 건설함에 있어 그들 역시 같은 태도를 가졌다고 하겠다.

이러한 사실에서 우리는 어렵잖게 중화 고전 문화에는 양면이 있음을 알 수 있다. 하나는 인문, 유아, 순박, 자연, 진실, 선량, 초탈의 일면이고, 다른 하나는 잔인, 우매, 허위, 용속, 봉쇄, 정체의 일면이다. 분명 정화精華와 조잡粗雜이 혼재되어 있다. 이에 우리는 과연 어떤 문화적 상황에 처해있으며, 시대는 어떤 정신문화를 필요로 하는 가를 살펴보아야 한다. 5·4시기 신문화 혁명시기에는 전통 문화의 잔인, 우매, 허위, 용속, 봉쇄가 우리의 생존과 발전을 정체시켰고, 우리의 '현대화'를 향한 전진을 방해하였다. '반전통주의'는 처

『紅樓夢』的價値, 并無諱飾, 和從前的小說敍好人完全是好, 壞人完全是壞的, 大部相同. 所以其中所敍的人物, 都是眞的人物."

음에는 압박을 받는 지위에 있었다가 점차 우위를 차지하게 되었는데, 이는 결코 이상할 게 없다. 현재, 사회의 전환기에 배금주의, 배물주의, 극단적 개인주의, 그리고 평용, 세속, 조악한 시민주의가 우리의 정신생활을 오염시키고 있기에 사람들이 중화 전통 문화의 인문, 유아, 지혜, 순박, 자연과 초탈을 생각하고 높이 받드는 것은 자연스러운 일이 아닌가?

여기에서 설명이 필요하다. 오늘날의 학자들이 전통을 중요시하고, 전통을 재해석하려는 것은 새로운 인문의 관점에서 전통 문화를 재평가하여 전통 속에 있는 건강한, 청신한, 향상된 정보를 끌어내어 현대인의 영혼을 다시 건강하게 만들어 금욕金欲과 물욕物慾이 흘러넘치는 세계와 대항하면서 인류를 위한 새로운 정신적 정원을 조성하기 위함이다. 이렇게 말할 수 있다면 5·4 신문화운동의 반전통이 봉건주의에 반대하기 위한 것이었다면, 오늘날 우리가 국학을 필요로 하는 이유는 자본주의의 배금주의와 배물주의에 대항하기 위한 것이다.

3. 전통은 현대와 더불어 살아 있다

나는 한 가지를 더 이야기하고 싶다. 중국은 수천 년의 전통 문화를 지닌 국가이며, 역사의 중대한 순간마다 유구한 전통과 마주해 왔다. 이것을 '부담'이라 말해도 좋고, '자원'이라 말해도 좋을 것이다. 이와 마주하지 않을 수는 없다. 역사적 경험은 이미 반복적으로 이러한 사실을 우리에게 말하고 있다. 더욱 중요한 사실은 전통은 살아 있으며, 항상 우리 신변에 자리하고 있다는 사실이다. 우리들은 반드시 과거의 과거성過去性을 이해해야 하며, 또한 과거의 현존성現存性을 이해하지 않으면 안 된다. 전통문화는 우리에게는 동시대적 존재로 동시대의 국면을 함께 형성한다. 문제의 관건은 유구하고, 활기찬 전통 문화는 모든 사람의 혈액 속으로 스며들어 일종의 무의식과 같은 존재가 되어 대대로 이어져 내려간다는 데 있다.

반전통적 인물들에게는 필연적으로 자신들의 신변에 문화적 이율배반이 존재한다. 이들은 전통을 배척하고, 전통을 비판하며, 전통과의 연계를 부단히 끊어버리려 노력한다. 다른 한편으로, 그들 역시 필연적으로 전통을 계승하고 있으며, 어떤 경우에는 전통에 복종한다. 사실상 그 어떤 민족의 그 어떤 사람도 어쩔 수 없이 문화 존숭의 궤도에 진입한다. 문학 창작에 있어서의 천재적 인물이라 하더라도 반드시 문화 존숭의 과정을 거친다. 미치광이 같았던 장자, 하느님은 죽었다고 선포한 니체라 하더라도 우리가 진지하게 그들의 저작을 연구해보면 그들의 경천동지한 주장 역시 어떤 의미에 있어서는 형태를 변화시킨 문화 존숭의 산물이다. 문화는 유형과 무형의 역량을 가지고 있어서 알지 못하는 사이에 모든 사람들의 혈액 속에 침전된다. 루쉰은 중국 현대사에 있어서 가장 대표적인 반전통의 선봉장이었다. 그러나 그는 많은 정력과 시간을 가지고 중국의 전통 문화를 학습하고 연구했다. 6살부터 독서를 시작했고, 처음에는 『논어』, 『맹자』 등을 읽었고, 후에는 '삼미서옥三味書屋'[15]에 들어가 그 어려운 서적들을 하나씩 하나씩 연구했다. 북경에서 일할 때는 고비古碑를 초록하기도 했다. 그는 전통 문화의 깊은 훈도를 받았으며, 전통 문화는 그의 정신생활에서 벗겨낼 수 없는 일부분이었다. 여기에서는 그의 문학 창작과 문학 관념, 심미적 선택, 예술 기교의 흡수에 대해서는 말하지 않고 단순하게 윤리 도덕에 관한 것만 언급

15) 역자주. '삼미서옥'은 만청 소흥紹興의 私塾이며, 魯迅의 스승인 壽鏡吾(1849~1930년)의 집이었다. 魯迅이 12세부터 17세까지 이곳에서 공부했다. 魯迅은 이곳에서의 경험을 바탕으로 쓴 「從百草園到三味書屋」을 1926년에 발표했다.

하기로 하자.

루쉰은 개인의 중대한 선택과 연관하여 자주 전통 문화의 존숭을 표시한 바 있다. 일례로 주안朱安 여사와의 결혼은 루쉰 개인의 입장에서는 그다지 원하지 않았던 일이었을 것이다. 그러나 그는 일본에서 어머님이 보내온 편지를 받았다. 그 편지에 이미 정혼하였고, 정혼한 여성은 규례와 교양을 닦아왔고, 글은 모른다고 적혀있었다. 루쉰은 자신도 아직 만나보지 못했기에 처음에는 결혼을 물리려고 하였다. 그러나 어머니가 두 번째 편지를 보내 결혼을 물릴 수 없다고 전했다. 그러자 루쉰은 어쩔 수 없이 한 걸음 물러나 주안이 전족纏足을 하지 말아야 하고, 학당에서 글을 배워야 한다는 두 가지 조건을 제시하였다. 그러나 어머니가 다시 편지를 보내 주안은 이미 전족한 발을 풀 수 없고, 아울러 서당에서 글을 배우고 싶어 하지 않는다고 전했다. 어머니의 강요에 의해 그는 귀국하여 결혼식을 치렀다. 결혼 당일 머리에는 가짜 변발을 올렸고, 결혼 다음날 주안과 함께 처가로 가서 '근친覲親'을 하는 등, 예법을 최대한 따랐다. 후에 그는 자신의 행위에 대해 그가 당시 이 결혼을 받아들였던 이유는 부모님의 희망을 저버릴 수 없었으며, 효도를 다하고 싶었기 때문이라고 설명하였다. '효도'는 무엇인가? 유가의 예교가 아닌가? 단지 이 일만 가지고도 그의 전통에 대한 존숭을 설명할 수 있을 것이다. 비록 루쉰처럼 투쟁 정신이 철저한 사람이라 하더라도 전통을 무시할 수 없었다. 어떤 사람은 루쉰은 중국 전통 문화를 타파하자고 호소했던 대표적 인물이지만 어쩔 수 없이 전통 문화를 배우고 적응한 인물이며, "이러한 일은 그의 일생에서 하나의 조롱거리였다"고 말하기도 한다. 나는 이러한 의견에 동의할 수 없다. 만일 이러한 사람들이 문화 존숭 의식은 어떤 사람들에게나 엄청난 침투력과 통제력을 가지고 있다는 것을 안다면 아마도 이러한 생각을 할 수 없었을 것이다. 문화 존숭은 작가 개인이 절대 피할 수 없는 것이며, 예술 창조력의 원천 가운데 하나라 하겠다. 문화는 일종의 지식과 문화의 전형이며, 문화 존숭은 부단히 지식과 전형을 누적시킨다. 작가에게 지식과 전형의 축적은 어떤 부담이 아니라 오히려 창작 원천의 하나이다. 창작은 먼저 관찰이 필요하며, 관찰은 자신의 지식과 이미 존재하는 전형과 밀접한 관계가 있다. 에른스트 곰브리치[Ernst Hans Josef Gombrich: 1909~2001년]는 "소견은 아는데서 나온다."[16]라고 주장하였다. 사람들은 흔히 작가의 창작은 그의 소견[所見: 본 것], 소문[所聞: 들은 것], 소감[所感: 느낀 것]에서 비롯된다고 생각하지만, 실제로는 작가의 창작은 그의 소견, 소문, 소감과 그의 지식이 형성한 독특한 시의詩意와 연관이 있다. 예를 들어 만일 최초의 전형조차 없는 '지식'을 참고자료로 삼는다면 그가 대면한 대상은 봐도 보이지 않고, 들어도 들리지 않기에 당연히 창작할 수 없다. 곰브리치가 『예술과 환상』에서 애써 증명하려던 것은 이러한 문화의 전형이 지닌 최초 '지식'의 중요성이었다. 그는 "익숙하지 않은 대상을 표현할 때 익숙한 대상이 바로 적당한 기점이 되며, 현재 이루어진 재현성의 형상은 항상 예술가에게 영향을 미친다. 예술가가 진실을 기록하고자 할 때도 마찬가지다. 이러한 까닭에 고대의 평론가들은 저명한 고대의 화가들이 말을 그릴 때의 이상한 실수, 즉 화가들이 그린 그림에 아래 눈꺼풀에 속눈썹이 이 있는데, 이러한 눈은 사람의 눈이지 말의 눈이 아니라는 것에 일찍부터 주의를 기울였다."[17]고 주장하였다. 여기서 언급한 것은 회화이지만, 이것을 가

16) "所見出于所知."

17) "在表現不熟悉的對象時, 熟悉的對象總是一個恰當的起點, 一個現成的再現性的形

지고 작가의 창작을 해석하는 것도 또한 무방하다. 작가를 가지고 말하자면, 소위 '익숙한 대상'이란 어떤 의미로는 문화 존숭에서 획득한 지식이며, 이러한 지식은 하나의 전형을 구성한다. 작자들은 그들에게 익숙한 전형에 의거하여 관찰하고, 체험하고, 묘사하고, 표현한다. 문화는 일종의 유형, 무형의 힘을 가지고 있으며, 이는 알지 못하는 사이에 모든 사람들의 혈액 속에 침전된다. 루쉰의 『축복祝福』은 의심할 여지없이 봉건 예교가 잔혹하게 사람을 죽이는 본질에 대한 폭로이며, 전통 문화의 저열한 근성을 비판한 작품이다. 그러나 노사노야魯四老爺와 상림수祥林嫂 사이의 주종 관계의 전형을 가지고 말하자면 작자는 문화 존숭에서 이를 획득하였다고 말할 수 있다. 즉 루쉰이 봉건 사회의 주종 관계의 전형을 몰랐다면 이 소설은 "적절한 기점"을 가질 수 없으며, 설사 소설에 나타난 작자의 태도가 '문화 존숭'이 아닌 '문화 부정'라 하더라도, 이러한 '문화 부정'은 처음부터 '문화 존숭'에서 비롯된 결과다. 루쉰은 자신의 '문화 존숭'을 회피하지 않았다. 그가 초기에 쓴 『파악성론破惡聲論』에는 전통 문화에 대한 충만한 감정이 잘 나타나 있다.

> 나의 중국을 되돌아보면 일찍이 널리 만물숭배를 문화의 근본으로 삼았다. … 무릇 모든 예지, 의리와 국가, 가족 제도는 이를 토대로 삼지 않은 것이 없다. 효과도 너무나 현저하고, 위대하여 이름을 짓기도 어렵기에 이로써 구향舊鄕을 가벼이 보지도 않았고, 계급을 만들지도 않았다.[18]

象總是對藝術家施加它的影響, 卽使在他努力去記錄眞實時也是如此. 因此, 古代的評論家曾經注意到, 有些著名的古代畫家在畫馬時犯了一個奇怪的錯誤: 他們畫的馬下瞼上睫毛, 這是屬于人眼而不是馬眼."

18) 魯迅, 「破惡聲論」, 『魯迅全集』, 人民文學出版社, 1959, 240쪽. "顧吾中國, 則夙以普崇萬物爲文化本根. … 凡一切叡知義理與邦國家族之制, 無不據是爲始基焉. 效果所著, 大莫可名, 以是而不輕舊鄕, 以是而不生階級."

> 무릇 스스로 자랑한 바와 같이 문명이 휘황찬란하기에 폭력으로 사방의 오랑캐를 제압하지도 않은 일, 평화를 아끼고 사랑하는 것은 천하에 드문 것이었다.[19]

이러한 논술은 루쉰이 유년부터 중국 문화의 훈도를 입었으며, 문화 존승은 그의 생활의 기점이었음을 충분히 설명해준다. 그는 중국 전통 문화의 병폐를 깨달은 뒤에 자신을 해부하면서 "사상에 있어 어찌 일찍이 장자와 한비자의 독에 중독되지 않았겠는가. 때로는 너무나 수의적으로, 더러는 대단히 황급하게"[20]라고 말했다. 그러므로 루쉰을 가지고 말하자면 『논어』, 『장자』, 『한비자』 등 그가 잘 알고 있거나 연구했던 경서와 모든 고적들은 모두 그가 읽었던 책이며, 이러한 책을 그가 좋아했든, 좋아하지 않았든 모두 그가 '알고 있던' 것이며, 그가 지닌 문화의 최초 전형이다. 그가 후에 펜을 들어 묘사했던, 표현했던 것은 그의 소견, 소문, 소감일 뿐만 아니라 그가 소견, 소문, 소감했던 것들과의 독특한 연계이다. 바꾸어 말하면, 그는 그가 기존에 획득했던 문화의 최초 전형을 통해 현실의 대상을 파악했던 것이다. 이러한 의미에서 말하자면 문화 존승은 그의 예술 창조력의 기점이라 하겠다. 둘째, 우리는 문화 존승이 작가의 예술 창조력의 근원이라 했고, 위에서 말한 바와 같이 지식과 전범은 작가의 두뇌 속에서 무수한 중복을 통해 이미 작가의 무의식이 되어 내재적, 비자각적 동력이 된다. 레닌은 "인간의 실천은 수백만의 중복을 거쳐 사람의 의식 속에서 논리의 틀로 고정되며, 이러한 틀은 천만 번의 중복을 통해 비로소 선입견의 공고하고, 공리적인

---

19) 같은 책, 245쪽. "凡所自詡, 乃在文明光華美大, 而不借暴力以凌四夷, 寶愛和平, 天下匙有."

20) 같은 책, 364쪽. "就是思想上何嘗不中些莊周韓非的毒, 時而很隨便, 時而很峻急."

성질을 지닐 수 있다."[21]고 주장하였다. 레닌이 말한 '논리적 틀'과 우리가 이해한 '문화 전범文化典範'은 같은 의미이다. 이들은 모두 천만 번의 중복을 거쳐야 비로소 획득되며, 아울러 "공고하고 공리적인 성질"을 지니고 있다. 현대 심리학에서는 문화 존숭의 반복 과정 속에서 작가가 획득한 문화 전범은 '내화內化'의 기제를 통과해야 획득되는 것이라 설명한다. "소위 내화內化란 일종의 중간 과정이며, 이 중간 과정의 결과로 인해 외부 물질 대상의 형식화 과정을 조정하여 지식과 의식의 방향으로 진행하도록 전환시키는 과정을 말한다. 이러한 상황에서 특수한 전화 — 개괄화, 언어화, 간소화의 전화를 거치며 외부 가능성의 경계를 뛰어넘어 진일보 발전을 이룬다는 것이다."[22] 작가에게 내화란 외부의 문화 형태를 작가 심령속의 지식, 전형으로 전화하는 데 혹자는 이를 '논리의 틀'이라 말한다. 이러한 중간 과정의 심각성은 의식적 층면에서 무의식적 층면으로 전화되어 "외부 가능성의 경계를 뛰어넘어 진일보 발전을 이룬다."는 점에 있다. 작가에 보다 중요한 한 가지 사실은 문화 존숭은 인류의 다른 활동과 마찬가지로 천만 번의 반복을 통해 실현된다는 것이다. 이러한 반복의 과정에서 개괄화, 추상화, 간소화를 거치기 때문에 문화 존숭의 구체적 내용은 모두 역사가 되거나 소실되지만 문화 존숭의 일반 형식, 즉 전형, 예를 들어 시간과 공간의 구조, 형태적 특징, 활동의 순서 등은 문화 존숭의 부단한 진행에 따라 오

21) "人的實踐, 經過數百萬次的重複, 它在人的意識中以邏輯的格固定下來, 這些格正是(而且只是)由于千萬次的重複才有着先入之見的鞏固性和公理的性質."

22) Alexei Nikolaevich Leontyev, 『活動, 意識, 個性』, 上海譯文出版社, 1983, 62쪽. "所謂內化指的是一種過渡, 由于這種過渡的缺課, 對付外物質性的對象的外部形式的過程轉變爲知識方面, 意識方面進行的過程; 在這種情況下, 它們經受了特殊的轉化 — 概括化, 言語化, 簡縮化, 而主要的, 是能够超出外部可能性的界限而進一步發展."

히려 구체적 내용에서 유리되거나 독립해 나오면서 점차 작자 자신에게 있어 상대적으로 고정적인 전형으로 침전되어 부단히 새로운 창작의 신천지를 열어주는 기틀이 된다. 왜 그리 많은 작가들에게 있어 같은 계열의 작품에는 중복적으로 한 전형의 동일한 주제가 출현하는 것일까? 예를 들어 굴원의 '상하구색[上下求索: 나라를 구할 방도를 찾음]', 도연명의 은일, 두보의 애민충국愛民忠國, 백거이의 풍유諷諭 등이 작품의 주제로 나타나는 것은 문화 존승을 통해 획득한 전형과 밀접한 관계가 있다. 혹자는 전형의 확고함과 무의식적 성격은 그들로 하여금 작품의 구체적 내용을 변환시키고도 여전히 자신도 모르게 획득한 전형에 빠져들게 만든다고 말한다. 이뿐만 아니라 동일한 시기에 비슷한 처지에 처한 작가는 자주 자각도 못한 채 동일한 전형에 빠져드는데, 그 원인 역시 문화 존승의 유사한 침전이 유사한 논리의 틀이 되기 때문이다. 이러한 사실에서 작가가 문화 존승(활동)의 반복 과정에서 획득한 전형이 일단 무의식과 직각의 단계에 이르면 이것이 지닌 강력한 힘이 무궁한 재생능력을 만든다는 것을 쉽게 알 수 있다. 이러한 의미에서 현대의 작가는 항상 자신도 모르는 사이에 전통과 함께 동시대적 국면을 구성한다고 말할 수 있다.

한 걸음 더 나아가 우리는 선배들의 창작 정신 유산을 포기할 수 없기에 우리는 그들의 정신적 소산을 해석할 수 밖에 없다. 우리는 모든 순간을 전통과 함께하고 있다. 설사 대변혁의 시기라 하더라도 전통은 사라지지 않은 채 여전히 영향력을 발휘한다. 독일의 철학가 가다머[Hans-Georg Gadamer: 1900~2002년]은 다음과 같이 언급하였다.

> 설사 맹렬한 공격을 받는 혁명의 시대에서 생활한다 해도 모든 사람들이 아는 너무나 고루한 것보다 더한 것도 모든 것을 개혁하는 조류에서도 보존

될 뿐만 아니라 새로운 것과 결합하여 새로운 가치를 형성한다.[23]

가다머의 언급은 대단히 정확하다. 개혁은 전통을 포기하는 것이 아니며, 왕왕 오래된 전통을 이용하면서 새로운 전통을 구성한다. 5·4 신문화운동 이전에 중국의 고대 철학, 윤리학, 언어학, 문학, 교육학, 경제학 등은 모두 계통적 정리가 이루어지지 않았다. 바로 5·4 시기 반전통적 문화 운동 속에서 과학적 방법과 새로운 관점을 가지고 낡은 것들이 체계적으로 정리되고 과학적으로 연구되었다. 중국철학사, 중국소설사 등은 모두 5·4의 새로운 정신의 지도하에 썩은 것이 생기있는 것이 되었고, 낡은 것이 청춘을 구가하게 되었다. 이러한 새로운 활동은 전통과 동시대적 국면을 구성했다.

나아가 전인의 인문 정신을 해석하는 일은 매일 이루어지는 현대인의 이해 활동이다. 이러한 이해 활동에서 현대인은 어떤 고정적 의미를 소극적으로 받아들이는 것이 아니라, 정 반대로 그 의미를 고인과 현대인들이 공동으로 창출한 것이라 여긴다. 독일의 철학가 하이데거[Martin Heidegger: 1889~1976년]는 『존재와 시간』에서 다음과 같이 언급하였다.

어떤 것을 어떤 것이라고 해석하는 일은 본질적으로 이전에 가졌던, 보았던, 파악했던 것이 일으킨 작용이다. 해석은 예전부터 어떤 선행적으로 정의되었던 사물에 대한 아무런 전제 없이 파악할 수 있는 것이 아니다. 정확한 경전의 주소注疏란 해석을 만드는 일종의 특수한 구체화이다. 주소는 물론

23) Hans-Georg Gadamer, 洪漢鼎譯, 『眞理與方法』, 上海譯文出版社, 1999, 361쪽. "卽使在生活受到猛烈公格的地方, 如在革命的時代, 遠比任何人所知道的多得多的古老的東西在所謂改革一切的浪潮中仍保存了下來, 并且與新的東西一起構成了新的價值."

> 조사가 가능한 전고를 인용하는 것을 좋아하지만, 최초의 조사 가능한 전고는 원래 해석자의 말로는 명확히 설명할 수 없으나 거부할 수 없는 선입견先入見에 지나지 않는다. 어떤 해석이든 일단 시작되면 반드시 이러한 종류의 선입견이 있기 마련이고, 이러한 선입견이 해석에 수반된다는 것은 이미 그렇게 설정된, 이전에 이미 규정된 것이다. 즉 이전에 가졌던, 보았던, 파악했던 것 가운데서 이미 정의된 것이다.[24)]

하이데거는 인류의 이해 활동의 "이전에 가졌던, 보았던, 파악했던" 것을 강조하고, 주체가 역사적 문장을 해석할 때의 능동성을 강조하였지만, 이는 결코 오래된 역사적 문장의 중요성을 부정한 것이 아니다. 사실 인류의 이해 활동은 일종의 쌍방 대화 과정이다. 먼저 반드시 고대의 글이 있고, 이는 후대의 이해의 주체를 향하여 정보를 발사하며, 이해의 주체는 이전에 가졌던, 보았던 장악했던 것을 가지고 이전의 글에 정보를 발사한다. 이러한 정보의 교환 속에서 혹자는 서로 결합하거나, 혹자는 서로 다른 것으로 간주하거나, 혹자는 상호간에 수정을 가하거나, 혹자는 타협한다. 이러한 것들이 현대인의 이해 활동이다. 인류의 이해 활동은 전통은 살아있으며, 결코 죽지 않으며, 일대 또 일대에 걸쳐 이해 활동의 기초를 제공하며, 아울러 새로운 일대의 참여를 통해 새로운 가치를 창조해낸다.

24) Martin Heidegger, 『存在與時間』, 陳嘉映, 王慶節譯, 三聯書店, 1987, 176쪽. "把某某東西作爲某某東西可以解釋, 這在本質上通過先行具有, 先行見到與先行把握來起作用的. 解釋從來就不是對某個先行給定的東西所作的無前提的把握. 準確的京田注疏可以拿來當作解釋的一種特殊的具體化, 它固然喜歡援引有典可稽的東西, 然而最先的有典可稽的東西, 原不過是解釋者的不言自明的無可爭議的先入之見. 任何解釋一開始就必須有這種先入之見, 他作爲隨同解釋就已經被設定了的東西是先行給定了的, 也就是說, 是在先行具有, 先行見到, 先行帳幄中先行給定了的."

4. 현대 경제의 발전에는 깊은 문화의 지탱이 필요하다

문화는 하나의 완정한 체계다. 물질문화, 제도문화, 정신문화는 문화의 세 가지 체계로 그 어느 것 하나가 결여되어도 안 된다. 문화 가운데 이러한 체계의 발전이 평형을 이루지 못하거나, 기형적 상태가 출현한다면 이는 한 사회에 대한 위험신호이다.

역사적 경험을 망각하지 말아야 한다. 아편전쟁 이후에 국민들이 중국의 낙후를 인식하자 양무운동洋務運動이 출현하였으나 물질적 측면에서 서양의 견고한 배와 날카로운 포, 자연과학을 흡수하려고만 했을 뿐, 서양의 공화제도와 민주사상에 대해서는 전혀 눈길조차 주지 않았기에 결국 양무운동은 실패로 돌아갔다. 무술변법戊戌變法은 양무운동 실패의 교훈을 받아들여 제도에 있어 서양의 진보적인 것들을 흡수하고자 했으나 정신문화에 대한 관심이 너무나 부족하여 인민들의 충분한 호응을 받지 못해 결국 실패하고 말았다. 신해혁명이 성공하여 왕정을 타파하였으나 정신문화에 있어 새로운 변화를 일으키지 못해 국민의 영혼의 쇄신을 가져오지 못했고, 인민의 단결을 가져오지 못해 결국 장기간의 군벌전쟁만 야기하고 말았다.

5·4운동은 이전의 실패를 철저히 반성했던 사건이라 말할 수 있다. 사상, 문화 혁신 운동을 일으켜 강력하게 인간의 정신적 면모를 혁신하고자 했고, 봉건주의의 정신적 족쇄에서 벗어나고자 했으며, 사상의 자유와 개성의 해방을 획득하고자 했다. 이러한 방향은 의심할 여지없이 정확한 것이었다. 그리하여 거대한 성공을 거두었고, 중국 혁명의 앞길을 열었다. 문화는 하나의 정체이기에 분할이 어렵다. 물질문화, 제도문화와 정신문화가 반드시 평형을 이루며 전진하여야 비로소 사회의 지속적 진보가 이루어진다. 기형적 문화는 필연적으로 기형적 사회 문제를 만든다. 이는 사회의 발전에 있어 절대

불리한 것이라 말할 수 있다.

경제 발전론이 경제 결정론으로 변질되어서는 안 된다. 경제적 발전에는 정신문화의 인도가 반드시 필요하다. 마르크스의 경제 기초와 상층 건축(의식 형태와 정신문화를 포괄하는)에 대한 작용과 반작용의 관점은 아직 유효하다. 관건적 문제는 인간의 수요는 다양하며, 물질적 수요 이외에 사상 언론의 자유, 개성의 발전, 풍부한 정신적 생활 모두가 인간의 수요이다. 물질에 대한 기본적 만족이라는 조건하에서 이러한 수요가 분명하게 나타난다. 돈이 없어서는 안 되나 돈만 있다고 해서 다 되는 것도 아니다. 이럴 때 체제 문화의 개변, 정신문화에 대한 관심이 중요한 문제가 된다. 미국의 경제는 분명 세계 1위지만 종종 인간의 생존과 정신생활과 관련된 사회문제가 지속적으로 발생했다. 경제 발전만으로 모든 문제가 해결되지는 않는다.

더욱 중요한 사실은 현대 경제의 발전 또한 깊이 있는 문화의 인도가 필요하다는 것이다. 나는 이러한 깊이 있는 문화에는 여러 측면이 있지만 그 가운데서 가장 중요한 것은 인문 정신에 대한 관심이라 생각한다. 경제적 발전에는 반드시 인간이 근본임이 체현되어야 한다. 만일 경제적 발전이 사람들로 하여금 기계적 압박, 전자적 간섭, 환경의 오염, 물질의 파괴, 신앙의 상실, 욕망의 팽창으로 여겨진다면 이러한 경제적 발전은 인간의 생존에 과연 어떤 의미가 있는 것일까? 경제적 발전과 인문 정신의 관심은 결코 항상 통일되지 않거나 혹은 서로 괴리를 이룬다는 사실을 반드시 인식해야 한다. 인류 역사상 공업 문명으로 대표되는 경제적 발전과 인문 정신의 관심은 자주 이원 대립 현상을 초래하였고, 격렬한 사회 전변 시기에는 이러한 현상이 보다 심각했다. 이는 역사 발전의 비극성을 드러내는 것이며, 경제발전과 인성 완성의 위도가 뒤집혔음을 드러내는 것이다. 서양의 위대한 사상가들은 모두 현대화와 기술 진보 과정이 문화, 정신, 가치, 신앙에 거대한 부정적 반응을 조성한다는 사실을 심각하게 인식하였다. 일례로 서양 마르크스주의의 대표적 인물인 마르쿠제[Herbert Marcuse: 1898~1979년]는 다음과 같이 지적한 바 있다.

> 진보의 가속은 부자유의 비극과 하나로 연계된 것 같다. 모든 공업 문명 세계, 인간에 대한 인간의 통치는 규모와 효율에 있어 나날이 강화되고 있음은 말할 필요도 없다. 이러한 현상은 진보의 길에서 우연의, 잠시 동안의 퇴보가 아니다. 수용소, 대학살, 세계대전과 원자탄과 같은 것은 모두 야만 상태를 향한 퇴보일 뿐만 아니라 현대 과학 기술과 통치 성과의 자연스러운 결과이다. 아울러 인간에 대한 인간의 통치의 가장 효과적 정복과 학대는 공교롭게도 문명이 최고봉에 올랐을 때, 인류의 물질적, 정신적 성취가 마치 인간들이 진정한 자유를 건립할 수 있을 정도가 되었다고 여기는 시기에 발생하였다.[25)]

마르쿠제는 결코 과장하지 않았다. 그는 단지 사실을 폭로했을 뿐이다. 20세기 과학 기술의 비약적 발전 때문에 인류의 경제 문명은 마치 새로운 시대에 진입한 듯했다. 경제가 크게 발전했다고 보이는 이 때, 공전의 전쟁과 여러 가지 위험이 다시 인류의 생존 문제를 위협하고 있다. 이러한 정황과 반대로 새로운 문명의 밖에 서있는 현대파 작품은 현대 문명(과학기술적 이성, 물질주의, 공구적 이성, 공업화, 도시화 등)을 반대한다. 현대파 작가 또한 기본적으로 현대화에 대하여 비판적 태도를 취하고 있다. 그러나 이러한 비판은 현

---

25) Herbert Marcuse, 『愛欲與文明-對弗洛伊德思想的哲學批判』上, 上海譯文出版社, 1987, 18~19쪽. "進步的加速似乎與不自由的加劇聯系在一起. 在整個工業文明世界, 人對人的統治, 無論是在規模上還是在效率上, 都日益加强. 這種玄裳不盡是進步道路上偶然的, 暫時的倒退. 集中營, 大虐殺, 世界大戰和原子彈這些東西都不是向野蠻狀態的倒退, 而是現代科學技術和統治成就的自然結果. 況且, 人對人的最有效的征服和摧殘恰恰發生在文明之巓, 恰恰發生在人類的物質和精神成就就彷佛可以使人建立一個眞正自由的時刻."

대 경제 문명(인류사회가 현대로 진입한 이래의 경제적 발전, 물질적 진보, 자연정복, 개인의 자유 등 지속적으로 사상의식을 주도해온 것)의 맹점을 보완해줬고, 객관적으로 인간으로 하여금 사회현대화가 치러야할 크나 큰 대가를 인식하고 경계하는데 도움을 주었다.

현대경제의 진보에는 자체의 강철 같은 규율이 있어 항상 인간을 보살피는 감정 세계의 훌륭한 발전을 도모하지 못한다. 엥겔스는 일찍이 자본주의에 있어 악惡은 경제 발전의 지렛대라고 지적하였는데, 이는 절대 틀린 말이 아니다. 원시자본주의의 경제만이 잔혹하게 값싼 노동력의 아동을 채용한 것이 아니다. 현대자본주의 발전논리 역시 이와 같다. 전자 등 고등 기술의 발전은 표면적으로는 인류를 해방시킨 것 같지만 실제로는 고도의 정밀한 디지털 기술은 인류의 신경을 단단히 옥죄고 있다. 조금이라도 주의를 소홀히 하면 소련 핵발전소 누출과 같은 사건이 발생할 수 있다. 현대 기술 때문에 발생한 크고 작은 재난은 일일이 거론하기조차 힘들다. 이렇기에 사람들이 일할 때 어쩔 수 없이 신경을 바짝 곤두세워야 한다. 고급 과학 기술을 현대적 전쟁무기에 운용하자 인류에게 원자탄, 수소탄 등이 등장하였다. 이를 반드시 전쟁에 사용하지 않는다 하더라도 이는 이미 인류에게 심리적으로 너무나 어두운 그림자를 드리웠다. 이는 사람들로 하여금 인류의 존망이 몇몇 강대국 수뇌 곁에 있는 작은 상자에 달려있다고 느끼게 만든다. 그러나 우리는 이러한 이유 때문에 경제적 발전을 늦추지도, 과학 기술의 발전을 늦추지도 않는다. 경제 발전, 과학 발전은 인류에게 극도의 편리, 안락, 쾌락과 행복을 가져다주기 때문이다. 이에 현대 경제의 발전과 과학 기술의 발전은 이전에 없었던 행복을 가져다주지만 인류에게 전에 없던 재난을 가져다주는 이율배반이 출현한다. 이러한 이율배반 앞에서 우리는 깊이 있는 문화가 현대 문화의 균형을 지탱시켜 준다는 것을 인식하게 된다. 깊이 있는 문화의 균형을 지탱이 있기에 현대 경제와 과학 기술이 인간의 이익을 위하는 방향으로 발전하는 것이다.

깊이 있는 문화가 결코 포스트모던한 문화는 아니다. 포스트모던 문화란 바로 아무런 깊이도 없는 문화를 긁어모은 소비문화이다. 깊이 있는 문화는 반드시 민족의 우수한 전통 문화에 뿌리를 두고 세계의 우수한 문화와의 교융을 통해 얻은 산물이다. 이러한 깊이 있는 문화의 주요 특성이 바로 인문적 품격이다. 인간을 근본으로 삼고, 인간을 존중하고, 인간에게 관심을 나타내며, 인간의 심리적 건강을 보장하고, 인간의 감정세계를 보듬어 주고, 인간의 감성, 지성, 이성의 전체적 발전을 촉진시키는 것이 바로 심도 있는 문화의 기본 특징이다. 여기에서 반드시 지적하고자 하는 것은 깊이 있는 문화는 민족 전통 문화를 말살하지 않는, 이와 반대로 반드시 각 민족 전통 문화에 깊숙이 개입한다. 세계화는 민족 문화의 소멸이 결코 아니며, 각 민족 문화의 가장 우수한 문화를 더욱 발전시킨다. 모든 세계적인 것은 처음에는 모두 한 민족의 것이었으며, 이를 흡수 개조한 것일 뿐이다. 민족적인 것을 기초로 하지 않고 허공에서 세계적 문화를 창조하는 것은 거의 불가능하다. 이러한 이유에서 세계화가 되려면 민족화가 전제되어야 한다는 것이 나의 관점이다. 각 민족이 자신의 목소리를 분명하게 내지만 다른 민족과 협력하는 것, 이것이 바로 세계화라 하겠다.

이러한 거시적 시야에서 우리는 중국 고대 문학이론이 중국 고대 전통 문화의 일부분이며, 특별한 인문학적 품격을 지니고 있음을 알아야 한다. 충분한 연구를 통해 서양의 문학이론과 동양의 문학이론을 서로 접목시키고, 융화시키는 것은 자신의 특징을 가지고 세계에 공헌하는 것이며, 자신이 가지고 있는 가치를 가지고 세계에 공헌하는 것이다.

제14 장

중국 현대 문학이론을 건설하려면 가야할 길

중국 문학이론 연구와 교육분야 종사자는 대단히 많다. 아마도 세계 1위일 것이다. 외국의 고등 교육 기관과 달리 중국 고등 교육 기관의 중문과에는 모두 하나 혹은 몇 개의 문학이론 과정이 문학이론 연구자를 중심으로 개설되어 있다. 이외에 중앙과 지방의 사회과학연구소에도 모두 전문적 문학이론 연구소 혹은 연구실이 있다. 더욱 중요한 사실은 해방 이래 몇 차례의 정치 활동 역시 왕왕 문학이론의 논쟁에서 시작되었다는 점이다. 예를 들어 유명한 문화대혁명은 『해서파관海瑞罷官』에서 시작되었고, 그 뒤를 이어 문예계에서는 '흑팔론黑八論'[1]에 대한 비판이 있었다. 그 때문에 전문적 문학이론가는 아니지만 많은 학자들이 문학이론 학계의 논쟁에 특별한 관심을 보였고, 나아가 논쟁에 참여하기도 하였으며, 심한 경우 모든 국민이 논쟁에 참여하기도 하였다. 이로 인해 많은 비전문가들이

---

1) 역자주. 林彪、江青의 '寫實主義', '現實主義-廣闊道路論', '現實主義深化論', '反題材決定論', '中間人物論', '時代精神彙合論', '離任叛道論', '大藥味論'에 대한 비판을 지칭함.

준전문가가 되기도 하였다. 문학이론 연구의 폭은 세계 제일이었다. 그러나 이런 방대한 문학이론 연구자 그룹에는 왕왕 중국과 당대에 대한 자신의 '말'이 결여되어 있다.

1. 중국 당대 문학이론의 네 시기

건국 초 1950년대, '전면적으로 소련을 배우자'는 구호 아래 우리의 문학이론은 중국 자신의 문학 전통과 실천을 돌아보지 않은 채 완전히 소련의 이론 전체를 옮겨왔다. 우리가 원용한 것은 모두 기모페야프, 비타커프와 그들의 조종이었던 벨린스키, 체르니쉐브스키, 도브로류보프의 말이었다.[2] 중심 개념은 사회주의, 현실주의와 전형론典型論이었다. 소련의 모든 중요한 문학이론 논문은 가장 빠르게 번역되어 발표되었다. 이와 조금만이라도 다른 목소리를 내면, 엄중한 '착오', 혹은 '반당, 반사회주의'라는 이유로 통렬한 비판을 받아야 했다. 가장 대표적인 예로 친자오양秦兆陽의 논문 「현실주의 - 광활적도로現實主義 - 廣闊的道路」과 치엔구롱錢谷融의 논문 「논문학시인학論文學是人學」은 발표되자 가혹한 비판을 받았다. 비록 이 시기에 소련 내의 동향은 이미 변화하고 있었지만, 이론적 관성은 사회주의, 현실주의에 대한 그 어떤 작은 것의 수정도 용납하지 않았다. 1960년대는 수정주의에 대한 반대와 문혁의 시기로 극좌極左의 이론 세력은 마오저뚱[毛澤東: 1893~1976년]의 『강화講話』를 교조로 삼았고, 그 핵심 개념은 '문예는 정치를 위해 봉사해야 하다'였다. 심지어 문

2) 기모페야프는 전 소련의 대학 교수로, 그의 저서인 『문학원론文學原論』 1,2,3부는 중국어로 번역되자 즉각적으로 중요한 저작이 되었다. 비타커프는 대학 강사로, 50년대 초반에 북경 대학교에 파견되어 강의를 하였고, 그의 강의록인 『문예학인론文藝學引論』 역시 준칙으로 받들어졌다.

학의 '진선미'문제 역시 이론적 금기가 되었고, '삼돌출三突出'[3]의 문학이론이 큰 소동을 일으켰다. 나는 마오저뚱의 『강화』가 당시에 발표되었을 때, 그 사상은 실제에서 출발된 것이고, 분명 당시의 문예 발전 방향을 명확히 지적한 것이며, 그 가운데 몇 가지 논점은 오늘날에도 의미가 있다는 것은 부정할 수 없다고 생각하였다. 다만 이를 교조로 삼아 숭배하는 것은 불가능하다. 시대가 변함에 따라 문학의 실천 역시 변화하기에 우리는 반드시 새로운 역사 조건하에서 새로운 이론을 개괄하고, 새로운 이론 체계를 건립해야 한다. 신시기가 시작되자 세계를 넓게 바라보는 창문이 열렸고, 우리는 서양이 발전시킨 한 세기의 다양한 문학이론을 목격하게 되었다. 서양에서 20세기는 '비평의 세기'라 불렸고, 그들이 형성시킨 이론은 실로 많았으며, 새로운 이론이 계속 제기되었고, 이론의 변화도 빨랐다. 전에 없었던 일이었다. 우리는 대략 10년 사이에 그들의 것을 소개, 번역하였다. 흡수의 욕망은 마치 기갈飢渴이 든 것 같았고, 흡수의 방식은 통째로 삼키는 것이었다. 우리들의 논문과 저작에는 그들의 말로 가득 차 있었다. 이 무렵 우리는 아직 중심 개념조차 없었다. 모든 이론가들은 하나 혹은 몇 개의 개념에 매달렸다. 당신은 러시아 형식주의이론이 타당하다고 여길 수 있으며, 나는 영미英美 신비평의 정독 방법이 타당하다고 여길 수도 있고, 다른 사람은 프랑스의 구조주의 혹은 해체주의가 합리적이라고 여길 수도 있으며, 다른 사람은 프로이드의 정신분석, 혹은 새롭게 유행한 페미니즘(feminism), 후기식민주의 [後期植民主義: Postcolonialism], 신역사주의 [新歷史主義: The

3) 역자주. 문화대혁명 기간에 江靑 등이 제창한 문학이론으로, 모든 인물 가운데 긍정적 인물을 돌출시키고, 긍정적 인물 가운데 영웅적 인물을 돌출시키며, 영웅적 인물 가운데 가장 중요한 영웅적 인물을 돌출시키자는 주장.

new Historicism]에 열중할 수도 있다. 위에서 나는 우리나라 건국 이래 문학이론 발전의 세 시기에 대해 언급하였다. 러시아 학습시기인 1950년대, 수정주의 비판 시기인 1970년대, 개혁개방 시기인 1980년대. 이 세 시기에 이루어진 중국 문학이론의 발전은 서로 많은 차이가 있지만, 하나의 공통된 특징은 외래의 것, 혹은 교조적인 것만 있을 뿐 우리 자신의 '말'이 없다는 사실이다. 우리는 기본적으로 아직 중국적이고 현대적 형태의 문학이론을 건립하지 못했다. 우리는 가져다 쓰거나 혹은 비판에만 치우쳤고, 건설은 '결석缺席'상태였다. 중국은 세계에서 제일 많은 이론가를 지니고 있지만 아직도 자신의 '말'을 갖지 못했다. 이는 우리들을 슬프고 애매한 국면에 빠져들게 하였다. 나 자신도 이 세 시기를 거치면서 알 수 없는 아픔을 느꼈다. 문학이론 연구자의 한 사람으로 자신이 하고 싶은 말을 할 수 없는 것보다 고통스러운 일이 있겠는가? '건설' 의식은 항상 내 마음속에서 움트고 있었다.

1980년대 중기부터 우리는 중국 당대 문학이론 건설의 제4시기를 맞이하게 된다. 이 영역에서 밭을 갈던 몇몇 사람들은 이전처럼 계속하는 것은 옳지 않다고 생각하였고, 우리도 반드시 자신의 이론형태, 당대 중국 스스로의 이론 형태를 갖추어야 한다고 인식하게 되었다. 1985년에 처음으로 '문학주체성文學主體性'에 대한 토론이 전개되기 시작하였다. 1986년에는 문학이론의 방법적 문제에 대한 토론이 출발하였다. 이 시기에 다시 문학의 심미적 특성에 대한 깊이 있는 토론이 전개되었다. 주광첸朱光潛에 의해 1930년대부터 시작된 문예 심리학의 연구가 진전되었다. 문학에 있어서 자아 문제의 논쟁이 실사구시적으로 전개되었다. 문학 의식의 흐름 등의 새로운 기교와 문학의 인문 정신에 대한 토론, 중국 고대 문학이론의 현대적 전환에 대한 논의, 중국과 외국의 문학이론에 대한 연구, 문학이론의 현대화에 대한 논의 등이 활발하게 전개되었다. 이외에 많은 문예에 있어서의 독특한 문제제기와 연구가 이루어졌다. 이러한 깊이 있는 토론은 모두 훌륭한 성과를 거두었다. 큰 틀에서 말하자면 20세기 처음 20년과 마지막 20년은 중국 문학이론 연구의 풍성한 수확기였다. 역사가 이를 증명하고 있다.

2. 고금의 대화가 필요한 이유

몇 년 전에 나는 나의 스승이신 황야오민[黃藥眠: 1903~1987년] 교수와 고금의 대화가 필요한 이유에 관해 토론한 적이 있었다. 우리는 문학이론의 건설은 반드시 '중서의 대화', '고금의 대화'에서 시작되어야 한다는 점에 의견 일치를 보았다. 나의 기본적 생각은 다음과 같다. 문학이론의 진실한 내용은 일가一家, 일파一派의 손에 있는 것이 아니라 고금古今, 중외中外의 여러 학자와 학파의 수중에, 고금, 중외의 문학 창작의 실천에 있다. 따라서 우리가 중국적 특색을 가진, 현대적 형태의 문학이론을 건설하고 싶다면 반드시 정합整合의 길을 걸어야 한다. 고금, 중외 문학의 정합, 현대 문학 창작 실천의 종합 위에서, 지금 우리의 창작 실천과 상호 연관된, 시대정신과 민족적 특색을 지닌 문학이론 체계를 건립해야 한다. 고금, 중외를 정합시키는 것은 반드시 '고금의 대화', '중서의 대화'로부터 시작해야 한다. 이러한 종류의 대화는 단순한 유추도 아니고, 간단하게 이들의 공통점을 유추하는 것은 더욱 아니라는 점에 반드시 주의해야 한다. 대화는 우선 주체를 확정해야 하는데, '고古, 금今, 중中, 외外'4가지가 주체이며, 이 4가지 주체 자체의 내용 및 그 복잡성에 대해서도 충분한 이해와 연구가 필요하다.

먼저 고금의 대화에 대해 언급하기로 한다. 나는 중국이 기나긴

2천 여 년 동안 형성해온 고대 문학이론을 오늘날의 문학이론 종사자들의 눈 밖으로 밀어내거나, 단지 이를 역사적, 전통적 입장에서만 연구하는 것만으로는 부족하다고 생각해왔다. 간단하게 이를 말살하는 것은 더욱이 안 될 말이다. 전통은 한 민족의 '경험적 유산'이며, 영원히 소멸되지 않는다는 사실을 반드시 인식해야 한다. 중국의 문화적 전통은 모든 중국인의 핏속에 흐르기에 아무리 벗어나려 해도 벗어날 수 없다. 아울러 전통은 결코 모두 훌륭한 것만은 아니지만 그 가운데 많은 진귀한, 정교한, 아름다운, 매력적 성분이 충만해 있는데 우리가 어떻게 이러한 것들을 저버릴 수 있겠는가? 우리는 반드시 문학이론의 전통까지 포괄하는 중국 고전을 대상으로 삼고, 내부로 들어가 그 안에 자리하고 있는 오늘날까지도 의의가 있는 것에 대해 충분한 연구를 진행시킴과 동시에 이를 밖으로 드러나게 만들어 오늘날의 문학이론 건설에 필요한 자원과 참고 대상으로 삼아야 할 것이다. 고금의 대화는 '고위금용[古爲今用: 옛것을 오늘날에 적용함]' 한마디로 모든 문제를 해결할 수 있다고 말할 수 없다. 먼저 역사관의 문제와 마주하게 된다. 구역사관은 사회 역사의 발전을 정지된 것으로 간주하고 객관적 연구를 통해 복원할 수 있다고 여긴다. 이러한 역사관의 제약 하에서 작가의 생애, 작품 출현의 역사적 배경을 객관적이고 회복시킬 수 있는 합리적인 것이라 간주하기 때문에 작자 혹은 작품의 사회 역사 배경을 선택하여 일차적 차원에서의 연구를 진행시키면 된다. 마르크스의 역사관은 발전적 역사관이다. 마르크스는 『루이 보나파르트의 브뤼메르 18일』에서 "사람은 자신의 역사를 창조하지만 자기 마음대로 창조하는 것이 결코 아니며, 사람이 선정한 조건하에서 창조하는 것이 아니라 직접 마주친, 그리고 이미 결정된 과거로부터 계승된 조건하에서 창조한다."[4]라고 주장하였다. 그러나 마르크스는 다시 "사람이 자신과 주위의 사물을 개조하려 할 때, 더욱이 혁명의 위기 시기에는 전전긍긍하면서 망령에게 나와서 도와달라고 청한다."[5]라고 주장했다. 마르크스의 이러한 유명한 언급은 이중적 의미를 지니고 있다. 첫째, 역사란 이미 결정된 존재이고, 영원히 사라지지 않으며, 선인의 전통은 영원히 살아서 사람 주위를 맴돌고 있기에 어떤 새로운 창조적 사물이라도 반드시 역사의 저울 위에 놓고 저울질해야 한다는 것이다. 둘째, 사람들이 역사에 순응하지 못하는 것은 스스로 오랫동안 현실에서 형성된 기존 도식에 따라 역사를 이해하고 가공하며, 심지어는 "망령에게 나와서 도와달라고 청하기" 때문이다. 이러한 까닭에 오늘날 사람들이 이해한 역사는 이미 역사 본래의 모습도 아니며, 옛 사람들 시야 속의 역사도 아닌 현재 사람들 마음속의 역사이다. 만일 마르크스의 이러한 역사관을 가지고 중국 고전 문학이론을 연구한다며, 아마도 역대 문학이론을 원래의 역사 배경 안에 두고 고찰할 수 있을 것이며, 최대한 역사적 진실을 회복할 수도 있을 것이다. 다른 한편으로는 고유의 문학이론에 대한 관점과 독특한 해설을 중시하고, 이러한 해설이 시대와 개성의 특징을 가지게 만들어야 한다. 최근 서양 문학이론의 새로운 유파인 신역사주의의 "텍스트는 역사이며, 역사는 텍스트다."[6]라는 중요한 한 관점을 제기하였다. 이들의 관점은 마르크스의 관점을 계승 발전시킨 것이다. "텍스트는 역사적이며, 역사는 텍스트다."라는 말은 앞서 우리가 언급한 대로 모든 글은 역사의 산물이며, 역사적 품격을 지니기 때문에

---

4) "人們創造自己的歷史, 但是他門并不是隨心所欲地創造, 并不是在他門選定的條件下創造, 而是在直接碰到的, 旣定的, 從過去繼承下來的條件下創造."

5) "當人文好像只是在忙于改造自己和周圍的事物時, 恰好在這種革命位記時代, 他們戰戰兢兢請出亡靈來給他們而幇助."

6) "文本是歷史的, 歷史是文本的"

모든 말을 원래의 역사 배경에 두고 고찰해야 한다는 것이다. 이러한 방식이 역사를 존중하는 태도이며, 또한 글의 본질을 보여주는 것이다. "텍스트는 역사적이며, 역사는 텍스트다."라는 말은 모든 역사(역사적 활동, 역사적 인물, 역사적 사건, 역사적 작품 등)는 오늘날의 우리들에게는 모두 불확정적인 텍스트이며, 사람은 어찌되었든 필연적으로 오늘날의 관점에서 역사적 텍스트를 해석하고, 개조하고 변형시킨다는 것이다. 뿐만 아니라 관념의 변화에 따라 사람은 부단히 새로운 역사를 설계하지만 역사를 완벽하게 복원할 수는 없다. 이렇게 되는 가장 근본적인 원인은 사람이 인식의 주체가 되고, 언어는 사람이 운용하는 도구이기 때문이다. 인간은 구체적 역사의 산물이며, 사람의 모든 특징은 특정한 역사적 시각의 사회 분위기에 의해 영향을 받기에 영원히 역사를 초월하여 고대로 돌아갈 수 없다. 언어 역시 만찬가지다. 언어는 지칭하는 것과 지칭할 수 있는 것의 결합이기 때문에 언어의 단순한 지칭성은 극히 믿을만한 것이 못된다. 이처럼 역사성을 가질 수밖에 없는 사람이 지칭성이 명확하지 못한 언어를 가지고 역사적 텍스트를 읽는다면 어떤 상황이 벌어질까? 아마도 사람들이 이해한 역사는 역사 본래의 진정한 상태가 결코 될 수 없으며 그저 자신의 관점에서 변형시킨 역사일 따름이라 말할 수 있을 것이다. 특히 역사적 텍스트의 '의리[義理: 내용의 이치]'를 해석할 때는 더욱 그렇다. 이리하여 우리가 역사적 텍스트에 대한 해석을 진행할 때 필연적으로 일종의 '대화'를 하게 된다. 역사적 텍스트는 우리에게 정보를 보내고, 해석자 또한 자신의 고유의 과점에서 역사적 텍스트를 향하여 정보를 발사한다. 이리하여 역사적 텍스트와 해석자 사이에 쌍방의 대화가 이루어지고, 고금의 대화가 이루어진다. 이러한 상황에서 텍스트가 원래 지닌 의미와 진리는 쉽게 찾을 수 없으나 이러한 일이 가능해질 수 있는 이유는 주로 주체인 해석자가 언어를 가지고 역사적 텍스트를 새롭게 변형하고 해설할 수 있기 때문이다. 이러한 관점의 변천에 따라 역사적 텍스트에 대한 변형과 해설 또한 서로 다르게 된다. 서로 다른 시대 해석자의 관념 차이로 인해 동일한 역사적 텍스트의 의의에 대한 변형과 해설 역시 다르게 된다. 그리하여 이 역사적 텍스트의 의의가 계속 증가하며, 최후에는 의미 있는 연속선을 이루어 계속 나아가게 된다.

필자의 몇몇 저작은 모두 고금의 대화의 산물이다. 예를 들어 『중국고대심리시학여미학中國古代心理詩學與美學』과 『중국고대시학심리학투시中國古代詩學心理學透視』 등은 고금의 대화록이며, 중국 고대 시학적 역사적 텍스트가 나에게 정보를 보냈고, 필자인 나 또한 현대 심미 심리학의 정보를 고대 시학의 역사적 텍스트로 발사하였다. 이러한 두 가지 정보의 비교, 교류의 진행을 통해 '동중지이同中之異'와 '이중지동異中之同'을 드러나게 하였고, 더욱 기묘한 것은 두 가지 정보의 교차 속에서 새로운 정보가 만들어졌다는 것이다. 이러한 종류의 새로운 정보는 왕왕 우리가 오랫동안 찾고 있던 자신의 사상과 언어였다. 이는 바로 새로운 문학이론에 소요되는 벽돌과 기와이다. 필자는 현재 『문심조룡』과 중국시학사의 교육과 연구에 종사하고 있다. 필자는 역사적 글이 지금 어떤 '교차로'에서 우리를 기다리고 있음을 발견하였다. 필자는 정보의 교류와 대화를 진행하면서, 무의식적으로 고대의 인물에게 현대적 양복을 입히면서 고금의 만남을 갖는 일은 피할 수 없기에, 피동적 자세를 취하는 것보다는 주도적으로 대화의 문을 여는 것이 더 낫다는 것을 인식하게 되었다. 이를 통해 우리는 고금이 함께 발견한 경이로운 경계를 알 수 있다.

1949년 이후, 문학계에 가장 먼저 나타난 문제는 이론적 부자연스러움이었다. 전통적 소련식 문학이론(현실주의 문학이론)이 이론적 포용력을 상실하자 서양의 현대파 문학현상과 마주하게 되었고, 1980년대 중·후기에는 국내에 출현한 신기한 격식의 소설, 희곡과 마주하게 되면서 문학이론은 말문이 막혀 아무런 말도 할 수 없는 지경이 되었다. 전형론에 관한 깊은 연구를 해온 루안창다[欒昌大: 산동대학위해분교山東大學威海分校 교수]선생은 1987년에 다음과 같이 언급한 바 있다.

> 전통적 형식과 너무나 다른 현대 작품의 인물 형상을 어떻게 분석할 것인가는 별도의 논제로 두어야 한다. 이러한 인물 형상을 우리가 흔히 이해하는 전형이라는 개념을 가지고 표시할 수 있는가와 이러한 인물 형상의 심미적, 예술적 특징을 도대체 어떻게 보아야 하는 가는 미학, 문예학 연구가 마주할 새로운 과제이다.[7)]

이어서 중국 문학이론계는 현대파 문학과 국내 문학의 철학화 경향과 상징화 특징을 발견하였다. 학술적 안목이 높은 예팅팡[葉廷芳: 1936~현재] 선생은 현대파 문학에 대하여 다음과 같이 평가하였다.

> 근 1세기 동안 철학은 문학에 광범위하게 침투하였다. … 작품의 철학적 의미가 점점 더 중시되었다. 주제가 되는 사상은 명백하게 서술되거나, 사람들에게 쉽게 이해되지 않기에 어떤 형상을 통해 상징되거나, 혹은 일종의 비유를 통해 암시되거나, 혹은 한 편의 우언을 통해 표현되는 등.[8)]

---

7) 欒昌大, 『文學典型系統史概觀』, 吉林大學出版社, 1987, 7쪽. “至於如何分析與傳統形式迥異的那些現代作品中的人物形象, 則應另當別論. 這些人物形象能否用我們通常所理解的典型這個概念來表示, 以及究境應怎樣看這些人物形象的審美的藝術的特質等等, 是美學文藝學研究面臨的新課題.”

8) 葉廷芳, 『現代藝術的探險者』, 花城出版社, 1986. “近一個世紀以來, 哲學廣範滲入

청년 학자인 리우샤오펑[劉小楓: 1956년생, 비평가, 기자, 교수] 역시 이러한 철학화의 경향을 발견하였고 "우리는 금세기 이래 과학 이론의 진일보 발전과 함께 … 문학, 시학, 희극 등이 점점 더 철학화되었음을 알 수 있다. 표현주의의 시문, 존재주의의 소설, 황탄파荒誕派의 희극 등은 모두 철학적 현묘한 사상이 되었으며, 릴케[Rainer Maria Rilke: 1897~1926년, 독일의 시인], 프란츠 카프카[Franz Kafka: 1883~1924년, 오스트리아의 소설가], 콘래드[Conrad Korzeniowski: 1857~1924년, 폴란드계 영국 작가], 프루스트[Marcel Proust: 1871~1922년, 프랑스 소설가]의 형이상학은 기이하고 다양한 새로운 철학적 경향을 드러냈다."[9]고 주장하였다. 그리고 이러한 기풍은 이미 광범위하게 우리나라에도 널리 파급되었으며, 이에 대하여 회화 평론가 조우양가오[周陽高: 1943년생, 화가, 비평가]는 "1980년대 중기 이래 국내에서도 어떤 관념적 형태 위주의 회화가 출현하였으며, 이러한 작품들은 확실한 구체적 형상에 의지한다고 말하기 어렵다. 반대로 비슷하지만 같지는 않은 추상, 반추상의 형상의 도움을 받아 이러한 관념을 표현하며, 이러한 회화는 실제상으로는 … 회화 자체가 구성하려는 형상을 추구하는 것이 아니라 어떤 이해하기 어려운 이성적 관념을 해석하려는 것이다."[10] 라고 언

文學藝術 … 作品的哲理意味越來越重. 主題思想不是明白說出或讓人看出, 而是通過某種'圖象'來象徵, 或通過一種譬喻來暗示, 或者通過一則寓言來표達, 等等"

9) 劉小楓, 『詩化哲學』, 山東文藝出版社, 1986, 155쪽. "我們看到, 在本世紀以來, 隨着科學理論的進一步發展 … 文學, 詩學, 喜劇則愈來愈哲學化了. 表現主義的詩文, 存在主義的小說, 荒誕派的戲劇等等, 都成了哲理玄思, 里爾克, 卡夫卡, 康拉德, 普魯斯特的形而上學, 紛呈出一派光怪陸離的新哲學."

10) 周陽高, 「觀念與繪畫—鍾開天繪畫藝術初探」, 『書與畫』, 1991 第1期. "自八十年代中期以來, 國內也出現了不少以表達某一觀念形態爲主的繪畫, 它們往往難于以切實具體的形象爲依據. 而是借助于似是而非的抽象, 半抽象圖式去表達這種'觀念', 這種繪畫實際上 … 追求的不是繪畫本身所建構的形象, 而是企圖詮釋某個費解的理性觀念."

급하였다. 많은 사람들은 심지어 철학 혹은 관념을 표현한 것이야 말로 예술에 있어 최고의 경계이며 최고의 품위라 말하기도 한다. 문예계의 인사가 아닌 과학자 치엔슈에선[錢學森: 1911~2009년, 문인, 과학자]도 이러한 풍조를 강조하면서 다음과 같이 언급하였다.

> 나는 문학예술에는 최고의 단계가 있으며, 그것은 바로 철리에 대한 표현, 세계관에 대한 진술이라고 생각한다. … 이러한 종류의 최고 단계의 문예 작품이 사람들에게 주는 충격은 심각하고, 유구하기 때문에 나는 이를 가장 높은 위치에 두어야 한다고 생각한다.[11]

이러한 국내외의 문예 사조와 마주하면 문예이론은 반드시 이 문예 사조가 어떤 현상인가에 대하여 대답할 수 있어야 한다. 예를 들어 현실주의가 추구한 예술 이상형태의 유형이 전형이라 한다면 현대주의가 추구한 예술 이상형태의 유형은 무엇인가? 현대파의 출현은 인류 문예사 발전의 필연인가? 아니면 우연인가? 혹은 알 수 없는 신비한 현상이가? 이러한 문제들은 모두 문예이론이 즉시 대답해야 할 문제이다. 그러나 서양의 현대 문학이론은 아무런 대답도 하지 않았을 뿐만 아니라 이미 출현한 낭만주의의 예술적 추구에 대해서도 대답하지 않았다. 서양 문학이론의 체계성의 부족은 이미 오래된 것으로 간주할 수 있을 것이다. 단지 이러한 것에서 끝나지 않고 현대주의가 세계에 퍼져 막 역사가 되려할 때 서양의 웰렉과 워린과 같은 이론가들은 오히려 철학화된 문학의 지위를 인정하지 않았다. 이들은 "한 수의 시에 철리가 많으면 많을수록, 이 시가 훌

11) 黃晋機, 張秉眞主編, 『象徵主義·意象派』, 中國人民大學出版社, 1989, 111~112쪽. "我認爲文學藝術有一個最高的臺階, 那是表達哲理的, 陳述世界觀的. … 這類最高臺階的文藝作品給人的衝擊是深刻的持久的, 所以我想應該把它們放在頂峰位置."

륭하다고 할 수 있는가? 시가가 흡수한 철학적 가치의 대소에 따라 시의 우열을 편단할 수 있단 말인가? 혹은 시에 흡수된 철학적 내용에서 표현된 관점의 깊이에 의거하여 시의 가치를 판단할 수 있단 말인가? 철학의 창조적 견해의 표준에 근거하거나 혹은 시가 전통 사상을 조정한 것을 근거로 시가를 판단할 수 있단 말인가?"[12]라고 주장하였다. 이러한 일련의 비판은 그들이 현대 시인, 특히 엘리엇 등이 철학과 예술의 기능을 혼돈했다고 생각했기 때문이었다. 이들의 이러한 사상은 헤겔, 벨린스키와 거의 흡사하며, 18, 19세기의 기풍을 지니고 있다. 더욱 심각한 것은 현대 학술이라는 외투를 입은 서양 구조주의 서사학은 뜻밖에도 그 연구 대상을 전통의 서사적 글에 국한시키고 있으며, 낭만주의와 현대파 작품은 그들의 학술적 시야에 들어 있지 않았다. 이 역시 서양에서도 문학이론이 예술현상에 있어서 심각하게 낙후되어 있는 현상이 있음을 설명한다. 이는 단순히 중국의 학자가 대면해야하는 하나의 과제일 뿐만 아니라 세계적 난제이기도 하다.

이러한 상황에서 필자의 친구인 구주자오顧祖釗는 중국 고대 문학이론에 대한 사고와 탐색을 시작하였다. 그는 먼저 문학의 철학화 문제가 결코 현대 서양에서 시작된 것이 아니라 중국의 오래된 논쟁임을 발견하였다. 중국 문학사에 있는 한대 교유시敎諭詩, 동진東晋 현언시玄言詩, 당대 불리시佛理詩, 송대 이학시理學詩 등은 모두 철학적 관념을 표현한 철학 시파이며, 선진 시대의 『노자』, 『장자』는 양대 철학시의 전범이다. 그러나 문학적 철학의 본질과 상술한

12) 웰렉 · 워렌, 『文學理論』, 劉象愚譯, 三聯書店, 1984, 119쪽. "難道一首詩中的哲理愈多, 這首詩就愈好嗎? 難道可以根據詩歌所吸收的哲學價値的大小來判斷它的優劣嗎? 或者可以根據它在自己所吸收的哲學中表達的觀點的深度來判斷它的價値嗎? 難道可以根據哲學創見的標準, 或者根據它調整傳統思想的程度去判斷詩歌嗎?"

문학 현상은 계속 서정주의 논자와 주류파 시인들로부터 공격과 비난을 받았다. 현언시는 철학적 내용이 문장의 아름다움을 압도하니 담백할 뿐 맛이 없다는 비난을 받았고, 불리시는 발우어鉢盂語나 채소 냄새만 난다고 조롱을 받았으며, 송대 도학자의 이학시는 좋은 시가 한 편도 없다는 평가를 받았다. 중국과 외국의 문학사에서 철학적 문학이 조롱을 받거나, 당대唐代 문학의 경우처럼 높이 평가되기도 하는 현상은 철학적 문학 자체가 인류가 공통으로 가지고 있는 문학 현상이며, 현대파 문학의 철학적 경향은 바로 고대의 철학적 문학이 오늘날의 규율에 합당한 것으로 발전한 것임을 설명한다. 만일 중국 선인의 철학적 문학에 대한 인식을 발굴해낸다면 우리는 21세기 문학의 철학적 경향에 대하여 정확하고 심도 깊게 이해할 수 있을 것이다. 다음으로, 구주자오는 철학적 문학과 관련하여 '상징'의 개념은 현대 학술계에서 수입품이라 말하지만 자고이래 중국에 이미 명칭과 실제 운용이 이루어졌던 것임을 발견하였다. 왕필[王弼: 226~249년]은 『주역약례周易略例』「명상明象」편에서 "사물과의 접촉을 통하여 상[象: 형상]이 만들어지고, 의미에 부합되면 징[徵: 특징]이 된다."[13]고 하였는데, 중국어의 '상징象徵'이라는 개념은 여기에서 유래된 것이다. 그러나 엄격히 말하자면 이러한 개념은 왕필이 처음 만든 것이 아니며, 단지 『주역』「계사」편의 상징 원리를 다시 설명했을 뿐이다. 『주역』은 중국의 점복서이며, 중국 민족 최초의 문화 전적이며, 진대秦代에도 불행한 소실을 피했기에 중국 민족 상고 시대의 시적 지혜 및 현학의 원래의 풍모를 계속 유지하고 있다. 웨이커維柯의 주장에 의하면 『주역』 시대의 시, 철학, 점복은 삼위일체였기 때문에 『주역』「계사」편에서 밝힌 상징원리 역시 예

13) "觸類可以爲象, 合意可爲其徵"

술 원리, 문학 원리였다. 이러한 이유로 청대 장학성章學誠도 "『주역』의 상은 『시경』의 비흥과 통한다."[14]고 말한 바 있다. 『주역』 「계사」 편에 "공자께서 이르길, 글로는 말을 다 표현할 수 없고, 말로는 의미를 모두 표현할 수 없다. 그렇다면 성인의 뜻을 알 수 없단 말인가? 공자께서 이르길, 성인은 상象을 만들어 뜻을 모두 나타낸다."[15]는 언급이 있다. 그 의미는 바로 성인은 '형상화'의 방법으로 자신의 뜻을 표현한다는 것이다. 그리고 성인이 세운 '상'은 전문적 정의가 있다. 「계사」 편에서 "성인은 천하의 이치를 헤아리시고 이를 형용하시어 사물의 마땅함을 형상화시키기니 이를 상象이라 한다."[16]가 그 예이다. 공영달孔穎達의 『주역정의周易正義』의 해석에 근거하면, 소위 '천하의 이치'는 성인만이 발견할 수 있는 "천하의 심오하고 지극한 이치"[17]로 신비한 하늘의 뜻 혹은 오늘날의 철학적 이치에 해당하는 것이다. '성인지의聖人之意'는 성인이 창조한 형상을 가지고 비유하고, 상징하여 천하의 지극한 이치를 드러나게 하기에 '상'이라 부르게 된 것이다. 이처럼 『주역』 「계사」 편은 이미 성인의 형상화 원리와 그 특징을 분명하게 설명하였다. '상'의 성질은 의미를 표현하는 상이며, 그 목적은 "천하의 심오하고 지극한 이치"인 철학적 이치를 표현하는 것이며, 형상을 조작하는 방법이 상징이다. 한대 왕충王充은 이를 바탕으로 처음으로 '의상[意象: 형상화]'의 개념을 정립하고, '의상意象'이란 "형상으로 의미를 확립시키고", "이름을 만들어 의미를 밝힌"[18] 상징적 예술 형상이라고 설명하였다. 이후로

14) "『易』 象通於『詩』之比興."

15) 『周易』 「繫辭」, "子曰: 書不盡言, 言不盡意. 然則聖人之意, 其不可見乎? 子曰: 聖人立象而盡意."

16) 『周易』 「繫辭」, "聖人有以見天下之賾, 而擬諸其形容, 象其物宜, 是故謂之象."

17) "天下深賾之至理"

명대의 왕정상[王廷相: 1474~1544년], 청대의 엽섭葉燮은 모두 '의상'을 창도하였으며, 의상은 일반적 범주가 아니라 예술의 지극한 경계에 도달한 최고의 심미 범주라 주장하였다. 엽섭은 "가히 말할 수 있는 이치는 모든 사람들이 말할 수 있는데 어찌 시인이 그것을 말할 필요가 있겠는가? 증명할 수 있는 사실은 모든 사람들이 설명할 수 있는데 어찌 시인이 이를 설명할 필요가 있겠는가? 반드시 말로 설명할 수 없는 이치, 설명할 수 없는 사실이 있더라도 마음으로 의상意象을 깨달으면 그 이치와 사실은 이전의 것보다 더욱 찬연하게 된다."[19]라고 주장하였다. 이러한 의상은 "말로 할 수 있는 것과 없는 것 사이에 기탁하며, 이해할 수 있는 것과 없는 것 사이로 파고들어 이것을 말하지만 그 의미는 다른 곳에 있으며, 시작과 끝을 뒤섞어 형상을 탈피하고, 의론을 끝내도 그 의미는 무궁하여 사람들을 아득하고 황홀한 경계로 이끌고 가기에 지극하다 하는 것이다."[20] 이처럼 의상의 범주는 사람들에게 20세기 현대파의 주장이 결코 새로운 것이 아니며, 이미 고대에 있었던 의상론임을 말해준다. 현대인들이 생각하는 철학적 이치를 표현하는 것이 문학 예술의 가장 높은 단계라는 견해 또한 절대 새로운 발상이 아니며, 단지 엽섭이 제기한 '예술지경藝術至境'의 현대적 표현일 뿐이다. '의상'과 '예술지경' 두 범주에 대한 심오한 탐색과 연구는 그 이론적 의미가 결코 일반적인 것이 아니다.

---

18) 黃暉撰, 『論衡校釋』「亂龍」, 中華書局, 1990, 704~705쪽. "立意于象", "示義取名"

19) 李壯鷹, 『中華古代文論選注 · 原詩內篇』, 百花文藝出版社, 1991, 278~279쪽. "可言之理, 人人能言之, 又安詩人之言之? 可徵之事, 遇之于默會意象之表, 而理與事無不燦然于前者也."

20) 同上書, 278쪽. "其寄托在家言不可言之間, 其指歸在可解不可解之會, 言在此而意在彼, 岷端倪而離形象, 絕議論而窮思惟, 引人于冥漠恍惚之境, 所以爲至也."

우선, 의상의 출현과 중국 문학이론의 이에 대한 철학적, 관념적 본질의 특징, 상징과 암시의 방법적 특징, 황탄성[荒誕性: 현상과 본질의 유리] 형상의 특징, 의미적 특징 및 다의성, 구해성[求解性: 문제를 둘러싸고 이루어지는 사유전개]의 심미적 특징에 대한 규명은 20세기 현대파 문학예술의 철학적 문학 사조·유파와는 변별성이 있는 문예 현상으로 인식 될 수 있게 하였다. 그리고 중국과 외국의 문예사에 있어서 철학적 문학 사조와 유파로 하여금 적절한 설명과 긍정을 획득하게 만들었으며, 인류의 문학예술에 관한 인식으로 하여금 성숙, 자각 수준에 이르게 하였고, 그 이론 형태 또한 체계적이고 과학적이게 만들었다. 구주자오의 중국 고대 의상에 대한 깊이 있는 고찰은 서양 문학이론의 체계성 부족을 극복했으며, 인류의 표의문자에 대한 인식을 획기적으로 진일보시켰음은 의심의 여지가 없다.

다음으로 중국 문학이론이 의상을 예술지경으로 간주한 심도 있는 연구는 즉각 의상, 전형, 의경과 관련된 문제를 어떻게 처리할 것인가에 대한 사람들의 관심을 불러 일으켰다. 이에 구주자오는 이러한 논의를 확대하여 '예술지경삼미신藝術至境三美神'의 관점, 즉 전형, 의경과 의상이 독립적이면서도 상호 보완 작용을 통해 삼족정립의 삼원식三元式 예술지경을 이룬다는 새로운 관점을 제기하였다. 이러한 새로운 관점은 예술 현상에 대한 재고가 그 근원이었고, 중국 고대 문학이론의 정리와 발굴의 과정을 거쳐 노자 '삼생만물三生萬物'의 관점을 증명하였을 뿐만 아니라, 독일 고전 철학이 개괄한 인류의 '지知·정情·의意'의 필요성과 긴밀한 관계가 있다. 이는 인류 심미 이상의 감성 형태에 대한 최초의 전면적 규명이자 서술이었다. 이러한 예술지경 짜임새의 규명은 내면적으로는 문학 본질의 다원성에 대한 서술과 연관이 있으며, 표면적으로는 창작론, 발전론,

수용론의 전면적 혁신과 개조와도 관련이 있기 때문에 필자는 1990년대 초반에 다음과 같이 언급한 바 있다.

> 구주자오의 예술지경 연구는 문예이론 건설의 전체 국면과 관련되어 있다. 그의 연구 성과가 일단 문예이론계의 중시와 승인을 받았기에 우리는 많은 근본적인 이론 문제에 대하여, 많은 기존의 결론에 대하여 혁신적 변화를 만들 수밖에 없었다. … 아마도 마르크스주의 문예학 체계의 건설도 이를 계기로 성숙의 방향으로 나갈 것이다.21)

이런 이유에서 구주자오가 문예지경론을 제기한 것이다. 혹자는 구주자오가 중국 고대 문학이론 속에서 발굴하고 제련해낸 문예지경론은 뒤집기 어려운 이론이라 말한다. 사람들도 조만간 이러한 이론적 가치를 수용 내지 인식하게 될 것이다.

이외에 필자는 이전에 다음과 같이 언급한 적이 있다.

> 예술지경의 문제는 우리가 단일한 심미 이상을 확립시키는 것과 다양한 심미 이상을 용납하는 문제와 연관되어 있다.22)

이 문제는 구주자오에 의해 예술지경으로 개괄되었다. 이는 새로운 이론적 명제이다. 구주자오는 인류는 예로부터 지금까지 일반적

21) 童慶炳, 『尋找文藝理論研究的突破口』, 「文藝至境論 · 序言」(1992), 『文藝爭鳴』, 1993, 第1期 參照. "顧祖釗的文藝至境研究, 關係到文藝理論建設的全局. 他的研究成果一旦得到文藝理論界的重視和承認, 那麽我們就不能不對許多帶根本性的理論問題, 對許多旣成的結論, 作出革命性的改變. … 也許馬克思主義文藝學體系建設也會以此爲契機走向成熟."

22) "藝術至境問題, 是關係到我們是確立單一的審美理想還是容納多樣的審美理想的問題."

으로 자각하지 못한 채 이원적 예술지경에 국한되어 있음을 발견하였다. 예를 들어 헤겔은 이전에 예술에는 3가지 유형이 있음을 발견하였으나 전형에만 매달려 전형적 성격의 형상화가 그의 이상에 가장 부합한다고 주장하였다. 칸트는 "초감성적 경계의 스케치"[23]의 형상만을 편애하였고, 주광첸朱光潛은 칸트의 이러한 최고 심미 이상을 '심미의상審美意象'이라 번역하였다. 벨린스키는 예술에는 사실적인 것과 이상적인 것(낭만적인 것)이 있음을 인정하였지만 "전형화는 창작의 단 하나의 기본원칙이며, 전형화가 없으면 창작도 없다."라고 주장하였다.[24] 그는 결과적으로는 사실형 작가와 낭만형 작가의 창작 방법에 있어서의 순수한 차이점을 발견하지 못했으니, 그 역시 심미 이상 유형은 단지 전형뿐이라고 주장한 이론가일 뿐이다. 이러한 현상은 왕국유에게서도 나타났는데, 그는 서양 문학이론의 세례를 받은 이론가로 서양 문학이론에 사실寫實과 이상理想 두 가지 유형의 이론이 있다는 점을 수용한 뒤에도 서양 전형론은 보지 못한 채 유독 중국 서정 문학의 심미 이상 유형인 의경론만을 높이 내세웠다. 이러한 사실들은 중국과 외국을 막론하고 인류는 자고로 모두 별 자각 없이 일원적 예술지경관의 한계를 받아들인 것은 모두 마찬가지였다. 만일 한 작가 혹은 예술가가 이러한 일원적 예술지경관을 지닌 채 평생토록 어떤 심미 이상 유형을 추구하며 허리띠가 헐거워져도 후회하지 않으면서 예술 창작을 즐거운 일로 여기고, 자신의 예술 개성의 극치를 발휘되었을 때 예술의 최고봉에 올랐다고 말할 수 있을까? 뿐만 아니라 만일 한 이론가가 일원적

---

23) "超越性境界示意圖"
24) 朱光潛, 『西方美學史』下卷, 人民文學出版社, 1979, 543쪽. "典型化是創作的一條基本法則, 沒有典型化, 就沒有創作."

예술지경관만을 가지고 있다면 그는 이론적 편견만을 생산할 것이고, 그의 이론적 시야를 제한시켜 많은 단편적片面的이고 절대적絕對的인 이론만 만들어낼 것이다. 19세기 러시아 현실주의의 성취가 너무나 찬란해지자, 벨린스키의 전형론典型論을 절대화시키려 했는데, 과연 예술의 우주 속에는 오로지 전형론만 있다고 말할 수 있을까! 1930년대에 엥겔스가 하크니스[Harkness: 영국의 여류소설가]에게 보낸 편지가 정리 발표되었을 때, 엥겔스가 발자크에 대해 러시아 이론의 전통과 합치된다고 높게 평가하자 사람들은 모든 무산계급 문예의 외연은 현실주의와 동등하다고 생각하였다. 이에 당시의 소련 문학이론가들은 그들의 민족적 현실주의와 전형론의 일원적 예술지경관을 빌려 무산계급 혁명 문학의 명예를 세상에 선포하면서 소련 사회주의 예술의 "유일한 창작방법은 사회주의의 현실주의"[25]이라고 주장하였다. 이는 결국 오로지 현실주의라는 꽃 한 송이의 개화를 목적으로 한 소련과 모든 사회주의 국가의 문학에 재앙을 초래했다. 사람들은 마르크스와 엥겔스가 낭만주의의 많은 작가(괴테 등)와 드니 디드로[Denis Diderot: 프랑스 철학가]의 철학소설 『라모의 조카』[26]를 칭찬한 사실조차 망각하였다. 이는 팽창된 일원적 예술지경관이 우리에게 가져다준 위해이다. 1960년대 프랑스의 공산주의 작가 로제 가로디[Roger Garaudy: 1913~2012년]는 수정 방안인 '무변현실주의無邊現實主義'를 제시하였고, 소련에서 1970년대에 '사회주의 현실주의 체제 개방'이 제기되었고, 마오쩌둥은 1958년에 현실주의와 낭만주의의 상호 결합을 제기한 바 있으나 예

25) 楊成寅譯, 『馬克思列寧主義美學槪論』, 人民美術出版社, 1962, 394쪽. "唯一的創作方法是社會主義現實主義"
26) 원래의 제목은 『Rameau's Nephew』이다.

술지경관에 있어서 전형론이 독존적獨尊的 지위를 차지하고 있었기에 이러한 건의들은 모두 받아들여지지 않았다. 뿐만 아니라 현실주의는 끝이 없는 것일까? 변방의 개방이 곧 현실주의인가? 이러한 의문은 오늘날의 관점에서 본다면 분명한 논리적 착오를 범한 명제 때문에 제기된 것이다. 하나는 인류는 현실주의의 테두리에서 벗어나려는 기도를 설명한 것이고, 다른 하나는 인류가 일원적 예술지경관 때문에 받아야 하는 질곡과 고통을 확인한 것이다. 일원적 예술지경관의 질곡 속에서는 어떤 이론의 건설도 불가능하다.

20세기 서양을 회고해보면, 엘리엇과 폴 발레리[Paul Valery: 1871~1945년, 프랑스 상징파 시인]가 시의 철학적 본질을 힘차게 고취했을 때, 스잔 랑거와 콜링우즈가 정감의 본질을 힘차게 고취했을 때, 우리는 세계적 명성을 누리던 학자가 여전히 자신이 선정한 예술지경관의 밧줄에 묶여 있다는 것을 발견할 수 있을 것이다. 구주자오의 말을 빌려 말하면 그들은 여전히 일원적 예술지경관의 질곡 속에서 스스로 벗어날 수 없었기에 이들의 이론 역시 대단히 단편적인 이론일 뿐이라는 것이다. 이러한 이유에서 이론가는 자신도 자각하지 못하는 일원적 예술지경관에서 해방되어 참신한 삼원식, 즉 다원적 예술지경관의 옷으로 갈아입고 자신을 해방시켜야 보다 큰 이론 창조의 자유를 획득할 수 있다.

이러한 상황을 가지고 본다면 구주자오의 중국 고대 문학이론에 있어서의 의경론과 예술지경론에 대한 깊은 연구와 개진은 인류의 문학이론을 폐쇄, 보수, 경직, 퇴보에서 개방, 초월, 진보를 향하게 한 기점이었다. 그 이유는 현재 서양 문학이론 혹은 소련 문학이론이 고대 그리스에서 발원한 서양적 사유의 성과이기에 시각과 입장이 편협하여 그들은 진리 전부를 발견할 권리조차 없었다. 중국 고전 문학 보고 속에 먼지를 잔뜩 뒤집어쓰고 있던 문학이론은 수 천년 동안 중국인의 문학예술에 대한 사고와 중국인의 예술 실천이 누적된 진리眞理를 보존하고 있다. 이러한 인류 지혜의 성과를 발굴하여 서양의 문학이론과 비교, 융합해야 비로소 보다 전면적이고 보다 진리에 가까운 인식을 얻을 수 있다. 나아가 개인적 편견, 민족적 편견, 문화적 편견을 초월하는 문학이론을 창출하여 인류의 예술에 대한 이론적 사유를 진일보 시키고, 나아가 비약하게 만들어야 한다.

3. 중서中西의 대화가 필요한 이유

다시 중서의 대화 필요성에 대해 논의해보자. 나는 '전면적 서양화'(이것의 배후에는 민족적 허무주의가 있다)에 반대하며, '전통의 고수'(이것의 배후에는 극단적 민족주의가 있다)를 싫어한다. 나는 '중서의 대화'가 반드시 필요하다고 생각한다. 중국이 창조한 문화가 하나의 주체이듯, 서양의 문화 역시 하나의 주체다. 두 주체 사이에서 평등한 대화를 진행하고, 대화를 통하여 상호 소통하고, 서로의 장점으로 단점을 보완한다면 공통의 '부'를 향유할 수 있다. 서로 다른 민족의 문화(당연히 문학이론까지 포함한)는 지역적, 역사적 등의 원인 때문에 모두 단점을 가지고 있다. 중국 전통 문화는 수많은 장점도 있지만 과학과 민주 두 요소가 결핍되어 있었다(내가 말한 결핍은 완전히 없다는 것이 아님을 주의해주기 바란다). 우리의 5·4 시기 선배들은 일찍이 이러한 사실을 인식하였기에 좌파, 우파 모두 아무런 약속은 없었지만 시야를 서양으로 돌렸다. 이외에 내가 여기에서 강조하고 싶었던 '공향[共享: 함께 공유하다]'의 개념은 인류의 문화(동양과 서양 문화를 막론하고)는 인류 지식의 결정체이기에 반드시 '공향'해야 한다는 의미이다. 서양인은 동방의 문화를 채용하고, 동양인 역시 서양의 문화를 채용하여 각자 상대방의 장점으로 자신의 약점을 보완해야 한다. 우리가 서양 문화를 흡수한다는 것은 인류의 창조물을 함께 이용한다는 것이기에 결코 부끄러운 일이 아니다. 어떤 사람은 물질문화에 있어서의 상호 흡수는 비교적 쉽게 할 수 있지만 정신문화의 상호 흡수는 문화 형태가 서로 달라 곤란하다고 말한다. 나는 곤란하기는 하지만 불가능한 것은 아니라고 생각한다. 우리가 톨스토이가 공자를 학습한 사실, 하이데거가 노장 사상을 흡수한 사실, 칼 융이 동방의 신비적 문화에 관심을 가진 사실, 곰브리치와 스잔 랑거가 중국 고대의 미학을 격찬했던 사실만 보더라도 …, 다시 위魏·진晋, 수隋·당唐 시대의 학자들이 어떻게 서쪽에서 온 불학을 공부했는지, 5·4 시기 선배들이 어떻게 서양을 학습했는지를 다시 살펴보면 우리들 역시 용기를 내어 난관을 극복하기 위한 대화과정에서 새로운 길을 개척할 수 있을 것이다. 문학이론에 있어서의 동서의 대화를 가지고 말하자면 주광첸朱光潛, 종바이화宗白華, 치엔종수錢鍾書, 왕위엔화王元化 선생처럼 동서의 학문을 관통했던 대가들은 우리의 좋은 귀감이기에 우리는 그들이 걸었던 족적을 따라 가면 된다.

고금의 대화, 중서의 대화를 기초로 한 '정합整合'은 중국 현대적 형태의 문학이론 건설에 있어서 반드시 필요한 노선이다. '정합'은 단순한 용접이나 연결이 아니다. 고금, 중서의 정합은 모두 '이질적' 문학이론 사이의 교류이며, 이러한 교류에는 충돌과 경쟁이 반드시 존재하며, 조정과 적응이 반드시 필요하며, 완전한 교융이 필요하며, 새로운 사상과 언어를 생산해야 한다. 이러한 과정은 분명 복잡하며, 장구한 시간이 필요하기에 의식을 지닌 학자들의 공통된 노력이 절실히 필요하다. 특히 중요한 사실은 우리의 정합은 반드시 역사유물주의와 변증법적 유물주의의 지도가 필요하며, 당대 문학 창작 실천과도 결합시킬 필요가 있다. 방법론의 지도와 당대의 창작실천에서 멀어진 채 자신의 말만 떠드는 것은 실패할 수밖에 없다.

생명은 유한하나 학술의 고봉高峰은 영원히 우리 앞에 펼쳐질 것이다. 나는 문학이론이라는 과수원에서 바쁘게 경작했지만 질도 낮고, 수확도 미미하여 사람들에게 만족을 주지 못했다. 마침 젊은 학자들이 성장하였다. 그들은 충분한 준비를 마쳤고, 용맹하고, 생기가 넘친다. 나는 이들의 노력으로 우리가 중국적이고, 현대적이며, 독특한 문학이론의 언어를 지니게 될 것이라 확신한다.

附錄: 주요 인용 도서

『十一家注孫子校理』, 孫武 撰, 曹操等 注, 中華書局, 1999
『論語集釋』, 程樹德 撰, 中華書局, 1990
『孟子正義』, 焦循 撰, 中華書局, 1987
『老子校釋』, 朱謙之 撰, 沈文倬點校, 中華書局, 1984
『莊子集釋』, 郭慶藩 撰, 中華書局, 1961
『墨子閒詁』, 孫詒讓 撰, 中華書局, 2001
『荀子集解』, 王先謙 撰, 中華書局, 1998
『論衡校釋』, 黃暉 撰, 中華書局, 1990
『太玄集注』, 揚雄 撰, 司馬光 集注, 中華書局, 1998
『文賦集釋』, 陸機 撰, 張少康 集釋, 上海古籍出版社, 1984
『文心雕龍注』, 劉勰 著, 范文瀾 注, 人民文學出版社, 1958
『詩品注』, 鍾嶸 著, 陳延杰 注, 人民文學出版社, 1958
『滄浪詩話校釋』, 嚴羽 著, 郭紹虞 校釋, 人民文學出版社, 1993
『文史通義新編』, 章學誠 著, 倉修良 編, 上海古籍出版社, 1993
『藝概』, 劉熙載 著, 人民文學出版社, 1978
『歷代詩話』, 何文煥 輯, 中華書局, 1963
『中國歷代詩話選』, 王大鵬等 編選, 吳小如 審訂, 岳鹿書社, 1985
『淸詩話』, 王夫之等 撰, 上海古籍出版社, 1963
『先秦兩漢文論選』, 張少康 盧永璘 編選, 人民文學出版社, 1996
『魏晋南北朝文論選』, 郁沅 張明高 編選, 人民文學出版社, 1996
『隋唐五代文論選』, 周祖 譔 編選, 人民文學出版社, 1990
『宋金元文論選』, 蔡景康 編選, 人民文學出版社, 1999
『淸代文論選』, 王鎭遠, 鄔國平, 人民文學出版社, 1999
『中國近代文論選』, 郭紹虞, 羅根澤 主編, 人民文學出版社, 1959

『中華古代文論選注』, 李壯鷹 主編, 百花文藝出版社, 1991
『中國畫論輯要』, 周積寅 編著, 江蘇美術出版社, 1985
『中國古代畫論選譯』, 徐祖良, 洪橋 編譯, 遼寧美術出版社, 1985
『王國維文學美學論著選』, 王國維 著, 周錫山 編校, 北岳文藝出版社, 1987
『文心雕龍札記』, 黃侃 著, 華東師範大學出版社, 1996
『中國文學批評史』, 羅根澤 著, 上海書店出版社, 2003
『文心雕龍疏解』, 王元化 著, 上海古籍出版社, 1992
『中國文學論集』, 徐復觀 著, 臺灣學生書局, 1976
『談藝錄』, 錢鍾書 著, 中華書局, 1984
『美學散步』, 宗白華 著, 上海人民出版社, 1981
『西方美學史』, 朱光潛 著, 人民文學出版社, 1999
『中國思想的現代詮釋』, 余英時 著, 江蘇人民出版社, 1989
『懺悔錄』, 奧古斯丁 著, 商務印書館, 1991
『狄德羅美學論文選』, 張冠堯等 譯, 人民文學出版社, 1984
『美學』, 黑格兒 著, 朱光潛 譯, 商務印書館, 1979
『哲學史講演錄』, 黑格兒 著, 賀麟 王太慶 譯, 商務印書館, 1997
『基督教的本質』, 費爾巴哈 著, 商務印書館, 1984
『十九世紀英國詩人論詩』, 劉若端 譯, 人民文學出版社, 1984
『藝術論』, 列夫 · 托爾斯泰 著, 豊陳寶 譯, 人民文學出版社, 1958
『存在與時間』, 海德格爾 著, 陳嘉映 王慶節 譯, 三聯書店, 1987
『美感』, 喬治 · 桑塔耶納 著, 繆靈珠 譯, 中國社會科學出版社, 1982
『藝術問題』, 蘇珊 · 朗格 著, 滕守堯 朱疆源 譯, 中國社會科學出版社, 1983
『情感與形式』, 蘇珊 · 朗格 著, 劉大基等 譯, 中國社會科學出版社, 1986
『人的潛能和價值』, 馬斯洛等 著, 林方 主編, 華夏出版社, 1987
『存在心理學探索』, 馬斯洛 著, 李文湉 譯, 雲南人民出版社, 1987
『藝術與幻覺』, 岡布里奇 著, 周彥 譯, 湖南文藝出版社, 1987
『藝術與視知覺』, 阿恩海姆 著, 滕守堯 朱疆源 譯, 中國社會科學出版社, 1984
『眞理的方法』, 加達默爾 著, 洪漢鼎 譯, 上海譯文出版社, 1999

후기

나는 장기간에 걸쳐 문학이론 연구에 종사하면서 일련의 중국 고대 문학이론의 관점과 자료를 흡수하였지만 연구라 하기엔 부족한 점이 많았다. 1990년, 처음 『문사지식文史知識』에 『중국고대심리시학中國古代心理詩學』을 발표하였고, 1994년에 박사과정 학생들에게 『문심조룡文心雕龍』 연구과정을 처음 개설하면서부터 본격적인 연구가 시작되었다. 1996년에 『중국고대문론적현대의의中國古代文論的現代意義』로 국가 사회과학 기금을 받게 되면서 이 과제의 긴 여정이 시작되었다. 진도는 너무나 느렸다. 일이 너무 바빠 시간이 부족하였고, 과제가 요구하는 중국 고대 문학이론에 대한 현대적 해석, 고대 문학이론과 서양 문학이론의 '용접'은 대단히 '위험危險'한 일인지라 부득불 조심하지 않을 수 없었기 때문이었다. 현재 과제를 완성하고 독자들의 '심판'을 기다리고 있지만, 오히려 경쾌한 느낌이다.

국가사회과학기금이 내게 보여준 지지에 감사를 표시한다. 나의 많은 학생들이 본 과제의 몇 가지 문제에 대하여 토론을 진행해준 것에 감사를 표하고 싶다. 『문예연구文藝硏究』, 『문학이론연구文學理論硏究』 등 잡지가 연구 과제 수행 중 썼던 약간의 논문을 발표할 기회를 준 것에 대해서도 감사를 표하고 싶다. 또한 북경사범대학출판사에서 이 원고를 추후 출판될 『문화여시학총서文化與詩學叢書』에 포함시켜준 것에 대해서도 감사를 표하고 싶다.

작자 2000년 10월

중국 고전 문학이론의 이해

저　자 : 통 칭 빙
역　자 : 배 득 렬
발행처 : 충북대학교 출판부
발행인 : 윤 여 표
주　소 : (362-763) 충북 청주시 서원구 충대로 1
전　화 : (043) 261-2952, 3014
팩　스 : (043) 274-1256
이메일 : presscbu@chungbuk.ac.kr
등　록 : 제1983-2001-7호
초판1쇄 : 2014. 12. 30
인쇄처 : 삼성디자인기획 042)221-3111

* 이 저서는 2013학년도 충북대학교 학술도서지원사업에 의하여 발행되었음.
(This work was supported by the academic books of the Chungbuk National University in 2013)

ISBN 978-89-7295-228-2 93820

값 30,000원